CRIMINALIDADE ORGANIZADA & GLOBALIZAÇÃO DESORGANIZADA

CURSO COMPLETO DE ACORDO COM A LEI 12.850/13

Eduardo Luiz Santos Cabette

Delegado de Polícia, Mestre em Direito Social, Pós-graduado com especialização em direito Penal e Criminologia, Professor de Direito Penal, Processo Penal, Criminologia e Legislação Penal e Processual Penal Especial na graduação e na pós-graduação da Unisal e Membro do Grupo de Pesquisa sobre Ética e Direitos Fundamentais do Programa de Mestrado da Unisal.

Marcius Tadeu Maciel Nahur

Delegado de Polícia, Mestre em Direito, Professor de Filosofia do Direito no curso de Direito e de Filosofia Antiga no curso de Filosofia da Unisal e Membro do Grupo de Pesquisa sobre Ética e Direitos Fundamentais do Programa de Mestrado da Unisal.

Eduardo Luiz Santos Cabette
Marcius Tadeu Maciel Nahur

CRIMINALIDADE ORGANIZADA & GLOBALIZAÇÃO DESORGANIZADA

CURSO COMPLETO DE ACORDO COM A LEI 12.850/13

2ª Edição

Ampliada e atualizada de acordo com
o "Pacote Anticrime" – Lei 13.964/19

Freitas Bastos Editora

Copyright © 2022 by
Eduardo Luiz Santos Cabette, Marcius Tadeu Maciel Nahur.
Todos os direitos reservados e protegidos pela Lei 9.610, de 19.2.1998.
É proibida a reprodução total ou parcial, por quaisquer meios,
bem como a produção de apostilas, sem autorização prévia,
por escrito, da Editora.

Direitos exclusivos da edição e distribuição em língua portuguesa:

Maria Augusta Delgado Livraria, Distribuidora e Editora

Editor: *Isaac D. Abulafia*
Capa e Diagramação: *Jair Domingos de Sousa*

DADOS INTERNACIONAIS PARA CATALOGAÇÃO
NA PUBLICAÇÃO (CIP) DE ACORDO COM ISDB

C114c

Cabette, Eduardo Luiz Santos
Criminalidade organizada & globalização desorganizada: curso completo de acordo com a lei 12.850/13 / Eduardo Luiz Santos Cabette, Marcius Tadeu Maciel Nahur. – 2. ed. – Rio de Janeiro, RJ: Freitas Bastos, 2022.

486 p. ; 16cm x 23cm.

ISBN: 978-65-5675-090-3

1. Direito penal. 2. Lei 12.850/13. 3. Pacote Anticrime.
I. Nahur, Marcius Tadeu Maciel. II. Título.

2021-4637   CDD 345   CDU 343

Elaborado por Odilio Hilario Moreira Junior - CRB-8/9949
Índice para catálogo sistemático:
1. Direito penal 345
2. Direito penal 343

Freitas Bastos Editora

atendimento@freitasbastos.com
www.freitasbastos.com

SUMÁRIO

INTRODUÇÃO 1

1. A GLOBALIZAÇÃO ECONÔMICA 5
1.1 Notas preliminares 5
1.2 Contextualização e conceito de globalização 7
1.3 A dimensão econômica da globalização 11
    1.3.1 O espaço – tempo mundial da crescente globalização
    da economia 14
    1.3.2 A economia política da globalização 19

2. A NOVA ORDEM ECONÔMICA GLOBAL 25
2.1 Notas preliminares 25
2.2 A produtividade e a economia informacional 26
2.3 A competitividade e o capitalismo 31
2.4 A economia global 35
2.5 A nova economia 41

3. OS IMPACTOS DA NOVA ORDEM ECONÔMICA 47
3.1 Notas preliminares 47
3.2 A diluição do poder 48
3.3 A globalização da riqueza 49
3.4 A globalização da comunicação 52
3.5 A globalização do crime organizado 54

4. A CONEXÃO DO MAL: A ECONOMIA DA
CRIMINALIDADE GLOBAL 58
4.1 Notas preliminares 58
4.2 A globalização organizacional da criminalidade 59
4.3 Crime organizado e seus rumores 67

V

Criminalidade Organizada & Globalização Desorganizada

4.4 Crime organizado e seus paradigmas 72

4.5 Crime organizado e seus contornos 81

5. OS DESAFIOS DO ENFRENTAMENTO DA CRIMINALIDADE ORGANIZADA 89

5.1 Notas preliminares 89

5.2 A dimensão ética 90

5.3 A dimensão política 94

5.4 A dimensão cultural 97

5.5 A dimensão jurídica 103

6. COMENTÁRIOS SOBRE A LEI 12.850/13 – O TRATAMENTO LEGISLATIVO DO CRIME ORGANIZADO NO BRASIL 115

6.1. Introdução 115

6.1.1. Conceito de organização criminosa 121

6.1.2. Considerações gerais sobre o conceito de organização criminosa 123

6.2. Do crime de participação em organização criminosa 136

6. 2.1. Classificação 141

6.3. Do crime de obstrução da persecução penal 142

6.4. Das causas de aumento de pena 145

6.4.1. Organização criminosa armada 146

6.4.2. Organização criminosa que se vale de menores de idade 149

6.4.3. Organização criminosa que se vale de funcionário público (Teoria da Reconfiguração Cooptada do Estado) 151

6.4.4. Organização criminosa e o proveito ou produto das infrações 153

6.4.5. Conexão entre organizações criminosas 155

6.4.6. Organização criminosa transnacional 155

6.5. Da agravante específica para a liderança da organização 157

6.6. Da medida cautelar de afastamento do agente público suspeito de integrar organização criminosa 159

Sumário

6.7. Dos efeitos da condenação por crime de participação em organização criminosa 177

6.8. Da atribuição de investigar policiais envolvidos em organização criminosa 180

6.8.1. Das inovações promovidas pelo "pacote anticrime": rigores penitenciários para o crime organizado 182

6.9. Das técnicas especiais de investigação criminal: meios de obtenção de prova 188

6.10. Colaboração premiada 189

6. 10.1. A normatização da conduta humana 189

6.10.1.1. Ética e direito 190

6.10.1.2. Ética e moral 192

6.10.1.3. A utopia de uma ética universal e o direito . 195

6.10.1.4. Conclusões 197

6.10.2. Colaboração premiada: origem e conceito 199

6.10.3. Legitimidade 205

6.10.4. Dos prêmios legais 228

6.10.4.1. Do perdão judicial 229

6.10.4.2. Da redução da pena privativa de liberdade ... 235

6.10.4.3. Da progressão de regime 238

6.10.4.4. Da substituição da pena privativa de liberdade por restritiva de direitos 238

6.10.5. Requisitos da colaboração premiada 239

6.10.6. Finalidades do acordo de colaboração premiada 246

6.10.7. Da suspensão do prazo para o oferecimento da denúncia 253

6.10.8. Acordo de imunidade (não oferecimento de denúncia) 257

6.10.9. Das tratativas do acordo de colaboração premiada e seu marco inicial: dever de lealdade entre as partes (termo de confidencialidade), direito subjetivo ao acordo e colaboração unilateral 262

6.10.9.1. Da instrução do acordo de colaboração premiada 278

VIII   *Criminalidade Organizada & Globalização Desorganizada*

6.10.9.2 Da proibição da participação do juiz nas tratativas do acordo e seu dever de supervisão . 283

6.10.10. Da homologação do acordo de colaboração premiada 294

6.10.11. Da retratação da proposta de colaboração premiada .302

6.10.11.1. Direito ao confronto na colaboração premiada 313

6.10.12. Dos efeitos do acordo de colaboração premiada sobre a sentença..321

6.10.13. Oitiva do colaborador 325

6.10.14. Registros da colaboração premiada 328

6.10.15. Renúncia ao direito ao silêncio do colaborador 331

6.10.16. Regras de corroboração 336

6.10.16.1. Das hipóteses expressas de rescisão do acordo de colaboração 339

6.10.17. Dos direitos do colaborador................................342

6.10.18. Formalidades do termo de acordo de colaboração premiada 246

6.10.19. Da sigilosidade do acordo de colaboração premiada .348

6.11. Captação ambiental de sinais eletromagnéticos, ópticos ou acústicos 352

6.12. Ação controlada 357

6.12.1. Ação controlada e o "controle judicial" 362

6.12.2. Procedimento..372

6.12.3. Ação controlada transnacional 373

6.13. Infiltração de agentes...375

6.13.1. Conceito...376

6.13.2. Da legitimidade para provocar a infiltração de agentes 380

6.13.3. Do agente infiltrado 387

6.13.4. Requisitos 393

6.13.4.1. Requisitos da infiltração virtual de agentes no estatuto da criança e do adolescente.......396

6.13.4.2. Requisitos para a infiltração virtual na lei de organização criminosa..............................399

Sumário   IX

6.13.5. Modalidades de infiltração: prazo de duração 402

6.13.6. O agente infiltrado como fonte de prova 405

6.13.7. Procedimento 410

    6.13.7.1. Da sigilosidade na distribuição do
    procedimento e interrupção da operação
    em caso de risco para o agente infiltrado 412

6.13.8. Da proporcionalidade da infiltração de agentes e
da licitude da ação policial 416

6.13.9. Dos direitos do agente infiltrado 421

6.13.10. Agente infiltrado e agente disfarçado: distinções 422

6.14. Acesso a registros, dados cadastrais, documentos e
informações 426

6.15. Afastamento dos sigilos financeiro, bancário e fiscal 432

6.16. Cooperação entre instituições e órgãos federais, distritais,
estaduais e municipais na busca de provas e informações
de interesse da investigação ou da instrução criminal 433

6.17. Dos crimes ocorridos na investigação e na obtenção de
prova 433

6.17.1. Crime de violação do sigilo sobre a identidade do
colaborador 434

6.17.2. Crime de informações falsas na colaboração premiada435

6.17.3. Crime de inobservância do sigilo de investigação
envolvendo ação controlada e infiltração de agentes 439

6.17.4. Crime de recusa ou omissão de informações 440

6.18. Do procedimento previsto para os crimes da lei 12.850/13 .443

6.19. Do decreto de sigilo judicial das investigações e do acesso
da defesa aos autos 448

6.20. Alteração do artigo 288, cp (quadrilha ou bando) 453

6.21. Alteração do artigo 342, código penal 457

6.22. Revogação da antiga lei do crime organizado 458

CONCLUSÃO 458

REFERÊNCIAS 460

INTRODUÇÃO

Já no século XIX, um pensador da utopia, Charles Fourier, provocava o chamado grupo dos intelectuais sobre o constante esquecimento de questões primordiais, sempre que iniciavam suas discussões sobre algum assunto de relevância social. Se tratavam da economia industrial, esqueciam-se de analisar a associação entre os homens como base de toda a economia. Se discutiam política, não se lembravam de tratar da taxa de população, cuja medida justa está na base do bem-estar do mundo. Se falavam de administração, não debatiam os meios de operar a unidade administrativa do globo, sem a qual não pode existir nem ordem fixa, nem garantia do futuro. Se abordavam o industrialismo, deixavam de investigar as medidas opressivas da burla, do açambarcamento e da agiotagem, além dos entraves diretos à circulação de bens e serviços. Parece que os intelectuais tinham essa capacidade bizarra de se esquecerem dos problemas fundamentais dos temas que investigavam com suas inquietações teóricas e práticas.

Passado mais de um século, cabe perguntar se essa situação sofreu alguma mudança significativa ou não. Será que os intelectuais estão dotados de informações e conhecimentos acumulados, além de equipamentos de apoio às suas pesquisas, para não se esquecerem, tão facilmente, desses problemas fundamentais, ou, ao revés, continuam a esquecê-los de modo sistemático. Esse questionamento não deixa de conter certa armadilha. Se os problemas continuam os mesmos, pode significar que talvez sejam insolúveis e, nesse sentido, de nada adianta se ocupar deles; ao contrário, se os problemas fundamentais são diferentes hoje, só o fato de se rememorar que tenham sido olvidados significa que não incidiram ainda em total esquecimento. Além disso, de certo modo, remete a se pensar que algum progresso já ocorreu nas reflexões sobre eles, mesmo que não de maneira suficiente.

De qualquer modo, alguns pressupostos não podem ser esquecidos. O primeiro é que os problemas fundamentais, hoje, parecem mais incertos do que eram outrora. O segundo é que se algumas correntes e vertentes continuam a se esquecer dos problemas fundamentais, outras têm se esforçado para identificá-los, mesmo com todas as dificuldades inerentes a essa empreitada. O terceiro é que não se pode deixar de reconhecer, nos dias atuais, os limites do próprio conhecimento, enquanto são capazes de mobilizar e de travar o embate da ampla diversidade de opiniões como sendo reflexo desses limites e, ao mesmo tempo, meio de sua sempre incompleta superação.

Com essas premissas postas, é possível focalizar o cerne da questão. Trata-se de indagar o que se pode entender, antes de tudo, por problemas fundamentais. Não é tarefa das mais fáceis dizê-lo, de forma categórica e irretocável, como se espera, geralmente, que uma definição cortante o faça com toda precisão e objetividade. Entretanto, isso não pode ser desculpa para não ser apresentada alguma ideia do que eles sejam realmente. Problemas fundamentais são todos aqueles que estão na raiz das instituições e de suas teorias e práticas, modos muito enraizados de estruturação e de ação sociais, que podem ser considerados como fontes de contradições, antinomias, incoerências, injustiças e que repercutem, de forma extensa e intensa, ainda que variável, nos mais diversos segmentos da vida em coletividade.

Se a definição esboçada ainda é precária e suscetível de ajustes, e de fato ela o é, pelo menos já permite visualizar que o contexto mundial atual, uma época fractal, com mudanças de escala imprevisível e distorções difíceis de conceber, não permite que se siga pelo cínico caminho de sempre se lembrar de esquecer, ou, da cegueira que consegue enxergar, mas prefere não ver, ou, ainda, do inescrupuloso dialogar com mudos, inclusive sem a linguagem dos sinais, a respeito de alguns problemas fundamentais dos dias em curso. Todos aqueles que não têm se esquivado da abordagem desses problemas fundamentais da sociedade contemporânea sabem das enormes dificuldades que eles suscitam e dos riscos de qualquer simplificação de eventuais alternativas de solução para suas intrincadas engrenagens.

Há heterogêneos pontos de partida para essa abordagem. Entretanto, um deles tem se destacado como uma espécie de primado. Trata-se de modelo analítico que identifica os principais processos de estruturação e da prática social, constelações de relações sociais que asseguram, em conjunto, o ritmo e o sentido da transformação social, ou, do seu bloqueio. Esse modelo é destacável não por ser melhor que outros, mas porque pode ser aplicado tanto a sociedades nacionais, quanto a sociedades transnacionais contemporâneas. Essas constelações de relações sociais podem ser designadas por espaço-tempo mundial, ou seja, o espaço-tem-

Introdução

po das relações sociais entre sociedades territoriais, no sistema mundial, inseridas no contexto conglobante da economia planetária. É nessa linha de relações que se pretende discutir, como questão primordial dos dias em curso, a globalização desorganizada e a criminalidade organizada.

Para avançar nos problemas fundamentais dessa interrelação, no primeiro item, será apresentada uma análise da globalização em seu contexto e conceito, como base para a abordagem mais focalizada da dimensão econômica desse fenômeno, até alcançar o nível alargado do espaço-tempo mundial com a globalização da economia e as interações transnacionais que têm gerado esse processo de circulação da riqueza sem fronteiras, agregando novos mercados das muitas regiões e localidades do mundo, mas nem sempre de uma forma tão inclusiva, simétrica e equânime de países e povos.

Em seguida, já no segundo item, será discutida a nova ordem econômica global, dando-se destaque inicial para a questão da produtividade e da economia informacional, com a subsequente análise do tema da competitividade e do capitalismo, formando um universo de componentes ativos e dinâmicos da economia global, em um processo de reformulação da ordem econômica, tudo contribuindo para a introdução e articulação de uma nova economia mundial.

Superada essa etapa, no terceiro item, serão abordados os impactos da nova ordem econômica, com seus reflexos na diluição do poder do Estado nacional e na expansão do fenômeno além das fronteiras da globalização da riqueza, da globalização da mídia comunicacional e da globalização da criminalidade organizada.

No próximo passo, já em sede de quarto item, haverá um desenvolvimento teórico de uma conexão do mal, enquanto uma teia de interrelações que envolvem desde uma economia da criminalidade global, até se alcançar uma visão mais articulada da própria criminalidade organizada, a partir de paradigmas, contornos, aspectos essenciais e não essenciais de sua caracterização.

No quinto item, serão apresentados e discutidos os desafios da criminalidade organizada, em uma sociedade contemporânea atordoada e aterrorizada por esse fenômeno tentacular, de muitas faces horrendas, atingindo o global e o local, o que reclama um enfrentamento coordenado entre três dimensões fundamentais, notadamente, a ética, a política e a cultural, bem como a proteção jurídica penal e processual penal eficaz e efetiva às suas atividades ilícitas deletérias para a vida coletiva em uma ordem democrática constitucional.

A partir do sexto item iniciar-se-ão os comentários acerca do tratamento legislativo do tema da criminalidade organizada no Brasil por intermédio da Lei 12.850/13. O primeiro tema é a exposição do conceito de "Crime Organizado" sob o prisma jurídico-penal, passando-se ao estudo do novo "Crime de Organização Criminosa" (artigo 2º da Lei 12.850/13). Serão estudados os diversos institutos especiais de investigação e meios de obtenção de prova, que constituem o arcabouço inovador processual penal da Lei 12.850/13, ofertando novos instrumentos para o enfrentamento do crime organizado (colaboração premiada; ação controlada; infiltração de agentes; acesso a registros, dados cadastrais, documentos e informações; captação ambiental de sinais eletromagnéticos, ópticos e acústicos; interceptação de comunicações telefônicas e telemáticas; afastamento dos sigilos financeiro, bancário e fiscal e cooperação entre instituições e órgãos federais, distritais, estaduais e municipais na busca de provas e informações de interesse da investigação ou da instrução criminal). No seguimento serão delineados elementos para interpretação e aplicação dos demais crimes previstos na Lei de Organização Criminosa previstos nos artigos 18 a 21. Encerrando serão abordadas as disposições finais do diploma. Um ponto importante é a determinação do procedimento estabelecido para a apuração dos crimes previstos na Lei 12.850/13. Outra questão se refere ao decreto de sigilo judicial das investigações e ao acesso da defesa aos autos, tendo em conta princípios constitucionais tais como o devido processo legal e seus corolários da ampla defesa e do contraditório. Será também abordado o tema das alterações promovidas no antigo crime de "Quadrilha ou Banco" (artigo 288, CP), agora denominado "Associação Criminosa", e suas consequências jurídicas. Na mesma toada será feita menção à alteração levada a efeito no crime de Falso Testemunho ou Falsa Perícia, previsto no artigo 342, CP. Não poderia ser deixada de lado a notícia da revogação total da antiga Lei do Crime Organizado (Lei 9.034/95) e o período de *vacatio legis* disposto pelo legislador para o início do vigor da nova Lei 12.850/13.

Dessa forma, o presente trabalho tem o intento de apresentar o tema da criminalidade organizada com uma análise aprofundada e diferenciada das demais obras existentes, indo ao âmago histórico, social, cultural, econômico, político, ético para, finalmente, desembocar no tratamento jurídico-penal dessa intrincada e complexa questão.

A GLOBALIZAÇÃO ECONÔMICA

1.1 NOTAS PRELIMINARES

A história da internacionalização da economia é longa. As atividades comerciais remontam às primeiras civilizações da antiguidade. Nos tempos medievais, no chamado Velho Mundo, iniciaram-se as operações comerciais além das fronteiras. Não se ignora que os primeiros tempos das atividades comerciais no Velho Mundo foram bastante difíceis. Um dos maiores obstáculos ao desenvolvimento comercial eram os pedágios. Outro empecilho era o mau estado de conservação dos caminhos, sobretudo nas intempéries, quando se tornavam intransitáveis. Entretanto, o comércio além das fronteiras já dava seus primeiros passos na chamada Baixa Medievalidade. A partir do século XI, cidades da península itálica, como Gênova, Piza e Amalfi passaram a liderar o comércio no Mediterrâneo Ocidental, enquanto Veneza e Sicilia avançavam no comércio com o Oriente. O comércio do norte da Europa era controlado pela Grande Hansa Germânica. A Grande Hansa possuía entrepostos comerciais e diversas localidades e suas atividades comerciais incluíam, além de vários produtos, as especiarias orientais, comercializadas por rotas muito ativas. Uma delas era a rota do Mar do Norte e do Mar Báltico. Além desses caminhos marítimos, havia também as rotas terrestres e elas interligavam pelo menos três grandes centros dinâmicos do comércio, quais sejam, Constantinopla, cidades italianas e Flandres. A organização do comércio internacional estava em franca ascensão e se tornava cada vez mais complexa. Com o desenvolvimento do comércio internacional, surgiram as sociedades capitalizadas e lucrativas. O regime de circulação monetária também já dava seus passos mais alargados e novos meios de pagamento eram engendrados, sem a utilização daqueles metais já tão conhecidos (ouro, prata e cobre). As portas estavam abertas para o início do acúmulo de capital, isto é, um modo pelo qual o capital se avoluma como resultado do lucro obtido nas atividades econômicas. De um modo geral, do século XII ao o XV, a economia europeia esteve em ascensão e com a tendência maior para avançar rumo à prosperidade, ainda que houvesse momentos de retração. Já se falava de crise econômica e de busca de sua superação, sempre com foco na ampliação de atividades comerciais por novos mercados, especialmente, pela via da expansão marítima e com o suporte da acumulação de capital baseado na circulação de mercadorias, e não na produção. No final do século XIV, estima-se que mais de uma centena das companhias bancárias italianas operavam de maneira multinacional. Nos séculos seguintes, do XV ao XVIII, o apoio do Estado às atividades comerciais, a longa distância, ampliava-se bastante, enquanto as grandes companhias de comércio coloniais se estabeleciam por diversas regiões do mundo. Surgiram as Companhias das Índias e da África Real. Uma revolução comercial preparou o caminho para outra revolução, ainda mais transformadora das relações econômicas internacionais. Era a revolução industrial que dava seus primeiros e decisivos passos rumo a uma nova ordem mundial. A essa altura, já havia uma significativa acumulação de capitais, deflagrada na transição feudalismo-capitalismo, a partir da substituição de oficinas pelas manufaturas, modernização da estrutura produtiva dos campos, incremento da atividade comercial em âmbito mundial, atividades de corsários camufladas e expressivo crescimento do sistema bancário, disponibilidade de matéria-prima, condições técnicas favoráveis, disponibilidade de fartas matérias-primas, meios de transporte mais dinâmicos, em especial frotas mercantes, e existência de mercados consumidores. Da maquinofatura à expansão industrial e desta ao notável avanço tecnológico, a Revolução Industrial, em sua fase mais avançada, promoveu a crescente ampliação da produção, a rápida obsolescência de produtos, a miniaturização da produção e a padronização dos hábitos de consumo, tudo contribuindo para ciclos intermináveis de (in)satisfação de um mercado globalizado. Nesse sentido, em um primeiro momento, será apresentada uma contextualização desse fenômeno chamado globalização e o esboço de um conceito que ajude a compreender os principais elementos caracterizadores desse processo de expansão da circulação mundial das riquezas. Em seguida, será apresentada a ideia de que a globalização comporta múltiplas facetas,

1 – A Globalização Econômica

não obstante a sua dimensão econômica seja, na contemporaneidade, a mais propagada e também a mais incrementada, tornando-se objeto primordial das análises teóricas e práticas. Na etapa subsequente, será colocado em mira, dentro dessa perspectiva econômica, o aspecto do espaço-tempo mundial da cada vez mais crescente globalização da economia e seus reflexos nos países e povos, nem sempre capazes de promoverem inclusões e relações mais equilibradas entre países e povos nos quadrantes dos hemisférios do mundo. Por último, será discutido o quanto essa globalização econômica contou com o engajado e engrenado suporte e com o apoio decisivo e determinado da economia política mobilizada por interesses de lideranças governamentais ou de pessoas próximas dessa esfera deliberativa do poder.

1.2 CONTEXTUALIZAÇÃO E CONCEITO DE GLOBALIZAÇÃO

Em vários contextos e por diversos fatores, é frequente surgir o termo globalização. Fala-se de globalização para expressar a deslocalização de empresas, de grandes marcas de mercadorias, da circulação de bens e serviços, da competitividade mundial entre grupos transnacionais, do comércio internacional, das migrações planetárias.

As definições de globalização têm variado de acordo com o fenômeno focalizado. Alguns acentuam o aspecto multidimensional do processo. Outros assinalam se tratar de um processo civilizacional inevitável. Há quem sublinhe seu aspecto político, social e cultural. E não faltam aqueles que identificam mais a sua dimensão econômica, associando o fenômeno à sua vertente financeira, ao sistema capitalista e ao modelo neoliberal da modernidade.

De qualquer modo, a globalização envolve um processo em escala mundial, com a crescente interligação e interdependência entre Estados nacional, organizações da sociedade civil e indivíduos por todo o planeta. Ela traz a não territorialidade de relações de toda ordem, não mais confinadas a determinados marcos de fronteiras.Além disso, a globalização também ajudou a viabilizar os desenvolvimentos tecnológicos, facilitando a comunicação global entre indivíduos e instituições, bem como contribuiu para a circulação, cada vez mais ágil, de bens e serviços por todo o mundo. Trata-se de um fenômeno complexo e abrangente, capaz de promover modificações profundas nas muitas e múltiplas relações políticas, econômicas, sociais e culturais.

No entanto, não se pode deixar de dar destaque para um aspecto que parece se sobressair na complexidade e abrangência da globalização: é o de sua história de inserção na trajetória do capitalismo e da economia de mercado.

O mundo está diante da integração mais estreita entre países e povos, resultante da facilitação de comunicações, de transportes, da destruição de barreiras artificiais à circulação de mercadorias, capitais, serviços, conhecimentos e pessoas, para além das fronteiras. É um processo que tem conduzido ao condicionamento crescente das políticas econômicas nacionais pela esfera hipereconômica, ao mesmo tempo em que se adensam as relações de interdependência, dominação e dependência entre atores nacionais e internacionais, na busca de estabelecimento de suas estratégias no mercado global.

Já no século XIX, emergiu a noção de que a globalização traduzia a ideia de que o processo de modernização implicava uma crescente integração do mundo.

É fato que as atividades comerciais à distância, por meio de rotas marítimas e terrestres, datam de tempos históricos mais remotos. Entretanto, tem se preferido apontar a expansão ultramarina empreendida pelos povos ibéricos (portugueses e espanhóis), com suas grandes navegações transatlânticas, como os primórdios do fenômeno moderno da globalização.

De qualquer maneira, é importante visualizar duas realidades distintas. A primeira é designada economia mundial, isto é, a economia do mundo considerado em sua dimensão global, com o mercado constituído e alastrado por todas as regiões do mundo. A segunda é nomeada economia-mundo, ou seja, uma economia que ocupa determinado espaço territorial e, desse modo, com todos seus limites, o que significa um modelo que se submete a um epicentro, ou, então, a alguns poucos pólos de poder. É primeira concepção que traduz o fenômeno da chamada globalização econômica contemporânea. Uma economia com a capacidade de funcionar como uma unidade em tempo real, em escala planetária.[1]

Apesar de toda essa dimensão histórica, não se pode dizer que a globalização econômica não seja portadora de novidade. Na realidade,

---

1 BRAUDEL, Fernand. *Civilisation Matérielle et Capitalisme: XV-XVII siècle*. Paris: Armand Colin, 1967, p. 11-13.

1 – A Globalização Econômica

essa globalização compreende novas dinâmicas, levando a um acelerado e contínuo processo mais generalizado de integração local, regional e mundial. A globalização rompe e recria o mapa do mundo, inaugurando outros processos, outras estruturas e formas de sociabilidade, que se articulam entre tribos, povos e nações. Os territórios e as fronteiras, os estilos de vida, as culturas e as civilizações parecem mesclar-se, confrontar-se e dinamizar-se em outras modalidades, direções e possibilidades. Alteram-se as sensações e as noções de próximo e distante, lento e célere, passado e presente, atual e remoto, visível e invisível, singular e universal. O mundo contemporâneo assiste ao fenômeno do "global", enquanto relações, processos, estruturas de apropriação e dominação desenvolvidos em escala mundial. São articulações, integrações, tensões e contradições, envolvendo uns e outros, organizações e instituições, ou mesmo as mais diversas realidades sociais, de tal modo que a globalização pode aparecer, mais ou menos decisivamente, na forma pela qual se mobilizam indivíduos e coletividades no novo mapa mundo. A envergadura das relações, processos e estruturas de âmbito mundial, com as suas implicações locais, regionais e nacionais, exige conceitos, categorias e interpretações de alcance global. Trata-se de um contexto em que são elaboradas noções como multinacional, transnacional, mundial, planetário e global. E outros, ainda, como aldeia global, nova ordem econômica mundial, mundo sem fronteiras, o não territorial, cosmopolitismo, capitalismo global. Tudo está repleto de enigmas teóricos. Ocorre que a globalização, enquanto não só totalidade abrangente e integrativa, mas também complexa, fragmentária e contraditória, em acelerada escala crescente, subsume culturas e civilizações, sem se esquecer que essas múltiplas realidades também influenciam a globalização em sua totalidade. De fato, é um fenômeno envolto em enigmas. Pelo menos cinco deles podem ser suscitados e se entrelaçam nas dinâmicas e conformações das sociedades contemporâneas.

O primeiro enigma é que a realidade social torna-se diferente, nova e surpreendente. Revela-se mundial, nacional, regional, local, simultaneamente, sem esquecer o tribal. Muito do que é particular revela-se também geral. O individual e o coletivo constituem-se na trama das formas de sociabilidade e no jogo das forças sociais em desenvolvimento em âmbito global. Muito do que pode ser identidade e alteridade, nação e nacionalidade, ocidental e oriental, se expressa nos variados modos de sociabilidade que são desenvolvidos na globalização com sua indisfar-

10   *Criminalidade Organizada & Globalização Desorganizada*

çável onipresença. Nesse cenário complexo, se desenvolvem e se mesclam relações, processos e estruturas, demarcando as configurações e os movimentos da sociedade global. Uma sociedade em que se inserem dinâmicas relacionais entre os indivíduos e as coletividades, os grupos e as classes sociais, os movimentos sociais e as miríades de correntes de opinião pública.

O segundo enigma é a insuficiência do acervo teórico das ciências sociais para lidar com essas novas realidades, exigindo nova elaboração de conceitos, categorias e leis. São muitos os recursos teóricos acumulados pelas várias teorias da realidade social que se tornam problemáticos, inadequados ou mesmo carentes de complementação. Ocorre que os conceitos, as categorias e as leis, em sua maioria, têm como referencial a "sociedade nacional". Entretanto, agora a questão desloca-se para a "sociedade mundial", em toda sua originalidade e complexidade, considerando-se as dificuldades ainda maiores de interpretação de seus movimentos e de suas configurações. Decorre desse aspecto a importância de metáforas ou noções, ainda que fluidas, de mundo sem fronteiras, aldeia global, fábrica global, cidade global, divisão transnacional da produção, estruturas mundiais de poder, cultura global, mídia global, sociedade civil mundial, cidadão do mundo, mercados mundiais.

O terceiro enigma refere-se ao aspecto da orientação multidisciplinar. A originalidade e a complexidade da globalização, no seu todo ou em seus mais distintos aspectos, desafiam sugestões e conquistas de várias teorias sociais. Acontece que a globalização pode ser vista como um processo político, econômico, social, cultural, compreendendo problemas dos mais diversos matizes. Mesmo que haja destaque para um ou outro ângulo de análise, não há como deixar de enxergar a globalização como uma teia de muitas e múltiplas realidades.

O quarto enigma relaciona-se com a dimensão comparativa. A globalização envolve comparações mais ou menos complexas, e nem por isso menos rigorosas. Na medida em que a globalização descortina um vasto e complexo cenário de realidades plurais, é preciso mapear ângulos e tendências, condições e possibilidades, recorrências e descontinuidades, diversidades e desigualdades, impasses e rupturas, avanços e retrocessos.

O quinto enigma reabre a discussão presente-passado. Quando se opera a globalização, tanto se criam novos desafios e renovada perspec-

1 – A Globalização Econômica

tivas para a compreensão do presente, como se abrem outras possibilidades de interpretação do passado. A partir dos horizontes da globalização, o passado pode revelar-se ainda pouco desvendado e carente de novas interpretações. É como se uma nova luminosidade permitisse clarificar com outras cores aquilo que já estava desenhado, assim como sugerisse novos traços ainda não percebidos. Desde as novas perspectivas, são várias as realidades que podem ser repensadas.

O sexto enigma traz de volta o problema do sujeito do conhecimento. Ele precisa a todo tempo rever suas posições adotadas com frequência. Posições cômodas ou mesmo estratégicas precisam ser reavaliadas e, não raras vezes, modificadas em profundidade. Quando se trata da problemática global, o sujeito do conhecimento é desafiado a deslocar o seu olhar por muitos lugares e diferentes perspectivas, como se estivesse viajando pelo mapa do mundo. As exigências de novas reflexões envolvem a adoção de uma visão de longo alcance, capaz de mover-se do indivíduo à coletividade, transitando por povos e nações, tribos e nacionalidades, grupos e classes sociais, culturas e civilizações.

Percebe-se que são muitos os processos e complexas as estruturas, visíveis ou opacas, no vasto e complicado "palco constituído com a globalização do capitalismo, como modo de produção e processo civilizatório".[2] Nesse emaranhado de um processo civilizatório, entretanto, nos tempos atuais, descortina-se uma perspectiva de uma economia global, com sua estrutura e dinâmica, marcada pela acumulação de capital em avanço por todo o mundo.

1.3 A DIMENSÃO ECONÔMICA DA GLOBALIZAÇÃO

As leituras da globalização econômica, com maior ou menor grau, inspiram-se no conceito de modo de produção capitalista com toda sua arquitetônica modeladora da sociedade e das relações pautadas por esse sistema. De fato, enquanto um modelo civilizacional, o capitalismo é veículo da globalização econômica, na medida em que suas instituições específicas, tais como, mercados, bens materiais e imateriais, mercadorias, trabalho assalariado e propriedade privada dos meios de produção, facilitam as trocas econômicas em todas as distâncias. É possível até

---

2 IANNI, Octavio. *Teorias da globalização.* 4. ed. Rio de Janeiro: Civilização Brasileira, 1997, p. 21.

mesmo apresentar uma espécie de subdivisão da dimensão econômica da globalização em quatro grandes grupos. O primeiro corresponde à produção de bens e serviços. O segundo refere-se ao capital e ao mercado financeiro. O terceiro relaciona-se ao mercado de trabalho e à mão de obra. O quarto diz respeito ao comércio mundial de mercadorias.

O crescimento do comércio mundial, certamente, é o mais remoto fundamento da globalização econômica, ao articular produtores e consumidores, nas mais diversas distâncias espaciais, e ao estabelecer uma relação de interdependência entre todas elas.

O capital transnacional e o alavancar do capitalismo financeiro fez desse mercado de ativos, especialmente, o mais globalizado de todos os mercados. A liberalização dos fluxos de capitais, aliada às revoluções tecnológicas da informação e da comunicação, permitindo o deslocamento volátil das aplicações e dos investimentos, tem sido considerada o centro nevrálgico da globalização econômica. Podem ser até mesmo identificadas três etapas no desenvolvimento dos mercados financeiros internacionais. De 1870 a 1914, a Grã-Bretanha era o maior exportador de capitais e o mais importante centro financeiro internacional. O crescimento das empresas estrangeiras quintuplicou nesse período. De 1920 a 1939, os Estados Unidos da América do Norte tornaram-se um ator econômico poderoso, fornecendo fundos líquidos ao sistema financeiro internacional, embora tenham reduzido os empréstimos a determinados centros estrangeiros. De 1947 a 1985, a administração financeira contava com a presença ativa de instituições mundiais e o capital privado de matizes das mais diversas ganhou muita proeminência como fonte de abastecimento do sistema financeiro global.

Outra dimensão importante da globalização econômica é a internacionalização da própria produção de bens e serviços. Houve uma progressiva transição da produção em série, demasiado rígida e dispendiosa, para sistemas produtivos mais flexíveis. A grande empresa de integração vertical como modelo organizacional sofreu profundas alterações em suas estruturas e estratégias de gestão dos negócios, com a formação de redes empresariais, em um processo intenso de circulação dos mais variados bens e serviços para novos mercados, buscados de forma contínua e frenética.[3] O mercado de trabalho e a mão de obra na

---

3 GILPIN, Robert. *O Desafio do Capitalismo Global*. Rio de Janeiro: Record, 2004, p. 33-35.

1 – A Globalização Econômica

globalização econômica têm se direcionado, cada vez mais, para a adoção de sistemas de fornecimento momentâneo, controle de qualidade total das mercadorias, com redução de custos, envolvimento de todos os trabalhadores no processo produtivo, e alta especialização dos conhecimentos, com desenvolvimento de múltiplas competências e habilidades.

De qualquer maneira, todo esse complexo estruturante da globalização econômica não escapa ao primado da deslocalização da produção de bens e serviços, com a presença marcante e pujante, pelas mais diversas partes do mundo, das chamadas empresas transnacionais.

As empresas transnacionais organizam seus investimentos, sua produção e disponibilização de bens e serviço em mais de um país. Essas empresas estão presentes em quase todos os setores da atividade econômica. Em alguns segmentos, elas atingem uma pujança econômica gigantesca, superando até de determinados países em que operam. As formas de atuação desses poderosos atores econômicos são variáveis, em função de diversos fatores, entre eles, proporção de atividade econômica no estrangeiro, quantidade de países de suas operações, quantidade de empresas subsidiárias, grau de internacionalização do capital, nível de internacionalização das atividades básicas de gestão e diversidade de setores econômicos de atuação.

Sem que se trate de um itinerário definitivo, já é possível até mesmo expor uma espécie de linha histórica do desenvolvimento dessas empresas transnacionais, seguindo o eixo da globalização econômica. Apareceram no fluxo do capitalismo mercantil com a exploração de recursos naturais e busca incessante de matérias-primas para seus sistemas de produção. No avanço do capitalismo industrial, expandiram suas maquinofaturas por várias regiões do mundo, embaladas pela produção em série e pelo consumo de massa. No capitalismo financeiro, em sua etapa globalizante, elas acompanham a otimização de mercados, de investimentos e rendimentos incessantes nessa circulação acelerada e sem fronteiras de fontes articuladas em redes, propiciadoras da expansão de suas altas rentabilidades.[4]

Mais recentemente, as empresas transnacionais têm multiplicado suas fusões, envolvendo diversos tipos de transferências, tais como, de capital, de tecnologias, de licenças, além de muitas partilhas, ou seja, de

---

4 DUNNING, John. *Multinational Enterprises and the Global Economy*. Reading-MA: Addison-Wesley, 1993, p. 21-25.

14 *Criminalidade Organizada & Globalização Desorganizada*

componentes de produção, de logísticas de gerenciamento de negócios, de fatias de mercados. O fato é que a era da globalização econômica contribui, e muito, para a expansão desses gigantes econômicos, atuando no espaço-tempo mundial com incomensurável força econômica, cujos rostos sem contornos estão por todos os lados e passos sem rastros pisam todas as paisagens do globo.

1.3.1 o espaço – tempo mundial da crescente globalização da economia

Mesmo se admitindo a existência de uma economia mundial, desde o século XVI, é inegável que os processos da globalização se intensificaram, e muito, nas últimas décadas. Tal fenômeno é reconhecido até mesmo quando se diz que economia internacional não é ainda uma economia global, em função da continuada importância dos mecanismos nacionais de gestão macroeconômica e da formação de blocos comerciais. Entre 1945 e 1973, a economia mundial teve uma enorme expansão. A partir de 1973, esse crescimento até sofreu um abrandamento, mas ainda assim a economia mundial cresceu mais do pós-guerra até hoje do que em toda história mundial anterior.

Dos traços dessa expansão, sobretudo nas duas últimas décadas, é possível notar e apontar pelo menos quatro mais significativos. O primeiro traço é o do deslocamento da produção mundial para uma ou outra área mais específica do globo. A asiática é uma das mais destacadas. Esse deslocamento é tanto maior quanto mais elevado é o teor tecnológico da produção medida pelo investimento em pesquisa e desenvolvimento. A importância desses deslocamentos não pode ser subestimada. Tanto assim que não são surpreendentes essas palavras, muito embora também não sejam desprovidas de enorme significado: pela primeira vez, depois de cinco séculos, o motor do capitalismo parece ter passado do Ocidente para o Oriente. As condições únicas do Ocidente, que explicariam a emergência do capitalismo, deixaram de ter grande significado, uma vez consolidado este modo de produção, e, quando muito, doravante, caberia apenas averiguar as condições únicas do Oriente, no final do século, para o desenvolvimento pujante do capitalismo.

O segundo traço dessa globalização da economia é a primazia total das empresas transnacionais como agentes de poder econômico desco-

1 – A Globalização Econômica

munal no mercado global. A própria progressão do nome pelo qual são conhecidas aponta a constante expansão dessas empresas com intensas atividades em mais de um país. De empresas multinacionais foram transformadas em empresas transnacionais. Atualmente, já se fala de empresas globais. Quaisquer que sejam os indicadores utilizados é mais do que evidente o aumento da importância dessas empresas. Entre as muitas causas desse fato, duas merecem destaque: a desregulamentação dos mercados financeiros e a revolução das comunicações transcontinentais. Por vias distintas, ambas funcionaram como um grande incentivo à internacionalização das empresas ao mesmo tempo que contribuíram para a separação entre fluxos financeiros, por um lado, e o comércio de mercadorias e serviços, pelo outro.

O terceiro traço é a erosão da eficácia do Estado na gestão macroeconômica. A transnacionalização da economia trouxe esse processo acelerado de desmantelamento da atuação estatal na gestão dos agentes macroeconômicos. A desregulamentação dos mercados financeiros e a e revolução das comunicações reduziram a muito pouco a prerrogativa que o Estado detinha sobre os aspectos da vida nacional, notadamente sobre a moeda e a comunicação, consideradas atributos da soberania nacional e vistas como peças estratégicas do controle nacional. De outro lado, as multinacionais podem e conseguem, facilmente, por em instabilidade econômica de dois ou mais Estados, ou duas ou mais regiões, dentro do mesmo Estado, sobre as condições que influenciam na localização do investimento por parte da empresa multinacional, porque dotadas de uma enorme capacidade de intervenção global e de se beneficiarem da mobilidade crescente dos processos de produção. Entre partes com poder tão desproporcional, atores globais em contraposição a atores nacionais, a negociação não poderia deixar mesmo de ser tão desigual.

O quarto traço está vinculado, muito fortemente, às proeminências das transnacionais e é caracterizado pelo avanço tecnológico. Os aumentos de produção e consumo, propalados com as novas tecnologias, escondem o fato de que elas contribuem, frequentemente, para algumas polarizações no mundo globalizado. Não há uma simétrica distribuição de investimentos de capital, de recursos técnicos e científicos, de mão de obra qualificada, contribuindo para o aprofundamento de assimetrias em várias regiões dos hemisférios norte e sul. As condições econômicas globalizadas que levam grupos seletos de países ricos a colherem os melhores resultados em relação a uma plêiade de países pobres, tornam muito difícil a inserção equilibrada nesse cenário de globalização econômica dos países centrais, e impossível a dos países periféricos.

Todos esses traços da globalização da economia ajudam a compreender um pouco melhor algumas razões pelas quais as desigualdades planetárias, nas últimas décadas,aumentaram de forma tão significativa. Na década de oitenta, os países periféricos sofreram muito os impactos negativos dessa desorganização da globalização econômica. Na década de noventa, as privações para países periféricos se agravaram bastante. Há dados alarmantes dessas realidades tão precárias, que ainda são sentidos nos tempos atuais. Enquanto a realidade africana está próxima a atingir um ponto de colapso, a latino-americana mostra que o nível de vida no início da década de noventa era mais baixo do que o da década de setenta. De oitenta e quatro países menos desenvolvidos, cinquenta e quatro tiveram quebras no rendimento nacional *"per capita"* na década de oitenta. Em quatorze países, o rendimento *"per capita"* caiu cerca de trinta e cinco por cento.[5] Não são apenas simbólicas as seguintes incisivas palavras, mas também inquietantes:

> Perante isto não admira que o cisma global entre os ricos e os pobres se tenha aprofundado. Calcula-se que um bilhão de pessoas viva em pobreza absoluta [...]. Do outro lado do abismo, quinze por cento da população produziu e consumiu setenta por cento do rendimento mundial. Enquanto a ajuda externa dos países centrais aos países periféricos caiu [...], as taxas de juros da dívida externa dos países do Sul subiram [...], o que leva alguns autores a calcular em quarenta bilhões de dólares o montante anual de transferências líquidas do Sul para o Norte, sendo esse, pois, literalmente o valor da contribuição de um Sul mirrado de fome para a abastança do Norte. O aumento da dívida externa, combinado com a queda do preço mundial de alguns produtos exportáveis pelo Sul, levou alguns países ao colapso.[6]

O surgimento do "informacionalismo", nessas últimas décadas, está entremeado de desigualdade e exclusão social crescentes em todo mun-

---

5 IHONVBERE, Julius O. *The Third World and the New World Order in the 1990s*. New York: Futures, 1992, p. 989.

6 SANTOS, Boaventura de Sousa. *Pela Mão de Alice: o social e o político na pós-modernidade*. 7. ed. São Paulo: Afrontamento, 1999, p. 293.

1 – A Globalização Econômica

do. São novas faces de sofrimento humano e não se pode ignorar que o processo de reestruturação do capitalismo, como uma lógica de competitividade econômica, é responsável por boa parte desse sofrimento.

Houve uma enorme reviravolta nesse modelo de busca do lucro como substituto de todo e qualquer outro objetivo. Entretanto, há informações contraditórias que nutrem um debate carregado de ideologias sobre a real situação de muitas pessoas e/ou grupos desprovidos de recursos em todo o mundo.

No último quartel do século XX, franqueou-se o acesso ao desenvolvimento, produção e consumo a milhões de pessoas de menor porte econômico em inúmeros países. A maior parte da população do hemisfério norte, porém, ainda goza dos mais elevados padrões de vida do mundo e da história da humanidade. Por essa razão, nessa era da globalização econômica, na dinâmica de seu "informacionalismo", é necessário estabelecer uma distinção entre vários processos de diferenciação social: de um lado, desigualdade, polarização, pobreza e miséria se enquadram no domínio das relações de distribuição e consumo, ou, ainda, apropriação diferencial da riqueza gerada pelo esforço coletivo.; de outro, individualização do trabalho, superexploração dos trabalhadores, exclusão social e integração perversa são características de quatro processos específicos das relações produtivas.

O primeiro conjunto conceitual comporta desdobramento em definições mais ou menos bem delineadas. A desigualdade pode ser entendida como a apropriação diferencial de riqueza (renda e bens), por parte dos indivíduos e grupos sociais distintos, que mantêm níveis diversos de relacionamentos entre si. A polarização refere-se a um processo específico de desigualdade, que ocorre quando o ápice e a base da escala de distribuição de riqueza aumentam mais rapidamente do que a faixa intermediária da escala, provocando seu encolhimento e acentuando as disparidades sociais entre as populações situadas nas extremidades da escala. A pobreza diz respeito a um nível de recursos abaixo do qual não é possível atingir o padrão de vida considerado mínimo em uma sociedade em determinada época. Miséria refere-se ao nível mais baixo ou até mesmo privação de acesso a rendas e bens. Não se desconhece que tais definições até podem ser manipuladas por motivações políticas. No entanto, de algum modo, elas permitem observações e análises da diferenciação social no universo do capitalismo globalizado.

O segundo bloco conceitual também pode ser desmembrado em elementos definidores de seus aspectos teóricos. Ele diz respeito à análise das relações de produção. Claro que esse bloco, com suas definições específicas, não está desvinculado das definições de desigualdade, polarização, pobreza e miséria apontadas no primeiro. Há relações causais entre as definições de ambos os blocos. Entende-se por individualização do trabalho o processo pelo qual a contribuição da mão de obra ao sistema produtivo, de forma específica, é definida para cada trabalhador e em razão de cada uma de suas contribuições no contexto de um mercado bastante desregulamentado. A superexploração indica relações trabalhistas que permitem ao capital a retenção sistemática das alocações de recursos ou a imposição de condições mais rigorosas de trabalho a certos tipos e trabalhadores, piores do que aquilo que é considerado norma ou regra, em um determinado mercado de trabalho, em determinado tempo e espaço. Uma tendência bastante significativa nesse cenário é o ressurgimento de mão de obra em diversas partes do mundo, sob condições de extrema violência, exploração e incapacidade até mesmo de autodefesa, revertendo o padrão histórico de proteção social a esses trabalhadores vulnerabilizados. A exclusão social é o processo pelo qual determinados grupos ou indivíduos, sistematicamente, são impedidos de acesso a posições que lhes permitiriam uma existência autônoma dentro de padrões delineados por instituições e valores inseridos em um dado contexto. Ela é mesmo um processo, e não uma condição. Dessa forma, seus limites mantêm-se sempre móveis. Os excluídos e os incluídos podem se revezar nesse processo, ao longo do tempo, dependendo de seu grau de escolaridade, características demográficas, preconceitos sociais, práticas empresariais e políticas governamentais. Além disso, ela faz com que indivíduos e grupos estejam expostos a dificuldades ou mesmo impossibilidades estruturais, ainda que por trajetórias diversas, de prover o próprio sustento, todos seguindo na direção única rumo à indigência. Sob determinadas condições, países, regiões, cidades e bairros inteiros são excluídos, relegando a essa exclusão a maioria ou até mesmo a totalidade das populações. A nova lógica dominante do espaço de fluxos torna áreas consideradas sem valor na perspectiva do capitalismo informacional. Uma vez que elas não se convertem em objeto de interesse econômico significativo, são ignoradas pelos fluxos de riqueza e de informação e, sem exagero algum, ficam privadas da infraestrutura tecnológica básica, o que inviabiliza a possibilidade de interagir, inovar,

1 – A Globalização Econômica

produzir, consumir e, até mesmo, vivenciar o mundo nos dias atuais. Além disso, há ainda a integração perversa e ela se refere às formas de "trabalho" praticadas na "economia do crime". Essa modalidade de "economia do crime" pode ser entendida como toda atividade geradora de lucro que, segundo as leis vigentes, são tratadas como delituosas, estando sujeitas às sanções legais cabíveis em um determinado contexto institucional.

Chama a atenção que o capitalismo informacional é caracterizado pela sua interdependência crescente em relação à economia formal e às instituições políticas, movendo-se em atividades de produção e de consumo de acelerada circulação, assim como transitam em velocidade seus componentes como capital, trabalho, matéria-prima, gerenciamento, informação, tecnologia, tudo em uma corrida frenética por conquistar novos mercados.

1.3.2 A economia política da globalização

A chamada economia global, nos últimos anos do século XX, alcançou um extraordinário avanço. Resultou da reestruturação das empresas e dos mercados financeiros. Expandiu-se por todos os rincões do globo, de maneira impactante, utilizando novas tecnologias da informação e da comunicação. Tornou-se possível e foi induzida, em grande parte, também por políticas governamentais deliberadas. Essa nova modalidade de economia sem fronteiras não foi criada nos mercados, mas pela interação entre mercados, instituições financeiras e governos. Entretanto, um fato é irrefutável: todos agiram em nome dos mercados ou, pelo menos, de uma ideia uníssona do que são os mercados.

Entre as estratégias empresariais para incremento da produtividade e da lucratividade, basicamente, figuravam a procura de novos mercados e a internacionalização da produção. A presença muito maior de empresas transnacionais gerou uma nova tendência de produção em inúmeros locais, o que contribuiu para a expansão do comércio internacional.

Os mercados de capitais aumentaram sua circulação global, grosso modo, criados para permitirem que as empresas transnacionais tomassem e recebessem empréstimos nas economias mundiais. Os fluxos financeiros expandiram-se de maneira substancial. A reestruturação dos mercados financeiros de todo o mundo levou a uma explosão de fluxos financeiros internacionais, ao impulso de investimentos globais de instituições financeiras e a uma completa internacionalização das atividades bancárias.

A globalização econômica completa só poderia ocorrer com base nas novas tecnologias da informação e da comunicação. Os sistemas avançados de computação possibilitaram que novos e potentes modelos matemáticos administrassem produtos financeiros complexos e efetuassem transações em alta velocidade. Sistemas refinados de telecomunicações ligaram, em tempo real, os centros financeiros de todo o mundo. A administração em tempo real, na ponta da linha, permitiu que as empresas operassem no país inteiro e no mundo todo. A produção de artefatos microeletrônicos possibilitou a padronização de componentes do produto final em grandes volumes, uma produção flexível, organizada em linha de montagem internacional. As redes transnacionais de produção de bens e serviços dependiam de um sistema interativo de comunicações e da transmissão de informações para garantia de círculos de retornos, além de terem a necessidade de gerir, de forma descentralizada, a coordenação da geração e distribuição das riquezas. A informática foi crucial para o funcionamento de uma teia mundial de transporte rápido e de alta capacidade de bens e serviços. A carga multimodal de baús gigantescos, com todo tipo de mercadoria, tornou-se eficiente por intermédio de sistemas de informática, que rastreavam e programavam as mercadorias e as rotas, bem como por sistemas automatizados de embarque e desembarque desses objetos volumosos.

Todavia, nem a tecnologia nem a administração poderiam ter desenvolvido a economia mundial sozinhas. Os agentes governamentais foram decisivos para o desenvolvimento de uma economia global, especialmente os chamados países mais ricos, e as instituições internacionais coadjuvantes, quais sejam, o Fundo Monetário Internacional, o Banco Mundial e a Organização Mundial do Comércio.

É possível dizer que três políticas inter-relacionadas, pelo menos, construíram os pilares da globalização econômica. A primeira foi a desregulamentação das atividades econômicas domésticas, que começou com os mercados financeiros. A segunda foi a liberalização do comércio e dos investimentos internacionais. A terceira foi a privatização das empresas públicas.[7]

---

7 CASTELLS, Manuel. *The Rise of the Network Society.* 2. ed. Oxford: Blackwell Publishers, 2000, p. 178.

1 – A Globalização Econômica

Essas políticas iniciaram-se na década de setenta e espalharam-se por toda parte, tornando-se predominantes na maioria dos países do mundo. Além disso, elas se converteram em padrão normal do sistema econômico internacional na década de noventa.[8]

Alguns comentários sobre a gênese desse modelo de economia global ajudaram na compreensão de seus contornos nesse século XXI. Embora tenham sido adotadas, na década de setenta, algumas medidas renovadoras da economia global, houve dois períodos distintos dessa globalização econômica estimulada pelo governo. Na década de oitenta, defensores ideólogos dos livres mercados chegaram ao poder e trataram de alavancar as políticas governamentais de desregulamentação e liberalização das finanças, dos investimentos, das privatizações, gerando o modelo para o resto do mundo. Entretanto, somente na década de noventa foram criadas as instituições e as regras dessa globalização econômica expandida por todo o planeta. São expressivas as seguintes palavras sobre esse fenômeno: os céticos no debate da globalização davam muita importância ao exercício contínuo e aprimorado, para as novas realidades mundiais, da soberania e da regulamentação pelos governos nacionais. Não obstante, grande parte dessa regulamentação não resulta mais do que aquela preparada e apropriada para a globalização.[9] O mecanismo para levar esse processo à maioria dos países do mundo era simples, ou seja, bastava um pouco de pressão política por intermédio de atos diretos dos governos, para os menos resistentes, ou imposição pelo Fundo Monetário Nacional, Banco Mundial e Organização Mundial do Comércio, para os mais recalcitrantes.

Havia uma meta a ser atingida. Ela era a unificação de todas as economias ao redor de um conjunto de regras homogêneas do jogo, para que o capital, os bens e serviços pudessem fluir para dentro e para fora, de acordo com as decisões dos mercados.[10] Os ideólogos neoliberais saíram de seus armários no mundo todo e obtiveram a rápida adesão dos recém-convertidos. No início da década de noventa, o neoliberalismo passou a constituir o que se denominou de "o pensamento único". Um pensamento tributário de todos aqueles que, nesse atual contexto, acre-

---

8 HUTTON, Will. *The State We Are In*. London: Jonathan Cape 1995, p. 27-29.

9 HOOGVELT, Ankie. *Globalisation and the Postcolonial World: the new political economy of development*. London: Macmillan, 1997, p. 35-37.

10 CASTELLS, Manuel. *The Rise of the Network Society*. 2. ed. Oxford; Blackwell Publishers, 2000, p. 181.

ditaram que os livres mercados realizariam milagres econômicos e institucionais, em especial quando acoplados às "maravilhas tecnológicas prometidas pelos futurólogos".[11] Depois de escolhida a opção por essa liberalização-globalização da economia, os governantes foram à procura de pessoal apropriado para a administração dessas políticas econômicas. Para que os governos administrem esse modelo econômico, no novo cenário global, são necessárias pessoas com experiência de sobrevivência diária nesse novo mundo econômico. Contudo, há também outro componente na engrenagem da atração fatal dos governos por essa globalização econômica: os interesses particulares de pessoas em cargos com poder de decisão. Em geral, esse não é o fator mais importante da explicação das políticas governamentais rumo à globalização econômica. Às vezes, nem chega a ser computado como um fator nesse processo. Entretanto, os interesses pessoais de lideranças políticas e/ou de seu grupo de alto escalão, no processo de globalização, exerceram influência na velocidade e no formato dessa globalização, na medida em que esses interesses pessoais assumem, primordialmente, a forma de riqueza pessoal cada vez maior. Essa riqueza pode ser obtida pelos chamados canais ou esquemas de articulações. As palavras a seguir explicam, de forma expressiva, esses ditos canais ou esquemas. O primeiro consiste nas compensações financeiras e nos compromissos lucrativos, assumidos para quando forem deixados os cargos governamentais, conquistados em consequência das redes de contatos que criaram e/ou em "agradecimento" por decisões que ajudaram em transações comerciais. O segundo canal é a corrupção, de maneira mais flagrante, em suas diversas formas, tais como, subornos, aproveitamento de informações internas em transações financeiras, aquisições de bens, participações em negócios de risco em troca de favores políticos, entre outras tantas.[12] Não que esses tipos de interesses subterrâneos sejam típicos apenas desses tempos recentes de globalização econômica. Na verdade, eles já guardam um longo registro histórico. Entretanto, o que chama a atenção, agora, nesses tempos de circulação mundial de riquezas, é que as políticas pró-globalização visualizaram um mundo novo de muitas oportunidades. E não é raro que elas sejam tratadas como oportunismos. Não faltam oportunistas de plantão nas redes, e nem sequer eles estão cochi-

---

11 Op. Cit., p. 185.
12 Op. Cit., p. 187.

1 – A Globalização Econômica

lando. Em muitos países, na realidade, esse é o único jogo existente, já que o principal acesso ao país é bem controlado pelas elites políticas e econômico-financeiras, o que lhes permite vias mais fáceis de participação nas redes globais da riqueza.

Na verdade, é difícil imaginar que decisões políticas sejam tomadas em vácuo pessoal e social. Pelo menos não é o que ocorre de modo geral. São tomadas por pessoas que, além de representarem governos, e perseguirem interesses políticos, também "têm interesse pessoal num processo de globalização que se tornou uma fonte extraordinária de possíveis riquezas para as elites de todo o mundo".[13]

Desse modo, a economia global foi constituída também por via política. A reestruturação das empresas, bem como as novas tecnologias da informação e da comunicação, não obstante fossem a fonte das tendências globalizadoras, não teriam avançado, por si só, rumo a uma economia global, tecida em redes, sem as políticas de desregulamentação, privatização e liberalização do comércio e dos investimentos. Não há dúvidas de que essas políticas foram decididas e implantadas pelos governos, ao redor do mundo, e por instituições econômicas internacionais.

É fundamental ter uma perspectiva da economia política para se entender, um pouco melhor, o triunfo dos mercados sobre os governos. Os próprios governos contribuíram, e muito decisivamente, para essa vitória do ente absoluto desses tempos, ou seja, do tão falado mercado. Uma vitória acachapante, um verdadeiro nocaute. Ao agirem de maneira resoluta a favor da globalização, os governantes também procuravam seus interesses políticos, e não raras vezes seus interesses pessoais, dentro de várias tonalidades de decoro. O certo que essa globalização econômica nem sempre quis o anonimato; ao contrário, ela reivindicou "rostos humanos" do poder político.

O fato de que a economia global foi induzida, pelo jogo político, logo no início de seu processo, não significa que possa ser desmontada, com tanta facilidade, pela mesma via política, mesmo se isso fosse de interesse político, o que parece estar muito longe de sê-lo, sobretudo, em seus chamados dogmas principais. Agora, a criatura em si, a economia global, já é uma poderosa rede de segmentos econômicos interconecta-

---

13 Op. Cit, p. 188.

dos. Todos eles têm um papel decisivo na economia de cada país e de muitas pessoas. Depois de formada essa rede de interconexões, qualquer nó desconectado, não é suficiente para desmontá-la, nem mesmo para desestabilizá-la. Estão prontos e apostos novos elos para a mais imediata religação de eventuais desconexões. Não faltam recursos (capital, informações, tecnologias, bens, serviços e mão de obra). Eles continuam a fluir por toda rede. Assim, dentro do sistema produtivismo-consumismo, não havendo o colapso profundo desses poderosos mercados conectados em redes, ou fuga de pessoas que estejam dispostas a trilharem valores muito diferentes, o que parece pouco provável na conjuntura atual, esse processo de globalização econômica está não só configurado e deflagrado, mas em franca e forte expansão para os dias vindouros.

A NOVA ORDEM ECONÔMICA GLOBAL

2.1 NOTAS PRELIMINARES

No último quartel do século XX, o mundo assistiu ao surgimento de uma nova economia em escala global. Trata-se de uma economia global, informacional e em redes. É global porque as principais atividades produtivas, o consumo e a circulação, como também os seus componentes, ou seja, capital, trabalho, matéria-prima, administração, informação, tecnologia e mercados estão estruturados, direta ou indiretamente, em uma crescente ordem mundial. É informacional porque a produtividade e a competitividade de unidades ou agentes nessa economia dependem sobremaneira de sua capacidade de gerar, processar e aplicar de modo eficiente a informação baseada em conhecimentos especializados. É em rede porque, nas conformações atuais, a produtividade é gerada e a concorrência é desenvolvida em um tempo-espaço mundial de interação frenética entre miríades de organizações empresariais. Essa nova ordem econômica mundial surgiu em função da revolução da tecnologia da informação. É a conexão histórica entre essa tríade – alcance global, base informacional e organização em rede – e a revolução da tecnologia da informação que contribuiu, de modo intenso, para o surgimento desse novo sistema econômico. A emergência de um novo paradigma tecnológico organizado em torno de novas tecnologias da informação, mais flexíveis e poderosas, tem agido sobre muitos e múltiplos domínios da atividade humana, possibilitando o estabelecimento de conexões infinitas entre agentes e elementos dessas intensas atividades econômicas mundiais. Nesse contexto amplo, expansivo e complexo, será abordada a questão da produtividade e da economia informacional. Em seguida, serão analisados os aspectos da competitividade e do capitalismo dessa nova ordem econômica mundial. Ainda nessa mesma esteira, serão discutidos os ângulos da produtividade e da lucratividade desse novo modelo econômico. Na sequência, serão descritas as principais características dessa economia mundial, também chamada de economia global. Por último, serão apresentados os aspectos que tornam essa economia mundial ou global em uma nova economia.

2.2 A PRODUTIVIDADE E A ECONOMIA INFORMACIONAL

A produção impulsiona o progresso econômico. Foi por intermédio da produção por unidade de insumo, no tempo e no espaço, que a raça humana conseguiu dominar as forças da natureza e, no curso desse processo, moldou-se como civilização e cultura. Não há dúvidas de que o debate sobre a produtividade tem sido o ponto fundamental da economia política clássica e continua na vanguarda da corrente dessa teoria econômica, ainda preocupada com a economia real.[1] Na realidade, os itinerários específicos do aumento da produção definem a estrutura e a dinâmica de um determinado sistema econômico. Se houver uma nova economia informacional, é preciso identificar as fontes da produção que distinguem esse novo modelo.

Pesquisas econométricas sobre crescimento da produtividade têm se concentrado, nos últimos tempos, na tentativa de explicação do chamado residual estatístico em sua equação sobre a função da produção. O objetivo é descobrir os fatores responsáveis pela variação na evolução da produtividade, como fornecimento de energia, regulamentação governamental, nível de instrução da mão de obra, entre outros, sem chegar a um pleno esclarecimento desse enigmático residual. Economistas, sociólogos e até historiadores econômicos, entretanto, não hesitaram em interpretar esse residual como equivalente a transformações tecnológicas. Ciência e tecnologia também são entendidas, não raras vezes, em sentido mais amplo, como conhecimento e informação. Passou-se a se discutir, então, o papel central das transformações tecnológicas no crescimento da produtividade, relançando-se nesse sentido a questão sobre as fontes de produtividade para as origens dessa transformação. Significa dizer que a economia da tecnologia seria vista como a "estru-

---

1 BOYER, R. *La théorie de la régulation*. Paris: La Decouverte, 1987, p. 21-25.

2 – A Nova Ordem Econômica Global 27

tura explicativa para a análise das fontes de crescimento".[2] Afirmar que a produtividade gera crescimento econômico e que ela é uma função da transformação implica dizer que as características da sociedade são fatores cruciais subjacentes ao crescimento econômico, devido ao impacto da inovação tecnológica.[3] Essa abordagem do crescimento econômico, por sua vez, sugere ainda uma questão primordial quanto à estrutura e à dinâmica da chamada economia informacional. Indaga-se o que há de novo nessa economia. Está em questão qual é sua especificidade em relação a outras vertentes econômicas, notadamente, em comparação à economia industrial.

Investigadores econômicos demonstram o papel crucial desempenhado pela tecnologia do crescimento da economia, via aumento da produção competitiva, durante toda a história e, sobretudo, na chamada era industrial.[4] O fato é que a hipótese do papel decisivo da tecnologia como fonte da produção competitiva nas economias avançadas também parece conseguir alcançar a maior parte da experiência passada de crescimento econômico.[5] Fala-se de um crescimento de produtividade moderado e constante, com algumas baixas, no chamado período de formação da economia industrial entre o fim do século XIX e a Segunda Guerra Mundial; de uma aceleração do crescimento da produtividade no período maduro do industrialismo; e, de uma desaceleração das taxas de crescimento de produtividade competitiva no quartel final do século XX, apesar do aumento significativo dos insumos tecnológicos e da aceleração no ritmo da própria transformação tecnológica. Assim, parece plausível expandir a análise sobre o papel central da tecnologia no crescimento econômico, pelo menos para as economias ocidentais na era industrial. Por um lado, não faltam observadores do ritmo do crescimento econômico e suas variações no compasso das transformações tecnológicas. O objetivo principal dessas observações é a verificação de diferenças substanciais entre o sistema industrial e o informacional de crescimento econômico, ao menos com referência ao seu

2 CASTELLS, Manuel. *The Rise of the Network Society*. 2. ed. Oxford: Blackwell Publishers, 2000, p. 121.

3 SCHUMPETER, J. A. *Business Cycles: a theoretical, historical and statistical analysis of the capitalist process*. New York: McGraw-Hill, 1939, p. 35-39.

4 DAVID, P. A. *Thecnical Choice Innovation and Economic Growth: essays on american and british experiment in the nineteenth century*. London: Cambridge University Press, 1975, p. 31-35.

5 Op. Cit, p. 122.

impacto diferencial no crescimento da produção competitiva. Ocorre que historiadores econômicos atestam que há uma considerável defasagem temporal entre a inovação tecnológica e a produtividade econômica competitiva, bem como que ela é característica predominante das revoluções tecnológicas passadas. Entretanto, para que as novas descobertas tecnológicas possam difundir-se por todos os setores da economia e, desse modo, intensificar o crescimento da produtividade competitiva em níveis e taxas observáveis, "a cultura e as instituições da sociedade, bem como as empresas e os fatores que integram o processo produtivo precisam passar por mudanças substanciais".[6] Há necessidade até mesmo de uma profunda revolução tecnológica centralizada em conhecimentos e informações, incorporada em operações de processamento de símbolos ligados à cultura da sociedade e ao seu grau de apropriação desse novo universo.

Quando se considera o surgimento do novo paradigma tecnológico, em meados dos anos setenta, e sua consolidação nos anos noventa, a impressão que se tem é que a sociedade como um todo – empresas, organizações, instituições e população – não teve tempo para processar as mudanças tecnológicas e deliberar a respeito de suas aplicações. Desse modo, o novo sistema econômico e tecnológico ainda não era a característica de economias nacionais inteiras nas décadas de setenta e oitenta. Logo, não se conseguiria refleti-lo, com facilidade, em uma medida tão sintética e agregada, que é a taxa de crescimento da produtividade competitiva de toda economia. Contudo, há uma série de questionamentos que podem ajudar nessa trajetória de compreensão dessa nova economia informacional. Por que e como essas novas tecnologias tiveram de esperar para cumprirem suas promessas de aumento da produtividade competitiva? Quais são as condições para esse incremento? Quais as diferenças da taxa de difusão da tecnologia e, por conseguinte, de seu impacto na produtividade de vários setores? O processo de maturação econômica das novas tecnologias pode ser acelerado ou retardado por políticas nacionais diferentes?

O fato é que a defasagem no tempo entre a tecnologia e a produtividade não pode ser confinada em uma caixa preta. Precisa ser aclarada e melhor especificada, considerando as economias de mercado. E agora

---

6 CASTELLS, Manuel. *The Rise of the Network Society*. 2. ed. Oxford: Blackwell Publishers, 2000, p. 127.

2 – A Nova Ordem Econômica Global

é necessário um recorte, para não se perder de foco, especialmente, o horizonte dessas economias. Esse fatiamento será visualizado em um conceito atual e bem específico. Trata-se daquilo a que se atribui a denominação de "serviços". Sob essa denominação, tem-se agrupado uma enorme variedade de atividades econômicas, com poucos pontos em comum, exceto serem diferentes de agropecuária, extrativismo, construção e indústria. A categoria "serviços" é uma noção residual negativa que gera muita confusão analítica.

O pós-industrialismo combinou três afirmações e previsões que devem ser diferenciadas sob a ótica analítica. A primeira é que a fonte de produtividade e crescimento está na geração de conhecimentos, estendidos a todas as dimensões da atividade econômica mediante o processamento da informação. A segunda é que a atividade econômica mudaria de produção de bens para prestação de serviços. A terceira é que a nova economia aumentaria a importância das profissões com grande conteúdo de conhecimentos e informações em suas respectivas atividades.

É certo que as economias de mercado, do final do século XX, apresentam distinções das anteriores à Segunda Guerra Mundial. Entretanto, a distinção principal não parece ser entre economia industrial e pós-industrial, mas entre suas formas de produção rural, industrial e de serviços, baseadas em conhecimentos e informações. O mais distintivo, em termos históricos, entre as estruturas econômicas da primeira e da segunda metade do século XX é a revolução nas tecnologias da informação e sua difusão em todas as esferas de atividade social e econômica, incluindo sua contribuição no fornecimento da infraestrutura, para a formação de uma economia global. Além disso, diz-se que na sociedade pós-industrial há mudança para as atividades de serviços e se verifica o fim da indústria. É uma evidência que a maior parte dos empregos nas economias de mercado avançadas está no setor de serviços, responsável pela maior contribuição do produto nacional bruto. Todavia, isso não quer dizer que indústrias estejam desaparecendo ou que a estrutura e a dinâmica da atividade industrial sejam indiferentes à incrementada economia de serviços. Não se pode esquecer, ainda, que a expansão de profissões repletas de conhecimentos e informações como cerne da nova estrutura laboral não é isenta de algumas ressalvas. Essa não é uma característica única dessa novel estrutura. Simultâneo a essa tendência, que é uma realidade, também há o crescimento real das profissões em serviços mais simples e não qualificados.[7] O conceito de serviços, muitas vezes, é considerado ambíguo, na melhor das hipóteses; na pior, é tido como errôneo. Em estatísticas de emprego, esse conceito tem sido utilizado como residual: abarca tudo o que não envolva agricultura, mineração, construção, indústria e serviço público. Desse modo, a categoria de serviços engloba atividades de todas as espécies, "historicamente originárias de várias estruturas sociais e sistema produtivos".[8] Quando se compreende a economia informacional, cada uma das categorias específicas de serviços se torna uma distinção tão importante quanto o era a antiga fronteira entre indústria e serviços no tipo anterior de economia industrial. À medida que as economias se tornam mais complexas, devem ser diversificados os conceitos usados para delinear as atividades econômicas e até ultrapassar a velha distinção entre setores primário, secundário e terciário. O fato é que as estatísticas econômicas têm muitas dificuldades para captarem as dinâmicas da nova economia informacional, diante do amplo espectro de suas transformações sob o impacto da "tecnologia da informação e das mudanças organizacionais conexas".[9] Então, é possível se dizer, com uma boa dose de credibilidade, que a produtividade estivesse expandindo os círculos da riqueza gerada, ainda que não percebida, nas últimas décadas do século XX e com significativos reflexos nesse limiar de XXI. A tecnologia e seu gerenciamento, envolvendo mudanças organizacionais, pareciam estar se difundindo a partir da produção da tecnologia da informação, telecomunicações e serviços financeiros (as localidades originais da revolução tecnológica), alcançando em grande parte a atividade industrial e depois os serviços empresariais, para somente aos poucos atingir as atividades de "serviços diversos em que existe menos incentivo para difusão da tecnologia e maior resistência a mudanças organizacionais".[10]

O crescimento extraordinário da produtividade na indústria de computadores e celulares pode ser interpretado como formato do porvir, e não como um mero acidente anormal na paisagem plana da rotina econômica. Não há motivo por que esse potencial de produtividade, uma

---

7 CASTELLS, Manuel. *The Rise of the Network Society*. 2. ed. Oxford: Blackwell Publishers, 2000, p. 267-270.

8 Op. cit., p. 269.

9 Op. Cit., p. 131.

10 Op. Cit., p. 132.

2 – A Nova Ordem Econômica Global

vez desencadeado por seus produtores, não se difunda na economia em geral, embora com cronologia e divulgação não tão iguais, contanto que haja mudança organizacional e institucional, além de adaptação da mão de obra aos novos processos produtivos. Entretanto, ao que tudo indica, de fato, tanto no plano local, quanto no global, ele impõe novas regras e novas tecnologias, modificando e até desmontando agentes econômicos incapazes de obedecerem aos ditames da nova economia.[11] É por isso que se diz que o crescimento da produtividade é "inseparável das novas condições de competitividade".[12]

Até as instituições políticas, moldadas por um conjunto maior de interesses, estarão direcionadas, na esfera econômica, para a maximização da competitividade em suas economias. A lucratividade e a competitividade são os verdadeiros determinantes da inovação tecnológica e do aumento da produtividade.

2.3 A COMPETITIVIDADE E O CAPITALISMO

A longo prazo, a produtividade é a fonte da riqueza das nações. A busca da vantagem econômica por todos os homens maximizaria, automaticamente, a riqueza de todas as nações.[13] A tecnologia, inclusive a organizacional e a de gerenciamento, converte-se no principal fator de indução dessa produtividade. Contudo, de acordo com a perspectiva de agentes econômicos, a produtividade não é um objetivo em si. O investimento em tecnologia não é feito por causa das inovações tecnológicas. Empresas são os verdadeiros agentes do crescimento econômico. Não buscam tecnologia por fascínio pela própria tecnologia ou aumento da produtividade para melhoria da humanidade. Comportam-se em um determinado contexto histórico, em conformidade com as regras de um sistema econômico, e, no final das contas, avaliarão o quanto esses investimentos tecnológicos lhes trarão recompensas lucrativas. Desse modo, as empresas estarão motivadas não pela produtividade em si, mas pela lucratividade e pelo aumento do valor de suas ações. Para tanto, a produtividade e a tecnologia são meios importantes, mas não os úni-

---

11 SHAPIRO, Carl; VARIAN, Hal. *Information Rules: a strategic guide to the network economy.* Cambridge: Harvard Business School Press, 1999, p. 15-19.

12 CASTELLS, Manuel. *The Rise of the Network Society.* 2. ed. Oxford: Blackwell Publishers, 2000, p. 136.

13 HOBSBAWM, Eric J. *Era dos Extremos: o breve século XX.* Trad. de Marcos Santarrita. 2. ed. São Paulo: Companhia das Letras, 1995, p. 336.

cos, para o incremento da competição e do lucro no mercado de bens e serviços. Além disso, as próprias instituições políticas, moldadas por uma miríade de valores e interesses, também estarão voltadas, na esfera econômica, para o máximo aumento da competitividade de suas economias.[14] A lucratividade e a competitividade são os verdadeiros determinantes da inovação tecnológica e do crescimento da produtividade.

Os anos setenta foram marcados pelo provável surgimento da revolução da tecnologia da informação e de uma linha divisória do desenvolvimento do capitalismo. As empresas de todo mundo reagiram ao declínio real da lucratividade, porque o temiam muito, resolvendo adotar novas estratégias.[15] O fato é que as empresas buscavam o aumento da lucratividade a curto prazo. Esses agentes econômicos organizados queriam que os lucros fossem visíveis em suas contabilidades. Para aumentar os lucros assim, em um ambiente de capitalismo financeiro e com preços regulados pelo mercado, em geral há quatro opções: redução dos custos de produção; aumento da produtividade; ampliação de mercados; ou, aceleração do giro do capital.

Com ênfases diferentes, dependendo das empresas ou dos países, todas essas rotas foram utilizadas durante as últimas décadas do século XX. Em todas, as tecnologias da informação foram instrumentos decisivos. Entretanto, há um aspecto anterior essencial para o crescimento econômico e aumento da lucratividade com resultados mais imediatos: a ampliação de mercados e a luta por fatias desses mercados. Na realidade, o desafio para as empresas e para o capitalismo era encontrar esses novos mercados capazes de absorverem um grande incremento da produção de bens e serviços. Foi esse farejar de novos mercados a causa da grande expansão do comércio em relação à produção. Um pouco depois, já nas últimas duas décadas do século XX, a conquista da franca possibilidade de realização de investimentos estrangeiros diretos nas economias nacionais, aliada àquele alargamento de mercados, se transformou em propulsora do crescimento econômico em todo mundo.

Para o desbravamento de novos mercados, interligando segmentos de mercado de cada país a uma rede global, o capital precisou de

---

14 CASTELLS, Manuel. *The Rise of the Network Society*. 2. ed. Oxford: Blackwell Publishers, 2000, p. 136.

15 AGLIETTA, Michel. *Régulation et Crises du Capitalisme*. Paris: Vrin, 1976, p. 51-53.

2 – A Nova Ordem Econômica Global

extrema mobilidade. Por sua vez, as empresas necessitariam de uma capacidade de informação ainda muito maior. A estreita relação entre a desregulamentação dos mercados e as novas tecnologias de informação propiciou essas condições favoráveis à ampla mobilidade capitalista. Os primeiros e mais diretos beneficiários dessa reestruturação foram os próprios atores da transformação econômica e tecnológica: empresas de alta tecnologia e empresas financeiras.[16]

Ao estenderem seu alcance global, conectando mercados em todo mundo, como um bloco coeso, o capital, os capitalistas e as empresas capitalistas aumentaram, substancialmente, sua produtividade e sua lucratividade, na última década, e, em especial nos anos noventa, recuperando as condições para investimentos cada vez mais rentáveis. Esse movimento de recuperação de investimentos voltou a bombear o "coração" do desenvolvimento da economia capitalista.

Essa (re)capitalização do capitalismo pode explicar, até certo ponto, o avanço irregular da produtividade. Na década de oitenta, houve investimentos tecnológicos maciços na infraestrutura da comunicação/informação. Eles possibilitariam os movimentos de desregulamentação dos mercados e de globalização do capital. As empresas e os setores atingidos, diretamente, por essa transformação drástica, tais como, microeletrônica, microcomputadores, telecomunicações, instituições financeiras, tiveram um enorme crescimento de produtividade e de lucratividade. Gravitando em torno desse núcleo de novas empresas capitalistas, revitalizadas em suas dinâmicas globais e com suas redes auxiliares, havia camadas sucessivas de inúmeras empresas, as quais acabaram integradas ao novo sistema tecnológico, embora algumas fossem eliminadas dele por falta de capacidade de adaptação. Quanto mais esse dinâmico setor constituído em torno de empresas de alta lucratividade se torna globalizado, para além das fronteiras, há menos sentido em se calcular a produtividade de economias nacionais ou de setores delimitados dentro de fronteiras nacionais. Embora a maior parte do produto interno bruto dos países continue a depender de atividades mais voltadas para a economia interna, na realidade o que acontece com a concorrência nesses mercados globais é o que determina a percentagem de riqueza apropriada pelas empresas e, em última análise, pelo povo de cada país.

---

16 SCHILLER, Dan. *Digital Capitalism: networking in the global market system.* Cambridge: Mit Press, 1999, p. 31-35.

Existe capitalismo onde quer que se realize a satisfação de necessidades de grupos humanos, com caráter lucrativo e por meio de empresas, qualquer que seja a necessidade considerada. Especialmente, ainda se diz que uma exploração racional capitalista é uma exploração com contabilidade de capital, isto é, uma empresa lucrativa que controla sua rentabilidade na ordem administrativa por meio da contabilidade moderna, estabelecendo um balanço constante de seus resultados no mercado.[17]

A premissa mais geral para a existência do capitalismo moderno é a contabilidade racional do capital, como norma básica para todas as grandes empresas lucrativas, ocupadas da satisfação das chamadas necessidades cotidianas. As bases ditas racionais dessas empresas, em geral, são a apropriação de todos os bens materiais de produção, como propriedade de livre disposição, a liberdade mercantil, a técnica racional contabilizável no grau máximo e a administração eficiente de seus resultados no mercado.

Todavia, uma vez entendido que condições livres e justas de mercados pertencem mais ao mundo irreal do que real, os capitalistas buscam interpretar esse princípio de uma forma que maximizem a vantagem competitiva das empresas que gerenciam e dos resultados financeiros que controlam. Não há dúvidas de que enxergar o que está diante do nariz exige esforço constante. Desde os primeiros anos do século XX, observa-se um nível de riqueza sem igual.[18] Cada vez mais, o objetivo principal dessas empresas é a conquista e a ampliação de fatias do mercado. Não se trata, necessariamente, de eliminação de concorrência, haja vista que o mercado em expansão pode abrir espaço para mais empresas. Aliás, é o que ocorre, de fato, com bastante frequência. Entretanto, aumentar a competitividade costuma gerar uma contracorrente seletiva. As melhores estratégias empresariais costumam ser recompensadas no mercado, ao passo que empresas menos preparadas desaparecem, gradualmente, nesse espaço global cada vez mais competitivo. Um mundo que gera poucos vencedores, e muitos vencidos.

---

17 WEBER, Max. *General Economic History*. Trad. Frank H. Knight. New York: Greenberg, 1927, p. 235-237.
18 JUDT, Tony. *O mal ronda a Terra: um tratado sobre as insatisfações do presente*. Trad. Celso Nogueira. Rio de Janeiro: Objetiva, 2011, p. 23.

2 – A Nova Ordem Econômica Global

2.4 A ECONOMIA GLOBAL

A competitividade de empresas, nos países, exige o fortalecimento de posição no mercado em expansão. O processo de expansão do mercado mundial realimenta o crescimento da produtividade, haja vista que as empresas precisam melhorar o desempenho, quando se defrontam com maior concorrência mundial ou disputam fatias de mercado internacionais. Assim, a via que conecta a tecnologia da informação, as mudanças organizacionais e o crescimento da produtividade em massa, em grande parte, passa pela concorrência global. Foi dessa maneira que a busca de lucratividade pelas empresas e a mobilização dos países a favor da competitividade induziram arranjos variáveis na nova equação histórica entre a tecnologia e a produtividade. Nesse processo, foi criada e moldada uma nova economia global.

Há um quadro complexo referente ao processo de desenvolvimento histórico da nova economia informacional. Uma das explicações para tal complexidade está na dificuldade de dados estatísticos, altamente agregados, refletirem a extensão e o ritmo da transformação econômica, diretamente, sob o impacto das transformações tecnológicas. A economia informacional é um sistema socioeconômico distinto em relação à economia industrial, mas não devido à diferença nas fontes de crescimento da produtividade. Na realidade, o que lhe é característico é a consequente realização do potencial de produtividade, contido na economia industrial madura, em razão da mudança para um paradigma baseado em tecnologias da informação. Esse novo paradigma tecnológico modificou o escopo e a dinâmica da economia industrial, criando uma economia global e promovendo uma nova onda de concorrência entre os próprios agentes econômicos já existentes, e também entre eles e uma grande quantidade de recém-chegados. Essa nova concorrência praticada pelas empresas, mas condicionada pelo Estado, conduziu a transformações tecnológicas substanciais de processos e produtos que tornaram certas empresas, camadas e áreas mais produtivas. Entretanto, houve ao mesmo tempo uma destruição criativa em grandes segmentos da economia, atingindo empresas, setores, regiões e países de forma desproporcional. Desse modo, o resultado líquido do primeiro estádio da revolução informacional traduziu-se em vantagens e desvantagens para o progresso econômico. Além disso, a generalização tanto da produção, quanto da administração, ambas calçadas em conhecimentos para toda a esfera de processos econômicos, em escala global, requer transformações sociais, culturais e institucionais básicas. Não é por outra razão que se diz que a economia é informacional, e não somente baseada na informação, pois os atributos culturais e institucionais de todo sistema social devem ser incluídos na implementação e difusão do novo paradigma tecnológico. A economia industrial também não se baseou apenas na utilização de novas fontes de energia de produção, mas também no surgimento de uma cultura industrial, caracterizada por uma divisão social e técnica do trabalho.

Não obstante a economia informacional seja distinta da industrial, não há uma radical oposição entre a lógica de uma e de outra. A economia informacional abrange a industrial mediante o aprofundamento tecnológico, incorporando conhecimentos e informações em todos os processos de produção material e distribuição, com base em um enorme avanço da circulação em termos de alcance. Dito de outra forma, a economia industrial não tinha alternativa, senão transformar-se em informacional, sob o sério risco de sucumbir. A mudança do industrialismo para o "informacionalismo" não é o "equivalente histórico da transição das economias baseadas na agropecuária para as indústrias e não pode ser equiparada ao surgimento da economia de serviços".[19] Na realidade, nos dias atuais, há agropecuária informacional, indústria informacional e atividades de serviços informacionais. Todos também produzem e distribuem riquezas, com base na informação e em conhecimentos incorporados no processo de trabalho, pelo poder cada vez maior das tecnologias da informação.

A economia informacional é global. Ela é uma nova realidade histórica, distinta da economia mundial. Uma economia mundial é uma economia em que a acumulação de capital avança por todo o mundo e existe no Ocidente, no mínimo, desde o século XVI.[20] Uma economia global é algo diferente, porque é uma economia com capacidade de funcionar como uma unidade em tempo real, em escala planetária.[21] O modo de produção capitalista é caracterizado por sua expansão contínua, sempre buscando superar limites temporais e espaciais. Contudo,

---

19 CASTELLS, Manuel. *The Rise of the Network Society*. 2. ed. Oxford: Blackweell Publishers, 2000, p. 141-142.

20 BRAUDEL, Fernand. *Civilisation Matérielle et Capitalisme: XV-XVII siécle*. Paris: Armand Colin, 1967, p. 13-15.

21 Op. Cit, p. 142.

2 – A Nova Ordem Econômica Global

foi apenas no final do século XX que a economia mundial conseguiu, realmente, tornar-se global ou planetária, com base em uma nova infraestrutura, propiciada pelas novas tecnologias da informação e da comunicação, não sem a ajuda decisiva das políticas de desregulamentação e de liberalização postas em prática pelos governos nacionais e pelas instituições internacionais.

É bem verdade que nem tudo é global na economia. De fato, a maior parte das empresas, da produção e do emprego é local e regional. E continuará assim, ao que tudo indica, pelos tempos vindouros. Entretanto, isso não é suficiente para negar a existência de uma economia global, porque as economias de todo mundo dependem de seu núcleo globalizado. A expressão núcleo globalizado compreende os mercados financeiros, o comércio internacional, a produção transnacional e, até certo ponto, fatores como mão de obra especializada, ciência e tecnologia. É por intermédio desses componentes estratégicos globalizados da economia que o sistema econômico estabelece suas interligações planetárias. Desse modo, a economia global é uma "economia cujos componentes centrais têm a capacidade institucional, organizacional e tecnológica de trabalhar em unidade e em tempo real, ou em tempo escolhido, em escala planetária".[22]

Os mercados de capitais são interdependentes em termos globais, e isso não é assunto de pouca importância na economia capitalista. O capital é gerenciado, ininterruptamente, em mercados financeiros integrados pelo mundo, funcionando em tempo real pela primeira vez na história: transações vultosas são feitas em questão de segundos, através de circuitos eletrônicos por todo o planeta. As novas tecnologias permitem que o capital seja transportado de um lado para o outro entre economias, em curtíssimo prazo, e os fluxos financeiros acabam tendo um crescimento impressionante em volume, velocidade, complexidade conectividade. Essa não é uma característica apenas das economias avançadas, mas também das emergentes, isto é, dos países em desenvolvimento e de economias em transição. Nos circuitos dos fluxos do capital global.

A interdependência global dos mercados financeiros é resultante de cinco fatores principais. O primeiro diz respeito à desregulamentação dos

---

22 CASTELLS, Manuel. *The Rise of the Network Society.* Oxford: Blackwell Society, 2000, p. 143.

mercados financeiros na maioria dos países e a liberalização das transações internacionais. O segundo é a criação de uma infraestrutura tecnológica dotada de telecomunicações avançadas, sistemas interativos de informações e computadores potentes, capazes de processamentos de alta velocidade dos modelos necessários para o trato com a complexidade das transações. O terceiro resulta da natureza dos novos produtos financeiros, tais como derivativos (futuros, opções e outros produtos complexos), combinando valores de ações, títulos, opções e moedas de vários países e articulando sofisticadas operações matemáticas. O quarto compreende movimentos especulativos de fluxos financeiros, movimentando-se para dentro e para fora de determinado mercado, em ritmo acelerado, bem como ampliando tendências de mercado, em ambas as direções, e transmitindo esses movimentos aos mercados ao redor do mundo. O quinto refere-se às próprias empresas de avaliação de mercados, classificando as economias dos países, segundo padrões globais de confiabilidade, e ditando regras em comum aos mercados de todo o mundo.[23]

Uma vez que os mercados de capitais e moedas são interdependentes, as políticas monetárias e as economias de todas as partes também o são. Não obstante os principais centros empresariais forneçam os recursos humanos e as instalações necessárias para o gerenciamento de uma rede global, cada vez mais complexa, é nas redes de informação que se conectam esse centros em que ocorrem as verdadeiras operações de capital. Os fluxos de capital tornam-se globais e, ao mesmo tempo, cada vez mais autônomos frente ao desempenho real das economias.[24]

No fundo, é o desempenho do capital nos mercados globais interdependentes que decide, em grande parte, o destino das economias em geral. Esse desempenho não está, totalmente, atrelado a normas econômicas. Os mercados financeiros são mercados, mas imperfeitos e só atendem, parcialmente, às leis de oferta e procura. Os movimentos nos mercados financeiros são o resultado de uma combinação complexa de leis de mercado, estratégias empresariais, regulamentos de motivação política, maquinações de bancos centrais, ideologias de tecnocratas, manobras especulativas e informações privilegiadas de diversas origens.[25]

---

23 CASTELLS, Manuel. *The Rise of the Network Society.* 2. ed. Oxford: Blackwell Publishers, 2000. p. 145-146.
24 CHESNAIS, François. *La Mondialisation du Capital.* Paris: Syros, 1964, p. 21-27.
25 SOROS, George. *The crisis of global capitalism: open society endangered.* New York: Public Affairs, 1998, p. 51-57.

2 – A Nova Ordem Econômica Global

Os fluxos de capital são transmitidos pelo mundo quase na velocidade da luz. Desse modo, geram capital de capital e, exponencialmente, elevam o seu valor nominal. O resultado desse processo é o aumento da concentração e da geração desse valor, no âmbito financeiro, em uma teia global de fluxos de capital administrados por redes de sistemas de informática, bem como por seus serviços auxiliares. A globalização dos mercados financeiros é a espinha dorsal da nova economia global.[26]

O comércio internacional, historicamente, tem sido o elo principal entre as economias nacionais. Ele ainda é um componente fundamental na economia global. Entretanto, sua importância relativa ao processo atual de globalização é menor do que a da integração financeira. Do mesmo modo, é também menor do que a importância da internacionalização de investimentos e das produções internacionais diretas. Mesmo assim, esse comércio internacional cresceu e se intensificou, com espantosa velocidade, nos últimos anos do século XX. O desenvolvimento do comércio, no último quartel do século XX, caracterizou-se por quatro tendências principais. A primeira foi a sua transformação setorial. A segunda foi a diversificação relativa, com proporção cada vez maior de comércio se deslocando para países em desenvolvimento, embora com grandes diferenças entre países desenvolvidos. A terceira foi a interação entre a liberalização do comércio global e a regionalização da economia mundial. A quarta foi a formação de uma rede de relações comerciais entre empresas, atravessando regiões e países. Essas tendências juntas configuram a dimensão comercial da economia global.[27] Nas décadas de oitenta e noventa, o desenvolvimento do comércio internacional foi marcado por mercados de bens e serviços mais globalizados, mas as verdadeiras unidades comerciais não são os países; foram as empresas, ou melhor ainda, as redes de empresas. Não significa que todas as empresas atuem em escala mundial, mas que a meta estratégica das redes de empresas, grandes, médias e pequenas, é estabelecer relações comerciais onde for possível em todo mundo, tanto por via direta ou através de conexões com redes que operam no mercado mundial. E, na realidade, tais negócios são possíveis devido às novas tecnologias das comunicações e dos transportes. Segmentos empresariais e empresas predominantes, núcleos estratégicos de todas as economias, estão todos conectados,

---

26 CASTELLS, Manuel. *The Rise of the Network Society*. 2. ed. Oxford: Blackwell Publishers, 2000, p. 147.

27 Op. Cit., p. 148.

profundamente, com o mercado mundial e seu destino é uma função de seu desempenho nesse mercado. O dinamismo dos mercados internos, mesmo dos mais ativos, acaba também dependendo, em última instância, da capacidade das empresas dos países e das redes de empresas em termos de competitividade no espaço global. [28] A internacionalização da produção e das finanças está entre as mais importantes fontes do crescimento no comércio mundial de serviços.[29] Na década de noventa, mais especificamente, houve uma aceleração da internacionalização de produção, da distribuição e da administração desses bens e serviços que conquistaram mercados em todos os lugares do globo. Esse processo compreendia pelo menos três aspectos inter-relacionados, quais sejam, o aumento dos investimentos estrangeiros, a força decisiva dos grupos empresariais multinacionais, como produtores da economia global, e a formação de redes internacionais de produção.[30]

Outro aspecto marcante dessa economia global é que ela traz, ao mesmo tempo, um processo de geração de conhecimentos tecnológicos hiperespecializados, nas redes transnacionais de produção, e uma difusão muito mais ampla desses conhecimentos, pelo mundo todo, enquanto a geopolítica das redes transnacionais de produção se tornará cada vez mais complexa. Em outras palavras, esse fenômeno pode ser assim explicado:

> [...] embora ainda haja uma concentração do estoque de ciência e tecnologia em poucos países, e regiões, os fluxos de 'know how' tecnológico se difundem cada vez mais pelo mundo, embora num padrão bem seletivo. Eles se concentram em redes de produção descentralizadas, multidirecionais [...]. Esse padrão de geração de transferência de tecnologia contribui decisivamente com a globalização, pois reflete minuciosamente a estrutura e a dinâmica das redes transnacionais de produção, acrescentando novos núcleos a essas redes. O desenvolvimento desigual da ciência e da tecnologia desloca a lógica da produção informacional de sua base nacional, e a desloca para redes globais, multilocalizadas.[31]

---

28 DUNNING, John. *Multinational Enterprises and the Global Economy*. Reading-Ma: Addison-Wesley, 1993, p. 31-35.
29 DANIELS, P. W. *Service Industries in the World Economy*. Oxford: Blackwell Publishers, 1993, p. 41-45.
30 CASTELLS, Manuel. *The Rise of the Network Society*. 2. ed. Oxford: Blackwell Publishers, 2000. p. 157-158.
31 Op. Cit., p. 170.

2 – A Nova Ordem Econômica Global

Embora a maior parte da mão de obra ainda não seja tão globalizada, no mundo todo, percebe-se que há um deslocamento, cada vez maior, de agentes produtivos e aumento da multietnicidade, na maioria das sociedades mais desenvolvidas, incrementando o surgimento de um conjunto de camadas sociais múltiplas, com conexões de individualidades entre fronteiras e culturas.

A nova economia global é, ao mesmo tempo, bem dinâmica, seletiva, excludente e instável, dentro de seus limites. Nutrida por novas tecnologias de informações e comunicações, as redes de capital, produção e comércio estão aptas à identificação de fontes de geração de riquezas, em qualquer parte do mundo, e ao fomento de alianças entre todas elas. Não obstante essa economia afete o mundo todo, existem muitos segmentos que ainda não trabalham para ela. Entretanto, todos os processos econômicos e sociais, direta ou indiretamente, estão relacionados à "lógica da estrutura dominante nessa economia".[32] Trata-se de uma "lógica" que engendra, enreda, engrena uma ordem econômica global de circulação de bens e serviços, em ritmo frenético, sem precedentes, no fluxo transnacional de riquezas.

2.5 A NOVA ECONOMIA

Foi em fins da década de noventa que as sementes da revolução da tecnologia da informação, lançadas na década de setenta, pareceram frutificar em uma onda de novos métodos e novos produtos, incentivando a produtividade e estimulando a concorrência econômica. Cada revolução tecnológica tem seu próprio ritmo de difusão em estruturas sociais e econômicas. Claro que ela está ligada a pelo menos três aspectos básicos, quais sejam, econômicos, culturais e institucionais. Os aspectos econômicos envolvem tamanho de mercado, posição de predominância nas redes globais do capital e das mercadorias ao redor do mundo, oferta e espaço para indústrias tecnológicas inovadoras, oportunidades no mercado, atração de investimentos, bem como recrutamento de talentos do mundo inteiro. Os aspectos culturais englobam empreendedorismo, individualismo, flexibilidade e multietnicidade. Os aspectos institucionais dizem respeito à reestruturação do capital, na forma de desregulamentação e liberalização das atividades econômicas.

---

32 CASTELLS, Manuel. *The Rise of the Network Society*. 2.ed. Oxford: Blackwell Publishers, 2000. p. 170.

A nova economia tomou forma, inicialmente, em dois ramos importantes, quais sejam, em produtos e em métodos. Além de melhorar esses ramos, ela também foi muito hábil em aplicar tais invenções a si mesma, incentivando assim o crescimento e a produtividade, por meio da concorrência ampliada, contribuindo para a difusão de um novo modelo empresarial em grande parte da economia global. Esse novo modelo abriu caminho, exatamente, para os ramos também inovadores da tecnologia da informação e das finanças trasnacionais.[33] No cerne das novas indústrias da tecnologia da informação estão – e estarão cada vez mais neste século XXI – as empresas que tenham relação com a Internet.[34]

Há pelo menos quatro camadas empresarias nessa rede mundial de informações e comunicações. A primeira camada compreende empresas que oferecem infraestrutura para a própria Internet, ou seja, empresas de telecomunicações, provedores de serviços, empresas que possibilitam acesso final, e fabricantes de equipamentos de rede para usuários finais. A segunda refere-se a empresas que criam aplicativos de infraestrutura para a Internet, isto é, seus produtos são programas e serviços para transações, via Internet, contando também com empresas de consultoria e prestação de serviços que criam, montam e mantêm sítios na Internet. A terceira contém um novo tipo de empresas que não geram receita direta de transações comerciais, mas de publicidade, contribuições de afiliações e comissões, oferecendo serviços gratuitos na Internet. A quarta pode representar o futuro da Internet, enquanto congrega empresas que realizam transações econômicas no assim chamado ambiente de comércio eletrônico.[35]

O mundo financeiro foi transformado, na década de noventa, pelas mudanças institucionais e pelas inovações tecnológicas. As raízes da transformação das finanças encontram-se na desregulamentação desse ramo e na liberalização das transações financeiras nacionais e internacionais. Durante as décadas de oitenta e noventa, os governos deram liberdade às empresas privadas para administrarem dinheiro e títulos imobiliários de qualquer maneira que o mercado suportasse, sem maio-

---

33 CASTELLS, Manuel. *The Rise of the Network Society*. 2. Ed. Oxford: Blackwell Publishers, 2000, p. 190.
34 Op. Cit, p. 190.
35 Op. Cit., p. 191-192.

2 – A Nova Ordem Econômica Global

res limites para elas. Para não ficar dúvida "no ar", esses limites são aqueles estabelecidos, pelas regras do comércio em geral, para as atividades empresariais.

O setor financeiro aproveitou-se dessa liberdade recém-descoberta para se reinventar de forma tecnológica e organizacional. No mundo inteiro, as grandes fusões entre empresas financeiras começaram a ser engendradas, formando grupos gigantescos, que alcançaram uma forma de atuação rápida e integrada nessa vasta gama de atividades financeiras. Por um lado, a tecnologia da informação alterou, qualitativamente, a maneira de realizar as transações financeiras. Computadores potentes e modelos matemáticos avançados permitiam projetos, rastreamento e prognósticos avançados de produtos financeiros, cada vez mais complexos, funcionando tanto em tempo presente-real, quanto no futuro--virtual. As redes eletrônicas de comunicação e o uso generalizado da Internet revolucionaram o comércio financeiro entre empresas, entre investidores e empresas, entre vendedores e compradores e, por fim, as próprias bolsas de valores.[36]

Uma das principais consequências da transformação das finanças foi a integração global dos mercados financeiros. Outro acontecimento importante foi o processo de exoneração de certas intermediações financeiras, isto é, das relações diretas entre investidores e mercados de títulos, passando por cima de empresas de corretagem, com base nas redes de comunicações eletrônicas. As transações eletrônicas, rapidamente, se espalharam por todos os lados, passando de ações para títulos, e vice-versa.

A importância da tecnologia das transações está no fato de que ela reduz os custos das transações, atraindo uma base mais ampla de investidores e diminuindo os encargos do comércio ativo. Além disso, gera oportunidades de investimentos para milhões de interessados que, com base nas informações, analisam os valores e aproveitam as oportunidades em tempo real. Há três consequências bastante visíveis nessa dinâmica comercial. A primeira é o aumento substancial na quantidade dos valores negociados. A segunda é a intensidade das informações mais fundamentais para a movimentação do capital e para o valor dos títulos. A terceira é o aumento exponencial da volatilidade financeira,

---

36 CANALS, Jordi. *Universal Banking: international comparisons and theoretical perspectives*. Oxford: Oxforf University Press, 1997, p. 45-47.

porque os padrões de investimento se tornam descentralizados, com os investidores realizando negócios com títulos capitalizados, bem como com as mais atuais tendências dos mercados anunciadas de forma bem imediata.

Além disso, o declínio dos mercados centrais e as regulamentações mais afrouxadas do comércio eletrônico tornam bem mais difíceis os rastreamentos de movimentações de capitais. O sigilo cada vez maior, uma verdadeira blindagem nos investimentos, atrai grandes fontes de capital. Claro que nem todos os tipos de investidores têm os mesmos níveis de acesso. Pequenos investidores não possuem o mesmo acesso a informações que não são públicas, mas que não ficam às ocultas de grandes empresas ou de investidores institucionais de grande porte. Por alcançarem apenas informações imperfeitas, tais investidores têm de reagir, rapidamente, a sinais indiretos de alterações nos valores dos títulos, aumentando as instabilidades do mercado. No mercado eletrônico financeiro, há uma série de investidores com uma boa quantidade de estratégias contra a incerteza, das quais se utilizam com bastante rapidez e flexibilidade como forma de compensarem os baixos e imprecisos níveis de informação. A consequência é a maior complexidade e a maior volatilidade no mercado.

De qualquer maneira, é no mercado financeiro que, como último recurso, o mercado atribui valor a qualquer atividade econômica, representada por ações, títulos ou outro tipo de ativo, inclusive, os seus muitos derivativos.

Esse contexto traz uma inevitável pergunta, ou seja, saber quais os critérios fundamentais da valorização do mercado. Não há dúvidas de que essa é uma das indagações mais complexas da teoria da nova economia e os debates entre os especialistas são acirrados. Independente daquilo que essas discussões permitam concluir, o que não se deixa de dizer é o seguinte: o juízo do desempenho de qualquer sistema econômico (neste caso, capitalismo financeiro-informático) dependerá muito dos critérios que sejam admitidos como os padrões para o julgamento do que é valorizado. Uma tentativa de resposta, ainda que possa parecer muito incipiente, embora seja a que se consegue apresentar, sem maiores pretensões de que se configure como precisa e irrefutável, é a de que qualquer capitalismo está baseado na procura incessante de lucros e do mercado como meio em que se de valorizam ações e outros

2 – A Nova Ordem Econômica Global

títulos, de acordo com a lucratividade das empresas ou das atividades econômicas desenvolvidas. Para esse capitalismo de virada de milênio só essa percepção não é suficiente. No novo mundo financeiro, o que o mercado valoriza somente permanece valorizado enquanto dura no mercado. Toda essa engrenagem de valorização depende também de boas expectativas e doses de confiabilidade. Ambas são suscetíveis a muitas turbulências ocorridas no próprio mercado. Fraudes de toda sorte rondam esse universo, provocadas por mínimos boatos financeiros e também por acontecimentos de magnitude geopolítica. Todavia, nem essas instabilidades crônicas prenunciadas têm desestimulado o aquecimento das transações financeiras, o desempenho de empresas, a oferta e a procura, os indicadores macroeconômicos, tudo interagindo com fontes de informações, em um padrão cada vez mais imprevisível, em que a valorização pode ser, no final das contas, decidida por combinações de uma multiplicidade de fatores, que se recombinam em níveis cada vez maiores de volume, velocidade e volatilidade das transações. O fato é que, nesses tempos de nova economia, os cálculos econômicos do mundo real não levam mais em conta apenas a lucratividade, mas também a ganância pela geração de valores sempre mais rentáveis, tudo em busca do aumento ilimitado e constante para o capital financeiro investido nessa nova economia.[37] Não deixa de ser curiosa a observação de que a mudança mais decisiva, nas últimas três décadas, não foi apenas o aumento ostensivo da ganância, mas também a extensão dos mercados, e de valores de mercado, configurando uma espécie de era do triunfalismo do mercado.[38]

As redes passaram a ser um componente adicional dessa nova economia, que não é nova por ser uma economia capitalista. De fato, pela primeira vez na história, na realidade, todo o globo é capitalista ou dependente de sua ligação às redes capitalistas globais. Um capitalismo triunfante, sem adversários.[39] Só que agora se trata de um capitalismo distinto dos anteriores, na medida em que é tecnológica, organizacional

---

37 CASTELLS, Manuel. *The Rise of the Network Society*. 2. ed. Oxford: Blackwell Publishers, 2000, p. 200-201.

38 SANDEL, Michael J. *O que o dinheiro não compra: os limites morais do mercado*. Trad. de Clóvis Marques. Rio de Janeiro: Civilização Brasileira, 2012, p. 12-13.

39 COMTE-SPONVILLE, André. *O capitalismo é moral?: sobre algumas coisas ridículas e as tiranias do nosso tempo*. Trad. de Eduardo Brandão. São Paulo: Martins Fontes, 2011, p. 32-34

e institucionalmente estruturado. Tudo está a indicar, nessa virada de milênio, que a nova economia desse modelo capitalista terá por base um incremento, cada vez maior, nos processos de produtividade, resultante da capacidade de utilização das renovadas tecnologias da informação e da comunicação, as quais se tornam nutrientes poderosos para a sustentação de um sistema movimentado por ritmos frenéticos de fluxos de riquezas. Para que as novas fontes de produtividade dinamizem essa economia, é preciso assegurar a difusão de formas de organização e administração em rede, com suas inúmeras teias, suplantando todas as formas rígidas anteriores de organização empresarial. Além disso, a impressionante expansão da base produtiva exige uma ampliação equivalente dos mercados, como também novas fonte de capital e mão de obra. Enfim, não há como negar que a globalização econômica, "ao expandir os mercados de maneira tão impressionante e explorar novas fontes de capital e mão de obra especializada, é uma característica indispensável da nova economia".[40]

Parece que a nova economia é apta a proporcionar um período de grande crescimento econômico e todas as demais benesses materiais dele decorrentes. Entretanto, ela não deixa de ter apenas suas falhas inevitáveis, como qualquer outra; ela traz também alguns sérios riscos e efeitos negativos, que afligem a tudo e a todos, notadamente, em seus aspectos mais excludentes, com seus inerentes e inevitáveis malefícios, dos menos aos mais sensíveis, em todas as regiões do globo, nem sempre tão focalizados e noticiados.

---

40 CASTELLS, Manuel. *The Rise of the Network Society*. 2. ed. Oxford: Blackwell Publishers, 2000, p. 2002.

OS IMPACTOS DA NOVA ORDEM ECONÔMICA

3.1 NOTAS PRELIMINARES

Algumas perguntas não ficaram silenciadas mesmo com a transição do século XX para o incipiente século XXI. O Estado estaria destituído de poder na sociedade em rede? Não se estaria vivendo sob a vigilância do "Grande Irmão", como previra George Orwell em seu "1984"? Como poderia estar o Estado destituído de poder se também já está dotado de enorme capacidade tecnológica, exercendo intenso controle sobre uma boa dose de informações?

Todas essas questões, simples e fundamentais, misturam evidências contraditórias com teorias incertas. Entretanto, uma melhor compreensão desses desafios talvez se possa alcançar por uma via bem próxima da realidade atual. As inquietações podem ser afuniladas em um desconforto produzido pelo crescente levantamento de informações sobre indivíduos pelas empresas comerciais, em todos os bancos de dados, e organizações de todos os tipos, além da criação de um mercado para essas informações. Em vez de um "Grande Irmão", há uma "cadeia de irmãozinhos" que, pelas mais sedutoras estratégias, procuram estabelecer relações intersubjetivas invasivas sob os mais diversos aspectos. Se já está se diluindo um controle centralizado, o certo é que se incrementam vigilâncias descentralizadas. Não há dúvidas de que as revelações da mídia global sempre representam uma ameaça para os subterrâneos do Estado e um mecanismo de defesa dos cidadãos. Entretanto, as novas tecnologias e o novo sistema midiático aumentaram, em escala exponencial, a vulnerabilidade do Estado, não apenas em relação ao poder da mídia, mas também aos negócios e aos diversos grupos sociais com

48   *Criminalidade Organizada & Globalização Desorganizada*

seus mais variados interesses. Não é à toa que até se pode dizer que, em temos históricos relativos, o Estado de hoje é mais vigiado do que vigilante.

Não obstante o Estado nacional ainda mantenha alguma capacidade de exercer controle e vigilância, o fato é que está perdendo, gradativamente, esse poder para formas mais poderosas de redes e organizações transnacionais com suas informações, comunicações e recursos financeiros, conferindo-lhes alto poder de penetração e manipulação não só de muitas camadas sociais, como também das mais baixas às mais altas estruturas dos poderes públicos. Nesse sentido, em um primeiro momento, será abordado esse processo acelerado e acentuado de diluição do poder constituído, no atual contexto global e no âmbito das realidades vividas pelas sociedades mundiais afetadas por esse processo em avanço avassalador. A partir dessa perspectiva, na etapa seguinte, será discorrido sobre a globalização da riqueza, com todos os seus impactos na vida cotidiana das pessoas, dos grupos e das sociedades de todo o mundo. No próximo passo, será trazida para análise a questão dos impactos, diretos e indiretos, da frenética globalização da comunicação, interconectando os mais longínquos rincões com os mais diversos assuntos que lhes afetam, alterando seus comportamentos e redirecionando seus caminhos. Por último, será focalizado aquele que mais tem despertado inquietações, turbulências e convulsões sociais, desestabilizando instituições e desestruturando arranjos dos poderes constituídos, que ficam desguarnecidos e vulnerabilizados para o enfrentamento desse fenômeno, com todas as suas nuances de muitas e múltiplas formas de violência.

3.2 A DILUIÇÃO DO PODER

Uma característica específica do Estado capitalista é que ele absorve o tempo e o espaço sociais, estabelece as matrizes de tempo e espaço, bem como monopoliza a organização do tempo e do espaço, enquanto categorias que se transformam, por meio da ação estatal, em redes de dominação e poder, o que faz da nação moderna um produto do Estado.[1]

---

1 POULANTZAS, Nicos. *L'etat, le pouvoir et le socialisme*. Paris: Presses Universitaires de France, 1978, p. 11-13.

3 – Os Impactos da Nova Ordem Econômica

Todavia, nos dias atuais, esse é um conceito já envelhecido e até ultrapassado. O controle do Estado sobre o tempo e o espaço está sendo sobrepujado, gradativamente, pelos fluxos globais de capital, produtos, serviços, tecnologia, comunicação e informação. A apreensão do tempo histórico pelo Estado, mediante a apropriação da tradição e a reconstrução da identidade nacional, passou a enfrentar os desafios trazidos pelas identidades múltiplas delineadas por sujeitos autônomos.

Os esforços do Estado para reafirmar seu poder, na arena global, pelo desenvolvimento de instituições supranacionais, acaba comprometendo ainda mais sua já enfraquecida soberania. E as tentativas empreendidas pelo Estado para restaurar sua legitimidade, por meio da descentralização do poder administrativo, delegando-o às esferas regionais e locais, estimulam tendências centrífugas, ao trazer os cidadãos para a órbita do governo, aumentando a indiferença deles em relação ao Estado nacional. Enquanto o capitalismo global não tem adversários, opositores ou inimigos, e algumas ideologias nacionalistas tentam demonstrar algum vigor, em determinadas partes do mundo, o Estado nacional parece estar sendo nocauteado, perdendo seu poder, embora insistindo em sua sôfrega influência. O crescente desafio à soberania dos Estados em todo mundo parece advir da incapacidade de o Estado nacional moderno transitar por terrenos acidentados e desconhecidos entre o poder das redes globais e o desafio imposto por identidades singulares.[2]

A capacidade instrumental do Estado nacional está comprometida, profundamente, e até de forma decisiva, pela globalização das principais atividades econômicas geradoras da riqueza, pela globalização da mídia e da comunicação eletrônica e pela globalização dos crimes, notadamente, o mais pernicioso e nefasto deles, o crime organizado.

3.3 A GLOBALIZAÇÃO DA RIQUEZA

A interdependência dos mercados financeiros e monetários, em todo o mundo, operando como uma totalidade em tempo real, estabelece o elo de ligação entre as diferentes unidades monetárias nacionais. As transações cambiais constantes, envolvendo as moedas dos países ricos,

---

2 GIDDENS, Anthony. *A Contemporary Critique of Historical Materialisme: the nation-state and violence*. Berkeley: University of California Press, 1985, p. 21-23.

fazem com que a coordenação sistêmica entre essas moedas seja a única medida capaz de manter certo grau de estabilidade no mercado monetário, bem como nos investimentos e, por conseguinte, nos comércios globais. Todas as demais moedas do mundo tornam-se ligadas, para todos os efeitos práticos, a esse centro de riqueza. A consequência disso é que os Estados nacionais, individualmente, estão perdendo o controle efetivo sobre componentes fundamentais de suas políticas econômicas.[3]

As dificuldades e as resistências, cada vez maiores, ao controle a ser exercido pelos governos sobre a economia são acentuadas pela crescente transnacionalização da produção, não apenas pelo impacto causado pelas empresas multinacionais, mas, sobretudo pelas redes integradas de produção e comércio dessas empresas.[4] A consequência é a capacidade, cada vez menor, de os governos assegurarem, em seus próprios territórios, a base produtiva para a geração de receitas.

A globalização da produção e do investimento também representa uma ameaça ao Estado do bem-estar social, um dos mais importantes componentes do Estado nacional, nos últimos cinquenta anos. E, de certo modo, ele se apresenta como o principal sustentáculo da legitimidade desse Estado nos países emergentes. Essa situação se deve ao fato de que está se tornando cada vez mais contraditória a ideia de que empresas possam atuar em mercados globalizados e integrados, tendo de arcar com grandes diferenças e custos quanto a benefícios sociais, bem como operar com distintos níveis de regulamentação, nos diversos países.

Para as economias em que os principais mercados de capital, bens e serviços estejam integrados, cada vez mais, a uma escala global, tem sobrado pouco espaço para diferenças muito gritantes, em termos de benefícios sociais, entre Estados com níveis de produtividade da mão de obra e qualidade da produção que guardem semelhanças entre si. Somente uma espécie de contrato social global, juntamente com acordos internacionais de tarifação, seria capaz de impedir a derrocada dos maiores Estados do bem-estar social. Entretanto, devido fato de que na nova economia global, desregulamentada, integrada em rede, a realização de tal contrato social global é muito pouco provável, tais modelos de Estado estão sendo reduzidos ao mais baixo denominador comum,

---

3 MOREAU DEFFARGES, Philippe. *La mondialisation: vers la fin des frontieres?* Paris: Dunod, 1993, p. 31-33.

4 BUCKLEY, Peter. *Cooperative Forms of Transnational Corporation Activity*. London: Routledge, 1994, p. 51-53.

3 – Os Impactos da Nova Ordem Econômica

que se mantém em uma espiral descendente contínua.[5] Um componente fundamental da legitimidade e da estabilidade do Estado nacional está desaparecendo em todo o mundo, na medida em que ele está sendo destituído do poder para exercer controle sobre assuntos de enorme impacto e relevância social, tais como, política monetária, orçamento, organização de produção e comércio, arrecadação tributária de pessoas jurídicas e, assim, honrar seus compromissos como as promessas de distribuição de benefícios sociais.[6]

Há muitas informações contraditórias e acirradas, nos últimos tempos, que nutrem um debate carregado de ideologias sobre a verdadeira situação de muitas pessoas desprovidas de recursos em todo o mundo. Afinal, no último quartel do século recém deixado para trás, franqueou-se o acesso ao desenvolvimento, industrialização e consumo a dezenas de milhões de pessoas ao redor do mundo. É verdade que a maior parte da população do hemisfério norte ocidental ainda desfruta dos mais elevados padrões de vida do mundo e da própria história moderna da humanidade. Nos últimos tempos, porém, tem se falado que, na média geral, houve certa melhoria para todo o mundo. O discurso rotineiro é o de que a média é o que importa. Contudo, a quem se atreva dizer o contrário, ou seja, a média não é o que conta.[7] Realmente, é para pensar se a média conta ou não. Sem entrar em uma discussão mais aprofundada sobre o significado de qualidade de vida, os registros confusos sobre o chamado desenvolvimento mundial, em muitas de suas vertentes socioeconômicas, estão repletos de perplexidades sujeitas a manipulações ideológicas, sobretudo, diante da falta de clareza analítica de suas considerações.

De qualquer modo, é possível dizer que o surgimento do capitalismo informacional, global e em redes, no último quarto do século XX, coincidiu com o colapso de economias nacionais, a desintegração de muitos Estados e a dissolução de arranjos de suas sociedades. Como consequência, não é de surpreender a explosão de muitas e múltiplas formas de violência por diversas regiões do globo.

---

5 NAVARRO, Vicente. *The Politics of Health Policy*. Oxford: Blackwell Publishers, 1995, p. 21-23.

6 CASTELLS, Manuel. *The Power of Identity*. Oxford: Blackwell Publishers, 2010. p. 298.

7 GOULD, Stephen Jay. *The Mismeasure of Man*. New York: W.W. Norton & Company, 1981. p. 351.

3.4 A GLOBALIZAÇÃO DA COMUNICAÇÃO

As perspectivas de regulamentação e controle nacionais são também pouco favoráveis em outra frente de poder de importância fundamental para o Estado: a mídia e as comunicações. Certo controle sobre informações, entretenimentos, opiniões e imagens, historicamente, tem sido um instrumento de sustentação de poder do Estado, aperfeiçoado na era da mídia.[8] Nesse cenário, o Estado nacional enfrenta pelo menos três grandes desafios interrelacionados: globalização e não exclusividade de propriedade; flexibilidade e capacidade de penetração da tecnologia; e, autonomia e diversidade da mídia.

A diversificação dos meios de comunicação, a integração de toda mídia em hipertextos digitais, pavimentando caminhos para a mídia interativa, e a impossibilidade de se exercer controle sobre satélites, que emitem sinais de comunicação além das fronteiras ou sobre a comunicação por meio de computadores, acabaram destruindo as tradicionais bases de defesa da regulamentação. A explosão das telecomunicações e o desenvolvimento dos sistemas de transmissão a cabo viabilizaram o surgimento de um poder de transmissão e difusão de informações sem precedentes. Essa tendência não fugiu dos olhares empresariais, que não deixaram de aproveitar a oportunidade surgida. Foram realizadas fusões de gigantes empresariais e mobilizados capitais, em todo mundo, para que se pudesse participar do setor de comunicações. Um setor capaz de estabelecer elos de ligação de poder nas esferas econômicas, culturais e políticas.[9] Os governos nacionais passaram a sofrer enormes pressões, sob as mais diversas formas: a opinião pública e a imprensa escrita clamam pela liberdade e diversidade na mídia; veículos de comunicação estatais em dificuldades financeiras foram adquiridos pela iniciativa privada; colunistas fizeram a apologia de comunicações irrestritas; promessas de condescendência política foram feitas a muitos que estavam no poder ou tiveram chances de ocuparem cargos importantes e estratégicos em um futuro próximo; e, ainda, benefícios pessoais foram concedidos às autoridades com poder de liberação de pro-

---

8 MATTERLAT, Armand. *La communication-monde: histoires des idées e des strategies.* Paris; La Decouverte, 1991, p. 45-47.
9 MACDONALD, Greg. *The Emergence of Multimedia Conglomerates.* Genebra: ILO 1990, p. 35-37.

3 – Os Impactos da Nova Ordem Econômica

gramas.[10] A política simbólica, assemelhando a liberalização da mídia à modernização tecnológica, tratou de fazer com que a opinião das elites se inclinasse a favor de um novo e poderoso sistema de comunicações. Estações de rádio e televisão foram privatizadas em larga escala. Os jornais concentraram-se em grandes consórcios, muitas vezes como apoio de grupos financeiros. E, além de tudo isso, a mídia tornou-se global, contando com capital, tecnologia e envolvimento de grandes empresas, as quais até conseguem ficar fora do alcance dos Estados nacionais. Não é que os governos tenham sido alijados da mídia. Eles ainda têm alguma influência sobre ela, mas grande parte de seu poder já foi bastante diluído, diante do estrondoso poderio midiático. Trata-se de um declínio da denominada "poliarquia", um tipo ideal de determinadas condições políticas, em termos de escala de maior ou menor aperfeiçoamento de instituições sociais dentro de um Estado nacional.[11] O fato é que a mídia precisa avançar em sua independência, porque ela é um componente básico de sua credibilidade. Uma credibilidade não apenas necessária para adquirir adesão da opinião pública, mas também diante dos detentores do poder e dos anunciantes, haja vista que a publicidade é a base econômica da mídia. Se um determinado veículo de comunicação, explicitamente, inclina-se a uma opção política ou evita de maneira sistemática certos tipos de informação, limitará seu público a um segmento relativamente pequeno, dificilmente conseguirá obter seus almejados lucros no mercado e não refletirá nenhum tipo de apelo aos interesses dos diversos grupos de tendências políticas variadas. Além disso, considerando que governos também têm pretensões de se tornarem "globais" e a mídia global é a sua via de acesso, não raro eles acabam optando por sistemas de comunicação interativos que, mesmo se operados com cautela e de forma calculada, acabam comprometendo os controles sobre a comunicação. Em outras palavras, cada vez mais, as informações são transmitidas em tempo real, encurtando o tempo de sua geração e propagação em escala planetária, de modo que o mundo fica encurtado por satélites, fibras óticas, televisões a cabo, agências de notícias, sítios da Internet, enfim, toda uma rede comunicativa de enorme influência planetária. Essa mídia toda poderosa está postada no centro do capitalismo,

---

10 CASTELLS, Manuel. *The Power of Identity*. Oxford: Blackwell Publishers 2010. p. 299.

11 DAHL, Robert. *Polyarchy: participation and opposition*. New Haven: Yale University, 1972. p. 13-15.

54 *Criminalidade Organizada & Globalização Desorganizada*

com sua imponente pujança econômica, e se torna o chamado "quarto poder", mas que está pronta a substituir, a todo o momento, qualquer outro poder, ainda que seus veículos, explicitamente, não assumam esse papel.

3.5 A GLOBALIZAÇÃO DO CRIME ORGANIZADO

A globalização do crime também subverte o Estado nacional, transformando e alterando procedimentos governamentais de modo profundo. Em muitas situações, na realidade, o Estado nacional, efetivamente, fica de mãos atadas e pés amarrados. Essa é uma inevitável tendência já reconhecida, de consequências incontroláveis.

A novidade não é o maior grau de penetração do crime e seu impacto na política. A novidade é a conexão global do crime, condicionando relações internacionais, econômicas, políticas e sociais, na escala e no dinamismo da economia do crime. Da mesma forma, a novidade é o profundo envolvimento e a desestabilização dos Estados nacionais em uma série de instituições tornadas reféns desse crime organizado transnacional. Todos os tipos de tráfico são cometidos por esse sistema subterrâneo, cujo poder se estende por todo o mundo: armas, tecnologias, materiais radioativos, obras de arte, seres humanos, órgãos humanos, matadores mercenários, contrabandos dos mais diversos produtos para qualquer parte do globo. Todos parecem ter um ponto de convergência, uma espécie de grande matriz, ou seja, uma base de sustentação que liga esses ilícitos: a lavagem de dinheiro. A razão para essa afirmação não é outra senão esta: sem a ampla possibilidade de um submundo financeiro, que viabilize a alastrada lavagem de dinheiro, a economia do crime organizado não seria global e nem mesmo tão lucrativa. Não é à toa que se tem dito o seguinte: por intermédio da lavagem de dinheiro, a economia do crime fica conectada, diretamente, aos mercados financeiros globais, dos quais pode ser considerada "um componente de porte significativo e fonte inesgotável de especulação".[12]

Estimativas bastante abalizadas, ainda que sujeitas a cálculos imprecisos das cifras reais, falam em bilhões de recursos anuais provenientes de fontes ilegais "lavadas" no sistema financeiro global. Esses flu-

---

12 CASTELLS, Manuel. *The Power of Identity.* Oxford: Blackwell Publishers. 2010, p. 304.

3 – Os Impactos da Nova Ordem Econômica

xos de capital precisam ser processados com mobilidade e flexibilidade maiores do que aquelas demonstradas, geralmente, no processamento de recursos originados por qualquer outro ramo de atividade. Uma de suas principais estratégias de dissimulação é, precisamente, o giro constante dessas cifras astronômicas, impedindo o rastreamento eficiente pelos órgãos de regulamentação responsáveis pela fiscalização dessa circulação transnacional.

Não é tão simples identificar, de forma cabal e definitiva, todo o impacto causado por essas tendências aos Estados nacionais. Entretanto, na atual conjuntura, já é possível indicar alguns aspectos principais desse aspecto no Estado nacional, cada vez mais fragilizado e impotente. Pelo menos três aspectos poderiam ser delineados. Esses aspectos têm suas próprias características, mas guardam estreitas relações entre si.

O primeiro aspecto diz respeito à dimensão estrutural. Em muitos casos, toda a estrutura do Estado, sem excluir até mesmo as mais altas esferas do poder, está entremeada de vínculos criminosos, por todo tipo de corrupção, a começar pelo financiamento espúrio de campanhas políticas, causando os mais deletérios estragos na condução das questões públicas.

O segundo aspecto refere-se ao campo da cooperação internacional. Para vários países, as relações internacionais entre os Estados nacionais tornou-se condicionada, em diversos níveis, pelo sucesso ou insucesso da cooperação no enfrentamento contra a economia do crime organizado, a cada dia mais diversificada, ampliada e fortalecida.

O terceiro aspecto está relacionado ao estímulo ou desestabilização da economia em países inteiros. A importância crescente dos fluxos de capital de origem criminosa torna-se um meio fundamental para incremento ou desestabilização da economia de países inteiros, e não como um mero entrave de fácil superação, mas como um verdadeiro obstáculo a ponto de impedir o desenvolvimento de uma política econômica adequada em muitos países e em diversas regiões, sem que seja levado em conta esse fator bastante imprevisível.

Era muito comum imaginar que governos nacionais, profundamente afetados pela "ciranda" da economia do crime, limitavam-se a tentar identificar, invariavelmente, os principais suspeitos de envolvimento com essa ilicitude. Isso já não é mais bem assim. Não é mesmo o que acontece. A importância do fenômeno, seu alcance global, as dimensões de suas riquezas e seus sólidos vínculos com o mercado financeiro internacional tornaram as relações entre o crime organizado e a corrupção política uma característica que pode ser identificada até mesmo em muitos dos principais países do mundo. As organizações criminosas, cada vez mais, internacionalizaram seus contatos. Há suspeitas de infiltrações de membros de organizações criminosas em várias esferas dos governos, especialmente, nos seus mais altos escalões. Muitas crises escondem a existência subterrânea de luta contínua pelo poder entre as dinâmicas do crime organizado global e as estruturas dos Estados nacionais. Até mesmo os principais governos do mundo, que se julgam relativamente imunes à penetração do crime organizado, acabam sofrendo os reflexos nocivos das manobras políticas dessa criminalidade. São bastante emblemáticos e expressivos os seguintes dizeres: Nesse emaranhado formado por crime, dinheiro e poder, não há lugar seguro para ninguém. Ou, ainda, nesse sentido, não há instituições nacionais seguras para ninguém.[13]

Com sua enorme capacidade de disseminar a insegurança, por todos os lados, o crime organizado não poupa ninguém que atravessa o seu caminho. Não é sem razão que assim se diz sobre esse fenômeno marcante da sociedade contemporânea:

> O crime organizado possui uma textura diversa: tem caráter transnacional na medida em que não respeita as fronteiras de cada país e apresenta características semelhantes em várias nações; detém um imenso poder com base numa estratégia global e numa estrutura organizativa que lhe permite aproveitar as fraquezas estruturais do sistema penal; provoca danosidade social de alto vulto; tem grande força de expansão, compreendendo uma gama de condutas infracionais sem vítimas ou com vítimas difusas; dispõe de meios instrumentais de moderna tecnologia; apresenta um intrincado esquema de conexões com outros grupos delinquenciais e uma rede subterrânea de conexões com os quadros oficiais da vida social, econômica e política da comunidade; origina atos de extrema violência; exibe um poder de corrupção de difícil visibilidade; urde mil disfarces e simulações e, em resumo, é capaz de inerciar ou fragilizar os Poderes do próprio Estado.[14]

---

13 CASTELLS, Manuel. *The Power of Identity*. Oxford: Blackwell Publishers, 2010, p. 306.
14 GOMES, Luiz Flávio; CERVINI, Raúl. *Crime Organizado*. 2. ed. São Paulo: RT, 1997, p. 75.

3 – Os Impactos da Nova Ordem Econômica

Esse crime organizado transnacional tem um perfil já bem definido de sua estrutura escalonada, ou seja, ele se manifesta como uma "verdadeira pirâmide do crime". Essa estrutura pode ser melhor visualizada de baixo para cima. No quinto escalão, encontra-se a sua base comunitária, de onde ele recruta mão de obra local, para as práticas ilícitas. Nessa mesma localidade, são realizadas muitas ações sociais, para aumentar seu poder de controle e influência naquele espaço territorial. No quarto escalão, aparecem aqueles que conseguiram estabelecer conexões para fora daquele ambiente mais localizado, estendendo suas ramificações por outros espaços. No terceiro escalão encontram-se aqueles membros que estabelecem contatos com as organizações internacionais e, ainda, com as transnacionais envolvidas na criminalidade organizada. No segundo escalão, estão governos e serviços de inteligência, não conhecidos pelo grande público. Por fim, no primeiro escalão, conhecido como "face oculta do crime", encontram-se aqueles cidadãos acima de qualquer suspeita, quais sejam, aqueles que ocupam escritórios luxuosos em centros monetários do mundo, operando no mercado de capitais e controlando vultosas operações financeiras, os quais se consideram homens de negócios bem-sucedidos. Na realidade, são eles que transformam negócios ilícitos em "atividades legais" e não "sujam suas mãos" com toda essa engenhosa engrenagem da economia do crime organizado.

4

A CONEXÃO DO MAL: A ECONOMIA DA CRIMINALIDADE GLOBAL

4.1 NOTAS PRELIMINARES

A prática de crimes remonta aos primórdios da humanidade. Entretanto, o crime global, a formação de redes entre poderosas organizações criminosas e seus tentáculos, com atividades compartilhadas em todo mundo, constitui um novo fenômeno que afeta, direta e intensamente, a economia no âmbito internacional e nacional, além das dimensões políticas das sociedades em geral.

A "Cosa Nostra" siciliana e suas associadas ("La Camorra", "Ndrangheta" e Sacra Corona Unita), a máfia norte-americana, os cartéis colombianos, mexicanos e guatemaltecos, as redes criminosas nigerianas, a "Yakuza" japonesa, as tríades chinesas, as "Mafyas" russas, os traficantes de ópio do Oriente Médio, as "Posses" jamaicanas e uma miríade de grupos criminosos locais e regionais, em todos os países do mundo, uniram-se em uma rede global e diversificada que ultrapassa fronteiras e estabelece vínculos de todos os tipos.

Sem dúvida, o crime organizado transnacional, uma nova dimensão de formas mais tradicionais de criminalidade organizada, surgiu como um dos mais alarmantes desafios dos últimos tempos. O crime organizado transnacional, capaz de ampliar o campo de atuação de suas atividades, comprometer as economias e afetar as esferas políticas de países inteiros, representa uma das maiores ameaças contra as sociedades que buscam assegurar suas próprias estruturas em níveis de estabilidade, viabilidade e continuidade de seus projetos de organização e desenvolvimento dentro de uma nova ordem mundial.

As organizações criminosas internacionais conseguiram celebrar acordo quanto à partilha de áreas geográficas, ao desenvolvimento de

4 – A Conexão do Mal: A Economia da Criminalidade Global

novas estratégias de mercado, de renovadas formas de mútua assistência e até a resolução de conflitos, em todo globo, em defesa obviamente de seus mais escusos interesses.

Enfrenta-se um verdadeiro e pujante contrapoder do crime organizado, capaz de impor sua vontade sobre Estados legítimos, abalar as instituições, a lei e a ordem, desestabilizar o equilíbrio econômico-financeiro e desorientar a plataforma democrática.

Se um fenômeno como esse é tão impactante nesse novo sistema globalizado, sem poupar as sociedades de todos os rincões do mundo, é preciso explorar a relação entre essas atividades criminosas, as sociedades contemporâneas e as economias dos países de modo geral. Nesse sentido, em um primeiro momento, será discutido o fenômeno da globalização organizacional da criminalidade. Em seguida, será analisado o crime organizado e seus rumores na sociedade contemporânea, repletos de ideias assombradas que consideram esse fenômeno um mito ou uma conspiração, examinando-se não apenas certos exageros nessas vertentes, mas também as advertências que elas sinalizam para uma percepção mais clara dessa realidade que já não se pode mais ignorar e nem mascarar. Depois disso, será feita uma incursão mais detida pelo crime organizado e os seus mais conhecidos paradigmas que ainda orientam as políticas criminais de prevenção e repressão dessa forma delitiva. Por último, já com essas bases delineadas, então, serão abordados os aspectos essenciais e não essenciais de caracterização dessa onipresente criminalidade organizada no mundo atual.

4.2 A GLOBALIZAÇÃO ORGANIZACIONAL DA CRIMINALIDADE

Nas duas últimas décadas, as organizações criminosas estabeleceram, gradativamente, suas operações de uma forma transnacional, aproveitando-se da globalização econômica e das novas tecnologias da informação, da comunicação e do transporte.

A estratégia empregada consiste em instalar suas funções de gerenciamento e produção em áreas de baixo risco, nas quais elas detêm relativo controle do meio institucional. Além disso, a estratégia também direciona sua atenção às áreas com as demandas mais afluentes, de modo que seus negócios prosperem, cada vez mais, nesses verdadeiros "mercados preferenciais".

A internacionalização das atividades criminosas faz com que o crime organizado, dos mais diversos países, estabeleça alianças estratégicas para cooperar com as transações mais atraentes para cada organização. Na realidade, o fenômeno já bastante percebido é que o crime organizado, com variados graus de sofisticação, está adquirindo a lógica organizacional de uma empresa em rede.[1]

Há muitos esforços para o apontamento dos lucros reais auferidos por esse novo fenômeno criminal, com suas múltiplas faces, nesses tempos de economia global. Contudo, não é nada fácil detectar se os valores estão na ordem dos milhões, dos bilhões ou até dos trilhões. O que se sabe é que seus lucros alcançam cifras fabulosas, astronômicas, e nem mesmo são atingidos por crises econômico-financeiras. A sua espantosa lucratividade prossegue em franca ascensão. Essa linha ascendente da lucratividade é formada pelos vultosos ganhos obtidos com atividades criminosas e com seus investimentos em atividades legalizadas. Essa dinâmica inviabiliza o controle do impacto econômico do crime global sobre as atividades criminosas, haja vista que as atividades legalizadas desempenham papel fundamental em acobertar o funcionamento ativo e dinâmico do sistema em escala global. No entanto, isso só ainda não define todo o cenário. A busca de estabelecimento de "acordos" é uma estratégia recorrente, combinando a manipulação habilidosa de "procedimentos legais" e sistemas financeiros nacionais e internacionais, com o uso seletivo da violência e da corrupção generalizada de agentes políticos, funcionários burocratas e tecnocratas, banqueiros, investidores e responsáveis pela fiscalização das formalidades necessárias ao encobrimento de todo o esquema.[2]

Nas fontes da criminalidade global, há organizações enraizadas nacional, regional, local e etnicamente. A maioria já ostenta uma longa história nesse universo, relacionada à cultura dos países e regiões específicas, com suas ideologias, códigos de honra e mecanismos de filiação e comprometimento. Tais organizações estão fincadas, de maneira sólida, nas culturas nacionais e étnicas, que não desaparecem nas novas interrelações globais; ao contrário, a constituição de redes, em escala global, possibilita que as organizações criminosas tradicionais se for-

---

1 CASTELLS, Manuel. *End of millenium*. New York: The Johns Hopkins University Press, 2002, p. 205.
2 Op. Cit, p. 206.

4 – A Conexão do Mal: A Economia da Criminalidade Global   61

taleçam e prosperem, na medida em que escapam aos controles de um determinado Estado em momentos difíceis.

As organizações criminosas fundadas em bases nacionais e étnicas diversificam-se entre aquelas com maior notoriedade e outras sem tanta visibilidade, mas todas com atuação bastante intensa nas sociedades. A realidade é que são detectadas, em todos os países e em todas as regiões, quadrilhas e redes de quadrilhas, as quais estão convencidas, agora, da enorme oportunidade de se conectarem a redes mais amplas de atividades ilícitas, nesse submundo da criminalidade organizada, que marca sua presença em muitas pequenas localidades e em grandes regiões, com a espantosa capacidade até mesmo de adquirir a maior parte de bens em países de menor porte.

A partir dessas bases locais, regionais, nacionais e étnicas, fundadas na identidade e lastreadas em relacionamentos interpessoais de confiança e desconfiança, as organizações criminosas atuam em uma vasta gama de atividades. O tráfico de drogas ainda é o principal negócio, a ponto até de mexer com uma questão repleta dos interesses mais escusos, qual seja, a legalização das drogas. Essa questão talvez seja o maior incômodo que a criminalidade organizada enfrenta com estratégias sutis. É preciso ficar bem claro que o enfoque, nesse caso, é estritamente econômico, não sendo colocado em discussão qualquer outro aspecto, porque é apenas por ele que se interessa a criminalidade organizada. Nesse sentido, para essa questão, com seu viés exclusivamente econômico, a realidade é só uma: a droga é regida pela oferta e pela procura. Há um crescente consumo de drogas por todo o mundo, a despeito dos mecanismos preventivos e repressivos existentes. O crime organizado global tem sido exitoso em encontrar formas de atender a essa demanda, transformando-a sempre em negócios altamente lucrativos e na perniciosa causa principal da maioria da criminalidade que dela deriva ou que gravita em seu entorno. Essa é uma situação desconcertante, desconfortável e até desesperadora, mas uma nua e crua realidade, caracterizada pela movimentação diuturna de cifras incalculáveis da economia do crime organizado e de toda a rede de criminalidade que, direta ou indiretamente, se encontra a ele interconectada.

Entretanto, além do tráfico de drogas, essa mesma economia da criminalidade organizada tem se alargado e alastrado seu campo de atuação, tornando-se um ramo de "atividade global cada vez mais diversificado e interligado".[3]

Já não é impossível esboçar uma relação, ainda que não exaustiva, das principais atividades das quais o crime organizado participa, além do próprio tráfico de drogas. Há o tráfico de armas, o tráfico de material nuclear, o tráfico de biodiversidade, o tráfico de pessoa, o tráfico de órgãos, as adulterações e falsificações de produtos e marcas ("as piratarias"), os contrabandos, os descaminhos e os fluxos financeiros desregulados, tudo com uma engrenagem bem engendrada para transformar dinheiro sujo em dinheiro limpo. Não há como não reconhecer um forte impacto do assombroso volume de riqueza do crime e global sobre a economia, com reflexos na política e na cultura.

Acredita-se que os montantes correspondentes aos capitais desse crime global seja mesmo, sem exageros, um gigantesco volume, ainda que sejam desconhecidos os números. Sem dúvida, esse é um aspecto digno de ser considerado. Contudo, não é ainda o único destacável. É preciso notar a sua enorme capacidade de mobilidade metamorfoseante. Não é sem razão que assim se diz:

> Para evitar o rastreamento, o capital proveniente da economia do crime muda constantemente de uma instituição financeira para outra, converte-se de moeda para moeda, transforma-se de ação para ação, reveste-se de investimentos na indústria do entretenimento. Dada sua volatilidade e disposição em assumir altos riscos, o capital criminoso acompanha e amplifica os lances especulativos dos mercados financeiros.[4]

A atividade criminosa também influencia, direta ou indiretamente, uma série de economias nacionais. Em certos casos, o volume de capital supera toda a economia do país. Em outros, ele representa um montante suficientemente grande para condicionar os processos macroeconômicos, exercendo papel decisivo em regiões e setores específicos. Além disso, em outros países, seu grau de penetração em empresas e instituições transforma o quadro econômico, tornando-o imprevisível e favorecendo estratégias de investimento concentradas no retorno a curto

---

3 CASTELLS, Manuel. *End of millenium*. New York: The Johns Hopkins University Press, 2002, p. 211.
4 CASTELLS, Manuel. *End of millennium*. New York: The Johns Hopkins University Press, 2002, p. 239.

4 – A Conexão do Mal: A Economia da Criminalidade Global 63

prazo. E não é só isso. Mesmo em economias grandes e com certa solidez, crises financeiras também podem ser desencadeadas por manobras criminosas. Os efeitos deturpadores da sempre subterrânea economia do crime organizado, em particular, sobre as políticas monetárias e, em geral, sobre as políticas econômicas, dificultam ainda mais o controle dos processos econômicos, originalmente baseados em países com uma economia bastante globalizada. Esses efeitos acabam sendo componentes econômicos que não são alcançados, de forma alguma, pelos mais rigorosos esforços de controle oficial.[5]

O assunto ainda não se esgota nesse ponto. O impacto do crime organizado sobre as instituições e políticas governamentais é inegável. A soberania estatal, já desgastada pelos processos de globalização e identidade, vem experimentando ameaças diretas de redes criminosas altamente flexíveis que escapam dos mecanismos de controle e assumem um grau de risco que nenhum outro tipo de organização é capaz de assimilar.

Durante certo período de tempo, a estratégia fundamental do crime organizado era se infiltrar nas instituições estatais nacionais, regionais e locais, seja no âmbito político ou burocrático. Essa linha de ação não deixou de ser um elemento importante nos procedimentos operacionais do crime organizado, porque ele só é capaz de sobreviver mesmo por meio da corrupção de agentes públicos e, em grau mais intenso, das próprias instituições.

Nos últimos tempos, contudo, a globalização econômica provocou uma verdadeira revolução na estratégia institucional do crime organizado. Abrigos seguros para sua instalação, enraizamento e expansão vêm sendo encontrados em todos os lugares, pequenos, médios ou de grande porte, com o respaldo da enorme mobilidade e da extrema flexibilidade das redes, possibilitando-lhe esquivar-se com muita facilidade e ficar na sua zona de conforto, bem longe do efetivo alcance das regulamentações nacionais e dos procedimentos preventivos e repressivos mais rigorosos, desencadeados pelas instituições, nas suas frustradas tentativas de coibir suas inúmeras atividades ilícitas, nos mais diversos países.

Sempre que a pressão do Estado e das forças internacionais tornam-se mais intensas em determinado país, em certa região ou mesmo

---

5 Op. Cit, p. 240.

em alguma localidade mais "segura" para esse fenômeno criminoso, a flexibilidade da rede lhe possibilita transformar sua geometria organizacional. Essa mudança se opera na base de fornecimento de apoio logístico para facilidade de acesso a informações privilegiadas e comunicações reservadas, bem como nas rotas mais apropriadas para a maior circulação de suas vultosas riquezas. Em outras palavras, para falar daquilo que realmente interessa à criminalidade organizada, ou seja, o dinheiro em si, sabe-se que ele circula com segurança nos fluxos das transações financeiras computadorizadas, gerenciadas a partir de centros bancários situados em paraísos fiscais, que dirigem o movimento dos capitais no tempo e no espaço.[6]

No fundo, apostando suas fichas na flexibilidade local e na complexidade internacional, a economia do crime organizado escapa das tentativas desesperadas de controle, por parte de rígidas instituições estatais circunscritas às suas fronteiras, que sabem que estão perdendo não só as batalhas, mas também a guerra, embora não queiram ou não possam admitir tal evidência. Com isso, não há outra consequência senão esta, qual seja, a sua capacidade de impor a lei e a ordem, ainda que se saiba das inúmeras dificuldades para concretizá-las no nível mínimo de efetividade. Se for efetivação no nível máximo, então, é claro que os obstáculos se tornam ainda mais tortuosos.

Em uma reação desesperada e apenas simbólica ao poder, cada vez maior, do crime organizado, como forma de autodefesa, os Estados nacionais tentam recorrer às mais diversas medidas, que vão desde as mais paliativas até aquelas que chegam a arranhar possíveis liberdades democráticas fundamentais. Com o Estado nacional sitiado e fragilizado, as sociedades vulnerabilizadas e as economias nacionais já inseguras de suas interrelações com redes transnacionais de capitais e seus agentes manipuladores, a influência crescente do crime organizado global pode provocar um perigoso retrocesso significativo dos direitos, valores e instituições democráticas. A seriedade dessas observações não pode passar despercebida. O Estado não está sendo apenas ludibriado pelo crime organizado a partir de pontos externos às suas fronteiras. Está também ruindo por dentro. Além de os criminosos subornarem e/ou intimidarem autoridades públicas, há um aspecto ainda mais insidioso e

---

6 CASTELS, Manuel. *End of millennium*. New York: The Johns Hopkins University Press, 2002, p. 241.

4 – A Conexão do Mal: A Economia da Criminalidade Global 65

devastador: a corrupção da política democrática. As necessidades financeiras, cada vez mais recorrentes, dos candidatos a cargos públicos e dos partidos políticos criam uma oportunidade de ouro para que o crime organizado ofereça apoio a campanhas políticas nos momentos críticos. Qualquer menção de aceite do "generoso" auxílio oferecido perseguirá o político para sempre. Além disso, o processo eleitoral dominado pela política do escândalo, destruição da figura política e forjamento de imagens também oferece ao crime organizado um campo privilegiado de influência política. Ao atrair políticos para o submundo das mais diversas ilicitudes, das múltiplas corrupções, com o poder de lançar acusações de ocasião, o crime organizado instituiu uma vasta rede de informações e de extorsões, traficando influência a troco da conivência de todos os enredados em suas teias.[7]

A influência do crime organizado também atinge a esfera cultural. Essa dimensão é afetada das maneiras mais sutis. Por um lado, a identidade cultural pode contribuir, de maneira mais ou menos intensa, para retroalimentar grande parte dessas redes criminosas, fornecendo os códigos e as formas de comprometimento que criam a confiança e garantem a comunicação no âmbito de cada rede. É preciso lembrar que essa cumplicidade, espontânea ou forçada, não é capaz de evitar o uso de violência contra os próprios pares. Todavia, há ainda um nível mais amplo de compartilhamento e compreensão dentro da organização criminosa, que se sustenta na própria história, na cultura e na tradição e gera toda sua ideologia de legitimação. Esse fato já tem sido bastante documentado em inúmeras pesquisas sobre as atuações das diversas redes criminosas pelo mundo. Na realidade, quanto mais o crime organizado se torna global, tanto mais seus componentes, tidos como importantes, valorizam sua identidade cultural. O objetivo dessa valorização é bem estratégico, qual seja, não desaparecerem no turbilhão do espaço de fluxos, a fim de que possam ser mantidas suas bases étnicas, culturais e, na medida do possível, também as territoriais. Essa é sua grande força, a ponto de ser pertinente mesmo dizer que é provável que "as redes criminosas estejam à frente das empresas multinacionais em termos de capacidade de aliar identidade cultural a negócios globais".[8]

---

7 CASTELLS, Manuel. *End of Millennium*. New York: The Johns Hopkins University Press, 2002, p. 242.
8 Op. Cit., 2002, p. 243.

Além disso, há outro aspecto relevante nessa dimensão cultural da criminalidade organizada. O maior impacto cultural das redes criminosas globais sobre as sociedades em geral, além da expressão de sua própria identidade cultural, é a nova cultura mesmo que elas são capazes de estimular e impulsionar. Em diversos contextos, criminosos ousados, performáticos e bem-sucedidos transformaram-se em modelos para novas gerações que não vislumbram perspectivas fáceis de saírem das condições sociais desfavoráveis em que vivem, não veem qualquer chance de usufruírem dos benefícios materiais do mundo contemporâneo e não escondem seus desejos de protagonizarem aventuras bombásticas que lhes garantam alguns minutos de "celebridade". Não deixa de ser interessante notar essa realidade cultural retratada também pela via de uma linguagem um pouco mais literária. Esses criminosos das novas gerações são apanhados entre o entusiasmo pela vida e a realização de seus limites. Desse modo, eles comprimem a própria vida, reduzindo-a a alguns instantes intensos, vividos de forma plena e, então, simplesmente saem de cena, desaparecem com a mesma rapidez que apareceram nesse "palco de fortes emoções". Durante esses breves momentos de existência, o sentimento de poder, riqueza e fama compensam o cenário de uma vida mais longa, regida pelo cotidiano e pelos dias mais rotineiros que estão à espera de qualquer pessoa comum.

A difusão da cultura do crime organizado é reproduzida pela penetrabilidade do mundo do crime, na vida diária da sociedade, pelos muitos veículos da mídia de massa. Em todo o mundo, provavelmente, as pessoas estão mais familiarizadas com a versão dessa mídia sobre a vida desses criminosos e de suas façanhas, tornando-os verdadeiros astros com toda uma aura de fascínio por seus pensamentos e suas ações. Já não se desconhece a tese de que o meio é a mensagem. Enquanto suporte material de comunicação, o meio tende a ser apresentado como transparente e incapaz de determinar os conteúdos comunicativos que veicula; mas, ao contrário, a mensagem transmitida por um veículo de comunicação põe em jogo, em cada caso, diferentes estruturas perceptivas, desencadeia distintos mecanismos de compreensão, ganha diversos contornos e tonalidades, enfim, adquire muitos significados. Em outras palavras, o meio, o canal, a tecnologia de comunicação não constitui apenas uma forma comunicativa, mas determina o próprio conteúdo da comunicação, influenciando as transformações da cultura humana.[9]

---

9 MCLUHAN, Herbert Marshall. *The Gutenberg Galaxy: the making of typographic man.* Toronto: University of Toronto Press, 1962, p. 15-17.

4 - A Conexão do Mal: A Economia da Criminalidade Global

Tudo isso pode muito bem indicar que a cultura do crime organizado contribui para formar uma nova sociedade, constituída de identidade comunal, mas conectada com a rede global, e de concorrência sem lei, porém com suas próprias "leis", modelando um mundo assustador, aterrorizante e atormentado por sua gigantesca força cultural dominadora.

4.3 CRIME ORGANIZADO E SEUS RUMORES

Em termos de conteúdo, a ideia de crime organizado estaria destinada a dar suporte a um aparelhamento funcionalista do sistema jurídico penal e processual penal, com a imposição de um discurso de eficiência repressiva no seu grau máximo. Esse mesmo crime organizado seria apresentado, ainda, como uma espécie de um novo inimigo da sociedade. Toda essa roupagem vestida na criminalidade organizada, que deixa a sociedade vulnerável a uma desordem caótica, impulsiona, estimula e exige uma resposta rápida e robusta de um novo movimento de lei e ordem.[10]

Não faltam críticas a essa concepção exagerada e distorcida da criminalidade organizada. Trata-se de um discurso fantasioso. Essa visão não teria tanta consistência teórica e prática. Na teoria, uma quimera bem engendrada, sem qualquer conteúdo. Na prática, uma mera rotulação desnecessária. Na realidade, um verdadeiro mito. Nessa linha do discurso do mito, não existiria essa criminalidade organizada. Ela não passaria de um conceito muito mal formado ou mesmo de uma categoria muito bem forjada, a partir de uma narrativa tradicional de países hegemônicos de alto calibre econômico, transplantado para o resto do mundo.[11]

Esse discurso do mito não é o único a respeito da criminalidade organizada. Há ainda o discurso da conspiração. O crime organizado seria uma verdadeira "hidra", um monstro com inúmeras cabeças (um dragão com cabeças de serpentes), vale dizer, um poder muito bem estruturado e com amplo espectro de atuação em várias atividades criminosas de enorme lucratividade. Os estratosféricos lucros obtidos com tais ati-

---

10 TIPKE, Klaus. *Innere Sicherheit, Gewalt und Kriminälitat*. München: Kösel, 1998, p. 39.

11 ZAFFARONI, Eugenio Raul. *Crime organizado: uma categorização frustrada*. Rio de Janeiro: GZ, 2010, p. 46.

vidades são objeto de lavagem de dinheiro, em sofisticadas operações financeiras transnacionais, com assessoria de profissionais altamente especializados e com sucessivos (re)investimentos em muitas outras atividades de expressiva rentabilidade. Parte dos espúrios recursos auferidos seria destinado para todo tipo de cooptação de forças necessárias para a manutenção das redes criminosas. Indo atrás de se entender seus propósitos menos explícitos, não faltam vozes alertando que estaria o projeto de alcançar o poder político e comprometer o próprio Estado Democrático de Direito. Nessa linha, as organizações criminosas devem ser combatidas com o máximo de rigor, por se tratar de uma verdadeira guerra ou cruzada, de tal modo que não há outro caminho para vencê-la senão por intermédio do chamado da política criminal do inimigo. Esse criminoso não pode ser "tratado como cidadão, mas sim combatido como inimigo".[12]

Ambas as visões contêm certos exageros, mas também trazem algumas advertências para o enfrentamento desse fenômeno real da criminalidade organizada. Não há como negar que a globalização econômica, com todos os seus adereços, tais como, zonas de livre e franca circulação de bens e mercadorias, supressão ou diminuição de controles fronteiriços e alfandegários, desregulamentação de mercados, avanços tecnológicos, facilitação de telecomunicações e transportes, redes financeiras transnacionais, desigualdades de bem-estar entre países ricos e pobres geraram um ambiente mais propício para uma nova realidade e, como parte dela, para as práticas delituosas organizadas transnacionais, que encontraram na nova realidade social o caldo ideal para sua expansão pelo globo.[13] Não é sem razão que assim se tem encontrado manifestações bem realistas sobre a tendência expansionista dessa chamada criminalidade organizada:

> De um lado, não se pode deixar de reconhecer que o modelo globalizador produziu novas formas de criminalidade que se caracterizam, fundamentalmente, por ser uma criminalidade transnacional, sem fronteiras limitadoras, por ser uma criminalidade organizada no sentido de que possui uma estrutura hierarquiza-

---

12 JAKOBS,Günther; Cancio Meliá, Manuel. *Derecho Penal del Enemigo.* Buenos Aires: Hammurabi, 2007, p. 56.

13 ANARTE BORRALO, Enrique. *Conjeturas sobre la criminalidad organizada.* Huelva: Universidad de Huelva, 1999, p. 17-19.

4 – A Conexão do Mal: A Economia da Criminalidade Global

da, quer em forma de empresas [...], quer em forma de organização criminosa e por ser uma criminalidade que permite a separação tempo-espaço entre a ação das pessoas que atuam no plano criminoso e a danosidade social provocada.[14]

Não há dúvidas que o desenvolvimento tecnológico ao alcance do bem pode também servir para o mal. É o paradoxo do uso dual das tecnologias, que não deixa de ser uma espécie de "faca de dois gumes".[15] Ao apropriar-se dessas inovações tecnológicas, a criminalidade organizada, como um fenômeno de enorme danosidade social, nos tempos hodiernos, tem maior capacidade de modernização de suas estratégias para disseminação de todo seu potencial maléfico. Não se trata de uma catástrofe do mundo contemporâneo. Não espantaria tanto até mesmo dizer que já é um requintado fenômeno criminal comum. Contudo, não se pode dizer que, além de comum, essa criminalidade organizada seja considerada até mesmo um fenômeno normal.

De qualquer modo, a questão fundamental sobre criminalidade organizada não pode deixar de ser objeto de reflexão de uma política criminal séria e responsável, tanto na esfera internacional, quanto na agenda interna dos países, de tal modo que ainda resta muito a se esboçar sobre esse fenômeno, em termos teóricos e práticos, em toda sua extensão e intensidade, não podendo ser ignorado, camuflado, dissimulado por retóricas políticas demagógicas e descompromissadas em relação a todos os mais perversos impactos negativos dessa nova realidade criminosa que tanto assusta, assombra e atormenta uma mínima paz social. E a advertência a seguir merece uma detida atenção: quando se fala em tomar o crime organizado pelo que ele é, um fenômeno social imbricado na estrutura social, que se aproveita de suas próprias fragilidades, sem quaisquer escrúpulos, podem ser vislumbrados sérios problemas a curto, médio e longo prazos, o que exigirá mais capacidade de interligação dos poderes constituídos, para que consigam lidar com as redes criminosas.[16]

---

14 SILVA FRANCO, Alberto. *Globalização e Criminalidade dos Poderosos.* São Paulo: RT, 2000, p. 206.

15 CARRAPIÇO, Helena. *O crime organizado e as novas tecnologias: uma faca de dois gumes.* São Paulo: Insituto de Defesa Nacional, 2005, p. 15-17.

16 KLERKS, Peter. *Transnational Organised Crime: perspectives on global security.* London: Routledge, 2003, p. 97-99.

Já não se pode negar a existência de uma nova realidade criminal, impulsionada e reforçada pelas facilidades tecnológicas modernas e também pela expansão das estratégias empresariais do campo do lícito para o ilícito, de modo exclusivo ou paralelo. A discussão não está apenas sobre a existência ou não dessa criminalidade organizada ou ainda sobre a necessidade de lhe dar adequado tratamento, mas sobre a forma como essa resposta será efetivada pela sociedade democrática com seus poderes constituídos.[17]

A política criminal até agora elaborada foi projetada para o enfrentamento da criminalidade amadora, e não para a profissional. Ela está centrada em crimes unipessoais, de um agente contra o outro, enquanto o modelo atual é o da criminalidade mobilizada pela pluralidade de agentes, albergados por trás de uma estrutura organizacional ou de um aparato organizado de poder. Nenhuma realidade se modifica se nem mesmo se tenta realizar algo para transformá-la. Propostas de soluções fáceis para questões complexas, como a criminalidade organizada, não são capazes de esconder suas fragilidades, seus engodos e suas dissimulações, especialmente, quando são questionadas em termos de efetividade. Um desafio real complexo que é o da criminalidade organizada exige prognose, com a proposição de medidas que tenham algum impacto presente-futuro na modificação de uma determinada realidade social. Não são admissíveis prognoses míopes sobre essa realidade. Pelo menos deve se buscar um nível ótimo de informações e de conhecimento para tomada de deliberações mais apropriadas para as questões fundamentais a serem enfrentadas. A criminalidade organizada já serviu para uma decolagem muito à esquerda e para um pouso muito à direita. Já passou da hora de ser menos ideológico e tratar da questão com um pouco mais de boa dose de racionalidade em termos de política criminal. Ideologia é um discurso que não compreende a realidade, mas motiva os homens a substituir uma realidade que compreenderam mal por outra da qual não compreenderão absolutamente nada. Em outras palavras, ideologia é um discurso que, partindo de uma falsa visão do presente, atrai os homens para a construção de um futuro que, depois de pronto, "é feio demais para que suportem reconhecer nele a obra de suas mãos".[18]

---

17 HASSEMER, Winfried "apud" ZIEGLER, Jean. *Os senhores do crime: as novas máfias contra a democracia*. Trad. de Clóvis Marques. Rio de Janeiro: Record, 2003, p. 69.

18 CARVALHO, Olavo de. *O mínimio que você precisa saber para não ser um*

4 – A Conexão do Mal: A Economia da Criminalidade Global 71

Quando se quer mentira total, o que se pede é ideologia. É incrível que ainda haja certas "ideias" que persuadem não pela racionalidade, mas pela insensatez elevada à sua maior potência, que é a própria estupidez. A complexa questão da criminalidade organizada, lamentavelmente, parece embalada por essa cegueira ideológica sobre a sua realidade. No império do fingimento, fica difícil distinguir o real do ilusório, o provável do improvável, o verossímil do inverossímil, porque nem a mais brilhante luz solar é capaz de derreter as maquilagens em torno dessa criminalidade. É por isso que uma das passagens mais impressionantes do Evangelho poderia ser relembrada em tempos tão difíceis de se falar a verdade, aquela em que Jesus Cristo simplesmente diz: "Tenho falado francamente ao mundo".[19] A franqueza pública precisa, urgentemente, recobrar seu espaço na sociedade de "consciência plastificada", na qual qualquer fala cretina lançada ao ar, sem o menor fundamento, se arroga a excelência intelectual de um "argumento sólido, sério e suficiente" sobre uma questão de interesse coletivo. Assim, é uma emergência não caminhar para uma política criminal contra o mal da criminalidade organizada com um grupo de imbecis coletivos, isto é, por um grupo qualquer de pessoas, sejam quais forem, até mesmo de inteligência normal ou mesmo superior, que se reúnem com a finalidade de imbecilizar-se umas às outras e, depois, todas as demais que serão intoxicadas por suas ideologias imbecilizantes. É a "classe dos falantes onipresentes", que se arvora a conduzir os destinos de uma "política criminal" impregnada de desvios, distorções e desatinos irracionais, que poderia dar uma pausa em sua verborragia e refletir um pouco mais sobre a desumanização das relações pessoais, a degradação da vida social e intensificação da criminalidade desenfreada, notadamente, na sua vertente mais maléfica, nefasta e perniciosa: a criminalidade organizada. Esse fenômeno tão real e presente, na sociedade contemporânea, exige profunda reflexão crítica, coerente, consistente, coerente e criteriosa de uma racionalidade não embotada pela idiotice, isto é, daqueles sujeitos que não enxergam nada além deles mesmos, que julgam tudo pela sua própria pequenez, porque estão cristalizados no "mesmo" de sempre, tal como expressa o termo *"idios"* em grego.[20]

---

idiota. 3. ed. Rio de Janeiro: Record, 2013. p. 408

19   BÍBLIA. Português. *Bíblia de Jerusalém*. Trad. de Samuel Martins Barbosa et. al. São Paulo: Paulinas, 2006, p. 1889.

20   CARVALHO, Olavo de. *O mínimo que você precisa saber para não ser um idiota*. 3. ed. Rio de Janeiro: Record, 2013, p. 17.

Nenhuma política criminal adotada de afogadilho, episódica e anêmica de pesquisa séria será suficiente para dar uma resposta efetiva ao fenômeno existente do crime organizado. Não se pode defini-la bem sem melhor entender os aspectos e dimensões fundamentais desse fenômeno criminoso, nada amador e ingênuo, que tanto assola, assusta e assombra as sociedades contemporâneas.

O crime organizado é a "película escura fixada no vidro" da sociedade moderna, cujas estruturas são o poder econômico e o poder institucional. Ele tem dimensões locais, regionais e globais, bem como conta com a atuação de agentes dotados de grande capacidade de cooptação de aliados, nas mais diversas camadas da sociedade, exercendo todo tipo de influência perniciosa, perigosa e predatória que as alianças espúrias entre as forças econômicas e institucionais são capazes de engendrar e executar, na busca de obtenção de todos os proveitos e vantagens possíveis e imagináveis para as suas redes de atividades ilícitas.

4.4 CRIME ORGANIZADO E SEUS PARADIGMAS

Não é tão fácil estabelecer um conceito apropriado para crime organizado ou para organizações criminosas, sobretudo, porque se deve evitar, o quanto possível, as fortes cargas ideológicas incidentes sobre esse fenômeno.

Crimes dos mais diversos tipos, há tempos, são perpetrados por vários agentes em conjunto, até porque não é de hoje que o ser humano já aprendeu que é mais fácil alcançar resultados desejados, quando existe coordenada união de esforços. Tanto assim que há referência no sentido de que a expressão crime organizado, especificamente, não seria nada mais do que um novo rótulo para um fenômeno antigo.[21]

Não há nada de inócuo em procurar fenômenos precursores daquilo que, atualmente, se costuma chamar de organizações criminosas. Por precursores devem-se entender grupos que, apesar de não ostentarem as características das organizações contemporâneas, já apresentavam alguns traços que continuam, até os dias atuais, a serem consideradas para o seu reconhecimento.

---

21 HOBBS, Dick. *Criminal Collaboration: youth gangs, subcultures, professional criminals and organised crime*. 2. ed. Oxford: Clarendon Press, 1997, p. 124.

4 – A Conexão do Mal: A Economia da Criminalidade Global

Cavaleiros assaltantes, sob as insígnias de uma cavalaria institucionalizada, já se dedicavam a explorar camponeses, impondo-lhes exigências gravosas, como o direito de passo e portagem. Uns e outros grupos procuravam granjear para si o favor de outros criminosos, repartindo entre eles parte do botim para obstaculizarem o funcionamento de ações repressivas.

Piratas e contrabandistas também podem ser apontados como precursores das atuais organizações criminosas, os quais contavam com receptadores das mercadorias ilícitas e entrepostos seguros para realização das transações comerciais mais espúrias.

O mesmo pode ser dito para os chamados bandos rurais e urbanos. Nessa linha, falam de banditismo social, em atenção ao fato de que seus integrantes são oriundos de camadas populares em oposição às estruturas instituídas de poder, consideradas opressoras e incapazes de se afinarem com os reclamos dos menos favorecidos ou excluídos em relação ao acesso a bens e serviços da sociedade.

Planejamento, organização e execução coordenada, como se observa desde os tempos mais remotos, sempre foram elementos indispensáveis para qualquer ação compartilhada de esforços, e o crime organizado não é exceção alguma a essa inclinação humana.[22]

Fala-se ainda de uma criminalidade ulterior, já um pouco mais profissionalizada, com mais requintes de eficiência para alcançar ganhos fáceis e bem lucrativos, de modo coordenado e constante, atuando em conexões mais ou menos expandidas no espaço nacional e internacional.

Ao tempo desses fenômenos precursores, ainda não se tinha um conceito bem delineado de criminalidade organizada, embora já fosse possível se vislumbrar algumas características identificadas nas organizações criminosas. Longe de ser uma lista fechada, a partir dessas observações de outrora, já é possível apontar aquelas que poderiam ser consideradas, então, as principais características do crime organizado, quais sejam, prática de atividades ilícitas, atuação clandestina, hierarquia organizacional, previsão de lucros, divisão do trabalho, uso da violência, simbiose com o poder público, mercadorias ilícitas, planejamento empresarial, uso de intimidação, venda de serviços ilícitos, relações

---

22 ALEO, Salvatore. *Sistema Penale e criminalità organizzata: le figure delituose associative*. 3. ed. Milano: Giuffré, 2009, p. 61.

clientelistas, presença da lei do silêncio, monopólio da violência e controle territorial.[23]

Ainda é possível articular um enfoque jurídico, criminológico e político-criminal, para estender um pouco mais o esforço de se chegar a uma caracterização mais precisa sobre a criminalidade organizada, mesmo que ela também não possa atestar uma definição definitiva. Essa articulação interdisciplinar compreende os seguintes elementos: hierarquia estruturada, planejamento empresarial, uso de meios tecnológicos avançados, recrutamento de pessoas, divisão funcional de atividades, conexão estrutural ou funcional com o poder público ou com agentes do poder, oferta de prestações sociais, divisão territorial das atividades ilícitas, alto poder de intimidação, alta capacitação para a prática de fraude, conexão local, regional, nacional ou internacional com outra organização criminosa.[24]

Apesar da importância de todas essas fontes conceituais, o fato é que foi o fenômeno específico da máfia que trouxe as bases constitutivas da criminalidade organizada moderna.

No século XIX, começava-se a se falar de "crimes de mafiosos", com suas características específicas, servindo de paradigmas para aquilo que se chamaria de moderna criminalidade organizada em todo mundo. A palavra "máfia" apareceu pela primeira vez em um documento administrativo no ano de 1865, em um relatório de um chefe de polícia da Palermo, que mencionava o "poder crescente da organização criminosa". Foi ainda nesse século XIX que essa criminalidade organizada se transformou em um verdadeiro sistema de poder baseado nos vínculos políticos e sociais estabelecidos pela organização, envolvendo banditismo, corrupção e frágil fronteira entre legalidade e ilegalidade. Não há engano de que a mistura entre a fragilidade do Estado, incapacidade de garantir a ordem pública e as múltiplas formas de legitimação do crime organizado levariam ao surgimento da chamada "honorável sociedade".[25]

---

23 MINGARDI, Guaracy. *O Estado e o Crime Organizado*. São Paulo: Universidade de São Paulo, 1996, p. 51

24 GOMES, Luiz Flávio; CERVINI, Raúl. *Crime Organizado: enfoques criminológico, jurídico e político-criminal*. 2. ed. São Paulo:RT, 1997, p. 99-100.

25 FULVETTI, Gianluca. *The Mafia and the Problem of the Mafia: organised crime in Italy*. 1820-1970. Pisa: University of Pisa Press, 1975. p. 51-53.

4 – A Conexão do Mal: A Economia da Criminalidade Global   75

Do mesmo modo, não há equívoco algum de que a aliança entre o crime organizado e os poderes políticos foi mais um passo decisivo no processo de legitimação dessa "indústria da violência" em larga escala, praticada por "elites violentas" com perspectivas de grande ascensão social.[26]

No entanto, a expressão exata "crime organizado", provavelmente, foi cunhada no ambiente norte-americano, tal como apareceu no Relatório Anual da Sociedade Nova-Iorquina de Prevenção ao Crime, referindo-se a jogos e atividades ilícitas relacionadas ao universo do mundo do entretenimento das apostas, sob a silenciosa proteção de autoridades públicas.[27]

Nos primórdios desses tempos, a expressão "crime organizado" manteve-se inalterada, como atividade criminosa sistemática, sem alusão a grupos determinados, cujos traços marcantes ainda eram a conexão com agentes públicos corruptos, exploração de mercados ilícitos de substâncias psicotrópicas e produtos etílicos e o investimento em cirandas financeiras.

Imigrações para solo norte-americano modificaram o quadro da criminalidade organizada até então existente. Entre o final do século XIX e início do XX, vivendo em ambiente novo e hostil, as comunidades de imigrantes buscaram em suas raízes uma forma muito própria de proteção: o sistema de clãs faria ressurgir nesse novo tempo-espaço de ocupação imigratória comportamentos sociais herdados do passado e fundados sobre laços de proximidade, mesmo que informais, mas muito comprometidos e fortalecidos para a realização de objetivos comuns, no caso, a expansão das redes criminosas por atividades ilícitas rentáveis e poderosas, econômica e politicamente, capazes de assegurar projeção social. A criminalidade sistemática torna-se mais inteligente, poderosa e organizada. Muitos completaram estudos, articularam relações com ricos e ambiciosos empresários influentes e, especialmente, com os mais altos representantes políticos e com autoridades públicas, montando um esquema de criminalidade organizada que se infiltrava, se enraizava e se expandia pelos mais diversos segmentos da sociedade. A essa altura já

---

26 WESSEL, Jan. *Organisierte Kriminalität und soziale Kontrolle*. Wiesbaden: Deutscher Universitätsverlag, 2001. p. 35.

27 WOODWISS, Michael. *Organized Crime and American Power: a history*. Toronto: University of Toronto Press Incorporated, 2001. p. 14-16.

se sabia muito bem que apenas poder financeiro não era suficiente para manter a criminalidade organizada, que também precisava de preciosos apoios políticos.[28]

O chamado "gangsterismo", expressão derivada da palavra "gangster", isto é, aquele membro de um grupo caracterizado por práticas criminais violentas, tornou-se o retrato mais visível das práticas criminosas organizadas. Esse fenômeno do "gangsterismo", uma espécie de banditismo violento, acabou sendo um dos modelos de uma criminalidade organizada que já mantinha aproximações obscuras com os agentes públicos.

Há uma advertência de que a expressão crime organizado, atualmente, deve ser empregada como gênero para todo fenômeno desse tipo de criminalidade. Contudo, essa expressão comporta distinção, haja vista englobar a divisão da existência de associações delinquenciais comuns e especiais, as quais se diferenciam por possuírem matrizes diversas, em organizações de modelo mafioso.[29]

O fato é que a aproximação de um fenômeno como o crime organizado, geralmente, será mesmo informada por uma pré-compreensão do investigador, embasada por experiências passadas, a partir das quais são formuladas certas hipóteses. Nesse sentido, assume importância ímpar a tomada de consciência acerca dos paradigmas ou modelos utilizados nessa aproximação investigativa do complexo fenômeno da criminalidade organizada. Assim, é de notória importância tentar melhor compreender esse fenômeno pelo ângulo dos paradigmas e dos assemelhados da criminalidade organizada.

Paradigma origina-se do grego *"paradeigma"* e significa modelo, padrão a ser seguido. Trata-se de um pressuposto matricial, um referencial inicial, como base para outros fenômenos. Assim, o rigor lógico exige que se inicie com os paradigmas ordenados, para se tentar melhor investigar o complexo e mutante fenômeno da criminalidade organizada na sociedade contemporânea.

O paradigma mafioso traz a ideia de uma organização criminosa com efetivo domínio territorial, fortemente hierarquizada, dotada até

---

28 WOODIWISS, Michael. *Organized Crime and American Power: a history.* Toronto: University of Toronto Press Incorporated, 2001, p. 25-27.

29 MAIEROVITCH, Walter Fanganiello. *Novas tendências da criminalidade mafiosa.* São Paulo: Unesp, 2010, p. 12.

4 – A Conexão do Mal: A Economia da Criminalidade Global   77

mesmo de uma comissão dirigente, como um verdadeiro "sindicato de bandidos", exercendo monopólio sobre determinados mercados ilegais, com ingresso realizado de modo ritualístico e pretensões de lealdade "sanguíneo-familiar", encarnada na figura do "poderoso chefão", além de ser integrado por indivíduos dos mais diversos ambientes sociais. Nesse modelo, criminosos organizados são os mafiosos. Trata-se de um modelo que se projetou, inclusive, na literatura e nas telas do cinema, além de ter forte impacto no imaginário popular, até ser transportado para o mundo da investigação científica do fenômeno mafioso e para o próprio debate travado pela política criminal sobre as máfias em todo mundo. Entretanto, esse modelo já foi colocado em xeque, questionando-se o caráter monopolístico e a unidade administrativa dessas organizações criminosas. Assim, as organizações mafiosas seriam apenas participantes de mercados ilegais, em franca concorrência com outras organizações criminosas. Envolvidas em uma concorrência desleal dos mercados ilegais, dominados pela violência e pelas estratégias mais espúrias, essas organizações seriam sempre instáveis em seus "negócios e investimentos"[30] Não se pode deixar de dizer, agora, que nem todo crime organizado está calcado sobre esse referencial mafioso. Todavia, é preciso dizer que ele não desapareceu, de modo algum, do submundo da criminalidade organizada atual; ao contrário, continua presente e bastante influente em muitas regiões do globo.

O paradigma da rede é também chamado de modelo do entrelaçamento de agentes criminosos. Uma rede informal e de transposição de fronteiras das relações entre os chamados criminosos em tempo integral, todos trabalhando em pequenos grupos. Nesse modelo, a estrutura é menos vertical e hierárquica e mais horizontal ou celular.[31] Indivíduos são designados para atuarem em grupos específicos e, eventualmente, cedidos para outros grupos, de tal modo que possam realizar determinadas tarefas, diante de suas habilidades mais específicas. Na estrutura de rede, de hierarquia menos rígida, a figura do chefe poderá ser menos expressiva do que aqueles que detêm contatos importantes. A figura do facilitador de contatos com outras redes tem muita importância nessa

---

30 MEDINA ARIZA, J.J. *Una Introducción al Estúdio Criminológico del Crimen Organizado.* Huelva: Universidad de Huelva, 1999, p. 11.

31 GARCIA DE PAZ, Isabel Sanchez. *Concepto y Perfil Criminológico de la Delincuencia Transnacional Organizada.* Madrid: Colex, 2005, p. 650.

engrenagem criminosa. Esses criminosos profissionais reúnem-se em vários grupos, que colaboram ou competem entre si, a cada oportunidade surgida para eles, dentro da lógica das circunstâncias dos interesses mais ou menos favoráveis. Em tais grupos, o principal objetivo é a lucratividade das práticas criminosas e a união está em torno desse propósito, não havendo entre os criminosos uma ritualística de lealdade. As redes utilizam-se dos meios tecnológicos facilitadores de comunicações, deslocamentos, anonimato e baixo nível de controle nos pólos urbanos. Os comportamentos individuais dos criminosos expressam os interesses dos grupos aos quais estão integrados. Do mesmo modo, não se pode dizer que esse seja o único referencial para o crime organizado nos tempos atuais.

O paradigma empresarial adquire sua conformação na figura imponente da empresa, como motor da vida econômica de todo o mundo, dentro do modelo do capitalismo global, com seus reflexos inevitáveis na criminalidade. A busca de lucro por parte da criminalidade organizada faz com que o proveito econômico seja farejado onde há maior riqueza e atividade econômica desregulamentada ou não fiscalizada. A ânsia desenfreada por mais lucros e uma falta de consciência da ilicitude marcam o comportamento de certos indivíduos poderosos na criminalidade organizada. Elas se definem como empresários, como homens de negócios. O desenrolar de seus negócios alcançam grandes esquemas da economia de mercado. Os limites são tênues e, por vezes, já não conhecem mais as fronteiras dos negócios lícitos e ilícitos. Aos poucos passam a conhecer melhor esses limites, mas também assimilam suas engrenagens engenhosas, enganosas e espúrias, e não fazem mais qualquer cerimônia para aderirem aos seus sedutores encantos de poder e lucratividade. Nesse paradigma, podem ser vislumbradas, basicamente, três espécies empresariais: a empresa criminosa propriamente dita, isto é, constituída exclusivamente para a ilicitude; a empresa regularmente constituída, mas que viabiliza a prática sistemática, em seu meio, de ilícitos econômicos, financeiros, tributários, fiscais, previdenciários, ambientais, entre outros; e, a empresa constituída como "fachada" para encobrir lucratividades ou atividades ilícitas em si, valendo-se dos chamados "testas de ferro" e dos "laranjas", ou seja, aquelas pessoas físicas que serão usadas para acobertamento das mais diversas falcatruas dessas pessoas jurídicas espúrias, compostas por verdadeiros

4 – A Conexão do Mal: A Economia da Criminalidade Global 79

"empresários do crime". A penetração da criminalidade organizada na atividade empresarial nem sempre é de fácil visualização, muitas vezes dependendo mesmo da projeção social desse homem de negócios no seu espectro de influência. De início, aquele que atua no submundo da criminalidade, como a própria palavra indica, ocupa uma não tão elevada posição em termos de estado social, ainda que possa estar no topo da riqueza. Entretanto, pode ocorrer que a vultosa acumulação dessa riqueza abra caminhos ao criminoso alçar um mais elevado estado social, dentro daquela "lógica" de que "dinheiro é poder". Já não é de hoje que se conhecem algumas lições nesse mundo cinzento e nebuloso da riqueza e do poder, tais como, o grande patrão do crime pode ser um cidadão respeitável, de peito condecorado, amigo do rei, que abastece de "bezerros" as contas e de "sereias" as alcovas de poderosos, porque são capazes de chantagem e corrupção até do mais "Catão", isto é, até do mais dotado de firme austeridade. Nesse caso, pode-se perceber que os mestres do crime organizado, travestidos de empresários, adquirem seu capital de forma ilegal e aumentam-no do mesmo modo; para lhe fazer render frutos, multiplicar e prosperar, eles empregam estratégias também criminosas. Mas não é apenas assim que agem esses "mestres". Eles ainda podem atuar de maneira até mais sofisticada. Pode ser que seu capital, inicialmente, tenha se constituído pelas vias legais; no entanto, uma "oportunidade ouro" ou um eventual "obstáculo" podem levar esses "mestres" dos negócios a recorrerem aos meios criminosos mais sutis, a fim de que mantenham assegurados todos os seus lucros, agora incluindo aqueles que serão acrescidos ao capital depois mesmo da utilização das mais ardilosas manobras para "preservação dos negócios", os quais já se converteram, na realidade, em verdadeira "perversão dos negócios".[32]

O paradigma endógeno é aquele que germina e se dissemina no interior de determinadas instituições, em especial públicas, que se valem de suas prerrogativas e posições privilegiadas para a obtenção de vantagens contínuas, na medida de suas influências tentaculares por todos os segmentos sociais possíveis de serem alcançados, aproveitando todas as oportunidades que lhes surgem no trato com os negócios públicos, afetos às suas atribuições, e suas escusas interações com os mais diversos

---

32 ZIEGLER, J. *Os Senhores do Crime: as novas máfias contra a democracia.* Trad. de Clóvis Marques.Rio de Janeiro: Record, 2003, p. 56-57.

80   *Criminalidade Organizada & Globalização Desorganizada*

interesses privados corporativos, que também colherão seus mais espúrios benefícios dessas relações. Já é de notório conhecimento a expressão *"white collar crimes"*, isto é, "crimes do colarinho branco", definidos como aqueles que se caracterizam pelos mais diversos abusos, fraudes e acobertamentos das práticas ilícitas, independentemente do uso de violência.[33]

Além desses paradigmas, também é preciso vislumbrar fenômenos assemelhados à criminalidade organizada. Eles podem ser divididos, basicamente, em quatro espécies: criminalidade de grupo, criminalidade profissional, criminalidade de massa e crime cometido de modo organizado.

A criminalidade de grupo envolve pluralidade de agentes, mais ou menos coesos entre si, dispostos à prática eventual de ilícitos penais com fins determinados.

A criminalidade profissional também engloba certa pluralidade de agentes, entre os quais há determinadas habilidades especiais que favorecem o alcance dos resultados ilícitos almejados.

A criminalidade de massa refere-se a inúmeros ilícitos penais corriqueiros e disseminados nas sociedades, praticados por pluralidades indeterminadas de agentes no cotidiano de suas relações com seus espaços de interação.

A criminalidade cometida de modo organizado é aquela caracterizada por certo grau de ordenação no seu planejamento e na sua execução, mas ainda sem uma estabilidade ou permanência de sua atuação.

Todos esses fenômenos assemelhados também precisam ser bem delineados por uma política criminal que não se deixa enganar por atividades criminosas capazes de desestabilizar a ordem social, tornando-a bastante vulnerável a práticas que, se ainda não alcançaram a sofisticação de um crime organizado paradigmático, pelo menos já apresentam expressiva capacidade de articulação, organização e execução coordenada, muito longe daquela prática criminosa desarticulada, improvisada, circunstancial, sem quaisquer requintes de mínima concatenação de suas ações.[34]

---

33   SUTHERLAND, Edwin Hardin. *White collar crimes*. New York: Dryden Press, 1949, p. 31-33.

34   HASSEMER, Winfried. *Perspectivas de uma moderna política criminal:*

4 – A Conexão do Mal: A Economia da Criminalidade Global

Não apenas os paradigmas, mas também esses fenômenos assemelhados são importantes categorias, na medida em que possibilitam melhor identificar traços distintivos e específicos que caracterizarão a criminalidade organizada em sua estrutura operacional, conferindo-lhe uma identidade muito própria.

4.5 CRIME ORGANIZADO E SEUS CONTORNOS

Não é nada fácil estabelecer, com precisão cirúrgica, o perfil da criminalidade organizada. Ao longo dos tempos, ela sempre foi capaz de metamorfosear em um dinamismo impressionante. As suas vertentes paradigmáticas e seus modelos assemelhados revelam essa miríade de "faces" que a criminalidade organizada já assumiu no mundo. Entretanto, essa dificuldade não pode servir de desculpa para não se tentar esboçar os contornos mais atuais dessa criminalidade, ainda que eles não sejam completos, até porque ela ainda continua mantendo sua capacidade de ter mais de "mil faces com rostos escondidos". Nesse sentido, podem ser delineados alguns elementos que se somam na configuração desse renovado fenômeno criminoso. Os contornos da criminalidade organizada englobam os chamados aspectos essenciais e os não essenciais.

Antes de avançar sobre eles, não é demais lembrar que essencial é algo crucial, de extrema importância, fundamental, primordial, principal, substancial. Não se deve confundir, pois, com o adiáforo, adicional, complementar, suplementar, supletivo, o que se denominará de não essencial.

No tocante os aspectos essenciais do crime organizado, então, podem ser assinalados os seguintes componentes: pluralidade de agentes, estabilidade, divisão do trabalho, finalidade de lucro e estrutura ou planejamento empresarial.

Quanto aos aspectos não essenciais dessa espécie de criminalidade podem ser listados os seguintes elementos: hierarquia, disciplina, conexão, violência, entrelaçamento, flexibilidade, mercado ilícito, cartel, controle territorial, tecnologia, transnacionalidade, embaraçamento e compartimentalização.

Cada um desses aspectos merece uma formulação conceitual. Viável começar pelos essenciais, aos quais poderão ser conjugados os não essenciais.

---

três temas de direito penal. Porto Alegre: AMP, 1993, p. 21-25.

A pluralidade de agentes implica a presença de uma multiplicidade de membros, em uma enfeixada união de esforços articulados, de modo que não comporta a unipessoalidade, o que não se deve confundir com a existência de uma liderança.

A estabilidade refere-se à permanência na atividade criminosa, não sendo suficiente uma eventualidade, e nem se confundindo com um ilícito isolado praticado de forma organizada.

A divisão de trabalho diz respeito a uma objetiva distribuição de tarefas, com funções definidas ou atribuições próprias para os membros distintos da organização e com especializações, toda essa estrutura adquirindo um acentuado modelo empresarial. As atividades são destinadas como uma espécie de "missão especial" aos diversos membros do grupo. Quanto maior o número de integrantes, a tendência é ser maior o grau de especialização dos componentes do grupo. Em organizações de menor porte, a tendência é haver um acúmulo de tarefas.

A finalidade de lucro é uma espécie de pacto, sem quaisquer reservas, com a busca incessante de obtenção de vantagens de toda espécie, de tal modo que incorpora a ideia de que todas as condutas convergem para um crime-negócio, caracterizado sempre pela previsão de mais lucro.

A estrutura é uma espécie de planejamento empresarial, compreendendo uma bem articulada atuação, capaz de ser muito eficiente na maximização dos lucros, o que envolve uma atividade planejada e executada, com toda logística de utilização de meios sofisticados, para otimização dos resultados, de modo que sejam diminuídos os imprevistos e os riscos de fracassos e prejuízos para a organização.

Os aspectos ditos não essenciais não são desprezíveis e, por vezes, são eles que ajudam a melhor identificar a criminalidade organizada, quando analisados em conjunto com aqueles aspectos essenciais.

A hierarquia é um escalonamento de funções inconfundíveis na estrutura criminosa e, de certo modo, ela até pode ser simplificada em três níveis principais: o primeiro nível é integrado pelos "cabeças", conhecidos por dirigentes, ou seja, aqueles do alto escalão que engendram as atividades ilícitas e tomam as decisões, elaborando os devidos planejamentos e as insidiosas estratégias de execução; o segundo nível é composto pelos chamados "guarda-costas", isto é, aqueles do médio es-

4 – A Conexão do Mal: A Economia da Criminalidade Global

calão encarregados não apenas da supervisão mais direta das atividades ilícitas, mas também da proteção das riquezas espúrias amealhadas; e, o terceiro nível é composto pelos denominados "soldados", ou seja, aqueles do baixo escalão incumbidos da perpetração das práticas ilícitas indispensáveis à manutenção das rentáveis atividades do grupo. Não obstante ser mais fácil alinhar essa estrutura de aspecto mais vertical, é preciso assinalar que a hierarquia deve ser sempre entendida dentro do contexto da dinâmica criminosa, aliada à inafastável ideia de rede. Por melhor estruturada que ela seja, dificilmente, uma organização criminosa dominará todo o processo da atividade criminosa, de modo que sempre estará buscando certo alinhamento com outros grupos, maiores ou menores, dentro do dinamismo de uma rede de interconexões horizontais.

A disciplina diz respeito a uma forma de comportamento "exemplar" exigido dos membros, de modo que sejam resolvidas por "códigos de conduta" atitudes individuais desajustadas, dissidentes e desagregadoras, capazes de dividir, desestabilizar e até diluir o poder da organização. Esses comportamentos indisciplinados podem ser submetidos a julgamentos sumários, por um novo modelo de "jurisdição paralela", chamada de "tribunal do crime", exercida como uma espécie de "instância legitimada de justiçamento", que não admite desvios dos preceitos estabelecidos naqueles "manuais de boa conduta criminosa".

A conexão implica a conivência ou mesmo o envolvimento mais ou menos direto de agentes do poder público, que podem ser cooptados mediante agrados, reciprocidades ou mesmo sugestões, caso não atendam à oferta "generosa" de participação na conhecida "lei dos metais", ou seja, aquela que não faz rodeios para estabelecer, com poucas palavras, sem ambiguidades, que se tem a possibilidade de uma escolha bastante sugestiva, vale dizer, a opção pela "prata" ou pelo "chumbo". Os eufemismos são empregados apenas para chamarem a atenção para a seriedade desse aspecto da conexão estatal das organizações criminosas. Agora, é preciso traduzi-los em termos bem reais. Agrados são todas as formas mais explícitas ou implícitas de corrupção, caracterizada por subornos de todas as espécies tão necessários à longevidade subterrânea das atividades ilícitas da criminalidade organizada. As reciprocidades configuram os conhecidos clientelismos, ou seja, relações que remetem às figuras do patrono e do cliente, caracterizadas pela manutenção do mais do que conhecido esquema de "troca de favores", em que os negócios contam com uma espécie de apadrinhamento, isto é, um verdadeiro conluio entre setores estatais (em geral, do mais alto escalão descendo ao mais baixo), a organização criminosa e certos segmentos beneficiados da população. As sugestões significam nada mais nada menos do que formas de violência, internas ou externas, exercidas contra todos aqueles que criam obstáculos ou dificuldades para o desenvolvimento das atividades criminosas, conhecidas como "acerto de contas", marcadas não só pelo pacto de fidelidade à organização, mas também como expressão de um poder que não pode ser desafiado, enfrentado e nem sequer questionado.

O entrelaçamento compreende a ideia de cooperação entre vários grupos, conforme a necessidade, formando-se vínculos horizontais, e não verticais, entre indivíduos e grupos. Nesse entrelaçamento, operam-se relações de rede com outras organizações. Essas relações ocorrem tanto em função da especialização e da habilidade singular de indivíduos ou grupos em tarefas determinadas, quanto no aproveitamento de contatos e rotas para a ampliação das atividades ilícitas. "Bons canais" de ligações são fundamentais para tais atividades. Elas devem ser construídas para o "bom andamento" dos "negócios" gerados na economia da criminalidade organizada. Esse entrelaçamento é facilitado pelas modernas tecnologias da informação e da comunicação, não se podendo esquecer que o processo de globalização é dotado de um dinamismo em ritmo acelerado, de modo que exige muita eficiência e flexibilidade. Importa tirar o maior partido possível das oportunidades abertas por esse processo, pois ele sugere uma teia de alianças, sobretudo, expandidas para o plano internacional.

A flexibilidade significa a enorme capacidade da atividade criminosa organizada adaptar-se às relações sociais modernas, em especial, ao processo de globalização, sobretudo, no âmbito econômico-empresarial.

O mercado ilícito envolve, em todos os seus amplos segmentos, uma série de produtos ou serviços proibidos, com maior dedicação para aqueles que compõem os "pacotes" de alta demanda social. Além disso, a exploração ilícita de mercados lícitos, em condições mais vantajosas, em uma dissimulada concorrência desleal, também integra esse universo da ilicitude organizada.

4 – A Conexão do Mal: A Economia da Criminalidade Global 85

O cartel pode ser instalado em determinados segmentos das atividades ilícitas, na medida em que um grupo mais forte acaba exercendo certo domínio ou preponderância na exploração de um produto ou serviço, o que lhe confere um agigantado poder socioeconômico. O poder estatal desorganizado não consegue reunir forças suficientes para enfrentar esse agigantamento desse verdadeiro poder paralelo, com sua enorme capacidade de arregimentar forças contra todos aqueles que também tentam disputar espaços e oportunidades naqueles segmentos já dominados pelo grupo monopolista.

O controle territorial constitui os chamados verdadeiros "donos do pedaço", demarcando localidades em que exercem uma espécie de "autoridade leonina", onde as relações socioeconômicas da população ficam sob vigilância constante desses grupos dominadores. Além disso, as comunidades locais também se submetem a tais grupos em função de suas carências materiais, suprimidas por uma espécie de "política assistencialista" do "banditismo generoso", que exige em troca apenas o compromisso fiel com o pacto do se manter sempre calado, já que "boca fechada não entra mosca", regido pela mais rigorosa regra do "não vi e não ouvi nada", traduzida pela "lei do silêncio", cujo único dispositivo impõe um só comportamento, qual seja, dizer sempre "não sei de nada".

A tecnologia dos mais sofisticados equipamentos e recursos é utilizada, em larga escala, pelas organizações criminosas, porque eles potencializam seus intercâmbios de informações e de comunicações, compreendendo todos aqueles disponíveis para aquisição nos mercados desses emblemáticos produtos da era tecnológica.

A transnacionalidade implica ausência de fronteiras ou embaraços para a circulação global mais fluida de pessoas e bens entre as mais diversas instâncias internacionais dos países menos desenvolvidos, passando por aqueles em vias de desenvolvimento, até alcançar os mais desenvolvidos. Todos se constituem em fornecedores e consumidores desse intenso comércio internacional sem embargos, uma verdadeira traficância globalizada.

O embaraçamento consiste em todas as estratégias, das mais ostensivas às mais veladas, de que se utilizam as organizações criminosas para impedirem medidas preventivas e repressivas capazes de desmantelamento das suas micro e macroestruturas de atuação em todas as localidades em que elas mantêm suas ramificações. Eles criam obstáculos de toda espécie, capazes de embaraçar as práticas das instituições incumbidas de perseguir suas atividades e debelar suas operações ilícitas.

A compartimentalização implica criação de cadeias de comando, de modo que os executores das condutas criminosas não recebam ordens tão diretas dos líderes das organizações criminosas, que busca assegurar certo distanciamento dessas chamadas "pontas da lança", a fim de que as "células da criminalidade" sirvam como uma espécie de "capa de blindagem" para que aqueles dos escalões mais altos fiquem mais protegidos e não sejam atingidos pelas atuações investigativas dos poderes públicos.

O eixo unificador desses aspectos, essenciais e não essenciais, é a própria corrupção, em seu sentido mais amplo. Em sua etimologia, no latim "*corruptus*" significa "quebrado em pedaços". Está assim alquebrado o bem comum no ambiente em que a criminalidade organizada estabelece uma dinâmica de favorecimentos a uns e prejuízos, de toda espécie, a outros tantos. Essa corrupção corrói e apodrece, ao reunir os aspectos essenciais e os não essenciais, toda ordem do bem comum, tal como se observa em qualquer ambiente em que a criminalidade consegue se infiltrar e se enraizar.[35]

Não de deve imaginar que essa enumeração de aspectos essenciais, coadjuvados pelos não essenciais, seja exaustiva e suficiente para delinear, com absoluta precisão, todos os contornos da criminalidade organizada. Não são mesmo, e nem se pode dizer que seja possível alinhavar uma teoria definitiva sobre um fenômeno tão complexo como esse do crime organizado, com um enorme potencial metamorfoseante, sempre pronto a se ajustar e a se adaptar às oportunidades que lhe são abertas por um mundo de valores invertidos e pervertidos, que não vê nenhum problema em ser imundo, isto é, literalmente sujo, chafurdado em uma imundície epidêmica, corruptora e corrosiva de consciências e corações.

Os antídotos contra esse monstro tenebroso não serão encontrados com facilidade. Desde tempos imemoriais, sabe-se que a "*hybris*", vale dizer, o desmedido, o sem limites, que se manifesta no poder, no ter e no aparecer, não é um adversário fácil de ser enfrentado, e muito menos de ser derrotado.[36] É uma espécie de "Leviatã" reinventado, cujas sábias pa-

---

35 CHAMBERLIN, Henry Barret. *Some observations concerning organized crime*. Chicago: Chicago University Press, 1931. p. 668.

36 VAZ, Henrique Cláudio de. *Escritos de Filosofia II. Ética e Cultura*. São Paulo: Loyola, 1988, p.75-77.

4 – A Conexão do Mal: A Economia da Criminalidade Global

lavras ainda ecoam para os tempos atuais, marcados por uma sociedade assombrada com sua onipresença:

> Poderás pescar o Leviatã com o anzol e atar-lhe a língua com uma corda? Serás capaz de passar-lhe um junco pelas narinas, ou perfurar-lhe as mandíbulas com um gancho? Virá a ti com muitas súplicas, ou dirigir-te-á palavras ternas? Fará uma aliança contigo, para que faças dele teu criado perpétuo? Brincarás com ele como um pássaro, ou amarrá-lo-á para tuas filhas? Negociá-lo-ão os pescadores, ou dividi-lo-ão entre si os negociantes? Poderás crivar-lhe a pele com dardos, ou a cabeça com arpão de pesca? Põe-lhe em cima a mão: pensa na luta, não o farás de novo. A tua esperança seria ilusória, pois somente o vê-lo atemoriza. Ninguém é tão feroz para excitá-lo; quem, então, iria me enfrentar? Quem me adiantou algo para que eu o reembolse. Tudo o que há debaixo dos céus. Não quero calar seus membros, o detalhe de suas façanhas, a beleza de seus membros. Quem abriu sua couraça e penetrou por sua armadura? Quem abriu as portas de suas fauces, rodeadas de dentes terríveis? Seu dorso são fileiras de escudos, soldados com selo de pedra, tão unidos uns aos outros, que nem um sopro por ali passa. Ligados estreitamente entre si e tão bem conexos, que não se podem separar. Seus espirros relampejam faíscas, e seus olhos são como arrebóis da aurora. De suas fauces irrompem tochas acesas e saltam centelhas de fogo. De suas narinas jorra fumaça, como de caldeira acesa e fervente. Seu hálito queima como brasas, e suas fauces lançam chamas. Em seu pescoço reside a força, diante dele corre o pavor. Quando se ergue, as ondas temem e as vagas do mar se afastam. Os músculos de sua carne são compactos, são sólidos e não se movem. Seu coração é duro como rocha, sólido como uma pedra molar. A espada que o atinge não resiste, nem lança, nem o dardo, nem o arpão. O ferro para ele é como palha; o bronze; como madeira carcomida. A flecha não o afugenta, as pedras da funda são felpas para ele. A maça é para ele como lasca, ri-se do sibilo dos dardos. Seu ventre coberto de cacos pontudos é uma grade de ferro que se arrasta sobre o lodo. Faz ferver o abismo como uma caldeira, e transforma o mar em queimador de perfumes. Deixa atrás de si uma esteira brilhante, como se oceano tivesse uma cabeleira branca. Na terra ninguém se iguala a ele, pois foi feito para não ter medo. Afronta os mais altivos, é rei das feras soberbas".[37]

---

37 BÍBLIA. Português. *Bíblia de Jerusalém*. Trad. de Samuel Martins Barbosa et al. São Paulo: Paulinas, 2006, p.855-856.

A falsa cegueira já não pode mais ser fingida, quando uma realidade abominável e titânica como a da criminalidade organizada opera e espalha suas ambiciosas e perniciosas atividades com "mãos que derramam sangue inocente, coração que maquina planos malvados, pés que correm para a maldade". Em outras palavras, seus tentáculos alcançam dimensões globais, regionais e locais. Para entender bem a gigantomaquia desse empreendimento contagioso e nefasto, que enreda e empareda por todos os lugares, uma metáfora ajuda mostrar-lhe essa capacidade monumental: para uma organização criminosa, o (i)mundo abaixo do céu não é limite, pois nem o céu o é.

O enfrentamento corajoso dessa monstruosidade requer a volta de imperativos éticos, políticos e sociais, além de uma bem ordenada racionalidade jurídica em termos de esforços conjugados entre criminologia e política criminal, cuja voz e vez se ergam em defesa dos valores que a criminalidade organizada conseguiu, com "celebrada" facilidade, não apenas inverter, mas também perverter.

OS DESAFIOS DO ENFRENTAMENTO DA CRIMINALIDADE ORGANIZADA

5.1 NOTAS PRELIMINARES

A sociedade contemporânea defronta-se com inúmeros desafios. Tem a sensação de impotência diante deles. O desafio do enfrentamento da criminalidade organizada se sobressai e se potencializa, dada a sua enorme e emblemática capacidade não só de expor seu pavor, de forma impactante, no plano supraempírico do sugestivo-simbólico, quanto de impor sua pujança, de maneira dominadora, no plano empírico da própria realidade da vida cotidiana.

Atordoada, apavorada e abatida, a sociedade contemporânea parece ridicularizada, rendida e refém desse fenômeno manifesto de barbárie. O seu enfrentamento não é fácil e nem comporta fraqueza. Ela precisa ser encorajada a enfrentá-lo com verdadeiras, vigorosas e virtuosas forças fundamentais bem articuladas.Nesse sentido, inicialmente, será apresentada uma dimensão ética, que ainda pode ser resgatada, para ajudar no enfrentamento desse fenômeno que não tem limites e nem nutre qualquer respeito por qualquer um que se oponha a seus perniciosos e gananciosos desígnios. Em seguida, será discutida a dimensão política, notadamente, a contaminação e o aniquilamento que o crime organizado globalizado leva para o Estado nacional, provocando o que se chama de "morte da política", uma situação que precisa ser revertida pelo Estado Democrático de Direito. Após isso, será abordada a dimensão cultural, especificamente, aquele que propõe um exame mais detido sobre como a identidade cultural alimenta, em grande parte, as redes

90 Criminalidade Organizada & Globalização Desorganizada

da criminalidade organizada. Por fim, então, será focalizada a dimensão jurídica na perspectiva combinada de uma criminologia e de uma política criminal racional, capaz de inspirar a produção de um direito penal firme, sério e responsável, capaz de dar respostas à altura, tanto em sentido preventivo, quanto em sentido repressivo, para esse flagelo contemporâneo do crime organizado.

5.2 A DIMENSÃO ÉTICA

A dimensão ética chama a atenção para uma era do vazio em que está mergulhada a sociedade contemporânea. Ela traz uma "sociedade da cegueira" para valores básicos da convivência humana que estão esgarçados, estraçalhados e esvaziados. É nessa sociedade vazia e cega que se espalham e se enraízam as chamadas "violências modernas", multiplicando-se em redes de poderes perniciosos que envolvem e dissolvem as relações humanas mais harmoniosas.[1]

Parece que bem e mal são de novo o problema, haja vista que o homem (re)descobre a sua dupla natureza, dupla para si mesmo: vontade do ilícito, vontade do lícito, uma como a outra presentes nele tanto quanto fora dele. O homem tem a consciência do mal, porque também possui aquela do bem, o que é o mesmo, porquanto não existe o insensato senão do ponto de vista do sentido. Em outras palavras, o homem age por aquilo que ele tem de mau, porque a realidade na qual ele quer se realizar é má, ao mesmo tempo em que se esforça na busca do bem, de modo que o bem é e está, indissoluvelmente, ligado ao mal, a um mal que não pode ser desenraizado, mas apenas transformado.[2]

Um mal que não pode ser desenraizado é, por definição, um mal radical. Ele envolve uma deliberação que inverte a lei moral, porque o gênero humano é influenciado pela maldade, embora permaneça viva nele uma disposição originária para o bem, que ainda conserva toda sua pureza.[3]

Não se pode perder de vista que o problema do mal está, de alguma forma, ligado ao problema da independência do espírito. Ela constitui

---

1 LIPOVETSKY, Gilles. *A era do vazio: ensaios sobre o individualismo contemporâneo.* Trad. de Therezinha Monteiro Deutsch. Barueri: Manole, 2005, p. 161-165.
2 WEIL, Eric. *Philosophie Morale.* Paris: Vrin, 1961. p. 20-47.
3 KANT, Immanuel. *A religião no simples limite da razão.* Trad. de Artur Morão. Lisboa: Edições 70, 1992. p.27-29.

5 – Os Desafios do Enfrentamento da Criminalidade Organizada

o momento em que se dá o encontro do homem consigo mesmo e com o seu "vir-a-ser" si mesmo. É no espaço da plena autonomia e independência do homem que pode se operar o maior risco de seu descaminho para o mal.[4]

Talvez, fosse melhor nem pensar nesse descaminho humano. Entretanto, também se pode dizer que uma vida sem pensamento seria sem sentido. Se não há pensamentos perigosos, o próprio pensar é perigoso.[5] De qualquer modo, com todos os seus imagináveis ou não paradoxos, é o pensar que permite ao homem não ficar trancafiado em realidades superficiais. Mais do que isso, ele não permite a esse mesmo homem fugir da responsabilidade por suas próprias ações. O pensamento pressupõe um afastamento para um enxergar mais distante e, ao mesmo tempo, uma aproximação para um ver mais próximo o significado profundo das coisas. Só é possível oferecer alguma resistência ao mal, quando não se é arrastado pela superficialidade das coisas. Significa dizer que quanto mais superficial se é, provavelmente, mais suscetível ao mal se estará na vida.

O "sopro de pensamento" remete para uma volta ao ensinamento ético de Sócrates, transmitido nos primeiros diálogos platônicos (conhecidos por "diálogo socráticos"), com destaque para três aspectos fundamentais: conhecimento de si mesmo, douta ignorância e aprendizado da virtude. Dessas categorias deixadas pelo ensinamento socrático, pode-se destacar aquilo que parte do pressuposto de uma intrínseca relação entre virtude e razão, do qual se ergue, imediatamente, o problema da relação entre liberdade e necessidade. Essa relação leva a conceber a liberdade como essencial à virtude e a necessidade como predicado da razão, o que remete para a conciliação entre a necessidade do bem, emergido da razão, e a liberdade de agir entro de uma ordem. A liberdade apresenta-se como fonte de toda inteligibilidade e, por conseguinte, como atributo intrínseco de todo ser racional. É por isso que a ética helênica (grega), de matriz socrático-platônica, já distinguia três formas de liberdade, as quais se tornariam uma espécie de "topos" clássico para

---

4 HEGEL, George Wilhelm Friedrich. *Enciclopédia das ciências filosóficas em compêndio. A Filosofia do Espírito*. Trad. de Paulo Meneses e José Machado. São Paulo: Loyola, 1995, p. 23-25.

5 ARENDT, Hannah. *A vida do espírito: o pensar, o querer, o julgar*. Trad. de Antonio Abranches; César Augusto R. de Almeida; Helena Martins. 2. ed. Rio de Janeiro: Relume-Darumã, 1993. p. 176.

a posteridade: liberdade de arbítrio, liberdade de autonomia e liberdade de escolha. A liberdade de arbítrio refere-se ao poder e agir ou não, segundo o simples alvedrio de cada um. A liberdade de autonomia faz com que o destino perca seu tirânico poder sobre o efêmero indivíduo. E a liberdade de escolha é precedida ou acompanhada de uma deliberação da razão. É com ela que se inicia o verdadeiro caminho da liberdade. Um itinerário que tem como fim o horizonte do bem, construído a partir das bases sólidas das virtudes.[6]

A ética das virtudes encontrou uma notável elaboração na filosofia prática aristotélica (de Aristóteles), tendo-se como base uma profunda racionalidade analógica. A razão prática aristotélica, desenvolvida em uma rigorosa sistematização em suas obras sobre ética, pode ser delineada, de forma sinótica, nos seguintes aspectos fundamentais: a noção de bem e a sua definição como bem humano – a *"eudaimonia"* –, a partir de sua ação própria, qual seja, a ação virtuosa. A virtude é dividida, assim, conforme as atividades da alma racional, em duas vertentes básicas: a vertente das virtudes dianoéticas (intelectuais) e vertente das virtudes éticas (morais).

Essa ética das virtudes, de matriz aristotélica, mais tarde, encontrou eco na escolástica tomasiana (de São Tomás de Aquino). Razão e liberdade são componentes do agir humano e conferem ao agente uma característica essencial, qual seja, a de tender para um fim, conduzindo a si mesmo. Desse modo, ao agente racional e livre cabe dirigir sua própria ação, ou seja, ordená-la para o bem como fim do seu agir, conferindo-lhe constituição moral, por natureza e destinação. Além disso, a noção de bem envolve, lógica e ontologicamente, a noção de perfeição, o que implica conceber a vida como uma ordem de fins, segundo uma escala de perfeições a serem alcançadas. Essa trajetória remete àquela ética das virtudes. A definição da natureza da virtude como hábito, na concepção aristotélica, revisitada pelo pensamento tomasiano, pertence à categoria da qualidade que influencia o ser em si mesmo, conferindo-lhe o seu perfil existencial próprio e o seu dinamismo histórico. Pela sua ação virtuosa, o sujeito ético (moral) avança, progressivamente, no caminho de sua autorrealização ou da atualização de sua perfeição, isto é, como sujeito racional e livre capaz de aperfeiçoar-se no transcurso da vida.

---

6 VAZ, Henrique Cláudio de Lima. *Escritos de Filosofia IV. Introdução à Ética Filosófica 1.* São Paulo: Loyola, 1999, p. 107.

5 – Os Desafios do Enfrentamento da Criminalidade Organizada

Nos tempos atuais, há uma reproposição de uma antropologia "da criaturalidade e da esperança", articulada com essa matriz referencial da ética das virtudes, como possibilidade para o vínculo entre do agir humano e o bem, para a sua realização na vida em coletividade.[7]

Essa é uma articulação que pode ajudar a resistir ao mal radical, aquele que tem raízes profundas, ou, então, ao mal banalizado, manifestado nas múltiplas formas de violência, na medida em que ela não considera o bem apenas uma referência contemplativa, mas uma possibilidade de realização no horizonte da vida humana, pois assim é a virtude: o esforço para se portar bem, que define o bem nesse próprio esforço.[8] Ela pode ser uma alternativa pedagógica robusta para se preencher um tempo de novos vícios, enquanto tendências aparentemente irresistíveis, em um cenário de suposta carência de valores afirmativos.[9]

É preciso estimular as pessoas a se perguntarem de que histórias elas fazem parte. Quando alguém se vê diante de vários caminhos a seguir e deve escolher um deles, é importante não se esquecer de tentar descobrir qual dará mais sentido à sua vida. Uma história de ações virtuosas pode ser bem mais significativa, porque impõe até maiores desafios, entre eles, o de ajudar a consciência moral (ética) a desmontar o "quebra-cabeça" das confusões. A luta contra o mal se inicia pela luta contra a confusão. Se não for assim, acabará contribuindo para aumentar ainda mais a própria confusão entre o bem e o mal. Uma forma de vida virtuosa, ainda que até pareça mais trabalhosa, pode ajudar na narrativa dessa história de vida vivida para se desfazer essa confusão, mesmo que não seja nada fácil. Não é por outra razão que se pode dizer, então, que aos vícios degeneradores, deturpadores e devastadores da criminalidade organizada, hoje disseminadores de tanta confusão nessa luta entre o bem e o mal, é que devem ser contrapostos os bons propósitos de todo esse legado histórico da ética das virtudes. Só é preciso ainda lembrar que consciência moral não é um objeto, mas um esforço permanente de integração, a busca de unidade para além e por cima do caos imediato. É um empenho para resolver contradições.

---

7 PIEPER, Joseph. *Die Wirklichkeit und das Gute*. München: Kösel, 1949. p. 31-33.

8 COMTE-SPONVILLE, André. *Pequeno tratado das grandes virtudes*. Trad. de. São Paulo: Martins Fontes, 1999. p. 5-6.

9 GALIMBERTI, Umberto. *Os vícios capitais e os novos vícios*. Trad. de Sérgio José Schirato. São Paulo: Paulus, 2004, p. 125-132.

5.3 A DIMENSÃO POLÍTICA

A dimensão política envolve compreender que a globalização do crime organizado subverte o Estado nacional, transformando procedimentos governamentais de forma profunda, deixando-o de "mãos atadas", e até mesmo na condição de refém desse fenômeno, em diversas situações da vida contemporânea. Essa é uma tendência muito perigosa, facilmente reconhecida, mas de consequências ignoradas. O Estado nacional está em crise política. A grande novidade dessa crise não é nem o maior grau de penetração do crime organizado e seu impacto na política. A novidade mesmo é a conexão global do crime organizado, condicionando relações econômico-políticas internacionais à escala e ao dinamismo da economia do crime organizado. O impacto desse fenômeno é o profundo envolvimento e a desestabilização do Estado nacional, tornando-o submetido à influência dominadora dessa "nova economia". O impacto dessa tendência avassaladora, nos dias atuais, pode ser observado em três aspectos principais. Primeiro, em muitos casos, toda a estrutura do Estado, não raro incluindo as altas esferas do poder, está entremeada de vínculos criminosos, pela corrupção da política, causando enormes estragos na condução de questões de interesse público e coletivo. Segundo, para vários países, as relações internacionais entre os Estados-Nação passaram a ser condicionadas, em vários níveis, pela maior ou menor disponibilidade em se empenharem ou não, com sucesso ou sem ele, no esforço contínuo de cooperação na luta contra essa pujante economia do crime organizado. Terceiro, a importância crescente dos fluxos de capital de origem criminosa torna-se um meio fundamental de estímulo ou desestabilização da economia de países inteiros, a ponto de impedir o desenvolvimento de uma política adequada em cada um deles, sem que se leve em conta esse fator avassalador.

O certo é que a importância desse fenômeno, seu alcance global, as dimensões de sua riqueza e de sua influência agigantada, bem como seus sólidos vínculos com o mercado financeiro internacional tornaram as relações entre a criminalidade organizada a corrupção política uma característica identificável em muitos países do mundo, a tal ponto de ser dito o seguinte: "nesse emaranhado formado por crime, dinheiro e poder, não há lugar seguro para ninguém", ou, ainda, nesse sentido, "não há instituições nacionais seguras para ninguém".[10]

---

10 CASTELLS, Manuel. *The Power of Identity*. Oxford: Blackwell Publishers, 201, p. 306.

5 – Os Desafios do Enfrentamento da Criminalidade Organizada

Fala-se agora da "morte da política". Uma política incapaz de se sobrepor a uma perversidade sistêmica, caracterizada por forças tirânicas do mundo atual: o dinheiro em estado puro, a competitividade em estado puro e a potência em estado puro.

Com a globalização econômica, impõe-se uma nova noção de riqueza, de prosperidade, conceitos fundados no dinheiro em estado puro e aos quais todos os sistemas políticos são chamados a essa adaptação. O novo dinheiro torna onipresente. Fundado em uma pura ideologia, esse dinheiro sem medida se torna a medida geral, reforçando a inclinação para se considerar a acumulação como uma meta em si mesma. Nessas condições, firma-se um círculo vicioso dentro do qual a busca desenfreada do dinheiro tanto é uma causa como uma consequência de todas as ações humanas, entre elas, aquelas praticadas no espaço público da política.[11]

A necessidade de capitalização conduz à necessidade de estabelecer competitividade em todos os planos. Diz-se que as nações precisam competir entre elas e as empresas competem por um quinhão sempre maior do mercado. No mundo globalizado, regiões e localidades são chamadas para a competição o tempo todo. A competitividade se torna também uma "regra de convivência" entre os indivíduos. A necessidade de competir acaba, aliás, "legitimada" por uma ideologia que se difunde e se aceita sem quaisquer reservas. Desse modo, são criados "novos parâmetros" para a convivência, mesmo que desvinculados de novos valores. Concorrer e competir não deveriam ser confundidos. A concorrência pode até ser saudável sempre que os agentes empreendam as melhores atitudes para alcançarem resultados de excelência, exigindo-se o respeito a regras de convivência com o outro. Por sua vez, a competitividade está fundada na invenção de novas "armas de luta", dentro da "lógica de conquista" de posição superior, ainda que seja preciso eliminar o outro do caminho, o que pode ser feito sem qualquer reserva. A competitividade é uma espécie de guerra em que tudo vale, cuja prática leva ao desmoronamento de valores e traz o convite ao exercício da violência em suas muitas e múltiplas faces.[12]

---

11 SANTOS, Milton. *Por uma outra globalização: do pensamento único à consciência universal.* 16. ed. Rio de Janeiro: Record, 2008, p. 56.

12 SANTOS, Milton. *Por uma outra globalização: do pensamento único à consciência universal.* 16 ed. Rio de Janeiro: Record, 2006, p. 57.

Para obter o dinheiro e exercer a competitividade, tudo em estado puro, o poder (a potência) deve também ser exercido nesse nível. O poder passa a ser fim em si mesmo. Tudo vale para se conquistar o poder. Entretanto, não basta a mera conquista. É prioridade manter o poder conquistado a qualquer preço. Assim, o poder perde toda sua legitimidade, sofrendo as mais nocivas contaminações, mas não pode ser perdido.

É preciso recuperar a pureza da política, entendida como o governo para o bem comum, com uma visão ampla e de conjunto. Ela apenas se realiza quando existe a consideração de todos e de tudo. Quando não há essa visão mais abrangente, não se chega a ser político. A política tem de cuidar do conjunto de realidade e do conjunto de relações.[13] Essa recuperação passa pela superação da política cínica. A política corrupta sempre tenta manter as aparências. Essa deturpada ação política cultivará bons modos para escamotear seus maus costumes. A corrupção não é um ato, mas um estado, no qual se acostuma a viver. Essa é a degeneração profunda do político, que já não pode ser confundida com a tão necessária dimensão política da vida, enquanto uma alta instância de organização de conjunto, voltada para o bem-estar coletivo das muitas e múltiplas realidades da vida. O problema da política atual não é uma questão de convicções morais demais, mas de menos. A política tem sido tão lembrada por seu esvaziamento em conteúdo moral, porque ela já não é capaz de enfrentar as "grandes questões que importam a todos".[14] Nesse sentido, o vácuo deixado pelo poder político, em sua capacidade de organizar a vida em grupo, abre caminho para que a criminalidade organizada se apresente como força preenchedora desse espaço, figurando como uma estrutura de poder voltada para a tutela de ideais coletivos e regras de convivência social em detrimento do contratualismo formador do pacto estatal.[15]

O vazio moral da política contemporânea tem algumas explicações. Uma delas é o empenho esquizofrênico de extirpar do debate público a questão dos ideais. Na tentativa de evitar ou fugir mesmo de confrontos

---

13 Op. Cit, p. 6.
14 SANDEL, Michael J. *O que o dinheiro não compra: os limites morais do mercado.* Trad. de Clóvis Marques. Rio de Janeiro: Civilização Brasileira, 2012, p. 19.
15 MANSO, Bruno Paes; DIAS, Camila Nunes. *A guerra*: a ascensão do PCC e o mundo do crime no Brasil. São Paulo: Todavia, 2018, p. 118-119.

5 – Os Desafios do Enfrentamento da Criminalidade Organizada

sectários, cidadãos acabam deixando suas convicções morais para trás quando ingressam na arena política. Contudo, não faz sentido algum falar de corrupção de determinada atividade, especificamente, a ação política, se já não se acredita mais que certas maneiras de ser um cidadão são mais qualificadas do que outras. Diz-se que a era atual é marcada por um único roteiro: quase tudo está à venda e, o que ainda não está é porque não foi feita uma oferta tentadora. No entanto, é mais do que hora de perguntar se é mesmo assim que se pretende viver, ou, então, se não existem certas coisas que dinheiro algum poderia comprar. Essa não é apenas mais uma pergunta para se dizer que, no fundo, é a própria liberdade de escolha que está em questão. Esse questionamento volta ao âmago do problema, qual seja, decidir sobre limites morais do mercado. O fato é que reflexões morais levam os seres humanos ao esforço inevitável de harmonizar juízos elaborados com princípios afirmados. Para uma sociedade que se organiza em um Estado Democrático de Direito, antes de mais nada, parece que ela é compromissada com a dimensão política da vida em coletividade. Se ela deposita na política a confiança de conduzir, com certa excelência, os destinos dessa sociedade, então, não se pode ser incoerente e desacreditar que essa mesma sociedade já não tem mais qualquer compromisso com virtudes cívicas e com o bem comum. Virtudes cívicas e bem comum devolvem certa dignidade à política. Restituem a política a algum comprometimento moral. Nesse sentido, os dizeres seguintes não estão desatualizados: "Uma política de engajamento moral não é apenas um ideal mais inspirador do que uma política que se esquiva do debate. Ela é também uma base mais promissora para uma sociedade justa".[16] Com esse horizonte retomado, a dimensão política volta a se comprometer, em sentido positivo, com a vida boa para a coletividade, e não se torna comprometida, em sentido negativo, com os mais insidiosos, indecorosos, indecentes e inescrupulosos interesses do submundo da criminalidade organizada.

5.4 A DIMENSÃO CULTURAL

A dimensão cultural também é atingida, de maneiras mais sutis, pela influência maléfica do crime organizado, cujos tentáculos alcançam do global ao local, e vice-versa. Por um lado, a identidade cultural

---

16 SANDEL, Michael J. *Justiça: o que é fazer a coisa certa.* Trad. de Heloísa Matias e Maria Alice Máximo. Rio de Janeiro: Civilização Brasileira, 2011, p. 330.

alimenta a maior parte dessas redes criminosas, fornecendo os códigos e as formas de comprometimento que criam a confiança e garantem a comunicação no âmbito de cada rede. Essa cumplicidade não evita a possibilidade de violência, a qualquer momento, contra os próprios pares. Há níveis muito amplos de compartilhamento e compreensão dentro da organização criminosa, que se apóia na história, na tradição e na cultura, bem como gera sua ideologia de legitimação. Na verdade, quanto mais o crime organizado se torna global-local, tanto mais seus componentes, notadamente, aqueles que se intitulam mais importantes, valorizam sua identidade cultural, com o objetivo de não desaparecerem no turbilhão de espaços e fluxos. Ao assim se posicionarem, não querem apenas fixar bases territoriais, mas também preservar suas bases étnicas e culturais. Nesse patamar também reside muito de sua força. É possível que as redes criminosas estejam à frente de quaisquer outras entidades em termos de capacidade de aliar identidade cultural a negócios locais, regionais e globais.

Não obstante, o maior impacto cultural das redes criminosas sobre as sociedades em geral, além da expressão de sua própria identidade cultural, é a "nova cultura que elas induzem".[17]

O culto à criminalidade organizada, na sociedade contemporânea, não pode ter outro efeito senão incrementar a própria cultura que esse fenômeno deflagra, divulga e dissemina como um flagelo para os dias atuais. Parece incrível uma afirmação como essa, mas existe sim a cultura do crime organizado. Ela pode ser vista como uma potencialização de outra cultura já bastante difundida na sociedade atual. Trata-se da cultura do crime que compensa, porque retira do anonimato e assegura um "admirável estado ("status") econômico e social". Muito difícil acreditar que ela não acabaria contribuindo para uma atmosfera toda favorável para a cultura do banditismo idealizado. Nesse sentido, a criminalidade organizada chega a ponto de estatuir que preza por uma "ética de conduta social exemplar", baseada em "princípios e valores universais", tais como, paz, justiça, liberdade, igualdade e união, de modo que a sociedade já nem perceba o enorme paradoxo que isso representa, o que significa dizer que "[...] o crime se torna ideal de emancipação, inserin-

---

17 CASTELLS, Manuel. *End of millennium.* Oxford: The Johns Hopkins University Press, 2002, p. 243.

5 – Os Desafios do Enfrentamento da Criminalidade Organizada

do mais contradição na espiral do sistema".[18] Supervalorizar a imagem de um criminoso perverso e caricaturar a de um cidadão cumpridor de seus deveres, já não é mais nenhuma aberração, nos dias atuais, para uma sociedade de consciência plastificada e alienada, ao contrário, nessa crescente cultura de exaltação do banditismo se tem o reflexo passivo e acrítico de uma sociedade injusta. Se levada mais a fundo, essa "inversão cultural do banditismo" poderá comprometer todo o senso moral dos cidadãos, instaurando a falsa crença de que o dever de ser bom, justo e certo "incumbe primeira e essencialmente à sociedade e só secundariamente aos indivíduos".[19] Ao longo da história, já se tem demonstrado que o padrão moral das sociedades – e principalmente dos Estados – foi sempre muito inferior ao dos indivíduos concretos. Qualquer tipo de sociedade até pode se permitir atos que para um indivíduo seriam criminosos. Assim, a essência do esforço moral consiste em tentar ser justo em uma sociedade injusta.[20] Nessa toada, é impossível que não seja fomentado esse novo "elogio da loucura", vale dizer, uma exaltação cultural do banditismo idealizado. Em diversos contextos, criminosos ousados e bem-sucedidos são transformados em modelos para toda uma geração. Não faltam aqueles que se espelham nesses criminosos como "exemplos de vida". Desejam seguir seus passos. Inspiram-se em seus pensamentos e ações.

No entanto, esse é um desejo marcado por uma miopia absoluta. Esses bandidos idealizados ora se apresentam como sempre prontos para muitas conquistas na vida e para muitas aventuras inimagináveis, ora se mostram como uma espécie de "justiceiros de uma sociedade injusta". É o fascínio que exercem sobre o outro por meio de manifestações performáticas, que vão do uso de linguajar todo empolado até o uso da força, de que se julgam "legítimos senhores", em um contínuo "exibicionismo espetacular" de estímulo para admiração e imitação do estilo de vida que levam no cotidiano. Além disso, propagam o seguinte: o que vale da vida é o momento, a boa vida de todo instante, tudo acompanhado da satisfação de se sentir o todo-poderoso, uma espécie de "rei do pedaço", cujas vontades são sempre atendidas, já que seus comandos

---

18 FELTRAN, Gabriel. *Irmãos*: uma história do PCC. São Paulo: Companhia das Letras, 2018, p. 50.

19 CARVALHO, Olavo de. *O Imbecil Coletivo*. Rio de Janeiro: Record, 1996, p. 126.

20 NIEBUHR, Reinhold. *Moral Man and Immoral Society: a study in ethics and politics*. New York: Scribner's, 1960, p. 21-23.

são sempre obedecidos. Esse estilo de vida gera o entusiasmo de um viver pleno, em um tempo-espaço onde importa aparecer e, mais cedo ou tarde, desaparecer com o nome cravado nas manchetes nos mais diversos meios de comunicação de massa e, ainda, terem suas façanhas reproduzidas nas telas da televisão e do cinema.

A força da cultura parece inabalável. As tramas da cultura, traçadas pelo seu recurso simbólico de construção de sentido, encontram-se em permanente reciclagem. Na cultura nada é eliminado, mas acumulado. Já não há cultura, mas culturas. Os conteúdos da codificação humana podem ser adaptados, mas jamais extirpados.[21]A sociedade contemporânea inventou máquinas reprodutoras de imagens e o desdobramento da reprodutibilidade é a multiplicação exacerbada de imagens, inflacionando o valor de exposição. O advento das imagens repetidas e idênticas que se disseminam no espaço público inaugura o trânsito das imagens em superexposição à plena luz. A cibercultura é o nome dado ao ambiente contemporâneo das redes midiáticas e que é correlata à fase atual do capitalismo tardio. Contudo, a cibercultura não se refere apenas ao que é realizado em ambientes digitais; é uma configuração sociotécnica, culturalmente ampla, que abarca grande parte da vida social. Esse painel ocorre nos arcos da chamada pós-modernidade. A sociedade pós-moderna é concebida como uma rede de comunicações.[22]

Até mesmo aqueles que recusam o termo pós-moderno não deixam de convir há algo de novo na modernidade, a tal ponto de sentirem a necessidade de lhe atribuir algum adjetivo. Modernidade líquida é uma das expressões mais difundidas. Ela instaura a cultura da transitoriedade.[23] Desse modo, ser moderno é encontrar-se em um ambiente que promete "aventura, poder, [...], transformação das coisas em redor, mas ao mesmo tempo ameaça destruir tudo o que temos, tudo o que sabemos, tudo o que somos".[24] O pensamento pós-moderno instaura uma nova modalidade de cultura, que é a expressão de um conjunto

---

21 BAITELLO JUNIOR, Norval. *O animal que parou os relógios*. São Paulo: Annablume, 1997, p. 20.

22 LYOTARD, Jean-François. *A condição pós-moderna*. Trad. de Ricardo Correia Barbosa. Rio de Janeiro: José Olympio, 1986. p. 16.

23 BAUMAN, Zygmunt. *Vida líquida*. Trad de Carlos Alberto Medeiros Rio de Janeiro: J. Zahar, 2007, p. 15-17

24 BERMAN, Marshall. *Tudo o que é sólido desmancha no ar: a aventura da modernidade*. Trad. de Carlos Felipe Moisés e Ana Maria L. Ioriatti. São Paulo: Companhia das Letras, 1991, p. 37.

5 – Os Desafios do Enfrentamento da Criminalidade Organizada

de transformações socioeconômicas, produzindo algumas mudanças na sociedade moderna. Não basta consumir, mas é preciso também ser consumido, isto é, tornar-se sujeito-mercadoria vendável.[25]

O bandido idealizado tornou-se esse sujeito-mercadoria vendável, na "espetacular" cultura do crime, tão propagada nesses tempos de cibercultura, na qual ganha maior notoriedade, especialmente, a criminalidade organizada.

O fascínio exercido pela cultura da criminalidade organizada pode indicar a gravidade de uma perigosa ruptura com outra dimensão cultural. Trata-se da cultura de valores sociais mais elevados e qualificados, capazes de resistência firme às armadilhas sedutoras de uma vida embalada por poder, ter e aparecer. No tempo-espaço onde reina essa trilogia não faltará oportunidade para proliferar outra cultura na sociedade contemporânea. Trata-se da cultura da reverência, do medo e da violência, da qual se retroalimenta o crime organizado na sociedade contemporânea.

A cultura da reverência é aquela que projeta a imagem honrada do integrante da criminalidade organizada e de suas qualidades, que devem ser enaltecidas por todos aqueles que ainda não o conhecem de perto, porquanto os que dele se aproximam descobrem que é alguém que merece reconhecimento, diante de seus pensamentos elevados, ações louváveis e sentimentos nobres. Ela abre caminho para uma espécie de idolatria.

A cultura do medo explora a ideia de que não existe nenhum ser humano acima do medo e que possa se gabar de não ser jamais atingido por ele. Todos têm medo, mas alguns sabem explorar as ambiguidades do medo. Aquele que não tem medo não é considerado normal, mas alguns sabem disfarçá-lo. A necessidade de segurança é fundamental, mas a oportunidade para disseminar a insegurança é sem igual. Se a segurança é símbolo da vida, a insegurança, da morte. O animal não antecipa sua morte, mas o ser humano, ao contrário, sabe que morrerá desde muito cedo. Ele é o único no mundo que conhece medo em um grau tão temível e duradouro. A criminalidade organizada sabe potencializar esse medo, conferindo-lhe uma dose de dominação no outro, até que se torne patológico e criador de bloqueios. O medo se torna o

---

25 BAUMAN. Zygmunt. *Vida para o consumo: a transformação das pessoas em mercadoria*. Trad. de Carlos Alberto Medeiros. Rio de Janeiro: J. Zahar, 2008. p. 20-22).

inimigo mais perigoso do que todos os outros. O tempo para, o espaço encolhe. Logo esse medo se intensifica e deixa de ser episódico para não abandonar mais o amedrontado. A sua realidade não é mais outra senão a do medo insuportável. O pânico está instalado e não há mais reversibilidade desse estado de completa dominação da vida do outro. O pânico "mata" antes da própria morte.

A cultura da violência introduz uma noção de desordem contagiosa, de uma patologia que aprisiona o indivíduo e, por extensão, a coletividade toda em um estado de pavor. Os perigos que ela passa a representar atingem níveis do imaginário existencial humano de tamanho impacto, porque expressam símbolos teriomorfos (de animalidade agressiva), nictomorfos (das trevas terrificantes) e catamorfos (da queda assustadora). Apavorado com a violência manifestada de muitas e múltiplas formas, e como sua anormal banalização, a sociedade é atingida em seus dois regimes de imagens, quais sejam, o diurno e o noturno. No regime diurno, segue em abalado estado de alerta e cuidado; no noturno, prossegue em desesperado estado de proteção e vigilância contínuas, para não ser atingido por alguma forma de violência. Em um ciclo diuturno ininterrupto, a sociedade passa da tensão para a hipertensão, diante dos impactos da violência física, psicológica, moral, patrimonial e sexual que se abatem sobre ela. A criminalidade organizada não desconhece o quanto essa violência pode ajudá-la a alcançar seus desígnios mais subterrâneos e repugnantes.

É claro que a cultura da reverência, do medo e da violência tem uma dimensão de imaginário. Contudo, ela também não deixa de colonizar a dimensão do real. Quando essa cultura se instala em ambas as dimensões, ela tende a ser ainda mais nefasta e nociva para toda uma sociedade. Ondas dessa cultura invadem o espaço público e privado e inundam o tecido social da mesquinhez da maldade banalizada. Nesse transcurso de século XXI, se tem algo que as sociedades já podem narrar é uma assustadora história da maldade. Uma história que se renova, impelida por idolatria, megalomanias ou cobiças. A criatividade daqueles que cometem atrocidades não tem limites e não há maior desafio do que tentar entender, o quanto possível, todas as implicações dessa maldade banal desenfreada.[26]

---

26 THOMPSON, Oliver. *A assustadora história da maldade*. Trad. de Mauro Silva. São Paulo: Ediouro, 2002, p. 493-495.

5 – Os Desafios do Enfrentamento da Criminalidade Organizada   103

É preciso contrapor a essa visão cultural àquela que apresenta às pessoas a possibilidade de avançar, na sociedade contemporânea, na cultura da referência, da coragem e da paz.

A cultura da referência é aquela que (re)afirma os bons exemplos que merecem atenção e consideração, porque transmitem valores que arrastam e dão profundo sentido à vida. Esses valores transmitem aprendizados. Com eles, se aprende a conhecer, a agir, a ser, a viver e a conviver.

A cultura da coragem não como ausência de medo, mas como capacidade de superá-lo, quando ele existe, por uma vontade mais forte e mais generosa. Já não é apenas fisiologia, mas força da alma, diante do perigo. Já não é uma paixão, mas uma virtude. Não se trata de coragem dos valentões, mas dos heróis que não querem glória, apenas agir de maneira firme e inabalável para enfrentar os perigos e suportar os labores.

A cultura da paz não é algo apenas teórico, distante da realidade, etéreo ou com pouco senso prático, caracterizada por ações concretas, na vida cotidiana, que manifestam respeito pela vida e pela resistência a todas as formas de exclusão social ou dominação social.

É nítido que a cultura da referência, da coragem e da paz introduz a generosidade nas relações sociais. Essa generosidade ajuda a afastar da baixeza, da mesquinharia, da vileza e da sordidez.[27] E não é demais lembrar que seu mais belo nome é seu segredo mais sublime, já conhecido de muitos: somada à gentileza, a gentileza se chama bondade.

5.5 A DIMENSÃO JURÍDICA

Nos tempos atuais, a criminalidade organizada está entre as maiores preocupações da maioria dos países, notadamente, pelo enorme poder lesivo de suas operações e pela sua capacidade de se embrenhar, enraizar e esgarçar as estruturas do poder público, nos seus mais diversos escalões, para a satisfação de seus mais perniciosos interesses econômicos, financeiros e políticos.

A criminologia, a política criminal, o direito penal e processual penal contemporâneos estão provocados a inspirar e a fundamentar a

---

27 COMTE-SPONVILLE, André. *Pequeno tratado das grandes virtudes*. Trad. de Eduardo Brandão. São Paulo: Martins Fontes, 1999, p. 80.

reformulação e criação de novos e adequados instrumentos de prevenção e repressão a esse fenômeno desafiador e desestabilizador da ordem social dos mais diversos países.

O debate público em torno desse flagelo não pode ser embalado pela pressão sensacionalista de determinados segmentos midiáticos e de pressões circunstanciais manifestadas em certos momentos de maior comoção das sociedades afetadas.

O direito penal e o direito processual que serão produzidos e aplicados não podem cair na armadilha de se tornarem meros direitos promocionais. O real poder do sistema jurídico penal e processual penal não é tão somente o de reprimir, porque o poder "não é mera repressão; pelo contrário, seu exercício mais importante é positivo, configurador, sendo a repressão punitiva apenas um limite ao exercício do poder".[28]Não é demais relembrar que a lei penal não é instrumento apropriado para reforma social, mas um meio de restabelecimento e de ordenação das liberdades coexistentes.[29]

Dificuldades não podem ser justificativas para a opção mais cômoda de se enveredar por caminhos mais fáceis. A dificuldade para se encontrar mecanismos de resposta aos assaques e ataques da criminalidade organizada, nas sociedades contemporâneas, entre elas, a sociedade brasileira, diz respeito ao fato de haver diversas formas de manifestação desses fenômenos criminosos, com todas as suas multifacetárias formas, que muitas vezes refletem as próprias idiossincrasias das coletividades em que eles se formam, se desenvolvem e operam com todas as suas energias.

De qualquer modo, antes de tudo, não se pode fechar os olhos e tapar os ouvidos para as vozes ecoadas da comunidade acadêmica mundial sobre o tema.

Acompanhando o desenvolvimento das estruturas sociais, a criminalidade em geral, como produto dessas mesmas sociedades, não ficou longe dessa "lógica", modificando suas estruturas e formas de atuação para adequação às novas realidades contemporâneas. Nesse quadro, as

---

28 ZAFFARONI, Eugenio Raúl. *Em busca das penas perdidas: a perda de legitimidade do sistema penal.* Trad. de Vânia Romano Pedrosa. Rio de Janeiro: Revan, 1991, p. 22.

29 ROXIN, Claus. *Política criminal e sistema jurídico-penal.* São Paulo: Renovar, 2000, p. 13.

5 – Os Desafios do Enfrentamento da Criminalidade Organizada   105

organizações criminosas surgem como uma nova preocupação social que abala os modelos de prevenção e repressão à chamada criminalidade tradicional. Antes de qualquer coisa, é preciso dar um passo atrás e começar pela própria dificuldade terminológico-conceitual. Já não é nada fácil encontrar uma terminologia harmônica, capaz de identificar e caracterizar bem, do ponto de vista conceitual, o fenômeno da criminalidade organizada. De fato, não há uma nomenclatura unívoca e universal sobre o tema. A essa altura dos estudos sobre esse fenômeno, pelo menos já é possível fazer um inventário das expressões empregadas pela doutrina, nacional e internacional, usadas como sinônimo da chamada "organização criminosa", sendo elas: associação criminosa, associação criminosa mafiosa, associação mafiosa, associação de modelo mafioso, associação criminosa de modelo mafioso, associação de tipo mafioso, associação organizada, associação ilícita, associação ilícita organizada, associação delinquencial especial, associação delinquencial complexa, organização criminal, organização de criminosos, organização do crime organizado, organização criminosa de tipo mafioso, organização criminosa de modelo mafioso, organização mafiosa, organização delinquencial, organização delitiva, organização delituosa, grupo organizado, grupo do crime organizado, grupo organizado criminoso, grupo criminoso organizado, grupo criminoso de origem mafiosa, grupo delituoso organizado, sodalício criminal, bando criminoso, empresa criminosa, multinacional criminosa, multinacional do crime organizado, sindicato criminoso, sindicato do crime, e, entidade do crime organizado.[30]

Não são raras as vezes que essas denominações são empregadas, até mesmo, na linguagem coloquial cotidiana, mas sem qualquer rigor. Esse mau uso se agrava quando expressões como "organizações criminosas" e "crime organizado" são utilizadas como sinônimas de ações delituosas praticadas por gangues, bandos ou quadrilhas que não guardam simetria alguma com a criminalidade organizada em sentido estrito. Em um esforço de sair desse amplo e emaranhado repertório terminológico-conceitual, diz-se que "criminalidade organizada" é uma expressão preferível em relação às demais, haja vista que crime, em língua latina, se refere à esfera dos comportamentos individuais, reportando-se ao conjunto heterogêneo de crimes que, ao mesmo tempo, estão inseridos

---

30 FERRO, Ana Luiza Almeida. *Crime Organizado e Organizações Criminosas Mundiais.* Curitiba: Juruá, 2009, p. 331.

nos processos de confrontação social entre mecanismos de controle e agentes delinquentes.[31]

Entretanto, não faltam críticas à expressão "criminalidade organizada", porque se diz que ela se refere, em termos sociológicos, a um conjunto de crimes. Seria uma nomenclatura genérica que engloba tanto o "crime organizado por natureza", quanto o "crime organizado por extensão".

Nota-se que a dificuldade terminológico-conceitual não é apenas uma mera tagarelice acadêmica. Ela é importante e precisa ser enfrentada com o máximo rigor possível. Há defesa em favor da expressão "organização criminosa", porque exprime melhor a distinção entre as meras associações de pessoas para a prática de crimes e a constituição de uma organização em que há uma noção bem definida de cooperação e hierarquia entre os seus componentes. [32] Contudo, não falta posicionamento a favor das expressões "organização criminosa" e "crime organizado", uma vez que ambas contêm elementos essenciais à melhor compreensão do fenômeno, ou seja, o caráter de sofisticação estrutural, de certa complexidade em sua constituição. Nesse sentido, assim é dito:

> A organização é então uma espécie do gênero associação ou grupo. Isto nos leva ao segundo ponto: 'organização' é um termo mais preciso, dispensando a necessidade de adjetivação respeitante à natureza organizativa, consoante se verifica em relação a expressões como 'associação organizada' e 'grupo organizado'. E não ostenta o cunho extremamente vago e indeterminado de termos como 'entidade'. Nem favorece a confusão com outros grupos criminosos como acontece, a título de exemplificação, como o uso da expressão 'bando criminoso' para o tipo de associação sob comento. Em terceiro lugar, é um termo relativamente 'neutro', não supervalorizando uma única dimensão desta forma associativa [...].[33]

A complexidade do fenômeno não se restringe, porém, ao aspecto terminológico-conceitual. As organizações criminosas podem ser

---

31 SALLA, Fernando. *Considerações sociológicas sobre o crime organizado no Brasil.* Revista Brasileira de Ciências Criminais. São Paulo: 2008, v. 16, n. 71, p. 364-390.
32 PITOMBO, Antônio Sérgio Altieri de Moraes. *Organização Criminosa: nova perspectiva do tipo legal.* São Paulo: RT, 2009. p. 165-166.
33 FERRO, Ana Luiza Almeida. *Crime Organizado e Organizações Criminosas Mundiais.* Curitiba: Juruá, 2009, p. 331.

5 – Os Desafios do Enfrentamento da Criminalidade Organizada

vistas sob vários aspectos, entre eles, socioeconômicos, sociopolíticos, socioculturais, político-internacionais, político-nacionais, político-criminais, político-criminológicos.[34]

Já se percebe que muitas são as perspectivas que podem ser consideradas na definição mais específica de crime organizado. Essa diversidade de definições possíveis advém dos muitos pontos de vista de se encarar um mesmo fenômeno. Desse modo, conforme a referência adotada – seja ela política, econômica, social ou cultural – a definição de crime organizado terá seu sentido sujeito a variações. Não raramente, as definições correrão algum risco de serem imprecisas, lacônicas ou contraditórias. Nesse sentido, nota-se que a criminalidade organizada, por um ângulo, pode ser encarada como um "fenômeno novo e excepcional";[35] por outro, ela pode ser visualizada como um "antigo discurso do poder contra inimigos internos com diferentes denominações, como indicam situações históricas conhecidas".[36] Há uma advertência muito importante sobre essa questão de se encontrar uma definição pontual da criminalidade organizada, porque ela pode acabar mal e se tornar mal acabada em uma seletividade extremamente ideológica.[37]

Para ser bem direto e não deixar ambiguidades no discurso: há um enorme risco de uma perigosa manipulação ideológica da criminalidade organizada na sociedade contemporânea. Não resta dúvida de que se trata de um problema criminal, mas também político, econômico, social e cultural que se transforma e se reforma, de acordo com o contexto histórico de uma sociedade.

A diversidade de fenômenos delituosos abrangidos pela expressão "crime organizado", envolvente de fatos que se pretende reduzir a um, tem sido um grande obstáculo para se categorizar essa delinquência no âmbito científico.[38] Mesmo diante dessa situação nada confortável, a cri-

---

34 DIAS, Jorge Figueiredo. *A criminalidade organizada: do fenômeno ao conceito jurídico penal*. Revista Brasileira de Ciências Criminais. São Paulo: 2008, v. 16, n. 71. 11-30.

35 HASSEMER, Winfried. *Límites del Estado de Derecho para el combate contra la Criminalidad Organizada*. Revista de Estudos Criminais. São Paulo: 2003, v. 5, n. 19, p. 11-16.

36 SANTOS, Juarez Cirino dos. *Crime Organizado*. Revista Brasileira de Ciências Criminais. São Paulo: 2003. v. 11, n. 42, p. 214-224.

37 SALES, Sheila Jorge Selim de. *Escritos de direito penal*. 2. ed. Belo Horizonte: Del Rey, 2005. p. 135.

38 PETER-ALEXIS, Albrechte. *Kriminologie: eine Grundlegung zum Strafrecht*. Mün-

minologia e a política criminal não podem ser descartadas ou relegadas ao plano da irrelevância nessa tarefa, nada fácil, de se dar os melhores contornos sociocientíficos desse fenômeno multifacetário da criminalidade organizada.

Nas sociedades globalizadas, cada vez mais, surgem incertezas e preocupações que criam o ambiente propício para a ignorância de parte da população e para demagogia barata do legislador oportunista no que diz respeito aos efusivos reclamos pela intervenção emergencial do direito penal e do direito processual penal como panaceias de solução aos novos problemas de segurança pública e justiça criminal. Nesse sentido, a criminologia e a política criminal da emergência nem sempre são as melhores conselheiras para um direito penal racional, capaz de dar as respostas criteriosas, coerentes e consistentes, em termos preventivos e repressivos, para a criminalidade organizada. A emergência não possui limites espaciais e temporais, desgarrando-se demais de padrões mínimos do sistema jurídico dotado de racionalidade jurídica, constituindo um subsistema assimétrico e de derrogação dos cânones da razão jurídica bem ordenada. A criminologia da emergência "põe lenha na fogueira" desse subsistema, colocando-o na escala mais elevada de gravidade criminosa a justificar a adoção, com todo vigor, de mecanismos excepcionais de combate ardoroso a essa criminalidade. A política criminal da emergência "pega fogo" no calor desse discurso combativo e, com a retórica demagógica da "guerra sem tréguas", diz estar pronta para dar resposta à altura a esse fenômeno do crime organizado. E a legislação penal e processual penal, rapidamente, estará "assada" e pronta para "queimar" todos os seus "inimigos".

Não precisa esperar muito para logo se perceber que todas essas esferas estimularão frenesis sociais bem no início; em seguida, em pouco tempo, gerarão frustrações; e, muito breve, colherão vergonhosos fracassos.

Criminalidade não é para ser combatida, porque não encerra nenhuma guerra, mas prevenida e reprimida. Esse cânone da cultura jurídica penal não muda em nada só porque, agora, se fala de criminalidade organizada. É claro que esse fenômeno, por sua enorme complexidade, desafia a cultura jurídica penal a lhe contrapor uma qualificada prevenção e uma bem calibrada repressão. Não se trata de uma questão de

---

chen: Verlag C. H. Beck, 1999, p. 376.

5 – Os Desafios do Enfrentamento da Criminalidade Organizada

emergência, mas de inteligência. Não de uma inteligência qualquer, e sim de uma inteligência de excelência, capaz de orientar a criminologia, a política criminal, o direito penal e o direito processual penal, de modo que sejam bem articulados e somem forças para as respostas mais pertinentes possíveis ao fenômeno da criminalidade organizada.

Essa inteligência começa por não perder de vista o arcabouço teórico das diversas definições propostas, ao longo dos tempos, pelos pesquisadores desse fenômeno, merecendo destaque uma que, apesar de elaborada há tempos, não deixou de ter enorme atualidade, sendo adotada por muitas agências internacionais. A definição de crime organizado e sua posição dentro do sistema social, sendo uma organização voltada para a maximização dos lucros com negócios de bens e serviços ilícitos.[39] Trata-se de uma definição que busca suporte nas ciências sociais e traz uma visão multifacetada do fenômeno, sua interação no plano econômico, político e social, identificando assim a intenção criminosa como elemento delineador da estrutura do crime organizado.[40] O crime organizado é a atividade praticada por um grupo de pessoas engajadas em determinados empreendimentos ilícitos, onde posições específicas são definidas na organização, de forma prévia, para cada participante, contando com os executores, corruptores e corrompidos.[41]

A construção dos traços mais claros de crime organizado deve ser realizada de forma a identificar todos os possíveis arranjos, para organizar a ainda não tão organizada definição de crime organizado. Contudo, é preciso ter clareza de que já se sabe que o crime organizado é, sobretudo, um crime de empreendimento.[42]

Essa linha de raciocínio possibilitou, em seguida, definir o crime organizado como uma organização sistemática, uma espécie de empreendimento criminal contínuo que busca distribuir bens e serviços ilícitos e se infiltrar nos negócios lícitos.[43] Nesse sentido, o aspecto marcante do crime organizado é a sua estrutura rígida, com a disciplina de

---

39 CRESSEY, Donald R. *Theft of the Nation: the structure and operations of organized crime in America*. Santa Barbara: University of California, 1969. p. 72.
40 Op. Cit. p. 311-316.
41 Op. Cit., p. 319.
42 DUYNE, Petrus C. Van. *Organized Crime in Europe*. New York: Commack, 1996, p. 52-54.
43 ALBANESE, Jay S. *Organized Crime in our Times*. 5. ed. New York: Lexis-Nexis 2007, p. 6-8.

seus integrantes, aliada a uma hierarquia em graus, com a blindagem dos líderes, mas com a possibilidade de ascensão dos seus integrantes.[44] Ele é estruturado na divisão de poder em níveis de comando, com a característica da agregação dos seus integrantes, adquirindo um perfil de empreendimento racional e continuado que objetiva o ganho ilícito fácil.[45] Há uma forte interação social baseada na distribuição do poder em níveis de comando hierarquizado, mas as atividades desenvolvidas pelo empreendimento criminoso podem transitar, rapidamente, da ilegalidade para a "legalidade", de acordo com o grau de relações e articulações dos seus participantes.

A divisão das atividades conforme o grau de especialização dos integrantes do crime organizado é determinante das relações e dos vínculos realizados para a eficiência do empreendimento. Os seus entrelaçamentos ultrapassam as interações entre seus participantes e seus vínculos mais próximos, em decorrência da enorme facilidade de fluxos do capital ilícito para o mercado lícito. Esse "livre trânsito" pressupõe certo grau de conivência e, até mesmo, de cooperação do poder público, estabelecendo-se assim vínculos baseados na corrupção.[46]

As pesquisas realizadas pelas ciências sociais, até agora, reúnem um conjunto de atributos que, agregados e coordenados, já são bastante indicativos de que se está com as portas abertas para a criminalidade organizada. É possível apresentar um "decálogo" desse fenômeno: motivado pela busca de ganho ilícito e poder; organograma piramidal; qualidades individuais específicas de seus membros; formação de uma subcultura com padrões e regras distintas das adotadas pela sociedade; agigantamento da organização criminosa com a agregação de novos membros; uso de inteligência e de força; divisão rígida de tarefas; hegemonia na distribuição de bens e serviços em territórios pré-estabelecidos; comando com normas e regras rígidas; e, controle das atividades com códigos secretos.

O estudo do crime organizado serve de base para a identificação e compreensão do crime organizado transnacional, haja vista que as alianças celebradas entre os diversos grupos criminosos se inserem no processo de globalização econômico-financeira, utilizando-se do incre-

---

44 CRESSEY, Donald R. *Theft of the Nation: the structure and operatios of porganized crime in America.* New York: 1969, p.313.

45 Op. Cit., p. 31-32.

46 BLOCK, Alan A.; William, J. *Organizing Crime.* New York: Cardiff, 1981, p. 57.

5 – Os Desafios do Enfrentamento da Criminalidade Organizada

mento das tecnologias da informação e da comunicação, com articulação e projeção no âmbito transnacional.

A percepção supranacional do crime transnacional pode ser observada pelas preocupações das organizações internacionais. Elas incorporaram em seus debates o impacto do crime organizado e do crime organizado transnacional na agenda global e seus impactos na segurança mundial.

A Assembleia Geral das Nações Unidas, a partir de 1998, deliberou pela elaboração da Convenção das Nações Unidas contra o Crime Organizado Transnacional, cujo texto foi firmado durante a Conferência de Palermo, na Itália, realizada de 12 a 15 de maio de 2000. Ela se tornou conhecida como Convenção de Palermo. Essa Convenção aponta seis características que devem estar presentes na identificação do crime organizado transnacional: grupo organizado para cometimento de crime; hierarquia e vínculos pessoais que permitam ao líder o controle do grupo; violência, intimidação e corrupção, utilizadas como meio para arrecadação de lucros e controle de territórios-mercados; lavagem dos ativos através da integração do ganho ilícito no mercado; potencialidade de expansão em novas atividades além das fronteiras; e, vínculo de cooperação com outros grupos do crime transnacional organizado.

A proposta foi incorporada na elaboração do texto final da Convenção de Palermo de 2000 contra o crime organizado transnacional, cuja definição assim ficou pautada pelos seguintes elementos: grupo estruturado de três ou mais pessoas; existência há algum tempo; atuação conjunta para cometer um ou vários delitos graves; intenção de obter um benefício econômico ou qualquer outro benefício material.

A Organização dos Estados Americanos considera o crime organizado transnacional como uma nova ameaça aos valores compartilhados pelos Estados Membros para a garantia da paz social nas democracias.

A União Europeia identificou o crime organizado transnacional como uma ameaça à estabilidade econômica e social de todo o bloco, sendo proposta a seguinte conjugação de elementos na definição dessa delinquência: atividade criminosa estruturada durante determinado período de tempo; presença de mais de duas pessoas; cometimento de condutas ilícitas sérias; finalidade de obtenção de vantagem ilícita ou influência na ação ou operação de autoridades públicas.

Essas definições focalizam o crime organizado transnacional. Contudo, agora é preciso assinalar que, muito próximo dele, estão duas outras figuras, a dos grupos criminosos organizados e a do próprio crime organizado. Tem-se buscado estabelecer critérios objetivos para a identificação de cada uma dessas categorias. Porém, é pertinente alinhar, antes, quais são esses critérios que têm sido apontados para se identificar a criminalidade organizada em sentido amplo: colaboração de mais de duas pessoas; tarefas específicas para cada uma das pessoas; atuação por certo período de tempo; exposição do tipo de disciplina ou controle; pessoas suspeitas de já haverem cometido crimes planejados; atuação em nível supranacional; utilização de violência ou outros tipos de intimidação; utilização de estruturas comerciais ou similares; lavagem de dinheiro; influência nas instâncias do poder, por meio de variadas formas de corrupção; influência nos meios de informação e comunicação; influência no sistema econômico formal; fluxo pelo sistema financeiro; influência na economia informal; e, atuação destinada à obtenção de dinheiro e/ou poder.

Esses critérios ajudam a dar melhores contornos à criminalidade organizada em sentido amplo, traduzida em grupos criminosos organizados, crime organizado e crime organizado transnacional.

Grupos criminosos organizados são compostos por duas ou mais pessoas, que atuam em colaboração, suspeitas de já haverem cometido outros crimes, que atuam para obter dinheiro e/ou poder.

Crime organizado é a ação de duas ou mais pessoas, que atuam em colaboração, suspeitas de já terem praticado outros crimes, que atuam para obter dinheiro e/ou poder.

Crime organizado transnacional é a ação de duas ou mais pessoas, que atuam em colaboração, com distribuição de tarefas específicas para cada um de seus membros, por certo período de tempo, sujeitas a alguma espécie de disciplina ou controle, englobando pessoas suspeitas de já haverem cometido outros crimes, com atuação em nível nacional e supranacional, utilizando a violência ou outros tipos de intimidação, integrando estruturas comerciais ou similares, fazendo uso da lavagem de dinheiro para ocultar o ganho ilícito, exercendo influência nas instituições do poder público, por intermédio da corrupção, bem como na economia formal e informal, com fluxos de seus lucros pelo sistema financeiro, atuando para obter dinheiro e/ou poder.

5 – Os Desafios do Enfrentamento da Criminalidade Organizada

Na realidade, o crescimento do crime organizado agregou em sua estrutura uma das características mais expressivas do mundo global atual, a transnacionalidade, implicando novos e enormes desafios de prevenção e repressão aos Estados nacionais.[47]

O Brasil não escapa do crescimento vertiginoso desse fenômeno da criminalidade organizada em sentido amplo. Ela adquiriu proporções assustadoras, atuando em diversas áreas ilícitas, infiltrando-se nos poderes públicos e aterrorizando a população, deixando-a em estado de pânico. Diante da eficiente organização dessa criminalidade e a desorganização estatal, a tendência parece ser uma só: o "assalto" completo da sociedade brasileira pela criminalidade organizada em sentido amplo, envolvendo grupos criminosos organizados, crime organizado e crime organizado transnacional. A sua origem no país remonta ao próprio século XIX, quando surgiu o cangaço no Nordeste brasileiro[48] Obviamente, essa raiz histórica não se confunde com toda a criminalidade organizada, nos dias de hoje, no território nacional e com suas redes internacionais. As facções criminosas em atuação formaram-se e fincaram suas raízes na sociedade brasileira, com todo perfil estrutural (número expressivo de integrantes), finalístico (obtenção de dinheiro e/ou poder) e temporal (permanência de vínculo associativo).

O Estado Democrático de Direito brasileiro, signatário da mencionada Convenção de Palermo, aprovada pelo Congresso Nacional pelo Decreto Legislativo nº 231, de 29 de maio de 2003, ratificada pela Presidência da República pelo Decreto nº 5.015, de 12 de março de 2004, além de manter o vetusto crime de formação de quadrilha ou bando (art. 288, do Decreto-lei nº 2.848, de 7 de dezembro de 1940), apresentou duas leis à sociedade brasileira, a Lei nº 9.034, de 3 de maio de 1995, e a Lei nº 10.217, de 11 de abril de 2001, acreditando na sua adequação para dar uma resposta preventiva e repressiva à altura a essa criminalidade em franca atuação no país. Entretanto, a realidade mostrou que esse arcabouço legislativo foi marcado por frustrações e fracassos flagrantes, diante do meganegócio do crime organizado em escala global.[49]

---

47 PHIL, Williams. *Organizing Transnational Crime: networks, markets and hierarchy.* London: Cass, 2005, p. 57-59.

48 OLIVEIRA, Antonio Carlos. *O Cangaço.* 2. Ed. São Paulo: Ática, 1997, p. 5-7.

49 AMORIM, Carlos. *Assalto ao Poder: o crime organizado.* Rio de Janeiro: 2010, Record, p. 527-529.

Só se falava da urgente necessidade de uma reforma legislativa. A Lei 12.850/13 foi lançada no cenário nacional e deposita-se nesse texto a expectativa de que seja efetiva e eficaz para prevenir e reprimir o flagelo da criminalidade organizada no país. Assim, não resta alternativa senão analisar, minuciosamente, os seus institutos e examinar se ela poderá alcançar resultados mais efetivos e eficazes no enfrentamento desse fenômeno que tanto desestabiliza os princípios e valores da ordem democrática de direito instalada no país.

6

COMENTÁRIOS SOBRE A LEI 12.850/13 – O TRATAMENTO LEGISLATIVO DO CRIME ORGANIZADO NO BRASIL

6.1. INTRODUÇÃO

A Lei 12.850/13, foco do nosso estudo nesse capítulo, não foi o primeiro diploma normativo que se dispôs a tratar sobre a criminalidade organizada no Brasil. Inicialmente, o tema foi objeto de abordagem pela Lei 9.034/95, com alterações promovidas pela Lei 10.217/2001, mas hoje expressamente revogada pela legislação em comento.

Antes disso, nosso ordenamento jurídico só conhecia outros crimes associativos ou de concurso necessário, como "quadrilha ou bando" (art. 288, do CP) e a "associação para fins de genocídio" (art. 2º, da Lei 2.889/56), havendo, todavia, um vácuo no que se referia à criminalidade mais estruturada, existente no país desde a época do "Cangaço", não sendo exagero dizer que Virgulino Ferreira da Silva, mais conhecido como "Lampião", talvez tenha sido o primeiro líder de uma organização criminosa da nossa história.

Pois bem, foi justamente com o intuito de acabar com essa lacuna legislativa que surgiu a Lei 9.034/95, que muito embora tenha trazido no seu conteúdo diversas ferramentas de combate ao crime organizado (ex.: infiltração de agentes, ação controlada etc.), não apresentou os procedimentos legais dessas técnicas investigativas e, para piorar, a referida lei também não definiu o conceito de organização criminosa e nem tipificou o crime de participação em organização criminosa.

Nesse cenário, considerando a ausência de um conceito legal de organização criminosa, parcela da doutrina passou a sustentar a perda de eficácia da Lei 9.034/95.[1] Já outra corrente, defendia que o conceito de organização criminosa poderia ser extraído da Convenção de Palermo, promulgada pelo Decreto 5.015/04.

Não demorou muito para que a discussão chegasse ao Supremo Tribunal Federal, o que ocorreu por conta da Lei 9.613/98, que trata da *Lavagem de Dinheiro* e punia, na sua redação original, a conduta de "ocultar ou dissimular a natureza, origem, localização, disposição, movimentação ou propriedades de bens, direitos ou valores provenientes, direta ou indiretamente, de crime: (...) VII – praticado por **organização criminosa** (grifamos).

Uma primeira corrente defendia, em síntese, que o conceito de organização criminosa trazido pela Convenção de Palermo valeria apenas no âmbito internacional, não podendo ser utilizado para reger o Direito Penal interno. Desse modo, a adoção desse conceito para a caracterização do crime de *Lavagem de Dinheiro* ofenderia o princípio da legalidade, especialmente a garantia da *lex populi*.[2]

Por outro lado, havia o entendimento de que o antigo artigo 1º, inciso VII, da Lei 9.613/98, era apenas uma norma penal em branco, cujo complemento poderia ser dado pela Convenção de Palermo. Embora esse tenha sido o posicionamento adotado na época pelo STJ[3], a 1ª Turma do STF acolheu os argumentos da primeira corrente, estabelecendo, assim, a atipicidade da conduta diante da inexistência no ordenamento jurídico interno do conceito de organização criminosa.[4]

Um novo capítulo dessa novela que envolvia a definição legal de "organização criminosa" foi escrito no ano de 2012. Tendo em vista a ocorrência de alguns atentados praticados contra magistrados, especialmente o assassinato da juíza Patrícia Acioli, no Estado do Rio de Janeiro,

---

1 GOMES, Luiz Flávio. *Crime Organizado: que se entende por isso depois da Lei nº 10.217/01? (Apontamentos sobre a perda de eficácia de grande parte da Lei 9.034/95.* Jus Navigandi, Teresina, ano 7, n. 56, abr. 2002. Disponível: http://jus.com.br/artigos/2919. Acesso em 30.10.2018.

2 GOMES, Luiz Flávio. *Definição de crime organizado e a Convenção de Palermo.* Disponível: https://lfg.jusbrasil.com.br/noticias/1060739/definicao-de-crime-organizado-e-a-convencao-de-palermo. Acesso em 30.10.2018.

3 STJ, HC 171.912/SP, 5ª Turma, Rel. Min. Gilson Dipp, DJe 28.09.2011.

4 STF, AP 694, 1ª Turma, Rel. Min. Rosa Weber, DJe 31.08.2017.

6 – Comentários Sobre a Lei 12.850/13

foi criada a Lei 12.694/12 – também alterada pelo denominado "Pacote Anticrime" (Lei 13.964/19) – que finalmente definiu o conceito de organização criminosa, promovendo, entre outras inovações, a possibilidade da formação de juízos colegiados de primeiro grau[5], tudo com o objetivo de preservar os magistrados.

Entretanto, como nem tudo é perfeito, especialmente no campo legislativo, a nova Lei 12.694/12 se limitou a conceituar a criminalidade organizada, sem, contudo, tipificar o crime de participação em organização criminosa. Foi apenas com a Lei 12.850/13, que essa novela finalmente chegou ao fim, uma vez que esse diploma, além de trazer um novo conceito de organização criminosa e regulamentar os meios de obtenção de prova para o seu enfrentamento (colaboração premiada, ação controlada, infiltração de agentes etc.), também tipificou as condutas de "promover, constituir, financiar ou integrar, pessoalmente ou por interposta pessoa, organização criminosa".

Destaque-se, contudo, que a Lei 12.850/13 não revogou a Lei 12.694/12, que permanece vigente no ponto em que não conflita com a nova disciplina legal. De maneira ilustrativa, podemos citar duas importantes inovações promovidas pela Lei 12.694/12 e que permanecem em vigor: 1-) O seu artigo 4º altera o artigo 91, do Código Penal, ampliando a possibilidade de confisco de bens e a adoção de medidas assecuratórias para alcançar bens ou valores equivalentes ao produto ou proveito do crime quando estes não forem encontrados ou se localizarem no exterior; 2-) O artigo 1º da Lei dispõe sobre a formação do colegiado de juízes de primeiro grau para a prática de atos processuais relacionados às organizações criminosas.

Devido a esta última inovação, que possibilitou a formação de um colegiado de juízes em primeira instância, aventou-se, em sede doutrinária, que a Lei 12.694/12 tivesse instituído em nosso ordenamento jurídico a figura do *juiz sem rosto*, inspirada no Direito Colombiano.

Entretanto, como bem apreendido por MASSON e MARÇAL[6], tal conclusão estava equivocada. Conforme ensinam os referidos autores, o

---

5 Nos termos da nova Lei 13.964/19 – "Lei Anticrime" – que acrescentou o artigo 1º-A, na Lei 12.694/12, passa a ser possível a instalação de Varas Criminais Colegiadas com competência para o processo e julgamento de crimes de pertinência a organizações criminosas armadas ou que tenham armas à disposição.

6 MASSON, Cleber; MARÇAL, Vinicius. *Crime Organizado*. ed. 4. Rio de Janeiro: Forense; São Paulo: Método, 2018. p. 30-33.

instituto do *juiz sem rosto* foi criado na Colômbia pelo Código de Processo Penal (Decreto 2.700/91) influenciado pelo crescimento da criminalidade organizada, especialmente o *Cartel de Medellín*, liderado pelo famigerado narcotraficante Pablo Emilio Escobar Gaviria.

Tendo em vista a onda de atentados contra autoridades que ousaram enfrentar o crime organizado na Colômbia, foi criada a figura do *juiz sem rosto* como forma de encorajar os magistrados no exercício de seus misteres. Assim, integrantes de organizações criminosas eram julgados por magistrados não identificados, que utilizavam, inclusive, capuzes para esconder seus rostos durante as audiências realizadas.

Ocorre que mesmo com a adoção desse expediente de questionável constitucionalidade, diversos "juízes sem rosto" foram alvos de atentados perpetrados pelo Cartel de Escobar, o que, obviamente, foi viabilizado pela corrupção de servidores públicos que vendiam informações sigilosas ao crime organizado.[7]

Diante de tantas controvérsias sobre o instituto, a *Ley 270* (*Ley Estatutaria de la Administración de Justicia*) criou uma regra de transição com o objetivo de que, em 30 de junho de 1999, chegasse ao fim o sistema de *Justiça Regional*, que abrigava a figura do *juez sin rostro*[8], sendo mantida apenas a reserva de identidade de membros do Ministério Público e testemunhas. Advirta-se, contudo, que essa previsão legal foi posteriormente reconhecida como inconstitucional por violar a publicidade do processo, a imparcialidade dos servidores públicos e o direito ao confronto probatório.[9]

Frente ao exposto, só podemos concluir que a Lei 12.694/12 não instituiu a figura do *juiz sem rosto* no Brasil[10], uma vez que a possibilidade de formação de um juízo colegiado em primeira instância não inviabiliza a identificação dos magistrados. Em tais casos, temos o juiz

---

7 GOMES, Luiz Flávio; SILVA, Marcelo Rodrigues da. *Organizações criminosas e técnicas especiais de investigação – questões controvertidas, aspectos teóricos e práticos e análise da Lei 12.850/2013*. Salvador: JusPodivm, 2015. p. 449.

8 MASSON, Cleber; MARÇAL, Vinicius. op. cit., p. 32.

9 O instituto do *juiz sem rosto* foi severamente criticado pela Corte Interamericana de Direitos Humanos durante o julgamento do caso Castillo Petruzzi e outros *vs.* Peru, justamente por ferir os princípios da igualdade, imparcialidade e do juiz natural.

10 Havia no Senado Federal o Projeto de Lei 87/2003 que, de fato, pretendia adotar a figura do *juiz anônimo* no Brasil, mas tal proposta foi arquivada após parecer da Comissão de Constituição e Justiça pela sua inconstitucionalidade.

6 – Comentários Sobre a Lei 12.850/13

da causa (membro nato do colegiado) e outros dois que são escolhidos por sorteio eletrônico dentre aqueles de competência criminal em exercício no primeiro grau de instrução. Não se verifica, portanto, qualquer ofensa à imparcialidade, à publicidade e ao juiz natural.

Demais disso, a Lei exige que as decisões do colegiado sejam, como não poderia deixar de ser, devidamente fundamentadas e firmadas, sem exceção, por todos os seus integrantes, sendo vedada qualquer referência a eventual voto divergente (art. 1º, § 6º, da Lei 12.694/12). Criou-se, nas palavras de MASSON e MARÇAL, o fenômeno da "artificialização das unanimidades", onde o entendimento vencido de um juiz deverá ceder espaço ao pensamento majoritário, preservando-se, destarte, as decisões do colegiado.[11]

Por fim, cabe alinhavar que a formação do juízo colegiado de primeiro grau é uma opção para o *juiz natural*, não sendo, portanto, obrigatória a sua instituição, tratando-se de incidente processual em que o magistrado competente "declina de sua competência singular e atribui competência a um órgão colegiado em primeiro grau"[12], prevalecendo na práxis o entendimento de que o julgamento colegiado pode ser suscitado quantas vezes forem necessárias durante a persecução penal, "sendo impossível uma convocação geral para todo curso do inquérito ou do processo".[13] Nesse sentido, aliás, é a previsão constante no artigo 3º, do Provimento 11/2013, da Corregedoria-Geral da Justiça Federal:

> Art. 3º Praticado o ato para o qual foi convocado, o colegiado encerrará o seu ofício, sendo dissolvido automaticamente, salvo na hipótese de embargos de declaração ou de reexame da matéria em virtude de recurso que permita juízo de retratação. Parágrafo Único. Havendo a necessidade de nova convocação no mesmo processo, será realizado novo sorteio na forma prevista no art. 2º deste provimento.

Ocorre que, conforme já alertado acima, a nova Lei 13.964/19, acrescentou o artigo 1º-A à Lei 12.694/12, permitindo a instalação de Varas Criminais Colegiadas com competência para o processo e julgamento, entre outras hipóteses, de crimes de pertinência a organizações

---

11 MASSON, Cleber; MARÇAL, Vinicius. op. cit., p. 36.
12 LIMA, Renato Brasileiro. *Legislação Criminal Especial Comentada*. ed. 4. Salvador: Juspodivm, 2016, p. 632.
13 MASSON, Cleber; MARÇAL, Vinicius. op. cit., p. 36.

criminosas armadas ou que tenham armas à disposição. Nos termos do § 1º, do novo dispositivo legal, essas Varas Especializadas terão competência para todos os atos jurisdicionais no decorrer da investigação, da ação penal e da execução da penal, inclusive a transferência do preso para estabelecimento prisional de segurança máxima ou para o regime disciplinar diferenciado.

O § 2º, do artigo 1º-A, por sua vez, estabelece que ao receber, segundo as regras normais de distribuição, processos ou procedimentos que tenham por objeto os crimes mencionados no *caput* do artigo, o juiz natural deverá declinar da competência e remeter os autos, em qualquer fase em que se encontrem, à Vara Criminal Colegiada de sua Circunscrição ou Seção Judiciária.

Diante desta inovação, ficamos com a impressão de que a formação dos juizados colegiados em primeira instância não se trata mais de uma opção do juiz natural nos casos que envolvam organizações criminosas armadas, mas de uma obrigação, desde que, obviamente, já tenham sido instaladas as referidas Varas Colegiadas especializadas.

Note-se que nesse contexto a famigerada figura do "juiz das garantias" (outra inovação do Pacote Anticrime), que, em linhas gerais, tem competência para atuar na fase preliminar de investigação, é excepcionada quando se tratar de persecução penal que envolva "organização criminosa armada". Isto, pois, nos termos do art. 1º-A, § 1º, da nova Lei 13.964/19, as Varas Criminais Colegiadas terão competência para todos os atos jurisdicionais no decorrer da persecução penal, incluindo a fase de execução.

Com efeito, nos parece que a norma insculpida na Lei 12.694/12, com as inovações promovidas pela "Lei Anticrime", por ter caráter especial, deve excepcionar o regramento estatuído pelo Código de Processo Penal referente ao juízo das garantias, não se aplicando a norma prevista no novo artigo 3º-D, que impede o juiz que atuou na fase de investigação de atuar no processo subsequente.[14]

Em resumo, o cenário em relação aos juízos colegiados em primeira instância fica da seguinte forma:

---

14 "Art. 3º-D. O juiz que, na fase de investigação, praticar qualquer ato incluído nas competências dos arts. 4º e 5º deste Código ficará impedido de funcionar no processo".

6 – Comentários Sobre a Lei 12.850/13

a-) Quando se tratar de organização criminosa em geral, o juiz natural (de garantias[15]) **poderá** provocar a instauração do juízo colegiado, indicando, para tanto, os motivos e as circunstâncias que acarretam risco à sua integridade física em decisão fundamentada. Trata-se, insistimos, de uma opção do juiz natural (art. 1º, § 1º, da Lei 12.694/12);

b-) Quando se tratar especificamente de organização criminosa armada e já houver sido instaurada a Vara Criminal Colegiada, o juiz natural **deverá** declinar de sua competência e remeter os autos ao referido juízo colegiado (art. 1º-A, acrescentado à Lei 12.694/12 pela nova Lei 13.964/19).

6.1.1. Conceito de Organização Criminosa

> *Art. 1º, § 1º Considera-se organização criminosa a associação de 4 (quatro) ou mais pessoas estruturalmente ordenada e caracterizada pela divisão de tarefas, ainda que informalmente, com objetivo de obter, direta ou indiretamente, vantagem de qualquer natureza, mediante a prática de infrações penais cujas penas máximas sejam superiores a 4 (quatro) anos, ou que sejam de caráter transnacional.*

A Lei 12.850/13 satisfaz uma lacuna incômoda do ordenamento jurídico-penal pátrio que era a falta de uma definição segura quanto à expressão "Organização Criminosa", bem como um tratamento mais detalhado do tema sob os aspectos penal e processual penal. Mesmo a antiga Lei 9.034/95, ora revogada (artigo 26 da Lei 12.850/13), não trazia em seu bojo uma definição suficiente e um tratamento adequado do tema. Para dizer às claras, a Lei 9.034/95 era muito mais um empecilho à repressão às organizações criminosas do que um verdadeiro instrumento do Estado, dada sua falta de técnica e excesso de lacunas que a tornavam um verdadeiro queijo suíço.

Como bem destaca FAYET, o conceito de crime organizado parece intuitivamente claro, mas necessita de uma definição segura no campo jurídico onde apresenta evidente obscuridade:

---

15 Vale consignar que o Min. Luiz Fux, do STF, determinou, em decisão monocrática, a suspensão da implantação do "juiz das garantias" por período indeterminado: STF, ADI 6.299 MC/DF, j. 22.01.2020.

(...) a criminalidade organizada, fenômeno que, aparentemente, se apresenta de fácil compreensão, pelos exemplos que são (diariamente!) divulgados e debatidos pela imprensa de todo o mundo, mas que, na prática jurídica e nos bancos legislativos, se apresenta de uma forma complexa e de difícil conceituação.[16]

Atualmente, o § 1º, do artigo 1º, da nova lei estabelece uma definição bastante segura quanto aos requisitos para a caracterização de uma Organização Criminosa, os quais são os seguintes:

a) **Elemento Pessoal:** exige-se o número mínimo de 4 (quatro) integrantes associados entre si.[17] Vale destacar que no cômputo desse número mínimo de pessoas não se pode considerar a figura do agente infiltrado. Primeiro porque a própria adoção desta técnica de investigação depende da prévia constatação de indícios de existência de uma organização criminosa (art. 10, § 2º, da Lei). E segundo porque o agente infiltrado não possui *animus associativo*, pelo contrário, sua adesão ao grupo tem a finalidade de desarticular a estrutura criminosa e não fomentá-la.

b) **Elemento Estrutural:** O grupo deve ser dotado de uma estrutura caracterizada pela divisão de tarefas, ainda que essa divisão seja informal. Significa dizer que não há necessidade de um "estatuto", "regras escritas" ou mesmo com força consuetudinária intergrupal. Basta que se identifique uma estruturação com divisão de funções. Conforme destaca NUCCI, "o aspecto *informal*, nesse campo, prevalece, justamente por se tratar de atividade criminosa, logo, clandestina".[18]

c) **Elemento Teleológico ou Finalístico:** Um elo subjetivo entre os agentes que se constitui no objetivo de obter direta ou indiretamente vantagem de qualquer natureza, mediante a prática de infrações penais. Observe-se que a vantagem não necessita ser patrimonial ou ao menos diretamente patrimonial. Pode haver uma organização criminosa que se dedique à prática da corrupção ativa de políticos (artigo 333, CP), por exemplo, (e corromper políticos é quase uma tautologia) para obter

---

16 FAYET, Paulo. *Da criminalidade organizada*. Porto Alegre: Núria Fabris, 2012, p. 25.

17 Observe-se que para a integração desse número mínimo podem contar inimputáveis etários ou mesmo mentais. Neste sentido: TASSE, Adel El. Nova Lei de Crime Organizado. Disponível em www.atualidadesdodireito.com.br, acesso em 29.08.2013.

18 NUCCI, Guilherme de Souza. *Organização Criminosa – Comentários à Lei 12.850, de 02 de agosto de 2013*. São Paulo: RT, 2013, p. 15.

6 – Comentários Sobre a Lei 12.850/13

vantagens ligadas ao exercício do poder, onde nem sempre os objetivos são financeiros, ao menos diretamente.

Note-se que num caso desse a organização, além de não visar lucro financeiro, ainda vai despender valores, mas isso não irá afastá-la dos ditames da Lei 12.850/13. Essa menção do legislador a "vantagem de qualquer natureza" foi muito oportuna, pois evitou celeumas que normalmente se instalam quando se usa simplesmente a palavra "vantagem", dando azo a discussões intermináveis sobre se essa tal "vantagem" deve ser somente patrimonial ou pode ter outras naturezas. No caso, o legislador foi bastante explícito, obedecendo à regra da legalidade estrita a exigir sempre uma clareza do texto legal sob o aspecto semântico.

d) Elemento Infracional: As infrações penais visadas pelos componentes da organização devem ter penas máximas superiores a 4 anos ou então serem de "caráter transnacional".

6.1.2. Considerações gerais sobre o conceito de organização criminosa

Fez bem o legislador ao optar não por um rol taxativo de crimes como já acontecia na Lei de Lavagem de Dinheiro (Lei 9.613/98), ora reformada pela Lei 12.683/12, que tantos problemas suscitou a ponto de se optar pela reforma adotando um sistema mais abrangente, com eliminação do rol taxativo antes existente. É que o rol taxativo amarra por demais a aplicação da legislação num campo onde a criatividade criminosa e as opções delituosas são por demais abrangentes. Não obstante, é preciso apontar para o fato de que o critério usado para a eleição das infrações abrangidas teve sua virtude e seu vício. A virtude foi que estabelecendo o patamar de pena máxima acima de 4 anos, tornou-se o diploma esparso harmônico com o sistema global brasileiro, pois imagina-se que o crime organizado deve ter afinidade com infrações penais de maior gravidade. Assim sendo, ficam afastadas desse tratamento mais gravoso, em prol da proporcionalidade, infrações penais para as quais cabe, por exemplo, a aplicação de penas substitutivas ou alternativas (vide artigo 44, CP) ou para as quais não cabe, em regra, a prisão preventiva (vide artigo 313, I, CPP) ao mesmo tempo em que se permite a fiança diretamente pelo delegado de polícia (artigo 322, CPP). Obedeceu o legislador o princípio da proporcionalidade. Porém, ao lado dessa virtude, veio um vício. Deveria o legislador haver levado a efeito um estudo mais detido da legislação brasileira com relação a algumas infrações penais para as quais não há previsão de pena máxima superior a quatro anos, mas que são muito ligadas às atividades de grupos criminosos organizados.

Como exemplo, podemos citar o Jogo do Bicho (mera contravenção penal, mas que detém toda característica da criminalidade organizada) e o crime de fraude em licitações (art. 90, da Lei 8.666/93), intimamente ligado a toda espécie de dano ao erário público e normalmente no formato típico da criminalidade organizada. Pois bem, devido à questão da pena máxima cominada, tais infrações não serão abrangidas pela Lei 12.850/13, quando deveriam ser. Destaque-se, ainda, por oportuno, que historicamente tem-se considerado o Jogo do Bicho como "a primeira infração penal organizada no Brasil no limiar do século XX".[19]

A conclusão a que se chega é que deveria ter sido estabelecido um critério misto, criando realmente a regra das infrações penais com mais de 4 anos de pena máxima, mas prevendo um rol específico de algumas espécies delitivas que, embora não apenadas dessa maneira, sejam afetas à criminalidade organizada. Eventualmente, também se poderia pensar mais ousadamente, ou seja, no sentido de reformar as penas dessas infrações, tornando, por exemplo, o Jogo do Bicho crime com pena máxima superior a 4 anos e aumentar as penas para fraudes em licitações e outros ilícitos similares que apresentam penas por demais brandas. Um ou outro caminho deveria ter sido adotado.

Há, porém, no próprio texto legal, uma pequena válvula de escape a permitir que a organização criminosa tenha por objetivo a prática inclusive de infrações penais punidas em seu grau máximo abaixo de 4 anos. Essa válvula consiste na abertura feita para a aplicação da lei a quaisquer infrações que tenham caráter "transnacional". Assim sendo, se a infração penal for transnacional, não importa o critério quantitativo de pena.

Para melhor entendimento da questão, releva transcrever o conceito de GOMES acerca de ilícito transnacional:

> Por ilícito transnacional entende-se o ilícito que transcende o território brasileiro, ou seja, que envolve águas ou solo ou espaço aéreo que vão além do território nacional (que compreende, como sabemos, o solo,

---

19 Cf. SILVA, Eduardo Araújo da. *Crime Orgganizado*. São Paulo: Atlas, 2003, p. 25.

6 – *Comentários Sobre a Lei 12.850/13*

> as águas internas, doze milhas de mar e espaço aéreo respectivo). Se o ilícito penal ultrapassa os limites do território brasileiro, é transnacional, ainda que não envolva diretamente qualquer outro país soberano. Quando envolve outro país soberano (o crime) não é só transnacional, é também internacional (interpolação nossa).[20]

Percebe-se que o conceito de ilícito transnacional é mais abrangente do que o conceito de infração internacional. Para este segundo é necessário não somente sair dos limites do território nacional, mas adentrar ao território de outro país. Portanto, a transnacionalidade abrange a internacionalidade, na medida em que para a primeira basta ultrapassar os limites, por exemplo, do mar territorial, entrando em águas internacionais, enquanto para a segunda, seria necessário o ingresso no mar territorial estrangeiro. É dizer: todo ilícito internacional é transnacional, mas nem todo ilícito transnacional precisa ser internacional.

Acontece que essa válvula de escape para o critério quantitativo não resolve em nada o problema da insuficiência protetiva constatada com relação a infrações caracteristicamente organizadas, mas que não apresentam pena máxima superior a 4 anos. Isso porque a maior parte das infrações, senão a totalidade, que adquirirão caráter transnacional ou internacional serão aquelas que já têm pena máxima superior a 4 anos (v.g. tráfico de drogas). Usando os exemplos acima arrolados, é impensável que se vá explorar o Jogo do Bicho em conexões com a França ou a Alemanha, simplesmente por se tratar de algo ligado à "cultura" nacional.

Assim também eventual fraude a licitações dificilmente terá alguma ligação com Estados estrangeiros, ao menos de forma concatenada, e, ainda que perpetrada por brasileiros naquele território, poderá perfeitamente ser lá apurada. Dessa forma, o ideal seria mesmo a previsão de certas infrações sem o limite de pena máxima ou então a reforma mais ampla, aumentando as penas e criminalizando o Jogo do Bicho, conforme antes sugerido.

Observe-se, porém, que ao falar-se na criminalização do Jogo do Bicho com pena acima de 4 anos pode parecer que a Lei 12.850/13 não permite a configuração de Organização Criminosa que tenha por fim a prática de contravenções. Isso não é verdade, pois que a dicção legal faz menção à prática de "infrações penais", expressão abrangente tanto

---

20 GOMES, Luiz Flávio (coord.). *Nova Lei de Drogas Comentada*. São Paulo: RT, 2006, p. 310.

de crime como de contravenção.[21] Malgrado isso, é rara a contravenção cuja pena máxima supere 4 anos, o que torna a hipótese de aplicação da Lei 12.850/13 a grupos dedicados a práticas contravencionais algo extremamente teórico.[22]

Não obstante, há alguns casos em que infrações com penas menores do que 4 anos em seu patamar máximo podem ser objeto da Lei 12.850/13. Um desses casos se refere à conexão ou continência (artigos 76 a 82, CPP) de infrações penais menores com aquelas que sejam abrangidas pela lei e perpetradas com o restante dos requisitos legais. Isso se pode concluir inclusive do disposto no artigo 22 da legislação específica, quando estabelece o procedimento ordinário do Código de Processo Penal para apuração dos crimes previsto na Lei 12.850/13 e aqueles a eles conexos.

Observe-se que embora o artigo 22 da Lei 12.850/13 mencione apenas a palavra "conexas", entende-se que a "continência" também produzirá a mesma possibilidade de abrangência pela lei especial. Certamente o legislador usou a conexão em seu sentido amplo, abrangendo a continência ou mesmo como seu sinônimo. TORNAGHI, inclusive, embora defendendo a distinção existente entre conexão e continência, lembra a existência de várias legislações que "consideram a continência como espécie do gênero conexão".[23] Não haveria motivo para que a conexão surtisse efeitos na aplicação da lei e a continência não. Pode-se dizer que o legislador neste ponto disse menos do que pretendia dizer (*"Lex minus dixit quam voluit"*).

Por exemplo, numa investigação criminal de um grupo organizado para a prática de crimes de homicídio a fim de assegurar a execução do

---

21 Neste sentido: MOREIRA, Rômulo de Andrade. A nova lei de organização criminosa – Lei 12.850/13. Disponível em www.atualidadesdodireito.com.br, acesso em 01.09.2013.

22 Observe-se que no Decreto-Lei 6.259/44 nós encontramos contravenções penais com penas superiores a 4 anos nos artigos 53 e 54.

23 TORNAGHI, Hélio. *Curso de Processo Penal*. Volume 1. 7ª ed. São Paulo: Saraiva, 1990, p. 115. A doutrina em geral conceitua conexão e continência de forma distinta, seguindo a escolha do legislador processual brasileiro. Neste passo, conexão seria "um vínculo que entrelaça duas ou mais ações, a ponto de exigir que o mesmo juiz delas tome conhecimento e as decida". Por seu turno, continência ocorreria "quando uma demanda, em face de seus elementos (partes, causa de pedir e pedido), esteja contida em outra". Cf. BONFIM, Edilson Mougenot. *Curso de Processo Penal*. 7ª ed. São Paulo: Saraiva, 2012, p. 288-289.

6 – Comentários Sobre a Lei 12.850/13

Jogo do Bicho (v.g. disputa de territórios), nada impedirá a aplicação dos ditames da Lei 12.850/13 também à apuração da contravenção devido ao liame da conexão.

Outro caso de superação da regra quantitativa será ocasionado exatamente pela escolha desse critério. Refere-se às hipóteses em que a pena para a infração seria menor ou igual a 4 anos, mas, devido a uma causa de exasperação vem a superar esse limite. Isso pode ocorrer com qualificadoras, causas especiais ou gerais de aumento de pena, crime continuado e concurso de infrações, seja formal ou material.

Exemplificando: não é possível, mesmo satisfeitos todos os demais requisitos, que se apure um furto simples aplicando as normas da Lei 12.850/13, isso porque o furto simples tem pena máxima de 4 anos (não superior a 4). Mas, se o furto for qualificado, então sua pena máxima passa a 8 anos, o que viabiliza a aplicação da Lei 12.850/13, obviamente se satisfeitos os demais requisitos.

Importa ressaltar, porém, que a simples presença de agravantes genéricas, não serve para ensejar a aplicação da lei a um crime cuja pena máxima abstratamente prevista é de 4 anos ou menos.

O raciocínio acima defendido se baseia nos critérios adotados pela doutrina e jurisprudência já solidificados para a definição de infração de menor potencial ofensivo e aplicação da Suspensão Condicional do Processo, nos termos da Lei 9.099/95 (vide Súmulas 723, STF e 243, STJ).[24]

Ainda quanto à definição de "Organização Criminosa", impende aduzir que a legislação não seguiu estritamente a orientação de Direito Internacional prevista no artigo 2º, da Convenção das Nações Unidas contra o Crime Organizado Transnacional (Protocolo de Palermo), a qual define o crime organizado como "grupo estruturado de três ou mais pessoas, existente há algum tempo e atuando concertadamente com o

---

24 Súmula 723, STF – "Não se admite suspensão condicional do processo por crime continuado, se a soma da pena mínima da infração mais grave com o aumento mínimo de um sexto for superior a um ano". Súmula 243 STJ – "O benefício da suspensão condicional do processo não é aplicável em relação às infrações penais cometidas em concurso material, concurso formal ou continuidade delitiva, quando a pena mínima cominada, seja pelo somatório, seja pela incidência da majorante, ultrapassar o limite de um (01) ano". Obviamente, *mutatis mutandis*, tais interpretações são extensíveis ao conceito de infração penal de menor potencial ofensivo.

propósito de cometer uma ou mais infrações graves ou enunciadas na presente Convenção, com a intenção de obter, direta ou indiretamente, um benefício econômico ou outro benefício material".[25]

Nossa atual legislação preferiu exigir o número mínimo de quatro pessoas e não três como faz a Convenção Internacional. Também a atual lei brasileira não menciona o critério temporal, ou seja, que a organização já seja "existente há algum tempo". No entanto, ao explicitar seu caráter estrutural e de divisão de tarefas, parece que necessariamente haverá, ao menos na maior parte dos casos, a presença de certo lapso temporal duradouro no grupo para que possa ser considerado uma organização criminosa. Isso porque certamente um concurso fugidio, esporádico de agentes não terá jamais as características de estruturação e divisão de tarefas exigidas nos moldes da legislação pátria.

A Convenção utiliza um critério bastante amplo para a limitação das infrações penais que podem configurar organização criminosa, quando faz menção a "infrações graves". Logo a seguir, se vale de um critério taxativo, enunciando que o diploma traz em si um rol de infrações por ele abrangidas. Há aqui um misto entre elasticidade e rigidez. No entanto, a elasticidade conferida é por demais subjetiva, já que a definição do que constituiriam "infrações graves" fica em aberto, podendo deixar escapar muita coisa que deveria ser abarcada (insuficiência protetiva) ou abrangendo situações que violariam a proporcionalidade (excesso).

A Lei 12.850/13, como já visto, preferiu usar um critério quantitativo, como que acenando para aquilo que entende por infrações graves (aquelas apenadas em seu máximo acima de 4 anos), sem fazer uso do auxílio de um rol taxativo. Percebe-se que a questão da definição de organização criminosa é espinhosa, pois, independentemente do critério que se adotar, sempre haverá alguma lacuna ou algum exagero. Já se fez a crítica da legislação brasileira, que acaba pecando pelo mais e pelo menos. Pois, a mesma crítica pode ser dirigida ao diploma internacional. Inclusive na legislação pátria, considerar como graves todas as infrações penais com pena máxima acima de 4 anos é uma generalização também indevida.

Talvez a grande solução para essa problemática esteja na vida prática, porque para além da quantidade de pena, será normalmente visada

---

25 Promulgada no Brasil pelo Decreto 5.015, de 12.03.2004.

6 – Comentários Sobre a Lei 12.850/13

pelas organizações criminosas alguma atividade de maior relevância jurídico-penal. Muito dificilmente se erigirá todo um aparato para o cometimento de infrações de bagatela.

Em outro ponto a legislação brasileira supera o critério internacional, pois que não limita os objetivos da organização à obtenção de vantagens "econômicas ou materiais", mas usa a expressão "vantagem de qualquer natureza", com os ganhos semânticos e de amplitude já mencionados.

Ademais, a legislação brasileira lembra de um ponto fulcral no crime organizado, que é a sua transnacionalidade, certamente não mencionada no diploma internacional devido à sua própria origem (internacional), a qual já pressupõe uma abrangência para além de quaisquer fronteiras sob a única condição do acatamento da dita convenção pelos países soberanos que a ratifiquem.

No âmbito interno também podem ser verificados alguns conflitos. Esses conflitos internos são mais relevantes que o demonstrado com a Convenção de Palermo porque esta é um diploma internacional meramente orientador e que é obviamente afastado pela lei interna do país, a qual apenas deve tomá-la como uma espécie de modelo ou norte, sob pena de inconvencionalidade,[26] o que não é o caso da legislação brasileira que, adaptando à realidade nacional, erigiu um conceito que segue em linhas gerais a orientação do diploma aqui ratificado.

Já no aspecto da legislação interna surgirão os chamados "conflitos aparentes de normas", bem como a possibilidade de eventuais revogações tácitas.

Iniciando pelos casos mais simples, pode-se afirmar que o novo crime de "Associação Criminosa", previsto no artigo 288, CP, que revoga o antigo crime de "Quadrilha ou Bando", bem como os crimes de "Associação para o Tráfico" (artigo 35, da Lei 11.343/06) e "Associação para a prática de Genocídio" (artigo 2º, da Lei 2889/56), constituem claros casos de conflito aparente de normas, solvidos pelo chamado "Princípio da Especialidade".

Esses dispositivos vigoram normalmente e têm seu campo especial de aplicação, assim como a Lei do Crime Organizado. Resumidamente

---

26 MAZZUOLI, Valério de Oliveira. *O controle jurisdicional da convencionalidade das leis*. São Paulo: RT, 2009, "passim".

pode-se dizer que quando um grupo é formado para a prática de crimes, satisfazendo todos os requisitos do artigo 1º, § 1º, da Lei 12.850/13, afastam-se outras figuras e prevalece essa legislação específica. Mas, quando os requisitos para a conformação do crime organizado não estão presentes, o grupamento de pessoas será tipificado em algum dos demais tipos penais acima mencionados também de acordo com a especialidade, ou seja, se formado para o tráfico, o artigo 35 da Lei de Drogas, se formado para fins genocidas, o artigo 2º, da Lei de Genocídio, finalmente, se formado para a prática de quaisquer outros crimes, sem os requisitos da Lei 12.850/13, tipificado estará o crime previsto no artigo 288, CP, ou, ainda, se os crimes visados forem hediondos, o disposto no artigo 8º, da Lei 8.072/90 c/c 288, CP.

Apenas para ilustrar, os crimes de Associação Criminosa e Associação para o Tráfico possuem elemento pessoal distinto do conceito de Organização Criminosa. Enquanto esta exige o número mínimo de 04 pessoais, o crime do artigo 288, do CP, se caracteriza com a reunião de pelo menos 03 pessoas e o crime do artigo 35, da Lei de Drogas, se contenta com apenas 02 pessoas. Isso para não mencionar o elemento estrutural da Organização Criminosa, o qual exige uma estrutura ordenada, marcada pela divisão de tarefas, com fungibilidade entre seus agentes e, não raro, contando com um modelo de gestão empresarial. As demais associações, por outro lado, se contentam com uma reunião de pessoas em caráter estável e permanente, ainda que de maneira desarticulada.

Observe-se que o Brasil não adotou o chamado "modelo unitário alemão", que não distingue a mera "associação criminosa" da efetiva "organização criminosa". Nossa legislação é partidária do denominado "modelo diferenciador austríaco, procedendo à clara diferenciação entre "associação criminosa" e "organização criminosa". Ao reverso do Brasil, Portugal, por exemplo, adota o "modelo unitário alemão", assim como a legislação correlata da Suíça.

Outro aspecto interessante em termos de Direito Comparado é que a legislação portuguesa exige apenas o número mínimo de três pessoas e não quatro como no Brasil, para a configuração da organização criminosa (Lei 59/07). Além disso, a Lei 52/03, exige somente duas pessoas para a formação de uma "organização terrorista" e o Decreto-lei 15/93, também somente exige duas pessoas para uma organização criminosa para a prática de tráfico de "estupefacientes" (drogas ilícitas). Diversamente da nossa

6 – Comentários Sobre a Lei 12.850/13

lei, a legislação lusitana não exige que a organização criminosa seja constituída para a prática de "infrações penais" (no plural), bastando que se perfaça para a prática de um único crime.[27] Também a legislação italiana exige um número mínimo de três pessoas para a caracterização da chamada "Associação do tipo mafioso", assim como a lei espanhola.[28]

Certamente a questão mais intrincada se refere ao conflito interno existente entre a Lei 12.850/13 (artigo 1º, § 1º) e a Lei 12.694/12 (artigo 2º). Ocorre que ambas as leis versam sobre a temática do crime organizado, mas apenas o segundo diploma normativo mencionado se refere especificamente à possibilidade de julgamento colegiado em primeira instância no caso de organizações criminosas. Um ponto é pacífico, a Lei 12.850/13 não revoga "*in totum*" a Lei 12.694/12. Esta já convivia com a revogada Lei 9.034/95 e segue convivendo normalmente com a nova legislação sobre crime organizado, não há revogação expressa, incompatibilidade e muito menos tratamento integral da matéria.

É de se observar, todavia, que a Lei 12.850/13, assim como fazia a Lei 9.034/95, não menciona em qualquer momento regras para eventual julgamento colegiado dos casos que envolvam criminalidade organizada, tema este exclusivo da Lei 12.694/12.

Mas, o problema entre esses diplomas se refere especificamente à definição do que seja "Organização Criminosa". Acontece que, antes do advento da Lei 12.850/13, já havia a Lei 12.694/12 apresentando um conceito próprio em seu artigo 2º, nos seguintes termos:

> *Para os efeitos desta lei*, considera-se organização criminosa a associação, de 3 (três) ou mais pessoas, estruturalmente ordenada e caracterizada pela divisão de tarefas, ainda que informalmente, com o objetivo de obter, direta ou indiretamente, vantagem de qualquer natureza, mediante a prática de crimes cuja pena máxima seja igual ou superior a 4 (quatro) anos ou que sejam de caráter transnacional (grifo nosso).

As definições constantes de ambos os diplomas são bastante similares, mas diferem em pequenos detalhes. As divergências são as seguintes:

---

27 ALBUQUERQUE, Paulo Pinto de. O crime de organização criminosa no Código Penal português. *Boletim IBCCrim*. n. 292, mar., 2017, p. 6 – 7.

28 PAULA E SOUZA, Alexis Sales de. O conceito de organização criminosa no direito comparado. Disponível em www.universojuridico.com.br, acesso em 1º.04.2017.

a) A Lei 12.850/13 exige a participação de pelo menos 4 pessoas, enquanto a Lei 12.694/12 apenas exige a participação de pelo menos 3 pessoas;

b) A pena máxima para os crimes admissíveis na organização criminosa para a Lei 12.850/13 tem de ser de *mais* de 4 anos. Por seu turno, a Lei 12.694/12 é menos exigente, admitindo que a pena seja *igual ou superior* a 4 anos.

c) Outra diferença, mas de menor monta, é que a Lei 12.850/13, fala em "infrações penais", enquanto que a Lei 12.694/12 fala em "crimes". Em tese isso teria alguma relevância porque a Lei 12.850/13 admitiria uma organização criminosa formada para a prática de contravenções, enquanto que a Lei 12.694/12 se restringe a crimes. No momento, tal diferença é de pouca ou nenhuma utilidade prática, pois que a exigência da pena no marco dos 4 anos praticamente inviabiliza eventual contravenção, que geralmente não apresentam penas nem de 4 e muito menos superiores a esse patamar.

Poder-se-ia cogitar de eventual aumento da pena do Jogo do Bicho, mas nesse caso seria muito mais racional a sua conversão em crime com o respectivo aumento e não sua manutenção como contravenção, apenas tornando o preceito secundário mais rigoroso. Também se poderia cogitar da exceção da transnacionalidade, mas isso seria igualmente esdrúxulo em termos contravencionais. Dessa forma, parece que essa diferença não tem mesmo utilidade prática alguma.

Entretanto, as diferenças do número de componentes da organização e da quantidade de pena para os delitos são detalhes importantes. A questão que se põe é a seguinte: afinal, qual é o conceito de "Organização Criminosa" no Brasil, o da Lei 12.850/13 ou o da Lei 12.694/12?

Vislumbra-se o surgimento de controvérsia na doutrina e na jurisprudência, sendo previsíveis pelo menos duas correntes:

1ª) A Lei 12.850/13 teria revogado tacitamente o artigo 2º, da Lei 12.694/12, porque posterior a ela e tratando inteiramente da matéria de que tratava a lei anterior. Dessa forma, para a própria aplicação do julgamento colegiado, o conceito de "Organização Criminosa" deveria passar a ser buscado na Lei 12.850/13 (artigo 1º, § 1º).

2ª) A Lei 12.850/13 seria aplicada em geral, mas para a questão da possibilidade de julgamento colegiado em primeiro grau, seria utilizado

6 – Comentários Sobre a Lei 12.850/13

o conceito específico do artigo 2º, da Lei 12.694/12, isso na media em que esse dispositivo afirma textualmente que a definição ali constante se faz *"para os efeitos desta lei"*.[29]

Em termos argumentativos as duas opções podem parecer válidas. Somente não seria jamais sustentável a prevalência geral do artigo 2º, da Lei 12.694/12, sobre o artigo 1º, § 1º, da Lei 12.850/13, devido às normas relativas à sucessão de leis penais no tempo e à conclusão absurda a que se chegaria ao sentido de que o legislador teria promulgado um artigo de lei que já nasceria revogado por uma legislação anterior.

Malgrado, como afirmado acima, sejam ambas as correntes sustentáveis argumentativamente, entende-se que a primeira é a única realmente viável. Efetivamente a Lei 12.850/13 é posterior à Lei 12.694/12 e trata inteiramente da matéria, de modo a ter plena aplicação o disposto no artigo 2º, § 1º, da Lei de Introdução às Normas do Direito Brasileiro. E essa opção não se faz tão somente devido à formalidade das regras de sucessão de leis, mas também pela motivação de caráter histórico e material que diz respeito ao fato de que quando a Lei 12.694/12 veio a lume a definição de "Organização Criminosa" no Brasil era de extrema tibieza senão de total e absoluta indefinição, havendo uma horrível confusão entre quadrilha ou bando, associação criminosa e organização criminosa, nos termos da em boa hora revogada (sem deixar saudades) Lei 9.034/95. Com o advento da Lei 12.850/13, o dispositivo da Lei 12.694/12 perde seu objeto, sua teleologia, enfim, sua razão de ser, a tal ponto que mesmo a expressão ali constante de que aquela definição serve para os "efeitos daquela lei" fica inocuizada.

Na verdade, não faz sentido que nosso ordenamento contemple simultaneamente duas definições de "Organização Criminosa", uma genérica e outra somente para fins de formação do colegiado. A contra-

---

29 Neste sentido, em análise bastante perfunctória da legislação, já se manifestam Suzuki e Azevedo: "Note-se, portanto, que a Lei 12.850/13 não revogou o conceito de organização criminosa, pois a Lei 12.694/12 dispõe da seguinte frase 'Para os efeitos desta Lei...', logo para que possa o poder judiciário utilizar os parâmetros de sua lei de proteção conceituará quadrilha (sic) conforme o artigo segundo de sua lei. O que irá gerar certa confusão quanto ao real conceito de organização criminosa". SUZUKI, Cláudio Mikio, AZEVEDO, Vinicius Cotta. Organização Criminosa: confusões e inovações trazidas pela Lei 12.850/13. Disponível em www.atualidadesdodireito.com.br, acesso em 29.08.2013. No mesmo diapasão, admitindo dois conceitos de organização criminosa no ordenamento brasileiro: MOREIRA, Rômulo de Andrade. op. cit.

dição seria terrível, pois poderia haver casos em que pessoas estariam sendo julgadas em primeiro grau colegiado, sendo que, na verdade, nos termos da lei que define organização criminosa e determina os instrumentos para sua apuração, não estaria incurso nessa modalidade. Então haveria processos em andamento em juízo colegiado de primeiro grau, supostamente tratando de casos de organização criminosa para os fins específicos da Lei 12.694/12, mas para os quais não se poderia aplicar qualquer dispositivo da Lei de Organização Criminosa (Lei 12.850/13), inclusive e principalmente a própria definição do artigo 1º, § 1º, do citado diploma. Essa seria uma situação insustentável, razão pela qual se impõe reconhecer a revogação tácita do artigo 2º, da Lei 12.694/12.

Outra solução implica em violar princípio basilar da lógica, qual seja, o da "não contradição", segundo o qual uma coisa não pode ser e não ser ao mesmo tempo. Essa sabedoria vem dos antigos gregos nos ensinamentos de Aristóteles que se expressa basicamente de duas formas: uma ontológica, segundo a qual "nada pode ser e não ser simultaneamente" e outra que pode ser chamada de lógica e que assim se expõe: "é impossível que a mesma coisa, ao mesmo tempo seja inerente e não seja inerente a uma mesma coisa sob o mesmo aspecto" ou "é necessário que toda asserção seja afirmativa ou negativa".[30]

Rumando para o nosso caso concreto é ilógico sob o ponto de vista ontológico (do ser em si) dizer que um mesmo caso de grupamento criminoso é e não é considerado "Organização Criminosa"; como também é insustentável em base lógica afirmar que para um mesmo caso de grupamento criminoso são inerentes as normas da legislação referente a Crime Organizado e concomitantemente não são inerentes. Pensa-se que com isso se põe um fim ao questionamento, ao menos de acordo com a convicção destes autores.

E essa convicção já encontra esteio na doutrina incipiente sobre o tema:

> Embora a Lei 12.850/13 não se refira à eventual revogação *parcial* da Lei 12.694/12, precisamente no que respeita à definição de organização criminosa, pensamos não ser mais possível aceitar a superposição de conceitos em tema de tamanha magnitude. Do contrário, teríamos que conviver com um conceito de organização criminosa especificamente

---

30 Apud, ABBAGNANO, Nicola. *Dicionário de Filosofia*. Trad. Alfredo Bosi e Ivone Castilho Benedetti. São Paulo: Martins Fontes, 2003, p. 203.

6 – Comentários Sobre a Lei 12.850/13

ligada à formação do colegiado de primeiro grau (Lei 12.694/12), e com outro, da Lei 12.850/13, aplicável às demais situações.[31]

No mesmo sentido NUCCI:

> A novel previsão, exigindo quatro pessoas para configurar organização criminosa, provoca a derrogação do art. 2º, da Lei 12.694/2012 – que menciona três ou mais pessoas – pois não há sentido algum em se ter, no ordenamento nacional, dois conceitos simultâneos e igualmente aplicáveis do mesmo instituto. Logo, para se invocar o colegiado, independentemente da expressão 'para os efeitos desta lei', deve-se estar diante de autêntica organização criminosa, hoje com quatro pessoas no mínimo. Do mesmo modo, afasta-se do art. 2º, da Lei 12.694/2012 a previsão de crimes cuja pena máxima seja *igual* a quatro anos. Somente penas superiores a quatro ou delitos transnacionais envolvem a organização criminosa.[32]

Prevê ainda o § 2º, do artigo 1º, da Lei 12.850/13, a aplicação de suas normas a mais dois casos:

I- Infrações penais previstas em tratado ou convenção internacional sempre que iniciada a execução no Brasil e o resultado tenha ou devesse ter ocorrido no estrangeiro ou reciprocamente. A redação é um tanto quanto complicada, mas pode-se concluir o seguinte:

Primeiro que para essas infrações penais são aplicáveis as normas da Lei 12.850/13, ainda que não caracterizada a forma de "Organização Criminosa" prevista no § 1º. Segundo que a aplicação se dá em duas situações práticas: quando a execução se inicia no Brasil e o resultado tenha ou devesse ter ocorrido no estrangeiro ou então (reciprocamente), quer dizer, ao contrário, quando a execução se inicia no estrangeiro e o resultado tenha ou devesse ter ocorrido no Brasil. Esse parece ser o único sentido plausível para a expressão "reciprocamente" aposta no final do inciso I.

II- às organizações terroristas, entendidas como aquelas voltadas para a prática de atos de terrorismo legalmente definidos.

A redação do inciso II acima transcrito é dada atualmente pela Lei

---

31 PACELLI, Eugenio. Atualização do Curso de Processo Penal – Comentários ao CPP – Lei 12.850/13. Disponível em www.eugeniopacelli.com.br, acesso em 16.08.2013.
32 NUCCI, Guilherme de Souza. Op. Cit., p. 22.

13.260/16 que regulou o crime de terrorismo, inclusive determinando a aplicação dos dispositivos previstos na Lei 12.850/13, aos casos nela versados, independentemente da característica de organização ou atividade grupal ou individual e mesmo de caráter nacional, transnacional ou internacional. A redação anterior da Lei de Crime Organizado se atrelava apenas ao terrorismo internacional, o que era muito restritivo e deixaria o terrorismo interno sem previsão. Isso não poderia se perpetuar diante da edição de uma Lei Antiterror nacional, no caso, a Lei 13.260/16.

6.2. DO CRIME DE PARTICIPAÇÃO EM ORGANIZAÇÃO CRIMINOSA

> *Art. 2º Promover, constituir, financiar ou integrar, pessoalmente ou por interposta pessoa, organização criminosa:*
> *Pena – reclusão, de 3 (três) a 8 (oito) anos, e multa, sem prejuízo das penas correspondentes às demais infrações penais praticadas.*

De acordo com a legislação antecedente (Lei 9.034/95, agora revogada), não havia um dispositivo legal que tipificasse o "crime de participação em organização criminosa", tal qual ocorria, por exemplo, com a "Quadrilha ou Bando". Em outras palavras, antes da Lei 12.850/13, o simples fato de pessoas se reunirem com a finalidade de perpetrar crimes de forma organizada nada mais era do que uma forma de cometer ilícitos, não configurando infração penal autônoma. A revogada Lei 9.034/95, além de não definir "Organização Criminosa", também não previa um crime para sua formação, apenas indicava uma série de meios investigatórios e normas processuais relativas ao enfrentamento dessa espécie de criminalidade até certo ponto indefinida.

Agora o artigo 2º, da Lei 12.850/13, prevê como crime as condutas de "promover, constituir, financiar ou integrar, pessoalmente ou por interposta pessoa, organização criminosa", com "pena de reclusão, de 3 a 8 anos e multa", "sem prejuízo das penas correspondentes às demais infrações penais praticadas".

Trata-se, como se pode observar, de crime de ação múltipla, conteúdo variado ou tipo misto alternativo, pois é composto de 4 verbos, quais sejam:

6 – Comentários Sobre a Lei 12.850/13

Promover – com significado de dar impulso, trabalhar a favor, favorecer o progresso, fazer avançar, fomentar, diligenciar, causar, originar ou propor. Tem ligação com a própria criação e desenvolvimento da organização.

Constituir – significa dar a base, formar, organizar, estabelecer, conduta que também é relacionada com a criação da organização. Como a lei não tem palavras inúteis, parece que uma boa interpretação seria que o "promover" estaria mais ligado ao impulso inicial da organização, enquanto que o "constituir" já se referiria aos atos de formação e início de atividades.

Financiar – tem o sentido de custear as despesas. Pode ser que o financiador sequer participe diretamente dos atos criminosos perpetrados pela organização, mas ele atua de fora, abastecendo o organismo com recursos financeiros. Nada impede, porém, que o indivíduo também incida nos demais verbos.

Surge nesse ponto um conflito no caso de organizações criminosas dedicadas à prática do tráfico de drogas, quanto à causa especial de aumento de pena prevista no artigo 40, VII, da Lei de Drogas, e ainda quanto ao crime previsto no artigo 36, do mesmo diploma. A verdade é que desde que surgiram o crime e o aumento na Lei de Drogas já se apresentou um problema conflitual. Esse problema acabou sendo solvido pela doutrina mediante a seguinte orientação:

> Como conciliar essa majorante (artigo 40, VII) com o crime do art. 36? A convivência legítima (e constitucional) dos dispositivos é alcançada interpretando-se o delito de sustento (art. 36) como sendo de natureza *habitual*, isto é, exige reiteração de condutas para sua caracterização, e a majorante do art. 40, VII, meramente ocasional.[33]

Resolvido o conflito interno da Lei de Drogas e seguindo esse raciocínio, pode-se concluir que com relação ao verbo "financiar" do crime de organização criminosa também se exige uma atuação *habitual* e não meramente esporádica. Dessa maneira, com relação à conduta do financiamento, haverá algumas situações, cada qual com solução especial:

---

33 GOMES, Luiz Flávio (coord.). op. cit., p. 187.

a) Se o grupo se organiza para a prática de tráfico, mas não chega a perpetrar efetivamente o crime que visava, não há qualquer conflito entre a Lei 12.850/13 e a Lei 11.343/06, já que esta segunda não será mesmo aplicada, muito menos sua causa especial de aumento ou seu crime específico. O agente responderá tão somente pelo crime do artigo 2º, da Lei do Crime Organizado, no verbo "financiar";

b) Se o grupo se organiza para a prática de tráfico e comete efetivamente o tráfico, havendo alguém que o financia, então será preciso verificar se esse financiamento é *habitual*, hipótese em que o agente responderá pelo tráfico e pelo crime do artigo 2º, da LOC, no verbo "financiar", afastando-se o artigo 36 da Lei de Drogas, que é especial em relação ao tráfico (Princípio da Especialidade), também não se aplicando o aumento de pena para evitar *"bis in idem"* e porque o financiamento não é esporádico. Mas, então quando será aplicado doravante o artigo 36 da Lei 11.343/06? Será aplicado quando ocorrer a prática de tráfico e seu financiamento de forma *habitual* sem que haja organização criminosa caracterizada (Princípio da Especialidade). Já o aumento do artigo 40, VII, da Lei de Drogas somente será aplicável em casos de tráfico sem caracterização de organização criminosa e sem habitualidade no financiamento.

Mas resta ainda um detalhe importante: a Lei do Crime Organizado contém apenas o verbo "financiar", enquanto que a Lei de Drogas, tanto no crime do artigo 36, como na majorante do artigo 40, VII, usa os verbos "financiar" e "custear". A doutrina tem encontrado dificuldades para diferenciar os verbos, inobstante a regra, nem sempre condizente com a realidade, de que a "lei não contém palavras inúteis".

Tentar apontar para o financiamento a instantaneidade e para o custeio a habitualidade deitaria por terra toda a diferenciação entre a causa de aumento e o crime do artigo 36 da Lei de Drogas. Parece mais plausível concluir que a lei usou, sim, palavras inúteis, infringindo a regra basilar da hermenêutica. A única via de diferenciação seria a de admitir que no financiamento o agente espere um retorno de um investimento, enquanto que no custeio simplesmente mantém a atividade sem esperar retorno, o que parece um tanto utópico.

Pensar em um indivíduo envolvido no crime organizado e, principalmente, na atividade tráfico por questões de ideais é um tanto quanto surreal. De qualquer forma, fato é que se alguém conseguir a façanha de

6 – Comentários Sobre a Lei 12.850/13

encontrar mesmo uma diferenciação convincente para os verbos "financiar" e "custear", a ação de "custear" será atípica em relação ao artigo 2º, da Lei 12.850/13, já que não prevista. Não obstante, parece que a melhor solução é a conclusão pela sinonímia entre os verbos de modo que o custear está contido no financiar, fazendo com que todas as soluções acima sejam válidas e utilizáveis para a resolução de quaisquer casos.

Integrar – significa fazer parte, compor, ser um dos participantes, atuar na organização criminosa. Advirta-se que essa conduta caracteriza crime permanente, o que viabiliza a prisão em flagrante de todos que integram a organização criminosa. Aliás, sobre essa característica do crime em estudo, tendo em vista a realidade do sistema carcerário brasileiro, bem como as próprias especificidades da infração penal em comento, com grande argúcia, levou os estudiosos Joaquim Leitão Júnior Leitão e Paulo Reyner Camarco Moucinho a cogitarem da seguinte situação – problema:[34]

Digamos que um indivíduo seja preso por prática de organização criminosa, mas, mesmo no cárcere, continue praticando novos atos de participação na organização. Ou, mesmo condenado, continue, no cumprimento de pena, a integrar a organização. Ou mesmo, após cumprir pena. O crime é permanente, então haveria *"bis in idem"* em um novo processo instaurado ou mesmo num Inquérito Policial a respeito dessas novas condutas?

Os autores chamam a atenção para o fato de que a solução está na determinação do marco interruptivo da permanência. Apontam jurisprudências do STJ e STF que, para o antigo crime de "quadrilha ou bando", hoje "associação criminosa" (artigo 288, CP), indicam como marco de cessação da permanência a oferta da denúncia pelo Ministério Público. Os autores indicam a solução da denúncia (mais precisamente o seu recebimento) para a interrupção e cometimento de novos crimes, ainda que na mesma organização, para os casos em que esta não foi desmantelada pela Polícia. Por outro lado, quando, por via de Prisões em Flagrante, Prisões Preventivas ou Temporárias, a Polícia houver desarticulado o grupo num primeiro momento, novas ações já configurarão, segundo

---

34 Cf. LEITÃO JUNIOR LEITÃO, Joaquim, MOUSINHO, Paulo Reyner Camargo. A celeuma do marco interruptivo do crime de organização criminosa para ensejar nova conduta delitiva, nova investigação e até mesmo nova ação penal sem *"bis in idem"*. Disponível em www.jus.com.br, acesso em 30.05.2018.

os autores, novos crimes. A mesma solução deve ser dada para os casos em que o indivíduo, comprovadamente, se afasta da organização e depois volta a integrá-la. Nesses casos, independentemente de denúncia ou recebimento com relação à situação anterior.

Reiteramos que por se tratar de crime de conteúdo variado, o infrator pode incidir em mais de um verbo em um mesmo quadro circunstancial, cometendo apenas um delito. Diz a lei que o ingresso nos verbos sobreditos pode dar-se pessoalmente (quando o indivíduo age diretamente, por si mesmo) ou por interposta pessoa (quando o indivíduo atua por meio de um representante). Obviamente, no caso de haver interposta pessoa, responderão pelo ilícito tanto o representado como o representante, na medida de suas respectivas culpabilidades. Todas as condutas se referem à chamada "Organização Criminosa", cuja definição deve ser reportada ao artigo 1º, § 1º, do mesmo diploma legal.

É importante perceber que o crime em estudo é daqueles denominados na doutrina como "crime de empreitada", "crime de empreendimento" ou "crime de atentado" nos quais já a tentativa é tomada como crime consumado.[35] No caso específico, mais que a tentativa, trata-se de incriminar aquilo que normalmente seria ainda em qualquer delito a mera fase de cogitação (*"cogitatio"*), onde sequer se adentrou em atos preparatórios e muito menos executórios.

Por isso a mera reunião de pessoas com a finalidade de organizar-se para a prática de crimes nos termos da Lei 12.850/13, já configura infração penal, independentemente do cometimento efetivo ou não de qualquer outra infração almejada pelo grupo (Crime Organizado por Natureza). Mas, se alguma infração for realmente cometida (Crime Organizado por Extensão), já nos dá a lei a solução expressa, qual seja, o concurso material de infrações, pois que prevê no preceito secundário que as penas previstas para o crime em estudo serão aplicadas "sem prejuízo das penas correspondentes às demais infrações penais praticadas". Significa que se alguém constitui uma organização criminosa com o fim de praticar roubos a banco e não chega a praticar nenhum, mas os órgãos persecutórios conseguem comprovar a existência da organização com esse fim, responde pelo crime do artigo 2º, da Lei 12.850/13. Agora, se chega a perpetrar algum roubo efetivamente, responderá tanto pelo

---

35 BARROS, Flávio Augusto Monteiro de. *Direito Penal Parte Geral*. Volume 1. 8ª. ed. São Paulo: Saraiva, 2010, p. 182.

6 – Comentários Sobre a Lei 12.850/13

crime da Lei 12.850/13, quanto pelos roubos que cometer, somando-se as penas pelo sistema do cúmulo material.

Não se deve confundir o crime em estudo com os chamados crimes acessórios ou parasitários, os quais dependem da existência de uma infração penal antecedente para se configurarem (v.g. receptação – artigo 180, CP). O crime do artigo 2º, da Lei do Crime Organizado não depende de nenhuma outra infração antecedente, ele é um "crime principal", infração penal autônoma. Nem mesmo depende, como já visto, para sua consumação perfeita, do efetivo cometimento de infrações almejadas. Ademais, se estas forem cometidas, ao reverso do caso dos crimes parasitários, não o antecederão, mas o sucederão, ou seja, se há um crime antecedente, será o de organização criminosa e não os demais crimes almejados por ela.

6.2.1. Classificação

Esboçando uma classificação do crime de participação em organização criminosa, pode-se afirmar que estamos diante de crime formal ou de consumação antecipada, já que não exige resultado naturalístico para a consumação, acrescentando tratar-se de crime permanente na modalidade *integrar*. Seu elemento subjetivo é o dolo genérico e de perigo (perigo abstrato). O delito é comissivo, pois os verbos, indicam todos, ação. Também é crime comum, já que pode ser cometido por qualquer pessoa, não se exigindo especial qualidade do sujeito ativo. Tendo em conta a definição legal de "Organização Criminosa", o crime é plurissubjetivo ou de concurso necessário porque exige a participação de, no mínimo, quatro pessoas. Quanto ao sujeito passivo, trata-se de crime vago, já que a vítima é a sociedade em geral, que é atingida pela violação ao bem jurídico da paz pública. Não há vítima determinada. Como apenas um bem jurídico é tutelado pela norma (a paz pública), trata-se de crime simples.

A tentativa é inviável, seja pelo fato de tratar-se de crime unissubsistente, cuja consumação se dá num único ato, impossível de fracionamento, seja porque se trata de crime de empreitada, em que a consumação já ocorre com aquilo que normalmente seria uma mera cogitação. Embora a organização criminosa seja minuciosamente descrita no artigo 1º, § 1º, da Lei 12.850/13 e as ações do tipo se destinem à sua execução, entende-se que a infração é de forma livre e não vinculada, isso porque a realização dos verbos pode dar-se de qualquer maneira, não havendo previsão específica na lei. Se for feita a indagação perante os verbos: "promover, constituir, financiar ou integrar como"? Não há resposta no tipo penal. O que existe é uma definição, fora do tipo daquilo que seja organização criminosa, o que não tem o condão de torná-lo infração penal de forma vinculada.

Como já visto, se trata de um crime principal, já que não depende de crime antecedente para sua existência. Também é crime de fato transeunte (ou *"delicta facti transeuntis"*), pois que não exige exame de corpo de delito para sua comprovação, uma vez que não deixa vestígios materiais. Numa classificação menos usual na doutrina, pode-se dizer que se trata ainda de espécie de "crime obstáculo", consistente em delitos erigidos pelo legislador, visando antecipar a tutela penal no intuito de evitar a prática de outros delitos. É exatamente o caso, pois que se reprime a formação da organização criminosa com o objetivo de evitar que esta venha a executar seus fins espúrios que consistem em outras infrações penais.

6.3. DO CRIME DE OBSTRUÇÃO DA PERSECUÇÃO PENAL

> *Art. 2º, § 1º Nas mesmas penas incorre quem impede ou, de qualquer forma, embaraça a investigação de infração penal que envolva organização criminosa.*

O tipo penal em questão prevê uma equiparação para as pessoas que impeçam ou de qualquer forma embaracem a investigação penal que envolva organização criminosa. Há neste caso tutela do bem jurídico "Administração da Justiça".

Entende-se que a previsão seria desnecessária porque naturalmente essa conduta levaria ao reconhecimento do concurso de agentes nos termos do artigo 29, CP, na modalidade doutrinária da "participação". Além disso, a previsão não é somente inútil, mas também pode ocasionar alguma confusão com relação a outros delitos, tais como o falso testemunho e a falsa perícia (artigo 342, CP), alguns crimes funcionais previstos no Código Penal e fora dele (v.g. artigos 319, 331-A, 331-B, 319-A, 321, 325, todos do CP; artigo 3º, da Lei 8.137/90; retornando ao Código Penal, o artigo 349-A, dentre outras infrações).

6 – Comentários Sobre a Lei 12.850/13

143

Essa possível confusão, porém, pode ser facilmente desembaraçada. É preciso perceber que o ilícito de extensão previsto no § 1º, do artigo 2º, da Lei 12.850/13, é "subsidiário", somente sendo aplicado quando não houver norma específica sobre a situação. Dessa forma, pela especialidade, sempre deverão prevalecer os demais ilícitos. Isso fica nítido se verificado o fato de que a própria Lei 12.850/13 se dá ao trabalho de aumentar a pena do crime de falso testemunho e falsa perícia (artigo 342, CP c/c artigo 25 da Lei 12.850/13).

Isso não seria plausível se a criação da infração de extensão do § 1º, em questão, fosse substituir outras infrações penais nos casos de crime organizado. Vislumbram-se apenas duas situações em que o novo crime deve prevalecer, quais sejam, nos casos de favorecimento pessoal e real (artigos 348 e 349, CP), pois que parece que a infração em estudo é uma especialização desses crimes com relação afeta especificamente à criminalidade organizada.

Sua natureza subsidiária em nada impede tal conclusão, já que os ilícitos de favorecimento são apenados parcamente e então não se tratam de infrações mais graves que deveriam prevalecer em relação ao crime subsidiário. Como exemplo, podemos citar os casos em que advogados, embora não ligados ao crime organizado, realizem tarefas que extrapolem a função pela qual foram constituídos, servindo de "mensageiros" ou como "informantes" da atuação policial.

Outro aspecto de relevo é o fato de que o tipo penal somente fala em obstrução à *investigação*. Não obstante, é correto afirmar que se o indivíduo obstrui o bom andamento da fase processual há que usar de interpretação extensiva, pois parece que a lei disse menos do que queria, aplicando o vocábulo *investigação* num sentido amplo para abranger toda a persecução criminal.[36]

Foi esse, aliás, o entendimento da Quinta Turma do STJ ao apreciar a matéria no HC 487.962/SC, onde o réu foi condenado a cinco anos de reclusão por ter ameaçado de morte familiares de testemunhas no curso de uma ação penal relacionada a organização criminosa. No *habeas cor-*

---

36 Neste sentido manifesta-se Nucci, afirmando: "Segundo cremos, impedir ou embaraçar *processo judicial* também se encaixa nesse tipo penal, valendo-se de interpretação extensiva. Afinal, se o *menos* é punido (perturbar mera investigação criminal), o *mais* (processo instaurado pelo mesmo motivo) também deve ser". NUCCI, Guilherme de Souza. Op. Cit., p. 24-25.

pus, a defesa sustentou a tese de que a tipificação penal do parágrafo1º do artigo 2º da Lei do Crime Organizado é excessivamente vaga. Para o impetrante, a conduta é atípica, pois o delito não abrangeria a fase judicial, e a fase de investigação já estaria superada.

Segundo o relator do caso, Ministro Joel Ilan Paciornik, não seria razoável dar ao dispositivo da lei uma interpretação restritiva. "As investigações se prolongam durante toda a persecução criminal, que abarca tanto o inquérito policial quanto a ação penal deflagrada pelo recebimento da denúncia. Com efeito, não havendo o legislador inserido no tipo a expressão estrita 'inquérito policial', compreende-se ter conferido à investigação de infração penal o sentido de persecução penal como um todo", explicou o ministro. De acordo com o relator, "carece de razoabilidade punir mais severamente a obstrução das investigações do inquérito do que a obstrução da ação penal".[37]

Como o tráfico de drogas está intimamente ligado ao crime organizado, impende enfrentar um conflito aparente de normas ou mesmo a hipótese de revogação tácita do artigo 37, da Lei 11.343/06. Esse dispositivo prevê exatamente a punição daqueles que de alguma forma colaboram com o tráfico. A similaridade com o dispositivo da Lei de Organização Criminosa é gritante. E mais, o tipo penal do artigo 37 da Lei de Drogas, menciona "grupo, organização ou associação". Certamente o entendimento doutrinário-jurisprudencial não será pacífico. São previsíveis ao menos duas correntes:

1ª) O artigo 2º, § 1º, da Lei 12.850/13 teria revogado tacitamente o artigo 37 da Lei 11.343/06, devido a ser lei posterior que trata inteiramente da matéria, especialmente porque o artigo 37 da Lei de Drogas não trata da colaboração com qualquer pessoa, mas com "grupos, organizações ou associações" para o tráfico. Dessa forma, se referiria exatamente ao caso agora regulado pela Lei 12.850/13.

2ª) Não teria havido revogação tácita, mas apenas ocorrido um conflito aparente de normas a ser solucionado pelo Princípio da Espe-

---

37 Disponível:http://www.stj.jus.br/sites/STJ/default/pt_BR/Comunica%-C3%A7%C3%A3o/noticias/Not%C3%ADcias/Crime-de-embara%C3%A7ar--investiga%C3%A7%C3%A3o-previsto-na-Lei-do-Crime-Organizado-n%-C3%A3o-%C3%A9-restrito-%C3%A0-fase-do-inqu%C3%A9rito. Acesso em 06.06.2019.

6 – Comentários Sobre a Lei 12.850/13

cialidade. Apesar de o artigo 37 da Lei de Drogas realmente se referir a "grupos, organizações ou associações" e descrever a colaboração externa do agente, é preciso ter em mente que esses grupos, organizações e associações nem sempre satisfarão os requisitos previstos no artigo 1º, § 1º, da Lei 12.850/13, que define o que seja efetivamente uma "Organização Criminosa". Portanto, o dispositivo da Lei 12.850/13 se restringiria, no caso das drogas, apenas às circunstâncias de verdadeiras "Organizações Criminosas" que satisfaçam a descrição contida no artigo 1º, § 1º, da Lei respectiva. Por seu turno, o artigo 37 da Lei de Drogas, seguiria sendo aplicado aos casos de colaborações com grupos que não satisfazem os requisitos da organização tipicamente criminosa, bem como obedecendo ao Princípio da Especialidade, ou seja, somente valendo para as situações relativas ao tráfico de drogas.

Entende-se que, tal como ocorre com o artigo 35, da Lei 11.343/06, já abordado neste trabalho, deve prevalecer o entendimento de que não houve revogação tácita do artigo 37, do mesmo diploma, mas simples conflito aparente de normas a ser solucionado pelo Princípio da Especialidade, conforme argumentado no item "b" acima descrito.

São punidas no art. 2º, § 1º, as condutas de impedir, que tem o sentido de obstar, vedar ou obstruir, e de embaraçar, que significa perturbar, atrapalhar ou comprometer a persecução penal. Trata-se de crime comum, que poder ser praticado por qualquer pessoa, inclusive por quem não integre a organização criminosa. O sujeito passivo é o Estado, bem como toda coletividade que preza pela consecução da justiça. No núcleo impedir, a infração se consuma com a efetiva interrupção da persecução penal, sendo, destarte, exemplo de crime material. Já no verbo embaraçar o crime é formal ou de consumação antecipada, bastando, para a sua consumação, a prática da conduta cuja finalidade é comprometer a investigação, ainda que o agente não alcance esse desiderato.

6.4. DAS CAUSAS DE AUMENTO DE PENA

> *Art. 2º, § 2º As penas aumentam-se até a metade se na atuação da organização criminosa houver emprego de arma de fogo.*
>
> *Art. 2º, § 4º A pena é aumentada de 1/6 (um sexto) a 2/3 (dois terços):*
>
> *I – se há participação de criança ou adolescente;*

II – se há concurso de funcionário público, valendo-se a organização criminosa dessa condição para a prática de infração penal;

III – se o produto ou proveito da infração penal destinar-se, no todo ou em parte, ao exterior;

IV – se a organização criminosa mantém conexão com outras organizações criminosas independentes;

V – se as circunstâncias do fato evidenciarem a transnacionalidade da organização.

6.4.1. Organização criminosa armada

É previsto um aumento de pena no § 2º, do artigo 2º, da Lei 12.850/13, quando "na atuação da organização criminosa houver emprego de arma de fogo". Esse é um aumento que normalmente estará presente, tirante os casos de organizações criminosas voltadas tão somente para os chamados "*White collar crimes*" ou "Crimes de Colarinho Branco" e mesmo assim com algumas exceções. É difícil imaginar algo que se possa denominar de organização criminosa sem que haja o emprego de armas de fogo envolvido.

Pode haver algum choque com os crimes previstos no Estatuto do Desarmamento (Lei 10.826/03), mas isso é apenas aparente. Na verdade, havendo emprego de armas de fogo na organização criminosa, todo aquele componente que incidir também nos crimes do Estatuto do Desarmamento, deverá ser responsabilizado em concurso material de acordo com o já estudado preceito secundário do artigo 2º, inclusive se o crime fim da associação for, por exemplo, como é comum ocorrer, o comércio clandestino de armas, munições e acessórios interno ou externo (artigos 17 e 18, da Lei 10.826/03). Tal como, por exemplo, no tráfico, o indivíduo deverá responder pelos crimes do Estatuto e mais pelo crime de organização criminosa em concurso material, atentando para o fato de que o crime do artigo 18 da Lei 10.826/03 tem ainda caráter nitidamente transnacional e até internacional.

Anote-se que não se trata de "*bis in idem*", pois o aumento se refere ao maior perigo de dano ocasionado pela organização ao bem jurídico "paz pública", enquanto que a responsabilização pelos crimes do Estatuto do Desarmamento diz respeito à conduta específica perpetrada pelo indivíduo componente do grupo, bem como se refere aos bens jurídicos "incolumidade pública" e "segurança coletiva".[38]

---

38 MARCÃO, Renato. *Estatuto do Desarmamento*. São Paulo: Saraiva, 2008, p. 3.

6 – Comentários Sobre a Lei 12.850/13

Também é interessante lembrar a causa especial de aumento de pena para o tráfico de drogas, prevista no artigo 40, IV, da Lei 11.343/06, sempre que a infração se processar com "violência, grave ameaça, *emprego de arma de fogo*, ou qualquer processo de intimidação difusa ou coletiva". Aqui poder-se-ia defender a tese de que teria havia derrogação do dispositivo da Lei de Drogas quanto ao "emprego de arma de fogo". No entanto, parece cristalino que novamente se trata de conflito aparente de normas, onde o aumento de pena do artigo 40, IV, da Lei de Drogas, se referirá aos casos de tráfico sem configuração de organização criminosa e o aumento de pena previsto na Lei 12.850/13 será reservado para aqueles casos de tráfico em que também esteja configurada a organização criminosa. É preciso, contudo, lembrar que neste caso, havendo concurso material entre o crime de organização criminosa, majorado pelo emprego de arma e o tráfico, não poderá incidir neste último o aumento de pena da Lei de Drogas pelo mesmo motivo, pois isso configuraria "*bis in idem*".

Outra situação conflituosa pode surgir se a organização criminosa tiver por finalidade a prática de crimes de extorsão mediante sequestro. Isso porque neste último ilícito é prevista qualificadora para quando é cometido "por bando ou quadrilha". Uma primeira questão a ser posta é que o legislador se esqueceu de, no bojo da Lei 12.850/13, promover uma alteração do artigo 159, § 1º, "*in fine*", CP, trocando a expressão "bando ou quadrilha" por "Associação Criminosa", novo "*nomen juris*" da antiga "Quadrilha ou Bando" prevista no artigo 288, CP (vide artigo 24 da Lei 12.850/13). Ao fazer isso o legislador atualizaria o artigo 159, § 1º, CP, e evitaria uma série de dúvidas. Vejamos:

Podem surgir pelo menos duas interpretações devido a esse olvido legislativo:

a) A Lei 12.850/13, ao alterar o artigo 288, CPP, e extinguir o crime de quadrilha ou bando teria derrogado o artigo 159, § 1º, CP, de modo a impedir doravante a aplicação da causa de aumento porque o crime seja praticado por "bando ou quadrilha", figura agora inexistente no ordenamento jurídico brasileiro.

b) Não teria havido derrogação, mas "continuidade normativo típica", uma vez que houve apenas a alteração do "*nomen juris*" do artigo 288, CP, o qual continua em vigor e ainda exigindo menos para sua configuração, pois que não é mais necessário o concurso de 4 ou mais pessoas, mas apenas de 3 ou mais. Nesse passo, a causa de aumento de pena do artigo 159, § 1º, CP, passaria a ser menos exigente, bastando a associação criminosa de 3 ou mais pessoas e não mais de 4 pelo menos, o que configuraria, neste aspecto específico, uma *"novatio legis in pejus"*, somente aplicável às extorsões mediante sequestro posteriores à entrada em vigor da Lei 12.850/13. Antes disso, somente valeria o aumento no caso de "Bando ou Quadrilha" com 4 ou mais integrantes.

Parece-nos que realmente deva ser acatada a segunda hipótese, já que o crime de "Associação Criminosa" não promove qualquer *"Abolitio Criminis"* ou mesmo *"Novatio Legis In Mellius"*. Ao reverso, mantém como crime o que já o era e ainda amplia o alcance do tipo ao exigir menos coautores. Assim sendo, nada mais coerente do que interpretar que a referência a "bando ou quadrilha" na qualificadora do artigo 159, § 1º, CP, segue se referindo àquilo que sempre se referiu, ou seja, ao artigo 288, CP, o qual segue em vigor com menos exigências. O ideal seria a alteração da redação do § 1º, do artigo 159, CP, mas como isso não ocorreu, a interpretação mais correta é a de que segue aplicável para os casos vindouros após a entrada em vigor da Lei 12.850/13, havendo uma sobrevida da antiga redação do artigo 288, CPP, para os casos anteriores, tendo em vista o já descrito fenômeno da *"novatio legis in pejus"*.

Contudo, os questionamentos sobre o crime de extorsão mediante sequestro perpetrado por associação criminosa não param por aí. Outro conflito pode surgir entre a qualificadora em estudo e o crime de organização criminosa do artigo 2º, da Lei 12.850/13. Entende-se que a questão mais uma vez deve ser solucionada pela especialidade. Ou seja, se há um crime de extorsão mediante sequestro perpetrado por uma associação criminosa que não detém as características de organização criminosa previstas no artigo 1º, § 1º, da Lei 12.850/13, então deve-se aplicar a qualificadora, afastando-se o eventual concurso com o crime de organização criminosa. Agora, se a prática de extorsão mediante sequestro se dá por um grupo caracterizado como "Organização Criminosa" e não mera "Associação Criminosa" do artigo 288, CP, então se afasta a qualificadora, para evitar *"bis in idem"* e aplica-se o concurso material entre o crime do artigo 159, CP, eventualmente qualificado por outros motivos e o crime de organização criminosa (artigo 2º da Lei 12.850/13). Isso nos estritos termos do próprio preceito secundário do artigo 2º, da Lei do Crime Organizado.

6 – Comentários Sobre a Lei 12.850/13

Lembre-se, ainda, que a caracterização dessa majorante independe da apreensão da arma de fogo, conforme já decidiu o STF no que se refere ao crime de roubo circunstanciado pelo emprego de arma:

> (...) ainda que a arma não tivesse sido apreendida, conforme jurisprudência desta Suprema Corte, seu emprego pode ser comprovado pela prova indireta, sendo irrelevante o fato de estar desmuniciada para a configuração da majorante.[39]

Em fechamento a esse ponto, nos parece pertinente salientar os novos rigores impostos pelo "Pacote Anticrime" às "organizações criminosas armadas". O artigo 310, § 2º, do CPP, por exemplo, dispõe o seguinte:

> *§ 2º Se o juiz verificar que o agente é reincidente ou que integra organização criminosa armada ou milícia, ou que porta arma de fogo de uso restrito, deverá denegar a liberdade provisória, com ou sem medidas cautelares.* (Incluído pela Lei nº 13.964, de 2019)

Como se percebe, o novo dispositivo estabelece a impossibilidade de concessão de liberdade provisória aos integrantes de organizações criminosas armadas. Particularmente, vislumbramos inconstitucionalidade nesta previsão por tornar obrigatória a prisão preventiva, o que ofende o princípio da individualização da prisão e o princípio da presunção de inocência.

Sob outra perspectiva, o "Pacote Anticrime", conforme já alertado acima, acrescentou o artigo 1º-A à Lei 12.694/12, permitindo a instalação de Varas Criminais Colegiadas com competência para o processo e julgamento, entre outras hipóteses, de crimes de pertinência a organizações criminosas armadas ou que tenham armas à disposição. Nos termos do § 1º, do novo dispositivo legal, essas Varas Especializadas terão competência para todos os atos jurisdicionais no decorrer da investigação, da ação penal e da execução da penal, inclusive a transferência do preso para estabelecimento prisional de segurança máxima ou para o regime disciplinar diferenciado.

6.4.2. Organização criminosa que se vale de menores de idade

No § 4º, do artigo 2º, da LOC, são previstas causas especiais de aumento de pena variantes entre um sexto e dois terços, sendo que a

---

39 STF, ROHC 115.077/MG, 2ª Turma, Rel. Min. Gilmar Mendes, DJe 09.09.2013.

primeira delas pune com maior rigor a organização criminosa que se vale de crianças ou adolescentes, em um caso típico de autoria mediata.

Aplica-se, em tais hipótese, os conceitos do ECA (Lei 8.069/90 – artigo 2º), entendendo-se criança como a pessoa até 12 anos de idade incompletos e adolescente a pessoa entre 12 anos completos e 18 anos incompletos. Esse aumento é bem posto, pois que é muito comum a utilização de crianças e adolescentes por organizações criminosas como verdadeiros "bois de piranha" ou "escudos" para as atividades dos imputáveis envolvidos.

Neste ponto novamente pode surgir alguma polêmica quanto ao confronto com o artigo 244-B, do ECA, que prevê o crime de "Corrupção de Menores" por meio da prática de infrações penais com menores ou sua indução à prática dessas condutas. Neste caso, entendemos que a configuração de mero conflito aparente de normas é mais que nítida, devendo ser aplicado o aumento de pena sempre que se tratar de "Organização Criminosa" e o artigo 244-B, do ECA, para os demais casos em que maiores perpetrem crimes com menores ou os induzam à prática de crimes.[40] Estará novamente em jogo o Princípio da Especialidade. O mesmo se pode dizer da causa especial de aumento de pena prevista no artigo 40, VI, da Lei 11.343/06, ou seja, aplicar-se-á o dispositivo da Lei de Drogas quando não se tratar de organização criminosa e o artigo 2º, § 4º, I, da Lei 12.850/13, em concurso material com o crime de tráfico quando se tratar de organização criminosa. Novamente, como já se viu no caso do emprego de arma de fogo, o crime de tráfico não poderá ser majorado nessas circunstâncias pelo artigo 40, VI, da Lei de Drogas, sob pena de "*bis in idem*", já que o envolvimento de crianças ou adolescentes já serviu para aumentar a pena do crime de organização criminosa.

Há, porém quem entenda cabível o concurso entre a majorante da LOC e o crime de corrupção de menores, previsto no artigo 244-B, do ECA. Isto, pois, estamos diante de crimes autônomos e que objetivam a tutela de bens jurídicos diferentes, não havendo, ademais, qualquer "relação de dependência ou subordinação entre as condutas delituosas".[41]

---

40 No mesmo diapasão: GOMES, Luiz Flávio; SILVA, Marcelo Rodrigues da. *Organizações criminosas e técnicas especiais de investigação – questões controvertidas, aspectos teóricos e práticos e análise da Lei 12.850/2013*. Salvador: JusPodivm, 2015. p. 56.

41 LIMA, Renato Brasileiro de. op. cit., p. 622-623. No mesmo diapasão: MASSON, Cleber; MARÇAL, Vinícius. op. cit., p. 53.

6 – Comentários Sobre a Lei 12.850/13

6.4.3. Organização criminosa que se vale de funcionário público (*Teoria da Reconfiguração Cooptada do Estado*)

O crime de participação em organização criminosa também terá sua pena majorada quando houver concurso de funcionário público, valendo-se a organização criminosa dessa condição para a prática de infração penal. De acordo com a redação da majorante, resta claro que a pena somente será aumentada se, além de haver concurso de indivíduo que é funcionário público, esse fato tiver utilidade na dinâmica das práticas criminosas. Ou seja, não bastará o envolvimento de um ou mais funcionários públicos na organização, mas deverá ficar comprovado que o grupo utilizou esses cargos para facilitar a prática criminosa a que se dedicava.

Essa prova incumbe à acusação, de modo que não estará satisfeita pela simples comprovação da presença de funcionário ligado à organização criminosa, exigindo maior esforço por parte do Ministério Público e da Polícia Judiciária em buscar provas da efetiva utilização da função pública como instrumento da organização. Evidentemente, o conceito de funcionário público para fins de aplicação da causa especial de aumento de pena deverá ser buscado na norma geral do artigo 327, CP, já que a Lei 12.850/13 não traz em seu conteúdo alguma definição especial.[42]

Deve-se observar nesse ponto que o envolvimento de agentes públicos constitui uma das principais características do crime organizado, embora não se trate de requisito indispensável. No intuito de comprovar essas conclusões, vale observar a definição de organização criminosa na concepção do FBI (Federal Bureau of Investigation):

> Qualquer grupo tendo algum tipo de estrutura formalizada cujo objetivo primário é a obtenção de dinheiro através de atividades ilegais. Tais grupos mantêm suas posições através do uso de violência, **corrupção,** *fraude ou extorsões, e geralmente têm significante impacto sobre os locais e regiões do País onde atuam.*[43]

---

42 Lembrando sempre que o conceito de funcionário público para fins penais não se confunde e é bem mais abrangente do que o utilizado para fins administrativos.

43 MENDRONI, Marcelo Batlouni. *Crime Organizado: aspectos gerais e mecanismos legais.* ed. 6. São Paulo: Atlas, 2016. p. 17.

152 *Criminalidade Organizada & Globalização Desorganizada*

Conceito semelhante é trazido pela Interpol, onde também se destaca que as organizações criminosas subsistem, entre outros fatores, pela prática de corrupção. Muito embora não façam menção expressa aos agentes públicos, resta evidente que os conceitos se referem à corrupção do Estado. Dissertando sobre as formas de organização criminosa, MENDRONI cita a estrutura *endógena*:

> Trata-se de espécie de organização criminosa que age dentro do próprio Estado, em todas as suas esferas – Federal, Estaduais e Municipais, envolvendo, conforme a atividade, cada um dos Poderes, Executivo, Legislativo e Judiciário. É formada essencialmente por políticos e agentes públicos de todos os escalões, envolvendo, portanto, necessariamente, crimes praticados por funcionários públicos contra a administração pública (corrupção, concussão, prevaricação etc.).[44]

Assim, num contexto em que o crime organizado se infiltra nas instituições públicas, que acabam sendo utilizadas como balcões do crime, desvirtuando por completo as suas funções institucionais, surge a *teoria da reconfiguração cooptada do Estado*, cujo objetivo é:

> Possibilitar que os tentáculos de uma determinada organização criminosa estejam transfixados nos poderes públicos estatais, de modo a facilitar em determinado momento a prática de atos de corrupção ou a própria impunidade de eventuais delitos cometidos. Estando próximas e inseridas no centro do poder, as redes ilícitas conseguem manter-se informadas e "blindadas" acerca de eventuais ações preventivas ou até mesmo repressivas a serem articuladas pelos órgãos de persecução estatal.[45]

Feitas essas colocações, lembramos que, uma vez mais, verifica-se um possível conflito com a Lei de Drogas, que prevê como causa especial de aumento de pena para o tráfico o fato de "o agente praticar o crime prevalecendo-se de função pública" (artigo 40, II). Parece que se repetem as soluções:

a) Se uma organização criminosa é erigida para fins de tráfico e não chega a perpetrar o tráfico, mas havendo o envolvimento de funcioná-

---

44 IDEM. op. cit., p. 30.
45 PEREIRA, Flávio Cardoso. *Crime organizado e sua infiltração nas instituições governamentais*. São Paulo: Atlas, 2015, p.85.

6 – Comentários Sobre a Lei 12.850/13

rio público do qual se valeria para a execução dos crimes, aplica-se tão somente a Lei 12.850/13 e o aumento do artigo 2º, § 4º, inciso II, sem incidência da Lei 11.343/06 e, consequentemente, do seu artigo 40, II deste último diploma. Agora, se há uma organização criminosa no interior da qual opera funcionário público para facilitar o tráfico e há o cometimento de crime de tráfico, então será aplicado o aumento de pena da Lei 12.850/13 para o crime de organização criminosa em concurso com o tráfico sem essa causa de aumento para que não haja "*bis in idem*". A aplicação da causa de aumento da Lei de Drogas se dará tão somente quando o tráfico for perpetrado com participação de funcionário público, mas fora dos casos de organização criminosa. As mesmas soluções podem ser apontadas para as majorantes previstas na Lei de Genocídio (Lei 2.889/56 – artigo 4º) e na Lei de Tortura (Lei 9.455/97 – artigo 1º, § 4º, I).

Frise-se, por derradeiro, que o funcionário público envolvido com a organização criminosa, além de responder pelo crime do art. 2º, da Lei 12.850/13 e eventuais crimes perpetrados em concurso nesta, não deixará de ser responsabilizado, sempre em concurso material, por eventuais crimes funcionais que venha a perpetrar. Além disso, também responderá na seara administrativa onde certamente dará azo à sua demissão a bem do serviço público, bem como no campo civil em termos de improbidade administrativa (vide Lei 8.429/92).

6.4.4. Organização criminosa e o proveito ou produto das infrações

Se o produto ou proveito da infração penal destinar-se, no todo ou em parte, ao exterior, também deverá incidir o aumento de 1/6 a 2/6 da pena. Talvez possa ser um pouco difícil compreender bem a razão de ser dessa majorante. Ela passa a impressão de que nosso país pretende ficar com o "dinheiro e recursos sujos" da criminalidade organizada, transitando em sua economia formal. Sabe-se que realmente boa parte do capital que gira na economia formal mundial é proveniente de atividades ilícitas ligadas ao crime organizado transnacional.

MENDRONI chama a atenção para a comum "mescla de atividades ilícitas com atividades lícitas" no campo do crime organizado, qualificando-a como uma "fórmula essencial para o sucesso das atividades criminosas", tendo em vista "a necessidade da organização de lavar dinheiro sujo".[46] Também Woodiwiss descreve minuciosamente como o capital ilegal se mistura na economia formal e até constitui em alguns países a principal fonte de recursos financeiros.[47]

Então, necessário se faz esclarecer que a causa de aumento de pena não se baseia no intento da manutenção desses capitais espúrios circulando na economia nacional, ou seja, não tem por fim conter uma evasão desse capital por motivos econômicos. A grande justificativa para essa causa de aumento de pena se refere à maior dificuldade do Estado para proceder à expropriação de bens obtidos direta ou indiretamente pela atividade ilícita quando parte dos recursos ou eles em sua totalidade são destinados ao exterior. A aplicação de instrumentos cautelares e medidas assecuratórias como a busca e apreensão, sequestro de bens, arresto, hipoteca legal (artigos 240 a 250 e 125 a 144-A, CPP) torna-se, senão impraticável, bastante morosa e embaraçada devido a questões de Direito Internacional, tratados, convenções, Cartas Rogatórias etc. Esses são obstáculos que atrapalham não somente a coleta probatória para a configuração da organização criminosa, mas também a necessária expropriação dos bens ilicitamente obtidos ou conseguidos com proventos oriundos das atividades ilícitas.

Aliás, justamente por isso a Lei 12.964/12 alterou o Código Penal para viabilizar o confisco e a adoção de medidas assecuratórias em relação aos bens ou valores equivalentes ao produto ou ao proveito do crime quando estes se localizarem no exterior:

> Art. 91, § 1º. Poderá ser decretada a perda de bens ou valores equivalentes ao produto ou proveito do crime quando estes não forem encontrados ou quando se localizarem no exterior.
>
> § 2º Na hipótese do § 1º, as medidas assecuratórias previstas na legislação processual poderão abranger bens ou valores equivalentes do investigado ou acusado para posterior decretação de perda.

6.4.5. Conexão entre organizações criminosas

A pena do crime também será aumentada quando se verificar que a organização criminosa processada mantém conexão com outras or-

---

46 MENDRONI, Marcelo Batlouni. *Crime Organizado*. ed. 2. São Paulo: Atlas, 2007, p. 18.
47 WOODIWISS, Michael. *Capitalismo Gangster*. Trad. C. E. de Andrade. Rio de Janeiro: Ediouro, 2007, p. 239 – 245.

6 – *Comentários Sobre a Lei 12.850/13*

ganizações criminosas independentes. A motivação da majorante em questão é mais que cristalina, pois que essas conexões indicam a maior amplitude e poderio da organização criminosa e, portanto, maior perigo de dano à paz pública, bem jurídico tutelado pela norma.

Concordamos com a observação feita por MASSON e MARÇAL no sentido de que pela literalidade do texto legal, a causa de aumento em questão só poderia incidir nas hipóteses em que houver uma conexão entre, pelo menos, três organizações criminosas distintas. Isto, pois, o dispositivo exige a conexão "com outras" (no plural) organizações congêneres, o que inviabiliza a majorante se o vínculo se der apenas entre duas estruturas criminosas.[48] Pode parecer preciosismo de nossa parte, mas em respeito ao princípio da legalidade, concluímos que essa causa de aumento será de rara incidência.

6.4.6. Organização criminosa transnacional

Se as circunstâncias do fato evidenciarem a transnacionalidade da organização, deve ser imposta a majorante legal. A motivação da exasperação é similar àquela acima mencionada, pois que também está a indicar claramente a dimensão exorbitante da organização enfocada. Esses dois últimos incisos promovem, já na fase legal, uma devida adequação à proporcionalidade e à individualização da pena, tratando desigualmente grandes organizações com ligações transnacionais e entre si. Não se poderia admitir mesmo um tratamento igual entre organizações criminosas tentaculares, que se ligam entre si e se espraiam mundo afora e organizações criminosas de menor porte, isoladas e restritas ao território nacional, quando não simplesmente local.

É interessante o posicionamento de NUCCI, afirmando que essa causa de aumento de pena seria impraticável por constituir "*bis in idem*", já que "*o caráter transnacional* é elementar do tipo penal incriminador, composto do artigo 2º, "*caput*" c.c. o art. 1º, § 1º, da Lei 12.850/2013".[49]

E prossegue o autor sob comento:

> Caracteriza-se a organização criminosa justamente por ter caráter transnacional, de modo que não se pode elevar a pena caso "as circunstâncias do fato evidenciarem a transnacionalidade da

---

48 MASSON, Cleber. MARÇAL, Vinícius. op. cit., p. 55.
49 NUCCI, Guilherme de Souza. op. cit., p. 29-30.

organização". Noutros termos, toda associação de quatro ou mais pessoas, estruturada, com divisão de tarefas, objetivando vantagem ilícita, mediante a prática de delitos *ou com feição transnacional* constitui organização criminosa. Fazer incidir o aumento do inc. V equivale ao indevido *bis in idem*, que é a dupla punição pelo mesmo fato.[50]

Com o devido respeito, a argumentação do autor sobredito deve ser acatada com cautela, pois apresenta um equívoco no raciocínio, consistente na confusão entre "essência" e "acidente". Ocorre que nem toda organização criminosa terá de ser necessariamente transnacional, essa característica é meramente acidental no conceito erigido pelo legislador no artigo 1º, § 1º, da lei de regência. Pode haver tranquilamente organizações criminosas *não transnacionais*.

Observe-se que o § 1º, arrola uma série de características (mínimo de 4 pessoas; organização estruturada; divisão de tarefas ainda que informal; fim de obter vantagem indevida de qualquer natureza com a prática de infrações penais com penas máximas acima de 4 anos). Somente até aí já está caracterizada uma organização criminosa, a qual pode ser ou não transnacional. Depois de todas essas características, vem então o legislador e, de forma facultativa, diz: *"ou que sejam de caráter transnacional"*. Aqui o legislador se refere às infrações penais, que, sendo de *caráter transnacional,* não precisarão ter penas máximas acima de 4 anos, poderão ser inclusive contravenções. Ora, a transnacionalidade claramente não é elemento obrigatório do conceito de Organização Criminosa, mas meramente acidental. Não constitui a "essência" do conceito.[51]

Dessa maneira é incorreto afirmar que o aumento de pena sob comento constitui *"bis in idem".* Pode ser que o constitua em certas situações. Explica-se: se uma atividade criminosa, somente foi qualificada como "crime organizado" porque a infração penal ou as infrações penais perpetradas tinham característica transnacional, já que suas penas máximas eram de 4 ou menos anos de prisão, então realmente não se poderá aplicar o aumento, que constituiria, somente nesse caso, dupla apenação espúria.

---

50 IDEM. op. cit., p. 30.
51 No mesmo sentido: MASSON, Cleber; MARÇAL, Vinicius. op. cit., p. 56; GOMES, Luiz Flávio; SILVA, Marcelo Rodrigues da. op. cit., p. 116-117.

6 – Comentários Sobre a Lei 12.850/13

157

No entanto, essa situação será raríssima. Na maior parte dos casos, a Organização Criminosa será assim reconhecida independentemente de sua transnacionalidade porque presentes seus elementos essenciais. Dessa forma, é mais que justo que uma organização criminosa transnacional seja mais rigorosamente apenada do que uma de caráter local, estadual, regional ou nacional. O equívoco de NUCCI está em entender que somente haverá organização criminosa se a atividade for transnacional, como se a transnacionalidade fosse um elementos essencial do conceito de organização criminosa, quando não o é, mas apenas um elemento acidental e, inclusive, de parca incidência prática.

6.5. DA AGRAVANTE ESPECÍFICA PARA A LIDERANÇA DA ORGANIZAÇÃO

> § 3º A pena é agravada para quem exerce o comando, individual ou coletivo, da organização criminosa, ainda que não pratique pessoalmente atos de execução.

No § 3º do dispositivo sob comento é previsto uma agravante especial para aquele que "exerce o comando, individual ou coletivo, da organização criminosa, ainda que não pratique pessoalmente atos de execução".

A agravante é justa na medida em que se refere à proporcionalidade quanto à culpabilidade dos agentes que atuam em concurso necessário. Aliás, o Código Penal também já prevê para os demais ilícitos essa espécie de exasperação punitiva quando o indivíduo exerce, no concurso de agentes, uma função destacada, de modo que a Lei 12.850/13 apresenta-se sistematicamente adequada (vide artigo 62, incisos I a III, CP).

É preciso dizer que o dispositivo consiste numa verdadeira consagração da chamada "Teoria do Domínio do Fato". Como leciona DAMÁSIO:

> Welzel, em 1939, ao mesmo tempo que criou o finalismo, introduziu no concurso de pessoas a "teoria do domínio do fato", partindo da tese restritiva e empregando um critério objetivo-subjetivo: autor é quem tem o controle final do fato, domina finalisticamente o decurso do crime e decide sobre sua prática, interrupção e circunstâncias ("se", "quando", "onde", "como" etc.).[52]

---

52 JESUS, Damásio Evangelista de. *Direito Penal*. Volume 1. 33ª. ed. São Paulo: Sarai-

158   *Criminalidade Organizada & Globalização Desorganizada*

Indo à fonte, encontra-se a explicação de WELZEL:

> O conceito finalista de autor resulta das determinações fundamentais do conceito de ação finalista e do de injusto pessoal, já que, como se sabe, a teoria de autor não tem outro fim que o de destacar o centro pessoal de ação do fato antijurídico. Por isso, pertence à autoria em geral o domínio finalista do fato (como elemento geral do injusto pessoal dos tipos dolosos); a ele se agregam, em muitos casos, como elementos específicos de autoria, as características objetivas e subjetivas pessoais do injusto.[53]

Confirma-se, dessa forma, que para WELZEL, no seio de sua doutrina do "Domínio do Fato", autor é aquele que "tem o domínio finalista do fato". Ele é o "dono do fato", é "quem o executa em forma finalista, sobre a base de sua decisão e vontade". Por isso, segundo o autor, "o domínio finalista do fato é a característica geral da autoria".[54]

Verifica-se que o § 3º, sob comento, abrange várias formas de coautoria baseadas no "Domínio do Fato". Descreve a coautoria simples, onde os envolvidos são executores diretos da conduta típica, bem como a coautoria complexa, onde surge um executor e um coautor intelectual ou funcional. Também descreve a coautoria direta em que o coautor é um dos indivíduos que executa o conteúdo típico; a intelectual na qual, na divisão de tarefas, ele é o "autor da ideia delituosa" ou organiza o "plano criminoso" e ainda a coautoria funcional, quando lhe cabe, na atuação delituosa, "executar parte do comportamento típico".[55]

Isso porque a agravante é aplicável sempre que o sujeito exerça o "comando" da organização, "ainda que não pratique pessoalmente atos de execução". A redação é clara ao abranger tanto aquele que chega a praticar atos de execução no comando da organização (pois a lei fala "ainda que", ou seja, abrindo espaço para que também responda pela agravante, inclusive com mais razão, quando também executa), como aquele que perpetra apenas parte da ação no comando ou a comanda intelectualmente. A exasperação penal, em qualquer dos casos é justificada, pois que o indivíduo de maior destaque numa organização crimi-

---

va, 2012, p. 449.

53 WELZEL, Hans. *Direito Penal*. Trad. Afonso Celso Rezende. Campinas: Romana, 2003, p. 158.

54 Op. Cit., p. 158-159.

55 Cf. JESUS, Damásio Evangelista de. Op. Cit., p. 453.

6 – Comentários Sobre a Lei 12.850/13

nosa deve mesmo responder mais severamente pelo crime na medida exata de sua culpabilidade, obedecendo a um princípio basilar de individualização da pena, que já se desenha na sua fase legal com a previsão do § 3º, em estudo.

Vale ainda destacar que a lei prevê o agravamento da pena, sendo o comando "individual ou coletivo", o que significa que o agente responderá pela agravante, quer seja um líder isolado, quer componha qualquer espécie de órgão coletivo responsável pela tomada de decisões na organização criminosa. No segundo caso poderá haver vários agentes respondendo pela agravante.

Registre-se, por fim, que o "Pacote Anticrime" também trouxe novos rigores para os líderes de organizações criminosas. Veremos adiante que o novo § 8º, inserido no artigo 2º, da Lei 12.850/13, determina que as lideranças de organizações criminosas armadas ou que tenham armas à disposição deverão iniciar o cumprimento da pena em estabelecimentos penais de segurança máxima.

Na mesma linha, a Lei 13.964/19 alterou a Lei de Execução Penal no ponto que trata do Regime Disciplinar Diferenciado e estabeleceu que existindo indícios de que o preso exerce liderança em organização criminosa, o RDD será obrigatoriamente cumprido em estabelecimento prisional federal (art. 52, § 3º, da LEP).

Não se pode olvidar, ademais, que a própria Lei 12.850/13, na sua redação original, já impunha um tratamento diferenciado às lideranças de organizações criminosas em eventuais acordos de colaboração premiada. Isso porque o artigo 4º, § 4º, inciso I proíbe o denominado "acordo de imunidade" para o líder da organização criminosa. É possível se pactuar outros prêmios legais, mas não esse benefício.

6.6. DA MEDIDA CAUTELAR DE AFASTAMENTO DO AGENTE PÚBLICO SUSPEITO DE INTEGRAR ORGANIZAÇÃO CRIMINOSA

> *Art. 2º, § 5º Se houver indícios suficientes de que o funcionário público integra organização criminosa, poderá o juiz determinar seu afastamento cautelar do cargo, emprego ou função, sem prejuízo da remuneração, quando a medida se fizer necessária à investigação ou instrução processual.*

O § 5º, do artigo 2º, da LOC, prevê uma medida cautelar de afastamento do funcionário público suspeito de integrar organização criminosa, sem prejuízo salarial. Essa medida deve, como toda cautelar, ser tomada com muito cuidado, tendo em vista o Princípio Constitucional da Presunção de Inocência e a necessidade e adequação da medida em conformação com a proporcionalidade, tal qual estabelece o artigo 282, I, e II, CPP. Estabelece a legislação os requisitos para a adoção dessa medida cautelar, caracterizadores do necessário *"fumus boni juris"* e do *"periculum in mora"*:

a) Exige a lei a existência de indícios suficientes de autoria por parte do funcionário público quanto ao seu envolvimento em organização criminosa;

b) A medida também somente será adotada quando for necessária à investigação ou à instrução processual.

Conclui-se que há necessidade de algum arcabouço probatório ou ao menos indiciário forte a indicar a participação efetiva do funcionário na organização. Assim também é preciso que sua atuação funcional tenha potencial para atrapalhar a investigação criminal (fase pré-processual) ou mesmo a instrução penal (processo), seja ocultando provas, destruindo-as, intimidando vítimas ou testemunhas ou mesmo autoridades etc.

Medida similar é prevista já no Código de Processo Penal para qualquer caso, ainda que não envolvendo crime organizado, no artigo 319, VI, CPP. Tanto no CPP como na LOC olvidou o legislador estabelecer um prazo máximo para a duração dessa cautelar. No Código de Processo Penal são duas suspensões de atividades: a) De função pública; b) De atividade de natureza econômica ou financeira.

Isso não se repete na Lei 12.850/13, a qual foca apenas no afastamento do funcionário público, o que é uma lacuna. Não obstante, essa lacuna pode ser tranquilamente preenchida pelo artigo 319, VI, CPP, que obviamente pode ser aplicado também aos casos de organização criminosa, onde se esteja tratando de crimes econômicos, contra o sistema financeiro ou a ordem tributária, por exemplo.

Ambas as suspensões se referem à necessidade cautelar de evitar a prática de novas infrações penais e à garantia da persecução criminal. Como já dito, o afastamento deve ocorrer daquelas funções as quais o

6 – Comentários Sobre a Lei 12.850/13

agente pode se utilizar, seja para perseverar na atividade criminosa, seja para atrapalhar a apuração do caso. Deve haver, portanto, certo liame entre a função pública, econômica ou financeira exercida pelo agente e a modalidade criminosa de que se receia reiteração, prática ou ocultação. Embora seja necessário esse liame entre a função e o crime praticado, não há necessidade que a infração tenha sido perpetrada no exercício ou em razão das funções, bastando que o agente possa se beneficiar do cargo ou função para novas infrações ou ocultações.

Note-se que para o aumento de pena previsto no artigo 2º, § 4º, II, da Lei 12.850/13, mister se faz a ligação entre a função pública e a consecução de interesses da organização criminosa. Quanto ao afastamento a lei não exige esse liame, mas apenas a necessidade, adequação e proporcionalidade processual cautelar. Frise-se que no caso do funcionário público a suspensão cautelar das funções não impedirá a apuração administrativa por meio do devido Processo Administrativo, visando às penalidades adequadas ao caso nesse âmbito que é autônomo em relação à seara penal.

A suspensão das funções se fará em termos práticos de forma variada de acordo com o caso: em se tratando de funcionário público, deverá o juiz comunicar a entidade pública à qual ele está vinculado para que se opere a suspensão. Se a suspensão for referente a atividades que são reguladas com especial autorização de órgãos específicos como, por exemplo, a OAB, o CREA, CRM etc., deverão também esses órgãos serem notificados do impedimento imposto ao profissional. Finalmente, se não houver órgão regulador, a interdição será mandamental, notificando-se pessoalmente o sujeito passivo da medida que, em caso de desobediência, poderá ser submetido a outras cautelares ou mesmo à prisão preventiva (artigo 282, § 4º, CPP). Da mesma forma poderão ser responsabilizados criminalmente os dirigentes de órgãos públicos acima mencionados que não deem cumprimento à ordem judicial de suspensão.

São exemplos de situações em que a atividade criminosa é ligada às funções exercidas pelo infrator:

1-) Um policial que se utiliza da função para fins de intimidação de terceiros ou qualquer funcionário público que pode com a manutenção na função ocultar provas, intimidar terceiros ou mesmo prosseguir na sanha criminosa como no caso de crimes contra a administração pública (v.g. peculato, concussão etc.).

2-) Um indivíduo que atua no mercado financeiro e pode seguir perpetrando danos econômicos com a prática de crimes como lavagem de dinheiro, crimes contra a ordem tributária, contra as relações de consumo, crimes contra o sistema financeiro, evasão de divisas etc. ou ainda destruindo, ocultando provas ou intimidando terceiros para obtenção de sua impunidade.

Os exemplos expostos deixam claro que se entende que embora o Código de Processo Penal somente mencione o cabimento da medida para evitar a prática de novas infrações penais e a Lei 12.850/13 somente no interesse da investigação ou instrução processual, poderá ser utilizado de forma ampla, seja no Código de Processo Penal, seja na lei esparsa sob comento, tanto para evitar novas infrações, como para assegurar o interesse processual, quando houver fundado receio de que o funcionário ou pessoa que atua na área econômica possa se utilizar do cargo ou função para destruir provas, intimidar pessoas, ocultar fatos, evadir-se etc.

É relevante a lição de MENDONÇA sobre o tema, analisando o dispositivo do CPP, com aplicação perfeita à Lei 12.850/13:

> (...) a suspensão de função pública realmente poderá ser determinada para evitar novas práticas delitivas, como indica o legislador, quando, por exemplo, se trate de servidor corrupto que, se mantido no cargo, poderá continuar praticando crimes. De qualquer sorte, (...), será possível também a referida suspensão quando necessária para a investigação ou instrução criminal. Assim, o afastamento do cargo poderá ser determinado para que o acusado não se utilize dele para destruir provas, pressionar testemunhas, intimidar vítimas, ou seja, para obstruir a investigação de qualquer forma ou prejudicar a instrução. Dessa forma, nada obstante o art. 319, inc. VI, mencione apenas a utilização da suspensão de função pública ou atividade econômica para evitar a prática de novas infrações, sem dúvida o agente poderá ser suspenso para garantia da investigação ou instrução criminal. Isso está autorizado pela norma principiológica do art. 282, inc. I, que já traz, dentre os princípios reitores e os dispositivos fundamentais das medidas cautelares, as finalidades de todas as medidas cautelares pessoais. Ademais, o art. 282, inc. II, também autoriza

6 – Comentários Sobre a Lei 12.850/13

que seja utilizada a medida mais adequada à situação concreta. Deve o magistrado, portanto, aplicar as medidas indicadas no rol do art. 319 de acordo com a situação concreta e à luz do princípio da adequação.[56]

Observe-se que no Código Penal (artigo 92, I) já é prevista há tempos como efeito específico da condenação a perda do cargo ou função pública e do mandato eletivo. Há também previsões semelhantes já como efeito de condenação, por exemplo, na Lei de Tortura (Lei 9.455/97 – artigo 1º, § 5º) e Lei de Lavagem de Dinheiro (Lei 9.613/98 – artigo 7º, II). Agora esse afastamento de cargo ou função pública pode se dar como efeito de condenação criminal ou como medida cautelar com fulcro no artigo 319, CPP, em qualquer caso, ou no artigo 2º, § 5º, da Lei 12.850/13, nos casos de crime organizado.

Indaga BONFIM, ao comentar o Código de Processo Penal, se o funcionário público afastado deverá continuar a receber sua remuneração. Defende o citado autor a tese de que sim, pois que nada há na legislação a prever o corte do pagamento.[57] Ademais, concordando-se com essa assertiva, há que acrescentar que não seria de bom tom cortar o pagamento do funcionário, inclusive considerando a fase precoce em que a medida é adotada, podendo ao depois ser absolvido e gerar responsabilidade civil ao Estado. Por seu turno, Silvio Maciel aponta como solução para o caso o disposto no artigo 147, da Lei 8.112/90 (Estatuto dos Servidores Públicos Civis da União, das Autarquias e das Fundações Públicas Federais), o qual dispõe sobre o "afastamento preventivo" e determina que este se dê "sem prejuízo da remuneração". Esse dispositivo, que pode ser aplicado por analogia ao caso, está a indicar mais fortemente ainda que "os vencimentos do investigado ou acusado não devem ser suspensos".[58]

É preciso consignar, porém, que a questão não é pacífica nem na doutrina nem na Jurisprudência. MENDONÇA indica decisão do STJ

---

56 MENDONÇA, Andrey Borges de. *Prisão e outras medidas cautelares pessoais*. Rio de Janeiro: Forense, 2011, p. 441-442.

57 BONFIM, Edílson Mougenot. *Reforma do Código de Processo Penal*. São Paulo: Saraiva, 2011, p. 50.No mesmo sentido manifesta-se Marcão, afirmando que a suspensão cautelar "não poderá ensejar prejuízo no recebimento de vencimentos". MARCÃO, Renato. *Prisões Cautelares, Liberdade Provisória e Medidas Cautelares Restritivas*. São Paulo: Saraiva, 2011, p. 352.

58 GOMES, Luiz Flávio, MARQUES, Ivan Luís (coord.). *Prisão e Medidas Cautelares*. 2ª. ed. São Paulo: RT, 2011, p. 185.

no sentido de que o funcionário suspenso deve ter seus pagamentos diminuídos. Reconhece, entretanto, que o STF tem posicionamento inverso, afirmando que essa restrição financeira infringiria o Princípio da Presunção de Inocência. Mas, o autor em comento critica a posição do STF, apontando o artigo 229, I, da Lei 8.112/90, a estabelecer a redução de um terço da remuneração do servidor ativo quando afastado por motivo de prisão preventiva ou em flagrante. Para MENDONÇA, tal dispositivo deveria ser aplicado ao caso de suspensão, pois senão haveria violação da isonomia com relação aos funcionários que continuam trabalhando e percebem o mesmo pagamento do afastado.

Ademais, segundo o autor, não se deveria ficar preso somente ao Princípio da Presunção de Inocência, pois que no caso incidiriam outros fatores tais como a isonomia já mencionada, a probidade administrativa, a eficiência dos serviços públicos e a própria "correlação ou sinalagma" (reciprocidade) inerente aos contratos bilaterais públicos ou privados (o funcionário trabalha e recebe, se não trabalha, não recebe). Outro aspecto ao qual faz referência MENDONÇA é o de que a adotar o pagamento integral ao funcionário afastado pela administração pública, o mesmo tratamento deveria ser conferido ao trabalhador da iniciativa privada, onerando então os patrões que teriam que pagar seus funcionários presos ou afastados por ordem judicial. Isso também feriria de morte, segundo o autor, a isonomia, porque não haveria razão alguma de discriminação justa. Conclui então que deve haver uma diminuição da remuneração, mas não seu corte total, isso em atenção ao Princípio da Dignidade Humana, evitando reduzir o sujeito passivo da medida à condição de indigência.[59]

Embora a exposição de MENDONÇA seja bem concatenada, discorda-se, pois que entende-se que o disposto no artigo 147, da Lei 8.112/90, é mais adequável à situação de suspensão da função, sendo o dispositivo do artigo 229, I, do mesmo diploma, utilizado pelo autor, específico para os casos de prisões provisórias e não para o mero afastamento. Efetivamente o artigo 147, supramencionado, se refere exatamente ao "afastamento cautelar". Ademais, a suspensão do pagamento não tem qualquer função cautelar processual penal, de modo que se constituiria em espécie de pena, o que é inadmissível. Afinal, o que interessa ao processo ou inquérito se o réu ou indiciado está receben-

---

59 MENDONÇA, Andrey Borges de. Op. Cit., p. 445-448.

6 – Comentários Sobre a Lei 12.850/13

do pagamento ou não? Qual a função cautelar da suspensão de sua remuneração? Na verdade, essa função inexiste e se constituiria em mera aplicação de penalidade antecipada, ilegal e inconstitucional.

Certamente se poderia apontar a inconstitucionalidade da redução de vencimentos dos presos provisórios conforme indicado no artigo 229, I, e não da vedação do prejuízo de vencimentos estabelecida no artigo 147. Talvez o argumento mais contundente seja a diferenciação entre o empregado da iniciativa privada e o funcionário público, mas sabe-se que os regimes são realmente diferentes em muitos aspectos, de modo que se assim for haverá uma avalanche de inconstitucionalidades a ser reconhecida com referência ao trato dado aos funcionários públicos e aqueles da iniciativa privada.

Sobre este ponto MADEIRA DEZEM concorda que o funcionário público não deve ter seu pagamento suspenso até que advenha condenação transitada em julgado. No entanto, questiona a situação da pessoa impedida de exercer atividade de natureza econômica ou financeira, principalmente daquele trabalhador autônomo. Por isso defende a tese de que a proporcionalidade da medida deve ser aferida por um limite temporal não muito dilatado. Segundo o autor, a medida pode "nascer proporcional", mas perder esse "caráter de proporcionalidade no decorrer do tempo", devendo então ser substituída por outra providência.[60] Por isso se reclama a lacuna legal, tanto no Código de Processo Penal, como na Lei do Crime Organizado, quanto ao tempo de duração máximo do afastamento.

É preciso deixar consignado que toda essa discussão sobre a suspensão ou não do pagamento do funcionário somente tem valia para o dispositivo do Código de Processo Penal (artigo 319, VI, CPP). Quanto ao artigo 2º, § 5º, da Lei 12.850/13, o legislador foi mais previdente, estabelecendo expressamente que o afastamento se dará "sem prejuízo da remuneração". Essa foi uma escolha correta e prudente do legislador, a qual certamente reforça a tese de que também nos casos de aplicação do Código de Processo Penal, a suspensão se dê sem prejuízo dos vencimentos. Isso até mesmo tendo em mira o Princípio da Proporcionalidade. Senão vejamos: como se poderia conceber que um funcionário público afastado do cargo por envolvimento criminoso, mas sem liga-

---

60 DEZEM, Guilherme Madeira. Medidas cautelares pessoais: primeiras reflexões. *Boletim IBCCrim.* n. 223, jun., 2011, p. 15.

ção com a macrocriminalidade perdesse seus vencimentos, enquanto outro, ligado ao crime organizado não o perdesse já que a lei especial não permite isso expressamente. Haveria aí uma verdadeira inversão da proporcionalidade.

Na legislação esparsa anterior à reforma do Código de Processo Penal (Lei 12.403/11), já se previa interdição semelhante no Código de Trânsito Brasileiro (Lei 9.503/97 – artigo 294). Obviamente que não se refere ao exercício de função pública, econômica ou financeira, mas sim à possibilidade de suspensão da habilitação para dirigir veículos automotores como medida cautelar, desde que presentes indícios de autoria de crime de trânsito e fundamento na preservação da ordem pública.

Ressalte-se que o artigo 294, CTB, prevê a determinação de ofício pelo juiz, bem como a requerimento do Ministério Público e por representação da autoridade policial. Hoje, deve tal dispositivo, segundo se entende neste trabalho, ser relido tendo em vista o disposto no artigo 282, § 2º, CPP, pois que somente poderá o magistrado atuar *"ex officio"* na fase processual e jamais na investigação criminal, quando dependerá de requerimento ministerial ou representação do Delegado de Polícia. Também prevê o Código de Trânsito Brasileiro, no artigo 294, Parágrafo Único, o recurso da decisão que decretar ou indeferir tal cautelar, qual seja, o Recurso em Sentido Estrito sem efeito suspensivo. Logicamente quem poderá interpor tal recurso será somente a Defesa (Advogado ou Defensor Público) ou o Ministério Público, jamais a autoridade policial devido a ausência de previsão legal.

Novamente na Lei Maria da Penha (artigo 22, I e § 2º) encontra-se exemplo de outra interdição assemelhada. Trata-se da suspensão da posse ou restrição do porte de armas, que pode inclusive ser aplicada a funcionários públicos dotados de porte funcional, tais como policiais civis e militares, juízes, promotores etc. Essa não deixa de ser uma interdição, ainda que parcial do exercício de função pública quando venha a atingir uma pessoa dotada de porte de arma funcional, a qual já era prevista no ordenamento jurídico anteriormente à reforma processual penal de 2011 e ao advento da Lei 12.850/13. Referindo-se a particulares que tenham arma de fogo registrada ou mesmo porte de arma expedido pela Polícia Federal, trata-se de uma interdição de direito de natureza cautelar, também com alguma semelhança com o dispositivo do artigo 319, VI, CPP, embora não envolvendo função pública, econômica ou financeira.

6 – Comentários Sobre a Lei 12.850/13

Também a Lei de Drogas (Lei 11.343/06) prevê em seu artigo 56, § 1º, o afastamento cautelar do réu de suas atividades por ocasião do recebimento da denúncia por infrações aos artigos 33, "*caput*" e § 1º, e 34 a 37, acaso seja funcionário público. Neste caso havendo concomitância entre tráfico e crime organizado, o afastamento poderá embasar-se em ambos dispositivos, mas o da Lei 12.850/13 é mais amplo, pois que não exige o recebimento da denúncia, podendo ser aplicado em qualquer fase da persecução, assim como o dispositivo do artigo 319, VI, CPP. Parece que esses três dispositivos podem muito bem conviver harmonicamente e até complementarem-se e reforçarem-se mutuamente quando se tratar de crime organizado. Fora disso, deverão ser aplicados os dispositivos correlatos a cada caso, nada também impedindo a aplicação do artigo 319, VI, CPP, a casos de tráfico.

Semelhante tratamento existe na Lei de Responsabilidade de Prefeitos (Decreto – Lei 201/67), devendo o Juiz manifestar-se, na ocasião do recebimento da denúncia, sobre a prisão preventiva do acusado e seu afastamento do exercício do cargo durante a instrução criminal (artigo 2º, II). Valem aqui os mesmos comentários acima tecidos.

Finalmente deve-se mencionar o artigo 29 da Lei Orgânica da Magistratura Nacional (Lei Complementar 35/79) que também prevê que em casos de gravidade da infração penal, ao receber a denúncia contra magistrado, o Tribunal ou órgão especial poderá, em decisão motivada tomada por voto de dois terços de seus membros, determinar o afastamento do cargo do magistrado denunciado. Certamente o Tribunal ou órgão especial também se poderá valer, no caso de envolvimento em crime organizado, do disposto no artigo 2º, § 5º, da Lei 12.850/13, bem como dos demais dispositivos supramencionados, tirante aquele referente aos Prefeitos, a não ser que o magistrado exerça tal cargo político no momento do processo.

Essas suspensões de atividade, no que tange às várias espécies de funcionários públicos, podem ser aplicadas a todos indistintamente. Podem surgir dúvidas quanto ao Presidente da República, para o qual é vedada inclusive a Prisão Provisória por força de norma constitucional (artigo 86, § 3º, CF). Assim também para o diplomata que tem imunidade absoluta.

MENDONÇA apresenta a seguinte solução:

> Parece-nos inviável a suspensão de atividades daqueles que possuem imunidade absoluta à prisão preventiva. Assim, se o Presidente da República não pode ser preso em nenhuma hipótese, também não pode ser suspenso de suas atividades. O mesmo se diga para o diplomata. Porém, para todos aqueles que podem ser presos, é possível a suspensão de atividades. Mesmo que exista imunidade relativa à prisão, não há impedimento para as medidas alternativas. Inclui, portanto, os senadores, deputados federais, vereadores, promotores, juízes etc.[61] Nem se alegue que o regime especial de agentes políticos impediria a suspensão de atividades. Embora os deputados e senadores possuam um estatuto constitucional para protegê-los no exercício de suas atividades, isso não é impedimento para que o Poder Judiciário suspenda-o de suas atividades. Realmente ninguém duvida que é possível a decretação da prisão preventiva para tais parlamentares. Se o parlamentar pode ser preso cautelarmente e se a providência de suspensão da função pública é uma medida justamente alternativa à prisão – que é menos gravosa e pode evitar que venha a ser preso – pode a medida cautelar em análise também ser aplicada aos parlamentares, sempre que for suficiente para a proteção do bem jurídico. Em outras palavras, se é possível a medida mais gravosa (prisão preventiva), não há restrição para a aplicação de medidas menos graves (suspensão da função pública). O que não se pode é decretar a perda do cargo do Deputado ou Senador, pois isto depende de um procedimento constitucionalmente previsto (arts. 55 e 56, CF). Mas a suspensão cautelar das atividades é plenamente possível, desde que determinada, como é óbvio, pelo juiz natural.[62]

Como se vê, o autor aponta duas exceções para as quais a suspensão da função não seria aplicável: o Presidente da República e os Diplomatas.

---

61 Acrescente-se aqui o lembrete de que os Governadores de Estados têm imunidade absoluta prevista em algumas Constituições Estaduais quanto à prisão provisória, mas tal prerrogativa foi considerada inconstitucional pelo STF por não existir correspondência com a Constituição Federal, que somente prevê isso para o Presidente da República. Portanto, os Governadores não só podem ser presos provisoriamente, como podem submeter-se às cautelares alternativas, inclusive de afastamento das funções, respeitando-se, obviamente, a competência do STJ para tanto nos crimes comuns e de órgão especial nos crimes de responsabilidade. Ver sobre o tema, inclusive comentando a Adin nº 1.021-2, rel. Min. Celso de Mello, que declarou a inconstitucionalidade dessa prerrogativa prevista na Constituição do Estado de São Paulo: MORAES, Alexandre de. *Direito Constitucional*. 10ª. ed.São Paulo: Atlas, 2001, p.439.

62 MENDONÇA, Andrey Borges de. Op. Cit., p. 442.

6 – Comentários Sobre a Lei 12.850/13

Concorda-se, *apenas em parte*, com as assertivas de MENDONÇA. No caso dos Diplomatas realmente a imunidade é absoluta por força de tratados internacionais (artigo 1º, I, CPP). Portanto, não podem ser presos e nem submetidos a quaisquer restrições cautelares.

Mas, quanto ao Presidente da República, embora realmente haja vedação da prisão provisória nos crimes comuns, por força do artigo 86, § 3º, CR, parece ter passado despercebido que a própria Carta Magna determina o afastamento do Presidente da República de suas atividades nas infrações penais comuns quando recebida a peça acusatória pelo Supremo Tribunal Federal e nos crimes de responsabilidade após a instauração do processo pelo Senado Federal. É bem verdade que esse afastamento do Presidente tem lapso temporal delimitado de 180 dias para o término do julgamento, sob pena de seu retorno ao cargo, prosseguindo o processo. Porém, isso não apaga o fato de que o Presidente pode, sim, ser afastado cautelarmente das funções, não por força do artigo 319, VI, CPP, ou mesmo do atual artigo 2º, § 5º, da Lei 12.850/13, tratando-se de crime organizado, mas por aplicação de norma constitucional, qual seja, artigo 86, § 1º, I e II e § 2º, CR.

Observe-se, ainda, que há outra limitação quanto à responsabilização e afastamento do Presidente da República, já que o artigo 86, § 4º, CR, confere-lhe uma imunidade relativa. Não pode ser responsabilizado, na vigência de seu mandato, por atos estranhos ao exercício de suas funções. Portanto, somente poderá ser perseguido criminalmente por crimes de responsabilidade ou por crimes comuns ligados ao exercício funcional. Nessas condições poderá ser processado e inclusive afastado das funções, conforme acima consignado. Mas, por condutas não ligadas ao exercício do cargo, durante o vigor do mandato, não poderá sequer ser perseguido criminalmente.[63]

Nesse ponto é interessante destacar recente decisão do STF no que se refere a adoção das medidas cautelares do artigo 319, CPP, em prejuízo de Senadores da República e Deputados Federais. No julgamento da ADI nº 5.526, o STF decidiu, por maioria, que a Corte tem competência para impor tais medidas a parlamentares, deixando claro que quando a imposição de medida dificulte ou impeça, direta ou indiretamente, o exercício regular do mandato, tal decisão judicial deve ser remetida, em

---

63 Sobre o tema da responsabilidade do Presidente da República ver: MORAES, Alexandre de. Op. cit., p. 422 – 439.

24 horas, à respectiva Casa Legislativa para deliberação, nos termos do artigo 53, parágrafo 2º, da Constituição Federal.[64]

Mais uma questão se refere à possibilidade ou não de que o juiz venha a impor medida menos gravosa que consistiria não no afastamento total do implicado de suas funções, mas apenas de determinado setor administrativo onde exercia atividades. Por exemplo, restringir as atividades de um policial a funções administrativas internas, sem necessariamente afastá-lo definitivamente da atividade laboral. Tendo em vista o disposto no artigo 319, VI, CPP e no artigo 2º, § 5º, da Lei 12.850/13, quando se tratar de organização criminosa, que permitem a restrição mais gravosa e aplicando a regra de que "quem pode o mais pode o menos", não se vê impedimento a essa decisão judicial, obedecendo a necessidade e adequação proporcional a cada caso concreto (artigo 282, I e II, CPP).[65]

Numa conceituação ampla de infração penal econômica abrange-se certamente a criminalidade ambiental, onde é possível a responsabilidade penal das Pessoas Jurídicas nos termos do artigo 225, § 3º, CR c/c artigo 3º, da Lei 9.605/98, de modo que nada impede que seja determinada a suspensão cautelar das atividades de empresa que tenda a seguir perpetrando danos ambientais com suas atividades, mormente quando se vislumbrar o *"fumus boni juris"* de aplicabilidade das penas de suspensão parcial ou total de atividades, interdição temporária de estabelecimento, obra ou atividade ou mesmo de liquidação forçada nos termos do artigo 22, I e II e 24, da Lei 9.605/98.[66] Isso, obviamente, pensando nos termos do artigo 319, VI, CPP, pois que a Lei do Crime Organizado somente trata dos funcionários públicos e não das pessoas jurídicas.

Por derradeiro, é relevante lembrar que a Lei 12.850/13 não incidiu na inconstitucionalidade em que se embrenhou a Lei 12.683/12, que alterou a Lei de Lavagem de Dinheiro (Lei 9.613/98), a qual determina o afastamento imediato do funcionário público devido ao mero indiciamento em inquérito policial (artigo 17-D, da Lei 9.613/98), violando de forma absurda o Princípio da Presunção de Inocência e inclusive da necessidade, adequação e proporcionalidade das cautelares.

---

64 STF, Plenário, ADI nº 5.526/DF, Rel. Min. Edson Fachin, Dje 18.10.2017.

65 Neste sentido: MENDONÇA, Andrey Borges de. Op. Cit., p.443.

66 Concordando com essa extensão às Pessoas Jurídicas nos Crimes Ambientais: Op. Cit., p. 443. Para um aprofundamento sobre o tema da Responsabilidade Penal da Pessoa Jurídica: CABETTE, Eduardo Luiz Santos. *Responsabilidade Penal da Pessoa Jurídica – Breve Estudo Crítico*. Curitiba: Juruá, 2006,"passim".

6 – Comentários Sobre a Lei 12.850/13

A Associação Nacional dos Procuradores da República (ANPR) ingressou no Supremo Tribunal Federal com uma Ação Direta de Inconstitucionalidade (ADI nº 4.911), pleiteando a declaração da inconstitucionalidade do artigo 17-D, da Lei 9.613/98 (Lei de Lavagem de Dinheiro), imposto pela nova redação dada a esse diploma pela Lei 12.683/12.

Esse dispositivo ora questionado determina que o mero ato de indiciamento em inquérito policial deve resultar no afastamento imediato do servidor público de suas funções, somente retornando mediante ordem judicial fundamentada. Para melhor ilustração transcreve-se o texto da lei:

> Art. 17 – D. Em caso de indiciamento de servidor público, este será afastado, sem prejuízo de remuneração e demais direitos previstos em lei, até que o juiz competente autorize, em decisão fundamentada, o seu retorno.

Em suma, a ANPR defende a inconstitucionalidade do dispositivo supra de acordo com a seguinte motivação:

a) O dispositivo usurpa funções privativas do Ministério Público e do Judiciário, na medida em que o afastamento se dá de forma automática, independentemente de requerimento do Parquet ou de decisão judicial prévia.

b) O artigo sob comento também viola garantias fundamentais do cidadão estabelecidas na Constituição Federal, tais como o Princípio da Presunção de Inocência, configurando uma antecipação punitiva espúria; Princípio do Devido Processo Legal; Princípio da Ampla Defesa; Princípio Contraditório; Garantia da Inafastabilidade da Jurisdição e Princípio da Segurança Jurídica.

Com base nesses judiciosos argumentos, a ANPR requer que o STF conceda liminar para a suspensão dos efeitos do artigo 17-D da Lei de Lavagem de Dinheiro até final julgamento da ADI 4.911, ao fim da qual se almeja a declaração de inconstitucionalidade do dispositivo.

A questão, quando das primeiras versões desta obra, ainda aguardava ser submetida ao crivo do Pretório Excelso, mas já se podia afirmar que uma decisão justa e que primasse pela função daquela Corte de garantir os ditames constitucionais, somente poderia ser de deferimento do justo pleito da ANPR.

Realmente, tendo em vista o teor da redação dada ao Artigo 17-D da Lei 9.613/98, constata-se uma entonação imperativa em que se diz que o servidor "será" afastado quando do mero indiciamento. Isso faz crer que a norma legal determina o afastamento automático, independente de requerimento, representação e mesmo ordem judicial de qualquer espécie. Este se dá por simples disposição legal de coerção direta, não deixando qualquer campo de decisão para algum agente da repressão criminal quanto à necessidade e adequação da medida ao caso concreto.

Ante tal constatação a única conclusão plausível é que o artigo 17-D da Lei de Lavagem de Dinheiro consegue a façanha de infringir e aviltar de roldão uma série de princípios e garantias constitucionais e processuais penais.

Nitidamente o afastamento do servidor público de suas funções tem natureza cautelar, visando assegurar a cessação das práticas criminosas e impedir o acesso a meios de camuflagem ou destruição de provas com o uso da função pública (inteligência do artigo 282, I, CPP). Não há dúvida de que o afastamento sobredito se encaixa perfeitamente no conceito de cautelar processual penal que se pode formular da seguinte maneira:

> Cautelares penais são providências instrumentais que visam garantir o bom andamento processual, assegurar os resultados finais desejados em um processo penal justo, garantir o ressarcimento de danos provocados pelo ilícito e ainda, em certos casos especiais, acautelar o meio social com relação à prática de infrações penais de forma incontida.[67]

Há mesmo usurpação da função ministerial, vez que o dito afastamento prescinde de requerimento do promotor de justiça, titular da ação penal (artigo 129, I, CF). Mais ainda, há total violação do Princípio da Jurisdicionalidade das cautelares processuais penais de modo a, obviamente, usurpar também a função judicial.

---

67 CABETTE, Eduardo Luiz Santos. *Lei 12.403 Comentada – Medidas cautelares, prisões provisórias e liberdade provisória.* Rio de Janeiro: Freitas Bastos, 2013, p. 9.

6 – Comentários Sobre a Lei 12.850/13

173

Segundo o princípio por último aventado: "As medidas cautelares estão sujeitas à chamada 'reserva de jurisdição', ou seja, somente podem ser decretadas por decisão fundamentada de Autoridade Judicial".[68]

É claro que há cautelares que podem ser adotadas antes de passarem pelo crivo jurisdicional, tais como a prisão em flagrante, a busca e apreensão em situação flagrancial, a busca pessoal e em veículos. Essas medidas podem ser tomadas diretamente, por exemplo, pela autoridade policial, mas mesmo elas devem ser submetidas posteriormente ao controle jurisdicional de legalidade, ao que se pode denominar de "Jurisdicionalidade postergada, posticipada ou diferida".[69]

Entretanto, são exceções à regra, as quais somente se justificam devido à exacerbação pontual de uma das características de toda cautelar, qual seja, a da "urgência ou preventividade", situação na qual o *"periculum in mora"* se agiganta, fundamentando a atuação imediata da autoridade não judicial e a apreciação da legalidade pela jurisdição "a posteriori".

Ora, não se vislumbra no caso do afastamento do funcionário público de suas funções no momento do indiciamento essa urgência ou preventividade anormal a fundamentar uma exceção à regra da jurisdicionalidade das cautelares.

Embora não tenha sido lembrada pela ANPR, há ainda mais uma usurpação de função incrustada no dispositivo em discussão. Essa usurpação se refere à autoridade de polícia judiciária (delegado de polícia de carreira). Note-se que quando a lei simplesmente determina o afastamento do funcionário com o ato do indiciamento, está aviltando a função do delegado de polícia de representar ou não por uma medida cautelar. Isso porque o indiciamento, por si só, não significa manifestação alguma da autoridade policial quanto ao seu entendimento jurídico acerca da necessidade e adequação de alguma medida cautelar, inclusive aquela prevista no artigo 17-D, da Lei 9.613/98.

Frise-se que o indiciamento é "ato privativo da autoridade policial"[70] e se constitui no apontamento por esta, no curso do inquérito policial, "de determinado suspeito como provável autor de uma infração penal".[71]

---

68 Op. cit., p. 24.
69 Op. Cit., p. 24.
70 CARVALHO, Djalma Eutímio de. *Curso de Processo Penal.* Rio de Janeiro: Forense, 2007, p. 44. Vide ainda o artigo 2º, § 6º, da Lei 12.830/13.
71 CABETTE, Eduardo Luiz Santos. Op. Cit., p. 292.

CHOUKE chama a atenção para o fato de que o indiciamento no inquérito policial é desprovido de uma melhor regulamentação legal e de uma finalidade processual prática, sendo comum que os meios midiáticos prestem maior relevância a esse procedimento do que realmente ele detém.[72]

Não haveria então um lado positivo na previsão do artigo 17-D em destaque? Afinal ela concederia ao ato do indiciamento uma função relevante, ao menos no que diz respeito aos crimes de lavagem de dinheiro. Com o indiciamento decorreria uma consequência processual: o afastamento cautelar do servidor público de suas funções até posterior apreciação judicial. Seria realmente o primeiro caso em que a legislação pátria concederia ao indiciamento algo mais do que a simples indicação do Estado-Polícia de um suspeito da prática ilícita.

Não. Nem mesmo esse aspecto pode ser levado em consideração. Isso porque um suposto empoderamento da autoridade policial com o ato de indiciamento e o encontro de uma utilidade processual prática para esse ato, não se podem erigir sobre os destroços dos princípios e garantias constitucionais e processuais penais. Tratar-se-ia de uma arquitetura jurídica macabra e enganosa.

Quando a doutrina menciona a necessidade de encontrar um fim para o indiciamento, superando sua característica de mera formalidade administrativa sem consequências processuais penais práticas, não se pode entender que se pretenda com isso usar o indiciamento como instrumento de violação de garantias individuais. Na verdade, há exemplos de países onde o correspondente ao nosso ato de indiciamento passa a marcar o ingresso do contraditório e ampla defesa no procedimento, ainda na fase de investigação e/ou determinar um prazo razoável para o encerramento das investigações.[73]

Ademais, nem mesmo ocorre um verdadeiro empoderamento da autoridade policial pelo disposto no artigo 17-D, sob comento. Ocorre com a autoridade policial a mesma usurpação de função verificável em relação do Ministério Público e ao juiz. Aliás, o delegado de polícia ficará numa situação ainda mais constrangedora. Isso porque, como visto,

---

72 CHOUKE, Fauzi Hassan. *Garantias Constitucionais na Investigação Criminal*. São Paulo: RT, 1995, p. 142 – 145.

73 LOPES JÚNIOR, Aury. *Sistemas de Investigação Preliminar no Processo Penal*. 2ª. ed. Rio de Janeiro: Lumen Júris, 2003, p. 309-323. Vide também: CHOUKE, Fauzi Hassan. Op. Cit., p. 146-149.

6 – Comentários Sobre a Lei 12.850/13

pode a autoridade policial ter a convicção para o indiciamento, mas não necessariamente pretender pleitear alguma medida cautelar. O delegado de polícia então que estiver nessa situação de formação de convicção jurídica se encontrará em um beco sem saída. Ou indicia e provoca, por força da lei que lhe impõe, o afastamento imediato e automático do funcionário. Ou se abstém de indiciar, sendo que em qualquer caso é obrigado a violar ao menos parcialmente sua consciência. Afinal, em sua convicção estava apenas a necessidade do indiciamento e não do afastamento cautelar pelo qual jamais representaria. Percebe-se claramente o aviltamento do exercício da função jurídica do delegado de polícia, em afronta ao disposto no artigo 144, I e IV e §§ 1º, I a IV e 4º, CR e mais especificamente ainda ao que determina hoje, mediante a Emenda Constitucional n. 35, de 03 de abril de 2012, o artigo 140, § 3º, da Constituição do Estado de São Paulo e o artigo 2º, da Lei 12.830/13, reconhecendo a independência funcional e jurídica do Delegado de Polícia.

Vale ainda ressaltar que sob o prisma ordinário o artigo 17-D, da Lei 9.613/98, também se apresenta inaplicável na prática. Isso porque não traz a lei um procedimento para o afastamento do funcionário público. Apenas estabelece que com o indiciamento haja o automático afastamento. Mas, como isso se processará no que diz respeito às comunicações entre Polícia Judiciaria e Administração Pública em geral? A lei não diz se o delegado deve oficiar à Administração, comunicando seu ato de indiciamento. Conclui-se que sim, mas a lei mesmo é silente. Também não informa se o delegado deveria comunicar esse indiciamento ao juiz e a este caberia expedir ordem de afastamento, ordem esta autômata, conforme manda a infeliz legislação. Mas, seria assim ou o ato se daria entre o delegado e a Administração? E o Ministério Público, teria alguma participação em tudo isso, ao menos como fiscal da lei, isso sem falar de sua titularidade sobre a ação penal pública? Quer parecer que o dispositivo enfocado carece de uma regulamentação em termos formais para que possa ser aplicado, isso deixando de lado o fato de que é totalmente inconstitucional.

Por esses motivos é que o artigo 17-D da Lei 9.613/98 merece ser declarado inconstitucional, podendo perfeitamente ser substituído pela utilização do disposto no artigo 319, VI, CPP e artigo 2º, § 5º, da Lei do Crime Organizado, com obediência aos ditames constitucionais que regem a matéria. Portanto, o artigo 17-D, da Lei de Lavagem de Dinheiro, não somente é inconstitucional como é também inútil em face da amplitude do tratamento dado às cautelares processuais penais no bojo do próprio Código de Processo Penal, com o advento das reformas procedidas pela Lei 12.403/11 e ainda com a promulgação da Lei 12.850/13 para os casos do crime organizado.

Devemos advertir, todavia, que ao analisar a ADI 4.911, o Min. Relator, Edson Fachin, se posicionou no sentido de que o artigo 17-D não representa qualquer ofensa à Constituição da República, uma vez que a medida não estaria sujeita à reserva de jurisdição:

> Nesse sentido, a atribuição pelo legislador de específico poder cautelar à autoridade policial coaduna-se com as funções que lhe foram atribuídas pelo texto constitucional, na linha da jurisprudência desta Corte que reconhece a necessidade de instrumentos para o exercício de um dever constitucional a órgãos que não exercem natureza estritamente.

A decisão destacou, ademais, que o Plenário da Corte já afirmou a possibilidade de o Tribunal de Contas da União determinar a aplicação de medidas cautelares, como verdadeira competência constitucional para o cumprimento de suas atribuições (STF, MS 33.092, j. 24.03.2015). Afirmou-se, ainda, que a alegada violação ao sistema acusatório não se sustenta, pois o exercício do controle jurisdicional sob o ato de afastamento do servidor, ainda que no momento subsequente, garante simultaneamente os direitos fundamentais do indiciado, bem como o respeito às competências constitucionais do Poder Judiciário e do Ministério Público, o qual de forma nenhuma antecipa ou vincula o juízo de cognição que lhe é constitucionalmente atribuído.

Por fim, o Relator lembrou que o artigo 147, da Lei 8.112/90, prevê o afastamento administrativo do servidor público do cargo pela própria autoridade instauradora de processo disciplinar, a fim de evitar que ele exerça influência na apuração da irregularidade.

Ocorre que em 21.11.20 a ADIn 4.911 já mencionada neste texto foi julgada definitivamente pelo STF, decidindo os Ministros pelo reconhecimento da inconstitucionalidade do dispositivo em comento, por maioria de votos. Restaram vencidos o Ministro Relator Edson Fachin e a Ministra Cármen Lúcia, que entenderam, minoritariamente, pela constitucionalidade.[74]

---

74 STF julga inconstitucional afastamento automático de servidor investigado na lei

6 – Comentários Sobre a Lei 12.850/13

6.7. DOS EFEITOS DA CONDENAÇÃO POR CRIME DE PARTICIPAÇÃO EM ORGANIZAÇÃO CRIMINOSA

> *Art. 2º, § 6º A condenação com trânsito em julgado acarretará ao funcionário público a perda do cargo, função, emprego ou mandato eletivo e a interdição para o exercício de função ou cargo público pelo prazo de 8 (oito) anos subsequentes ao cumprimento da pena.*

O dispositivo em destaque estabelece como efeito da condenação para o funcionário público por crime de participação em organização criminosa a perda do cargo, função, emprego ou mandato eletivo e a interdição para o seu exercício pelo prazo de 8 (oito) anos, subsequentes ao cumprimento da pena. São dois efeitos concomitantes e inseparáveis:

a) Perda do cargo;

b) Interdição para o exercício por oito anos, sendo destacável que esse prazo de interdição somente passa a contar a partir do final do cumprimento da pena. Isso quer dizer que se alguém é condenado a 10 anos de prisão, somente passará a contar os 8 anos de interdição após esses 10 anos terem sido cumpridos. A lei não fala sobre a eventual extinção de punibilidade dessa pena também como marco para a contagem, mas isso deve ocorrer porque senão em casos que tais, ficaria o condenado em suspenso indefinidamente, aguardando o início da contagem do prazo de oito anos que nunca ocorreria e, então, teríamos o que se assemelharia a uma espécie de pena perpétua, constitucionalmente vedada (artigo 5º, XLVII, "b", CR).

O dispositivo é incongruente, pois ao falar da perda, menciona cargo, função, emprego ou mandato eletivo. Já ao tratar da interdição menciona apenas função ou cargo público. Indaga-se, para onde foram o "emprego e o mandato eletivo"? Isso poderá gerar controvérsia na doutrina e na jurisprudência. Alguns poderão advogar a tese de que a interdição somente se refere a cargo e função pública e não a emprego e mandato eletivo para os quais a lei somente prevê a perda sem interdição. Entende-se que essa interpretação não seja viável, de forma que quando o legislador se refere à interdição usando apenas as palavras função e cargo público, o faz de forma ampla, abrangendo o emprego público e o

---

de lavagem. Disponível em https://migalhas.uol.com.br/quentes/336732/stf-julga--inconstitucional-afastamento-automatico-de-servidor-investigado-na-lei-de-lavagem, acesso em 23.11.2020.

mandato eletivo, ou seja, qualquer atividade de natureza pública. Violaria o Princípio da Igualdade o fato de que um empregado público ou um exercente de cargo político não sofressem interdição, enquanto aqueles que exercem funções e cargos públicos sofressem.

Uma discussão que surgirá quanto a esses efeitos da condenação pelo crime de organização criminosa é se eles são automáticos ou precisam ser declarados na sentença condenatória. De acordo com a redação legal, que é imperativa ("acarretará") e não opcional ("poderá acarretar"), entende-se que a melhor hermenêutica é a que indica pela natureza automática de tais efeitos, derivados da própria lei. Não obstante, é aconselhável que os juízes consignem esses efeitos em suas sentenças, considerando o fato de que certamente haverá celeuma a respeito. Se não há necessidade dessa consignação, ótimo, pois é melhor pecar pelo mais do que pelo menos. Agora, um bom conselho ao legislador brasileiro seria o de que em vindouras legislações, sempre que fizer a previsão de efeitos da condenação, diga logo expressamente que são automáticos. No caso escreveria "acarretará automaticamente" e não deixaria margem para dúvida alguma. Isso porque é frustrante ver como essa celeuma sobre efeito automático ou opcional sempre surge quando da previsão de efeitos da condenação no Direito Penal, exatamente devido a redações lacunosas que se repetem umas atrás das outras, revelando uma total alienação do legislador em relação aos problemas hermenêuticos mais clássicos e comuns que surgem na aplicação das leis.

Também entende que o efeito é automático, decorrendo do próprio texto legal, NUCCI, que assim se manifesta:

> Esse efeito da condenação é genérico e automático, imposto por força de lei, logo, independe da imposição expressa do magistrado na decisão condenatória. Equivale aos efeitos genéricos do art. 91 do Código Penal, que também independem de fixação na sentença.[75]

Já foi mencionado alhures neste texto que esse efeito de perda do cargo e interdição de exercício por tempo determinado é também previsto em outros diplomas legais. No Código Penal há previsão apenas da perda do cargo como efeito da condenação, o qual não é automático por disposição expressa (vide artigo 92, I e Parágrafo Único, CP). Há também a previsão de pena de "Interdição Temporária de Direitos" de "proibição do exercício de cargo, função ou atividade pública, bem

---

75 NUCCI, Guilherme de Souza. op. cit., p. 33.

6 – Comentários Sobre a Lei 12.850/13

como de mandato eletivo". Também há previsões semelhantes na Lei de Tortura (Lei 9.455/97 – artigo 1º, § 5º), na Lei de Abuso de Autoridade (Lei 4.898/65 – artigo 6º, alíneas "c", "d", "e" e "f") e Lei de Lavagem de Dinheiro (Lei 9.613/98 – artigo 7º, II).

Quando esses crimes forem praticados autonomamente ou quando se tratar de um crime do Código Penal ou de outras legislações, haverá apenas a aplicação das regras gerais do Código Penal e, de acordo com a especificidade do caso, de cada uma das leis acima arroladas. Mas, quando crimes forem perpetrados em formato de organização criminosa, deverá prevalecer o disposto no artigo 2º, § 6º, da Lei 12.850/13, por aplicação do Princípio da Especialidade. Então, por exemplo, se um funcionário público cometer, em atividade de organização criminosa, também lavagem de dinheiro, sua perda de cargo e interdição se regulará pela Lei 12.850/13 e não pela Lei de Lavagem de Dinheiro (Lei 9.613/98). No entanto, se cometer apenas lavagem de dinheiro, sem ligação com organização criminosa, então terá sua interdição regulada pela Lei 9.613/98.

Questiona-se, por derradeiro, se o dispositivo em questão permite que o Poder Judiciário decrete a perda do mandato eletivo de deputados federais e senadores. Uma primeira corrente entende que não, alegando, para tanto, que essa medida estaria reservada à casa legislativa respectiva, conforme prevê o artigo 55, § 2º, da Constituição da República.[76] Lado outro, uma segunda corrente sustenta a possibilidade da medida, pois a perda do mandato seria um efeito da condenação.[77]

Parece-nos adequado esse último posicionamento. A uma porque "não se afigura razoável admitir que um parlamentar tenha seus direitos políticos suspensos em decorrência de condenação criminal e, ao mesmo tempo, mantenha seu mandato legislativo".[78] A duas porque esse efeito decorre, conforme já destacado, da própria Lei. Ora, se os próprios legisladores estabeleceram a perda do mandato eletivo como efeito automático da sentença condenatória, não seria necessário ratificá-lo nos moldes do artigo 55, § 2º, da CR. Isto, pois, a opção do legislador

---

76 STF, AP 565/RO, Plenário, Rel. Min. Cármen Lúcia, j. 07 e 08.08.2013. No mesmo sentido: STF, AP 563/SP, 2ª Turma, Rel. Min. Teori Zavascki, j. 21.10.2014.
77 Esse foi o posicionamento adotado pelo STF no famigerado julgamento do "Mensalão": AP 470/MG, Plenário, Rel. Min. Joaquim Barbosa, j. 17.12.2012.
78 MASSON, Cleber; MARÇAL, Vinicius. op. cit., p. 66.

Criminalidade Organizada & Globalização Desorganizada

pela adoção dessa consequência já foi feita no momento da edição da lei, sendo, em nosso sentir, contraditório submeter o caso a nova análise da casa legislativa.

6.8. DA ATRIBUIÇÃO DE INVESTIGAR POLICIAIS ENVOLVIDOS EM ORGANIZAÇÃO CRIMINOSA

> *Art. 2º, § 7º Se houver indícios de participação de policial nos crimes de que trata esta Lei, a Corregedoria de Polícia instaurará inquérito policial e comunicará ao Ministério Público, que designará membro para acompanhar o feito até a sua conclusão.*

Finalmente, o dispositivo em destaque nesse ponto estabelece regra especial para o andamento de inquérito policial, envolvendo crime organizado em que policial esteja sendo investigado. Nesses casos determina a lei o andamento do feito pela Corregedoria de Polícia, bem como a comunicação do Ministério Público para fins de designação de um membro para acompanhamento do caso até sua conclusão.

Ao referir-se o dispositivo a policial de uma forma genérica, entende-se que abrange qualquer membro de corporação arrolada no artigo 144, CF (Policiais Civis, Policiais Federais, Delegados de Polícia Civil, Delegados de Polícia Federal, Policiais Militares, Policiais Rodoviários Federais etc.). No caso dos militares, não haverá óbice algum ao acompanhamento do Ministério Público. Se o feito tiver andamento na Justiça Comum, seguirá os trâmites naturais (ex.: crime contra a vida perpetrado contra civil). Se tiver andamento mediante inquérito policial militar, então deverá ser comunicado o Ministério Público Castrense com as mesmas consequências e procedimentos. Não obstante, como anota NUCCI, normalmente nos casos de Policiais Militares o fato será apurado pela Corregedoria da Polícia Civil, já que o Crime de Organização Criminosa não está tipificado no Código Penal Militar, havendo, consequentemente, acompanhamento do Ministério Público comum.[79] Observe-se que a lei não determina que o Ministério Público investigue diretamente e autonomamente, mas sim a respectiva Corregedoria de Polícia. O Ministério Público apenas acompanhará o andamento do feito. Parece que o dispositivo

---

79 op. cit., p. 33.

6 – Comentários Sobre a Lei 12.850/13

dá concretude à função constitucional do Ministério Público de "controle externo" da polícia (artigo 129, VII, CR).

Este também é o entendimento de NUCCI:

> Houve expressa opção política pela atribuição investigatória da Corregedoria da Polícia no tocante ao colhimento de dados probatórios contra policial de qualquer escalão, quando envolvido em organização criminosa. Com isso, afasta-se a atividade da Corregedoria de Polícia Judiciária, a cargo do juiz, bem como a atividade investigatória direta do Ministério Público. Aliás, o próprio dispositivo determina a comunicação da investigação instaurada ao Parquet, para que designe membro para acompanhar o feito até o final. Enfim, quem investiga o agente policial nos crimes previstos na Lei 12.850/2013 é a própria Polícia, sob fiscalização do Ministério Público.[80]

Em nosso sentir, parece evidente o intuito do legislador em estabelecer uma verdadeira "força-tarefa" entre Polícia Judiciária e Ministério Público no que toca a apuração do envolvimento de policiais em organizações criminosas. Tudo isso com o claro objetivo de otimizar o trabalho investigativo e viabilizar a concretização da justiça. Com relação ao prazo para a comunicação do MP, a lei é silente, mas entende-se que essa comunicação deve ser feita imediatamente após a instauração do inquérito respectivo.

Uma alteração que pode estar passando despercebida é a seguinte. Era corriqueiro que durante o andamento de um inquérito policial por uma unidade de Polícia Judiciária comum, houvesse notícia de envolvimento de policiais no crime organizado e esse feito seguisse pela própria unidade de origem. Agora, diante do disposto no artigo 2º, § 7º, da Lei 12.850/13, parece ter havido uma derrogação do artigo 4º, CPP, que trata da atribuição de Polícia Judiciária. No caso de crime organizado, envolvendo policial o procedimento passa a ser o seguinte:

a) Se ao despachar a ocorrência o delegado de polícia já vislumbrar o possível envolvimento de policial em crime organizado, deverá determinar a remessa à Corregedoria para instauração do feito respectivo e comunicação do Ministério Público. Poderá, inclusive, essa autoridade inicialmente oficiante comunicar o Ministério Público, com cópia da

---

80 op. cit., p. 33.

ocorrência, sobre seu procedimento, embora isso não seja obrigatório para ela e sim para o delegado de polícia corregedor que instaurará o feito;

b) Se em um inquérito já em andamento, surgir, em meio às investigações, suspeita de envolvimento de policiais com o crime organizado, deverá o delegado de polícia oficiante remeter imediatamente o feito ao Judiciário com representação para que, ouvido o Ministério Público, seja redistribuído à Corregedoria respectiva e siga seu andamento. Poderia ser levantada a hipótese de o delegado inicialmente oficiante no feito remeter o inquérito diretamente ao órgão corregedor. No entanto, este parece não ser o melhor caminho, já que o feito tem registro judicial que precisa ser revisto, razão pela qual, a passagem pelo crivo do Judiciário e Ministério Público parece imprescindível.

6.8.1. Das inovações promovidas pelo "Pacote Anticrime": rigores penitenciários para o crime organizado

> *Art. 2°, § 8° As lideranças de organizações criminosas armadas ou que tenham armas à disposição deverão iniciar o cumprimento da pena em estabelecimentos penais de segurança máxima. (Incluído pela Lei n° 13.964, de 2019)*
>
> *§ 9° O condenado expressamente em sentença por integrar organização criminosa ou por crime praticado por meio de organização criminosa não poderá progredir de regime de cumprimento de pena ou obter livramento condicional ou outros benefícios prisionais se houver elementos probatórios que indiquem a manutenção do vínculo associativo. (Incluído pela Lei n° 13.964, de 2019)*

Ao analisarmos as alterações promovidas pelo denominado "Pacote Anticrime" em nosso ordenamento jurídico, resta evidente a preocupação do legislador com as organizações criminosas e com os autores de crimes hediondos ou equiparados. Não por acaso, o crime de Participação em Organização Criminosa, previsto no artigo 2°, *caput*, da Lei 12.850/13, foi elevado à condição de crime hediondo quando o foco da estrutura organizada for a prática de crimes hediondos ou equiparados.

Logo no introito deste capítulo nós já nos debruçamos na análise de inovações importantes promovidas pela nova Lei 13.964/19, no que se refere às Varas Colegiadas especializadas a serem criadas para a prática

6 – Comentários Sobre a Lei 12.850/13

de atos jurisdicionais que envolverem, entre outras hipóteses, infrações penais praticadas por "organização criminosa armada", o que também denota a preocupação do legislador com esse tipo específico de organização criminosa, que certamente gera um risco muito maior ao bem jurídico tutelado pelo artigo 2º, da Lei 12.850/13, qual seja, a paz pública.

Note-se que no § 2º, do artigo 2º, da LOC, já estudado neste capítulo, o legislador estabeleceu uma causa de aumento de pena se na atuação da organização criminosa houver o emprego de arma de fogo. Parece-nos legítimo esse rigor legislativo, haja vista que uma organização criminosa armada, de fato, gera muito mais temor do que uma organização criminosa voltada à prática de "crimes de colarinho branco", por exemplo. Trata-se, em nosso sentir, de uma resposta do legislador aos casos de organizações criminosas com foco em roubos a bancos, que se valem de violência extrema na execução do crime, contando com um forte "poder de fogo", com armas de uso restrito e explosivos, em um tipo de ação de vem sendo rotulada de "o novo cangaço".

Seguindo essa linha, a Lei 13.964/19 acrescenta o § 8º ao artigo 2º, da Lei 12.850/13, estabelecendo que as lideranças de organizações criminosas armadas ou que tenham armas à disposição deverão iniciar o cumprimento da pena em estabelecimentos penais de segurança máxima. Resta evidente, nesse contexto, que a norma pressupõe uma maior periculosidade quando se tratar de "organizações criminosas armadas", impondo que suas lideranças deverão iniciar o cumprimento da pena em estabelecimentos penais com uma estrutura melhor.

Vale ressaltar que não é qualquer integrante da organização que deverá se submeter a esse novo regramento, mas apenas os líderes da estrutura criminosa. Aqui, uma vez mais, o legislador foi coerente, trazendo um rigor maior para a figura do líder, seja numa liderança individual ou coletiva. Não se pode olvidar que o § 3º, do artigo 2º, da Lei 12.850/13, já estabeleceu uma circunstância agravante para aquele que exerce o comando da organização.

Em linhas gerais, portanto, o novo § 8º, do artigo 2º, acrescentado pela Lei 13.964/19, elenca dois requisitos para que o início do cumprimento da pena seja em estabelecimento penal de segurança máxima: a-) o condenado deve exercer o comando da organização, seja de forma individual ou coletiva; b-) é imprescindível que se trate de organização criminosa armada ou que tenha armas à disposição.

Registre-se que os estabelecimentos penais de segurança máxima são mantidos pela União, embora nada impeça que os Estados e o Distrito Federal também construam unidades dessa natureza. Nos termos do artigo 3º, § 1º, da Lei 11.671/08, incluído pelo "Pacote Anticrime", a inclusão em estabelecimento penal federal de segurança máxima, no atendimento do interesse da segurança pública, será em regime fechado com as seguintes características: a-) recolhimento em cela individual; b-) visita do cônjuge, do companheiro, de parentes e de amigos somente em dias determinados, por meio virtual ou no parlatório, com o máximo de duas pessoas por vez, além de eventuais crianças, separados por vidro e comunicação por meio de interfone, com filmagem e gravações; c-) banho de sol de até duas horas diárias; d-) monitoramento de todos os meios de comunicação, inclusive correspondência escrita.

Uma questão que certamente gerará polêmica na aplicação da norma em análise envolve o tipo de arma utilizado pela organização. Não temos dúvidas de que o legislador tinha por objetivo recrudescer o tratamento penal de organizações criminosas que se valem de "armas de fogo", especialmente aquelas que contam com armas de uso restrito ou proibido.

Contudo, o dispositivo faz menção genérica a "organizações criminosas armadas ou que tenham armas à disposição", não exigindo, assim, que se trate, necessariamente, de "armas de fogo". Ora, conforme visto acima, quando quis se referir a este tipo de armamento o legislador o fez expressamente, como no § 2º, do artigo 2º, da LOC. Desse modo, ao fazer menção genérica ao termo "arma", a norma abrange as chamadas "armas brancas", tais como espadas, facas, machados, bastões etc. Nas lições de LESSA:

> Genericamente falando, armas brancas são objetos que servem tanto para a defesa quanto para o ataque, sendo usualmente dotadas de pontas, lâminas, propriedades contundentes ou elétricas.
>
> Podem ser próprias, isto é, quando possuem finalidade tipicamente ofensiva; ou impróprias, quando embora classificadas como utensílios, podem, em um segundo plano, ser usadas para agredir.[81]

---

81 LESSA, Marcelo. *O poder de polícia do Estado e a garantia da incolumidade física dos torcedores e desportistas*. Disponível: https://jus.com.br/artigos/64537/o-poder-de-policia-do-estado-e-a-garantia-da-incolumidade-fisica-dos-torcedores-e-desportistas.Acesso em 14.01.2020.

6 – Comentários Sobre a Lei 12.850/13

Sendo assim, entendemos que o líder de uma organização criminosa que tenha por objetivo a obtenção de vantagem de qualquer natureza por meio da prática do crime de roubo, em que seus integrantes se valem do emprego de facas, deve iniciar o cumprimento de sua pena em estabelecimento prisional de segurança máxima. Recorde-se, ademais, que nessa hipótese os atos jurisdicionais devem ser praticados pela Vara Criminal Colegiada especializada, devendo o juiz natural declinar de sua competência (art. 1º-A, da Lei 12.694/12, acrescentado pela Lei 13.964/19).

Para finalizar a análise do novo dispositivo legal, registramos que o condenado que seja líder de "organização criminosa armada" deverá apenas iniciar o cumprimento de sua pena em estabelecimento penal de segurança máxima. Isso não significa que ele não terá direito à progressão de regime, hipótese em que poderá ser transferido para outro estabelecimento prisional.

Dando sequência ao nosso estudo sobre as inovações promovidas pela Lei 13.964/19, no crime de "Participação em Organização Criminosa", focamos nossa atenção no novo § 9º, do artigo 2º, da LOC, que estabelece o seguinte: "O condenado expressamente em sentença por integrar organização criminosa ou por crime praticado por meio de organização criminosa não poderá progredir de regime de cumprimento de pena ou obter livramento condicional ou outros benefícios prisionais se houver elementos probatórios que indiquem a manutenção do vínculo associativo".

Vemos com muito bons olhos essa mudança, uma vez que, conforme estudado acima, o crime do artigo 2º, da LOC, é de consumação permanente no seu núcleo "integrar", sendo comum que presos (cautelares ou definitivos) mantenham o vínculo associativo mesmo no interior dos presídios. Ora, é cediço que as maiores lideranças de organizações criminosas do país encontram-se presas e, não obstante, continuam a ditar as regras de suas respectivas facções, jamais se desassociando da organização.

Vimos, inclusive, que nessas hipóteses o preso pelo crime do artigo 2º, da LOC, poderá responder por outro crime de "Participação em Organização Criminosa" a partir do recebimento da denúncia. Nesse cenário, seria, de fato, absurda a concessão de benefícios como a progressão de regime ou o livramento condicional ao condenado que em momento algum deixou de delinquir, afinal, seu vínculo associativo com a organização jamais foi rompido.

Como é cediço, o sistema progressivo de cumprimento de pena tem a finalidade de alcançar a ressocialização do condenado. Nas lições de BITENCOURT[82]:

> De um lado pretende constituir um estímulo à boa conduta e à adesão do recluso ao regime aplicado, e, de outro, pretende que este regime, em razão da boa disposição anímica do interno, consiga paulatinamente sua reforma moral e a preparação para a futura vida em sociedade.

O livramento condicional, por sua vez, assim como outros benefícios, seguem sempre a mesma premissa, qual seja, a reforma moral do condenado e, consequentemente, a sua ressocialização. Ocorre que o sujeito condenado que mantem o vínculo associativo com uma organização criminosa durante o cumprimento da pena em momento algum se regenera, pelo contrário. Ele pode até demonstrar um bom comportamento carcerário, cumprindo todas as determinações que lhe são impostas etc., mas, objetivamente, ele está praticando um crime (Participação em Organização Criminosa), o que, nos termos da Lei de Execução Penal, constitui falta grave, podendo, inclusive, dar ensejo a sua inserção no Regime Disciplinar Diferenciado (art. 52, § 1º, inciso II, com a redação dada pela nova Lei 13.964/19).

Em sentido semelhante são as lições de Renato Brasileiro de Lima:

> (...) o fato de o condenado manter vínculos associativos a organização criminosas sugere periculosidade, desajuste carcerário e inadequação à terapêutica penal aplicada, revelando que o apenado está distante de lograr êxito na reintegração social que se espera com o cumprimento da pena privativa de liberdade. Tudo isso, afinal, mostra-se absolutamente incompatível com o reconhecimento do mérito necessário à concessão da progressão de regimes (...).[83]

---

82 BITENCOURT, Cezar Roberto. op. cit., p. 169

83 LIMA, Renato Brasileiro de. *Legislação Criminal Especial Comentada*. ed. 8. Salvador: Juspodivm, 2020. p. 785.

6 – Comentários Sobre a Lei 12.850/13

Com efeito, havendo elementos probatórios que indiquem a manutenção do vínculo associativo, o condenado expressamente em sentença por integrar organização criminosa (Organização Criminosa por Natureza) ou por crimes praticados por meio da organização (Organização Criminosa por Extensão), não terá direito à progressão de regime, ao livramento condicional ou outros benefícios prisionais, incluindo, em nosso entendimento, a remição da pena pelo tempo de trabalho ou estudo.

> Não se pode olvidar, ademais, que a Lei 13.964/19, elevou à condição de hediondo o crime de organização criminosa, quando direcionada esta à prática de crimes hediondos ou equiparados. Observe-se que então não é hediondo simplesmente o crime previsto no artigo 2º e sua combinação com o artigo 1º, § 1º, da Lei 12.850/13. Mister se faz que seja ele direcionado à prática de crimes hediondos ou equiparados (v.g. extorsão mediante sequestro, tráfico de drogas etc.). Nesse contexto, surge, por meio do famigerado "Pacote Anticrime", o que ora denominamos de "Crime Organizado Condicionado". Isto, pois, o crime de Organização Criminosa só será considerado hediondo se preenchida uma condição, qual seja, a finalidade de obter vantagem de qualquer natureza por meio da prática de infrações hediondas ou assemelhadas.

Advertimos, por derradeiro, que mudanças legislativas, com o recrudescimento de leis penais, jamais surtirão os efeitos esperados se, paralelamente, não houver o imprescindível investimento nas agências ligadas ao sistema de Justiça Criminal, notadamente as Polícias Judiciárias, hoje em muito sucateadas pelos nossos governantes. Isto, pois, conforme reiteradamente nos ensina a Criminologia, mais importante do que a severidade da pena, é a certeza da pena. Em outras palavras, o que realmente desestimula a ação de criminosos não é o rigor da sanção, mas a certeza de que ele será responsabilizado. E somente uma investigação criminal eficiente é capaz de viabilizar a concretização da justiça!

6.9. DAS TÉCNICAS ESPECIAIS DE INVESTIGAÇÃO CRIMINAL: MEIOS DE OBTENÇÃO DE PROVA

> *Art. 3º Em qualquer fase da persecução penal, serão permitidos, sem prejuízo de outros já previstos em lei, os seguintes meios de obtenção da prova:*
>
> *I – colaboração premiada;*

II – captação ambiental de sinais eletromagnéticos, ópticos ou acústicos;

III – ação controlada;

IV – acesso a registros de ligações telefônicas e telemáticas, a dados cadastrais constantes de bancos de dados públicos ou privados e a informações eleitorais ou comerciais;

V – interceptação de comunicações telefônicas e telemáticas, nos termos da legislação específica;

VI – afastamento dos sigilos financeiro, bancário e fiscal, nos termos da legislação específica;

VII – infiltração, por policiais, em atividade de investigação, na forma do art. 11;

VIII – cooperação entre instituições e órgãos federais, distritais, estaduais e municipais na busca de provas e informações de interesse da investigação ou da instrução criminal.

A Lei 12.850/13, em seu artigo 3º e incisos arrola diversos meios de obtenção da prova que podem ser utilizados nos casos de investigações e processos envolvendo organizações criminosas. Logicamente todos os meios de obtenção de prova em direito admitidos são viáveis, mas a legislação especial enumera alguns deles que são aplicáveis a qualquer modalidade e outros que são específicos para os casos de crime organizado, levando em consideração uma proporcionalidade entre a reação estatal e a dimensão dessa espécie criminal.

Parece-nos pertinente essa inovação legislativa no combate à criminalidade organizada, que destoa dos criminosos em geral e, justamente por isso, exige a adoção de medidas mais incisivas por parte do Estado. Não é outro o escólio de Flávio Cardoso Pereira:

> (...) o crescimento e desenvolvimento de novas formas graves de criminalidade tem colocado o Processo Penal em situações de alarma, uma vez que a persecução penal realizada nos moldes tradicionais, com métodos de investigação já amplamente conhecidos, vem se demonstrando insuficiente no tocante ao combate à delinquência moderna. Impõe-se então o estabelecimento de regras processuais compatíveis com a modernização do crime organizado, porém, sempre respeitando dentro do possível os direitos e garantias fundamentais dos investigados ou acusados.[84]

---

84 PEREIRA, Flávio Cardoso. *Agente encubierto como médio extraordinário de investigación – perspectivas desde el garantismo procesal penal.* Bogotá: Grupo Editorial

6 – Comentários Sobre a Lei 12.850/13

Essas ferramentas novas e inovadoras são, de fato, extremamente necessárias para um mínimo de eficácia da ação repressiva, pois conforme anota MONET:

> Uma coisa é certa: diante do crime organizado, da criminalidade de colarinho branco, do tráfico internacional de drogas e da lavagem de somas colossais proporcionadas por esse tráfico, as polícias nacionais são incapazes de lutar apenas com suas forças e seus métodos clássicos contra atividades que os superam.[85]

Nos próximos pontos cada técnica especial de investigação será abordada de forma detalhada.

6.10. COLABORAÇÃO PREMIADA

Antes de adentrar na análise estritamente jurídica da questão da colaboração premiada, mister se faz uma rápida abordagem do instituto no que se refere aos seus aspectos ético-morais, os quais ganham imenso destaque no debate sobre sua adoção nos mais diversos ordenamentos jurídicos, inclusive no brasileiro.

6.10.1. A normatização da conduta humana

A conduta humana é estudada em várias áreas, mas a normatização dessa conduta é objeto específico de três áreas de conhecimento, a saber: a) Direito; b) Ética; c) Teologia Moral.

A última mencionada acima, no entanto, não se presta a maiores discussões acerca de seus enunciados e conclusões, pois que encontra barreiras intransponíveis à argumentação quando se chega ao âmbito dogmático do divino. Por outro lado, Ética e Direito apresentam grande similitude, seja em seu objeto de estudo, seja em seus objetivos.

6.10.1.1. Ética e Direito

O que diferencia uma discussão jurídica da conduta de uma discussão filosófica (ética) desta não é o seu conteúdo ou essência, mas sim

---

Ibañez, 2013. p. 619 – *tradução livre*.

85 MONET, Jean – Claude. *Polícias e Sociedades na Europa*. Trad. Mary Amazonas Leite de Barros. 2ª ed. São Paulo: EDUSP, 2006, p. 184.

a forma pela qual os assuntos são abordados. A discussão filosófica é mais abstrata e a jurídica mais concreta.

Numa abordagem ética se analisa o ente sem que este esteja associado a qualquer caso concreto. Por exemplo, estuda-se "o aborto". Ora, "o aborto" não existe como coisa em si, separado de uma circunstância fática. A discussão ocorre, portanto, somente no campo das ideias e abstrações.

Já no Direito são estudados casos concretos, são analisados fatos. Usando o mesmo exemplo do aborto, não se pensará este de forma ideal, mas somente vinculado a um acontecimento real, no mundo concreto e palpável.

O comportamento humano tem certamente algum conteúdo genético ou instintivo, tal qual ocorre com os demais animais. Mas, o seu ajustamento à ordem social é preponderantemente de natureza moral.[86]

Tanto os preceitos morais como legais têm por escopo "assegurar a sobrevivência e a prosperidade do grupo".[87] Não obstante, entre as discussões filosóficas e as jurídicas sobre a conduta humana, constata-se um fracasso da primeira e um razoável sucesso da segunda.[88]

Diz-se sucesso da discussão jurídica não porque esta possa ser tida como mais eficaz no controle e normatização do agir humano, pois que há normas morais que superam qualquer força coativa legal. Na realidade, constata-se um fracasso da parte da Ética no sentido de conseguir estabelecer uma base sólida, um conjunto de preceitos válidos do que venha a ser definitivamente estabelecido e aceito. Enquanto que no campo jurídico existem normas postas a respeito dos mais diversos assuntos.

Este relativo sucesso do Direito em estabelecer bases sólidas a seus preceitos, sinalizado por Montoya, no entanto, apresenta-se meramente aparente, sofrendo na verdade, desde a gênese das normas até sua aplicação efetiva, dos mesmos limites, influências e alterações a que está submetida a Ética.

---

86 SAÉNZ, José Montoya.*Introducción a algunos problemas de la historia de la etica.* Universidade de Valencia, Espanha: *manuscrito*, 1998, p.3.

87 Op. Cit., p. 5.

88 Op.cit.., *"passim"*.

6 – Comentários Sobre a Lei 12.850/13

O fato de que no Direito se pode vislumbrar um corpo ou um organismo de normas, não quer dizer que estas ofereçam qualquer segurança quanto à verdade de seu conteúdo ou à justiça de sua aplicação.

Desde antanho Aristóteles já alertava sobre a distinção entre a equidade e a justiça, aproximando esta da legalidade e apresentando a anterior como um corretivo necessário:

> O que faz surgir o problema é que o equitativo é justo, porém não o legalmente justo, e sim uma correção da justiça legal. A razão disto é que toda lei é universal, mas a respeito de certas coisas não é possível fazer uma afirmação universal que seja correta.[89]

Frise-se: essa afirmação universal sobre certas coisas não é viável igualmente na Ética como no Direito. Esta ciência não se reduz à norma, embora seja um útil instrumental para sua fixação e materialização. Esta materialização, principalmente na tradição do Direito escrito, é que lhe empresta uma falsa aparência de estabilidade que claramente inexiste na Ética.

Contudo, a norma é apenas uma face do Direito e até sua gênese é influenciada por fatores outros muitos dos quais têm um conteúdo ético. A Ética, os valores, as relações sociais, informam o conteúdo do Direito em seu nascimento e posteriormente seguem influenciando-o em sua interpretação e aplicação.[90]

Portanto, se a filosofia tem problemas em universalizar conceitos éticos, o Direito padece dos mesmos males, eventualmente apresentando ilusórias soluções informadas pela mesma perplexidade do mundo ético. É que o Direito, como atuante na vida prática, na solução de problemas concretos e presentes, tem a necessidade de respostas imediatas, ainda que eventualmente falhas, razão pela qual aparenta (e só aparenta) maior segurança.[91]

---

89 ARISTÓTELES.*Ética a Nicômano*. São Paulo: Abril Cultural, 1973 p. 336.
90 Miguel REALE, *Teoria Tridimensional do Direito*. 5ª ed. São Paulo: Saraiva, 1994, *"passim"*.
91 Não é sem razão que o art. 4º da Lei de Introdução às normas do Direito Brasileiro estabelece que em caso de lacuna legal o juiz não se exime de decidir, mas deve fazê-lo com base na "analogia, costumes e princípios gerais de direito".

Se o Direito, enquanto norma (que é o aspecto que lhe dá o ilusório caráter de segurança) é informado por conceitos basicamente éticos que o antecedem e o perseguem continuamente, não se pode considerar válido um raciocínio que atribua maior perfeição ao elemento dependente e menor ao principal. Ora, se o principal é falho, aquilo que dele depende ou deriva não pode ser perfeito ou melhor, antes deve compartilhar de sua mesma imperfeição.

6.10.1.2. Ética e Moral

As moralidades ou preceitos morais têm existido desde o surgimento das sociedades humanas, enquanto que a Ética surgiu bem mais tarde no período grego. Segundo Montoya, por moral deve ser entendido o termo genérico que designa o conjunto das moralidades históricas, os preceitos morais. Por Ética, deve-se entender de outra banda, a reflexão filosófica sobre as moralidades, pretendendo depurá-las, racionalizá-las, transformá-las em um código válido para qualquer homem, em suma, universalizá-las.[92]

Nesse contexto, a Ética tem se desenvolvido sob diferentes perspectivas:

a) Eudemonismo:

Buscando o sumo bem como aquele que não depende de outro, mas o constitui em si mesmo, encontra-se como resposta a felicidade. Na dicção de Aristóteles: "absolutamente perfeito é aquele fim querido sempre por si mesmo e nunca por outro. Tal parece ser mais do que qualquer coisa a felicidade: a esta, de fato, queremo-la sempre por si mesma e nunca por outra coisa".[93]

O homem deve buscar a felicidade e esta só é possível pela prática da virtude.

b) Contratualismo:

Concentra a moral nos atos tendentes ao estabelecimento da igualdade entre os homens, consubstanciada na equidade. Para isso, pressupõe-se a associação humana em um acordo ou contrato entre iguais, colimando estabelecer uma convivência harmônica e equilibrada.[94]

---

92 SAÉNZ, José Montoya, Op. Cit., p. 6.
93 ARISTÓTELES, *A Ética*. Rio de Janeiro: Ediouro, 1985 p. 39.
94 ROUSSEAU, Jean Jacques.*O Contrato Social*. São Paulo: Nova Cultural, 1987,"*passim*".

6 – Comentários Sobre a Lei 12.850/13

c) Utilitarismo:

Valoriza por seu turno a "solidariedade", devendo então os atos humanos serem pautados pelos seus resultados em termos de felicidade produzida, não como uma mera realização pessoal, mas a felicidade que se pode produzir aos outros. Os resultados dessa felicidade são calculados mediante um total de consequências positivas e negativas.

d) Pluralismo:

Considerando um ecletismo das teorias anteriormente citadas, conclui-se que as moralidades cumprem funções diversas como: proporcionar ao indivíduo um modelo de comportamento; assegurar por meio da reciprocidade um equilíbrio dos membros do grupo e ainda, garantir o cuidado de todos, inclusive os mais débeis, para assegurar a coesão social.[95]

Efetivamente a resposta pluralista apresenta-se bastante coerente, pois a uma questão multifária e complexa não se pode dar uma solução unitária e simples.

E na realidade, as incursões éticas não são por natureza isoladas. Ao contrário, podem ser tomadas de maneira complementar e interpenetrante. Apenas para ilustrar pode-se anotar que o eudemonismo que se volta à busca da felicidade baseia-se na prática da virtude, e a felicidade virtuosa não pode ser egoísta ao ponto de olvidar a solidariedade com os mais débeis (utilitarismo) e nem conformar-se com a desigualdade injusta (contratualismo). De outro lado, tanto o contratualismo, como o utilitarismo, visam, em última instância, à harmonia social que só pode pretender produzir a felicidade dos indivíduos.

Um exemplo bastante palpável dessa complementaridade entre as perspectivas éticas é a atual situação conflitiva entre as elites e as massas brasileiras. Certamente a busca da felicidade apartada, desconsiderando a necessária igualdade e, especialmente, a solidariedade, só pode conduzir a um contínuo conflito que resulta na violência incontrolada característica de nossa sociedade, e em reações que não visam a real solução desses conflitos, mas têm por trás uma tendência belicosa e genocida.

A tendência das massas é a revolta, ao passo que a das elites é a de fecharem-se, isolarem-se num mundo próprio.

---

95 SAÉNZ, José Montoya SAÉNZ, Op. cit, p. 30.

Ao reverso de preocuparem-se em solidarizarem-se com as massas, as elites abandonaram-nas cada vez mais, inclusive reduzindo a assistência do Estado que praticamente monopolizam.

A indiferença pelo destino dos menos afortunados é o característico das elites brasileiras, que ao criarem seus próprios meios de assistência (v.g. segurança privada, educação particular, saúde privada etc.), não mais se interessam pelos serviços básicos a serem ofertados pelo Estado à população. Este é o enfoque de Maria Rita Khel ao asseverar que:

> não existe respeito pela coisa pública no Brasil. A elite se apropria do espaço público como se fosse seu quintal. Como se aqui não existisse demarcação entre o público e o privado, mas sim entre o 'vantajoso' e o 'custoso'. Do vantajoso a elite se apropria (...). O custoso, o pouco vantajoso fica por conta do Estado, suposto mantenedor dos interesses públicos. Mas como as elites vão se apropriando também do Estado como coisa sua, vemos nesse momento dito neoliberal, que o próprio Estado vai se desobrigando de garantir à população alguns direitos básicos – saúde, educação, transportes, moradia – cujo custo não corresponde à geração imediata de benefícios. O Estado brasileiro vem negligenciando responsabilidades em áreas em que o investimento deve forçosamente ser maior do que o retorno (...).[96]

Chega-se, na falta de um pluralismo, à absurda negação do "outro" como igual em termos de humanidade. E de situações absurdas só se pode chegar ao caos. Com efeito, "não se veem mais pessoas. Veem-se carentes, favelados, ladrões, menores, delinquentes, criminosos, bandidos, viciados".[97]

A indiferença, um "eudemonismo egoísta", não é admissível como postura eticamente correta, não sendo sem razão que Dante ao penetrar no inferno depara-se logo de início com os indiferentes.[98]

---

96 KHEL, Maria Rita. Do narcisismo das elites ao narcisismo das massas. *Revista Brasileira de Ciências Criminais*. n. 16, out./dez., 1996, p. 322-323.

97 MELLO, Silvia Leser de. A cidade, a violência e a mídia. *Revista Brasileira de Ciências Criminais*. nº 21, jan./mar., 1998, p. 194.

98 ALIGHIERI, Dante ALIGHIERI, *A Divina Comédia*. Rio de Janeiro: Ediouro, 1999, p. 12.

6 – Comentários Sobre a Lei 12.850/13

6.10.1.3. A utopia de uma ética universal e o Direito

A Ética perfeita certamente existe, mas por lógica não pode ser alcançada pela humanidade, pois que esta é imperfeita. O máximo que se consegue é, aos poucos, ir-se descobrindo essa Ética. Aqui, o papel do pluralismo também é de destaque, porque permite uma abordagem ilimitada e multifacetária.

Com essa constatação Montoya[99] critica a Ética em relação ao Direito, considerando que este já se organizou e tem um conjunto cognoscível, enquanto a primeira nunca pode chegar a termo.

Em linhas passadas já foi demonstrada a ilusão em que consiste essa conclusão e agora considera-se de importância a análise de uma polêmica jurídica atual no Brasil, a qual deixa patente que Ética e Direito são "faces da mesma moeda", portadoras das mesmas potencialidades e limites.

O tema aventado é o da chamada "colaboração premiada", ora prevista em nosso ordenamento por força de disposições legais em diplomas variados (Lei 8.072/90, Lei, Lei 9.269/96, Lei 7.492/86, Lei 8.137/90, Lei 9.613/98, Lei 11.343/06, Lei 9.807/99 e agora também na Lei 12.850/13).[100]

Trata-se da possibilidade do coautor de crimes ser agraciado com a redução de sua pena ou mesmo perdão judicial, desde que preste efetiva colaboração à Justiça no deslinde do crime e apuração da autoria dos demais infratores, bem como outros resultados interessantes do ponto de vista processual, penal, social, humano etc.

Este novo instituto é legalmente estabelecido nos diplomas antes mencionados, importado do Direito Norte-Americano (*"Plea Bargain"*) e Italiano (*Pentitismo*).[101] Nem por isso podemos dizer que haja consenso sobre o assunto ou mesmo que se tenha um conjunto cognoscível e definitivo juridicamente falando sobre o tema.

O fato de se poder conhecer ante mera leitura o teor da lei não atribui ao Direito qualquer vantagem sobre a Ética.

---

99 Op. Cit., "passim".
100 Costumava-e utilizar o termo "Delação Premiada" que foi agora substituído pela expressão "Colaboração premiada".
101 GOMES, Décio Luiz Alonso. Proteção aos réus colaboradores (Ou da barganha com a criminalidade). *Boletim IBCCrim*. n. 82, set., 1999, p.12.

Preceitos morais ou éticos também existem que podem ser tidos como definitivamente estabelecidos no sentido de seu conhecimento por todos, embora não reduzidos a normas escritas.

Somente uma visão fortemente formalista do Direito levaria à conclusão de que este é mais cognoscível só porque é posto por normas que têm a *pretensão* de serem estáveis e consensuais. Alice Bianchini destaca exatamente que "os formalistas (...) relevam a segurança jurídica, enquanto que, para os realistas, a tônica se insere na equidade".[102]

Especialmente no tema ora enfocado ("colaboração premiada") pode-se constatar essa quase "promiscuidade" entre a Ética e o Direito. Será possível aos juristas comentar este instituto sem recorrer a argumentos éticos? Será possível ao operador do Direito interpretar e aplicar tal lei sem questionamentos basilarmente éticos? E mais claro ainda: Terá o legislador ao abrigar na sua obra o instituto, feito isso sem deparar-se com um conflito ético?

A discussão doutrinária e jurisprudencial do assunto certamente gravitará em torno do conflito entre uma visão pragmática e outra visão ética do Direito. Para uns o que importa são os resultados alcançáveis com a colaboração premiada. Para outros, ela seria algo abominável como uma contradição interna no sistema, que incentivaria condutas reprováveis como a delação e a traição, mal quistas até mesmo entre os mais celerados dos homens.

Fala-se de Direito e concomitantemente de moral (delação, traição etc.), não sendo aceitável sua separação nítida, mas sim constatável uma constante zona de interseção.

A lei posta não oferece a segurança e muito menos o conhecimento do Direito. Sua aplicação, por exemplo, é pouco previsível, pois agregar-se-ão em sua interpretação elementos extrajurídicos que exercerão indubitável influência.[103] E não se oponha a isto a máxima "*in claris cessat interpretatio*", pois que seus defensores "confundem a essência da interpretação com a 'dificuldade' ou amplitude desta: nas disposições claras o trabalho é menor, mas existe sempre. É ele que dá vida ao texto morto, ilumina a fórmula rígida".[104]

---

102 BIANCHINI, Alice. Aspectos subjetivos da sentença penal, *Revista Brasileira de Ciências Criminais*. n. 22, abr./jun., 1998, p.38.

103 Op. cit., "*passim*".

104 MAXIMILIANO, Carlos. *Hermenêutica e Aplicação do Direito*. Rio de Janeiro:

6 – Comentários Sobre a Lei 12.850/13

Mas, não é só a interpretação ou aplicação da lei posta que é duvidosa. Sua correção, sua justiça, não são garantidas pela positivação e, portanto, a existência de normas postas não garante a existência de um Direito definitivo e muito menos universal. O exemplo do instituto sobre a colaboração premiada é apenas um dentre muitos, mas igualmente poder-se-ia falar da tortura que já foi legalmente reconhecida e que hoje é igualmente proibida nas legislações a exemplo da nossa Lei 9.455/97 e mundialmente mediante diversos tratados internacionais sobre Direitos Humanos.

O caso da colaboração premiada é um dos que melhor retrata a relação entre a Ética e o Direito desde a formulação da norma até sua atuação concreta, revelando claramente sua absoluta proximidade, seja em capacidades, seja em limitações.

6.10.1.4. Conclusões

A verdadeira e robusta diferenciação entre Ética e Direito está então nos seus respectivos direcionamentos. A primeira operando no campo abstrato e o segundo no campo concreto, solucionando conflitos e situações de fato. Na obtenção de normatização da conduta humana, porém, ambos encontram as mesmas dificuldades para uma formulação definitiva e universal.

Enfocando especificamente a questão do instituto da colaboração premiada, assim se manifesta com razão PACELLI:

> Por fim, mas não por último, e ainda mais uma vez nesse Curso, alinhamos outra objeção aos argumentos que recusam validade à colaboração premiada com fundamento em distorções éticas do colaborador. Distorções que, se levadas a sério, terminariam também por dizimar o conceito de arrependimento ou de consciência moral. A delação, a traição ou qualquer expressão que pretenda traduzir o ato de revelação da estrutura da organização criminosa, de seus autores e o modo de seu funcionamento, ou, ainda, as informações acerca da localização da vítima e do produto ou proveito de ações criminosas, nada disso vai de encontro a qualquer conceito de ética. A menos, é claro, que se passe à ideia de que a ética há de ser determinada pelo grau de lealdade entre partícipes de determinado empreendimento. Mas, aí, afastado de qualquer vinculação à moralidade, referido conceito não servirá para mais nada.[105]

Forense, 1999 p. 37-38.
105 PACELLI, Eugenio. Op. cit.

Não há como negar a coerência e a logicidade intocável do discurso de PACELLI acima transcrito. Efetivamente, a colaboração premiada, conforme demonstrado linhas volvidas, envolve uma apreciação ética, mas daí a chegar à conclusão de que o instituto venha a violar normas morais porque um criminoso se propõe a dar informações à Polícia ou ao Ministério Público, vai uma grande e insuperável distância. Negar legitimidade ética ou moral à colaboração premiada é o mesmo que atribuir validade ético-moral à "lei do silêncio" reinante entre criminosos e, especialmente, na macrocriminalidade. Isso implica numa total inversão de valores.

Poder-se-ia argumentar que o condenável não seria a confissão e a revelação dada pelo infrator, mas o fato de que o Estado faça uma espécie de negociação ou barganha com ele. Entretanto, a colaboração dada pelo infrator sempre foi encarada no mundo jurídico como ensejadora de certos benefícios que, em maior ou menor grau, significam um espaço de reconhecimento ou de barganha entre a sociedade e aquele que delinquiu. Seria então a atenuante da confissão (artigo 65, III, "d", CP) uma imoralidade? O instituto do arrependimento posterior (artigo 16, CP) seria antiético? Assim também a desistência voluntária ou o arrependimento eficaz (artigo 15, CP)? Isso dentre outros vários dispositivos e institutos da parte geral e da parte especial do Código Penal, bem como encontráveis na legislação esparsa.

A colaboração premiada tem sim seus perigos, que serão abordados no decorrer deste estudo, mas seu pragmatismo não obnubila a postura ética da sociedade ou do Estado que a adotam.

Pode-se, ainda, desde logo, afirmar com segurança que ela não é inconstitucional ou inconvencional (Pacto de São José da Costa Rica) no que tange a suposta violação do direito ao silêncio ou à não-autoincriminação. Isso porque esses direitos são claramente disponíveis, sob pena de, ao contrário, se considerar que toda prova produzida voluntariamente pelo acusado ou investigado seria inválida, desde uma confissão até a entrega de uma arma, documentos ou objetos relativos à infração ou até mesmo a sua apresentação espontânea que então impediria não somente o flagrante, mas até mesmo sua punição. Trata-se, em nosso sentir, de uma hipótese de disposição de um direito fundamental ou do seu não exercício como uma estratégia de defesa. O importante é

6 – Comentários Sobre a Lei 12.850/13

que o indiciado ou réu abra mão desses direitos na colaboração premiada de forma voluntária, sem coações de quaisquer espécies.

6.10.2. Colaboração Premiada: origem e conceito

> *Art. 3º-A. O acordo de colaboração premiada é negócio jurídico processual e meio de obtenção de prova, que pressupõe utilidade e interesse públicos. (Incluído pela Lei nº 13.964, de 2019)*

A colaboração premiada consubstancia-se hodiernamente em um dos principais mecanismos estatais para a efetividade da persecução penal. Prevista em diversas leis especiais, tais como a Lei 8.072/90 (art. 8º), a Lei 9.613/98 (art. 1º, § 5º), a Lei 11.343/06 (art. 41) e a Lei 9.807/99 (arts. 13 e 14), e até mesmo em tratados internacionais – devendo ser citadas a Convenção de Palermo (art. 24 do Decreto 5.015/04) e a Convenção de Mérida (art. 37 do Decreto 5.687/06) –, teve sua disciplina inicialmente vinculada apenas à delação de coautores e partícipes (colaboração delatora ou chamamento de corréu[106]).

Mais recentemente, o legislador autorizou outras formas de auxílio, deixando claro que a *delação premiada* é apenas uma das espécies do gênero *colaboração premiada*. O instituto também evoluiu quanto aos prêmios legais: inicialmente restrito à redução de pena, hoje permite até mesmo o perdão judicial, causa extintiva da punibilidade (art. 107, inciso IX, do Código Penal).

O regramento mais pormenorizado do instituto, todavia, encontra-se hospedado na Lei 12.850/13, mais conhecida como a Lei das Organizações Criminosas, contendo o que se considera a disciplina jurídica geral da colaboração premiada, com recentes inovações promovidas pelo denominado "Pacote Anticrime".

Trata-se, nos termos da lei, de um meio de obtenção de provas[107] ou, como preferimos, uma técnica especial de investigação criminal, verdadeiro negócio jurídico processual personalíssimo. Nesse ponto é mister consignar que desde a primeira edição desta obra nós já concei-

---

106 GOMES, Luiz Flávio; SILVA, Marcelo Rodrigues da. *Organizações Criminosas e Técnicas Especiais de Investigação*. Salvador: Juspodivm, 2015, p. 211.

107 LIMA, Renato Brasileiro de. *Manual de processo penal*. Salvador: Juspodivm, 2015, p. 760.

tuávamos a colaboração premiada como um "negócio jurídico processual", seguindo uma linha já consolidada na jurisprudência. Ocorre que esse entendimento agora foi positivado no artigo 3º-A, da Lei 12.850/13, acrescentado pela Lei 13.964/19, gerando, conforme veremos abaixo, uma nova discussão em torno da legitimidade para a adoção desta técnica investigativa.

De todo modo, muito embora esse rótulo não constitua uma novidade no tratamento do tema, podemos indicar pelo menos três consequências relacionadas ao caráter de negócio jurídico processual da colaboração premiada. Primeiramente, é reforçado o respeito à voluntariedade do acordo de colaboração, conforme já previa o artigo 4º, *caput*, da Lei. Ora, se estamos diante de um "negócio" isso significa que ambas as partes devem aderi-lo voluntariamente, sem qualquer tipo de constrangimento ou pressão, preservando-se a autonomia da vontade dos pactuantes. Veremos, todavia, que o "princípio da autonomia da vontade" não se aplica na sua plenitude na colaboração premiada, uma vez que as partes não podem pactuar prêmios ou benefícios que violem o ordenamento jurídico e a Constituição (art. 4º, § 7º e § 7º-A, da LOC).

Essa premissa, aliás, foi reforçada pelo STF no Informativo nº 988, senão vejamos:

> O relator ressaltou que o estabelecimento de balizas legais para o acordo é uma opção do nosso sistema jurídico, para garantir a isonomia e evitar a corrupção dos imputados, mediante incentivos desmesurados à colaboração, e dos próprios agentes públicos, aos quais se daria um poder sem limite sobre a vida e a liberdade dos imputados. É preciso respeitar a legalidade, visto que as previsões normativas caracterizam limitação ao poder negocial no processo penal. No caso de ilegalidade manifesta em acordo de colaboração premiada, o Poder Judiciário deve agir para a efetiva proteção de direitos fundamentais. Registrou que, em diversos precedentes, a Corte assentou que o acordo de colaboração premiada é meio de obtenção de prova. Portanto, trata-se de instituto de natureza semelhante, por exemplo, à interceptação telefônica. Tendo em conta que o STF reconheceu, várias vezes, a ilegalidade de atos relacionados a interceptações telefônicas, não há motivo para afastar essa possibilidade em ilegalidades que permeiam acordos de colaboração premiada.[108]

---

108 STF, HC 142.205/PR, Rel. Min. Gilmar Mendes, j. 25.08.2020.

6 – Comentários Sobre a Lei 12.850/13

Como segundo corolário dessa natureza jurídica do instituto destacamos que por se tratar de negócio jurídico personalíssimo o Termo de Acordo de Colaboração Premiada não pode ser impugnado por terceiros eventualmente delatados, conforme já reiteradamente decidido pelo STF.[109] É evidente que outros investigados podem confrontar o teor da colaboração, apresentando elementos informativos que contradizem as evidências expostas pelo colaborador, mas não lhes cabe questionar as cláusulas pactuadas, pois estas só produzirão efeitos entre as partes do negócio. Aqui, uma vez mais, valem as lições extraídas do Informativo nº 988, do STF:

> O relator esclareceu que o caso em questão é diverso dos termos decididos anteriormente pelo Plenário do Supremo Tribunal Federal (HC 127.483). Trata-se de aproveitamento das provas resultantes do segundo acordo em processos concretos. O Pleno não discutiu a possibilidade na qual o acordo possui reflexos diretos sobre situações de terceiros. **Não se cuida de impugnação do acordo de colaboração premiada por terceiros, mas de questionamento de terceiros que tem a aplicação de provas no seu caso concreto. Ou seja, o que se discute é a produção de provas pelo colaborador nos processos que tramitam em face dos pacientes da ação. O foco da impugnação diz respeito à utilização de provas contra os imputados e ao modo que tais elementos foram produzidos a partir de um cenário de acordos de colaborações temerários e claramente questionáveis. Sendo assim, no caso concreto, pode-se questionar a aplicação das provas colhidas nos acordos. Não se enfrenta, portanto, a posição adotada pelo Plenário, mas se desenvolve e refina um sistema para analisar as consequências que precisam ser controláveis pelo Poder Judiciário.** Nessa perspectiva, diante da complexidade das relações que se colocam em uma Justiça criminal negocial, o relator reputou ser necessário avançar para traçar critérios adequados à limitação de abusos.

Outro aspecto relevante desse caráter negocial da colaboração se refere ao fato de que ambas as partes deverão contribuir para a instrução do acordo que se pretende homologar, afinal, todos têm interesse na sua formalização. Caberá ao colaborador instruir a proposta de acordo com todos os elementos de corroboração e até com autodeclarações sobre os fatos delatados, mas isso não significa que o celebrante (MP e delegado de polícia) não possa reforçar essa instrução, pelo contrário. Não por

---

109 STF, HC 127.483, Rel. Min. Dias Toffoli, Pleno, j. 27.08.2015.

acaso, o artigo 3º-B, § 4º, da LOC, estabelece que o acordo de colaboração premiada poderá ser precedido de instrução, quando houver necessidade de identificação ou complementação de seu objeto, dos fatos narrados, sua definição jurídica, relevância, utilidade e interesse público.

Feitas essas observações, registre-se que na história recente do nosso país a colaboração premiada ganhou enorme notoriedade em virtude da denominada "Operação Lava-Jato", destacando-se como instrumento essencial na descoberta do chamado *fato oculto*[110], viabilizando a identificação de fontes de prova que não seriam identificadas através dos meios tradicionais de investigação (depoimentos testemunhais, procedimento de busca e apreensão etc.).

Por outro lado, a colaboração premiada também se destaca como uma verdadeira estratégia de defesa em relação aos investigados/acusados. Com efeito, resta evidente a sua natureza dúplice, que não se resume a mero instrumento persecutório do Estado-Investigação e Estado-Acusação, consistindo, outrossim, em um meio de defesa ou de investigação defensiva.

Muito embora o instituto da colaboração premiada tenha assumido um protagonismo entre os meios de obtenção de prova apenas recentemente na história do Brasil, a doutrina aponta a existência de dispositivos de colaboração premial desde as Ordenações Filipinas, que vigoraram de janeiro de 1603 até a entrada em vigor do Código Criminal do Império de 1830.[111]

De acordo com o escólio de Andrey Borges de Mendonça,

> A delação premiada surgiu no combate das grandes organizações criminosas ocorridas nos Estados Unidos, notadamente a Máfia e a Cosa Nostra. Era uma verdadeira transação penal firmada entre os Procuradores Federais e alguns envolvidos, que seriam beneficiados com a impunidade caso fornecessem informações suficientes que pudessem levar à desestruturação das referidas organizações e prisão de seus integrantes. Posteriormente foi utilizada com sucesso na "Operação Mãos Limpas", na Itália, onde conseguiu debelar grandes organizações criminosas graças ao instituto da delação premiada.[112]

---

110 LOPES JR., Aury; GLOECKNER, Ricardo Jacobsen. *Investigação Preliminar no Processo Penal*. São Paulo: Saraiva, 2013, p.103.

111 ANSELMO, Márcio Adriano. *Colaboração Premiada*. Rio de Janeiro: Mallet, 2016, p. 34.

112 MENDONÇA, Andrey Borges de; CARVALHO, Paulo Roberto Galvão de. *Lei de Drogas*. São Paulo: Método, 2008, p. 182-183.

6 – Comentários Sobre a Lei 12.850/13

Sobre o conceito de colaboração premiada, Márcio Barra Lima a define:

> (...) como toda e qualquer espécie de colaboração com o Estado, no exercício da atividade de persecução penal, prestada por autor, coautor ou partícipe de um ou mais ilícitos penais, relativamente ao(s) próprio(s) crime(s) de que tenha tomado parte ou pertinente a outro(s) realizado(s) por terceiros, não necessariamente cometidos em concurso de pessoas, objetivando, em troca, benefícios penais estabelecidos em lei.[113]

Eduardo Araújo da Silva, por seu turno, divide o instituto sob dois prismas, senão vejamos:

> (...) a colaboração premiada, também denominada de cooperação processual (processo cooperativo), ocorre quando o acusado, ainda na fase de investigação criminal, além de confessar seus crimes para as autoridades, evita que outras infrações venham a se consumar (colaboração preventiva), assim como auxilia concretamente a polícia na sua atividade de recolher provas contra os demais coautores, possibilitando suas prisões (colaboração repressiva).[114]

Para arrematar, de forma objetiva e sintética, Márcio Adriano Anselmo define a colaboração premiada:

> (...) como um meio de obtenção de prova, com a devida regulação em lei, que implica uma confissão que se estende aos coautores e partícipes e tem como pressuposto a renúncia ao direito ao silêncio, implicando, por outro lado, na perspectiva premial, o recebimento de benefícios por parte do Estado.[115]

Percebe-se, pelo exposto, uma semelhança entre os conceitos dados pela melhor doutrina sobre o tema, cabendo-nos reiterar que prevalece

---

113 LIMA, Márcio Barra. *A colaboração premiada como instrumento constitucionalmente legítimo de auxílio à atividade estatal de persecução penal*. In CALABRICH, Bruno; FISCHER, Douglas; PELELLA, Eduardo. Garantismo Penal Integral: questões penais e processuais, criminalidade moderna e a aplicação do modelo garantista no Brasil. Salvador: Juspodivm, 2010.
114 SILVA, Eduardo Araujo da. *Organizações Criminosas*. São Paulo: Atlas, 2014. p. 52.
115 ANSELMO, Márcio Adriano. *Colaboração Premiada*. Rio de Janeiro: Mallet, 2016, p. 31.

o entendimento de que a *colaboração premiada* não é sinônimo de *delação premiada*. Nas lições de Luiz Flávio Gomes:

> Não se pode confundir delação premiada com colaboração premiada. Esta é mais abrangente. O colaborador da justiça pode assumir a culpa e não incriminar outras pessoas (nesse caso, é só colaborador). Pode, de outro lado, assumir a culpa (confessar) e delatar outras pessoas (nessa hipótese é que se fala em delação premiada). Em outras palavras: a delação premiada é uma das formas de colaboração com a justiça.[116]

Em sentido contrário, porém, é o posicionamento de NUCCI sobre o tema:

> Embora a lei utilize a expressão colaboração premiada, cuida-se, na verdade da delação premiada. O instituto, tal como disposto na lei, não se destina a qualquer espécie de cooperação de investigado ou acusado, mas aquela na qual se descobre dados desconhecidos quanto à autoria ou materialidade da infração penal. Por isso, trata-se de autêntica delação, no perfeito sentido de acusar ou denunciar alguém – vulgarmente, o dedurismo.[117]

Segundo MASSON e MARÇAL, a colaboração premiada é instituto de natureza jurídica híbrida. Trata-se de meio de defesa ofertado ao acusado que aceita apresentar informações ao Estado, barganhando benefícios legalmente previstos (aqui se revela sua natureza material). Mas, também é um meio de produção de provas (e aqui se revela sua natureza processual).[118]

Cabe alinhavar em conclusão a este ponto que com as inovações promovidas pelo "Pacote Anticrime" no novo artigo 3º-A, da Lei 12.850/13, a colaboração premiada deve ser pautada por dois vetores ou pressupostos: a-) utilidade pública; e b-) interesse público. Particularmente, entendemos que a positivação desses vetores na Lei seria desnecessária, uma vez que qualquer agente estatal deve se pautar por essas premissas.

---

116 GOMES, Luiz Flávio. *Lei de Drogas Comentada*. São Paulo: RT, 2008, p. 227.
117 NUCCI, Guilherme de Souza. Op. Cit., p. 47.
118 MASSON, Cleber, MARÇAL, Vinícius. *Crime Organizado*. 2ª. ed. São Paulo: Método, 2016, p. 122.

6 – Comentários Sobre a Lei 12.850/13

Ora, é cediço que o agente público não tem vontade própria, razão pela qual na esfera pública, diferentemente da privada, só se pode fazer o que a lei determina; não basta a ausência de proibição! Daí por que a colaboração premiada deve sempre se mostrar útil, vale dizer, pertinente ou adequada aos fins a que se destina: viabilizar a obtenção de prova. Com efeito, se é esta a sua finalidade, a colaboração pode ser considerada útil nas hipóteses em que o acordo firmado se demonstrar, ao menos em tese, apto a viabilizar a identificação de novas provas, sendo certo que nesse cenário a sua adoção também atenderá aos interesses públicos.

Frente ao exposto, uma vez estabelecido o conceito de colaboração premiada, fica ainda mais evidente a sua importância como uma técnica especial de investigação no combate ao crime organizado e à sofisticada criminalidade.

6.10.3. Legitimidade

O artigo 4º, da Lei 12.850/13, estabelece quem concede e quem propõe a colaboração, os efeitos benéficos ao réu ou investigado colaborador e os resultados investigatórios ou instrutórios que devem advir da efetiva colaboração para que esta surta seus devidos efeitos.

Quem concede as benesses da colaboração, como não poderia deixar de ser, é o juiz e o faz em dois momentos distintos, que serão separadamente estudados: um primeiro momento em que homologa a proposta e um segundo momento, já na sentença, quando concede ou não os benefícios de acordo com a efetivação ou não dos resultados esperados mediante o acordo de colaboração. Ao juiz, porém, não é dado, corretamente, o poder de propor de ofício a colaboração. Na verdade, ele sequer pode participar das negociações, nos termos do artigo 4º, § 6º, da Lei do Crime Organizado. Isso, longe de ser uma limitação imposta ao magistrado é uma verdadeira proteção que lhe garante o exercício adequado e principalmente imparcial de suas funções jurisdicionais.

Aqueles que podem propor a colaboração premiada são o promotor e o delegado de polícia, segundo a lei. Tratando do mesmo tema quanto aos Crimes Hediondos e mais especificamente quanto à extorsão mediante sequestro, GRECO afirma também que a "autoridade" legitimada pelo dispositivo é o delegado de polícia, o promotor de justiça ou o juiz de Direito, "enfim, qualquer autoridade que possa conduzir à solução do caso".[119]

Não é o caso de se pensar na possibilidade de o advogado do querelante ou do próprio querelante ofertar a colaboração, seja porque a lei não os menciona em nenhum momento, seja porque dificilmente, senão jamais, haverá uma investigação sobre crimes de ação penal privada perpetrados de forma organizada. Então, embora o legislador fale em "partes" no *caput* do artigo 4º, a lei de regência, obviamente não está abrangendo o querelante e seu advogado, tanto é que em nenhum momento ulterior o menciona, mas tão somente ao delegado de polícia e ao promotor. Também não há menção ao assistente da acusação, o qual inclusive irá atuar somente em Juízo e não na fase investigatória quando, normalmente, a colaboração será mais utilizada. Portanto, também é imune a dúvidas que o assistente da acusação não tem poder para propor a colaboração.

Quando o artigo 4º, "*caput*", menciona a palavra "partes" surge uma estranheza quanto à possibilidade de manejo da colaboração premiada pelo delegado de polícia, o qual, claramente, não é "parte" no Processo Penal. Também causa desconforto a palavra "requerimento", já que a autoridade policial não "requer" e sim "representa". No entanto, no seguimento da regulamentação do instituto a legislação é bem clara ao conceder ao delegado de polícia atuação nessa fase, inclusive de forma autônoma.

Não obstante, parte da doutrina, na maioria dos casos composta por membros do Ministério Público, sustenta que os dispositivos em questão seriam inconstitucionais por ferirem o sistema acusatório.[120] Argumentam, em síntese, que nenhuma providência probatória poderia ser efetivada sem a provocação das partes, em especial quando o titular da ação penal ainda não tiver manifestado a sua *opinio delicti*.

Dentro do estudo do Direito, é essencial a leitura e reflexão sobre pontos de vista diferentes, uma vez que, não raro, os argumentos dos

---

119 GRECO, Rogério. *Leis Penais Especiais Comentadas – Crimes Hediondos e Tortura*. Volume 1. Niterói: Impetus, 2016, p. 140.

120 DE GRANDIS, Rodrigo. *A inconstitucional participação de delegados de polícia nos acordos de colaboração premiada*. In: Jota, mai. 2015. Disponível em: < https://jota.info/artigos/rodrigo-de-grandis-a-inconstitucional-participacao-de-delegados-de-policia-nos-acordos-de-delacao-premiada-05052015>. Acesso em 01 mar. 2016.

6 – Comentários Sobre a Lei 12.850/13

opositores servirão para embasar uma mudança de opinião ou, como no caso, reforçar os seus próprios argumentos. Nesse sentido, vejamos a posição do promotor Eduardo Araújo da Silva:

> A lei é inconstitucional ao conferir tal poder ao delegado de polícia, via acordo com o colaborador, ainda que preveja a necessidade de parecer do Ministério Público e de homologação judicial, pois não pode dispor de atividade que não lhe pertence, ou seja, a atividade judicial de busca da imposição penal em processo-crime, vinculando o entendimento do órgão responsável pela acusação.[121]

No mesmo diapasão são as lições do procurador da república Andrey Borges de Mendonça:

> Não nos parece possível a homologação de acordo que não tenha a efetiva participação do membro do MP ou, ao menos, a sua concordância. Nada impede que o MP ratifique o acordo feito, devendo ter cautela apenas em verificar a voluntariedade do agente. Porém, caso o Delegado realize acordo e o membro do MP manifeste-se em contrário, somente caberá ao juiz, caso concorde com o Delegado, aplicar o artigo 28 do CPP. Não poderá homologá-lo.[122]

Mais incisivas são as lições do ex-integrante do Ministério Público Federal Eugênio Pacelli:

> Assim, temos por absolutamente inconstitucional a instituição de capacidade postulatória e de legitimação ativa ao delegado de polícia para encerrar qualquer modalidade de persecução penal, e, menos ainda, para dar ensejo à redução ou substituição de pena e à extinção da punibilidade pelo cumprimento de acordo de colaboração.[123]

---

121 ARAÚJO DA SILVA, Eduardo. *Da inconstitucionalidade da proposta do delegado de polícia para fins de acordo de delação premiada – Lei n° 12.850*. Disponível em <http://midia.apmp.com.br/arquivos/pdf/artigos/2013_delacao_premiada.pdf>. Acesso em 01 mar. 2016.

122 MENDONÇA, Andrey Borges de. *A colaboração premiada e a nova Lei do Crime Organizado – lei 12.850/2013*. Custos Legis – a revista eletrônica do Ministério Público Federal. v. 4, 2013, p. 14.

123 OLIVEIRA, Eugênio Pacelli. *Curso de Processo Penal*. São Paulo: Atlas, 2014. p. 850.

Percebe-se, pelo contexto apresentado, que, talvez por uma influência corporativista, visando um indevido protagonismo do MP na investigação criminal, os autores citados invocam argumentos frágeis e que não encontram amparo em nosso ordenamento jurídico. Ora, se nenhuma providência probatória pudesse ser tomada sem a consulta do titular da ação penal, então nem o inquérito policial poderia ser instaurado pelo delegado de polícia, que também não poderia requisitar perícia, ouvir testemunhas, apreender objetos, representar por medidas cautelares etc. Se prevalecesse esse entendimento, a própria existência do inquérito policial perderia sentido.

Parece-nos que os defensores dessa tese se equivocam no próprio conceito de investigação preliminar, que objetiva, justamente, reunir elementos sobre a existência da infração penal e sua provável autoria, prescindindo, nesse contexto, de qualquer parecer do titular da ação penal, devendo desenvolver-se de maneira autônoma e imparcial, sem qualquer compromisso com as partes do processo, mas apenas com a verdade e com a justiça.[124]

A presidência do inquérito policial é exclusividade da Polícia Judiciária, como não se cansa de afirmar a Suprema Corte.[125] O Tribunal da Cidadania caminha na mesma trilha no sentido de que a presidência do inquérito policial cabe tão somente ao delegado de polícia, sendo vedado aos membros de outras instituições, a exemplo do Ministério Público, presidir o procedimento.[126]

Nesse sentido é o escólio de Aury Lopes Jr:

> Em definitivo, não pairam dúvidas de que o Ministério Público poderá requisitar a instauração do inquérito policial e/ou acompanhar a sua realização. Mas sua presença é secundária, acessória e contingente, pois o órgão encarregado de dirigir o inquérito policial é a polícia judiciária.[127]

Reforçando o protagonismo do delegado de polícia na investigação criminal e deixando claro sua independência jurídica no exercício de

---

124 Art. 2º da Lei 12.830/13.
125 STF, Tribunal Pleno, ADI 1570, Rel. Min. Maurício Corrêa, DJ 22/10/2004; STF, Tribunal Pleno, RE 593.727, Rel. Min. Cezar Peluso, DJ 14/05/2015.
126 STJ, HC 45.057, Rel. Min. Arnaldo Esteves Lima, DJe 21/09/2009.
127 LOPES JR., Aury. *Direito Processual Penal*. São Paulo: Saraiva, 2015, p. 118.

6 – Comentários Sobre a Lei 12.850/13

suas funções, vale consignar importante precedente do STF sobre o ato de indiciamento, muitas vezes requisitado por membros do Ministério Público, como se fossem os titulares da investigação, visando impor seu posicionamento de maneira forçada, o que, por óbvio, não se pode admitir em respeito a convicção jurídica de cada personagem da persecução penal:

> Inquestionável reconhecer, em função do que se vem de expor, que assume significativo relevo o indiciamento no modelo que rege, em nosso País, o sistema de investigação penal pela Polícia Judiciária, considerada a circunstância – juridicamente expressiva – de que o indiciamento, que não se reduz à condição de ato estatal meramente discricionário, supõe, para legitimar-se em face do ordenamento positivo, a formulação, pela autoridade policial *(e por esta apenas), de um juízo de valor fundado na existência de elementos indiciários idôneos que deem suporte à suspeita de autoria ou de participação do agente na prática delituosa* (destacamos).[128]

Para espancar todas as dúvidas, não podemos olvidar que o art. 1º, da Lei 12.830/13, consigna que seu conteúdo "dispõe sobre a investigação criminal conduzida pelo delegado de polícia", seja por meio do inquérito policial ou outro procedimento previsto em lei.

Com efeito, atento ao fato de que o delegado de polícia é o titular do inquérito policial, principal instrumento de formalização da investigação criminal, o legislador lhe conferiu as ferramentas necessárias para o exercício desse mister. Desse modo, sempre que a autoridade de polícia judiciária vislumbrar a necessidade da adoção de uma medida que, em regra, só pode ser decretada pelo juiz, ele deve se valer de uma representação para provocá-lo.

Nesse sentido, o representante do Ministério Público deverá ser ouvido nos casos em que houver representação do delegado de polícia pela decretação de alguma medida dessa natureza. Isso significa que o órgão ministerial deverá ofertar um parecer, vale dizer, emitir uma mera opinião sobre o caso representado, sem que, com isso, o Poder Judiciário fique vinculado à sua manifestação.

---

128 STF, HC 133.835/DF, Rel. Min. Celso de Mello, 18.04.2016.

Aliás, tendo em vista o caráter imparcial do inquérito policial, o desenvolvimento de suas atividades ficou sob a incumbência de uma instituição sem qualquer vínculo com o processo posterior, o que garante a independência e a legitimidade das investigações. Afinal, como poderia o Ministério Público, como parte da relação processual, conduzir a investigação com a devida isenção se ele já tem em mente uma futura batalha a ser travada durante o processo?

E não se utilize o malfadado argumento da "parte imparcial" para sustentar uma ilusória imparcialidade do Parquet. Como ressaltado pelos Tribunais Superiores, o Ministério Público, embora seja entidade vocacionada à defesa da ordem jurídica, não atua de forma imparcial no âmbito penal, dada a parcialidade que lhe é inerente.[129]

Destarte, é bastante perigoso o discurso de que esse sujeito processual é imparcial e sempre representará a solução mais justa e correta, pois tal compreensão acaba por enfraquecer o postulado da presunção de inocência.[130] Considerar o MP ao mesmo tempo um "advogado sem paixão" e "juiz sem imparcialidade", nas expressões de CALAMANDREI[131], não parece ser positivo para a garantia de um processo penal verdadeiramente democrático.[132]

O delegado de polícia, como presidente do inquérito policial, é a autoridade mais indicada para saber quais as necessidades da investigação em desenvolvimento, sendo que a utilização de medidas cautelares ou o próprio acordo de colaboração premiada constituem um dos possíveis caminhos a serem trilhados na busca pela verdade. Desse modo, se a adoção de tais medidas ficasse condicionada ao parecer do Ministério Público, isso significaria que a própria investigação ficaria vinculada a este órgão e sob o seu controle, sepultando a um só tempo o art. 144, da Constituição da República e a Lei 12.830/13.

Consigne-se, ainda, que, para formar seu convencimento jurídico acerca dos fatos, a autoridade policial precisa das ferramentas necessárias

---

129 STF, RE 215.301, Rel. Min. Carlos Velloso, DJ 13.04.99; STJ, HC 154.093, Rel. Min. Jorge Mussi, DJ 09/11/2010.

130 BADARÓ, Gustavo. *Ônus da prova no processo penal*. São Paulo: Revista dos Tribunais, 2003, p. 217/221.

131 CALAMANDREI, Piero. *Eles, os juízes, vistos por nós, advogados*. Lisboa: Clássica, 1960, p. 59.

132 RAMOS, João Gualberto Garcez. *Audiência Processual Penal*. Belo Horizonte: Del Rey, 1996, p. 316.

6 – Comentários Sobre a Lei 12.850/13

para a investigação. Desse modo, se condicionarmos a sua representação ao parecer favorável do titular da ação penal, nós estaríamos, por via oblíqua, impedindo-o de encontrar os fundamentos indispensáveis para a formação da sua decisão final, alijando por completo a investigação.

Deixando de lado as preciosidades terminológicas, entende-se que, sob o ponto de vista pragmático, agiu muito bem o legislador, pois que normalmente é o delegado de polícia aquele que se acha mais próximo e ciente das necessidades de informações para a investigação criminal que conduz. O empoderamento do delegado de polícia na colaboração premiada desburocratiza o instituto e o torna mais ágil e eficaz, sem qualquer perda para o Estado de Direito Democrático, pois que, seja para a colaboração acertada com o promotor, seja com o delegado, a lei estabelece uma série de garantias ao investigado ou réu.

PACELLI, conforme já citado, discorda desse entendimento, elencando uma série de empecilhos que levariam inclusive à inconstitucionalidade das normas que deferem ao delegado de polícia o poder de encetar a colaboração premiada diretamente com o investigado.

Muito embora o digno autor tenha em seus pioneiros comentários à Lei 12.850/13 colaborado para a boa interpretação da legislação em alguns aspectos, é preciso dele discordar nesta questão, apontando, de maneira mais detida, as razões dessa discordância pontualmente.

Em seus comentários sobre a Lei o autor sob comento usa de um recurso retórico de ironia e confusão que somente não é detectado por aqueles que nada conhecem dessa arte. Não se sabe se o uso desses recursos é consciente pelo autor ou se decorre da simples contaminação pelo "politicamente correto" quando, ao escrever, é necessário sempre fazer reverência aos *lugares-comuns* dos discursos esquerdistas, ainda quando estes impliquem em generalizações e anacronismos injustos e injustificáveis e até mesmo distorções históricas evidentes.

Em suas palavras afirma PACELLI: "Nada temos e nada poderíamos ter *(quem sabe apenas em um passado longínquo e sombrio...)* contra a autoridade e contra a importância do Delegado de Polícia na estrutura da investigação" (grifo nosso).[133]

A ironia com a figura do delegado de polícia em sua acepção histórica é evidente e não se refere somente ao passado, mas pretende trazer

---

133 Op. Cit.

um passado indefinido no discurso, mas subentendido, para o presente, operando uma "confusão" ignominiosa. O elemento barroco de contradição entre opostos é também evidente. Afirma-se nada ter contra o delegado e seus poderes, mas em seguida afirma-se o reverso. Ora, o autor tem ou não tem alguma coisa contra a figura do delegado. Se tem, que o diga claramente e não por meio de insinuações indefinidas. A postura do autor é lamentável e decepcionante, não porque estes signatários são delegados de polícia (aliás, como dizia um ex-ministro, "está Delegado", não é, é apenas um ser humano), mas porque desmerece toda uma categoria, fosse esta qual fosse, de forma generalizante, injusta, irônica e desleal.

Em primeiro lugar, tentar trazer aquilo que se pode inferir que seria (porque não diz claramente o autor) a atuação de alguns delegados de polícia durante o período ditatorial para aqueles que hoje exercem os cargos é algo absolutamente irracional. O autor tem o cuidado de tentar apresentar a frase como se fizesse essa distinção que não precisa ultrapassar o senso comum (o bom senso), mas quando faz a afirmação com os parêntesis, produz consciente ou inconscientemente, em seu discurso essa ligação espúria, falsa e inquinada de um erro que se irradia para todo o discurso e para todo aquele que o lê, de modo a influenciar a formação de ideias equivocadas sobre toda uma categoria.

O autor poderia ser contra a Ditadura e seus procedimentos, contra tal ou qual agente público (delegado ou não) que atuou de acordo com esses procedimentos, mas não contra a instituição ou o cargo em geral. A dicção de PACELLI passa a falsa impressão de que somente os delegados de polícia da época (hoje nenhum sequer na ativa) foram os responsáveis por desmandos. Então como ficariam as forças armadas (Exército, Marinha e Aeronáutica), seriam instituições condenadas para todo o sempre? Como ficariam os Juízes e Promotores da época em suas omissões e decisões, porque ambas as instituições são tão importantes quanto a Polícia? Como ficariam os advogados? É, porque se houve vários que empreenderam batalhas, houve muitos coniventes ou omissos? Como ficaria a própria sociedade civil que em sua grande maioria se conformou diante do quadro ou aderiu a ele, e uma parte inconformada que partiu para a violência, inclusive contra inocentes, com atos de terrorismo, explosões de bombas, assassinatos covardes, sequestros, roubos etc.? Então a sociedade civil brasileira também mereceria o escracho

6 – Comentários Sobre a Lei 12.850/13

eterno dos bem penteados e cheirosos "politicamente corretos" dos dias de hoje? E, principalmente, como ficam os delegados de polícia da época que em nada participaram de eventos condenáveis? A generalização é injusta e como geralmente o é, falsa e torpe. É, ainda, obtusa, assim como toda visão unilateral da história, seja brasileira ou universal. Portanto, pretender deslegitimar uma instituição como a Polícia Judiciária e a figura do delegado de polícia, mediante um discurso subterrâneo como esse é altamente condenável e não poderia passar despercebido, sem uma crítica contundente proporcional.

No seguimento o autor sob comento afirma que a atuação do delegado na colaboração premiada seria "inconstitucional" porque violaria a titularidade da ação penal pelo Ministério Público, sustentando-se nas funções investigatórias da Polícia Judiciária (artigo 144, § 1º, IV e § 4º c/c artigos 127 e 129, I, CR).[134]

"Data venia", o autor faz uma conexão que não tem sustentação. Afirma que cabe ao Ministério Público formar a convicção jurídica sobre o fato em apuração devido à sua titularidade da ação penal pública.[135] Isso é verdade, mas a melhor mentira é aquela que esbarra em uma verdade. Ora, é claro que o Ministério Público é o titular da ação penal, é óbvio que cabe a ele formar sua convicção quanto à existência de infração penal e o intentar de uma ação penal (é o que se denomina de "opinio delicti"). Quem poderia, em sã consciência, negar essa obviedade?

Acontece que do porto seguro da obviedade lançam-se voos para o fantástico. É sempre sobre um substrato do real que se constroem as mais belas e as mais assustadoras fantasias.

Com o objetivo de contraditar os argumentos expostos por PACELLI e outros estudiosos do tema, lembramos que a teoria dos poderes implícitos, sempre invocada pelo Ministério Público para sustentar a sua legitimidade em realizar atos de investigação criminal, serve para demonstrar a desvinculação entre a representação do delegado de polícia e o parecer do dominus litis. Ora, se a titularidade da investigação criminal foi conferida às Polícias Judiciárias, tendo em vista que a adoção de medidas cautelares constitui ferramenta indispensável ao correto desenvolvimento desse mister, condicioná-las ao parecer favorável do Ministério Púbico seria a mesma coisa que retirar as ferramentas im-

---

134 Op. Cit.
135 Op. Cit.

prescindíveis à investigação, fazendo com que a própria existência de uma polícia investigativa perca o seu sentido. Em outras palavras, se o legislador constituinte incumbiu às polícias civil e federal o protagonismo na investigação de infrações penais (atividade-fim), implicitamente ele também lhes conferiu os meios para o desempenho de tão importante missão (representação pela decretação de medidas cautelares como, por exemplo, a interceptação telefônica, a prisão preventiva e a colaboração premiada), como grifado pelas Cortes Superiores.[136]

Ao tentar defender uma tese aparentemente institucional, os autores citados asseveram que o delegado de polícia não é parte no processo, não possuindo, destarte, qualquer encargo probatório. De fato, a autoridade policial não tem o ônus da prova no processo, justamente porque não é parte, mas uma autoridade imparcial compromissada apenas com a busca pela verdade de um fato aparentemente criminoso. Isso não significa, todavia, que os elementos probatórios produzidos no inquérito policial não possam fundamentar a sentença final.[137]

Concordamos que, em regra, a capacidade postulatória de provocar o juízo só deve ser conferida às partes do processo. Contudo, nada impede que o legislador, do alto da sua soberania, confira uma legitimação extraordinária a uma autoridade que não seja parte no processo. Trata-se, nesse caso, de uma "capacidade postulatória imprópria[138]", uma verdadeira *legitimatio propter officium*, ou seja, uma legitimidade em razão do ofício exercido pelo delegado de polícia, que tem a função de atuar como "os olhos" do juiz nesta fase pré-processual, um verdadeiro *longa manus* do Poder Judiciário na preparação para eventual persecução penal em juízo. É exatamente isso que ocorre no caso da colaboração premiada!

Nesse ponto, vale destacar as lições de Rogério Sanches e Ronaldo Batista, ao discorrerem sobre a representação do delegado de polí-

---

136 STF, HC 107.644, Rel. Min. Ricardo Lewandowski, DJ 06/09/2011; STJ, RHC 25.475, Rel. Min. Jorge Mussi, DJ 10/06/2014.

137 Art. 155, CPP: O juiz formará sua convicção pela livre apreciação da prova produzida em contraditório judicial, não podendo fundamentar sua decisão *exclusivamente* nos elementos informativos colhidos na investigação, ressalvadas as provas cautelares, não repetíveis e antecipadas (destacamos).

138 SANNINI NETO, Francisco; CABETTE, Eduardo Luiz Santos. *Estatuto do Delegado de Polícia Comentado – Lei nº 12.830, de 20 de junho de 2013*. Rio de Janeiro: Processo, 2017, p. 51.

6 – Comentários Sobre a Lei 12.850/13

cia visando à concessão de perdão judicial ao investigado colaborador. Apesar das críticas de parcela da doutrina, os autores sustentam que o ato de representar, em tais casos, está inserido no âmbito regular das atribuições do delegado de polícia, assim como ocorre na representação para decretação de prisão preventiva, por exemplo.

Contudo, SANCHES e BATISTA asseveram que o juiz não fica vinculado aos requerimentos das partes e nem à representação do delegado de polícia, podendo, inclusive, optar pela concessão do perdão judicial no ato privativo de sentenciar. E concluem: "Ora, se o favor legal pode mesmo ser concedido *ex officio*, não vemos razão, com a devida vênia, para impedi-lo apenas porque sugerido mediante representação da autoridade policial".[139]

Não é outro o entendimento de Márcio Adriano Anselmo:

> Nos parece óbvio que qualquer dos atores da investigação criminal, seja o Ministério Público ou a Autoridade Policial possuam legitimidade para negociar com o investigado e seu defensor eventual acordo de colaboração. O Delegado de Polícia, cujo papel é apontado por Paulo Braga Castello Branco como sendo "juiz do fato. Não é o juiz das linhas do processo, mas do fato bruto", trata-se da primeira autoridade a tomar conhecimento dos fatos em apuração e a autoridade que mantém o contato direto, notadamente na fase embrionária de investigação. Essa deve ser a interpretação coerente com o Estado Democrático de Direito.[140]

Fica evidente, pelo todo exposto, que a intenção do legislador foi conferir ao delegado de polícia mais uma ferramenta de combate ao crime organizado, exatamente por ser esta a autoridade com contato direto e imediato com a investigação e, portanto, com mais condições de compreender a relevância e necessidade da colaboração.

De um modo geral, a doutrina majoritária vem se inclinando pela legitimidade do delegado de polícia realizar a colaboração premiada.

Parte dos estudiosos faz a ressalva de que seria necessária a concordância do Ministério Público:

---

139 CUNHA, Rogério Sanches; PINTO, Ronaldo Batista. *Crime Organizado*. Salvador: Juspodivm, 2014, p.54.

140 ANSELMO, Márcio Adriano. *Colaboração Premiada*. Rio de Janeiro: Mallet, 2016, p. 85.

> (...) a lei 12.850/13 possibilitou ao Delegado de Polícia propor ao Investigado o benefício da colaboração premiada. Aplaudimos essa prerrogativa ao Chefe de Polícia. O Ministério Público não está em tempo integral nas dependências policiais e, assim, a dinâmica e agilidade da investigação policial exige a concessão dessa prerrogativa ao Delegado de Polícia. Contudo, entendemos que a elaboração do Termo de Acordo de Colaboração Premiada deve ser redigida em conjunto com o representante do Ministério Público, porquanto a autoridade policial fica alheia à condução da ação penal e, assim, não pode elaborar os ajustes no lugar do acusador.[141]

Estabelecida essa premissa e refutada a tese sobre a inconstitucionalidade dos dispositivos que conferem legitimidade ao delegado de polícia para celebrar, diretamente, o acordo de colaboração, é preciso consignar, ademais, que praticamente todos os prêmios previstos em lei não guardam qualquer relação com a titularidade da ação penal pública, esta, sim, exclusiva do Ministério Público. A título de exemplo, imaginemos um acordo de colaboração premiada celebrado entre o delegado de polícia e o investigado, mas sem a concordância do Parquet, cujo prêmio seja a redução da pena em até 2/3. De que forma esse acordo ofenderia a titularidade da ação penal? Não conseguimos compreender!

Explicamos. O exercício da ação penal não tem aptidão para assegurar uma condenação, sendo certo que a Lei confere ao juiz a prerrogativa de recusar a homologação da proposta de acordo ou adequá-la ao caso concreto sempre que não forem observados os requisitos legais (art. 4º, § 8º, da Lei 12.850/13). Em outras palavras, não cabe ao Ministério Público a definição do prêmio a ser conferido ao colaborador. Se, por exemplo, o juiz entender que determinado prêmio é exagerado em relação à colaboração oferecida, ele pode simplesmente não homologar o acordo, cabendo aos interessados readequar os termos propostos.

Nas lições de Cleber Masson e Vinícius Marçal,

> A homologação judicial funciona como verdadeira "condição de validade do acordo de colaboração". Mas é preciso ficar claro desde logo que nesse momento não há espaço normativo para que o

---

141 JÚNIOR, Arthur Pinto de Lemos; OLIVEIRA, Beatriz Lopes de. *Crime organizado e a lei 12.850/13*. São Paulo: Verbatim, 2014. p. 48-49. No mesmo sentido: BITENCOURT, Cezar Roberto; BUSATO, Paulo César. *Comentários à Lei de Organização Criminosa – Lei 12.850/13*. São Paulo: Saraiva, 2014, p. 124.

6 – Comentários Sobre a Lei 12.850/13

Judiciário realize, por assim dizer, uma sindicalidade quanto ao mérito da avença.[142]

Por obvio, não cabe ao juiz emitir juízo de valor a respeito das informações trazidas pelo colaborador, limitando-se a aferir a regularidade, voluntariedade e legalidade do acordo.[143] Ocorre que o controle da legalidade passa, necessariamente, por um juízo de proporcionalidade entre os meios (prêmios avençados) e os fins (objetivos a serem alcançados), sendo certo que constatada eventual desproporcionalidade no acordo o juiz não poderá homologá-lo, conforme bem pontuado pelo Ministro Celso de Mello:

> Na realidade, o juiz competente não efetua, em instância homologatória, avaliação que o autorize a incursionar no exame aprofundado das cláusulas pactuadas no acordo de colaboração, mesmo porque, nessa fase, cabe-lhe, unicamente, promover o controle das cláusulas **abusivas, desproporcionais e ilegais**... (grifamos).[144]

Conclui-se, assim, que as partes interessadas, vale dizer, MP, Polícia Judiciária e o investigado, apenas indicam um benefício legal em contrapartida pela colaboração prestada, mas quem decide é o magistrado, que, para tanto, deve se valer de um juízo de proporcionalidade entre os meios e os fins, observando em sua decisão de homologação a personalidade do colaborador, a natureza, as circunstâncias, a gravidade e a repercussão social do fato criminoso[145] (art. 4º, § 1º). Ao homologar o acordo, portanto, o juiz jurisdicionaliza o compromisso firmado pelas partes, conferindo-lhe a eficácia dos que ele próprio teria realizado.[146]

E nem se fale que esse poder ofenderia o princípio da imparcialidade, pois em tais situações o magistrado não age de ofício, sendo, pelo contrário, provocado pelas partes. A Lei 12.850/13, no seu artigo 4º, § 6º, estabelece que o juiz não poderá participar das negociações realiza-

---

142 MASSON, Cleber. Marçal, Vinícius. *Crime Organizado*. 3. ed. Rio de Janeiro: Forense; São Paulo: Método, 2017. p. 171
143 STF, Tribunal Pleno, HC 127.483, Rel. Min. Dias Toffoli, Dje. 04.02.2016.
144 STF, HC 144.652/DF, Rel. Min. Celso de Mello, 12.06.2017.
145 Destaque-se que a eficácia da colaboração só poderá ser avaliada pelo juiz no momento da sentença, sendo inviável tal avaliação quando da homologação do acordo. Nesse sentido, STF, HC 144.652/DF, Rel. Min. Celso de Mello, 12.06.2017.
146 DINAMARCO, Cândido Rangel. *Instituições de Direito Processual Civil*. vol. III. 6. ed. São Paulo: Malheiros, 2009. p. 272-274.

218 *Criminalidade Organizada & Globalização Desorganizada*

das, ou seja, não poderá tomar parte nas tratativas para a concretização do acordo, ofertando prêmios ou indicando os objetivos a serem alcançados, afinal, estamos diante de uma técnica de investigação. Contudo, em momento algum esse diploma normativo lhe retira a palavra final, como, aliás, não poderia deixar de ser.

O nosso sistema não se compara ao ordenamento jurídico norte--americano, por exemplo, onde o Ministério Público dispõe de amplo poder negocial. Justamente por isso, não vislumbramos qualquer ilegalidade no acordo de colaboração premiada formalizado diretamente pelo delegado de polícia, ainda que haja a discordância do *Parquet*, uma vez que a razão de existência da sua manifestação é apenas no sentido de contribuir com a melhor decisão do juiz.

Os argumentos utilizados pelos defensores da inconstitucionalidade dos dispositivos que conferem tal prerrogativa ao delegado de polícia poderiam fazer sentido nas situações em que o Ministério Público não identificasse a existência de indícios suficientes de autoria para o oferecimento da denúncia. Entretanto, como meio de obtenção de prova que é, a colaboração premiada regularmente celebrada invariavelmente proporcionará a justa causa necessária ao exercício da ação penal. Isto, pois, conforme visto acima, nesta técnica especial de investigação o colaborador deve admitir a prática de infrações penais, deixando de exercer o seu direito ao silêncio em troca dos benefícios legais. Com efeito, parece-nos impossível que o membro do MP desconsidere a confissão formalizada na colaboração e pugne pelo arquivamento do inquérito policial.

Voltando ao nosso exemplo, mesmo não concordando com a colaboração firmada entre o investigado e o delegado de polícia, onde o prêmio foi fixado na redução de até 2/3 da pena, caso haja a homologação judicial, ainda que com parecer contrário do MP – o que, convenhamos, será raríssimo em se considerando as informações obtidas – ao final do processo o colaborador poderá ser contemplado com o benefício avençado[147], sem que, reiteramos, haja qualquer ofensa ao artigo 129, inciso I, da Constituição da República.

Aliás, como bem observado por Luiz Flávio Gomes e Marcelo Rodrigues

---

147 Por óbvio, a concessão do prêmio acordado fica na dependência do cumprimento do acordo pelo colaborador, nos termos do artigo 4º, § 11, da Lei 12.850/13.

6 – Comentários Sobre a Lei 12.850/13

> (...) nada obsta que o acusado ou condenado que venha a colaborar com a justiça, trazendo resultados úteis e previstos em um dos incisos do artigo 4º, da Lei 12.850/13 seja premiado com os benefícios da lei 12.850/2013, ou, no mínimo, com os benefícios da Lei 9.807/99 (lei de proteção às vítimas e testemunhas), independentemente da existência de acordo com o Ministério Público. O intuito do acordo celebrado por escrito é de apenas proteger o colaborador de arbitrariedades, sendo que se alguém colaborou independentemente de acordo escrito e em virtude de tais informações alcançaram-se as metas do artigo 4º, deverá incidir obrigatoriamente um dos prêmios legais, que deverão ser estabelecidos pelo juiz levando em consideração "a personalidade do colaborador, a natureza, as circunstâncias, a gravidade e a repercussão social do fato criminoso e a eficácia da colaboração (§ 1º do artigo 4º da Lei 12.850/2013).[148]

Ora, se o juiz pode conceder os benefícios legais mesmo nos casos em que não há qualquer acordo previamente homologado, por que não poderia fazê-lo diante de uma convenção feita diretamente pelo delegado de polícia, com a participação do advogado do colaborador e com a segurança jurídica assegurada pela Lei?!

É mister reiterar que a Constituição da República conferiu ao Ministério Público a titularidade da ação penal, mas não do direito de punir. Com efeito, a colaboração premiada levada a termo pelo delegado de polícia não versa em um só momento sobre a ação penal, mas somente sobre questões referentes à pena e sua execução. O Direito de Ação segue intacto nas mãos do Ministério Público, conforme determina a ordem constitucional. O mesmo ocorre quando o delegado instaura o inquérito ou indicia alguém ou mesmo quando não indicia. Em qualquer caso, o Ministério Público não está atrelado à convicção jurídica da autoridade policial, pode pedir o arquivamento de um inquérito com indiciamento; pode denunciar alguém que não foi indiciado; pode requisitar a instauração de um inquérito que não foi instaurado pelo delegado.

Não há nada a impedir seu livre e legítimo exercício de titular da ação penal. Também nada impede o promotor de discordar de eventual acordo do delegado em termos de colaboração premiada, mesmo por-

---

148 GOMES, Luiz Flávio; SILVA, Marcelo Rodrigues da. Organizações Criminosas e Técnicas Especiais de Investigação. Salvador: Juspodivm, 2015, p. 286

que a lei obriga sempre a manifestação do Ministério Público. E se esse acordo for homologado à sua revelia pelo juiz, o que se pensa que dificilmente ocorrerá, poderá valer-se dos instrumentos processuais disponíveis para garantir seu direito, inclusive do Mandado de Segurança e da Correição Parcial.

Sobre o tema, aliás, são valiosas as lições de Marcos Paulo Dutra Santos:

> (...) a hipotética celebração do acordo entre a autoridade policial e o indiciado, ainda no inquérito, nada teria de inconstitucional. Primeiramente, porque o foco imediato seria a efetividade e a eficiência da investigação, cuja condução é privativa dos delegados por mandamento constitucional – art. 144, §§ 1º, IV e 4º da Lei Maior –, potencializado pelo art. 2º da Lei nº 12.830, de 20 de junho de 2013, notadamente os §§ 1º e 6º (...).
>
> (...) Cientificar o Ministério Público a respeito da avença, colhendo o parecer, basta à preservação do sistema acusatório, respeitando-se a titularidade privativa da ação penal pública, a ele confiada pelo Poder Constituinte Originário, *ex vi* do art. 129, I, mesmo porque o magistrado atuaria a partir da provocação defensiva, e não *ex officio*. Ademais, em sendo os critérios para a outorga da benesse legais, independe da opinião ministerial, podendo o juiz deferi-la, mesmo se contrário o parecer, afinal em jogo estão a extinção da punibilidade e/ou a aplicação da pena, questões de enfrentamento obrigatório pelo magistrado, porque sujeitas à reserva de jurisdição. Não se discute o oferecimento da denúncia ou o seu prosseguimento, presentes a transação e a suspensão condicional do processo, respectivamente, essas, sim, de atribuição privativa do Parquet, por refletirem na obrigatoriedade ou na indisponibilidade da ação penal pública.[149]

Advertimos, todavia, que a concordância do Ministério Público no acordo de colaboração premiada é indispensável apenas no caso do artigo 4º, § 4º, da Lei 12.850/13, que trata exatamente das hipóteses em que a denúncia pode deixar de ser oferecida diante da relevância da primeira colaboração prestada e desde que o colaborador não seja o líder da organização criminosa investigada.

---

149 SANTOS, Marcos P. D. *Colaboração unilateral premiada como consectário lógico das balizas constitucionais do devido processo legal brasileiro*. Revista Brasileira de Direito Processual Penal, Porto Alegre, vol. 3, n. 1, p. 131-166, jan./abr. 2017. https://doi.org/10.22197/rbdpp.v3i1.49

6 – Comentários Sobre a Lei 12.850/13

Conclui-se, destarte, que é perfeitamente possível a homologação de acordo de colaboração premiada efetivado entre o delegado de polícia e o investigado, independentemente da concordância do Ministério Público. Não obstante, é nosso dever salientar que este não é o cenário ideal, especialmente para o colaborador, que ficará mais vulnerável diante da discordância do membro do Parquet. Em tais situações é possível que o promotor do caso recorra da decisão judicial, colocando em risco os benefícios inicialmente avençados.

Sob outro enfoque, é preciso sublinhar um viés da colaboração premiada muitas vezes esquecido, qual seja, o de "recurso" inerente à ampla defesa (art. 5º, LV da CF). Não é exagero afirmar que constitui direito subjetivo do investigado ou do réu a iniciativa de propor não só ao promotor de justiça, mas também ao delegado de polícia, o acordo de colaboração premiada, a fim de reduzir ou afastar a pena diante da real possibilidade de ser aplicada uma severa sanção penal ao final do processo, o que reforça a natureza dúplice desse instituto.

Nesse ponto é interessante destacar a veiculação de notícias por meio da imprensa dando conta de que investigados na famigerada "Operação Lava-Jato" preferiram negociar o acordo de colaboração premiada com a Polícia Federal, ao invés do Ministério Público[150], o que ilustra bem a importância de se conferir ao delegado de polícia a legitimidade para formalizar o acordo de colaboração premiada.

Feita essa observação, é preciso reiterar que a homologação do acordo não confere ao colaborador o direito líquido e certo ao recebimento do benefício, porquanto a apreciação da colaboração premiada submete-se à regra da corroboração,[151] vedando-se a corroboração recíproca ou cruzada.[152]

Por fim, é mister consignar que a Procuradoria Geral da República ingressou com Ação Direta de Inconstitucionalidade contra os dispositivos que preveem a legitimidade do delegado de polícia para figurar como proponente do acordo de colaboração premiada (ADI 5.508).

---

150 Disponível em: <http://www1.folha.uol.com.br/poder/2017/04/1876414-palocci-faz-1-reuniao-com-a-lava-jato-para-fechar-acordo-de-delacao.shtml>. Acesso em 25 mai. 2017.

151 Art. 4º, § 16 da Lei 12.850/13; STF, HC 75.226, Rel. Min. Marco Aurélio, DJ 19/09/1997.

152 BADARÓ, Gustavo. *O valor probatório da delação premiada*. In: Consulex, v. 19, n. 433, p. 26-29, fev. 2015; STF, Pet 5.700, Rel. Min. Celso de Mello, DP 24/09/2015.

Quando ainda pendente de julgamento, houve manifestação da Advocacia Geral da União pela constitucionalidade da norma, ao ressaltar[153] a função imparcial da Polícia Judiciária na busca da verdade (ainda que imperfeita).

Em sentido semelhante foi o voto do Ministro Marco Aurélio, relator do caso:

> A análise constitucional revela não subsistirem os argumentos veiculados na inicial desta ação direta de inconstitucionalidade. A Constituição Federal, ao estabelecer competências, visa assegurar o equilíbrio entre os órgãos públicos. A concentração de poder é prejudicial ao bom funcionamento do Estado Democrático de Direito, razão pela qual interpretação de prerrogativas deve ser feita mediante visão global, do sistema, sob pena de afastar a harmonia prevista pelo constituinte.
>
> Em nenhum ponto o ato normativo em jogo afasta a participação do Ministério Público em acordo de colaboração premiada, ainda que ocorrido entre o delegado de polícia, o investigado e o defensor, não se podendo cogitar da afronta à titularidade da ação penal. Ao contrário, a legitimidade da autoridade policial para realizar as tratativas de colaboração premiada desburocratiza o instituto, sem importar ofensa a regras atinentes ao Estado Democrático de Direito, uma vez submetido o acordo à apreciação do Ministério Público e à homologação pelo Judiciário. Embora o Ministério Público seja o titular da ação penal de iniciativa pública, não o é do direito de punir. A delação premiada não retira do Órgão a exclusividade da ação penal.[154]

Não obstante essa discussão sem fundamento, com pretensão de coartar a atuação da Polícia Judiciária, fato é que em 20 de junho de 2018, no julgamento da ADI 5508, o STF reconheceu a constitucionalidade da colaboração premiada conduzida pelo Delegado de Polícia, colocando, na prática, um ponto final na celeuma.[155]

---

153 HOFFMANN, Henrique. Polícia Judiciária e Garantia de Direitos. In: HOFFMANN, Henrique. et al. Investigação Criminal pela Polícia Judiciária. Rio de Janeiro: Lumen Juris, 2016, p. 2-6.

154 O julgamento da ADI 5.508 foi suspenso em 14.12.2017 a pedido do relator, Mim. Marco Aurélio.

155 STF decide que delegados de polícia podem firmar acordos de colaboração premiada. Disponível: http://portal.stf.jus.br/noticias/verNoticiaDetalhe.asp?idConteudo=382031. Acesso em 28.06.2018.

6 – Comentários Sobre a Lei 12.850/13

Deveras, o que fez a Lei 12.850/13 não foi nada mais do que dotar o ordenamento jurídico de instrumento efetivo no combate à criminalidade, garantindo o direito à segurança, incumbência do Estado, bem como permitindo a efetividade das investigações criminais. E essa busca do incremento da eficiência na repressão e combate ao crime se deu em obediência às balizas do Estado Democrático de Direito, não ignorando o papel central que exerce o delegado de polícia na etapa inicial da persecução penal.

Diante de todas as considerações expostas até aqui, fica evidente que não se pode realizar uma análise opaca e isolada do art. 129, I da Constituição, ignorando-se o art. 144 da Carta Maior e olvidando-se do mais importante princípio de interpretação constitucional, a saber, a unidade[156]. Esse postulado exige que o hermeneuta realize uma interpretação sistemática dos comandos da Constituição, evitando a apreciação isolada de normas constitucionais.

Nesse sentido, os dispositivos constitucionais, ao mesmo tempo em que atribuem ao Ministério Público o dever ajuizar ações penais, autorizam a Polícia Judiciária a protagonizar as investigações criminais, valendo-se de todos os meios legais necessários para tanto. O constituinte em momento algum conferiu ao MP o poder exclusivo de deliberar acerca da necessidade de uma investigação criminal ou sobre a conveniência de tal e qual instrumento persecutório. Tornar vazias as atribuições do delegado de polícia por meio da concentração de poderes nas mãos do MP sobressai-se como perigosa manobra que não interessa a um processo penal equilibrado.

Diante do exposto, concluímos que o parecer do Ministério Público não pode condicionar a decretação de medidas cautelares provenientes de representações do delegado de polícia ou mesmo o acordo de colaboração premiada, sendo que os entendimentos contrários prejudicam a investigação criminal e colocam em risco a própria função das Polícias Judiciárias, ameaçando, outrossim, o correto exercício do direito de punir pertencente ao Estado. Isso não significa, todavia, que o Parquet não possa se manifestar sobre a necessidade das medidas, pelo contrário. Como fiscal da lei, é até recomendável que o Ministério Público se manifeste, mas em um contexto opinativo, sem que isso possa vincular de qualquer forma a decisão do Poder Judiciário.

---

156 NOVELINO, Marcelo. *Manual de direito constitucional*. São Paulo: Método, 2014, p. 202.

224 Criminalidade Organizada & Globalização Desorganizada

Nesse sentido, aliás, se manifestou o Ministro Barroso em ofício de resposta ao pedido de informações do Ministro Dias Toffoli na Suspensão de Liminar nº 1.252, senão vejamos:

> Não há fundamento jurídico para retirar da autoridade policial a legitimidade para o requerimento de meios de obtenção de provas, que é inerente à função de polícia judiciária. Não se trata de formação da *opinio delicti*, propositura de denúncia ou atuação no curso do processo, matérias que são, essas sim, de competência exclusiva do titular da ação penal (CF, art. 129, I). Exigir a concordância do Ministério Público para o deferimento da medida é o mesmo que negar legitimidade à autoridade policial. O Ministério Público deve ser ouvido a respeito da representação, mas seu parecer não é vinculante.

Perceba-se que essa suposta vinculação, pretendida por alguns, não somente esvaziaria as funções da Polícia Investigativa, mas também a própria função judicante, pois que, ao final e ao cabo, não seria o magistrado a tomar as decisões, mas, na verdade, o membro do Ministério Público, cuja mera atuação opinativa ganharia foros de oráculo intocável.

É urgente destacar que nessa fogueira de vaidades e guerra corporativista a grande perdedora é a sociedade e o ganhador é o crime organizado. O único caminho viável é o da compreensão de que todos os atores estatais do combate ao crime (que é organizado) devem agir em harmonia e com espírito colaborativo. Nesse passo é bom lembrar as palavras de Pinheiro:

> A premência de melhor compreensão entre o Poder Judiciário, o Ministério Público e a Polícia se torna imprescindível a fim de que não haja o sério risco de se enveredarem por caminhos desencontrados e altamente perigosos, em prejuízo da segurança pública e em favor da impunidade dos infratores.[157]

Ocorre que apesar de todos os argumentos expostos e do fato de o STF já haver se posicionado pela legitimidade do delegado de polícia em realizar acordos de colaboração premiada, com o acréscimo do artigo 3º-A, pelo "Pacote Anticrime", já há na doutrina quem pretenda reto-

---

157 PINHIERO, Mario Portugal Fernandes. *Do Poder de Polícia na Criminalidade.* Rio de Janeiro: Cátedra, 1980, p. 27.

6 – Comentários Sobre a Lei 12.850/13

mar a discussão sob o argumento de que por se tratar de um "negócio jurídico processual", a colaboração só poderia ser levada a termo pelo Ministério Público, que é parte em eventual processo posterior.

Parece-nos, uma vez mais, que os defensores dessa tese insistem em se pautar por interesses corporativos que visam concentrar poderes nas mãos do Ministério Público em detrimento das Polícias Judiciárias, instituições constitucionalmente vocacionadas à apuração de infrações penais.

Em linhas gerais, "negócio jurídico" é um ato que tem por finalidade promover a aquisição, transformação ou extinção de um direito, podendo ser unilateral (mera declaração de vontade, como, por exemplo, no testamento), bilateral ou plurilateral. Nos termos do artigo 104, do Código Civil, a validade do negócio jurídico requer: a-) agente capaz; b-) objeto lícito, possível, determinado ou determinável; e c-) forma escrita e não defesa em lei.

Analisemos, pois, esses requisitos à luz do acordo de colaboração premiada. Primeiramente, não se pode questionar a capacidade do delegado de polícia para formalizar o pacto de cooperação. Vislumbra-se, é verdade, a eventual incapacidade do colaborador nas hipóteses em que sua voluntariedade estiver comprometida, o que, evidentemente, torna nulo o acordo celebrado (art. 4º, § 7º, inciso IV, da Lei 12.850/13, acrescentado pela Lei 13.964/19).

O objeto do acordo de colaboração, por sua vez, deverá seguir as premissas do artigo 4º, *caput*, da Lei, sendo nulas as cláusulas que estabeleçam prêmios não previstos no ordenamento jurídico ou que resultem em renúncia de direitos fundamentais (art. 4º, § 7º, inciso II e § 7º-B). Por fim, todas as formalidades do acordo estão elencadas no art. 3º-A e seguintes, cabendo ao juiz zelar pela sua regularidade e legalidade.

É inegável, portanto, que a colaboração premiada realizada na fase de investigação constitui "negócio jurídico extraprocessual", seja se formalizada pelo MP ou pelo delegado de polícia. Entretanto, não se pode olvidar que as partes interessadas, vale dizer, MP, delegado de polícia e o investigado, apenas indicam um benefício legal em contrapartida pela colaboração prestada, mas quem decide é o magistrado, que, para tanto, deve se valer de um juízo de proporcionalidade entre os meios e os fins, observando em sua decisão de homologação a personalidade do colaborador, a natureza, as circunstâncias, a gravidade e a repercussão social do fato criminoso, bem como a regularidade e legalidade da colaboração, a adequação dos benefícios e resultados pactuados e a sua voluntariedade (art. 4º, § 1º e § 7º, LOC)[158].

Ao homologar o acordo, portanto, o juiz jurisdicionaliza o compromisso firmado pelas partes, conferindo-lhe a eficácia dos atos que ele próprio teria realizado[159], fazendo nascer um direito para o colaborador, qual seja, o direito de ser contemplado com determinado prêmio legal.

Por obviedade, esse "negócio jurídico extraprocessual" aperfeiçoado com a homologação do acordo não confere ao colaborador o direito líquido e certo ao recebimento do benefício, porquanto a apreciação da colaboração premiada submete-se à regra da corroboração,[160] vedando-se a corroboração recíproca ou cruzada.[161] Em outras palavras, todas as informações trazidas pelo colaborador durante a investigação precisam ser ratificadas na fase processual, cabendo ao juiz ou tribunal competente a avaliação sobre a eficácia da colaboração prestada antes de conceder os benefícios pactuados.

Destarte, pode-se afirmar que se a colaboração foi efetiva, ou seja, se o colaborador cumpriu todas as cláusulas que o vinculavam, viabilizando, consequentemente, a obtenção dos resultados pretendidos pelo Estado, ele terá direito aos benefícios pactuados no seu grau máximo. No escólio de CANOTILHO e BRANDÃO:

> (...) homologando o acordo, o juiz não se limita a declarar a sua validade legal, mas também, de certo modo, assume um compromisso em nome do Estado: ocorrendo a colaboração nos termos pactuados e sendo ela eficaz, em princípio devem ser outorgadas ao réu colaborador as vantagens que lhe foram prometidas.[162]

---

158 Destaque-se que a eficácia da colaboração só poderá ser avaliada pelo juiz no momento da sentença, sendo inviável tal avaliação quando da homologação do acordo. Nesse sentido, STF, HC 144.652/DF, Rel. Min. Celso de Mello, 12.06.2017.

159 DINAMARCO, Cândido Rangel. *Instituições de Direito Processual Civil*. vol. III. 6. ed. São Paulo: Malheiros, 2009. p. 272-274.

160 Art. 4º, § 16 da Lei 12.850/13; STF, HC 75.226, Rel. Min. Marco Aurélio, DJ 19/09/1997.

161 BADARÓ, Gustavo. *O valor probatório da delação premiada*. In: Consulex, v. 19, n. 433, p. 26-29, fev. 2015; STF, Pet 5.700, Rel. Min. Celso de Mello, DP 24/09/2015.

162 CANOTILHO, J.J. Gomes; BRANDÃO, Nuno. *Colaboração premiada: reflexões críticas sobre os acordos fundantes da Operação Lava Jato*. Revista Brasileira de Ciências Criminais, São Paulo, vol. 133, ano 25, p. 133-171, jul. 2017. p. 150.

6 – Comentários Sobre a Lei 12.850/13

No mesmo diapasão é a jurisprudência do STF:

> (...) caso se configure, pelo integral cumprimento de sua obrigação, o direito subjetivo do colaborador à sanção premial, tem ele o direito de exigi-la judicialmente, inclusive recorrendo da sentença que deixar de reconhecê-la ou vier a aplicá-la em desconformidade com o acordo judicialmente homologado, sob pena de ofensa aos princípios da segurança jurídica e da proteção da confiança.[163]

Percebe-se, assim, que é nesse momento da sentença que a colaboração premiada ganha *status* de "negócio jurídico processual", uma vez que o juiz fica vinculado aos seus termos. Dizendo de outro modo, o acordo acaba direcionando o próprio processo e suas consequências jurídicas. Daí porque entendemos que o instituto tem, em princípio, caráter de negócio jurídico extraprocessual. Entretanto, considerando que com a homologação o pacto produz efeitos no processo, vinculando o juízo competente nos casos em que suas cláusulas forem devidamente cumpridas, também se trata de negócio jurídico processual.

Assim, não nos convence o argumento de que o acordo de colaboração premiada só pode ser realizado pelo MP, pois, insistimos, no momento da sua homologação, ao menos em regra, nem sequer existe processo, estando MP e delegado de polícia na mesma condição, vale dizer, como representantes do Estado-Investigação. Demais disso, é perfeitamente possível que o acordo celebrado e homologado nem sequer repercuta no processo, se, por exemplo, houver rescisão por descumprimento de alguma cláusula pelo colaborador.

Ao que nos parece, a tese de que o delegado de polícia não poderia realizar acordos de colaboração premiada se equivoca por tentar trazer para o processo penal algumas premissas adotadas no processo civil, onde, vale lembrar, estão em jogo bens jurídicos disponíveis. Numa interpretação literal, "negócios jurídicos processuais" facultam às partes a criação de regras especiais de "procedimento", como prevê o artigo 190, do Código de Processo Civil, mas, ainda assim, apenas quando se tratar de processo sobre direitos que admitam autocomposição.

Ora, é evidente que no processo penal forma é garantia, razão pela qual não se admite qualquer alteração no procedimento legalmente

---

163 STF, HC 127.483/PR, Pleno, Rel. Min. Dias Toffoli, j. 27.08.205.

previsto. Isso significa que não se pode estabelecer em um acordo de colaboração o rito procedimental a ser seguido. Assim, ao conceituar a colaboração como "negócio jurídico processual" o legislador quis dizer que o pacto devidamente homologado e cumprido deve vincular o processo, servindo, na verdade, como vetor para toda a persecução penal.

Por tudo isso, concluímos que as inovações promovidas pelo "Pacote Anticrime" não alteram em absolutamente nada o panorama jurídico acerca da legitimidade para a realização do acordo de colaboração premiada, que permanece nas mãos do delegado de polícia e do Ministério Público como ferramenta essencial na apuração de infrações penais e desarticulação de organizações criminosas.

6.10.4. Dos Prêmios Legais

> *Art. 4º O juiz poderá, a requerimento das partes, conceder o perdão judicial, reduzir em até 2/3 (dois terços) a pena privativa de liberdade ou substituí-la por restritiva de direitos daquele que tenha colaborado efetiva e voluntariamente com a investigação e com o processo criminal, desde que dessa colaboração advenha um ou mais dos seguintes resultados:*
>
> *I – a identificação dos demais coautores e partícipes da organização criminosa e das infrações penais por eles praticadas;*
>
> *II – a revelação da estrutura hierárquica e da divisão de tarefas da organização criminosa;*
>
> *III – a prevenção de infrações penais decorrentes das atividades da organização criminosa;*
>
> *IV – a recuperação total ou parcial do produto ou do proveito das infrações penais praticadas pela organização criminosa;*
>
> *V – a localização de eventual vítima com a sua integridade física preservada.*

Superada essa questão, é preciso prosseguir na exposição, abordando quais são os benefícios que o colaborador pode obter com o instituto. Diz a lei no seu artigo 4º, "*caput*" que o juiz poderá: a) conceder o perdão judicial; b) reduzir em até dois terços a pena privativa de liberdade; d) substituir a pena privativa de liberdade por restritiva de direitos.

O perdão judicial, como é sabido, configura causa extintiva de punibilidade nos termos do artigo 107, IX, CP, onde se exige, para sua

6 – Comentários Sobre a Lei 12.850/13

aplicação, a previsão legal. Essa previsão, para os casos de colaboração em apuração de crime organizado é efetivamente prevista legalmente no dispositivo em estudo.

A lei passa a prever também uma causa especial de redução de pena e uma nova possibilidade de pena substitutiva, independentemente do disposto no artigo 44, CP.

O magistrado, na homologação e o delegado de polícia ou o promotor de justiça, na proposta de colaboração premiada, deverão sopesar com muito cuidado e razoabilidade qual dentre os três benefícios deve ser ofertado, tendo como parâmetro a importância da colaboração prestada pelo envolvido em cada caso concreto. Vale dizer, a escolha do benefício a ser concedido deve guiar-se por uma proporcionalidade direta com a relevância da colaboração prestada.

Trocando em miúdos, quanto maior a colaboração, melhor o benefício, quanto menor a colaboração, menor o benefício. Isso fica bem esclarecido no § 1º, do artigo 4º, que manda que a concessão do benefício leve em conta a personalidade do colaborador (v.g. sua sinceridade, sua boa-fé naquele momento específico), a natureza, as circunstâncias, a gravidade e a repercussão social do fato criminoso, bem como a eficácia da colaboração.

Destaque-se, ainda, conforme bem apreendido por Márcio Adriano Anselmo, que o momento da formalização do acordo também deve influenciar na determinação dos prêmios ao colaborador, afinal, "quanto mais cedo o colaborador se dispuser a colaborar, maiores devem ser considerados os benefícios em tese a serem concedidos".[164] Em reforço a essa conclusão, podemos indicar a previsão constante no artigo 4º, § 5º, da LOC, onde se estabelece que se "a colaboração for posterior à sentença, a pena poderá ser reduzida até a metade ou será admitida a progressão de regime ainda que ausentes os requisitos objetivos". Percebe-se, pois, que na chamada "colaboração tardia" os prêmios são menores, justamente devido ao momento em que o acordo é efetivado.

6.10.4.1. Do Perdão Judicial

De início, cabe reiterar que o perdão judicial é uma causa extintiva de punibilidade, razão pela qual, trata-se de um prêmio altamente be-

---

164 ANSELMO, Márcio Adriano. op. cit., p. 77.

néfico ao colaborador. Justamente por isso, sua concessão deve restringir-se apenas às hipóteses em que a colaboração tenha sido não apenas efetiva, mas, sobretudo, imprescindível ao deslinde do caso penal.

Lembre-se, ademais, que a concessão do perdão judicial pressupõe o reconhecimento de culpa, sendo, portanto, indispensável a denúncia e processo do colaborador. Apenas ao final do processo é que o juiz, reconhecendo a eficácia da colaboração, concede o benefício. Registre-se que essa premissa foi reforçada pelo novo § 7º-A, do artigo 4º, acrescentado pela Lei 13.964/19, onde se estabelece que o juiz ou tribunal competente deve proceder à análise fundamentada do mérito do caso penal antes de conceder os benefícios pactuados. Assim, cabe ao magistrado analisar de forma detalhada a denúncia, a culpabilidade do colaborador, as primeiras etapas de aplicação da pena e aí, sim, reconhecer os prêmios pactuados diante da eficácia da colaboração, no que a doutrina rotula de "substituição premial".

Tendo em vista o caráter *subsidiário* desse prêmio, no sentido de que ele deve reservar-se apenas a casos excepcionais, em que a colaboração tem um papel imprescindível no deslinde da investigação, no artigo 4º, § 2º, da LOC, o legislador estabelece o seguinte:

> Considerando a relevância da colaboração prestada, o Ministério Público, a qualquer tempo, e o delegado de polícia, nos autos do inquérito policial, com a manifestação do Ministério Público, poderão requerer ou representar ao juiz pela concessão de perdão judicial ao colaborador, ainda que esse benefício não tenha sido previsto na proposta inicial, aplicando-se, no que couber, o art. 28 do Decreto-Lei nº 3.689, de 3 de outubro de 1941 (Código de Processo Penal).

Essa previsão legal é oportuna porque permite uma reavaliação da colaboração, ampliando o benefício do colaborador que teve um papel de destaque ao longo da persecução penal. Nesse contexto, reforçamos nossas conclusões no sentido de que o Estado, ao menos em regra, não deve acordar esse benefício no início da investigação criminal. O ideal é que no termo de acordo firmado nesta fase embrionária haja apenas uma cláusula que permita o *up grade* do perdão judicial a depender do papel desempenhado pelo colaborador. Desse modo a referida cláusula serviria de estímulo aos colaboradores, o que, obviamente, é interessante ao Estado.

6 – Comentários Sobre a Lei 12.850/13

Nesse contexto, em se tratando de pacto firmado no bojo de inquérito policial, o delegado de polícia deverá se manifestar sobre a eficácia do acordo em seu relatório final, indicando a forma com que a colaboração contribuiu para o avanço da investigação, representando, se for o caso, pela concessão do perdão judicial. Parece-nos imprescindível a adoção deste procedimento, afinal, o parecer do responsável pela investigação sobre a eficácia de um acordo firmado não pode ser desprezado pelo juízo.

Vale salientar que o artigo 4º, § 2º, da Lei é objeto de muita discussão na doutrina. PACELLI, por exemplo, alega suposta dificuldade de compreensão do dispositivo legal que menciona a aplicação "no que couber", do artigo 28, CPP, que trata do chamado "Princípio da Devolução", quando o juiz discorda do pedido de arquivamento feito pelo Ministério Público e remete o caso à apreciação do procurador geral, no exercício de "função anômala" de garantia da obrigatoriedade da ação penal pública.[165] O autor começa a criar em torno desse dispositivo uma série de dúvidas descabidas quando a interpretação é absolutamente tranquila.

Chega a formular os seguintes questionamentos no mínimo inusitados:

> O que afinal quereria dizer tal remissão? (referindo-se à remissão ao artigo 28, CPP no artigo 4º, § 2º, da Lei 12.850/13). Acaso seria que, na hipótese de discordância do Ministério Público com o acordo proposto pelo delegado de polícia, os autos deveriam ser submetidos ao controle de revisão pela própria instituição ministerial? Se essa foi a intenção legislativa, seria ainda mais bizarra a solução, a estabelecer um conflito de atribuições entre o Parquet e a autoridade policial" (interpolação nossa).[166]

As perguntas são novamente um "carnaval" em torno de nada. Logo de início a hipótese levantada por PACELLI de que poderia essa remissão ao artigo 28, CPP, referir-se à discordância entre Polícia Judiciária e Ministério Público quanto ao acordo é de ser liminarmente descartada. Isso porque basta ler o dispositivo para perceber com cristalinidade que nada tem a ver com isso.

---

165 Cf. BONFIM, Edilson Mougenot. Op. Cit., p.178 – 179.
166 PACELLI, Eugenio. Op. Cit.

O dispositivo supra não trata da questão da oferta de proposta pelo delegado e discordância do Ministério Público. Claro que tem razão o autor ao dizer que se fosse esse o caso, de se remeter os autos à Procuradoria para solucionar uma discordância entre o delegado e o promotor, se trataria de uma verdadeira teratologia processual. Mas isso é tão óbvio que não mereceria sequer ser aventado.

Não se compreende o que faz com que um jurista do nível do autor em destaque chegue a formular uma dúvida como essa! A única explicação é uma sanha que cega no intento de deslegitimar a atuação do delegado de polícia na colaboração premiada a qualquer custo, ainda que seja ao custo de passar-se por néscio (passar-se porque obviamente não o é).

Afinal, o dispositivo trata de caso diverso claramente. Fala da questão do requerimento (pelo MP) ou representação (pelo delegado de polícia) por perdão judicial do colaborador que houver atuado com grande relevância para o deslinde de dado caso, inclusive não havendo o acordo prévio de colaboração. Então é evidente que não se trata do momento de oferta da proposta e homologação pelo juiz! Ora, se esse requerimento ou representação pode se dar mesmo sem o acordo anterior!

Novamente é preciso dizer o óbvio. A lei é clara ao dizer que o delegado de polícia poderá fazer essa "representação" somente na fase do inquérito policial e com a necessária "manifestação do Ministério Público". É evidente que há dois casos no dispositivo, primeiro este do delegado: ele representa, o promotor concorda e juiz defere, tudo bem. Ele representa, o promotor discorda, o juiz não defere e o delegado nada pode fazer, tudo bem também. E o artigo 28, CPP? Obviamente é incabível! Finalmente: o delegado representa, o promotor discorda e juiz, mesmo assim, defere. Vamos aplicar o "Princípio da Devolução"? É claro que não! Caberá ao promotor usar dos meios cabíveis para se contrapor à decisão judicial com seu poder postulatório, o qual o delegado não tem nesse ponto. Então poderá impetrar Mandado de Segurança, Correição Parcial, desprezar a decisão judicial e denunciar o implicado e então, havendo rejeição da denúncia, ingressar com Recurso em Sentido Estrito ou, ao final, apelar, inclusive alegando nulidade do processo desde o seu início por causa da atuação judicial supostamente indevida.

Ah! Mas, não foi realmente respondida à questão formulada por PACELLI até o momento. Para que serve então a remissão ao artigo 28,

6 – Comentários Sobre a Lei 12.850/13

CPP? É verdade. É que a resposta é tão evidente que dá preguiça responder. Vamos lá: o artigo 28, CPP, é apontado para aplicação naquilo que "couber", ou seja, "mutatis mutandis", para o caso de a proposta de perdão ser feita pelo Ministério Público diretamente. É claro que é para esse único caso! Esse é o segundo caso de que trata o dispositivo. Esse é o único que tem alguma semelhança com a situação que se opera no arquivamento do inquérito policial. O Parquet requer o arquivamento e o juiz não concorda, então aplica o Princípio da Devolução previsto no artigo 28, CPP. Agora, o promotor pugna pelo Perdão Judicial de um acusado, se o juiz concorda, tudo bem. Se discorda, não poderia simplesmente indeferir o pedido do promotor, já que esse órgão é o titular da ação penal pública e não o Judiciário.

Então, discordando e equivalendo esse pedido de perdão judicial por parte do Ministério Público a um pedido de arquivamento, deverá o juiz remeter os autos à Procuradoria. Concordando o procurador geral com o promotor, devolverá os autos com sua manifestação fundamentada e o juiz será obrigado a conceder o perdão requerido. Discordando o procurador do promotor, deverá então substituí-lo nesse processo, inclusive pugnando pela condenação do colaborador ou então designar novo integrante do Ministério Público para atuar em seu nome, visando sempre não violar a convicção jurídica do primeiro promotor.[167] Daí

---

167 Já há, porém, na doutrina, equivocadamente no entender destes autores, o seguinte entendimento: "A menção ao art. 28 do Código de Processo Penal diz respeito, apenas, a não ter o membro do Ministério Público concordado em pedir o perdão judicial. Nesse caso, o magistrado, invocando intervenção do Procurador Geral de Justiça, remete o feito à sua apreciação. Se a chefia da instituição entender cabível, delega a outro promotor a postulação do perdão. Do contrário, insiste em não ser concedido o perdão. O Juiz não pode conceder o perdão de ofício. Logo, se houver representação do delegado, concordando ou não o Ministério Público, o magistrado pode concedê-lo. Submete-se a recurso em sentido estrito (art. 581, VIII ou IX, do CPP). Não havendo, depende-se do pleito do Ministério Público. Se este o fizer, cabe ao juiz deferir ou indeferir. Em relação a esta decisão, igualmente, cabe recurso em sentido estrito ao Tribunal, nos termos do art. 581, VIII e IX, do CPP". NUCCI, Guilherme de Souza. Op. Cit., p. 55. Note-se que, embora se discorde desse posicionamento, ele é defensável na doutrina, inclusive tendo por base aquilo que já se tem firmado sobre as propostas de suspensão condicional do processo e transação penal na Lei 9.099/95 (tema inclusive sumulado pelo STJ e STF), de modo que não há o clima de mistério criado por Pacelli. Apenas, se entende que a proposta de Nucci, embora bem exposta, não parece a melhor em termos de respeito da titularidade da ação penal pelo Ministério Público e da imparcialidade judicial, bem como, principalmente da aplicação do artigo 28, CPP "no que couber", conforme diz a lei, pois o que se parece mais com a situação do

tudo segue normalmente. Qual é o mistério? Só pode haver mistério artificialmente criado para fazer parecer a existência de um caos jurídico inexistente com o único intuito de deslegitimar a atuação do delegado de polícia na colaboração premiada. Se a explicação não é essa, então houve realmente uma terrível deficiência interpretativa por parte do autor, o que é muito incomum.

Destaque-se que em sendo posta em ação a nova sistemática de arquivamento do Inquérito ou peças de informação, atualmente suspensa por decisão do STF, o controle será interno feito pelo próprio Ministério Público em instância de revisão, conforme dispõe a nova redação do artigo 28, CPP, dada pela Lei 13.964/19 (Lei Anticrime). E isso em nada altera a impropriedade da sedizente dúvida do autor em comento.

E prossegue PACELLI com outras alegações infundadas. Senão vejamos:

> Assim temos por absolutamente inconstitucional a instituição de capacidade postulatória e de legitimação ativa do delegado de polícia para encerrar qualquer modalidade de persecução penal, e, menos ainda, para dar ensejo à redução ou substituição de pena e à extinção da punibilidade pelo cumprimento do acordo de colaboração".[168]

Não contente, prossegue afirmando que a lei conferiria ao delegado de polícia a capacidade de: a) Extinguir a persecução penal; b) Viabilizar a redução ou substituição de pena; c) Promover a extinção de punibilidade; d) Impedir o regular exercício da ação penal pública pelo Ministério Público.[169]

Ou a lei não foi lida ou tudo isso é inexplicável. Nem o delegado de polícia nem o promotor de justiça têm esses poderes alardeados pelo autor em destaque. Por favor, um apelo à racionalidade! A lei defere ao delegado, assim como ao promotor, a capacidade de respectivamen-

---

dispositivo do CPP em destaque é o pedido de perdão do Ministério Público em que há discordância judicial e não a negativa desse perdão, que seria, em verdade, o reverso do que se opera no artigo 28, CPP que trata do pedido de arquivamento. De qualquer forma, a discussão é aberta e ambos os posicionamentos têm potencial para solução da questão. O que não há é o mistério insondável criado por Pacelli artificiosamente ou erroneamente.

168 PACELLI, Eugenio. Op. Cit.
169 Op. Cit.

6 – Comentários Sobre a Lei 12.850/13

te "representar" ou "requerer" pela colaboração e suas consequências. Mas, jamais são eles quem determinam tanto a homologação como a execução final do acordo. Esse agente é o juiz e somente ele. Dizer que o delegado vai extinguir a punibilidade de alguém, vai diminuir penas, substituir penas, impossibilitar o promotor de exercer a ação penal é de uma fantasia tão incrível à qual estes signatários pensam que não chegaria nem mesmo sob o efeito de drogas alucinógenas muito potentes!

6.10.4.2. Da redução da pena privativa de liberdade

A Lei 12.850/13 permite a redução da pena do colaborador, mas uma falha na norma deve ser apontada quanto aos benefícios e sua dosimetria: é que quando o legislador regulou a redução de pena escreveu que o juiz poderia reduzir *em até 2/3*, ou seja, não estabeleceu um mínimo de redução, de modo que se pode inferir que a redução poderia ser tão pífia quanto um dia, por exemplo. Inobstante a falha legislativa na escolha dessa espécie de redação lacunosa, a praxe forense, a doutrina e a jurisprudência poderão indicar que o mínimo da redução deva ficar no patamar de 1/6, tal qual é corriqueiro, por exemplo, para as atenuantes genéricas do Código Penal.

Salienta-se, contudo, que diversas leis dispõem sobre a *colaboração* ou *delação* premiada, sendo que tais diplomas normativos, em regra, estabelecem o *quantum* mínimo de 1/3 para a redução da pena. Assim, com base, inclusive, na *teoria do diálogo das fontes*, entendemos ser essa a fração mínima de redução a ser observada pelos magistrados.[170]

Já no § 5º, do artigo 4º, da LOC, apresenta-se a possibilidade de redução da pena até a metade se a colaboração for posterior a sentença (*colaboração tardia*). Note-se que o intuito do legislador foi viabilizar o acordo em qualquer fase da persecução penal, mesmo após o trânsito em julgado da sentença condenatória. Tendo em vista que nessa hipótese a colaboração é *tardia*, o prêmio concedido é menor, limitando-se a redução da pena à metade.

Nesse ponto faz-se imprescindível a observação feita por parcela da doutrina no sentido de que a proposta de acordo não pode estabelecer, de maneira peremptória, o *quantum* de redução da pena. Nos termos do

---

170 GOMES, Luiz Flávio; SILVA, Marcelo Rodrigues da. *Organizações Criminosas e Técnicas Especiais de Investigação*. Salvador: Juspodivm, 2015, p. 261.

Manual da ENCLLA (Estratégia Nacional de Combate à Corrupção e à Lavagem de Dinheiro):

> Importante ressaltar que não deve o magistrado homologar propostas que tragam preestabelecido o quanto de redução de pena. De um lado, porque não incumbe ao Ministério Público ou ao delegado de polícia proferir sentença, não podem prometer algo que não podem cumprir; de outro porque, acaso tal cláusula fosse homologada nesse momento tal proceder implicaria duplo julgamento antecipado do mérito da ação penal: a-) o juízo de condenação e b-) o juízo acerca da presença dos requisitos legais para a aplicação da causa de diminuição da pena.[171]

É exatamente esse o escólio de MASSON e MARÇAL:

> (...) não deve o magistrado homologar cláusulas de acordos de colaboração premiada que tragam preestabelecido o quantum de redução de pena a incidir em caso de eventual condenação do colaborador. Tal proceder violaria o princípio constitucional da individualização das penas, a cargo do juiz. O grau de eficácia da colaboração é que indicará ao magistrado esse patamar ou, até mesmo, afastará qualquer redução (em caso de ineficácia absoluta).[172]

Não obstante se trate de posicionamentos muito bem fundamentados, com eles não podemos concordar. Isto, pois, do contrário, haveria uma enorme insegurança jurídica para o colaborador. Daí a necessidade de se estabelecer de maneira clara e objetiva o quanto poderá ser reduzido da pena[173], observando-se, obviamente, a contraprestação oferecida pelo colaborador e a eficácia da colaboração. Note-se, ademais, que, diferentemente do que sugere o entendimento acima exposto, nesse contexto o poder de decisão permaneceria nas mãos do juiz, sendo exercido no momento da homologação do pacto. Seria, por assim dizer, uma individualização antecipada da pena, onde o magistrado deverá sopesar o

---

171 Disponível: http://www.mpf.mp.br/atuacao-tematica/sci/dados-da-atuacao/eventos-2/eventos-internacionais/conteudo-banners-1/enccla/restrito/manual-colaboracao-premiada-jan14.pdf. Acesso em 08.11.2018. No mesmo sentido: JARDIM, Afrânio Silva. *Nova interpretação sistemática do acordo de cooperação premiada*. In: ESPINEIRA, Bruno; CALDEIRA, Felipe (Org.) *Delação Premiada*. Belo Horizonte: D' Plácido, 2016. p. 35.
172 MASSON, Cleber; MARÇAL, Vinicius. op. cit., p. 157.
173 GOMES, Luiz Flávio; SILVA, Marcelo Rodrigues. op. cit., p. 318-319.

6 – Comentários Sobre a Lei 12.850/13

quantum de redução da pena proposto em relação aos objetivos a serem alcançados.

Nesse sentido, aliás, se manifesta VASCONCELLOS: "Assim, para que existam parâmetros seguros na definição do prêmio e aferição da efetividade da cooperação, o termo de acordo deve regular, de modo preciso, os benefícios prometidos e as obrigações assumidas".[174] Evidentemente, se a colaboração se mostrar ineficaz pelo fato do colaborador não cumprir com o que foi acordado, caberá ao juiz considerar o pacto rescindido e, consequentemente, impor a pena adequada sem qualquer redução decorrente do ajuste entre as partes. Se, por outro lado, o juiz verificar que o acordo foi cumprido apenas de forma parcial, a redução da pena fixada na homologação não deverá ser observada, sendo possível, todavia, considerar-se outra fração.

Acrescente-se que havendo homologação do acordo pelo juiz da causa e sendo tal documentação remetida ao juiz da Execução, não caberá a este último o exercício de qualquer avaliação ou indeferimento, alteração ou acréscimo, enfim nenhuma mudança naquilo que foi decidido, pois que isso implicaria numa espécie de supressão de instância, funcionando o Juízo de Execução como uma espécie de instância revisora, o que certamente não lhe é dado, sendo sua missão tão somente dar cumprimento do determinado na decisão do Juiz da causa na fase de conhecimento, observadas as normas legais.[175]

---

174 VASCONCELLOS, Vinicius. op. cit., p. 159.

175 Neste sentido: TJ-SP – Habeas Corpus HC 5335179020108260000 SP 0533517-90.2010.8.26.0000 (TJ-SP) – Sentença condenatória já transitada em julgado, Impossibilidade de alteração pelo Juízo da Execução. Inexistência de constrangimento ilegal. Ordem denegada. TJ-SC – Recurso de Agravo RECAGRAV 324610 SC 2004.032461-0 (TJ-SC)

Data de publicação: 22/03/2005 **Ementa:** RECURSO DE AGRAVO – DECISÃO QUE NEGOU A PROGRESSÃO DE REGIME EM PENA RELATIVA A CRIME HEDIONDO – SENTENÇA CONDENATÓRIA QUE FIXOU O REGIME INICIAL FECHADO – DECISÃO TRANSITADA EM JULGADO –IMPOSSIBILIDADE DE ALTERAÇÃO PELO JUÍZODA EXECUÇÃO. A sentença condenatória que, sem fazer qualquer menção à Lei dos Crimes Hediondos, inclusive aludindo aos dispositivos atinentes do Código Penal, impõe o regime inicial fechado, é de observância obrigatória ao Juízo da Execução, em razão da eficácia da coisa julgada. Precedentes dos Tribunais Superiores. PREENCHIMENTO DOS REQUISITOS OBJETIVO E SUBJETIVO ELENCADOS NO ART. 112 DA LEP – DEFERIMENTO DA PROGRESSÃO QUE SE IMPÕE. RECURSO PROVIDO. TJ-RO – Agravo em Execução de Pena AGV 10050120070119479 RO 100.501.2007.011947-9 (TJ-RO) – Transitado em julgado o título executivo

10.4.3. Da progressão de regime

O § 5º, do artigo 4º, da LOC, também permite a progressão de regime do *colaborador tardio*, ainda que ausentes os requisitos objetivos. Isso significa que pode ser acordada a progressão de regime, independentemente do tempo de pena já cumprido pelo colaborador.

As regras para a progressão de regime, seja para condenado por crime comum ou hediondo, encontram-se atualmente inteiramente hospedadas no artigo 112, da Lei de Execução Penal, com nova redação imposta pelo "Pacote Anticrime". Assim, com base no artigo 4º, § 5º, da LOC, poderá ser acordada, inclusive, uma progressão *per saltum*, em que o colaborador saia do regime fechado e vá diretamente para o regime aberto.

Consigne-se, porém, que o dispositivo em comento dispensou apenas a observância dos requisitos objetivos ligados ao tempo mínimo de cumprimento de pena, mas se calou sobre a necessidade dos requisitos subjetivos, que se relacionam ao bom comportamento do condenado. Desse modo, só terá direito ao benefício o colaborador que tiver bom comportamento carcerário.

Quanto ao juízo competente para homologar o acordo de *colaboração tardia*, valem as lições de MASSON e MARÇAL:

> Entendemos que a competência homologatória do acordo será definida por distribuição autônoma. Uma vez homologado o acordo, haverá de ser feito o encaminhamento dos autos ao juízo da ação penal a ser movida contra os delatados para que, por ocasião da sentença contra estes, aprecie os termos do acordo homologado e sua eficácia (art. 4º, § 11). Reconhecida a eficácia objetiva da colaboração, caberá ao juízo da execução aplicar o prêmio. Caso já se encontre ajuizada a ação penal contra os demais coautores do condenado colaborador, a homologação da avença será feita por prevenção, perante o juízo da causa.[176]

6.10.4.4. Da substituição da pena privativa de liberdade por restritiva de direitos

O último prêmio previsto no artigo 4º, *caput*, da LOC, estabelece a possibilidade de substituição da pena privativa de liberdade por pena restritiva de direitos.

---

condenatório, ao Juízo da execução compete apenas efetivar a pena imposta nos termos da sentença e no regime determinado.

176 MASSON, Cleber; MARÇAL, Vinicius. op. cit., p. 186.

6 – Comentários Sobre a Lei 12.850/13

Como o texto da lei não faz menção ao artigo 44, do Código Penal, que trata dos requisitos para a substituição da pena, entende-se que o benefício possa ser acordado independentemente das condições estabelecidos pelo Código Penal. Mesmo porque, em se tratando de organização criminosa, com exigência de que as infrações sejam de grande monta, com pena acima de 4 anos ou com característica transnacional, seria inviável a obediência restrita ao determinado no artigo 44, CP, cuja destinação é claramente voltada para a microcriminalidade.

A extensão promovida pela Lei 12.850/13 se faz, por obviedade, com o fito de possibilitar a substituição de forma independente dos requisitos do Código Penal, prevalecendo, por especialidade, sobre suas normas genéricas e alcançando, desta forma, infrações de maior gravidade, sempre com vistas a um cálculo de custo-benefício entre a colaboração e o prêmio a ser concedido ao colaborador.

6.10.5. Requisitos da colaboração premiada

O artigo 4°, *"caput"* desde logo dá o tom com relação à concretização dos benefícios para o investigado ou réu colaborador, qual seja, *a efetividade e a voluntariedade dessa colaboração.*

Em primeiro lugar diz a lei que a colaboração deve ser "efetiva", ou seja, deve render resultados no processo ou inquérito. Trata-se de uma postura altamente pragmática, inclusive arrolando a legislação quais são esses resultados esperados, o que será mais adiante estudado. De outro modo, bastaria que um investigado atuasse de forma dissimulada, fingindo estar colaborando, para obter sorrateiramente um benefício.

Uma das principais preocupações que têm sido aventadas quanto ao instituto da colaboração premiada é exatamente aquela lembrada por PACELLI[177], relativa ao "oportunismo" e, consequentemente, à possibilidade concreta de "mendacidade intrínseca" da ação do colaborador. Isso pode prejudicar o "direito de defesa" dos corréus e a própria regular persecução penal. Essa possibilidade de atuação oportunista e mendaz pode vir a

> embaraçar a eficácia da investigação, conduzindo os órgãos da persecução para frentes menos importantes no conjunto dos fatos eventualmente acessíveis, ou, pior ainda, pode também deslocar o foco investi-

---

177 PACELLI, Eugenio. Op. Cit.

gativo para aqueles que detém responsabilidade penal muito inferior àquela do colaborador, ou mesmo para pessoas inocentes".

No correr do texto PACELLI afirma que "nem todo colaborador está interessado nos resultados concretos exigidos pela Lei 12.850/13", sendo sempre mais "provável que seu interesse seja de fundo exclusivamente pessoal", não sendo nunca de se descartar que venha a implicar pessoas inocentes ou envolvidas em menor grau apresentando estas últimas como grandes responsáveis pela organização quando não o são, visando sempre e apenas um benefício pessoal no processo. Por isso especialmente o depoimento do colaborador deve ser acatado com muita cautela e invariavelmente somente creditado se condizente com outras provas consistentes.

Também explicita a legislação que a colaboração deve ser "voluntária". Isso quer dizer que somente vale a colaboração que se dê por ato voluntário do agente e não, obviamente, aquela obtida mediante outros meios de investigação. Por exemplo, não se trata de colaboração premiada a confissão do crime em estado de absoluta flagrância, obtida por atuação policial, para a qual já é prevista a atenuante genérica do artigo 65, II, "d", CP. Da mesma maneira não a configura todas as informações que alguém, sem o saber, propicie à Polícia quando fala ao telefone monitorado mediante ordem judicial de interceptação nos termos da Lei 9.296/96.

O legislador foi sábio ao usar a palavra "voluntariamente" e não "espontaneamente". Ele livrou os aplicadores e estudiosos do Direito da extenuante controvérsia sobre necessitar ser a colaboração algo que parta da iniciativa própria do colaborador (espontânea) ou poder ser proposta por um terceiro como o delegado ou o promotor (voluntária). Sendo usada a voluntariedade, tanto faz se a colaboração se dá por iniciativa própria do investigado ou se ocorre por proposta do Ministério Público ou do delegado de polícia.

Na verdade, a maioria da doutrina e da jurisprudência já vem acatando que, por exemplo, na atenuante da confissão, que usa a palavra "espontaneamente", isso não quer dizer que a atuação tenha de partir somente do íntimo do indivíduo, podendo sim ser incentivada ou mesmo proposta por terceiros. O que valeria, segundo entendimento predominante, mesmo na espontaneidade, seria a sinceridade do agente em colaborar, ainda que fosse convencido por terceiros. Obviamente que

6 – Comentários Sobre a Lei 12.850/13

esse "convencimento" não pode ser obtido mediante grave ameaça ou violência, o que tornaria tanto a colaboração como eventual confissão provas ilícitas (Lei 9.455/97 e artigo 5º, III, CF c/c artigo 157, CPP).

Tratando do tema com relação à atenuante da confissão espontânea, NUCCI apresenta ensinamento de todo aplicável, *"mutatis mutandis"*, ao atual objeto de estudo:

> A espontaneidade somente tem sentido no contexto da sinceridade de propósito e não superficialmente no âmbito da iniciativa de agir. Afinal, quem age voluntariamente, atua através de seu próprio empreendimento, livre de qualquer coação. Não considerar a sinceridade de propósito no contexto da espontaneidade é mascarar o intento de equipará-la, para todos os efeitos, à voluntariedade, o que refoge à doutrina e jurisprudência majoritárias". [178]

É mister observar nesse ponto que a diminuição da pena em decorrência do acordo de colaboração premiada não inviabiliza o reconhecimento da atenuante da confissão (art. 65, inciso III, "d", do CP). A uma porque estamos diante de institutos de distinta natureza jurídica, pois enquanto a *confissão* constitui uma atenuante legal, a ser analisada na segunda fase de aplicação da pena, o acordo de colaboração implica na redução da pena do colaborador, o que deve ser sopesado pelo juiz apenas na terceira fase do ato decisório.

Nesse sentido, aliás, já se posicionou o STJ, reconhecendo que "não há impossibilidade de aplicação simultânea da atenuante da confissão, na 2ª fase de individualização da pena, com a da delação premiada, na 3ª etapa, por se revestir, no caso do art. 14 da Lei 9.807/99, de causa de diminuição de pena".[179]

Como já dito anteriormente, o legislador adotou uma correta postura pragmática e de resultado no trato da colaboração premiada. Qualquer outra opção ou abrandamento desse pragmatismo e orientação por resultados conduziria o instituto a decair para um instrumento de obtenção fácil de impunidade ou abrandamento penal mediante artifícios. Mesmo cercado de todos os cuidados, ainda isso pode ocorrer em certas circunstâncias, mas o tratamento legal dado foi bastante cauteloso.

---

178 NUCCI, Guilherme de Souza. *Código Penal Comentado*. 9ª. ed. São Paulo: RT, 2008, p. 433.

179 STJ, HC 84.609/SP, 5ª Turma, Rel. Min. Laurita Vaz, DJe 01.03.2010.

Assim é que a homologação do acordo pelo juiz não é uma decisão que definitivamente venha a produzir os benefícios acenados. A concretização desses benefícios ao réu ou investigado somente se dará no momento da sentença condenatória quando então o magistrado irá avaliar se algum ou alguns dos resultados acordados foram efetivamente atingidos, e mais, se o foram tendo relação de causalidade com a colaboração do sujeito. Portanto, tanto quando os resultados acordados não forem obtidos, como quando o forem, mas sem qualquer ligação com a suposta colaboração do agente, que, no caso concreto, não passaria de um simulacro, o juiz não lhe concederá os benefícios. É claro que o julgador deve ter muito cuidado nessa avaliação, bem como é evidente que sua decisão estará sujeita ao duplo grau de jurisdição, seja quando conceder os benefícios, seja quando não os conceder. Poderão recorrer de qualquer das duas decisões, tanto o defensor, este no exercício natural de seu ofício, como o promotor, este na qualidade de fiscal da lei.

Questão tormentosa tem surgido acerca dos limites temáticos do acordo de colaboração premiada. A indagação consiste no seguinte:

A colaboração premiada somente pode versar, conforme se depreende da leitura estrita da lei, sobre benefícios de ordem penal nela elencados? Ou também pode abarcar outros prêmios como, por exemplo, o estabelecimento de prisão domiciliar ou, ainda, um acordo abrangendo áreas diversas, tais como o Direito Administrativo Disciplinar, a Improbidade Administrativa, o Direito Tributário, o Direito Civil etc.?

O tema já foi enfrentado pelo TJDF, que indicou a impossibilidade de estender a colaboração premiada para a seara administrativa (TJDF, Apelação Cível, 20110110453902APC, Acórdão nº 804101, Relator Carmelita Brasil, Revisor: Sérgio Rocha, 2ª Turma Cível, j. 09.07.2014, DJE 21.07.2014, p. 100). Entretanto, divergiu vencido o Desembargador Revisor Sérgio Rocha, afirmando:

> Em uma interpretação teleológica da lei, é perfeitamente aplicável e até recomendável a aplicação da delação premiada na ação de improbidade administrativa.

Já no STF, o modelo de fixação negociada de penas, por exemplo, em que são pactuados regimes não previstos no ordenamento jurídico, foi criticado de forma incisiva pelo Ministro Gilmar Mendes, uma vez

6 – Comentários Sobre a Lei 12.850/13

que, na sua visão, isso representaria uma estipulação de sanção sem prévia cominação legal.[180] Em sentido semelhante se manifestou o Ministro Ricardo Lewandowski ao pontuar que acordos que prevejam sanções criminais não previstas em nosso ordenamento jurídico não devem ser homologados.[181]

Não foi esse, todavia, o entendimento do Ministro Luís Roberto Barroso[182], que manifestou-se de forma favorável a concessão de outros prêmios ao colaborador, ainda que não previstos em lei, desde que não sejam vedadas pelo ordenamento jurídico e não agravem a situação do colaborador. Na visão do Min. Barroso, "não é possível, mediante pacto em acordo de colaboração premiada, se punir o colaborador com sanção mais grave do que aquela que o Direito Penal posto admitiria", contudo, "tudo o mais que tenha razoabilidade, que não seja absurdo, pode sim (...) ser negociado, mesmo que não esteja previsto em lei, porque isso é da natureza das relações negociais".

Ocorre que essa discussão em torno da fixação negociada da pena perdeu sentido com o advento da Lei 13.964/19, que na nova redação do § 7º, do artigo 4º, da Lei 12.850/13, previu a nulidade de cláusulas que violem o critério de definição de regime inicial de cumprimento de pena previsto no artigo 33, do Código Penal, bem como as regras de cada regime. De maneira ilustrativa, no âmbito da "Operação Lava-Jato" era comum a fixação de cláusulas que previam a fixação da pena de 05 anos em "regime fechado domiciliar". Atualmente, contudo, essa possibilidade é vedada pelo artigo 4º, § 7º, inciso II, da LOC.

Em âmbito doutrinário, mesmo antes do "Pacote Anticrime", Afrânio Silva Jardim sustentava que o acordo de colaboração premiada deve se restringir aos prêmios legalmente previstos, senão vejamos:

> É imperioso reconhecer que o acordo de colaboração premiada é um negócio processual e, por conseguinte, regido pelos princípios e regras de Direito Público. Como é de todos sabido, as regras e princípios do Direito Penal e do Direito Processual Penal são cogentes e ficam fora do poder dispositivo das partes que atuam no processo penal. Como se costuma dizer, em termos de Direito Privado, pode-se tudo que não seja proibido, enquanto

---

180 STF, Min. Gilmar Mendes. Questão de Ordem na Pet. 7.074.
181 STF, Min. Ricardo Lewandowski. Pet. 7.265.
182 STF, Min. Luís Roberto Barroso. Questão de Ordem na Pet. 7.074.

sob a égide do Direito Público só se pode fazer o que seja expressamente permitido".[183]

SANTOS, por outro lado, defende que a aplicação da delação premiada na área administrativa nada mais é do que escorreita utilização de analogia "in bonan partem" plenamente justificável, não constituindo aviltamento do devido processo legal.[184] É esse, aliás, o posicionamento adotado pelo Manual do ENCCLA, pois:

> Como se trata de normativa benéfica ao réu, desde que não haja proibição – ou seja, não afronte o ordenamento jurídico – e esteja dentro do marco da razoabilidade, é possível que outros benefícios sejam ofertados e eventualmente aplicados. Neste tema, como se trata de norma mais favorável ao réu, inexiste a restrição da legalidade estrita.[185]

DAVID também conclui que se na esfera penal é possível transacionar a colaboração e benefícios que incidirão sobre a sanção criminal, a qual constitui, por definição, a *ultima ratio* de todo o sistema, não há razão lógica para afastar a possibilidade de que o acordo abranja outras áreas do Direito, mormente considerando a fragmentariedade e subsidiariedade do Direito Penal em relação aos demais ramos.

O autor ainda argumenta que se uma decisão penal pode exercer efeitos negativos em outras áreas, tais como a perda do cargo administrativo (v.g. art. 92, I, CP), nada deve obstar que possa também produzir efeitos positivos por meio de "cláusulas definidas em acordo de colaboração premiada". Essa conclusão seria um derivativo lógico do conhecido brocardo latino "*in eo quod plus est semper inest et minus*" ("quem pode o mais, pode o menos"). Seriam exemplos dessa situação análoga, a conversão de uma punição de demissão para aposentadoria compulsória ou de uma pena de demissão para suspensão ou ainda de

---

183 JARDIM, Afrânio Silva. *Nova Interpretação sistemática do acordo de colaboração premiada.* Disponível:http://emporiododireito.com.br/leitura/delatando-sem--premio-as-delacoes-premiadas-por-afranio-silva-jardim-1508430735. Acesso em 08.01.2019.
184 SANTOS, Marcos Paulo Dutra. *Colaboração (delação) premiada.* 2ª ed. Salvador: Juspodivm, 2017, p. 186.
185 Manual – Colaboração Premiada. Brasília: ENCCLA, 2014. p. 07. Destaque-se que esse posicionamento vem prevalecendo na práxis, especialmente no âmbito da Operação Lava-Jato.

6 – Comentários Sobre a Lei 12.850/13

negociação quanto a uma suspensão, diminuindo seu tempo ou mesmo a convertendo em advertência ou repreensão, tudo isso no âmbito administrativo-disciplinar. Ora, se é possível negociar reduções de pena, perdão judicial e progressões de regime na área do Direito Penal e da Execução Penal, por que não o seria na seara administrativo-disciplinar?[186]

Lembremos que, eventualmente, a penalidade administrativa será um atrativo maior ao funcionário público para a concretização do acordo de colaboração, dependendo das circunstâncias.

No que tange à improbidade administrativa, a perda do cargo também poderia ser objeto de negociação, assim como a questão de penalidades pecuniárias relativas a esse tipo de ação civil. O mesmo pode ocorrer com referência a tributos. Nestes casos, não por impedimento legal expresso, mesmo porque se está trabalhando com uma interpretação extensiva da normatização da colaboração premiada, mas em termos morais e de proporcionalidade e razoabilidade, há que ponderar que não seria adequada a manutenção em cargos políticos como proposta de negociação, bem como a redução de pagamentos que ingressem nos valores consistentes em dano ao erário público. Quanto a valores, os passíveis de negociação moralmente aceitável seriam tão somente os acessórios e multas, jamais podendo ser cogitada a isenção do envolvido com relação à recomposição do dano efetivo ao erário, inclusive com juros e correção monetária. Esses valores devem ser inegociáveis. Não somente isso, em nosso entendimento, qualquer acordo de colaboração nessas situações deve ter como condição necessária a ser satisfeita pelo colaborador, o ressarcimento integral dos prejuízos ao patrimônio público.

Por seu turno, SOARES e BORRI chamam a atenção para o entendimento de não caberia nem mesmo analogia *"in bonam partem"* para os casos de improbidade ou tributários por haver expressos impeditivos legais de qualquer transação (art. 17, § 1º, da Lei 8.429/92, que impede a celebração de acordos nos casos de improbidade; e artigo 97, inciso VI, do CTN c/c artigo 156, § 6º, da CR, que somente permitem exclusão, suspensão e extinção de créditos tributários ou mesmo dispensa ou redução de penalidades por meio de lei.[187]

---

186 DAVID, Décio Franco. Efeitos extrapenais da colaboração premiada. *Boletim IBCCrim*. n. 313, dez., 2018, p. 11 – 12.
187 SOARES, Rafael Junior, BORRI, Luiz Antonio. A legitimidade do terceiro dela-

6.10.6. Finalidades do acordo de colaboração premiada

A Lei 12.850/13 apresenta nos incisos do seu artigo 4º, os resultados a serem obtidos por meio do acordo de colaboração premiada. Deve-se anotar que os resultados descritos nos incisos I a V, podem ser objeto do acordo isolada ou cumulativamente, dependendo de cada caso concreto e dos objetivos da investigação ou processo, sem nunca perder de vista os parâmetros do artigo 4º, § 1º, da Lei 12.850/13. São exatamente essas finalidades que legitimam a concessão do benefício ao colaborador:

a-) Colaboração Delatória: viabiliza a identificação dos demais coautores e partícipes da organização criminosa e das infrações penais por eles praticadas. Esse é um objetivo importantíssimo para a investigação, o processo e a correta aplicação da lei penal. Ele assegura, inclusive, a indivisibilidade da ação penal, evitando que eventualmente, não por questões de direito, mas de fato, venham a ficar de fora de um processo pessoas que colaboraram para a prática criminosa.[188]

É claro que isso diz respeito aos demais infratores e não necessariamente ao colaborador, o qual poderá obter benefícios que chegam ao Perdão Judicial. No entanto, deve-se ter em conta que, ao menos na maioria das vezes (porque há previsão legal de caso em que o promotor pode não incluí-lo sequer na denúncia – artigo 4º, § 4º) o próprio colaborador será processado e somente na sentença condenatória final é que obterá eventuais benefícios oriundos do acordo homologado de colaboração.

Por isso é verdadeira a afirmação supra no sentido de que esse objetivo tem o condão de dar maior efetividade ao Princípio da Indivisibilidade. Ademais, dá também maior concreção a Princípios Constitucionais como os da Isonomia e da Justiça, já que é lamentável que em um grupo criminoso apenas alguns sejam punidos, enquanto outros se deleitam nos braços abertos da impunidade.

---

tado para discutir o acordo de colaboração premiada em face da concessão de benefícios extrapenais. *Boletim IBCCrim*. n. 316, mar., 2019, p. 22-23.

188 O Princípio da Indivisibilidade da Ação Penal determina que nenhum dos autores de uma infração possa ser deixado de fora do respectivo processo por liberalidade do órgão acusatório, seja na ação penal pública, seja na ação penal privada. Cf. TOURINHO FILHO, Fernando da Costa. *Processo Penal*. Volume 1. 21ª ed. São Paulo: Saraiva, 1999, p. 329. Note-se que hoje, com o abrandamento do Princípio da Obrigatoriedade por institutos como a Transação Penal, a Suspensão Condicional do Processo e a Colaboração Premiada, pode haver exceções.

6 – Comentários Sobre a Lei 12.850/13

Ainda quanto a esse objetivo da colaboração é preciso ter uma cautela, seja na fase de elaboração do acordo, de sua homologação judicial e, principalmente, quando da concessão dos benefícios. Corre-se um risco muito grande de que em certas situações em que a organização esteja prestes a ser desmantelada, venha a surgir como suposto "colaborador" um indivíduo que, na realidade, é o mais importante em toda a atuação daquela mesma organização e, por isso mesmo, sabe de todos os seus meandros. Ele assim atua para obter sua impunidade, sem se importar em entregar de bandeja às autoridades os demais participantes de menor porte e a própria estrutura da organização que já não lhe serve mais. Pode ter em mente deixar o crime e viver dos dividendos de anos e anos de liderança ou então, o que é mais comum, ressurgir das cinzas, qual Fênix[189], em outra organização nova, com outra estrutura, explorando o mesmo ramo criminal ou ainda mudando de atividade delituosa. Detectada essa manobra já na fase de acordo, este deverá ser repudiado pelo delegado de polícia e pelo Ministério Público. Se a detecção se der quando da decisão de homologação judicial, caberá ao juiz indeferir. E se na fase de sentença, após todo o processo e investigação, deverá o juiz negar as benesses imerecidas. O ideal num caso desses é que a descoberta ocorra nesta última fase, pois então a sociedade terá se beneficiado das informações prestadas pelo criminoso, embora ardilosamente, mas não lhe concederá os benefícios pretendidos. Terá ele então caído na própria armadilha de sua má-fé.

Note-se que o dispositivo em questão não mencionou as infrações penais que poderiam ser objeto de revelação por parte do colaborador. Justamente por isso, entendemos que quaisquer infrações penais praticadas pelos integrantes da organização criminosa podem justificar a formalização do acordo, desde que, obviamente, sejam identificados os seus autores e partícipes.

b-) Colaboração Estrutural: tem a finalidade de revelar a estrutura hierárquica e da divisão de tarefas dentro da organização criminosa. Por meio dessa espécie de colaboração também é possível a obtenção de informações importantes que servem tanto para a mensuração da culpabilidade de cada um dos integrantes do grupo, como para a indi-

---

189 A fênix ou fénix (em grego φοῖνιξ) é um pássaro da mitologia grega que, quando morria, entrava em autocombustão e, passado algum tempo, renascia das próprias cinzas.

vidualização de suas supostas condutas na elaboração da inicial acusatória. Serve, ainda, para confirmar a caracterização de verdadeira "Organização Criminosa" nos estritos termos de sua definição no artigo 1º, § 1º, da Lei de regência, pois que a estruturação e divisão de tarefas são elementos da definição de uma "Organização Criminosa".

Note-se que a doutrina e a jurisprudência mais abalizadas têm repudiado as denúncias chamadas "genéricas", em que não se descreve corretamente a conduta de cada acusado, razão pela qual, especialmente na macrocriminalidade estruturada com divisão de tarefas e atomização de responsabilidades entre diversos indivíduos, torna-se muito importante o conhecimento de todo o funcionamento e da atribuição de cada um de seus componentes. A denúncia "genérica" prejudica a ampla defesa, o contraditório e, enfim, todo o devido processo legal, de forma que esse conhecimento propiciado pelo colaborador facilitará em muito o bom andamento processual desde o seu nascedouro.

c-) Colaboração Preventiva: objetiva a prevenção de infrações penais decorrentes das atividades da organização criminosa. Mais uma vez foi sábio o legislador neste diploma, pois não se esqueceu, como é comum na seara penal, do dito popular segundo o qual "é melhor prevenir do que remediar". E no campo criminal é ainda melhor prevenir, porque a pena não é propriamente "remédio" para nada, mas não passa de uma espécie de "mal necessário" para o qual ainda não se imaginou melhor solução. Na área criminal é usual o enfoque no aspecto repressivo e certo abandono da prevenção, que é, na realidade, muito mais importante criminologicamente falando. Por exemplo, o que é melhor, prender o incendiário após o incêndio com danos materiais e humanos ou evitar a prática criminosa? Descobrir o terrorista que provoca uma explosão, matando pessoas, lesionando e causando danos materiais ou evitar a explosão? Prender os sequestradores e libertar a vítima de um cativeiro onde esteve por meses ou evitar a prática do crime de extorsão mediante sequestro por uma ação preventiva? Pensa-se que dentro do bom senso não há a menor dúvida quanto às respostas a estas e outras questões similares.

d-) Colaboração para a Recuperação de Ativos: tem como foco a recuperação total ou parcial do produto ou do proveito das infrações penais praticadas pela organização criminosa. Esse é outro desiderato relevante, pois ataca diretamente a fonte de recursos da organização,

6 – Comentários Sobre a Lei 12.850/13

bem como em muitos casos significa a restituição de bens, dinheiro ou valores a vítimas lesadas pelas atividades empreendidas pela dita organização. Maior relevo ainda ganha esse resultado quando se estiver tratando de danos financeiros ocasionados ao erário público, pois que a lesão patrimonial não é individual, mas se irradia para todos os membros da sociedade brasileira.

Sobre o tema, chamamos a atenção do leitor para a *função restaurativa* da investigação criminal, no sentido de restaurar, vale dizer, reconstruir, recuperar as condições existentes antes da prática do crime, seja sob o prisma do autor ou da vítima.

Infelizmente, os órgãos de persecução penal, sobretudo os ligados à investigação criminal, vêm se contentando em garantir a responsabilização penal de autores de fatos criminosos, quando, na maioria das vezes, essa atividade em quase nada abala uma estrutura organizada que vive de ilícitos penais.

Nesse contexto, engana-se quem pensa que uma persecução penal exitosa é aquela em que os criminosos são presos, pois, dentro de uma sociedade delinquente, não basta assegurar a imposição da pena como efeito jurídico do crime, sendo imprescindível a desarticulação de toda estrutura desenvolvida a partir da prática de infrações penais.

Para tanto, é possível encontrar em nosso ordenamento jurídico diversas ferramentas aptas a mitigar as consequências do crime, evitando, destarte, o locupletamento do criminoso e a reiteração de condutas delituosas. Isto, pois, de nada adianta a prisão do autor de um delito se a estrutura criminosa estabelecida continuar funcionando. Note-se que tais ferramentas servem, inclusive, ao *caráter simbólico* da investigação criminal, uma vez que desestimulam atos ilícitos.

Nos crimes patrimoniais, por exemplo, sob o ponto de vista da vítima, mais importante do que a responsabilização do criminoso é a recuperação do produto da infração. Assim, não cabe à Polícia Judiciária focar sua atenção apenas na reunião de indícios de autoria e materialidade delituosa, sendo dever da investigação a localização dos objetos roubados, furtados, apropriados ilicitamente etc.

Com esse viés a investigação criminal, além de preparar a ação penal, evitar acusações infundadas, identificar o fato oculto e, consequentemente, desestimular a prática de novas infrações penais, também dará uma satisfação à vítima, vulnerada na sua esfera patrimonial. Da mesma forma, evita-se o locupletamento do criminoso, o que, por óbvio, também atingirá eventual estrutura criada a partir do crime.

Nesse cenário, são valiosas as chamadas *medidas assecuratórias*, tidas como "as providências de natureza cautelar levadas a efeito no juízo penal que buscam resguardar o provável direito da vítima ao ressarcimento do prejuízo causado pela infração penal".[190]

Em linhas gerais, pode-se destacar alguns motivos pelos quais as medidas assecuratórias são eficientes no combate ao crime organizado[191]: a-) o confisco dos bens e valores promove a asfixia econômica de certos crimes; b-) tendo em vista a fungibilidade entre os integrantes de uma organização criminosa, a neutralização de bens e valores desestabiliza a estrutura criada; c-) evita-se a possibilidade de uso do produto ou proveito da infração após eventual cumprimento de pena; d-) inviabiliza o locupletamento de familiares ou outros membros da organização.

Apenas para ilustrar, a *busca e apreensão* tem o papel de resguardar o próprio produto do crime. Ao localizar um veículo furtado, por exemplo, a Polícia Judiciária deverá promover sua apreensão e restituição à vítima, que, assim, terá seu prejuízo mitigado.

Já o *sequestro*, regulado a partir do artigo 125, do CPP, tem a finalidade de acautelar os bens adquiridos através da prática de crimes. Em outras palavras, essa medida cautelar de natureza patrimonial poderá recair sobre bens móveis ou imóveis de origem ilícita que constituem verdadeiro provento da infração (*v.g.* veículo adquirido com dinheiro proveniente do tráfico de drogas).

Outra ferramenta que passa despercebida por vários operadores do Direito encontra previsão legal no artigo 91, §§ 1º e 2º, do Código Penal, acrescentados pela Lei 12.694/12, que foi o primeiro diploma normativo a conceituar "Organização Criminosa". Com essa inovação legislativa houve uma significativa ampliação no poder de confisco do Estado, pois não apenas o produto ou proveito do crime podem ser confiscados, mas também "os bens e valores equivalentes ao produto ou proveito do crime quando estes não forem encontrados ou quando se localizarem no exterior". Já o § 2º, do mesmo dispositivo, viabiliza a adoção das medidas

---

190 BONFIM, Edilson Mougenot. *Curso de Processo Penal.* ed. 11. São Paulo: Saraiva, 2016. p. 390.

191 Em sentido semelhante: LIMA, Renato Brasileiro de. op. cit., p.87.

6 – Comentários Sobre a Lei 12.850/13

assecuratórias para abranger esses mesmos bens e valores pertencentes ao investigado para posterior decretação de perda.

Como se vê, trata-se, sem dúvida nenhuma, de importante instrumento restaurativo, cuja adoção certamente irá mitigar os prejuízos causados pelo crime e ainda evitar o locupletamento dos criminosos e seus familiares, sufocando, outrossim, a estrutura econômica de uma organização voltada à prática de ilícitos.

É nesse cenário que a *colaboração para a recuperação de ativos* (art. 4º, IV, da LOC), ora em estudo, se destaca como importante instrumento *restaurativo*. Por meio dessa técnica especial de investigação será possível desestruturar a organização e ao mesmo tempo mitigar as consequências dos crimes praticados. Nesse ponto, aliás, vale o alerta de Renato Brasileiro no sentido de que:

> (...) um dos meios mais eficientes para a repressão de certos delitos passa pela recuperação de ativos ilícitos, sendo imperiosa a criação de uma nova cultura, uma nova mentalidade, que, sem deixar de lado as penas privativas de liberdade, passe a dar maior importância às medidas cautelares de natureza patrimonial e ao confisco dos valores espúrios.[192]

e-) Colaboração para Libertação: objetiva a localização de eventual vítima com a sua integridade física preservada. Esta finalidade da colaboração está intimamente ligada a infrações penais que se caracterizam pela violação da liberdade de ir e vir das vítimas, tais como roubos majorados pela restrição da liberdade da vítima (artigo 157, § 2º, V, CP); extorsões qualificadas pela restrição da liberdade da vítima (artigo 158, § 3º, CP);[193] extorsões mediante sequestro (artigo 159 e parágrafos, CP); redução à condição análoga à de escravo (artigo 149, CP); sequestro ou cárcere privado (artigo 148, CP), dentre outros.

A relevância desse objetivo nesses crimes prescinde de maiores comentários. Vale apenas ressaltar que a lei, corretamente, não se contenta com a simples localização da vítima, mas pretende sua localização com a "integridade física preservada". Não servirá de nada, para fins de concessão de benefícios, a localização, por exemplo, do cadáver da

---

192 LIMA, Renato Brasileiro de. op. cit., p. 396.

193 Estes dois casos costumam ser chamados na gíria criminal de "Sequestro-Relâmpago".

vítima ou da vítima acometida de graves lesões. O juiz deverá em cada caso concreto ponderar essa questão da preservação da integridade física, pois pode ocorrer que a vítima seja localizada com pequenas lesões, adoentada devido às condições de cativeiro, mas estando com sua integridade em geral razoavelmente preservada.

Nessas situações não deve haver óbice para os benefícios porque senão haveria um sério desincentivo aos potenciais colaboradores sempre que a vítima se apresentar com alguma mínima lesão. Outro aspecto que deve ser ponderado: se no momento da colaboração, estando a vítima ainda viva, mas já com lesões sérias narradas pelo colaborador, poderia ser formalizado o acordo?

Entende-se que o critério da preservação da integridade física deve sofrer um elastério para a interpretação de que seja possível o acordo para liberação da vítima, desde que não agravada a situação já posta. Isso porque o contrário seria fechar as portas de negociações e, eventualmente, ocasionar o perecimento da pessoa sequestrada. Exemplificando: imagine-se que uma organização criminosa perpetrou um crime de extorsão mediante sequestro. Durante o cativeiro e negociações de resgate, foi cortada uma orelha da vítima e mandada para a família com o fim de aterrorizar. Bem, a vítima ainda está viva e um dos integrantes do grupo pretende indicar sua localização para sua libertação com vida. Ela estará sem uma das orelhas, com lesões graves consistentes na deformidade permanente. No entanto, entende-se que o acordo de colaboração poderia, com bom senso e ponderando os interesses maiores em jogo, ser realizado, levando em conta a preservação ao menos do "*status quo*" da integridade física da vítima naquele momento.

Advirta-se, ainda, que não se pode concordar com as conclusões de GOMES e SILVA, no seguinte sentido:

> Se a vítima veio a ser assassinada pelos integrantes da Organização Criminosa em decorrência de mau procedimento das investigações ou da ação da polícia quando do seu salvamento, terá o colaborador direito ao prêmio advindo do resultado previsto no inciso V do artigo 4º da Lei 12.850/13, pois a vítima foi localizada com vida em um primeiro momento, mas por erro da ação estatal veio a ser assassinada.[194]

---

194 GOMES, Luiz Flávio; SILVA, Marcelo Rodrigues da. op. cit., p. 247.

6 – Comentários Sobre a Lei 12.850/13

Ora, é cediço que as ações policiais se desenvolvem fora de uma lógica matemática, sendo marcadas por uma boa dose de imprevisibilidade, afinal, são inúmeros os fatores que podem influenciar em um plano de resgate. A título de exemplo, lembramos que os comparsas do colaborador não participaram do acordo formalizado com o Estado e, portanto, tendem a resistir à ação policial. Demais disso, não se pode olvidar que o colaborador criminoso contribuiu para a situação que demanda uma ação policial de resgate, não podendo, nesse contexto, valer-se de sua própria torpeza. Conclui-se, pois, que o risco advindo do resgate da vítima é um ônus que deve recair sobre o colaborador, que só terá direito aos benefícios legais se a operação policial for exitosa.

6.10.7. Da suspensão do prazo para o oferecimento da denúncia

> *Art. 4º, § 3º. O prazo para oferecimento de denúncia ou o processo, relativos ao colaborador, poderá ser suspenso por até 6 (seis) meses, prorrogáveis por igual período, até que sejam cumpridas as medidas de colaboração, suspendendo-se o respectivo prazo prescricional.*

Prevendo o legislador a complexidade que pode haver em algumas negociações, estabeleceu no § 3º, do artigo 4º, da LOC, a possibilidade de suspensão do prazo para oferecimento da denúncia por até seis meses, prorrogáveis por igual período, até que sejam cumpridas as medidas de colaboração. Visando garantir o não esvair do prazo prescricional mediante alguma manobra de má-fé que vise ludibriar os órgãos persecutórios com o único intento de protelar o início do processo, prevê o legislador que a suspensão do prazo para denúncia implica automaticamente na suspensão também do prazo prescricional.

Advirta-se que quando a lei fala em suspensão significa dizer que ao retornar a contagem do prazo para a denúncia e prescrição serão computados os dias já passados, não sendo zerado o prazo como ocorreria se usasse o legislador a palavra "interrupção". A razão de ser desse dispositivo que permite a suspensão do prazo para a denúncia é encontrável no § 4º, logo em seguida, pois ali é permitido ao Ministério Público deixar de ofertar denúncia contra o colaborador, mediante a satisfação de alguns requisitos que serão estudados oportunamente.

É tendo em vista essa exceção aberta aos Princípios da Obrigatoriedade e Indivisibilidade da Ação Penal que o legislador concede ao Ministério Público um alargamento do prazo para a formulação de sua inicial acusatória. Nesse período o promotor terá plenas condições de avaliar se a colaboração prestada pelo implicado é digna de levar até mesmo à sua exclusão do processo, praticamente transmudando-o de potencial réu em testemunha. Observe-se, por oportuno, que se for o caso da suspensão do prazo para a denúncia, não estará eventual vítima de um crime legitimada a intentar a ação penal privada subsidiária da pública, tendo em vista o extrapolar do prazo para a acusação. Isso porque não haverá "inércia" do representante do Ministério Público e nem mesmo infração ao prazo, o qual estará suspenso por força da lei e de autorização judicial.

Pode causar alguma estranheza o fato de que para o perdão judicial, redução de pena ou substituição de pena, precisa o promotor requerer ao juiz e depender de sua homologação. Mas, quando a lei fala na exclusão de alguém da peça acusatória, concedendo um prazo para a formação de convicção e do quadro geral da situação pelo promotor, vislumbra-se claramente que isso se dá por sua atuação independente. Não haveria aqui alguma contradição ou incongruência?

Essa suposta incoerência é somente aparente, pois que o titular da ação penal é o Ministério Público e a lei, prevendo uma exceção à obrigatoriedade e à indivisibilidade, lhe confere discricionariedade para decidir por si mesmo se inclui ou não o colaborador na denúncia. Porém, fica ainda uma dúvida. Essa atuação do Ministério Público não estaria sujeita a qualquer controle pelo Judiciário? Isso não seria contraditório com todo o restante da estrutura da colaboração?

A resposta também é negativa, pois que o juiz vai exercer o controle da atuação do Ministério Público quanto à sua legalidade, bem como quanto à infringência ou não dos Princípios da Obrigatoriedade e da Indivisibilidade da Ação Penal quando da decisão de recebimento ou rejeição da denúncia. Aferindo o juiz infração à obrigatoriedade ou indivisibilidade, deverá rejeitar a peça acusatória e encaminhar o caso de acordo com o "Princípio da Devolução" ao Procurador Geral, nos termos do artigo 28, CPP, pois que a exclusão de um dos potenciais réus da peça inicial equivale ao pedido de arquivamento. Não concordando o magistrado, o caminho a seguir somente pode ser o acima descrito.

6 – Comentários Sobre a Lei 12.850/13

A legislação deveria ter sido mais clara quanto ao prazo de suspensão. A lei fala em "seis meses, prorrogáveis por igual período, até que sejam cumpridas as medidas de colaboração". Fica a dúvida que certamente ensejará pelo menos duas correntes:

a) Esse prazo de suspensão de seis meses pode ser prorrogado apenas uma única vez, inteirando um ano de suspensão.[195] Isso porque deve haver uma razoabilidade em todos os prazos e, sem um limite, poderiam ocorrer prorrogações por tempo demasiado, inclusive levando indiretamente a uma espécie de quase imprescritibilidade, tendo em vista que o prazo prescricional também é suspenso.

b) Esse prazo poderia ser prorrogado, nos termos da própria lei, "até que sejam cumpridas as medidas de colaboração", ou seja, pelo tempo necessário a esse cumprimento, que pode dar-se dentro do período de um ano ou pode extrapolá-lo em algumas situações justificáveis.

O debate certamente será polarizado nessas duas hipóteses. Uma coisa, porém, é certa: a decisão de suspensão do prazo deverá ser fundamentada no início e em cada prorrogação. Entende-se que uma interpretação intermediária entre os dois polos antagônicos acima é a melhor. Essa interpretação é a seguinte: em regra o prazo de suspensão se dará por, no máximo, 1 ano. Apenas excepcionalmente e mediante devida fundamentação poderá ser renovado acima disso. Essa fundamentação terá de ser embasada no andamento das diligências investigatórias a justificarem a prorrogação porque demonstrado que a colaboração está sendo produtiva para o deslinde da criminalidade organizada e sua paralisação abrupta causaria perdas sensíveis ao interesse social.

Note-se que a lei não é clara, mas certamente essa suspensão do prazo para a denúncia somente pode ser deferida pelo juiz e não promovida diretamente pelo promotor. Este deve requerê-la fundamentadamente ao magistrado que, por seu lado, proferirá decisão igualmente fundamentada, como já se disse, desde a suspensão inicial de 6 meses até cada uma de suas prorrogações ulteriores. Tudo o que foi dito se aplica à suspensão do processo em andamento que também é prevista na dicção do § 3º, em estudo.

Observe-se que essa previsão de suspensão do prazo para a oferta da denúncia será um instrumento que poderá aproximar a Polícia Ju-

---

195 Neste sentido já se manifesta na doutrina iniciante sobre o tema Pacelli. PACELLI, Eugenio. Op. Cit.

diciária e o Ministério Público nas investigações de Crime Organizado, atuando ambos os órgãos de forma concatenada e harmônica, pois que necessariamente deverão atuar em conjunto tanto para a decisão sobre a necessidade dessa prorrogação, quanto para a realização das investigações nesse período. Mesmo com a suspensão do processo o quadro não deve se alterar muito, já que normalmente deverá existir uma atuação conjunta entre Ministério Público e Polícia Judiciária na realização de diligências durante esse prazo de suspensão, a não ser nos casos em que o Ministério Público promova investigações por conta própria.

Outro aspecto interessante é que a suspensão da denúncia ou do processo para o colaborador não implica necessariamente na suspensão para os demais envolvidos segundo a lei. Diz o § 3º, que a suspensão desses prazos é *relativa* "ao colaborador". Diante dessa determinação legal, entende-se que os prazos para denúncia e andamento processual para os demais réus correrão normalmente. No entanto, há que ponderar o seguinte: em primeiro lugar, o fato de que o processo ou a denúncia sejam sustados para determinado envolvido, praticamente significa sua entrega como colaborador perante a organização criminosa, com sérios riscos para sua vida; em segundo lugar, o seguimento do processo, independentemente da concretização das medidas de colaboração será, no mínimo, capenga, pois que terá andamento ainda sem inúmeras informações e diligências que estariam sendo levadas a termo com a colaboração.

Dessa forma, por mais que se conclua da leitura do dispositivo que as suspensões são somente para o colaborador, parece mais racional que isso se dê em geral. Contudo, como o legislador não previu dessa forma, haverá um problema, especialmente se as prorrogações ultrapassarem o período máximo de um ano, qual seja, o perigo de prescrição dos crimes apurados, já que a suspensão do prazo prescricional somente se poderia dar para o colaborador. Sendo norma penal, pois que influi na extinção de punibilidade dos agentes, não pode sofrer alargamento. Já a suspensão do processo ou do prazo para denúncia comportaria alargamento porque são meros prazos processuais impróprios.

Outro problema é que, mesmo com a suspensão dos prazos de denúncia ou do processo para todos os envolvidos, haverá, no mínimo, alguma desconfiança na organização quanto à existência de um colaborador, senão por que estariam os prazos do processo ou da denúncia

6 – Comentários Sobre a Lei 12.850/13

suspensos? Essa seria uma conclusão a que qualquer advogado com um mínimo de tino chegaria rapidamente. Novamente a vida do colaborador pode correr sérios riscos. Em suma, essas suspensões podem até ser instrumentos úteis em certos casos, mas devem ser utilizadas com muita parcimônia e excepcionalidade.[196]

6.10.8. Acordo de Imunidade (Não Oferecimento de Denúncia)

> *Art. 4º, § 4º Nas mesmas hipóteses do* **caput** *deste artigo, o Ministério Público poderá deixar de oferecer denúncia se a proposta de acordo de colaboração referir-se a infração de cuja existência não tenha prévio conhecimento e o colaborador: (Redação dada pela Lei nº 13.964, de 2019)*
>
> *I – não for o líder da organização criminosa;*
>
> *II – for o primeiro a prestar efetiva colaboração nos termos deste artigo.*
>
> *§ 4º-A. Considera-se existente o conhecimento prévio da infração quando o Ministério Público ou a autoridade policial competente tenha instaurado inquérito ou procedimento investigatório para apuração dos fatos apresentados pelo colaborador. (Incluído pela Lei nº 13.964, de 2019)*

Em complementação as conclusões expostas acima, no artigo 4º, § 4º, da LOC, com as inovações promovidas pelo "Pacote Anticrime", o legislador estabelece um "super-prêmio", que é a formalização de um acordo de imunidade com a possibilidade de resultar no arquivamento do inquérito policial. Em outras palavras, o colaborador nem sequer seria processado, mas desde que observados os seguintes requisitos:

I-) que a proposta de acordo de colaboração se refira a infração penal cuja existência não seja do conhecimento do Ministério Público ou da autoridade policial – registre-se que esse novo requisito foi inserido pela Lei 13.964/19 e se destina a reservar esse "super-prêmio" apenas

---

196 Ademais, a proposta contida neste trabalho sobre o alargamento das suspensões da denúncia e do processo para os demais coautores certamente será objeto de impugnação por parte da doutrina sob a alegação de atipicidade processual penal, ou seja, seria impossível essa manobra processual por absoluta ausência de previsão legal. Ver sobre o conceito de "tipicidade processual" e "reserva legal no processo penal": DELMANTO JÚNIOR, Roberto. Garantismo, legalidade e interpretação da lei penal. *Revista Brasileira de Ciências Criminais*. n. 67, jul./ago., 2007, p. 218.

para as hipóteses em que o colaborador trouxer informações referentes a infrações penais que até então eram desconhecidas dos órgãos estatais.

Nos termos do artigo 4º, § 4º-A, da LOC, considera-se existente o conhecimento prévio da infração quando o Ministério Público ou a autoridade policial competente tenha instaurado inquérito ou procedimento investigatório para apuração dos fatos apresentados pelo colaborador. Dizendo de outro modo, o acordo de imunidade só poderá ser formalizado quando o colaborador apresentar informações relevantes e comprováveis sobre infração penal que não seja objeto de apuração em inquérito ou procedimento investigatório.

Parece-nos importante frisar que muito embora o dispositivo faça menção expressa ao "inquérito", conduzido pelas polícias judiciárias, e ao "procedimento investigatório", que sugere a presidência do Ministério Público, entendemos que o acordo de imunidade só poderá ser homologado se a "*notitia criminis*" apresentada pelo colaborador não estiver sendo apurada por qualquer procedimento formal de investigação criminal.

De maneira ilustrativa, pode ser que uma notícia-crime seja inicialmente apurada por meio de um procedimento de Verificação Preliminar de Informações (VPI), previsto no artigo 5º, § 3º, do CPP. Destarte, em se demonstrando que a investigação já havia sido deflagrada por meio de um ato ordinário do delegado de polícia (ex.: despacho ao Setor de Investigações determinando a apuração dos fatos), não se pode considerar a infração penal desconhecida.

Questão que certamente irá gerar conflito na doutrina se refere à extensão do acordo de imunidade. Isto, pois, o novo artigo 4º, § 4º, com a redação imposta pela Lei Anticrime, estabelece que o Ministério Público poderá "deixar de oferecer denúncia se a proposta de acordo de colaboração **referir-se a infração** cuja existência não tenha conhecimento prévio" (grifamos). Questiona-se, assim, se o acordo de imunidade fica limitado à infração penal desconhecida ou se alcança outras infrações penais praticadas pelo colaborador.

Particularmente, ficamos com a impressão de que a intenção do legislador foi a de limitar esse "super-prêmio" ao crime até então desconhecido. Note-se que o dispositivo menciona que a "proposta de acordo" deve referir-se ao delito cuja existência não haja conhecimento prévio.

6 – Comentários Sobre a Lei 12.850/13

Há, portanto, um limite objetivo ao acordo de imunidade, não sendo possível admitir que o benefício em questão alcance outros crimes já em apuração, como, por exemplo, o próprio crime de "participação em organização criminosa".

Essa solução parece, de fato, ser a mais justa dentro de um juízo de proporcionalidade, afinal, se o colaborador apresenta provas relacionadas a um crime desconhecido pelo Estado, é razoável que em relação exclusivamente a esse delito seja concedida uma imunidade ao colaborador. Nesse contexto e observados os demais requisitos legais, a proposta de não oferecimento de denúncia torna-se uma ferramenta na busca pelo fato criminoso oculto.

II-) que o colaborador não seja o líder da organização criminosa – seria mesmo esdrúxulo não denunciar o líder da organização e processar os autores subalternos. Releva anotar que PACELLI[197] critica esse requisito sob a alegação de que muitas organizações – aliás, pode-se dizer com ele que a maioria delas – que não são lideradas por um único indivíduo, mas por um grupo de pessoas, uma espécie de cúpula, tal qual ocorre em qualquer grande empreendimento. Acrescente-se que se pode dizer mesmo que essa multiplicidade de líderes será tanto mais comum quanto maior for a dimensão da organização criminosa.

Não obstante ser válida a observação do autor, entende-se que isso em nada obstrui o dispositivo legal. Ora, se a organização somente tem um líder, então será ele quem não poderá obter o benefício, se tem vários, todos eles não o poderão e isso deverá ser apurado com o máximo cuidado antes da concessão. Pode haver casos de erros? Claro que sim. Isso pode ocorrer na criminalidade organizada ou não. Há crimes insolucionados, há erros judiciários, há crimes solucionados parcialmente, isso faz parte da persecução penal que, por seu turno, compõe a Justiça Terrena. Perfeição somente haverá na Justiça Divina, mas essa nem será, para nossa sorte, Justiça propriamente dita, mas, em verdade, "misericórdia".

II-) que o colaborador tenha sido o primeiro a prestar efetiva colaboração nos termos do artigo 4º – visa o legislador com esse requisito evitar que se produza uma série de colaboradores à vista dos benefícios obtidos por um primeiro que conseguiu sequer ser processado.

---

197 PACELLI, Eugenio. Op. Cit.

260 *Criminalidade Organizada & Globalização Desorganizada*

Também este requisito é alvo das críticas da doutrina no sentido de que promoveria uma verdadeira "corrida" entre os colaboradores, de modo que não se pode ter certeza se aquele que chega primeiro seria o mais merecedor do benefício. Inclusive este poderia ser, na verdade, o líder do grupo.[198] Bem, essas questões somente podem ser solvidas no caso concreto e há mesmo certos riscos. Entretanto, a opção contrária seria a da aceitação de uma fila de colaboradores a não serem denunciados, correndo-se então o risco maior de que todos se tornem colaboradores e ninguém seja efetivamente processado num verdadeiro paraíso da impunidade (se todos são culpados, então ninguém é culpado). Nesse passo se está beirando a confusão entre Religião e Direito. Parece que haveria uma aproximação muito grande entre o sacramento da confissão da Igreja Católica e a colaboração premiada obstrutiva da denúncia nas apurações sobre Crime Organizado. Diria o Estado: Venham a mim, confessem seus pecados e eu vos perdoarei!

É preciso ter em mente que os requisitos para que o promotor deixe de ofertar a inaugural acusatória são cumulativos e não estanques, ou seja, todos os requisitos devem ser satisfeitos: ser a infração penal desconhecida; o colaborador não ser o líder da organização e ser o primeiro a colaborar. Não basta não ser o líder somente, mas não ser o primeiro colaborador ou ser o líder e ser o primeiro a colaborar, ou, ainda, não ser o líder, ser o primeiro a colaborar, mas indicar infrações já conhecidas pelos órgãos de persecução penal.

Sobre o tema, deve-se salientar, ademais, a edição da Resolução nº 181/2017, do Conselho Nacional do Ministério Público, que trata exatamente do "acordo de imunidade" ou de "não persecução penal". Chama a atenção o fato de que na famigerada Resolução o CNMP legisla, sem qualquer pudor, sobre Direito Penal e Processual Penal, matérias cuja competência legislativa é exclusiva do Congresso Nacional.[199]

---

198 Op.cit.

199 A esse respeito, na ADI 5.793, da Ordem dos Advogados do Brasil, em 19 de dezembro de 2017, prolatou-se despacho no seguinte sentido: "Diante da informação amplamente noticiada de que, na 23º Sessão Ordinária de 2017 do CNMP, a norma ora impugnada foi modificada, acolhendo-se, supostamente, questionamentos veiculados nas ADIs 5.790 e 5.793, determino seja dada vista à autora para manifestação. Após, ante a potencial ofensa às competências do Congresso Nacional, entendo necessária e oportuna a oitiva da Câmara dos Deputados e do Senado da República, por meio de seus Presidentes. Por fim, ouça-se a Advogada-Geral da União e a Procuradora-Geral da República. Publique-se". Ao lado

6 – Comentários Sobre a Lei 12.850/13

Apenas para ilustrar, neste ato normativo o CNMP faz as vezes do legislador e amplia a possibilidade de realização do acordo de imunidade para qualquer tipo de crime, mesmo que não envolva organização criminosa, salvo aqueles praticados por meio de violência ou grave ameaça.

Como se pode notar, o Ministério Público agora vem se arvorando nas funções do legislador, criando uma situação que além de afrontar diretamente a competência legislativa do Congresso Nacional, também fere o princípio da isonomia, uma vez que a Resolução limita os "acordos de imunidade" apenas aos procedimentos investigativos de atribuição do MP. Não é outra a lição de MORAIS DA ROSA:

> (...) a resolução se restringe aos "procedimentos investigatórios criminais", de iniciativa do Ministério Público. Ou seja, não estão abarcados os procedimentos iniciados pela autoridade policial, de modo que se inaugura um privilégio aos investigados diretamente pelo Ministério Público, incompatível com o princípio da isonomia, especialmente o acordo de não persecução (...).
>
> Portanto, até mesmo em face da ementa da Resolução 181/2017, existe considerável dubiedade mesmo na novel redação, de modo que sua alteração deveria contemplar o princípio da isonomia, registrando de maneira clara a universalidade da benesse, dado que as razões de ser da norma, exposta nas considerações, aplicam-se a todos os acusados que a ela e conforme ela façam jus. Marcelo Cattoni demonstra a importância do devido processo legislativo, amplamente violado na iniciativa caseira do CNMP em modificar o CPP. Só falta um novo CPP por resolução, talvez conjunta do CNJ e do CNMP.[200]

Saliente-se, por derradeiro, que essa discussão perdeu sentido com as alterações promovidas pelo "Pacote Anticrime" no CPP, que regulamentou os chamados "acordos de não persecução penal" no artigo 28-A, ampliando, destarte, as margens da justiça negocial na seara criminal.

---

dessa ação direta de inconstitucionalidade tramita a ADI 5.790, da Associação dos Magistrados Brasileiros.

200 MORAIS DA ROSA, Alexandre. *Conheça uma novidade de 2017: a Resolução CNMP 181 viola a isonomia*. Disponível: https://www.conjur.com.br/2017-dez-29/limite-penal-novidade-2017-resolucao-cnmp-181-viola-isonomia. Acesso em 23.04.2018.

6.10.9. Das tratativas do acordo de colaboração premiada e seu marco inicial: dever de lealdade entre as partes (Termo de Confidencialidade), direito subjetivo ao acordo e colaboração unilateral

Art. 3º-B. O recebimento da proposta para formalização de acordo de colaboração demarca o início das negociações e constitui também marco de confidencialidade, configurando violação de sigilo e quebra da confiança e da boa-fé a divulgação de tais tratativas iniciais ou de documento que as formalize, até o levantamento de sigilo por decisão judicial. (Incluído pela Lei nº 13.964, de 2019)

§ 1º A proposta de acordo de colaboração premiada poderá ser sumariamente indeferida, com a devida justificativa, cientificando-se o interessado. (Incluído pela Lei nº 13.964, de 2019)

§ 2º Caso não haja indeferimento sumário, as partes deverão firmar Termo de Confidencialidade para prosseguimento das tratativas, o que vinculará os órgãos envolvidos na negociação e impedirá o indeferimento posterior sem justa causa. (Incluído pela Lei nº 13.964, de 2019)

§ 3º O recebimento de proposta de colaboração para análise ou o Termo de Confidencialidade não implica, por si só, a suspensão da investigação, ressalvado acordo em contrário quanto à propositura de medidas processuais penais cautelares e assecuratórias, bem como medidas processuais cíveis admitidas pela legislação processual civil em vigor. (Incluído pela Lei nº 13.964, de 2019)

§ 4º O acordo de colaboração premiada poderá ser precedido de instrução, quando houver necessidade de identificação ou complementação de seu objeto, dos fatos narrados, sua definição jurídica, relevância, utilidade e interesse público. (Incluído pela Lei nº 13.964, de 2019)

§ 5º Os termos de recebimento de proposta de colaboração e de confidencialidade serão elaborados pelo celebrante e assinados por ele, pelo colaborador e pelo advogado ou defensor público com poderes específicos. (Incluído pela Lei nº 13.964, de 2019)

§ 6º Na hipótese de não ser celebrado o acordo por iniciativa do celebrante, esse não poderá se valer de nenhuma das informações ou provas apresentadas pelo colaborador, de boa-fé, para qualquer outra finalidade. (Incluído pela Lei nº 13.964, de 2019)

O início das tratativas para o acordo de colaboração premiada sempre foi considerado o momento de maior insegurança jurídica para os interessados, uma vez que a Lei 12.850/13, na sua redação originária,

6 – Comentários Sobre a Lei 12.850/13

não disciplinava de maneira detalhada essa negociação preliminar à formalização do acordo. Com efeito, esse momento crucial de tratativas colocava as partes em um verdadeiro "limbo", pois os órgãos de investigação não tinham a exata dimensão da contribuição que poderia ser viabilizada pelo pacto e o colaborador não se sentia confortável em prestar informações, vez que elas poderiam se voltar contra os seus próprios interesses.

Foi justamente com o objetivo de disciplinar a fase de negociações e trazer uma maior segurança jurídica aos protagonistas do acordo de colaboração que o "Pacote Anticrime" acrescentou os artigos 3º-B e 3º-C, na LOC. Registre-se, todavia, que mesmo antes dessas inovações, a doutrina já apresentava solução para o caso ao indicar a formalização de um "termo de confidencialidade", verdadeiro pré-contrato onde ficava estabelecido que os elementos probatórios fornecidos pelo colaborador não poderiam ser utilizados na hipótese em que o pacto não fosse homologado[201].

Feitas essas considerações, passamos à análise dos dispositivos legais. Nos termos do "*caput*", do novo artigo 3º-B, da LOC, o início das negociações é marcado pelo recebimento da proposta, que também constitui marco de confidencialidade e sigilo. Nesse contexto, parece-nos que o legislador conferiu ao colaborador-investigado a prerrogativa de provocar o início das tratativas, o que apenas reforça que a colaboração se caracteriza não apenas como um meio de obtenção de prova, mas, sobretudo, como um mecanismo de defesa.

Mas isso não significa que o delegado de polícia e o Ministério Público não possam sugerir o pacto cooperativo, ainda que informalmente. Aliás, em muitos casos é importante que haja essa advertência por parte dos agentes estatais, afinal, pode ser que o investigado nem sequer tenha conhecimento sobre a possibilidade do acordo e seus prêmios legalmente previstos. Assim, cabe ao Estado-Investigação avaliar o panorama fático probatório de cada caso e, se entender pertinente, colocar-se à disposição para o acordo de colaboração, indicando os prêmios e os resultados que se pretende alcançar, norteando, assim, a formalização da proposta.

---

201 No âmbito do Ministério Público Federal já se adotava esse procedimento disciplinado na Orientação Conjunta nº 01/2018, da 2ª e 5ª Câmaras de Coordenação e Revisão, que, aliás, parece ter influenciado o legislador no Pacote Anticrime.

A lei estabelece que o recebimento da proposta pelos agentes do Estado (celebrantes) constitui o termo inicial das negociações, sendo que a partir daí surge, para ambas as partes, um dever de confidencialidade, lealdade e boa-fé, valores que devem pautar o negócio jurídico em questão. Destaque-se, ainda, que qualquer divulgação das tratativas iniciais, bem como do documento que as formaliza (Termo de Confidencialidade), caracteriza o rompimento das premissas supramencionadas, afinal, o sigilo só pode ser levantado por meio de decisão judicial.

Interessante consignar que o § 1º, do artigo 3º-B, da LOC, atendendo aos anseios de parcela da doutrina, estabelece a necessidade de justificativa por parte do celebrante (delegado de polícia ou MP) nas hipóteses em que a proposta de colaboração for indeferida. Nos termos do dispositivo em destaque, a proposta de acordo formalizada pelo investigado-colaborador, devidamente assessorado por seu advogado, poderá ser "sumariamente indeferida" pelo celebrante, exigindo-se, para tanto, uma justificativa para a recusa.

É preciso cautela na interpretação desse dispositivo penal. Isto, pois, o texto legal faz menção a um "indeferimento sumário". Trata-se, em nosso sentir, da hipótese em que o celebrante não admite nem sequer receber a proposta de acordo, o que nos parece absolutamente temerário, afinal, como seria possível justificar a recusa do acordo sem conhecer o seu conteúdo?! Justamente por isso, ao menos em regra, esse "indeferimento sumário" deve ser evitado pelo celebrante, que tem o dever de analisar a proposta e verificar sua utilidade para a persecução penal.

De maneira ilustrativa, vislumbramos a possibilidade do indeferimento sumário da proposta se, por exemplo, um investigado preso em flagrante confessar seu envolvimento na organização criminosa e delatar toda a sua estrutura no momento do seu interrogatório policial. No dia seguinte, o advogado do preso, ciente de que ele colaborou espontaneamente ao ser ouvido no Auto de Prisão em Flagrante, formaliza proposta de acordo ao delegado de polícia, que, por sua vez, a indefere sumariamente, haja vista que todas as informações relevantes já foram obtidas por meio do interrogatório.

Ocorre que mesmo em um caso extremo como esse, não nos parece prudente esse indeferimento sumário, pois é possível que a propos-

6 – Comentários Sobre a Lei 12.850/13

ta apresente outras informações não reveladas anteriormente. Assim, o ideal é evitar esse indeferimento açodado e firmar o devido Termo de Confidencialidade e Recebimento da Proposta, marcando o início das negociações e a observância dos valores que devem pautar essa fase de tratativas. Se porventura a proposta não se mostrar pertinente, aí sim o celebrante poderá indeferi-la com as justificativas cabíveis.

Feitas essas considerações, nos parece imprescindível responder a seguinte indagação: existe direito subjetivo ao acordo de colaboração premiada? Pode-se falar em "colaboração unilateral"?

Questionando-se de outro modo, se atendidas às condições previstas na lei, ou seja, se o investigado contribuir para o alcance dos resultados indicados pelo ordenamento jurídico (ex: identificação de coautores e partícipes, revelação da estrutura criminosa, prevenção de infrações penais, localização da vítima etc.), ele teria direito aos prêmios independentemente da existência de um acordo formalizado?

Nos termos do Manual da ENCCLA (Estratégia Nacional de Combate à Corrupção e Lavagem de Dinheiro), "a autoridade policial e o Ministério Público não são obrigados a propor ou aceitar a oferta de colaboração quando julgarem, pela circunstância do caso, que ela não é necessária".

Em sentido contrário, VASCONCELLOS afirma o seguinte:

> (...) mostra-se profundamente insustentável a ideia de que há discricionariedade ao acusador para propor/aceitar o acordo de colaboração premiada. Isso viola por completo a sua submissão à legalidade, além de acarretar indevidas brechas para arbitrariedades em tratamentos desiguais a acusados.[202]

De maneira ilustrativa, no *patteggiamento*, instrumento de justiça negociada no direito italiano, há uma limitação dessa discricionariedade do acusador, pois a lei exige que a recusa ao acordo deva ser devidamente fundamentada e, posteriormente, submetida à análise do juiz. Este, por sua vez, se entender que a recusa se deu de forma injustificada, pode conceder os benefícios legais solicitados pelo imputado, consagrando-se, assim, um direito subjetivo ao acordo[203].

---

202 VASCONCELLOS, Vinícius. op. cit., p. 84.
203 IDEM. p. 86.

266   *Criminalidade Organizada & Globalização Desorganizada*

Particularmente, entendemos que as duas correntes apresentam argumentos interessantes. Na linha da primeira corrente, salienta-se que a colaboração premiada é uma técnica de investigação, sendo que o próprio procedimento investigativo tem como característica a discricionariedade, o que significa que os rumos da apuração devem ser definidos pelo seu titular (delegado de polícia ou MP). Ora, a investigação criminal é uma ciência que dispõe de diversas ferramentas que viabilizam o esclarecimento dos fatos, cabendo ao seu presidente definir a melhor estratégia a ser adotada à luz do caso concreto.

Se, por exemplo, o delegado de polícia entender que já há indícios suficientes sobre a autoria e materialidade dos crimes objeto de apuração, com a demonstração inequívoca da estrutura da organização criminosa, seus integrantes, infrações praticadas e seus ativos, não existe razão para o acordo de colaboração, que, nesse contexto, serviria apenas para reforçar os elementos probatórios já coligidos.

Por outro lado, nosso ordenamento jurídico sempre optou por premiar o criminoso arrependido (ex.: confissão, arrependimento posterior ou eficaz, desistência voluntária etc.), razão pela qual, sua colaboração, mesmo não sendo imprescindível, deve ser considerada pelo julgador, inclusive porque denota uma menor reprovabilidade sobre os seus atos.

Diante disso, concluímos que o Estado-Investigação (MP e delegado de polícia) não pode ser obrigado a efetivar acordo com aquele investigado que se dispõe a colaborar, uma vez a própria Lei 12.850/13 estabelece a voluntariedade da cooperação. Ocorre que, como visto, nos termos do novo artigo 3º-B, § 1º, da LOC, no caso de recusa ao acordo, o indeferimento da proposta deverá ser justificado, comunicando-se a parte interessada. Não obstante, se ainda assim houver a denominada "colaboração unilateral", ou seja, sem a formalização do acordo, entendemos que caberá ao julgador analisar a eficácia da colaboração e conceder os prêmios proporcionais ao auxílio prestado.

Note-se que em tais casos o colaborador irá cooperar com a Justiça, mas sem a segurança jurídica viabilizada pela formalização do acordo, ficando, dessa forma, exposto ao entendimento do julgador. Tendo em vista que o Estado-Investigação considerou desnecessário o acordo, recusando-se a celebrá-lo, na maioria absoluta dos casos a colaboração será de pouca relevância, razão pela qual o juiz deverá ser comedido na concessão dos benefícios legais. Com efeito, entendemos que não

6 – Comentários Sobre a Lei 12.850/13

se pode falar em direito subjetivo ao acordo de colaboração, mas, sim, em direito subjetivo aos prêmios decorrentes de uma cooperação com a Justiça.

Sobre o tema, a 2ª Turma do STF, antes das inovações promovidas pelo "Pacote Anticrime", entendeu que não cabe ao Poder Judiciário compelir o Ministério Público a firmar acordo de colaboração premiada com réus ou investigados, não havendo, por parte destes, direito líquido e certo para exigir em juízo sua celebração.[204] Em seu voto pelo desprovimento do agravo regimental, Fachin explicou que o acordo de colaboração premiada constitui negócio jurídico, cuja conveniência e oportunidade não se submetem ao crivo do Estado-juiz. Segundo ele, trata-se de um negócio jurídico-processual personalíssimo e sua celebração é medida processual voluntária por essência.

No caso em questão, segundo a Procuradoria-Geral da República (PGR), a celebração do acordo foi recusada porque os elementos de corroboração de prova apresentados não se revestiam da consistência necessária à elucidação dos fatos, não sendo conclusivos quanto à certificação das irregularidades relatadas. Para a defesa, houve comportamento contraditório por parte do Ministério Público. Segundo a PGR, os anexos apresentados tinham baixíssima perspectiva de viabilizar uma expansão significativa e provável das investigações.

Segundo a defesa do condenado, foram realizadas 13 reuniões prévias em Brasília (DF) ao longo de 17 meses, três longas entrevistas com o réu e apresentado material descritivo de condutas tidas como criminosas que resultaram em 40 anexos, circunstâncias que geraram no réu a expectativa de que o acordo seria formalizado. Entretanto, o acordo foi recusado e o réu foi condenado sem acesso a qualquer benefício. A Lei 12.850/2013, especialmente com as novas previsões do Pacote Anticrime, proíbe a utilização de informações e provas apresentadas durante as tratativas, caso o acordo de colaboração premiada seja malsucedido.

Ao acompanhar o voto do relator pelo desprovimento do agravo regimental, o ministro Gilmar Mendes fez observações acerca do instituto da colaboração premiada para fixar parâmetros e diretrizes de forma a evitar abusos do Estado. Segundo ele, a negativa de realização do

---

204 Disponível: http://www.stf.jus.br/portal/cms/verNoticiaDetalhe.asp?idConteudo=412407. Acesso em 25.07.2019.

268 *Criminalidade Organizada & Globalização Desorganizada*

acordo por parte do órgão acusador deve ser devidamente motivada[205] e é suscetível de revisão interna ou controle por órgão superior no âmbito do Ministério Público, nos termos da aplicação analógica do artigo 28 do Código de Processo Penal (CPP). Além disso, segundo o ministro, eventuais elementos ou informações produzidas por investigados em negociações de acordo de colaboração premiada malsucedido não podem ser utilizados na persecução penal. Por fim, segundo o ministro, ao proferir sentença, o julgador pode conceder benefício ao investigado ainda que sem prévia formalização de acordo de colaboração premiada. As premissas foram encampadas pelos ministros Celso de Mello e Ricardo Lewandowski.

Como já exposto, entendemos que o acordo não pode, a princípio, ser imposto aos órgãos acusadores e/ou investigadores. Entretanto, a colaboração do réu, tradicionalmente, mesmo antes da incorporação brasileira do instituto da colaboração premiada, sempre foi valorizada e resultou em benesses. Trata-se de Política Criminal inteligente, na medida em que se acomoda às construções teóricas e práticas do chamado "Direito Premial", o qual é marcado por sua eficiência, algumas vezes maior do que a possível de se obter com o modelo tradicional do "Direito Sancionatório".

Assim, pode-se ponderar que a regra será a validade da deliberação contrária ao acordo por parte da Polícia ou do Ministério Público ou de ambos. Mas, em casos extremos, nos quais se perceba abuso por parte das autoridades ao não reconhecerem nítida colaboração eficaz do réu, inobstante a não formalização do acordo, caberá ao Judiciário sopesar, com a devida cautela no caso concreto, eventualmente reconhecendo o direito subjetivo do réu aos benefícios. Afinal, a legalidade e a equidade devem ser sempre os nortes da interpretação e aplicação do direito que se pretenda minimamente justo.

É bem verdade que forma é garantia no Processo,[206] mas é concomitantemente garantia social e individual, sendo essas duas facetas indissociáveis. Ademais, a forma é instrumental e não fim em si mesma,

---

205 Vale reiterar que a partir da Lei 13.964/19 a necessidade de justificar a recusa ao acordo de colaboração está expressa na Lei 12.850/13: Art. 3º-B, § 1º *A proposta de acordo de colaboração premiada poderá ser sumariamente indeferida, com a devida justificativa, cientificando-se o interessado.*

206 BINDER, Alberto M. *O Descumprimento das Formas Processuais*. Trad. Angela Nogueira Pessôa. Rio de Janeiro: Lumen Juris, 2003, p. 25.

6 – Comentários Sobre a Lei 12.850/13

desde o reconhecimento do "Princípio da Instrumentalidade das Formas". Pois, quando o apego à formalidade se sobrepõe à sua finalidade garantidora, certamente há uma visão distorcida a privilegiar a forma em detrimento do conteúdo. Há que lembrar com IHRING[207] que, "inimiga da arbitrariedade, a forma é irmã gêmea da liberdade". Na verdade, as formalidades legais exigidas são instrumentos de proteção de princípios voltados para a consecução concreta de garantias e direitos individuais, que devem permanecer incólumes diante de abusos do poder penal.[208] Enfim, uma palavra final acerca da viabilidade de concessão de benefícios, independentemente de formalização de acordo prévio, somente será possível na análise ponderada e cuidadosa do caso concreto, movimentando-se o operador do direito entre as garantias individuais e os interesses sociais (e lembremos que as garantias individuais também são, concomitantemente, um interesse social), entre a forma e o conteúdo, o que, ao fim e ao cabo, significa dizer, entre o normativo e o equitativo.

Nessa toada cabe aventar uma questão praticamente inédita na doutrina e jurisprudência pátrias, qual seja, a Objeção de Consciência e seus efeitos quanto aos acordos de discricionariedade regrada no Processo Penal, o que certamente atinge o tema da Colaboração Premiada.

Em palestra sob a coordenação do Professor André Dias Fernandes, o Professor Juliano Taveira Bernardes dissertou acerca da questão da Objeção de Consciência. Em dado momento, houve uma indagação muito interessante que fez uma aproximação entre o Direito Constitucional e as searas Penal e Processual Penal. Questionou-se sobre a pertinência da consideração da Objeção de Consciência em casos de ANPP (Acordo de Não Persecução Penal).[209]

Essa dúvida, muito bem suscitada no evento, nos levou a buscar uma resposta fundamentada.

A Objeção de Consciência é tratada na Constituição brasileira como um Direito Fundamental, conforme exposto no artigo 5º, inciso VIII, CF. "*In verbis*":

---

207 IHERING, Rudolf von. *El espiritu del derecho romano*. Trad. Fernando Vela. Buenos Aires: Revista de Occidente, 1962, p. 284.

208 BINDER, Alberto. op. cit., p. 36.

209 BERNARDES, Juliano Taveira, FERNANDES, André Dias. STF em Debate: Objeções de Consciência. Disponível em https://www.youtube.com/watch?v=F56O8ez2SHE&t=764s, acesso em 20.09.2021.

270   *Criminalidade Organizada & Globalização Desorganizada*

> Ninguém será privado de direitos por motivo de crença religiosa ou de convicção filosófica ou política, salvo se as invocar para eximir-se de obrigação legal a todos imposta e recusar-se a cumprir prestação alternativa, fixada em lei.

O autor lusitano António Damasceno Correia alerta para a dificuldade em fornecer um conceito seguro de Objeção de Consciência, considerando tratar o tema de fenômenos multifacetados, o que implica nos perigos de apresentar uma conceituação muito ampla ou muito restrita. Assim sendo, opta o autor por expor, em lugar de um conceito fechado, os "requisitos característicos" da Objeção de Consciência, referindo-se à sua dimensão externa, interna e método de atuação do objetor ou modo de execução do direito em destaque:

> Em primeiro lugar, o traço mais característico da objeção de consciência traduz-se na recusa de obediência a uma norma jurídica, ou na submissão a uma diretriz de uma autoridade pública, ou ainda, na rejeição de uma proposta ou comportamento imposto. Esta dimensão externa que podemos considerar como a mais notória em termos sociais, representa precisamente a sua faceta mais polêmica e a que causa maior reação e impacto na opinião pública.
>
> Em segundo lugar, esta recusa ou rejeição fundamenta-se em motivos ou razões invocadas pelo foro íntimo do objetor. Esta extensão interna da objeção de consciência, porventura o seu aspecto mais importante, é que impede a atuação do objetor, ou seja, a obediência a um comportamento imposto ou a realização de um específico ato. (...) é oportuno afirmar (...) que os motivos que se encontram subjacentes à atuação do objetor fundamentam-se quer nas clássicas razões de ordem religiosa, filosófica e moral, quer nas modernas ponderações de ordem humanitária, política, social, ética ou ainda em outros fundamentos do mesmo gênero.
>
> A estes dois requisitos essenciais acresce ainda um terceiro elemento que pode também caracterizar o comportamento do objetor: trata-se da utilização da não-violência como método de atuação.[210]

Prossegue o autor afirmando que a Objeção de Consciência constitui um "corolário da liberdade de consciência e de convicção", tendo ins-

---

210 CORREIA, António Damasceno. *O Direito à Objeção de Consciência*. Lisboa: Vega, 1993, p. 18.

6 – Comentários Sobre a Lei 12.850/13

piração eminentemente "personalista", calcada na "afirmação do primado e da autonomia da pessoa humana", enquanto "vetor essencial numa sociedade livre e democrática".[211]

Na doutrina nacional recorremos ao autor mencionado na introdução deste texto, Juliano Taveira Bernardes, em conjunto com Olavo Augusto Vianna Alues Ferreira, os quais não se furtam a apresentar um conceito objetivo e conciso da Objeção de Consciência:

> A escusa de consciência é prerrogativa personalíssima assegurada ao indivíduo para eximir-se do cumprimento de determinadas obrigações coletivas, sem perda de direitos subjetivos, por motivos ligados a **crenças religiosas** ou a **convicções filosóficas** ou **políticas** (grifos no original).[212]

Os autores em destaque chamam a atenção para a "origem filosófica" do tema na obra clássica de Sófocles, "Antígona", que se recusa a deixar de dar um funeral digno a seu irmão, enfrentando uma determinação injusta do rei Creonte. Também apontam para diversas passagens bíblicas do velho e do novo testamento em que há alusões à mesma questão. Destacam ainda no "contexto histórico" a prática da Objeção de Consciência no "Cristianismo Antigo" e, mais proximamente, na objeção à guerra como ocorre no exemplo de São Cipriano, o que deixa muito clara a razão pela qual é clássica a Objeção de Consciência com relação ao cumprimento de "obrigações militares". Não obstante o reconhecimento da Objeção de Consciência como "instituto jurídico", na condição de "direito individual" somente ocorre no início do século XX, primeiramente em legislações ordinárias e depois se convertendo em normas constitucionais de vários ordenamentos. No Brasil a constitucionalização ocorre na Carta de 1946 (artigo 141, § 8º).[213] Como já visto, na atual ordem constitucional a Objeção de Consciência é prevista como "Direito Fundamental" no artigo 5º, inciso VIII, CF.

Importa notar que a Objeção de Consciência atualmente supera aquela clássica ligação com as obrigações militares, a mantendo, mas expandindo seu espectro de influência e reconhecimento para diversas

---

211 Op. Cit., p. 18 – 19.
212 BERNARDES, Juliano Taveira, FERREIRA, Olavo Augusto Vianna Alues. *Direito Constitucional*. Tomo II. 10ª. ed. Salvador: Juspodivm, 2021, p. 170.
213 Op. Cit., p. 170.

situações que não são objeto de fixação *"numerus clausus"* pela legislação constitucional ou mesmo ordinária. Não há, portanto, taxatividade quanto às situações em que a Objeção de Consciência pode ser exercitada (*"numerus apertus"*).[214]

Conforme explicam Bernardes e Ferreira, chamando à colação o escólio de Borowski, a não taxatividade se impõe à Objeção de Consciência pela sua própria natureza indefinida e indefinível, de forma a não poder jamais ser totalmente previsível.[215]

A partir da recepção em nosso ordenamento jurídico da chamada "Discricionariedade Regrada ou Regulada", ensejando um abrandamento, sob controle legal, do "Princípio da Obrigatoriedade" da ação penal[216] ocorreu o surgimento de várias espécies de acordos no âmbito processual penal, com proposta e aceite de penalidades (não privativas de liberdade) ou premiações por colaboração (Direito Premial).

São exemplos desse novo modelo de "Justiça Consensuada"[217] ou de "Justiça Negociada"[218] institutos como a Transação Penal, o Acordo de Não Persecução Penal, a Suspensão Condicional do Processo e a Colaboração Premiada.

Em todos esses casos é possível haver um acordo entre o titular da ação penal e o suspeito, sendo fato que este segundo, para se beneficiar de tais institutos, haverá de cumprir certas condições apresentadas pelo órgão acusador.

A dúvida a dirimir é se o Ministério Público tem o dever de respeitar em suas propostas de acordo eventual Objeção de Consciência do envolvido.

Como já visto, a Objeção de Consciência é um *Direito Fundamental Individual de caráter constitucional*. Nesse passo certamente se insere dentre os chamados "direitos públicos subjetivos", ou seja, aqueles direi-

---

214 Op. Cit., p. 173.
215 Op. Cit., p. 173.
216 GRINOVER, Ada Pellegrini, GOMES FILHO, Antonio Magalhães, FERNANDES, Antonio Scarance, GOMES, Luiz Flávio. *Juizados Especiais Criminais*. 4ª. ed. São Paulo: RT, 2002, p. 97.
217 GOMES, Luiz Flávio. *Suspensão condicional do processo penal e a representação nas lesões corporais, sob a perspectiva do novo modelo consensual de Justiça Criminal*. 2ª ed. São Paulo: RT, 1997, p. 154.
218 PEREIRA, Cláudio José. *Princípio da Oportunidade e Justiça Penal Negociada*. São Paulo: Juarez de Oliveira, 2002, p. 85.

6 – Comentários Sobre a Lei 12.850/13

tos que o indivíduo pode exigir cumprimento perante o Estado. Neste sentido vale retomar os ensinamentos de Bernardes e Ferreira, segundo os quais se deve considerar "a escusa de consciência, ao menos no sistema brasileiro, um *direito público subjetivo* a ser utilizado em face de obrigações coletivas decorrentes de ato normativo dos poderes públicos" (grifo no original).[219]

Assim sendo, não parecem restar maiores dúvidas quanto ao fato de que a proposta de acordo em qualquer caso deve respeitar eventual escusa de consciência, optando por prestação alternativa que não prejudique o interesse coletivo e respeite, concomitantemente, o direito individual envolvido. Como já visto, o direito de escusa não é estabelecido na Constituição em rol de hipóteses taxativas, de modo que cada caso concreto merece avaliação particular.

Observe-se que no regramento legal do Acordo de Não Persecução Penal, há previsão no artigo 28, § 5º, CPP, de que o Juiz, em considerando haver inadequação, insuficiência ou *abusividade* nas condições dispostas no acordo, deverá restituir os autos ao Ministério Público para reformulação da proposta em consonância com o investigado e seu defensor. E acaso não haja regularização o juiz poderá recusar a homologação (artigo 28, § 7º, CPP).[220] E essa *abusividade* certamente pode se configurar no desrespeito de eventual Objeção de Consciência quando, por exemplo, se pretenda impor como obrigação a ser cumprida o trabalho comunitário a um médico em serviço de realização de abortamentos legais, sendo fato que tal profissional se opõe a essa espécie de conduta, ainda que legalmente amparada, devido a uma convicção ética, filosófica ou religiosa. Prosseguindo, na Transação Penal, o artigo 76, § 3º, da Lei 9.099/95 impõe o controle jurisdicional da proposta a ser homologada e ainda prevê a possibilidade de apelação contra a sentença homologatória, de acordo com o disposto no § 5º do mesmo dispositivo. No mesmo passo segue a Suspensão Condicional do Processo sob controle jurisdicional (artigo 89, § 1º, da Lei 9.099/95), deixando ainda claro que as condições exigidas do implicado para o acordo devem ser adequadas à sua "situação pessoal" (artigo 89, § 2º, da Lei 9.099/95).

---

219 BERNARDES, Juliano Taveira, FERREIRA, Olavo Augusto Vianna Alues, Op. Cit., p. 176.

220 LIMA, Renato Brasileiro de. *Pacote Anticrime*. Salvador: Juspodivm, 2020, p. 233. FABRETTI, Humberto Barrionuevo, SMANIO, Gianpaolo Poggio. *Comentários ao Pacote Anticrime*. 2ª ed. Barueri: Atlas, 2021, p. 107.

Diverso não é o caso da Colaboração Premiada, a qual também é submetida ao controle jurisdicional de legalidade nos termos do artigo 4º, §§ 7º a 8º, da Lei 12.850/13. Portanto, também na colaboração, não seria admissível impor àquele que alegue escusa de consciência, por exemplo, o benefício de substituição da pena privativa de liberdade por restritiva de direitos, consistente em prestação de serviços à comunidade no trabalho de auxiliar de armeiro em instituição militar, acaso a pessoa seja adepta do pacifismo e contrária ao manejo de armas de fogo. Assim também inviáveis prestações de serviços aos sábados com relação a pessoas que professam determinadas religiões que impõem dogmaticamente a vedação de atividades nesse dia da semana.

Em todos os casos de cláusulas abusivas que violem escusa de consciência, a primeira providência será acionar o Juiz de Direito responsável pelo controle de legalidade no caso concreto. Em não havendo resultado, será sempre cabível o remédio constitucional do *"Habeas Corpus"*, apontando como autoridade coatora o órgão do Ministério Público que viola o direito de objeção.

Superada essa questão, advertimos que o § 2º, do artigo 3º-B, estabelece que em não havendo o indeferimento sumário da proposta, as partes devem firmar um "Termo de Confidencialidade" para dar sequência às tratativas, que, como não poderia deixar de ser, vinculará os agentes do Estado, impedindo o indeferimento posterior sem justa causa. Em linhas bem objetivas, portanto, com o oferecimento da proposta pelo colaborador, em havendo o interesse dos celebrantes, formaliza-se o referido termo, que, por sua vez, dá ensejo à expectativa do acordo.

Muito embora a lei não mencione no § 1º que o juiz possa ser provocado a se manifestar sobre a justificativa invocada na recusa da proposta de acordo, entendemos possível esse questionamento ao Poder Judiciário, seja pelo princípio da inafastabilidade da jurisdição, seja pela menção no § 2º subsequente à possibilidade de indeferimento do acordo, mesmo após o Termo de Confidencialidade, se houver "justa causa" para tanto. Ora, se o texto legal menciona a possibilidade de indeferimento quando houver "justa causa", nos parece evidente que tal análise deverá ser feita pelo juízo competente, independentemente do reconhecimento de eventual "colaboração unilateral", como vimos acima.

O § 3º, do artigo 3º-B, da LOC, prevê que o recebimento da proposta e a formalização do Termo de Confidencialidade não inviabilizam o

6 – Comentários Sobre a Lei 12.850/13

prosseguimento da investigação, o que, aliás, seria um absurdo, afinal, o dinamismo dessas apurações, especialmente quando envolvem organizações criminosas, exige investigações ininterruptas, inclusive sobre a figura do colaborador, que pode estar agindo de má-fé.[221]

Não obstante, em respeito ao princípio da boa-fé objetiva e, sobretudo, à lealdade que deve marcar as tratativas, sugerimos, com amparo na lei, que seja lavrado Termo de Confidencialidade e Recebimento da Proposta, onde sejam fixadas as premissas que devem pautar as negociações, vinculando ambas as partes. Com efeito, além do dever de sigilo sobre as tratativas, podem ser impostos outros deveres, como, por exemplo, o de não propor medidas processuais penais de natureza cautelar ou assecuratórias, bem como outras medidas de natureza extrapenal por parte dos celebrantes ou o dever de não manter contato com outros investigados por parte do colaborador.

Com o objetivo de conferir maior segurança ao Estado sobre a eficácia do acordo de colaboração proposto, o § 4º, do artigo 3º-B, estabelece que antes da conclusão do pacto cooperativo e já em posse de informações preliminares fornecidas pelo colaborador, os agentes estatais podem promover diligências investigativas no intuito de reforçar a veracidade do conteúdo apresentado, o que, por obviedade, também contribuirá para demonstrar a utilidade e o interesse público do acordo.

De maneira ilustrativa, imagine que numa investigação de organização criminosa voltada a prática de corrupção passiva, o colaborador indique o envolvimento de determinado servidor público, destacando que foram realizados diversos pagamentos em seu benefício em um *shopping*. Com base nessas informações, são realizadas diligências no referido estabelecimento comercial e por meio do sistema de monitoramento é possível demonstrar que a pessoa delatada se encontrou diversas vezes com outro investigado e em todas as ocasiões recebeu um envelope pardo que aparentava ter dinheiro em seu interior. Note--se que essas imagens, já obtidas com o auxílio do colaborador, podem instruir o acordo em seus anexos, demonstrando ao juiz o potencial da colaboração que se pretende homologar.

---

221 Vale registrar que o fato de o colaborador voltar a delinquir constitui motivo para a rescisão do pacto cooperativo, o que apenas reforça a necessidade das autoridades se manterem em alerta, sem descuidar de sua investigação.

O § 5º, do artigo 3º-B, da LOC, evidencia a necessidade da formalização do referido Termo de Confidencialidade e Recebimento da Proposta, atribuindo sua elaboração ao celebrante (delegado de polícia ou MP), sendo o documento assinado por ele, pelo colaborador e pelo advogado ou defensor público, quando se tratar de investigado hipossuficiente.

Percebe-se, destarte, que enquanto a proposta de acordo deve ser elaborada pelo colaborador-investigado, a elaboração do Termo de Confidencialidade e Recebimento da Proposta compete ao celebrante. Vale consignar, ademais, que, seguindo a normativa já fixada na Lei 12.850/13 desde sua origem, o novo § 5º destaca a imprescindibilidade da participação da defesa durante as negociações, exigindo, ainda, procuração com poderes específicos para este ato.

Por fim, o § 6º determina que na hipótese de o acordo não ser celebrado por vontade do celebrante (delegado de polícia e MP), nenhuma das informações ou provas apresentadas pelo colaborador, de boa-fé, poderão ser utilizadas para qualquer outra finalidade. Esse dispositivo é, sem dúvida, um dos mais importantes dessa fase de tratativas, devendo sem interpretado em conjunto com o artigo 4º, § 10, da LOC.

Nesse contexto, devemos consignar que o novo dispositivo legal reforça o dever de lealdade entre as partes e, ao mesmo tempo, confere uma maior segurança jurídica ao colaborador, o que nos parece positivo, afinal, serve de estímulo à adoção deste meio de obtenção de prova.

Institui-se, portanto, as chamadas *proffer sessions*, também denominadas de *queen for a day* (rainha por um dia), haja vista que todos os elementos apresentados pelo colaborador nessa fase de tratativas, seja de natureza autoincriminatória ou que incriminem terceiros, não poderão ser utilizados para qualquer finalidade.

Veremos abaixo que o artigo 4º, § 10, da LOC, prevê que *"As partes podem retratar-se da proposta, caso em que as provas autoincriminatórias produzidas pelo colaborador não poderão ser utilizadas exclusivamente em seu desfavor"*. Antes das inovações promovidas pelo "Pacote Anticrime", entendíamos que nos casos em que o acordo não fosse homologado, as provas autoincriminatórios apresentadas pelo colaborador não poderiam ser utilizadas somente em seu prejuízo, mas poderiam ser adotadas contra terceiros também investigados.

6 – Comentários Sobre a Lei 12.850/13

É evidente que o referido dispositivo gerava enorme discussão na doutrina, mas agora nos parece clara a vontade do legislador, sendo que o novo artigo 3º-B, § 6º, deve nortear a sua interpretação, não se admitindo a utilização das provas apresentadas pelo colaborador para qualquer finalidade, inclusive contra eventuais delatados.

Vislumbramos, contudo, uma exceção na hipótese em que o colaborador estiver agindo de má-fé. Isso porque o § 6º em estudo estatui que nenhuma das informações ou provas apresentadas de "boa-fé" poderão ser utilizadas para qualquer finalidade. Imaginemos, por exemplo, que durante a fase de tratativas o colaborador apresente provas contra determinado investigado, o indicando como líder da organização criminosa com a finalidade de se excluir dessa posição, buscando, assim, a obtenção do acordo de não persecução penal (art. 4º, § 4º, da LOC). Se a investigação demonstrar que, na verdade, o colaborador seria o líder da organização, as provas apresentadas contra o terceiro poderiam ser utilizadas, haja vista terem sido apresentadas de má-fé.

Outro exemplo seria o caso em que o colaborador, durante as tratativas, continue envolvido com a organização criminosa e concorrendo para a prática de novos crimes. Ora, resta evidente que nesse cenário sua postura colaborativa não é pautada na boa-fé imprescindível às negociações. Em nosso sentir, essa previsão legal funciona como uma espécie de sanção ao colaborador que agir de má-fé, viabilizando, destarte, a utilização das provas apresentadas por ele, inclusive as autoincriminatórias.

Em reforço a essas conclusões, salienta-se que o mesmo § 6º dispõe que as provas apresentadas pelo colaborador não poderão ser utilizadas para qualquer finalidade quando o acordo não se concretizar por "iniciativa do celebrante". Com efeito, nas hipóteses em que o pacto não se concretizar por culpa do próprio colaborador, as provas e informações por ele apresentadas poderão, sim, ser utilizadas pelos órgãos de persecução penal.

Por obviedade, a utilização desse material probatório só será possível se confirmada a má-fé do colaborador. Se, por outro lado, o acordo não se concretizar por uma opção legítima da defesa, entendendo, por exemplo, que os agentes estatais não dispõem de provas suficientes sobre o seu envolvimento na organização criminosa, nenhuma informação prestada poderá ser utilizada.

Após todas essas considerações, resta evidente a importância desse novo artigo 3º-B, § 6º, da LOC, que ao permitir a utilização das provas e informações prestadas pelo colaborador durante as tratativas quando comprovada sua má-fé, acaba promovendo os valores de lealdade e boa-fé que devem pautar o instituto, sancionando, consequentemente, o criminoso que tentar se valer da colaboração com fins escusos. Ciente de que poderá estar produzindo provas contra si mesmo, o colaborador tende a agir de forma verdadeira e com a real intenção de contribuir com a Justiça.

6.10.9.1. Da instrução do acordo de colaboração premiada

> *Art. 3º-C. A proposta de colaboração premiada deve estar instruída com procuração do interessado com poderes específicos para iniciar o procedimento de colaboração e suas tratativas, ou firmada pessoalmente pela parte que pretende a colaboração e seu advogado ou defensor público. (Incluído pela Lei nº 13.964, de 2019)*
>
> *§ 1º Nenhuma tratativa sobre colaboração premiada deve ser realizada sem a presença de advogado constituído ou defensor público. (Incluído pela Lei nº 13.964, de 2019)*
>
> *§ 2º Em caso de eventual conflito de interesses, ou de colaborador hipossuficiente, o celebrante deverá solicitar a presença de outro advogado ou a participação de defensor público. (Incluído pela Lei nº 13.964, de 2019)*
>
> *§ 3º No acordo de colaboração premiada, o colaborador deve narrar todos os fatos ilícitos para os quais concorreu e que tenham relação direta com os fatos investigados. (Incluído pela Lei nº 13.964, de 2019)*
>
> *§ 4º Incumbe à defesa instruir a proposta de colaboração e os anexos com os fatos adequadamente descritos, com todas as suas circunstâncias, indicando as provas e os elementos de corroboração. (Incluído pela Lei nº 13.964, de 2019)*

O novo artigo 3º-C, da LOC, complementa o artigo anteriormente estudado e detalha a forma com que deve ser instruída a proposta de acordo de colaboração. Nos termos do seu *caput*, a proposta de acordo, necessariamente formalizada pelo investigado-colaborador (art. 3º-B) por meio de seu advogado ou defensor público, deverá ser instruída com procuração do interessado com poderes específicos para iniciar o procedimento de colaboração e suas tratativas. Destaque-se, contudo,

6 – Comentários Sobre a Lei 12.850/13

que a procuração específica não será necessária caso o colaborador assine diretamente a proposta de acordo.

Seguindo uma premissa já bem delineada desde o surgimento da Lei de Organização Criminosa[222], o § 1º reforça a imprescindibilidade da participação de advogado ou defensor público durante todo o procedimento de colaboração, desde o início das tratativas.

O § 2º, por sua vez, apresenta solução controversa para a hipótese em que se verificar um "conflito de interesses", ao que tudo indica, entre o colaborador e seu defensor constituído, impondo ao celebrante (delegado de polícia e MP) o dever de solicitar a presença de outro advogado.

Primeiramente, é preciso determinar o significado desse "conflito de interesses" a que faz menção o dispositivo. Ao que nos parece, poderia surgir esse conflito nas hipóteses em que um mesmo advogado ou escritório de advocacia patrocinasse interesse de mais de um colaborador no mesmo caso. Nesse sentido, aliás, existe o projeto de lei 4.082/15, que objetiva acrescentar na Lei 12.850/13 o seguinte: "o mesmo defensor não deverá representar dois ou mais delatores ao mesmo tempo no mesmo inquérito ou processo judicial para se evitar combinações entre depoimentos".

Com efeito, entendemos que em um cenário como esse caberá ao delegado de polícia ou ao membro do MP solicitar a presença de outro advogado para assessorar o colaborador. Indo além na interpretação do dispositivo, nos questionamos se haveria o mencionado "conflito de interesses" quando colaborador e defensor discordassem sobre os prêmios barganhados. Imagine-se, por exemplo, que o colaborador-investigado aceite uma proposta que permita a redução de sua pena em 2/3, mas sua defesa refute esse prêmio, condicionando o acordo à concessão do perdão judicial. Nesse contexto, qual a vontade que deve preponderar? A do advogado ou a do colaborador?

Para acatar a tese da prevalência da vontade do advogado existe a argumentação de que seu conhecimento técnico-jurídico seria o mais abalizado para a decisão em prol dos interesses do envolvido. Por outro lado, tratando-se o acordo de uma negociação que versa sobre aspectos personalíssimos, tais como submeter-se ou não a um processo, cumprir

---

222 Art. 4º, § 15. *Em todos os atos de negociação, confirmação e execução da colaboração, o colaborador deverá estar assistido por defensor.*

uma reprimenda penal abrandada ou mesmo receber um perdão judicial, ou arriscar-se a ser condenado e cumprir a pena *"in totum"*, caberia ao próprio indivíduo, devidamente assistido pelo seu defensor, mas não determinado ou condicionado por este ou por qualquer outra pessoa, decidir livremente, prevalecendo sua vontade. Afinal, quem corre todos os riscos é o envolvido e não seu causídico.

Justamente por essas razões, mesmo antes das inovações promovidas pelo "Pacote Anticrime", já nos posicionávamos no sentido de que deve prevalecer a vontade do colaborador. Destarte, em havendo esse "conflito" entre o colaborador e sua defesa técnica, estabelecendo-se um verdadeiro impasse ao avanço das negociações, caberá ao celebrante solicitar a presença de outro advogado que atue em consonância com seu cliente.

Ao que nos parece, a intenção da lei é determinar que a aceitação da colaboração deve ser acompanhada pelo advogado do colaborador, que terá a função de assessorá-lo. Contudo, não é necessária a aceitação por parte do defensor, o que, aliás, seria um absurdo. Imaginemos o caso em que o colaborador, ciente das consequências do seu ato, opte pela colaboração, mas seja contrariado pelo seu defensor. Será que a não aceitação do advogado seria suficiente para inviabilizar o acordo? Entendemos que não!

Essa tese é reforçada pela análise já procedida pela doutrina e jurisprudência dominantes em situação semelhante, qual seja, a da proposta de transação penal e de suspensão condicional do processo nos termos dos artigos 76 e 89 da Lei 9.099/95. Ali também pode haver discordância entre advogado e cliente, mas já se tem reiteradamente defendido a tese e decidido que deve prevalecer a escolha do implicado e não a do causídico.

Neste sentido, na doutrina:

> A manifestação de vontade do autor do fato é personalíssima, voluntária, absoluta, formal, vinculante e tecnicamente assistida. O autuado, seguro de sua inocência e devidamente orientado pela defesa técnica, poderá preferir responder ao processo para lograr absolvição. Ou poderá não concordar com os termos da proposta formulada e, considerando seus prós e contras, escolher a via jurisdicional. Nada se poderá fazer, sem o consenso do autor do fato. Se houver conflito entre a vontade do autor do fato e de seu

6 – Comentários Sobre a Lei 12.850/13

advogado, o juiz deverá, antes de mais nada, usando de bom senso e equilíbrio, tentar solucioná-lo. Mas, se não houver mesmo consenso pensamos que deve prevalecer a vontade do envolvido, desde que devidamente esclarecido das consequências da aceitação. Só a ele cabe a última palavra quanto à preferência pelo processo ou pela imediata submissão à pena, que evita as agruras de responder em juízo à acusação para lograr um resultado que é sempre incerto.[223]

Sobre a temática no bojo da Lei 9.099/95, a Escola Superior da Magistratura chegou a formular sua 15ª conclusão nos seguintes termos: "Quando entre o interessado e seu defensor ocorrer divergência quanto à aceitação da proposta de transação penal ou suspensão condicional do processo, prevalecerá a vontade do primeiro".[224]

No mesmo sentido encontra-se o Enunciado 4 do II Fórum dos Juizados Especiais do Estado de São Paulo: "No caso de oferecimento de proposta de transação penal ou de suspensão condicional do processo, ou recurso, se houver divergência entre a vontade do autor do fato e de seu defensor, deve prevalecer a vontade do autor do fato".[225]

Essa orientação, tanto para os institutos da Lei 9.099/95, quanto, com ainda mais razão para a colaboração premiada da Lei 12.850/13, eis que nesta estão em jogo interesses personalíssimos mais intensos do envolvido, é a mais escorreita. É de se levar em conta que a ampla defesa se subdivide em "defesa técnica e autodefesa"[226] e é justo que em muitos

---

223 GRINOVER, Ada Pellegrini, "et. al." *Juizados Especiais Criminais*. 4ª ed. São Paulo: RT, 2002, p. 153. A orientação supra pode ser aplicada praticamente "*in totum*" ao caso enfocado neste texto, "*mutatis mutandis*", especialmente no que diz respeito à atividade do Juiz. No Juizado Especial Criminal o magistrado participa da audiência de transação e de suspensão do processo, inclusive tendo a obrigação de esclarecer o autor do fato sobre todas as consequências do acordo, acaso firmado. Já na Lei 12.850/13, como já visto, visando a preservação da imparcialidade do órgão julgador, o legislador afastou o Juiz das negociações nos termos do artigo 4º, § 6º. Portanto, aquela função de orientação (frise-se: "orientação", jamais coação ou indução) cabida ao Juiz na Lei 9.099/95, é transferida para os protagonistas legais da negociação, quais sejam, o Delegado de Polícia ou o Promotor de Justiça ou mesmo ambos em conjunto.

224 Cf. Op. Cit., p. 153. Na obra também é apresenta jurisprudência no mesmo sentido sobre o tema: TACRIM SP. Apelação Criminal 1.221.535/5, Guarulhos, rel. Nicolino Del Sasso, j. 20.12.2000, Tribuna da Justiça, dez., 2001, p. 319.

225 ENUNCIADOS do II Fórum de Juizados Especiais do Estado de SP. Disponível em www.aasp.jusbrasil.com.br, acesso em 24.08.2013.

226 TUCCI, Rogério Lauria. Op. Cit., p. 214.

casos a defesa técnica se sobreponha devido exatamente aos conhecimentos especiais que detém e que, normalmente, não detém o réu, salvo se bacharel ou advogado. Contudo, quando se trata de questões que envolvem aspectos personalíssimos não pode ser dado ao defensor nem a ninguém se sobrepor à vontade de outrem. Há um campo de autonomia do indivíduo que diz respeito inclusive ao seu próprio direito de liberdade, componente de sua dignidade humana, a constituir um campo de garantia indevassável até mesmo pelo seu próprio defensor.

Ainda no que se refere ao § 2º, do artigo 3º-C, entendemos que a análise do dispositivo deve ser dividida em duas partes: na primeira parte o legislador se refere ao já estudado conflito de interesses entre o colaborador e seu advogado; já na parte final o dispositivo se refere exclusivamente ao colaborador hipossuficiente, ou seja, aquele sem condições de arcar com os custos de sua defesa técnica. É apenas nesta última hipótese que o celebrante deverá solicitar a presença de um defensor público e não no caso em que se verifique eventual conflito de interesses.

De acordo com o § 3º, do artigo 3º-C, ora em estudo, na proposta de acordo de colaboração premiada o colaborador já deve indicar os fatos ilícitos para os quais concorreu e que tenham relação direta com o objeto da investigação. Note-se que esse dispositivo promove o alcance de um dos principais resultados que se deve buscar por meio da cooperação (art. 4º, inciso I, da LOC).

Sob o ponto de vista prático, é mister consignar que a proposta de colaboração deve ser instruída com anexos em que se detalhe, de forma separada, cada infração penal que contou com o envolvimento do colaborador. Dessa forma o acordo ficará mais organizado e os anexos poderão ser utilizados de maneira isolada na instrução de outros processos ou investigações que abordem a infração delatada.

Muito embora o § 3º mencione que o colaborador deverá narrar os fatos ilícitos para os quais concorreu e que "tenham relação direta com os fatos investigados", nada impede que em sua proposta ele mencione fatos criminosos sem qualquer relação com a apuração. Parece-nos que o dispositivo em questão estabelece requisitos mínimos para a proposta, qual seja, o papel do colaborador nos crimes objeto de investigação ou processo em que se formaliza a cooperação. Mas isso não significa que ele não possa apresentar fatos novos e que nem sequer eram do conhecimento dos agentes estatais.

6 – Comentários Sobre a Lei 12.850/13

Nesse sentido, aliás, vale lembrar que o próprio acordo de imunidade, previsto no artigo 4º, § 4º, da LOC, pressupõe a indicação de infração cuja existência não seja do conhecimento do Estado, razão pela qual, a toda evidência, o novo artigo 3º-C, § 3º, não limita a proposta de colaboração a fatos diretamente ligados ao objeto da persecução penal.

Por fim, o artigo 3º-C, § 4º, da LOC, reforça a denominada "regra de corroboração", prevendo que caberá à defesa instruir a proposta de acordo e seus anexos com a descrição adequada dos fatos criminosos que contaram com o envolvimento do colaborador, detalhando todas as suas circunstâncias, incluindo a identificação de coautores e partícipes, bem como indicando as provas e demais elementos de corroboração.

Essa previsão é, sem dúvida, de grande relevância porque se a proposta de colaboração não for devidamente instruída pelo interessado, com a ausência de elementos idôneos de corroboração, ela deverá ser recusada pelo celebrante, que, como visto, tem a obrigação de justificar essa recusa, considerando, para tanto, a inadequação da instrução da proposta.

Vale reforçar nesse ponto que, nos termos do artigo 3º-B, § 4º, da LOC, é possível que a instrução da proposta feita pelo colaborador seja complementada por diligências realizadas pelos agentes do Estado a partir das informações inicialmente apresentadas pelo colaborador. Percebe-se, assim, que por se tratar de um "negócio jurídico" que traduz a convergência de vontades, a lei confere às partes a possibilidade de, em conjunto, instruírem a proposta de acordo a ser apresentada ao juízo, qualificando o seu conteúdo e evidenciando o interesse público na sua homologação.

6.10.9.2 Da proibição da participação do juiz nas tratativas do acordo e seu dever de supervisão

> Art. 4º, § 6º O juiz não participará das negociações realizadas entre as partes para a formalização do acordo de colaboração, que ocorrerá entre o delegado de polícia, o investigado e o defensor, com a manifestação do Ministério Público, ou, conforme o caso, entre o Ministério Público e o investigado ou acusado e seu defensor.
>
> § 7º Realizado o acordo na forma do § 6º deste artigo, serão remetidos ao juiz, para análise, o respectivo termo, as declarações do colaborador e cópia da investigação, devendo o juiz ouvir sigilosa-

> *mente o colaborador, acompanhado de seu defensor, oportunidade em que analisará os seguintes aspectos na homologação: (Redação dada pela Lei nº 13.964, de 2019)*
>
> *I – regularidade e legalidade; (Incluído pela Lei nº 13.964, de 2019)*
>
> *II – adequação dos benefícios pactuados àqueles previstos no **caput** e nos §§ 4º e 5º deste artigo, sendo nulas as cláusulas que violem o critério de definição do regime inicial de cumprimento de pena do art. 33 do Decreto-Lei nº 2.848, de 7 de dezembro de 1940 (Código Penal), as regras de cada um dos regimes previstos no Código Penal e na Lei nº 7.210, de 11 de julho de 1984 (Lei de Execução Penal) e os requisitos de progressão de regime não abrangidos pelo § 5º deste artigo; (Incluído pela Lei nº 13.964, de 2019)*
>
> *III – adequação dos resultados da colaboração aos resultados mínimos exigidos nos incisos I, II, III, IV e V do **caput** deste artigo; (Incluído pela Lei nº 13.964, de 2019)*
>
> *IV – voluntariedade da manifestação de vontade, especialmente nos casos em que o colaborador está ou esteve sob efeito de medidas cautelares. (Incluído pela Lei nº 13.964, de 2019)*
>
> *§ 7º-A O juiz ou o tribunal deve proceder à análise fundamentada do mérito da denúncia, do perdão judicial e das primeiras etapas de aplicação da pena, nos termos do Decreto-Lei nº 2.848, de 7 de dezembro de 1940 (Código Penal) e do Decreto-Lei nº 3.689, de 3 de outubro de 1941 (Código de Processo Penal), antes de conceder os benefícios pactuados, exceto quando o acordo prever o não oferecimento da denúncia na forma dos §§ 4º e 4º-A deste artigo ou já tiver sido proferida sentença. (Incluído pela Lei nº 13.964, de 2019)*
>
> *§ 7º-B. São nulas de pleno direito as previsões de renúncia ao direito de impugnar a decisão homologatória. (Incluído pela Lei nº 13.964, de 2019)*

Com acerto, o § 6º, ora em destaque, afasta o juiz do acordo de colaboração, que se processa somente envolvendo o delegado de polícia, advogado e colaborador, com manifestação do Ministério Público; ou, o Ministério Público, advogado e colaborador. O dispositivo visa assegurar a imparcialidade do magistrado e é erigido como uma garantia do órgão julgador, não como um limite. A previsão é perfeita na conformação de um Sistema Acusatório no seio do qual o julgador deve abster-se do envolvimento na fase de investigação para que possa exercer suas funções com absoluta imparcialidade.

É durante a fase de tratativas que o colaborador pode expor a forma como pretende contribuir para a persecução penal, sendo que os benefí-

6 – Comentários Sobre a Lei 12.850/13

cios a serem acordados irão depender exatamente das informações que serão reveladas e do quanto elas poderão auxiliar no deslinde do caso. Como visto, deve-se firmar um trato provisório entre o colaborador e o Estado, que, por sua vez, não poderá utilizar as informações previamente reveladas pelo colaborador, de boa-fé, em caso de não homologação do acordo. Nesse ponto são preciosas as lições de MENDONÇA, no sentido de que deve

> ser firmado um pré-acordo, indicando que as provas produzidas antes da concretização do acordo não poderão ser usadas, o que deve ser respeitado. (...) Nos EUA são chamadas *proffer session*, também denominadas *"queen for a day"* (*"rainha por um dia"*). E caso o acordo não se concretize ao final, deve-se desconsiderar todas as informações apresentadas pelo colaborador durante as tratativas. Do contrário, haveria afronta ao dever de lealdade, que deve pautar a atuação do MP.[227]

Em sentido um pouco distinto, GOMES e SILVA recomendavam, antes das inovações produzidas pelo "Pacote Anticrime", que durante a fase de tratativas o colaborador não revelasse informações relevantes para a investigação, haja vista que o acordo ainda não teria sido homologado. Segundo os autores, essa postura evitaria que o Estado (MP e Polícia Judiciária) pudesse agir com "reserva mental", ou seja, com a intenção de não celebrar o acordo e apenas obter informações do colaborador.[228]

Ocorre que mais adiante os autores concluem, na linha de MENDONÇA, que:

> (...) no Brasil até o momento da proposta (ou pré-acordo), que é a fase das tratativas, milita em favor do pretenso colaborador a regra *queen for a day* do direito comparado (que para nós tem previsão legal no artigo 4º, § 10 da Lei 12.850/13), ou seja, não poderão as provas ou elementos de informação advindos no momento das tratativas do acordo (pré-acordo) serem utilizadas em seu desfavor e nem muito menos de terceiros.

---

227 MENDONÇA, Andrey Borges de. *Colaboração premiada e a nova Lei do Crime Organizado (Lei 12.850/2013*. Custos Legis – Revista Eletrônica do Ministério Público Federal, v. 4, 2013.
228 GOMES, Luiz Flávio; SILVA, Marcelo Rodrigues. op. cit., p. 304-305.

Conforme estudado acima, o cenário das tratativas foi sensivelmente alterado pela Lei 13.964/19, sendo que os dispositivos que regulam esse ponto e ainda permanecessem vigentes devem, necessariamente, passar por uma releitura guiada pelos novos artigos 3º-B e 3º-C, da LOC.

Antes dessas inovações legislativas, nós sustentávamos que essa fase de tratativas prevista no artigo 4º, § 6º, da LOC, deveria ser interpretada em conjunto com o § 10, do mesmo dispositivo, que, como veremos adiante, prevê a possibilidade de retratação da proposta de acordo, ocasião em que "as provas autoincriminatórias produzidas pelo colaborador não poderão ser utilizadas exclusivamente em seu desfavor".

Dizendo de forma clara, entendíamos que os elementos obtidos durante essa fase de tratativas só não poderiam prejudicar o colaborador, tudo, por obviedade, em respeito ao princípio da não autoincriminação. Lado outro, tratando-se de informações desfavoráveis a outros integrantes da organização criminosa, tais elementos poderiam ser utilizados como prova.

Nesse diapasão, nossa compreensão sobre o ordenamento jurídico então vigente impunha um risco ao investigado-colaborador, risco este que considerávamos inerente ao instituto e deveria, inclusive, ser sopesado por ele e seu advogado no momento do acordo. Não negávamos e continuamos não negando que maus profissionais podem agir de forma dissimulada, com "reservas mentais", mas, por outro lado, não se pode pressupor esse comportamento por parte dos agentes estatais, que devem se pautar sempre pela legalidade e moralidade (lealdade, ética, boa-fé etc.), premissas que, vale dizer, agora estão positivadas na Lei 12.850/13.

Recomendávamos, portanto, na linha do restante da doutrina, que fosse formalizado um pré-acordo entre o Estado e o colaborador. Com a finalidade de nortear a decisão de homologação, esse documento deveria ser encaminhado ao Poder Judiciário juntamente com as declarações do colaborador e um relatório parcial das investigações. Nas declarações, o investigado-cooperador deveria oferecer informações superficiais, mas suficientes para demonstrar o seu envolvimento nos crimes apurados e a viabilidade de se alcançar os objetivos acordados.

Após a homologação do acordo, conforme estabelece o artigo 4º, § 9º, da LOC, o colaborador, sempre assessorado por seu advogado, seria

6 – Comentários Sobre a Lei 12.850/13

novamente ouvido no procedimento apuratório criminal. Nesta ocasião, todavia, em se tratando de investigação formalizada por meio de inquérito policial, sustentávamos que o colaborador deveria ser ouvido em interrogatório, de maneira profunda e detalhada, com a ciência sobre os seus direitos constitucionais e a possibilidade de incidir no crime tipificado no artigo 19, da Lei. Saliente-se, ademais, que antes de proceder ao interrogatório do colaborador, caberia ao delegado de polícia exarar a pertinente decisão de indiciamento, onde deveriam ser indicados os substratos fáticos e jurídicos que contribuíram com a formação do seu convencimento, especialmente o teor do acordo de colaboração, que, como visto, pressupõe o reconhecimento de culpa.[229]

Ocorre que com as recentes mudanças provocadas pelo "Pacote Anticrime", que resultaram no detalhamento dessa fase de tratativas, entendemos que cabe ao delegado de polícia e ao MP a oitiva detalhada do investigado-colaborador já no início das negociações, após a assinatura pelas partes do Termo de Confidencialidade e Recebimento da Proposta.

Registre-se que essa mudança de entendimento se deve ao fato de que o novo artigo 3º-B, § 6º, da LOC, explicitou as denominadas "*proffer sessions*", inviabilizando a utilização das provas e elementos de informações apresentados, de boa-fé, pelo colaborador para qualquer finalidade, trazendo, conforme já estudado, maior segurança jurídica para a fase de tratativas.

Não se pode negar a importância dessas alterações que servem, inclusive, para pautar a decisão do celebrante (delegado de polícia e MP) sobre a real contribuição que o acordo pode trazer para a persecução penal. Com a oitiva detalhada do colaborador já na fase de tratativas, sua relevância no panorama investigativo fica muito mais clara, o que, por obviedade, também facilita a identificação do melhor prêmio a ser barganhado pelos agentes estatais diante dos resultados que se vislumbram com o auxílio prestado pelo investigado.

Em revisão, portanto, às nossas conclusões, entendemos que em se tratando de investigação materializada em inquérito policial, o co-

---

229 Advertimos que o formal indiciamento é composto pelas seguintes peças: auto de qualificação e interrogatório, vida pregressa e boletim de identificação criminal. Por isso sustentamos que em sede de inquérito policial o interrogatório é utilizado apenas na formalização da oitiva de pessoa indiciada.

laborador deverá ser ouvido de forma detalhada em declarações após a assinatura do Termo de Confidencialidade e Recebimento da Proposta. Reitera-se que neste termo as partes assumem um compromisso de sigilo, lealdade e boa-fé, sendo possível, ademais, estabelecer outras obrigações, como, por exemplo, a de não mentir, não praticar novas infrações penais (para o colaborador) ou não propor medidas cautelares pessoais ou patrimoniais (para o celebrante).

Vale lembrar que a proposta de acordo formalizada pelo colaborador já deve ser instruída com as provas e demais elementos de corroboração, sendo que após o aceite do celebrante deve ser promovida sua oitiva detalhada no procedimento apuratório. Consigne-se que nessa declaração o investigado-colaborador dever ser cientificado formalmente sobre os deveres assumidos com o pacto, sua condição de investigado e, sobretudo, sobre a possibilidade de responder pelo crime previsto no artigo 19, da LOC, e de ter utilizadas contra si ou terceiros as provas apresentadas na colaboração nas hipóteses em que se comprovar sua má-fé.

Na sequência, o Termo de Acordo de Colaboração, devidamente instruído com o Termo de Confidencialidade e Recebimento da Proposta, as declarações do colaborador, as provas e elementos de corroboração com seus respectivos anexos, devem ser encaminhados ao Juízo competente juntamente com um relatório das investigações para fins de homologação.

Em nosso sentir, o ideal seria que o Termo de Acordo de Colaboração já instruído fosse submetido ao magistrado por meio de uma representação do delegado de polícia ou requerimento do Ministério Público. Nesse documento as autoridades públicas devem fazer um resumo do procedimento investigativo, demonstrando os indícios de autoria e materialidade delituosas, bem como a pertinência da celebração do negócio jurídico processual visando o atendimento do interesse público.

Assim, uma vez homologado o acordo – a exceção da hipótese em que for pactuada a não persecução penal – caberá ao delegado de polícia determinar, em decisão fundamentada, o formal indiciamento do colaborador, valendo-se, inclusive, dos elementos obtidos por meio da colaboração. Mister consignar, todavia, que tal decisão de indiciamento e a sua respectiva formalização devem se dar em autos apartados, instaurados especialmente para a concretização do pacto, preservando-se, destarte, o sigilo inerente a esta técnica investigativa.

6 – Comentários Sobre a Lei 12.850/13

Reforçando todas as conclusões acima expostas, o novo § 7º, do artigo 4º, da LOC, determina o seguinte: "Realizado o acordo na forma do § 6º deste artigo, serão remetidos ao juiz, para análise, o respectivo termo, as declarações do colaborador e cópia da investigação, devendo o juiz ouvir sigilosamente o colaborador, acompanhado de seu defensor". Note-se que o dispositivo em questão condiciona a homologação do acordo a esta audiência preliminar a ser realizada, exclusiva e sigilosamente, com o colaborador e seu advogado ou defensor público.

Nesse ponto é importante salientar que as inovações promovidas pelo "Pacote Anticrime" no § 7º, ora em estudo, foram muito bem-vindas, especificando que caberá ao juiz analisar os seguintes aspectos do Termo de Acordo de Colaboração Premiada:

a-) **regularidade e legalidade:** nesse ponto as inovações legislativas não alteraram significativamente o panorama jurídico, pois a Lei 12.850/13 sempre conferiu ao juiz esse dever de zelar pela legalidade e regularidade do acordo. Cabe ao magistrado, portanto, verificar se foram observadas todas as formalidades durante a fase de tratativas, desde a proposta até o Termo de Acordo (verificar se a proposta foi instruída com a procuração com poderes especiais, se foi assinado o Termo de Confidencialidade e Recebimento da Proposta etc.);

b-) **adequação dos benefícios pactuados:** antes das recentes alterações na Lei 12.850/13, prevalecia tanto na doutrina como na jurisprudência o entendimento de que as partes poderiam transacionar prêmios distintos daqueles previstos no ordenamento jurídico, especialmente no *caput* do artigo 4º e nos §§ 4º e 5º, da LOC.

De maneira ilustrativa, no âmbito da "Operação Lava-Jato" era comum a previsão em acordos de colaboração que permitissem ao colaborador e seus familiares fazer uso de bens adquiridos por meio da prática de crimes, bem como a adoção de um modelo de negociação de penas, com a criação de "regimes especiais", como o cumprimento de 08 anos de pena em regime domiciliar.

Vale reiterar que antes da Lei 13.964/19, esse modelo de fixação negociada de penas foi criticado de forma incisiva pelo Ministro Gilmar Mendes, uma vez que, na sua visão, isso representaria uma estipulação de sanção sem prévia cominação legal.[230] Em sentido semelhante se ma-

---

230 STF, Min. Gilmar Mendes. Questão de Ordem na Pet. 7.074.

nifestou o Ministro Ricardo Lewandowski ao pontuar que acordos que prevejam sanções criminais não previstas em nosso ordenamento jurídico não deveriam ser homologados.[231]

Não foi esse, todavia, o entendimento do Ministro Luís Roberto Barroso,[232] que se manifestou de forma favorável a concessão de outros prêmios ao colaborador, ainda que não previstos em lei, desde que não sejam vedadas pelo ordenamento jurídico e não agravem a situação do colaborador. Na visão do Min. Barroso, "não é possível, mediante pacto em acordo de colaboração premiada, se punir o colaborador com sanção mais grave do que aquela que o Direito Penal posto admitiria", contudo, "tudo o mais que tenha razoabilidade, que não seja absurdo, pode sim (...) ser negociado, mesmo que não esteja previsto em lei, porque isso é da natureza das relações negociais".

Em âmbito doutrinário, mesmo antes do "Pacote Anticrime", Afrânio Silva Jardim sustentava que o acordo de colaboração premiada deveria se restringir aos prêmios legalmente previstos, senão vejamos:

> É imperioso reconhecer que o acordo de colaboração premiada é um negócio processual e, por conseguinte, regido pelos princípios e regras de Direito Público. Como é de todos sabido, as regras e princípios do Direito Penal e do Direito Processual Penal são cogentes e ficam fora do poder dispositivo das partes que atuam no processo penal. Como se costuma dizer, em termos de Direito Privado, pode-se tudo que não seja proibido, enquanto sob a égide do Direito Público só se pode fazer o que seja expressamente permitido".[233]

SANTOS, por outro lado, defendia a adoção de acordos de colaboração premiada com extensão extrapenal, afinal, essa possibilidade traduziria a escorreita utilização de analogia *"in bonan partem"* plenamente justificável, não constituindo aviltamento do devido processo legal.[234] É esse, aliás, o posicionamento adotado pelo Manual do ENCCLA, pois:

---

231 STF, Min. Ricardo Lewandowski. Pet. 7.265.
232 STF, Min. Luís Roberto Barroso. Questão de Ordem na Pet. 7.074.
233 JARDIM, Afrânio Silva. *Nova Interpretação sistemática do acordo de colaboração premiada*. Disponível:http://emporiododireito.com.br/leitura/delatando-sem--premio-as-delacoes-premiadas-por-afranio-silva-jardim-1508430735. Acesso em 08.01.2019.
234 SANTOS, Marcos Paulo Dutra. *Colaboração (delação) premiada*. 2ª ed. Salvador: Juspodivm, 2017, p. 186.

6 – Comentários Sobre a Lei 12.850/13

Como se trata de normativa benéfica ao réu, desde que não haja proibição – ou seja, não afronte o ordenamento jurídico – e esteja dentro do marco da razoabilidade, é possível que outros benefícios sejam ofertados e eventualmente aplicados. Neste tema, como se trata de norma mais favorável ao réu, inexiste a restrição da legalidade estrita.[235]

Ocorre que essa discussão em torno da fixação negociada da pena e outros benefícios não previstos em lei perdeu sentido com o advento do "Pacote Anticrime", que na nova redação do § 7º, inciso II, do artigo 4º, da Lei 12.850/13, previu a nulidade de cláusulas que violem o critério de definição de regime inicial de cumprimento de pena previsto no artigo 33, do Código Penal, bem como as regras de cada regime. Muito embora não se descarte a possibilidade de parcela da doutrina insistir na tese de que seria possível a barganha de prêmios não previstos pelo ordenamento jurídico, temos a convicção de que a tendência, especialmente na jurisprudência, será a observância dos limites legais. Nesse sentido, aliás, se manifesta Renato Brasileiro de Lima ao enaltecer as referidas mudanças:

> (...) pensamos ser cogente o estrito cumprimento da lei quando aos benefícios passíveis de negociação em um acordo de colaboração premiada. O estabelecimento de balizas legais para o acordo é uma opção do nosso sistema jurídico, para assegurar a isonomia e evitar a corrupção dos imputados, mediante incentivos desmesurados à colaboração, e dos próprios agentes públicos, aos quais se daria um poder sem limite sobre a vida dos imputados. Se se trata, o acordo de colaboração, de um negócio jurídico processual, às partes não é dada a possibilidade de livremente dispor sobre as suas consequências sem o respeito de balizas mínimas. O que há, portanto, nesse negócio jurídico, é uma liberdade de escolha limitada ao campo de atuação permitido pelo sistema jurídico.[236]

Não obstante, considerando que a colaboração premiada é um instituto de natureza mista, vale dizer, de caráter processual (meio de

---

235 Manual – Colaboração Premiada. Brasília: ENCCLA, 2014. p. 07. Destaque-se que esse posicionamento vem prevalecendo na práxis, especialmente no âmbito da Operação Lava-Jato.

236 LIMA, Renato Brasileiro de. *Legislação Criminal Especial Comentada*. ed. 8. Salvador: Juspodivm, 2020. p. 814.

obtenção de provas), mas também com conteúdo penal, uma vez que os prêmios barganhados limitam o poder punitivo do Estado (ex.: redução de pena, perdão judicial etc.), já vislumbramos posicionamentos no sentido de que esse novo regramento imposto pelo "Pacote Anticrime" só se aplica aos crimes praticados após a sua vigência. Em prevalecendo essa tese – que sem dúvida nenhuma fomenta o instituto em estudo, afinal, amplia o campo de negociação para as partes – continuaria sendo possível a fixação de cláusulas que estabeleçam os chamados "regimes especiais de cumprimento de pena" no caso de crimes cometidos até a vigência da Lei 13.964/19.

c-) **adequação dos resultados esperados com a colaboração:** o inciso III, do novo artigo 4º, § 7º, da LOC, reforça a necessidade de o magistrado avaliar a adequação dos prêmios propostos ao alcance dos resultados previstos nos incisos I, II, III, IV e V, do *caput* do dispositivo em questão.

Note-se que esse novo regramento confere ao juiz uma espécie de controle sobre o que se deve buscar com o acordo de colaboração, sendo necessário o alcance de pelo menos um dos resultados indicados na Lei. Advertimos, contudo, que diferentemente dos prêmios pactuados, que, com visto, ficam limitados ao conteúdo legal, o resultado que se busca por meio desta técnica investigativa não se restringe ao previsto na Lei 12.850/13, haja vista que o texto faz menção expressa aos "resultados mínimos".

Com efeito, a proposta de acordo deve conter pelo menos um nos resultados indicados no artigo 4º, mas nada impede que as partes pactuem outros objetivos a serem alcançados, tais como a identificação de linhas telefônicas utilizadas pelos integrantes da organização criminosa, suas contas bancárias, empresas eventualmente adotadas para a realização de lavagem de capitais, a localização de depósitos de armas de fogo e drogas, contratos celebrados com o Poder Público devido a prática de atos de corrupção, licitações objeto de fraude etc.

d-) **voluntariedade do acordo:** desde a sua redação original, a Lei 12.850/13 já previa a necessidade de o acordo ser voluntário, vale dizer, formalizado sem qualquer tipo de coação ou constrangimento que vicie a vontade manifestada no pacto, cabendo ao juiz, em audiência realizada exclusivamente com o colaborador e seu advogado, fazer essa avaliação.

6 – Comentários Sobre a Lei 12.850/13

Questão que sempre despertou polêmica na doutrina e na jurisprudência se refere ao acordo realizado com investigado submetido às medidas cautelares pessoais, especialmente as prisões cautelares. Não obstante, sempre prevaleceu o entendimento de que o fato de um colaborador estar sob o efeito de medidas cautelares não retirava a voluntariedade do pacto firmado. Nesse sentido, aliás, decidiu o STF no julgamento do HC 127.483, ocasião em que se pontuou que para a celebração do acordo premial se exige que o colaborador aja com total liberdade psíquica, mas não locomotiva.

Em reforço a esse entendimento, MASSON e MARÇAL observam que se a prisão fosse mesmo algo que retirasse a voluntariedade do acordo de colaboração premiada, então o artigo 4º, § 5º, da LOC, deveria ser revogado, afinal, o dispositivo permite a colaboração após a sentença condenatória, situação que se pressupõe que o colaborador já esteja preso.[237] Conclui-se, portanto, que no "Pacote Anticrime" o legislador apenas reforçou o controle do juiz sobre esse aspecto da colaboração nas hipóteses em que o colaborador está ou esteve sob efeito de medidas cautelares, o que, evidentemente, não inviabiliza a formalização do pacto nessas circunstâncias.

Outra questão que nos parece relevante nesse ponto é a análise sobre a voluntariedade dos celebrantes em realizar o acordo. Muito embora o texto legal demonstre a clara preocupação do legislador com eventuais atos de coação praticados contra o investigado-colaborador, silenciando-se no que se refere aos agentes públicos, entendemos que a voluntariedade dos celebrantes também constitui condição de validade para o pacto.

Imagine-se a hipótese em que membros de uma organização criminosa tenham provas sobre algum crime praticado pelo delegado de polícia ou algum parente seu e, em posse dessas informações, passem a "chantageá-lo", constrangendo-o a celebrar um acordo de colaboração que beneficie os criminosos. É evidente que nesse caso a vontade manifestada pelo agente público está completamente viciada, razão pela qual, em se comprovando a coação, o acordo deverá ser considerado nulo pelo juiz.

Ainda no que se refere ao dever de supervisão do Poder Judiciário, a Lei 13.964/19, acrescentou os §§ 7º-A e B, na LOC. No § 7º-A estatuiu-

---

237 MASSON, Cleber. MARÇAL, Vinicius. op. cit., p. 145.

-se o dever do juiz ou tribunal competente de proceder à análise fundamentada do mérito da denúncia, do perdão judicial e das primeiras etapas de aplicação da pena antes de conceder os benefícios pactuados.

Isso significa que o juízo competente deverá analisar a peça acusatória como se o acordo homologado nem sequer existisse, verificando, especialmente, se há justa causa para o recebimento da denúncia. Outrossim, deverá proceder à aplicação das duas etapas iniciais da pena (circunstâncias judiciais e agravantes/atenuantes) sem considerar o pacto celebrado, sendo que somente na terceira fase, em que são avaliadas as causas de aumento e diminuição, o juiz poderá conceder o benefício, desde que, obviamente, este tenha sido acordado.

O mesmo raciocínio se aplica ao perdão judicial. Caso esse tenha sido o prêmio pactuado, caberá ao juiz ou tribunal percorrer todo o critério trifásico de dosimetria da pena, reconhecendo, inclusive, a responsabilidade do colaborador e, após, se verificada a eficácia de colaboração, conceder o perdão judicial, no que se convencionou chamar de "substituição premial".[238]

Como se pode notar, essa técnica da "substituição premial" não se aplica, como bem destacado na parte final do § 7º-A, nas hipóteses em que o acordo prever o não oferecimento da denúncia ou quando a sentença já tiver sido proferida (colaboração tardia).

Por derradeiro, o § 7º-B impõe a nulidade das cláusulas do acordo que estabeleçam a renúncia ao direito de impugnar a decisão homologatória, uma vez qualquer previsão nesse sentido constitui ofensa aos princípios da inafastabilidade da jurisdição, do contraditório e ampla defesa.

6.10.10. Da homologação do acordo de colaboração premiada

> *Art. 4º, § 8º O juiz poderá recusar a homologação da proposta que não atender aos requisitos legais, devolvendo-a às partes para as adequações necessárias. (Redação dada pela Lei nº 13.964, de 2019)*
>
> *§ 9º Depois de homologado o acordo, o colaborador poderá, sempre acompanhado pelo seu defensor, ser ouvido pelo membro do Ministério Público ou pelo delegado de polícia responsável pelas investigações.*

---

238 MASSON, Cleber. MARÇAL, Vinicius. op. cit.

6 – Comentários Sobre a Lei 12.850/13

Em sua primeira parte, o § 8º, do artigo 4º, diz o óbvio, ou seja, que o juiz "poderá recusar a homologação da proposta que não atender os requisitos legais". Isso é claro, senão para que serviria o procedimento de submeter a proposta ao magistrado, ele funcionaria apenas como uma espécie de "carimbador maluco" a serviço do delegado de polícia e do promotor de justiça? Exatamente por isso já foi consignado anteriormente que toda decisão, seja homologatória ou não, deve ser fundamentada pelo juiz.

No caso de recusa de proposta formulada pelo delegado de polícia e não corroborada pelo Ministério Público, não há recurso cabível. Mas, se a proposta do delegado é acatada pelo Ministério Público ou se esta parte diretamente do promotor, então da decisão negativa do juiz caberá Mandado se Segurança ou Correição Parcial. Há também quem advogue a tese do Recurso em sentido estrito[239] a qual parece pouco viável porque predomina a tese de que o rol do artigo 581, CPP, é taxativo, inadmitindo analogia ou mesmo interpretação extensiva. Não havendo ali previsão de recurso em sentido estrito contra a decisão denegatória de colaboração premiada, torna-se difícil sustentar o manejo desse instrumento processual.[240]

Também não será hipótese de aplicação analógica ou naquilo que couber, do artigo 28, CPP ("Princípio da Devolução"), pois que esse procedimento somente está previsto para o caso do § 2º, não havendo idêntica autorização no § 8º. Esses parágrafos tratam de situações diversas: o § 2º, trata do pleito de perdão judicial, inclusive independentemente de acordo anterior e, para este caso específico, se prevê a aplicação, no que couber, do artigo 28, CPP, se o juiz discordar do requerimento do Ministério Público; no § 8º, se trata da recusa da homologação de proposta de

---

239 PACELLI, Eugenio. Op. Cit.

240 Cf. BONFIM, Edilson Mougenot. Op. Cit., p. 766 – 767. Observe-se que a tese de Pacelli não é despida de sustentação doutrinário – jurisprudencial, embora minoritária, pois há autores e decisões no sentido de que seria possível a analogia ou então ao menos a interpretação extensiva em certos casos no recurso em sentido estrito. Malgrado isso, entende-se que havendo a possibilidade mais induvidosa da ação de impugnação do Mandado de Segurança ou do recurso de Correição Parcial por inversão tumultuária da ordem processual, seria preferível a adoção desses instrumentos menos controversos. O tempo e a prática forense dirão como isso se processará, embora já se anteveja uma raridade no indeferimento judicial da colaboração, assim como ocorre com o arquivamento do Inquérito Policial e o requerimento de diligências ou cotas ministeriais.

colaboração premiada pelo juiz e aí não se faz qualquer menção à aplicação no que couber do artigo 28, CPP, sendo então de se vislumbrar outros instrumentos para manejo do Ministério Público, como se fez acima.

Vale registrar nesse ponto que o § 8º, ora em estudo, sofreu uma singela alteração no seu conteúdo pela Lei 13.964/19. Antes dessa inovação, a redação original do dispositivo estabelecia, em sua segunda parte, que o juiz poderia adequar a colaboração firmada pelo Ministério Público ou pelo delegado de polícia, com a manifestação do promotor, ao caso concreto. Como não poderia deixar de ser, essa previsão era muito questionada pela doutrina. Seria essa parte do dispositivo válida? Entendíamos, como a maioria, que não, inclusive numa interpretação sistemática do próprio diploma legal em que se acha inserido o dispositivo. Isso porque o § 6º, obedecendo o Sistema Acusatório e preservando a imparcialidade judicial, impede o juiz de participar do acordo. Ora, se assim é, como poderia o magistrado ser autorizado logo depois a se imiscuir em atividade típica de investigação ou produção probatória a cargo do delegado de polícia e do Ministério Público?

Ora, se o juiz altera o acordo, está, ainda que indiretamente, participando das negociações, o que é vedado pela própria Lei 12.850/13 em seu § 6º. E a vedação é, como já se disse, correta e imune a críticas. Já a parte final da redação anterior do § 8º, colidia com tudo isso, infringindo, assim, o Sistema Acusatório, usurpando funções ministeriais e investigatórias e ferindo de morte a imparcialidade do juiz.

Neste ponto muito bem já se posicionava PACELLI, aduzindo:

> De outro lado, e ainda como desdobramento da norma legal, que prevê a possibilidade de recusa à homologação, diz a lei que poderá o juiz adequar a proposta ao caso concreto (§ 8º). Absolutamente inaceitável a aludida disposição legal. Não deve e não cabe ao juiz imiscuir-se em tais questões (o acordo de colaboração), diante de regular manifestação de iniciativa postulatória que se faria presente no caso concreto. Não cabe ao juiz modificar os termos do acordo, ainda que seja de sua competência – *unicamente por ocasião da sentença condenatória!* – a aplicação da pena, seja mediante a sua redução, sua substituição, ou, por fim, a aplicação do perdão judicial. Ou bem ele recusa o acordo por entender ausentes os requisitos legais ou bem o homologa para todos os fins de direito.[241]

---

241 PACELLI, Eugenio. Op. Cit.

6 – Comentários Sobre a Lei 12.850/13

Percebe-se, destarte, que foi justamente com o intuito de acabar com essa polêmica que o legislador, em bom momento, alterou o antes famigerado § 8º para conferir às partes a atribuição de adequar o acordo de colaboração. Doravante, em discordando dos termos pactuados o juiz deverá se recusar a homologar o acordo em decisão fundamentada e, ato contínuo, remetê-lo às partes para as adequações necessárias.

De todo modo, conforme já estudado, a Lei confere ao juiz o controle da legalidade do acordo, o que lhe permite, inclusive, a realização de um juízo de proporcionalidade entre os objetivos a serem alcançados por meio da colaboração e os prêmios previstos. A título de exemplo, poderá o juiz afastar uma cláusula específica do termo de acordo em virtude de sua inconstitucionalidade. Foi exatamente o que ocorreu na Pet. 5.244/STF, onde o Min. Teori Zavascki decotou uma cláusula do acordo que estipulava que o colaborador renunciava ao direito de recurso, o que, obviamente, ofende o princípio da inafastabilidade da Jurisdição e da ampla defesa.

Ainda no que se refere ao juízo de proporcionalidade a ser feito pelo juiz no momento da homologação do acordo, reitera-se, é possível uma análise de mérito, mesmo que superficialmente, com o objetivo de realizar um filtro entre os meios (prêmios oferecidos) e os fins (objetivos buscados). Reforçando nossas conclusões, VASCONCELLOS ensina que:

> (...) no momento do juízo homologatório mostra-se desaconselhável a confirmação do acordo sem qualquer análise do caso penal, para a verificação, ainda que superficial, em juízo de prelibação, do mérito e dos elementos (probatórios ou informativos da investigação), para que se analise sua adequação. Trata-se de medida impositiva para evitar possíveis alterações de fatos (*fact-bargaining*) ou inadequadas capitulações aos tipos penais (*charge-bargainig*), inadmissíveis diante do necessário respeito à legalidade.[242]

Fixadas essas premissas, vale registrar que o procedimento da colaboração agora, diversamente do que ocorria nas legislações anteriores que trataram da matéria, detalha todo seu andamento, especialmente após o advento do "Pacote Anticrime", sendo que anteriormente suas

---

242 VASCONCELLOS, Vinicius. op. cit., p. 97.

formalidades seguiam basicamente o inalterado § 9°, do artigo 4°. Nos termos do dispositivo em questão, o colaborador somente será ouvido, sempre acompanhado de defensor, pelo promotor ou pelo delegado de polícia, depois de homologado o acordo.

Nesse contexto, antes das inovações promovidas pela Lei 13.964/19, nós chamávamos a atenção para dois aspectos: primeiro o fato de que o termo de acordo ainda não versa sobre o conteúdo da colaboração sob seu aspecto material. Nele deveriam ser estabelecidos apenas os objetivos da colaboração, os quais somente iriam se concretizar por parte do colaborador após a homologação.

Tratava-se, em nosso sentir, de uma previsão que conferia maior segurança jurídica ao colaborador. Note-se que antes da Lei 12.850/13 e do próprio Pacote Anticrime, qualquer pessoa normal, devidamente assistida, jamais faria um acordo de delação premiada (expressão até então usada), pois que iria prestar a delação para depois se verificar se teria ou não sua colaboração considerada. A legislação anterior, em sua redação totalmente lacunosa, criava uma situação por demais insegura para o colaborador, o que em nada ajudava para que pudesse ser utilizada com maior constância.

Ocorre que com os acréscimos dos artigos 3°-B e 3°-C, na Lei 12.850/13, dispositivos que regulamentam a fase de tratativas, conforme já estudado, o artigo 4°, § 9, da LOC, precisa ser reinterpretado em consonância com as novas previsões legais. Considerando a determinação constante no artigo 3°-B, § 6°, no sentido de que nenhuma prova ou informação apresentada pelo colaborador, de boa-fé, poderá ser utilizada para qualquer finalidade, não enxergamos mais qualquer insegurança jurídica que possa inviabilizar sua oitiva detalhada antes da homologação do pacto, pelo contrário. Isso porque, como salientado alhures, o "Pacote Anticrime" insere expressamente na LOC a denominada *proffer session*, afastando, de forma definitiva, o mau uso dessa técnica investigativa pelos agentes estatais e pelo próprio investigado.

Com efeito, nada impede a oitiva do colaborador antes da homologação do acordo, sendo, na verdade, imprescindível a observância dessa formalidade. Não por acaso, o artigo 3°-C, § 3°, estabelece que no acordo de colaboração o colaborador deverá "narrar todos os fatos ilícitos para os quais concorreu" e o § 4° destaca que incumbe à defesa "instruir a proposta de colaboração". Já o artigo 3°-B, § 4°, evidencia que o acordo de colaboração poderá ser precedido de atos instrutórios visando à complementação dos "fatos narrados", sugerindo, inclusive,

6 – Comentários Sobre a Lei 12.850/13

que o colaborador pode ser ouvido mais de uma vez antes mesmo da homologação do negócio jurídico.

Tudo isso, vale dizer, no intuito de evidenciar a relevância e o interesse público do acordo que se quer homologar. Ora, é por meio de uma oitiva detalhada do colaborador que será possível avaliar a dimensão de sua real cooperação e a sua utilidade para o desenrolar do caso penal em apuração.

Conclui-se, portanto, que a oitiva do colaborador a que faz menção o § 9º, do artigo 4º, da LOC, vale dizer, aquela formalizada após a homologação, deve ser interpretada como uma opção para o delegado de polícia e MP, inclusive porque o dispositivo determina que o colaborador "poderá" ser ouvido, não se tratando de uma formalidade obrigatória.

Superada essa questão, ressaltamos que o § 9º reforça a necessidade do colaborador ser sempre ouvido, seja pelo promotor, seja pelo delegado, na presença de seu defensor. Isso altera inclusive o grau de aplicação do direito de defesa na fase investigatória, pois agora, mesmo nesta fase, no caso do colaborador, será *sempre obrigatória* a presença de defensor em todos os atos de que participe. Nas demais hipóteses, há o direito constitucional do investigado de ser cientificado sobre a *possibilidade* de ser assistido por um defensor, mas não existe a previsão dessa *obrigatoriedade*, a qual somente se perfaz quando instalado o processo sob o pálio do contraditório e da ampla defesa.

Questão importante e que não poderia deixar de ser tratada nesse ponto, envolve a competência para a homologação do acordo de colaboração premiada em órgão colegiado. Com efeito, o STF firmou o entendimento de que em tais casos a competência para a análise dos requisitos da regularidade, voluntariedade e legalidade do acordo cabe ao relator, senão vejamos:

> O Supremo Tribunal Federal (STF), em julgamento conjunto, resolveu questão de ordem e negou provimento a agravo regimental em petição em que se discutiam, respectivamente, os limites da atuação do relator em homologação de colaboração premiada e a distribuição ao ministro Edson Fachin (relator), por prevenção, da Pet 7.003/DF, em razão do Inq. 4.112/DF, cujo objeto são fatos relacionados à operação Lava Jato. (...) O Plenário, por maioria, resolveu a questão de ordem no sentido de reafirmar — nos limites dos §§ 7º e 11 do art. 4º (1) da Lei 12.850/2013 e incisos I e II

do art. 21 (2) do Regimento Interno do STF (RISTF) — a atribuição do relator para, monocraticamente, homologar acordos de colaboração premiada, oportunidade na qual se limita ao juízo de regularidade, legalidade e voluntariedade da avença. Reafirmou, também, a competência colegiada do STF para avaliar, em decisão final de mérito, o cumprimento dos termos bem como a eficácia do acordo (Informativo nº 870).[243]

No mesmo julgamento pelo Plenário do STF foi abordada a questão da competência em casos de conexão entre o conteúdo da colaboração prestada e o delito investigado:

> (...) o Colegiado teceu considerações acerca do instituto da colaboração premiada, necessárias ao correto desate da controvérsia quanto à prevenção. Nesse sentido, ressaltou que, no seio da avença, o colaborador presta declarações perante a autoridade policial e/ou o Ministério Público com vistas a um ou mais resultados elencados nos incisos do art. 4º da Lei 12.850/2013. Não raro, como ocorre na hipótese em análise, relata-se mais de um fato delituoso em contextos não necessariamente imbricados. Ponderou que, apesar de a Corte ter decidido, no Inq. 4.130 QO/PR (DJE de 3.2.2016), que o juízo homologador do acordo não é, necessariamente, competente para o processamento de todos os fatos relatados, existindo, entretanto, entre esses episódios, ao menos um em que se verifique a presença de conexão com objeto de feito previamente distribuído, faz-se imperiosa a observância da regra prevista no art. 79, "*caput*" (1), do Código de Processo Penal (CPP), a demandar a distribuição por prevenção, nos exatos termos do art. 69, "*caput*", do RISTF. Com efeito, verificada a existência de liame de natureza objetiva, subjetiva ou probatória entre o conteúdo de termos de depoimento prestados pelo colaborador e o objeto de investigação em curso, incumbe à autoridade judicial responsável pela supervisão do procedimento investigatório, por força da prevenção, homologar o acordo de colaboração celebrado e adotar, subsequentemente, as providências acerca de cada fato relatado. Tal conclusão resguarda o jurisdicionado dos efeitos da litispendência e da coisa julgada. O Colegiado frisou ser o juízo prevento o detentor de condições mais adequadas para analisar os pontos de contato entre as declarações dos colaboradores e as outras investigações em curso, impondo, se for o caso, a tramitação conjunta (Informativo nº 870).[244]

---

243 STF, Plenário. Pet. 7074/DF, Rel. Min. Edson Fachin, j. 21, 22, 28 e 29.06.2017.
244 STF, Plenário. Pet. 7074 QO/DF, Rel. Min. Edson Fachin, j. 21, 22, 28 e 29.06.2017.

6 – Comentários Sobre a Lei 12.850/13

Por fim, um último questionamento se faz relevante: Seriam válidas as provas obtidas por meio de acordo de colaboração premiada homologado por Juízo de 1º grau cujo conteúdo implique autoridade com foro por prerrogativa de função? Haveria, no caso, usurpação de competência do Juízo Natural apta a anular os efeitos do acordo celebrado?

Trata-se, em nosso sentir, de um caso típico de encontro fortuito de provas (serendipidade subjetiva), que deve ser resolvido pela *teoria do juízo aparente*. Ora, é por meio do acordo de colaboração premiada que se obtém as provas que implicam autoridade com foro por prerrogativa. Sem o acordo não haveria qualquer elemento informativo apto a justificar o deslocamento da competência. Desse modo, a homologação deve ser feita pelo Juízo de 1º grau, responsável pela supervisão da investigação e aparentemente competente para tanto. Por óbvio, uma vez firmado o acordo e identificados elementos probatórios contra autoridade com prerrogativa de função, os autos devem ser remetidos ao foro especial. Foi exatamente esse o posicionamento do STJ:

> A colaboração premiada é um instituto de cooperação processual, cuja natureza jurídica está relacionada à comunicação da ocorrência de um crime ou à provocação da iniciativa do Ministério Público a esse respeito. Por esse motivo, tem a característica de *delatio criminis*, de mero recurso à formação da convicção do acusador, e não de elemento de prova. Essa característica restringe a possibilidade de exame, na fase inquisitorial, de questionamentos sobre o conteúdo dos depoimentos prestados pelo colaborador por parte do órgão jurisdicional. Assim, ao homologar o acordo de colaboração premiada, realizando o juízo de delibação do art. 4º, § 7º, da Lei nº 12.850/2013, o juiz "se limita a aferir a regularidade, a voluntariedade e a legalidade do acordo", não existindo "emissão de qualquer juízo de valor sobre as declarações do colaborador" (STF, HC 127.483, Tribunal Pleno, DJe de 4/2/2016). Sendo a colaboração premiada uma forma de *delatio criminis*, ou seja, um meio de obtenção de elementos de convicção, as informações prestadas pelo colaborador podem se referir até mesmo a crimes diversos daqueles que dão causa ao acordo, configurando-se, nessa situação, a hipótese da serendipidade ou descoberta fortuita de provas. De fato, o STF possui orientação no sentido de que são válidos os elementos probatórios indicativos da participação de pessoas detentoras de prerrogativa de foro colhidos fortuitamente no curso de medidas investigativas envolvendo indivíduos sem essa prerrogativa. Outra consequência do

302 *Criminalidade Organizada & Globalização Desorganizada*

encontro fortuito de provas é, portanto, a incidência da teoria do juízo aparente, segundo a qual é legítima a obtenção de elementos relacionados a pessoa que detenha foro por prerrogativa de função por juiz que até aquele momento era competente para o processamento dos fatos. Aliás, a tese foi ratificada pela Suprema Corte, segundo a qual: "as provas colhidas ou autorizadas por juízo aparentemente competente à época da autorização ou produção podem ser ratificadas *a posteriori*, mesmo que venha aquele a ser considerado incompetente, ante a aplicação no processo investigativo da teoria do juízo aparente" (HC 106.152, Primeira Turma, Rel. Min. Rosa Weber, DJe de 24/5/2016 e HC 128.102, Primeira Turma, Rel. Min. Marco Aurélio, DJe de 23/6/2016). Na hipótese, como as investigações até então se referiam a pessoas sem prerrogativa de foro e a informação a respeito do possível envolvimento de autoridade com prerrogativa de foro no STJ somente surgiu com a formalização do acordo de colaboração premiada, o juízo de primeiro grau de jurisdição era competente para sua homologação, não havendo, portanto, nulidade a ser declarada em relação ao ponto.

Colaboração premiada. Encontro fortuito de provas. Autoridade com prerrogativa de foro. Remessa imediata dos autos ao foro prevalente. Inexistência. Usurpação de competência. Caracterização. Ocorrendo a descoberta fortuita de indícios do envolvimento de pessoa com prerrogativa de foro, os autos devem ser encaminhados imediatamente ao foro prevalente, definido segundo o art. 78, III, do CPP, o qual é o único competente para resolver sobre a existência de conexão ou continência e acerca da conveniência do desmembramento do processo (Informativo 612).[245]

6.10.11. Da retratação da proposta de colaboração premiada

> *Art. 4º, § 10 As partes podem retratar-se da proposta, caso em que as provas autoincriminatórias produzidas pelo colaborador não poderão ser utilizadas exclusivamente em seu desfavor.*

Como não poderia deixar de ser, o acordo de colaboração é retratável. E essa retratação pode dar-se bilateralmente, diz a lei, "por qualquer das partes", significando que qualquer dos envolvidos no acordo pode

---

245 STJ, Rcl. 31.629-PR, Rel. Min. Nancy Andrighi, por unanimidade, julgado em 20/09/2017, DJe 28/09/2017.

6 – Comentários Sobre a Lei 12.850/13

proceder à retratação, seja o colaborador, seja o delegado de polícia[246] ou o promotor de justiça.

Parece-nos que a lei permite claramente uma espécie de "denúncia vazia" (grosso modo) do acordo. Isso não poderia ser diferente porque deve haver ampla liberdade para que os envolvidos se sintam confortáveis e satisfeitos nas circunstâncias da avença do início ao fim. Essa possibilidade de quebra, se por um lado gera certa insegurança para os envolvidos, por outro é muito salutar na medida em que constitui elemento de coerção para que cada um cumpra com seu dever assumido, sejam os representantes dos órgãos persecutórios, seja o próprio colaborador. Afinal, há em jogo interesses mútuos.

A lei não determina que a retratação deva ser submetida ao judiciário para eventual homologação. Independente disso, NUCCI entende que "a retratação deveria ser submetida ao crivo judicial, para homologação, avaliando-se as vantagens e desvantagens da medida".[247] Com a devida vênia, discorda-se: primeiro porque seria uma ingerência judicial na condução da investigação; segundo porque a lei não prevê essa possibilidade ou necessidade; e terceiro porque, principalmente no caso de o próprio colaborador resolver unilateralmente cessar o acordo, simplesmente não há o que fazer, nem mesmo pelo magistrado, que não é dotado de poderes hipnóticos ou de forças sobrenaturais para obrigar ao cumprimento da avença. E mesmo que o fosse não poderia fazer isso, sob pena de violar a voluntariedade necessária para o acordo.

É fácil imaginar a situação: um colaborador resolve desistir do acordo, isso seria submetido ao juiz para homologação ou não, mesmo

---

246 Observe-se que Nucci entende que o Delegado de Polícia não pode se retratar porque não é "parte" e a lei usa essa palavra. NUCCI, Guilherme de Souza. Op. Cit., p. 60. Discorda-se, tendo em vista o já fartamente exposto sobre a questão do uso impróprio da palavra "parte" em toda a Lei 12.850/13. Essa lei, impropriamente, utiliza o termo de forma ampla, inclusive várias vezes se referindo claramente ao Delegado, embora, como já se afirmou, realmente não seja jamais "parte" em processo algum. Inclusive, a ferro e fogo, a própria noção de "parte" e "lide" no Processo Penal é altamente discutível, de modo que nesse sentido, se pode entender que qualquer uso dessas expressões somente pode ser impróprio. Ademais, o Delegado de Polícia, no caso de investigação mediante Inquérito Policial, é a Autoridade que detém a maior legitimidade e possibilidade de formação de uma convicção fundada para optar ou não por eventual retratação. Isso pelo simples motivo de que é quem estará diretamente envolvido nas investigações e no contato com o suposto colaborador.

247 Op. Cit., p. 61.

não prevendo a lei. Se o juiz homologasse, tudo bem. Mas, se ele não homologasse como poderia obrigar o *"colaborador a colaborar"*? Onde ficaria a voluntariedade que deve permear o acordo (e "acordo" etimologicamente quer dizer "corações juntos", vontades coincidentes e jamais coação). Seria algo impraticável, de modo que não se trata certamente de um lapso legislativo a não menção de necessidade de homologação judicial da retratação, mas de uma *correta* opção.

Sobre o momento em que poderia ser efetivada essa retratação, há divergência na doutrina. GOMES e SILVA, por exemplo, defendem o seguinte:

> Entendemos que a retratação pelas partes só será possível até o momento da assinatura do acordo de colaboração premiada pelas partes (e não até a homologação pelo Juiz), pois com a assinatura ela passa a ter existência, desde que preenchidos os pressupostos de existência (agente, objeto, forma, manifestação de vontade) e é válida, quando cumpridos os requisitos de validade (...).[248]

NUCCI, por outro lado, entende que a retratação deve ser feita após a homologação do acordo pelo Juízo competente, mas antes da sentença condenatória.[249] Já na visão de Rogério Sanches e Ronaldo Batista:

> Tal retratação (...) somente é possível antes da homologação judicial. Depois disso passa a compor o acervo probatório, não mais se admitindo que uma das partes conteste os seus termos. Operada a retratação, por iniciativa de uma ou de ambas as partes, o acervo probatório que fora obtido não pode ser utilizado em desfavor do colaborador.[250]

Pensamos que assiste razão a essa corrente, podendo as partes do acordo se retratarem até o momento da homologação judicial, oportunidade em que os elementos obtidos por meio da colaboração podem ser apreciados como meio de prova. Em reforço a esse entendimento, DIPP consigna que:

---

248 GOMES, Luiz Flávio; SILVA, Marcelo Rodrigues da. op. cit., p. 305.
249 NUCCI, Guilherme de Souza. op. cit., p. 544.
250 CUNHA, Rogério Sanches; PINTO, Ronaldo Batista. *Crime Organizado: Comentários à nova lei sobre o Crime Organizado – Lei nº 12.850/2013*. 2. ed. Salvador: Juspodivm, 2014. p. 73-74.

6 – Comentários Sobre a Lei 12.850/13

> (...) a retratação depois da homologação revela-se, no entanto, impraticável e logicamente incompatível porque se fosse possível a retratação das partes o princípio geral de que o juiz é sempre – e não poderia deixar de ser sob pena de destruir-se a lógica do sistema – o condutor do processo cujos atos só se desfazem por via do recurso regular.[251]

Parece-nos um tanto quanto óbvio que após a homologação judicial do acordo a retratação é inviável porque se opera a chamada "preclusão consumativa". O ato processual já foi praticado e é preciso ter a noção de que o processo deve prosseguir em seus termos. Aliás, a palavra "processo", indica um caminhar adiante e não um retorno de atos, por isso ocorre a preclusão consumativa, impedindo que atos já aperfeiçoados no bojo do processo possam ser praticados novamente ou desfeitos.

Superada essa questão, destacamos que durante a fase das tratativas o colaborador pode ter produzido algumas provas que o autoincriminem, o fazendo sem o uso do seu direito ao silêncio ou à autoincriminação. A utilização dessas provas contra ele constituiria um espúrio contorno das garantias do indiciado ou réu na persecução penal, o que poderia gerar inconstitucionalidade. Mas o legislador foi previdente, estabelecendo com limpidez que "as provas autoincriminatórias produzidas pelo colaborador não poderão ser utilizadas exclusivamente em seu desfavor".

É de anotar que ao elaborar a lei todo cuidado é pouco e, não por acaso, essa fase de tratativas foi o principal foco no legislador no "Pacote Anticrime", conforme já estudado. De todo modo, ao utilizar a palavra "exclusivamente" no § 10, o legislador deu margem, pelo menos, a uma dupla interpretação. Explica-se:

a) A redação comporta a interpretação de que as provas não poderão ser usadas exclusivamente contra o colaborador, mas poderão ser usadas contra os demais investigados ou réus. O "exclusivamente" seria relativo à *exclusão* do colaborador em relação ao atingimento por tais provas.

b) Também pode a redação ser interpretada no sentido de que as provas referidas não poderão ser usadas "exclusivamente" contra o co-

---

251 DIPP, Gilson. A *"delação" ou colaboração premiada: uma análise do instituto pela interpretação da lei*. Brasília: IDP, 2015. p. 43.

laborador, mas poderão ser usadas contra os demais em geral e contra ele mesmo desde que nas situações em que as ditas provas não o atinjam exclusivamente, isoladamente, mas façam parte de um todo que envolve os demais.

Exemplificando, no caso da letra "a", nenhuma prova (confissão, documentos, gravações, apreensões etc.) produzida com a colaboração poderá ser utilizada contra o colaborador, mas apenas contra os demais envolvidos. Já na letra "b", uma confissão, por exemplo, não terá validade contra ele, mas se incrimina os demais poderá ser elemento de convicção para os magistrados em relação àqueles. No entanto, um documento incriminador, por exemplo, que diga respeito não somente ao colaborador, mas a outros membros da organização, valeria como prova tanto contra os demais investigados ou réus como contra o próprio colaborador. O mesmo valeria para uma perícia produzida graças à sua colaboração, para uma apreensão obtida por suas indicações etc. Tudo aquilo que o implica, mas não *exclusivamente* poderia ser utilizado.

A primeira interpretação tem a grande virtude de obedecer estritamente ao Princípio da não-autoincriminação. Já a segunda, tem o valor de impedir que o suposto colaborador se valha do acordo para produzir todas as provas contra os demais participantes e depois rescindir a avença em seu benefício. Mas, por que ele faria isso, vez que já prestou a colaboração e somente lhe caberia agora colher os frutos benéficos?

A resposta é fácil: porque, por exemplo, não esteja totalmente satisfeito com esses benefícios. Digamos que tenha recebido a redução de pena e vislumbre que todas as provas produzidas nos autos são originadas de sua colaboração. Nesse caso estaria automaticamente transmudado em testemunha e totalmente livre do processo. Situação essa melhor e mais cômoda do que uma mera redução de pena e até mesmo do que o perdão judicial. Então poderia quebrar o acordo unilateralmente e beneficiar-se de uma imunidade legal. Por isso, a interpretação de que as provas não poderiam ser usadas *exclusivamente* contra ele comportaria uma interpretação pragmática de que esse *exclusivamente* não o imuniza totalmente, mas tão somente com referência às provas que o atinjam isoladamente, não envolvendo os demais participantes da organização.

Não obstante ambas as interpretações sejam racionalmente defensáveis, não parece haver como escapar da total vedação do uso das provas produzidas pelo colaborador contra si mesmo, sejam elas realmen-

6 – Comentários Sobre a Lei 12.850/13

te exclusivas contra ele ou mesmo que abranjam outros envolvidos. A hipótese descrita na letra "a" acima surge como inescapável diante do princípio da não-autoincriminação. O legislador poderia ter redigido melhor o dispositivo, evitando a palavra "exclusivamente" e dizendo de forma mais clara que "qualquer das provas produzidas com o auxílio do colaborador não poderão ser contra ele utilizadas". Isso, contudo, abre a possibilidade da manobra de má-fé acima aventada. Mas, são os riscos do instituto, razão pela qual ele deve ser usado com a máxima parcimônia e cautela.

Ao discorrer sobre o tema antes das inovações provocadas pelo "Pacote Anticrime", PACELLI adotava a primeira interpretação exposta:

> Por último, há previsão de retratação do acordo, tanto pelo Ministério Público quanto pela defesa (defensor ou o próprio réu), caso em que as provas autoincriminatórias não poderão ser usadas contra ele. A questão é: e contra os demais? Sim, contra os demais as informações e documentos que tenham sido livremente apresentadas pelo colaborador poderão perfeitamente ser utilizadas e valoradas, sempre a depender da respectiva idoneidade.[252]

De fato, em uma interpretação *a contrario senso* e isolada do § 10, poderíamos concluir que as provas e elementos de informação advindos da colaboração só não poderão ser utilizados em prejuízo do colaborador, servindo, entretanto, para a condenação dos demais integrantes da organização criminosa.[253] Em consonância com esse entendimento, a 2ª Turma do STF chegou a assentar que:

> (...) até mesmo em caso de retratação, o material probatório colhido em colaboração premiada pode ainda assim ser utilizado em face de terceiros, naturalmente cercado de todas as cautelas, competindo a esses, se for o caso, deduzir as razões de defesa nos procedimentos ou ações que venham a ser promovidos em seu desfavor.[254]

Em sentido oposto, HABIB já sustentava que as provas produzidas em decorrência do acordo de colaboração em que houvesse retratação seriam imprestáveis. Isto, pois, argumenta:

---

252 PACELLI, Eugenio. Op. Cit.
253 No mesmo sentido se manifestavam MASSON e MARÇAL antes da Lei 13.964/19. op. cit., p. 195.
254 STF, Inq. 3.979/DF, 2ª Turma, Rel. Min. Teori Zavascki, j. 27.09.2016.

A colaboração premiada é um acordo de vontade concretizado pelas partes. Se as partes resolveram realizá-lo, depois da homologado ele passará a produzir efeitos. Porém, se após a sua homologação as partes retratam-se dele, é porque elas não o querem mais, logo ele não mais poderá produzir efeitos. Se a manifestação de vontade das partes é fundamental para a sua validade, a manifestação de vontade das partes também tem o condão de fazer com que ele não produza efeitos a partir do momento da retratação. Se houve retratação, houve mudança de vontade das partes. Se as partes se retratam de todo o acordo, ele não pode produzir efeitos parcialmente fazendo com que somente as provas autoincriminatórias produzidas pelo colaborador não sejam utilizadas exclusivamente em seu desfavor. Assim, pensamos que ou o acordo produz efeitos em sua integralidade, ou não produz nenhum efeito no caso de retratação das partes.[255]

Sobre o tema, valem, ainda, as reflexões de Andrey Borges de Mendonça:

O que significa a expressão "exclusivamente em se desfavor"? Segundo nos parece, embora a lei não tenha sido clara, significa que aquelas provas apresentadas pelo colaborador não poderão ser utilizadas pela acusação em face dele, para prejudicá-lo, sob pena de ilicitude (...). Porém, nada impede que o investigado utilize aquelas provas apresentadas para se defender em juízo das acusações formuladas contra ele, razão pela qual o legislador utiliza a expressão "exclusivamente em seu desfavor". Ou seja, não haverá ilicitude ou proibição de utilização da prova por parte do colaborador. Porém, poderia o MP utilizar as provas apresentadas em desfavor de outros agentes, que foram incriminados durante as tratativas? Não nos parece que seja possível. Se não houve um acordo efetivo, homologado pelo juiz, é como se aquelas provas não tivessem nunca chegado ao conhecimento do MP. Essa situação é diferente, porém, quando há um acordo homologado e esse é rescindido pelo acusado, em razão do descumprimento do acordo homologado. Nessa hipótese (rescisão), não há nenhum óbice a que as provas sejam utilizadas em desfavor do acusado ou de terceiros incriminados.[256]

---

255 HABIB, Gabriel. *Leis Penais Especiais*. 10. ed. Salvador: Juspodivm, 2018. p. 871.
256 MENDONÇA, Andrey Borges de. *A Colaboração premiada e a nova Lei do Crime Organizado – Lei 12.850/13*. Custos Legis – a Revista Eletrônica do Ministério Público Federal. ISSN 2177-021. Vol. 4, 2013. p. 15-16.

6 – Comentários Sobre a Lei 12.850/13

Note-se que MENDONÇA parece adotar o entendimento de que a retratação da colaboração poderia ser feita até a homologação pelo Juízo competente, conforme defendemos acima. Em tais casos, pondera o autor, nenhum elemento probatório poderia ser utilizado pelo Ministério Público, seja contra o colaborador que se retratou ou contra terceiros. Contudo, ele distingue claramente as hipóteses de "retratação" e "rescisão", sendo que no último caso todas as informações decorrentes de um acordo judicialmente homologado poderão ser utilizadas no processo. Nesse contexto, impossível não concordar com esse magistério que, inclusive, encontra amparo na jurisprudência do STF:

> (...) ainda que o colaborador, por descumprir alguma condição do acordo, não faça jus a qualquer sanção premial por ocasião da sentença (art. 4º, § 11, da Lei nº 12.850/13), suas declarações, desde que amparadas por outras provas idôneas (art. 4º, § 16, da Lei nº 12.850/13), poderão ser consideras meio de prova válido para fundamentar a condenação de coautores e partícipes da organização criminosa.[257]

Em arremate sobre a polêmica em torno do tema, parece-nos essencial o escólio de VASCONCELLOS:

> (...) é importante diferenciar duas situações: a rescisão em razão do descumprimento ou da inefetividade da colaboração em um acordo licitamente homologado; ou, distintamente, a declaração da nulidade de um acordo realizado em desacordo com o regime normativo, em violação à legalidade ou aos ditames constitucionais. Se houver rescisão de um pacto licitamente formalizado e homologado, as provas eventualmente obtidas que incriminem corréus serão mantidas no processo e poderão ser valoradas em prejuízo de terceiros. Contudo, se o acordo for anulado, por exemplo, em razão de falta de pressuposto ou de requisito de validade, declara-se a sua ilicitude, o que compromete eventuais elementos dele derivados e impõe o desentranhamento do processo e a proibição de valoração, inclusive em relação aos coimputados.[258]

De maneira ilustrativa, no acordo de colaboração premiada envolvendo a JBS havia um dispositivo estabelecendo o seguinte: "caso o co-

---

257 STF, HC 127.483/PR, Tribunal Pleno, Rel. Min. Dias Toffolli, j. 27.08.2015. p. 41.
258 VASCONCELLOS, Vinicius. *Colaboração Premiada no Processo Penal*. 1. ed. São Paulo: Editora Revista dos Tribunais, 2017. p. 256.

laborador desista do acordo antes de sua homologação judicial ou em caso de não homologação judicial, as provas por ele produzidas não poderão ser utilizadas em seu desfavor".[259]

Como se pôde notar, mesmo antes das recentes mudanças provocadas pela Lei 13.964/19, já havia um consenso na doutrina e jurisprudência no sentido de que a "retratação" se refere apenas a proposta de acordo, não alcançando o pacto já homologado. Note-se que nos novos artigos 3º-B e 3º-C, da LOC, o legislador apenas encampa o posicionamento majoritário sobre o tema, evidenciando no art. 3º-B, § 6º, que as provas e elementos informativos apresentados pelo colaborador não podem ser utilizados para qualquer finalidade nas hipóteses em que o negócio jurídico não se concretizar.

Em resumo, portanto, analisando o cenário jurídico atual, podemos concluir que se houver retratação da proposta de acordo, nenhuma informação apresentada nesta fase de tratativas poderá ser utilizada, seja em prejuízo do colaborador ou de terceiros. Por outro lado, uma vez homologado o acordo de colaboração, todos os elementos apresentados integram automaticamente o acervo probatório, podendo, doravante, ser utilizados livremente pelos agentes estatais. Vale salientar nesse ponto que nos termos dos novos §§ 17 e 18, do artigo 4º, da LOC, acrescentados pela Lei 13.964/19, o acordo já homologado poderá ser *rescindido* em caso de omissão dolosa sobre os fatos objeto de apuração, assim como nas hipóteses em que o colaborador não cessar seu envolvimento em atividades ilícitas.

Percebe-se, destarte, que a homologação do acordo não admite o arrependimento das partes, como, aliás, se observa em qualquer relação contratual, operando-se a regra do *pacta sunt servanda*. Com efeito, o não cumprimento dos compromissos assumidos pelo colaborador dará ensejo a *rescisão* do acordo, mas sem o "descarte" do material já apresentado por ele, que, insista-se, poderá ser utilizado livremente no processo. Se, por acaso, houver desistência por parte dos celebrantes (delegado de polícia ou MP), o investigado-colaborador poderá exigir em juízo o direito à sanção premial pactuada, comprovando, em tais hipóteses, que suas obrigações no negócio jurídico celebrado foram devidamente cumpridas.

---

259 STF, Pet. 7.003, Cláusula 8ª.

6 – Comentários Sobre a Lei 12.850/13

Obviamente, se as partes, em comum acordo, desistirem do pacto já homologado, nada impede a resilição do contrato sem que haja a produção de qualquer efeito. Nesse sentido, aliás, nos parece plenamente possível que no Termo de Acordo de Colaboração Premiada seja consignada uma cláusula que permita às partes resilir o contrato, ainda que de forma unilateral, estabelecendo, ademais, que nessa hipótese nenhuma prova apresentada poderá ser utilizada.

De todo modo, é mister reiterar que ao colaborador sempre deve ser assegurada a devida assessoria jurídica, seja para firmar, se retratar da proposta apresentada ou para rescindir o acordo. No caso da colaboração válida e não rescindida é preciso lembrar que geralmente conterá elementos incriminadores, os quais ficarão, segundo entendimento doutrinário, ao largo da "presunção de inocência" e do "*in dubio pro reo*" como regra de julgamento. Fato é que, quanto à matéria estrita do acordo, foi o próprio réu ou indiciado quem abriu mão de garantias processuais penais em prol de uma negociação. É claro e evidente que, tal como a confissão, sua presença isolada de demais provas será insuficiente para a condenação (limite probatório da unicidade). Entretanto, quanto ao tema específico admitido voluntariamente pelo colaborador, o ônus da prova se inverte.

PAULA e BRAGA abordam esse tema da presunção de inocência e os acordos criminais. Aduzem que a presunção de inocência permite situações de fato e de direito nas quais sua aplicação pode sofrer restrições. Em suas palavras:

> Assim, os acordos criminais representam hipótese caracterizadora de restrição à presunção de inocência, nesse caso em seu viés de norma de julgamento.
>
> Nessa quadra, reputada completamente regular, terá aptidão para afastar o *in dubio pro reo*, representando uma renúncia do réu ao benefício da dúvida. A constatação dessa regularidade deve ser feita pelo juiz, a quem cabe avaliar se o acordo é de fato verdadeiro, voluntário e antecedido de orientação técnica do defensor do acusado".[260]

---

260 PAULA, Renato Tavares de, BRAGA, Priscila dos Santos. Presunção de inocência e acordos criminais. *Boletim IBCCrim*. n. 313, dez., 2018, p. 15.

Nesse contexto, com o objetivo de facilitar a compreensão do tema, vale sintetizar o correto significado dos termos jurídicos estudados nesse ponto:

a-) **Retratação:** se refere aos casos em que as partes desistem da celebração do acordo de colaboração antes da homologação judicial, hipótese em que as provas apresentadas, de boa-fé, pelo colaborador, não poderão ser utilizadas para qualquer finalidade (art. 3º-B, § 6º c/c art. 4º, § 10, da LOC).

b-) **Rescisão:** ocorre nas hipóteses em que, após a homologação do acordo de colaboração premiada, uma das partes descumpre os compromissos pactuados. Se a rescisão foi causada pelo celebrante, o colaborador poderá exigir a sanção premial judicialmente. Se, todavia, a rescisão ocorrer por culpa do colaborador, todos os elementos de prova poderão ser utilizados no processo, inclusive os autoincriminatórios.

Na hipótese específica de "rescisão", nos parece possível que ela ocorra de forma parcial a depender da eficácia da colaboração prestada. Se, por exemplo, foi pactuado que o colaborador devolveria os ativos do crime e individualizaria as condutas criminosas praticadas por seus comparsas, mas, na prática, só o primeiro resultado foi alcançado eficazmente, o juiz pode reconhecer a "rescisão parcial", adequando os prêmios de acordo com a efetividade de colaboração.

Destaque-se, todavia, que nesses casos deve ser instaurado um procedimento incidental para se comprovar, com a observância do contraditório e ampla defesa, o descumprimento das cláusulas pactuadas, seja pelo celebrante ou pelo colaborador. Dessa forma, uma vez comprovado o inadimplemento, os fatos devem ser submetidos ao juízo competente para que a rescisão seja homologada.

c-) **Resilição:** significa que as partes podem pactuar a possibilidade de desistência do acordo de colaboração a qualquer tempo, inclusive após a homologação do negócio, seja de forma unilateral ou bilateral, fixando-se, ademais, a impossibilidade de utilização de qualquer elemento de prova apresentado.

d-) **Anulação:** se verifica quando o negócio jurídico celebrado e devidamente homologado apresenta um "vício oculto", não conhecido por uma das partes e pelo magistrado no momento da homologação (ex.: acordo celebrado de forma involuntária ou sem a observância de

6 – Comentários Sobre a Lei 12.850/13

algum pressuposto ou requisito de validade). Em tais casos o pacto não terá qualquer efeito jurídico.

Frise-se, por derradeiro, que, de acordo com o STF, eventual descumprimento do acordo de colaboração premiada por parte do colaborador (rescisão) ou sua frustração, não autoriza, por si só, a decretação de sua prisão preventiva:

> A Segunda Turma concedeu "habeas corpus" para revogar prisão preventiva decretada em razão de descumprimento de acordo de colaboração premiada. A prisão preventiva do paciente foi restabelecida quando prolatada a sentença que o condenou a dezesseis anos e dois meses de prisão por corrupção ativa, lavagem de dinheiro e por integrar organização criminosa, com fundamento no descumprimento dos termos do acordo celebrado. O Colegiado entendeu não haver relação direta entre a prisão preventiva e o acordo de colaboração premiada. Por essa razão, o descumprimento do acordado não justifica a decretação de nova custódia cautelar. Na liminar confirmada pela Turma, foi determinada a substituição da prisão por medidas cautelares alternativas. Naquela ocasião, observou-se não haver, do ponto de vista jurídico, relação direta entre o acordo de colaboração premiada e a prisão preventiva. A Lei 12.850/2013 não apresenta a revogação da prisão preventiva como benefício previsto pela realização de acordo de colaboração premiada. Tampouco há previsão de que, em decorrência do descumprimento do acordo, seja restabelecida prisão preventiva anteriormente revogada. Portanto, a celebração de acordo de colaboração premiada não é, por si só, motivo para revogação de prisão preventiva. A Turma concluiu no sentido de ser necessário verificar, no caso concreto, a presença dos requisitos da prisão preventiva, não podendo o decreto prisional ter como fundamento apenas a quebra do acordo.[261]

6.10.11.1. Direito ao Confronto na Colaboração Premiada

Art. 4º, § 10-A Em todas as fases do processo, deve-se garantir ao réu delatado a oportunidade de manifestar-se após o decurso do prazo concedido ao réu que o delatou. (Incluído pela Lei nº 13.964, de 2019)

---

261 STF, HC 138.207/PR, Rel. Min. Edson Fachin, j. 25.04.2017.

Tendo em vista que a colaboração premiada constitui meio de obtenção de prova, é evidente que com a homologação do acordo todas as informações apresentadas pelo colaborador passam a integrar o acervo probatório, sendo que, não raro, tais informações acabam incriminando outras pessoas, coautores ou partícipes do crime objeto de apuração, dando ensejo, destarte, a denominada "delação premiada" ou "chamamento de corréu".

Nesse contexto, mesmo antes do "Pacote Anticrime" já se defendia o "direito ao confronto" na colaboração premiada. Isto, pois, se considerarmos que a colaboração pode resultar na produção de provas contra terceiros, em respeito ao princípio do contraditório e ampla defesa, deve-se permitir que eventual investigado/réu delatado possa se manifestar sobre as imputações que lhe foram feitas.

Foi exatamente sob tais premissas que a Lei 13.964/19 acrescentou o § 10-A, ao artigo 4º, da LOC. Registre-se, porém, que o tema já havia sido analisado pelo Supremo Tribunal Federal no julgamento do HC 157.627 AgR/PR, ocasião em que, por maioria, a 2ª Turma anulou a sentença do caso julgado pelo então juiz Federal, Sérgio Moro, referente ao réu Aldemir Bendine.[262] A fundamentação da decisão se atém a um aspecto formal do procedimento, ligado aos Princípios da Ampla Defesa e do Contraditório, ambos corolários do Devido Processo Legal.

Ocorre que havia corréus delatores e no momento das alegações finais, o juiz abriu prazo comum para sua oferta. Entendeu o STF que, em sendo os delatores também réus, mas apresentando-se como uma espécie de figura híbrida, que também aduz imputações contra o outro corréu, o procedimento mais garantidor dos Princípios Constitucionais sobreditos seria a abertura inicial de prazo para alegações do Ministério Público, em seguida para os réus colaboradores e somente ao final para o réu Aldemir Bendine. Sendo os prazos comuns, poderia haver prejuízo para a defesa de Bendine ao não ter conhecimento, quando da elaboração de suas alegações, do que seria tratado nas alegações dos corréus colaboradores. Nos termos do Informativo nº 949, do STF:

---

262 FERNANDES, Augusto. STF anula sentença de Moro que condenou ex – presidente da Petrobrás. Disponível em: https://www.correiobraziliense.com.br/app/noticia/politica/2019/08/27/interna_politica,779447/stf-anula-sentenca-de-moro-que-condenou-ex-presidente-da-petrobras.shtml, acesso em 29.08.2019.

6 – Comentários Sobre a Lei 12.850/13

A colaboração premiada possui natureza jurídica de meio de obtenção de prova (Lei 12.850/2013, art. 3º, I) (1). Permitir, pois, o oferecimento de memoriais escritos de réus colaboradores, de forma simultânea ou depois da defesa — sobretudo no caso de utilização desse meio de prova para prolação de édito condenatório — comprometeria o pleno exercício do contraditório, que pressupõe o direito de a defesa falar por último, a fim de poder reagir às manifestações acusatórias.

O direito de a defesa falar por último decorre do sistema normativo, como se depreende do Código de Processo Penal (CPP). A inversão processual consagrada pela intelecção que prestigia a manifestação final de réus colaboradores por último, ou simultaneamente, ocasiona sério prejuízo ao delatado, que não pode se manifestar para repelir os argumentos eventualmente incriminatórios ou para reforçar os favoráveis.

Inexistente dispositivo processual expresso, é evidente que, sob pena de nulidade, os réus colaboradores não podem se manifestar por último, em razão da carga acusatória que existe em suas informações.

Fere, igualmente, as garantias de defesa, todo expediente que impede o acusado, por meio do defensor, de usar sua palavra por último. Isso porque, independentemente de estar despida de roupagem acusatória, a peça processual das alegações finais, ao condensar todo o histórico probatório, pode ser determinante ao resultado desfavorável do julgamento em relação ao acusado, o que legitima este a merecer a oportunidade de exercitar o contraditório.

O prejuízo da defesa é, portanto, induvidoso. Só se poderia afastar o nexo entre o defeito processual e a certeza do prejuízo da defesa se o resultado do julgamento tivesse sido favorável a ela. Isso não se verifica na hipótese de condenação.

Vencido o relator, que negou provimento ao agravo. Reputou que a colaboração premiada não consubstancia meio de prova, mas meio de obtenção de prova. Assim, as meras e eventuais afirmações do agente colaborador em sede de alegações finais não são aptas a conferir influência sobre a esfera jurídica do delatado, a ponto de autorizar, sem demonstração concreta de prejuízo, a informação da marcha processual.

Frisamos, todavia, que esse tipo de questionamento não é nenhuma novidade no Processo Penal brasileiro. A doutrina e a jurisprudência, mesmo antes da existência em nossa pátria do instituto da colaboração premiada, já discutiam a questão de possibilitar contradição do réu acusado por outro. Uma revisão histórica faz-se necessária para compreender o quão antiga é essa discussão.

O Código de Processo Penal, na sua versão original de 1941, estabelecia que o ato de Interrogatório era "exclusivo do juiz", não podendo as partes fazerem quaisquer indagações. Esse modelo sempre foi objeto de críticas e acoimado de "inquisitorial".

Entretanto, discutia-se a situação em que um corréu proferisse imputações prejudicais a outro corréu. Nesse caso, parte da doutrina e da jurisprudência já afirmava que, mesmo no modelo original de 1941, haveria uma exceção em que o corréu mencionado pelo outro, teria direito de, por meio de seu defensor, formular indagações no momento do interrogatório. O fundamento tinha sustento nos mesmos Princípios do Contraditório e da Ampla Defesa.

O modelo de interrogatório exclusivo do magistrado, por essa e outras críticas, acabou sendo alterado pela Lei 10.792/03, permitindo-se no artigo 188, CPP, a formulação de perguntas pelas partes (acusação e defesa) após as indagações do magistrado. Com isso, a discussão sobre a possibilidade de perguntas no caso de corréus que se acusam, findou resolvida, já que em qualquer caso, seja com acusações mútuas ou não, poderão ser formuladas perguntas pelas partes no ato do interrogatório.

Entretanto, também seria consequência dessa visão em que um corréu faz imputações ao outro a possibilidade de que, no momento ulterior de apresentação das alegações finais, aquele que fez imputações tivesse prazo anterior ao que as recebeu, sempre em homenagem e cumprimento aos Princípios do Contraditório e da Ampla Defesa. Afinal, é regra processual geral aquela de que quem se defende deve atuar sempre por último na dialética. E isso não pode ser considerado como qualquer espécie de "novidade". Até mesmo fisicamente é sabido que quem ataca age primeiro e quem se defende *reage*, ou seja, age posteriormente. A regra processual que determina que a defesa feche a dialética, nada mais é do que a transposição teorética para o processo de um fato natural.

A discussão é então muito antiga e pode-se afirmar que se acirra ainda mais com o advento da Constituição da República de 1988, a qual deu imenso destaque ao Princípio do Devido Processo Legal e seus corolários básicos da Ampla Defesa e do Contraditório.

O surgimento da inicialmente chamada "Delação Premiada" no Brasil, mediante utilização de modelos estrangeiros, tais como a anglo-

6 – Comentários Sobre a Lei 12.850/13

-saxã "*Plea Bargaining*" ou o instituto Continental (Italiano) do "*Pentitismo*", somente fomentou ainda mais essa antiga questão.

Conforme já explorado nesse capítulo, a "Delação Premiada" foi instituída no Brasil inicialmente pela Lei dos Crimes Hediondos (Lei 8.072/90) limitada a casos de quadrilha para a prática de crimes hediondos ou equiparados (art. 8°, Parágrafo Único).

Também na Lei 8.137/90, através da Lei 9.080/95, foi incluído um Parágrafo Único no artigo 16 daquele diploma legal, prevendo redução de pena de um a dois terços para o coautor ou partícipe que revelasse espontaneamente, em sede de confissão, toda a trama criminosa. Agora também seriam abrangidos os Crimes contra a Ordem Tributária.

Depois foi novamente prevista na Lei 9.034/95 (Primeira Lei de Crime Organizado). A Lei 9.269/96 ampliou a aplicação da delação premiada a quaisquer casos de extorsão mediante sequestro, com a inserção do § 4°, do art. 159, CP, pois pelas disposições anteriores, somente poderia ocorrer nos casos de quadrilha (Lei 8.072/90) ou Organização Criminosa (Lei 9.034/95). No § 4°, incluído pela Lei 9.269/96, qualquer caso de concurso passou a ser abrangido.[263]

Surgiu posteriormente ainda a Lei 9.807, de 13 de Julho de 1999, que dispõe sobre a proteção às vítimas, testemunhas e acusados que colaboram no esclarecimento de crimes. Essa lei, em seus artigos 13 e 14, ampliou grandemente o campo de aplicação da delação premiada, que agora não se restringe às quadrilhas (associações criminosas) de crimes hediondos, crime organizado e extorsão mediante sequestro.

Finalmente, vêm a lume a Lei 12.850/13, nova Lei do Crime Organizado, objeto deste estudo, que revoga expressamente a antiga Lei 9.034/95, passando a regulamentar pormenorizadamente o instituto da "Delação Premiada", agora com a nova terminologia de "Colaboração Premiada".

Entretanto, embora fosse conhecida a celeuma acerca da ordem de oferta de alegações pelos réus que acusam outros réus, seja em sede de colaboração ou não, fato é que em sua redação original a Lei 12.850/13 foi omissa em estabelecer uma regra para a ordem dessas alegações, fos-

---

263 Usa-se a expressão "quadrilha ou bando" porque as legislações da época a utilizavam. O artigo 288, CP tinha o "nomen juris" de "Quadrilha ou Bando". Atualmente a terminologia correta seria "Associação Criminosa", novo "nomen juris" estabelecido para o artigo 288, CP, pela Lei 12.850/13.

se prevendo dispositivo em seu corpo, fosse promovendo alguma alteração no Código de Processo Penal.

Dessa forma, deu ensejo a velha controvérsia: afinal, as alegações poderiam ser contemporâneas ou deveriam ser subsequentes, manifestando-se primeiramente os réus colaboradores e só ao final os réus não colaboradores? Essa lacuna legal deixava o procedimento à interpretação dos magistrados que, em sua maioria, determinavam a abertura de prazo contemporâneo para as defesas.

A decisão do STF, portanto, diante desse vácuo legislativo, veio solver uma antiga celeuma processual penal e constitucional, dando respaldo justificável tecnicamente ao Devido Processo Legal e seus Princípios derivados da Ampla Defesa e do Contraditório.

O problema dessa decisão do STF não está, portanto, no seu aspecto técnico-jurídico, o qual, aliás, parece ser escorreito. Acontece que não se pode conviver com a mentalidade herdada do Positivismo, a qual defende a possiblidade de que tecnocratas atuem com base exclusiva em critérios técnico-científicos, de forma absolutamente imparcial e isenta ou neutra. Essa herança maldita de uma crença fanática na técnica e no cientificismo, nos torna cegos e ingênuos ao ponto de não percebermos que a própria postura infensa à ideologia apregoada pelos positivistas, olvida e oculta que o próprio Positivismo não passa de outra ideologia dentre tantas, senão de uma concepção praticamente religiosa e dogmática.

Não é possível, considerando as circunstâncias que rodeiam a decisão do STF, acreditar que esta foi tomada somente tendo em conta a "imaculada" intenção de proteger o Devido Processo Legal e demais princípios constitucionais garantidores de um processo justo e democrático, com base somente na técnica jurídica. Isso é impossível, salvo para alguém totalmente iludido e fora de sintonia com o que acontece ao seu redor no mundo social e político.

Como visto, o STF teve oportunidade por muitos anos, melhor dizendo, por muitas décadas, de enfrentar essa questão, mesmo antes que a colaboração premiada fosse utilizada no Brasil. Inobstante, nossa Corte Suprema se manteve silente. Ainda que se considere somente o lapso temporal da edição da Lei 12.850/13, há pelo menos 6 anos de inércia a serem atribuídos ao STF quanto ao tema. Isso sem contar, o que já

6 – Comentários Sobre a Lei 12.850/13

ocorria desde a origem da então chamada ainda "Delação Premiada", desde 1990, ou mesmo antes disso, com relação aos interrogatórios em que corréus se acusavam uns aos outros. Esse silêncio eloquente da Corte Suprema, inclusive pode ser uma das causas pelas quais a grande maioria dos magistrados brasileiros não se atenta para essa ordem das alegações finais, seja quando corréus se acusam, ainda que não haja colaboração premiada, seja nos casos de colaboração premiada. O silêncio que até a Lei 13.964/19 se observava em nosso ordenamento jurídico e a inércia do STF, suposto guardião da Constituição e seus princípios básicos, certamente foi sempre um indicativo de que não havia ilicitude e muito menos inconstitucionalidade no procedimento adotado reiteradamente.

É claro que o fato de a Lei Ordinária ser omissa não impede que o procedimento seja corrigido com base no cumprimento de Princípios Constitucionais (Ampla Defesa e Contraditório) que estão hierarquicamente acima da legislação comum. O que não é compreensível é que o STF tenha, por décadas, permanecido inerte e, repentinamente, se aperceba de uma inconstitucionalidade que, na verdade, macula a grande maioria dos processos nas condições em destaque. Não é possível comprovar, mas o que parece, o que, na verdade, transparece, é uma ação ardilosa sob o ponto de vista moral e até mesmo jurídico.

Acontece que o mesmo STF decidia reiteradamente que a prisão de uma pessoa, salvo se presentes os motivos e requisitos da Prisão Preventiva, somente poderia se dar após o trânsito em julgado de sentença condenatória. Esse trânsito sempre foi considerado o julgamento de todos os recursos nas esferas ordinária e extraordinária. Num dado momento, em casos rumorosos, altera-se o posicionamento e passa-se a admitir o cumprimento da pena após a decisão de segundo grau, mesmo pendendo outros recursos. Parece que foi uma alteração na interpretação técnica, motivada pela pressão social diante da impunidade de potentados. Novamente, não podemos nos iludir com contos de fada positivistas.

Com essa decisão muitos foram presos, alguns da vala comum, outros de destaque no cenário político e econômico brasileiro. Quando ocorre a mesma situação com o Político, Luiz Inácio Lula da Silva, nitidamente se verificou um movimento tímido de hesitação no STF, tendo em conta a dimensão da influência do condenado. Entretanto, logo foi percebido que uma mudança brusca no entendimento, mantendo Lula solto, seria alvo de imensa mobilização e revolta nacional. O STF então se manteve em sua posição antecedente.

Mas, parece que o desejo de desencarcerar a maior figura presa em virtude da chamada Operação Lava-Jato nunca abandonou pelo menos a maioria dos Ministros daquela Corte.

Portanto, o surgimento dessa decisão de anulação de um caso bem mais obscuro da Lava-Jato, mas com nítida possibilidade de repercussão no caso do destacado político que presidiu o país, não parece ser algo que se sustente apenas ou nem mesmo preponderantemente na técnica jurídica. Fato é que tal decisão somente é tomada em um momento de fragilidade política do governo atual, que é oposto ao "lulismo".

Acaso o STF anule também o processo de Lula e mande voltar ao primeiro grau para alegações e nova decisão, a Suprema Corte estará livre de seus grilhões autoimpostos quanto à prisão em segunda instância. Ora, o caso voltará à primeira instância e, salvo no caso de necessidade de decreto de Prisão Preventiva, imporá a manutenção da liberdade do mais destacado réu da Operação Lava-Jato. Afora o efeito de que toda a Operação praticamente desmoronará como em cinzas. Tenha-se ainda em mente o aumento considerável de possibilidades de prescrição e absoluta impunidade de muitos e muitos réus, inclusive o próprio Lula, o qual, como os demais, estará livre para, inclusive, utilizar politicamente essa liberação como se significasse sua inocência, quando, na verdade, será fruto tão somente de manobras judiciais e consequências do reconhecimento de extinção de punibilidade por decurso do tempo.

O mínimo que se espera é que o STF reveja essa decisão em Plenário e, ainda que a mantenha no caso isolado, *module seus efeitos* para os processos vindouros, sem aplicação retroativa, a qual teria efeitos catastróficos. Isso porque não nos parece que, ao contrário da aparente ideia de alguns componentes da Corte Suprema, a desidratação ou queima da Lava-Jato e a soltura de seu principal réu, passarão em branco diante da população brasileira.

A fragilidade do governo não parece ser suficiente para isso e, ainda que essa fragilidade seja tão imensa quanto se imagina, não deveriam os Senhores Ministros confundir o *Estado brasileiro*, com a *Sociedade Civil brasileira* e muito menos com o *Povo brasileiro*. Estes, ao que se sente, não mais podem ser ludibriados tão facilmente, de forma que

6 – Comentários Sobre a Lei 12.850/13

provavelmente haverá reações extremadas e indignadas à percepção de uma impunidade generalizada.

Em conclusão, no que se refere ao direito ao confronto de corréus delatados em acordos de colaboração premiada, o assunto agora está pacificado pelo novo § 10-A, que, de forma genérica, determina que em todas as fases do processo o réu delatado terá o direito de se manifestar após o decurso do prazo concedido ao réu que o delatou. Note-se que a regra não se limita aos memoriais finais, aplicando-se, por exemplo, ao interrogatório.

Só lamentamos o fato desse direito ao confronto só ser assegurado aos imputados durante o processo. Isto, pois, conforme veremos, o artigo 7º, § 3º, com a nova redação imposta pela Lei 13.964/19, determina que conteúdo do acordo de colaboração premiada deve ser mantido em sigilo até o recebimento da denúncia, sendo vedado ao magistrado decidir por sua publicidade em qualquer hipótese.

Parece-nos que essa nova previsão legal é prejudicial à persecução penal, pois, além de inviabilizar o direito de um coinvestigado de questionar e apresentar eventuais inconsistências na colaboração homologada já na fase preliminar de investigação, também impede que as próprias autoridades responsáveis pela apuração dos fatos possam qualificar o conjunto probatório por meio de um confronto entre as informações trazidas pelo colaborador e a versão apresentada por outros investigados delatados. Conforme veremos melhor mais adiante nessa obra, o delatado só poderá se manifestar sobre o teor da colaboração nos autos do processo, o que, vale dizer, compromete a "função preservadora" da investigação criminal, que serve de filtro contra imputações infundadas.

6.10.12. Dos efeitos do acordo de colaboração premiada sobre a sentença

> *Art. 4º, § 11. A sentença apreciará os termos do acordo homologado e sua eficácia.*

Seguindo a apreciação dos parágrafos do artigo 4º, dispõe o § 11 que "a sentença apreciará os termos do acordo homologado e sua eficácia". Nada mais faz do que demonstrar aquilo que já foi comentado neste texto, ou seja, que a colaboração premiada se processa por meio de duas decisões judiciais, uma inicial de mera homologação do acordo, mas condicionada à realização dos objetivos preconizados neste, nos termos dos incisos I a V do artigo 4º, da Lei 12.850/13. E isso será avaliado num segundo momento, que é exatamente o momento da prolação da sentença pelo julgador. Aliás, esse seria o único momento possível para uma avaliação completa e segura quanto à eficácia da colaboração.

Quanto à decisão de concessão ou não dos efeitos almejados pelo colaborador com o acordo não há qualquer dúvida em relação à sua natureza jurídica, trata-se de uma *sentença condenatória* (obviamente condenatória, porque se o réu for absolvido, não há se falar em qualquer benesse, mas na simples absolvição orientada por critério de Justiça).

Já quanto à natureza jurídica da homologação do acordo pode haver alguma dúvida. Entende-se que se trata de uma *decisão interlocutória simples objetivamente condicionada a resultados futuros*. É uma decisão interlocutória porque não põe fim ao processo com ou sem julgamento do mérito. É também simples e não mista porque não põe fim a qualquer fase processual, mesmo porque pode ser proferida ainda no curso da investigação criminal. Diz-se "objetivamente condicionada a resultados futuros" porque somente na sentença condenatória é que o magistrado irá realmente dar ao colaborador os efeitos previstos no acordo formulado, sempre na dependência da satisfação dos objetivos arrolados no próprio acordo (vide artigo 4º, I a V e § 11).

Com efeito, pode-se afirmar que se a colaboração foi efetiva, ou seja, se o colaborador cumpriu todas as cláusulas que o vinculavam, viabilizando, consequentemente, a obtenção dos resultados pretendidos pelo Estado, ele terá, conforme já consignado nessa obra, direito aos benefícios pactuados no seu grau máximo. No escólio de CANOTILHO e BRANDÃO:

> (...) homologando o acordo, o juiz não se limita a declarar a sua validade legal, mas também, de certo modo, assume um compromisso em nome do Estado: ocorrendo a colaboração nos termos pactuados e sendo ela eficaz, em princípio devem ser outorgadas ao réu colaborador as vantagens que lhe foram prometidas.[264]

---

264 CANOTILHO, J.J. Gomes; BRANDÃO, Nuno. *Colaboração premiada: reflexões críticas sobre os acordos fundantes da Operação Lava Jato*. Revista Brasileira de Ciências Criminais, São Paulo, vol. 133, ano 25, p. 133-171, jul. 2017. p. 150.

6 – Comentários Sobre a Lei 12.850/13

No mesmo diapasão é a jurisprudência do STF:

> (...) caso se configure, pelo integral cumprimento de sua obrigação, o direito subjetivo do colaborador à sanção premial, tem ele o direito de exigi-la judicialmente, inclusive recorrendo da sentença que deixar de reconhecê-la ou vier a aplicá-la em desconformidade com o acordo judicialmente homologado, sob pena de ofensa aos princípios da segurança jurídica e da proteção da confiança.[265]

Em sentido contrário, numa posição que avilta por completo os princípios da segurança jurídica e da boa-fé objetiva, estabelece o Manual da ENCCLA (Estratégia Nacional de Combate à Corrupção e à Lavagem de Dinheiro): "A homologação não implica qualquer compromisso judicial em acatar as condições pactuadas entre o colaborador e o delegado de polícia ou entre o colaborador e o Ministério Público (...) a homologação do acordo não gera direito subjetivo algum aos pactuantes – seja ao colaborador, seja ao delegado de polícia ou ao Ministério Público".[266]

Ocorre que de forma até certo ponto contraditória, o mesmo Manual da ENCCLA expõe a necessidade da existência de mecanismos que assegurem a vinculação do juiz ao acordo homologado: "(...) acaso o juiz, na sentença, acórdão ou decisão em incidente de execução penal deixe de aplicar a causa especial de diminuição de pena, negue o perdão judicial (quando proposto depois do oferecimento da denúncia) ou recuse aplicação a outra cláusula constante na proposta, caberá à parte interessada interpor recurso à instância judicial superior, se houver". Pensamos que em tais hipóteses as decisões que não respeitarem o pacto celebrado devem ser guerreadas, ao menos em regra, por meio de apelação.

Concluindo essa discussão, é interessando destacar que no âmbito da denominada "Operação Lava-Jato" tem sido comum a elaboração de um relatório de avaliação da efetividade da colaboração. Trata-se de um relatório redigido em conjunto pelas partes e encaminhado ao juiz em até um ano a partir da celebração do acordo, onde são analisados os resultados alcançados pela cooperação, indicando-se, consequentemente, os benefícios a serem concedidos ao colaborador.[267]

---

265 STF, HC 127.483/PR, Pleno, Rel. Min. Dias Toffoli, j. 27.08.205.
266 Com posicionamento semelhante: SANTOS, Marcos Paulo Dutra. op. cit., p. 84.
267 Cláusula 7ª, do acordo formalizado na Pet. 5.244, STF.

Na mesma linha, entendemos que independentemente desse relatório redigido em conjunto, caberá ao delegado de polícia ou ao membro do Ministério Público analisar a eficácia da colaboração no relatório final da investigação, em tópico específico onde seja exposto de que forma a cooperação do colaborador contribuiu para o deslinde do caso e o alcance das finalidades pretendidas. Assim, em sua conclusão o titular da investigação deverá representar ou requerer a concessão dos prêmios pactuados, podendo, inclusive, sugerir outros benefícios não previstos na proposta homologada, como, por exemplo, o perdão judicial. Pensamos ser essencial essa manifestação do representante do Estado no acordo, afinal, seu parecer sobre a eficácia da colaboração certamente servirá de norte para o juiz no momento da sua decisão.

Retornando à sentença que concede os benefícios ao final do processo nos termos do artigo 4º, I a V e § 11, embora se tenha dito acima que não há dúvida quanto a tratar-se de uma *sentença condenatória*, é preciso analisar separadamente um caso específico.

Sabe-se que dentre os benefícios concedidos ao colaborador pode estar o "Perdão Judicial". Então, nestes casos o juiz, acaso entenda que o acordo surtiu os efeitos desejados, irá proferir uma sentença de concessão de Perdão Judicial ao réu. Aí surge a questão. Ocorre que a doutrina e a jurisprudência, neste caso específico, não apresentam uniformidade quanto à definição da natureza jurídica da sentença que concede "Perdão Judicial". Assim sendo, não será, neste caso específico, tão tranquila a conclusão de que se trata de uma *sentença condenatória*.

Há basicamente quatro entendimentos sobre a temática:

a) A sentença concessiva de perdão judicial seria de natureza absolutória;

b) A sentença concessiva de perdão judicial seria condenatória;

c) A sentença concessiva de perdão judicial seria condenatória "*sui generis*", tendo em vista não gerar reincidência nos termos do artigo 120, CP;

d) A sentença concessiva de perdão judicial seria declaratória de extinção de punibilidade (nem condenatória, nem absolutória).

Acontece que tem prevalecido a natureza jurídica declaratória de extinção de punibilidade para a sentença que concede o Perdão Judicial. A matéria já foi inclusive sumulada pelo STJ em sua Súmula 18 que afir-

6 – Comentários Sobre a Lei 12.850/13

ma: "a sentença concessiva do perdão judicial é declaratória da extinção da punibilidade, não subsistindo qualquer efeito condenatório".[268] Dessa forma, se pode afirmar com segurança que em geral a decisão final de concessão dos benefícios da colaboração premiada pelo magistrado se dará na forma de uma sentença condenatória, salvo no caso do Perdão Judicial em que se tratará de uma sentença declaratória de extinção de punibilidade.

6.10.13. Oitiva do colaborador

> *Art. 4º, § 12. Ainda que beneficiado por perdão judicial ou não denunciado, o colaborador poderá ser ouvido em juízo a requerimento das partes ou por iniciativa da autoridade judicial.*

O § 12 em estudo permite a oitiva do colaborador em juízo a requerimento da acusação ou defesa ou de ofício pelo juiz, mesmo quando beneficiado pelo perdão judicial ou não denunciado. Nesses casos deverá o Judiciário e o Ministério Público diligenciar para a garantia da segurança do colaborador, atentando para os seus direitos previstos no artigo 5º, da lei de regência. Inclusive poderá ser o caso de aplicação de audiência por videoconferência nos termos do artigo 185, § 2º, I, III e IV e § 8º, CPP.

A oitiva por iniciativa judicial pode sofrer alguma crítica quanto ao Sistema Acusatório, mas parece que não seria justificada, pois cabe ao juiz, mesmo num Sistema Acusatório, alguma liberdade para produção de provas, especialmente aquelas que sirvam para dirimir dúvida relevante quanto ao seu convencimento (vide artigo 156, I e II, CPP). É preciso lembrar que o nosso processo penal não é um "Processo Acusatório de Partes" no modelo anglo-saxão, mas um "Processo Acusatório" de matiz romano-germânico que permite tradicionalmente alguma atuação do magistrado na instrução e não sua inércia absoluta.

É incisivo o trabalho apresentado por GRINOVER,[269] a qual expõe uma visão bastante ampla sobre o tema. Explica que a terminologia que denomina o nosso e outros sistemas de "acusatório" é adotada em oposi-

---

268 Neste sentido por todos: GRECO, Rogério. *Curso de Direito Penal Parte Geral.* Volume I. 15ª ed. Niteroi: Impetus, 2013, p. 713.

269 GRINOVER, Ada Pellegrini. A iniciativa instrutória do juiz no processo penal acusatório, *Revista Brasileira de Ciências Criminais.* n. 27, jul./set.,1999, p. 71 -79.

ção ao chamado Sistema Inquisitório. O que efetivamente diferencia os dois sistemas é que "no primeiro, as funções de acusar, defender e julgar são atribuídas a órgãos distintos, enquanto no segundo as funções estão reunidas e o inquisidor deve proceder espontaneamente. É só no processo acusatório que o juízo penal é *'actum trium personarum'*". [270]

A autora aponta certos "mal-entendidos" por parte de alguns teóricos que tendem a verificar em qualquer atribuição instrutória ao juiz, infração ao Sistema Acusatório. Diz a estudiosa que tais enganos adviriam de uma confusão entre a dupla Sistema Acusatório e Inquisitório e outra dupla, oriunda dos países anglo-saxônicos, consistente na oposição dos sistemas denominados *"adversarial system"* e *"inquisitorial system"*. "Denomina-se *"adversarial system"* o modelo que se caracteriza pela predominância das partes na determinação da marcha do processo e na produção das provas. No *"inquisitorial system"*, ao revés, as mencionadas atividades recaem de preferência sobre o juiz". Portanto, "o conceito de processo penal acusatório não interfere com a iniciativa instrutória do juiz no processo".[271] Bastaria, para caracterização de um processo acusatório a devida separação dos órgãos responsáveis pela acusação, defesa e julgamento, não sendo, porém vedada a atividade instrutória judicial de maneira absoluta. No Código de Processo Penal, se pode apontar em prol dessa assertiva a adoção do livre convencimento e dos poderes instrutórios do juiz, respectivamente nos artigos. 155 e 156.

Malgrado a costumeira oportunidade das observações sobreditas, no sentido de que a adoção do Sistema Acusatório não impede totalmente poderes instrutórios ou apuratórios ao juiz, há que considerar a relevância de se dosar com cuidado a oferta de tais poderes ao órgão julgador, de modo a realmente com isso não infringir o citado sistema e, principalmente, não criar situações capazes de influírem na imparcialidade dos julgamentos.

Qualificando a crítica que se faz à atribuição (pródiga) de poderes instrutórios ao juiz, podemos dizer que não se pretende, na maioria das vezes, indicar uma efetiva infração ao Sistema Acusatório, mas sim apregoar uma evolução do processo, sob a ótica garantista, a um "Sistema Acusatório Ideal". Em sistemas mais avançados, mantém-se a jurisdicionalização de certas medidas pré-processuais, destacadamente

---

270 Op. cit., p. 71.
271 Op. Cit., p. 77.

6 – Comentários Sobre a Lei 12.850/13

aquelas que envolvem direitos e garantias individuais. Não se prescinde da figura do juiz para o controle dessas medidas. No entanto, procura--se dividir de maneira estanque as funções dos órgãos jurisdicionais, de maneira que aqueles que atuam na fase pré-processual não venham a realizar o julgamento. Um sistema ideal seria aquele em que um juiz exercesse o papel de garantidor dos direitos individuais na fase investigatória, somente deliberando sobre medidas cautelares (ex.: prisões provisórias, busca e apreensão, interceptações telefônicas etc.). Outro órgão jurisdicional deliberaria sobre a viabilidade da acusação (fase do recebimento da denúncia ou queixa). E um terceiro seria o encarregado do julgamento propriamente dito, absolutamente incólume a qualquer influência anterior.[272]

Advoga-se até mesmo pela abolição da "comunhão dos autos" da fase investigatória com os do processo, tendo em mente extirpar qualquer possibilidade de decisão condenatória baseada em elementos colhidos sem a observância do contraditório[273], o que, vale dizer, acabou sendo encampado pelo nosso legislador na Lei 13.964/19, que acrescentou o artigo 3º-C, § 3º, no Código de Processo Penal, determinando que os autos que integram a investigação não devem ser apensados ao processo principal.[274]

Desse modo, concluímos que as justas medidas dos artigos 155 e 156 do Código de Processo Penal Brasileiro podem servir de balizas para a aferição da oportunidade ou não da atuação instrutória do juiz em casos concretos ou previsões legais abstratas, tal como agora se reitera na parte final do § 12, do artigo 4º, da Lei 12.850/13. Ao juiz deve ser garantido o exercício do livre convencimento, desde que fundamentadamente, para isso podendo determinar certas diligências visando

---

272 CABETTE, Eduardo Luiz Santos. *Interceptação Telefônica*. 2ª ed. São Paulo: Saraiva, 2011, p. 106 – 107.

273 CHOUKE, Fauzi Hassan. *Garantias constitucionais na investigação criminal*. São Paulo: RT, 1995, p. 96 – 129. Note-se que o autor, além de destacar esses problemas, relaciona o tratamento no direito comparado e ressalta os modelos de Itália e Portugal, dentro do chamado "movimento reformista europeu", como atentos à garantia de um sistema acusatório efetivo.

274 Art. 3º-C, § 3º, CPP: *Os autos que compõem as matérias de competência do juiz das garantias ficarão acautelados na secretaria desse juízo, à disposição do Ministério Público e da defesa, e não serão apensados aos autos do processo enviados ao juiz da instrução e julgamento, ressalvados os documentos relativos às provas irrepetíveis, medidas de obtenção de provas ou de antecipação de provas, que deverão ser remetidos para apensamento em apartado.* (Incluído pela Lei nº 13.964, de 2019)

328 *Criminalidade Organizada & Globalização Desorganizada*

dirimir dúvidas de modo a habilitá-lo a um julgamento correto. Outrossim, embora seja redundante mencionar, na atuação concreta ou nas previsões legais abstratas, há sempre que se ter o devido respeito e acatamento às diretrizes constitucionais que delineiam o nosso sistema processual. Tratando especificamente da apuração referente à criminalidade organizada e levando em conta o instituto da colaboração premiada, bem como o afastamento imposto ao Juiz durante a sua fase inicial, parece justificar-se proporcionalmente esse poder instrutório de ofício previsto pela lei de regência.

6.10.14. Registros da colaboração premiada

> *Art.4º, § 13. O registro das tratativas e dos atos de colaboração deverá ser feito pelos meios ou recursos de gravação magnética, estenotipia, digital ou técnica similar, inclusive audiovisual, destinados a obter maior fidelidade das informações, garantindo-se a disponibilização de cópia do material ao colaborador. (Redação dada pela Lei nº 13.964, de 2019)*

A providência imposta pela norma em estudo tem grande ligação com o requisito da voluntariedade da colaboração e a prevenção quanto a eventuais "colaborações" (sic) obtidas mediante coação física e/ou psicológica. Os registros das tratativas e dos demais atos da colaboração por meios ou recursos de gravação magnética, estenotipia, digital ou técnica similar, inclusive audiovisual, serão um grande fator de convencimento sobre a legitimidade do acordo de colaboração em seu aspecto da voluntariedade.

Nesse ponto é importante consignar que na sua redação original o § 13, ora em estudo, não estabelecia a obrigatoriedade dos registros dos atos de colaboração por esses meios, prevendo apenas que isso seria levado a efeito "sempre que possível", o que, *"contrario sensu"*, levava à conclusão de que havendo óbices a esses procedimentos (normalmente de natureza material), não haveria, ao menos aprioristicamente, nenhum prejuízo à validade da colaboração, inclusive porque o colaborador deverá sempre estar assistido por advogado.

Mesmo antes das alterações provocadas pela Lei 13.964/19 nós já nos manifestávamos no sentido de que era uma vergonha que numa lei que versa sobre a apuração de crime organizado se admitisse que a

6 – Comentários Sobre a Lei 12.850/13

Polícia Judiciária ou o Ministério Público ou mesmo o Judiciário poderiam não ter condições de efetivar, por falta de recursos materiais, sequer uma gravação magnética ou audiovisual. Questionávamos como um aparato estatal tão deficiente poderia dar efetiva resposta repressiva e preventiva ao crime organizado? Quando se exagera na proporção de certas reações diz-se, usando uma frase de Confúcio, que se está "matando mosquitos a tiros de canhão".[275] O dispositivo da Lei 12.850/13, ao admitir na sua redação original que o Estado poderia não estar aparelhado para essa simples medida, estaria, em um sentido contrário, "tentando matar elefantes com estilingues"!

O STF, aliás, vinha contribuindo para o enfraquecimento da norma prevista no artigo 4º, § 13, da LOC, firmando posicionamento pela não obrigatoriedade da gravação dos acordos de colaboração:

> (...) nos termos do art. 4º, § 13, da Lei 12.850/2013, não há indispensabilidade legal de que os depoimentos referentes a colaborações premiadas sejam registrados em meio magnético ou similar, mas somente uma recomendação para assegurar maior fidelidade das informações. Inexiste, portanto, nulidade ou prejuízo à defesa pela juntada apenas de termos escritos, sobretudo quando não foi realizada a gravação dos depoimentos.[276]

Como se pode notar, o "Pacote Anticrime" inovou nesse aspecto e passou a exigir os registros de todos os atos de colaboração e da fase de tratativas, tudo com o objetivo de conferir a maior fidelidade possível às informações obtidas, garantindo-se, ademais, a disponibilização de cópia do material ao colaborador.

Ora, não se pode olvidar que a possibilidade do registro da colaboração por meio de recursos magnéticos ou de audiovisual viabiliza o próprio exercício da ampla defesa na persecução penal, assegurando, ainda, o princípio da publicidade, após, é claro, o afastamento do sigilo inerente a esta técnica especial de investigação criminal.

Sobre o acesso da defesa do colaborador aos registros colhidos durante a persecução penal, a jurisprudência do STF, antes das recentes alterações legais, ainda não havia se manifestado sobre o tema. Em acordo

---

275 CONFÚCIO. Exagero. Disponível em www.reflexoeseutopias.wordpress.com, acesso em 24.08.2013.

276 STF, Inq. 4.146/DF, Tribunal Pleno, Rel. Min. Teori Zavascki, j. 22.06.2016.

realizado no âmbito da "Operação Lava-jato", por exemplo, já pactuou--se que "os depoimentos colhidos serão registrados em duas vias, das quais não terá cópia o colaborador ou sua defesa técnica".[277]

Já em momento posterior, no intuito de viabilizar, justamente, o exercício da ampla defesa, pactuou-se que "realizada a homologação, o colaborador ou a sua defesa técnica terão acesso à integralidade dos depoimentos por eles prestados, devendo guardar sigilo sob o material".[278] Por obviedade, agora não se pode mais admitir qualquer tipo de cláusula que impossibilite o acesso aos registros da colaboração pelo colaborador ou seu defensor constituído.

Finalizando esse ponto, tentaremos esclarecer quais são os atos que efetivamente precisam ser registrados pelos meios indicados no dispositivo legal em comento. Isso porque o § 13 fala no "registro das tratativas e dos atos de colaboração", mas não estabelece exatamente que atos são esses. Em nosso sentir, a partir do momento em que a proposta de acordo é formalizada pela defesa do colaborador, caso seja marcada uma reunião com a finalidade de discutir os resultados a serem buscados e os prêmios que podem ser concedidos, este encontro, por constituir a fase de negociação, deve ser devidamente registrado.

Note-se que esse registro, especialmente por meio audiovisual, permite uma fiscalização posterior das tratativas, evidenciando, por exemplo, como se chegou aos prêmios pactuados, servindo, inclusive, para demonstrar a lisura dos agentes estatais, que, em um caso concreto, podem ter barganhado ao máximo, evitando a concessão dos maiores benefícios legais. Além desse momento, não vislumbramos outra situação que exija esse tipo registro durante as tratativas, salvo, é claro, a formalização da oitiva do colaborador.

Por outro lado, ao fazer menção aos "atos de colaboração" e não aos "atos da colaboração", parece-nos que o legislador se referiu aos comportamentos que devem ser concretizados pelo colaborador em decorrência do compromisso firmado com o Estado e não aos atos formais que acabam resultando no acordo de colaboração. Isso fica claro porque todos os atos realizados antes da homologação do pacto integram a fase de tratativas, que, por sua vez, objetiva formatar o Termo de Colaboração Premiada a ser apresentado perante o Juízo competente.

---

277 STF, Pet. 5.244, Cláusula 6ª, § 4º.
278 STF, Pet. 5.952, Cláusula 11ª; Pet. 6.138, Cláusula 18ª.

6 – Comentários Sobre a Lei 12.850/13

A partir da homologação do acordo, pode ser que tenha sido estabelecido determinado comportamento por parte do colaborador, o que, para nós, constituiria os denominados "atos de colaboração". Imaginemos, por exemplo, que o colaborador se comprometa a produzir determinada prova, como o registro de uma reunião da organização criminosa investigada. Nesse caso, o "ato de colaboração" (participar da reunião) deverá ser registrado por meio do recurso mais adequado, dando ensejo a uma "gravação clandestina", em um contexto em que o colaborador acaba atuando como uma espécie de agente infiltrado.

6.10.15. Renúncia ao direito ao silêncio do colaborador

> *Art. 4º, § 14. Nos depoimentos que prestar, o colaborador renunciará, na presença de seu defensor, ao direito ao silêncio e estará sujeito ao compromisso legal de dizer a verdade.*

O § 14 esclarece que o colaborador renunciará em seus depoimentos, sempre na presença de defensor, ao seu direito ao silêncio, assumindo o compromisso legal de dizer a verdade.

A menção à renúncia ao direito ao silêncio parece supérflua porque nada mais claro do que o não exercício desse direito, diga-se de passagem, plenamente disponível, a partir do momento em que se produz a própria fala do interlocutor. O direito ao silêncio se esvai com o ato em si e não por uma declaração formal. Parece-nos que assim deve ser compreendido o dispositivo em análise, sob pena de ser reconhecida sua inconstitucionalidade. Esse entendimento, aliás, é reforçado pela jurisprudência do STF:

> (...) o conjunto de cláusulas do acordo guarda harmonia com a Constituição e as leis, com exceção da expressão "renúncia" à garantia contra a autoincriminação e ao direito ao silêncio, constante no título VI do acordo (fl.20), no que possa ser interpretado como renúncia a direitos e garantias fundamentais, devendo ser interpretada com a adição restritiva "ao exercício" da garantia e do direito respectivos no âmbito do acordo e para seus fins.[279]

---

279 STF, Pet. 5.952, Rel. Min. Teori Zavascki, j. 14.03.2016

332 *Criminalidade Organizada & Globalização Desorganizada*

Quanto ao "compromisso legal de dizer a verdade", este integra o acordo de colaboração. Logicamente não se pretende que o colaborador traga aos autos mentiras. Ocorre que o alcance desse compromisso de dizer a verdade pode conduzir a certo dissenso na doutrina e jurisprudência:

a) Alguns entenderão que o compromisso somente tem validade para a celebração do acordo, bem como para a advertência quanto a eventual crime de Denunciação Caluniosa (artigo 339, CP) se o colaborador incriminar dolosamente pessoa que sabe ser inocente. Não servirá, porém, para submeter o colaborador ao estatuto da testemunha, de modo a responder, em caso de mendacidade ou omissão, por crime de Falso Testemunho (artigo 342, CP).

b) Outros pensarão que, além das finalidades acima delineadas quanto ao acordo e ao crime de denunciação caluniosa (artigo 339, CP), também poderá o colaborador adquirir o estatuto de testemunha, respondendo por eventuais mentiras e omissões em seus depoimentos nos termos do artigo 342, CP (Falso Testemunho).

Já demonstra alinhamento com a hipótese "a", temos o escólio de PACELLI:

> (...) o dever de dizer a verdade na hipótese, tal como previsto no referido dispositivo, decorreria unicamente de ato voluntário do colaborador e não como imposição de norma legal! Se antes dessa decisão pessoal ele não era obrigado a depor – direito ao silêncio – não se pode dizer que ele tenha renunciado a esse direito, mas, sim, que resolveu se submeter às consequências de sua confissão. Nesse passo, pode até ser que ele venha a responder pelo crime de denunciação caluniosa, dado que não é permitido a ninguém, ainda que na defesa de seus interesses, atribuir a responsabilidade penal de um fato a terceiro, sabendo falsa a afirmação (art. 339, CP). Mas, pelo falso testemunho parece-nos que não! De início por que (sic) ele, a rigor, sequer ocuparia a posição de testemunha no processo, segundo exigências do princípio da legalidade estrita em matéria penal (art. 342, CP). Ao depois, a falsidade das declarações, com o objetivo de se favorecer dos benefícios da lei, é um risco que deve correr o Estado, sem que se possa falar em renúncia à autodefesa. O direito ao silêncio, aliás, surge, não para beneficiar pessoas levadas ao processo criminal, mas para respeitar os limites de todo aquele que se veja na iminência de ver restringida sua liberdade de ir e vir, além de constituir método mais seguro de formação da certeza judicial". [280]

---

280 PACELLI, Eugenio. Op. Cit.

6 – Comentários Sobre a Lei 12.850/13

Concorda-se em parte com o autor sobredito. Realmente quando há o acordo de colaboração premiada não se pode dizer que o réu ou indiciado passou à condição de testemunha propriamente dita, o que inviabiliza, pelo Princípio da Legalidade, a aplicação do crime de Falso Testemunho, de acordo com a letra do artigo 342, CP. Tanto não é testemunha que o acordo homologado ainda não lhe concede nenhum benefício, mas fica na pendência da obtenção dos objetivos ali visados, conforme consta do artigo 4º, I a V, da Lei 12.850/13.

Aliás, o colaborador pode ser inclusive condenado e receber apenas o benefício de redução ou substituição de pena ou mesmo o Perdão Judicial, mas somente depois de responder a todo o processo. Pode inclusive ser condenado e não receber benefício algum, acaso o juiz entenda que os termos do acordo não foram devidamente cumpridos, que a colaboração não foi "efetiva". Seria uma perversão pretender atribuir-lhe a condição de testemunha nessas circunstâncias somente devido à menção ao compromisso de dizer a verdade inscrita no § 14.

Entretanto, há uma situação que parece que passou despercebida e que deve ser tratada como um meio-termo entre as soluções "a" e "b" acima mencionadas. Trata-se da circunstância em que o promotor deixa de sequer denunciar o colaborador nos termos do artigo 4º, §§ 3º e 4º, da Lei do Crime Organizado. Nessa situação, conforme já explicitado no presente texto, o Ministério Público transmuda realmente o indiciado e potencial réu em testemunha. Ele já não figura de modo algum na qualidade de réu do processo. Assim sendo, será uma testemunha como outra qualquer e deverá prestar o compromisso legal, bem como estará sujeito às penas por Falso Testemunho nos termos do artigo 342, CP, assim como por Denunciação Caluniosa, de acordo com o artigo 339, CP.

Em nossa visão, parece que o § 14 do artigo 4º, da Lei 12.850/13 é aplicável ao indiciado ou réu colaborador denunciado, apresentando, portanto, um grau de limitação quanto às consequências das omissões ou mesmo mendacidades. Quanto ao colaborador que sequer é denunciado, não se trata de aplicar o artigo 4º, § 14, da Lei 12.850/13, ao menos na parte que diz respeito ao direito ao silêncio e ao compromisso de dizer a verdade, mas sim o artigo 203, CPP. Restará aplicável somente a exigência de assistência invariável de defensor em todos os depoimentos, isso para garantia de que a colaboração seja, do início ao fim, absolutamente voluntária e imune a coações de qualquer espécie.

Essa imprescindibilidade da presença do defensor em todos os atos que digam respeito à colaboração premiada em qualquer hipótese está bem assentada no § 15 que tem a seguinte escrita: "em todos os atos de negociação, confirmação e execução da colaboração, o colaborador deverá estar assistido por defensor". A falta do defensor em qualquer ato de negociação, confirmação e execução da colaboração levará à *nulidade absoluta* por violação direta à Constituição Federal naquilo que diz respeito ao direito de defesa sob o aspecto da defesa técnica.

Já para outros, o artigo 4º, § 14, da LOC, impõe ao colaborador o dever de não mentir, sendo esta uma opção sua ao aderir ao acordo. Em outras palavras, trata-se de um compromisso inerente ao pacto celebrado, que, reitera-se, nada mais é do que uma estratégia adotada pela defesa. Com efeito, caso impute falsamente, sob pretexto de colaboração com a Justiça, a prática de infração penal a pessoa que sabe ser inocente, ou revele informações sobre a estrutura de organização criminosa que sabe inverídicas, o colaborador responde não pelo crime de Denunciação Caluniosa ou de Falso Testemunho, mas pelo tipo especial previsto no artigo 19, da Lei 12.850/13, mesmo nos casos em que é celebrado o acordo de imunidade[281].

Portanto, segundo essa posição, não se pode confundir a figura do colaborador com a de uma testemunha, o que é reforçado pela jurisprudência:

> (...) Não há que se confundir, nessa situação, o corréu com testemunha, pois o interrogado não estará obrigado a responder as perguntas dos demais envolvidos, preservado o direito de permanecer em silêncio e de não produzir provas contra si. (...) *Habeas Corpus* concedido em parte para determinar a renovação dos interrogatórios dos acusados, assegurando o direito das defesas dos corréus realizarem reperguntas, resguardado o direito dos interrogados à não autoincriminação e ao de permanecer em silêncio, mantidos os demais atos da instrução.[282]

Percebe-se, pois, que o direito ao silêncio só não é exercido pelo colaborador diante do Estado e nas hipóteses de colaboração premiada. Contudo, perante os demais imputados o colaborador pode invocar o

---

281 Seguindo esse mesmo entendimento: GOMES, Luiz Flávio; SILVA, Marcelo Rodrigues da. op. cit., p.333-334.
282 STJ, HC 162.451/DF, 6ª Turma, DJe 16.08.2010

6 – Comentários Sobre a Lei 12.850/13

direito à não autoincriminação. MASSON e MARÇAL resumem com maestria esse entendimento:

> Destarte, a sujeição do colaborador ao "compromisso legal de dizer a verdade" previsto no § 14 do art. 4º da LCO não guarda relação com o "juramento" do art. 203 do Código de Processo Penal, restrito às testemunhas propriamente ditas. O compromisso com a verdade previsto da Lei do Crime Organizado relaciona-se com a sua opção pelo não exercício do direito ao silêncio e com a eficácia da colaboração, sem a qual não haverá prêmio. A verdade é condição para que a colaboração seja premiada. Não querendo mais o benefício acordado com o Ministério Público, poderá a parte se retratar e guardar o silêncio que a Constituição da República lhe garante.[283]

Não obstante, em defesa de nossa tese, aduzimos que qualquer pessoa, testemunha ou não, durante um processo ou uma investigação, não está obrigada a se autoincriminar. O fato de, formalmente, figurar na condição de testemunha ou declarante não é suficiente para vedar-lhe o exercício do direito ao silêncio ou não autoincriminação.

Dessa forma, não sendo o colaborador denunciado, torna-se formalmente testemunha, respondendo, nos limites de qualquer testemunha formal, por suas afirmações e omissões. No entanto, nem por isso, se lhe pode retirar o direito ao silêncio e não autoincriminação inerente a todo indivíduo quando, em alguma circunstância, isso puder ocorrer no bojo de um processo ou investigação criminal. Aliás, em várias ocasiões, durante CPIs do Congresso Nacional, pessoas chamadas a "depor" na suposta qualidade de "testemunhas" obtiveram ordens judiciais para o exercício do seu direito ao silêncio e não autoincriminação sempre que, na prática, fossem inquiridas acerca de questões capazes de lhes trazer prejuízo efetivo na seara criminal.

Em suma, quer-se deixar bem claro que o afastamento do § 14 advogado pelo autor em destaque e a consideração de que o colaborador não denunciado se transmuda em testemunha formal, nada tem a ver com o fato de que se lhe retire o direito de não se autoincriminar ou permanecer em silêncio quando se tratar de questões atinentes à sua incriminação. Isso não é apanágio de colaboradores, mas de qualquer indivíduo na fase policial ou judicial da persecução criminal, sendo ir-

---

283 MASSON, Cleber; MARÇAL, Vinicius. op. cit., p. 200.

336 *Criminalidade Organizada & Globalização Desorganizada*

relevante se é chamado, formalmente, de testemunha ou seja lá qual for a qualificação que se lhe dê nos autos.

6.10.16. Regras de corroboração

> *§ 16. Nenhuma das seguintes medidas será decretada ou proferida com fundamento apenas nas declarações do colaborador: (Redação dada pela Lei nº 13.964, de 2019)*
>
> *I – medidas cautelares reais ou pessoais; (Incluído pela Lei nº 13.964, de 2019)*
>
> *II – recebimento de denúncia ou queixa-crime; (Incluído pela Lei nº 13.964, de 2019)*
>
> *III – sentença condenatória. (Incluído pela Lei nº 13.964, de 2019)*
>
> *Art. 4º, § 16. Nenhuma sentença condenatória será proferida com fundamento apenas nas declarações de agente colaborador.*

Logo no início dos comentários a esse dispositivo legal já destacamos que ele sofreu significativas alterações pelo "Pacote Anticrime", pois, em sua redação original, só havia vedação à possibilidade de sentença condenatória proferida com fundamento apenas das declarações do colaborador.

Sobre esse aspecto específico, nós já nos manifestávamos no sentido de que o dispositivo seria até mesmo despiciendo porque já faz parte do conhecimento comezinho da Teoria Geral da Prova o "limite probatório da unicidade" apontado desde antanho por MALATESTA.[284] Dessa forma, é sabido e consabido que nenhuma prova isolada, nem mesmo a confissão válida, serve para condenação (v.g. artigos 197 e 158, "*in fine*", CPP).

A condenação de alguém tem de se basear em um conjunto probatório sólido e coerente. No caso da colaboração premiada, sua consideração de forma isolada é mais grave ainda e certamente por isso o legislador não se fez de rogado em praticar uma espécie de pleonasmo diante do conhecimento geral da regra da unicidade porque tinha em mente destacar muito intensamente o fato de que jamais alguém poderá ser condenado somente com base nas declarações ou depoimentos de colaboração premiada.

---

284 MALATESTA, Nicola Framarino Dei. *A lógica das provas em matéria criminal.* Trad. Paolo Capitanio. Campinas: Bookseller, 1996, p. 497-513.

6 – Comentários Sobre a Lei 12.850/13

Assim como na literatura, esse pleonasmo como recurso de linguagem para dar ênfase a alguma afirmação é válido e útil. O maior perigo dessa espécie de prova é a sua insegurança devido ao interesse pessoal que move o colaborador e que pode levá-lo muito facilmente à tentação de formular falsas imputações a terceiros, criar provas inexistentes etc., tudo com o fito de satisfazer a eficácia da colaboração que será o único caminho legal para o seu benefício.

Justamente por isso, as informações obtivas através do acordo de colaboração premiada devem ser analisadas com parcimônia, sendo, em qualquer caso, indispensável a observância das *regras de corroboração*. Conforme os ensinamentos de LIMA, tais regras impõem que:

> (...) o colaborador traga elementos de informação e de prova capazes de confirmar suas declarações (*v.g.* indicação do produto do crime, contas bancárias, localização do produto direto ou indireto da infração penal, auxílio para a identificação de números de telefone a serem grampeados ou na realização de interceptação ambiental etc.).[285]

Ocorre que na Lei 13.964/19 o legislador não se contentou em exigir a corroboração do que for alegado pelo colaborador para fundamentar uma eventual condenação, estendendo essa regra para o decreto de medidas cautelares reais ou pessoais, bem como para o recebimento da denúncia. Isso significa que se os indícios de autoria e materialidade delituosa estiverem inteiramente vinculados às declarações do colaborador, sem qualquer suporte probatório, o juiz não poderá nem sequer decretar uma medida de sequestro de bens, por exemplo.

Conclui-se, destarte, que o dispositivo exige que o conteúdo da colaboração seja corroborado por outros elementos de prova. Questiona-se, contudo, se bastaria para a condenação ou adoção de outra medida prevista no texto legal, que as declarações do colaborador fossem reforçadas por colaborador distinto. Dito de outro modo: a *corroboração recíproca ou cruzada* é admitida em nosso ordenamento jurídico?

Numa interpretação literal do art. 4º, § 16, da Lei 12.850/13, é possível defender o entendimento de que seria possível a condenação de pessoa delatada sempre que tais informações forem subsidiadas por outro colaborador. Isto, pois, nos termos do dispositivo, não se admite

---

285 LIMA, Renato Brasileiro de. op. cit., p. 545.

a condenação fundamentada "apenas nas declarações do colaborador". Considerando que o texto foi redigido no singular, pode-se concluir não haver óbice a condenação de delatado sempre que a decisão se pautar em, pelo menos, duas declarações convergentes de colaboradores distintos.

Com a devida vênia, não nos parece ser esta a melhor posição. Cremos que ao determinar a *regra de corroboração* o legislador se referiu a elementos exteriores à delação, tais como documentos, vídeos, fotografias, extratos bancários, atas de reunião etc. Deveras, admitir a *corroboração recíproca ou cruzada* significaria um incentivo da lei a formação de "acordos sub-reptícios" ou "acordos velados", realizados de modo informal às margens da Lei com o objetivo de eximir determinados integrantes da organização criminosa, imputando a responsabilidade em pessoa(s) específica(a).

Em sentido semelhante se manifesta BADARÓ:

> (...) não deve ser admitido que o elemento extrínseco de corroboração de uma outra delação premiada seja caracterizado pelo conteúdo de outra delação premiada. Sendo uma hipótese de grande chance de erro judiciário, a gestão do risco deve ser orientada em prol da liberdade. Neste, como em outros casos, deve se optar por absolver um delatado culpado, se contra ele só existia uma delação cruzada, a correr o risco de condenar um delatado inocente, embora contra ele existissem delações cruzadas.[286]

Nesse diapasão, aliás, se manifestou o Decano do Supremo Tribunal Federal, Min. Celso de Melo:

> (...) o Estado não poderá utilizar-se da denominada "corroboração recíproca ou cruzada", ou seja, não poderá impor condenação ao réu pelo fato de contra este existir, unicamente, depoimento de agente colaborador que tenha sido confirmado, tão somente, por outros delatores (Informativo STF nº 800).[287]

Vale relembrar, ademais, a importância do novo artigo 4º, § 10-A, da LOC, estabelecendo que em todas as fases do processo, deve-se

---

286 BADARÓ, Gustavo Henrique Righi Ivahy. *O valor probatório da delação premiada: sobre o § 16 do art. 4º da Lei 12.850/13*. Consulex, n. 443, Fevereiro de 2015. p. 26 a 29.
287 STF, Pte. 5.700/DF, voto do Min. Celso de Melo

6 – Comentários Sobre a Lei 12.850/13

garantir ao réu delatado a oportunidade de manifestar-se após o decurso do prazo concedido ao réu que o delatou. Esse novo regramento constitui, sem dúvida nenhuma, um avanço na tutela dos princípios do contraditório e ampla defesa, servindo, ainda, como instrumento de combate às denominadas "colaborações recíprocas ou cruzadas".

6.10.16.1. Das Hipóteses Expressas de Rescisão do Acordo de Colaboração

> *Art. 4º, § 17. O acordo homologado poderá ser rescindido em caso de omissão dolosa sobre os fatos objeto da colaboração. (Incluído pela Lei nº 13.964, de 2019)*
>
> *§ 18. O acordo de colaboração premiada pressupõe que o colaborador cesse o envolvimento em conduta ilícita relacionada ao objeto da colaboração, sob pena de rescisão. (Incluído pela Lei nº 13.964, de 2019)*

Vimos acima que o recebimento da proposta de acordo de colaboração premiada demarca o início das negociações e constitui marco de confidencialidade entre as partes, impondo, ademais, a observância dos deveres de lealdade e boa-fé, valores que devem pautar o instituto em estudo desde a fase de tratativas até a prática dos atos cooperativos.

Não por acaso, a própria lei estabelece no seu artigo 3º-B, § 6º, que as provas e elementos informativos apresentados, de boa-fé, pelo colaborador durante a fase de tratativas não poderão ser utilizados para qualquer finalidade. Isso significa que eventuais informações trazidas de má-fé no intuito de corromper as finalidades deste negócio jurídico processual podem ser utilizadas pelos agentes do Estado, servindo a previsão legal como uma espécie de sanção ao investigado que fizer mau uso da colaboração, aviltando os referidos deveres de lealdade e boa-fé.

Sob tais premissas, nos parece evidente que a omissão por parte do colaborador em fornecer informações relevantes ao caso penal e, o que é pior, a apresentação de informações falsas ou inverídicas representa uma violação aos valores que devem pautar o instituto, constituindo, como não poderia deixar de ser, motivo para que não se prossiga com as tratativas ou para que seja rescindido o pacto já homologado.

Esse novo § 17, do artigo 4º, da LOC, acrescentado pelo "Pacote Anticrime", nada mais fez do que constar em lei uma regra já largamente utilizada na prática, especialmente no âmbito da denominada "Operação Lava-Jato". A partir dessa inovação, o que antes era previsto como cláusula rescisória do pacto colaborativo agora consta como regra legalmente constituída.

Independentemente disso, recomenda-se que no próprio Termo de Confidencialidade e Recebimento de Proposta seja consignada uma cláusula estipulando que a apresentação de provas ou informações inverídicas, assim como qualquer omissão dolosa por parte do colaborador constitui ato de má-fé e pode resultar no indeferimento da proposta formulada, viabilizando, ainda, a utilização do material até então apresentado pelos agentes estatais (delegado de polícia e MP).

Por obviedade, essa mesma previsão deve constar no Termo de Acordo de Colaboração Premiada a ser submetido ao juízo competente. Com efeito, uma vez demonstrada a omissão ou a apresentação de informações mentirosas pelo colaborador, o acordo já homologado deverá ser rescindido, hipótese em que as provas já produzidas poderão subsidiar eventual sentença condenatória.

No § 18, da mesma forma, o legislador encampa uma regra utilizada amiúde nos acordos de colaboração premiada durante a "Operação Lava-Jato", reforçando o óbvio, ou seja, que a formalização do acordo de colaboração premiada pressupõe que o colaborador cesse seu envolvimento com atividades ilícitas, sob pena de rescisão.

Ora, partindo do pressuposto de que a colaboração deve se pautar pelos deveres de lealdade e boa-fé, sendo certo que o colaborador assume o compromisso de contribuir com a Justiça em troca de determinados prêmios legais, seria no mínimo imoral admitir que esse instrumento beneficiasse o investigado que em momento algum deixou de delinquir. Como poderia uma pessoa colaborar com a Justiça e, ao mesmo tempo, continuar praticando crimes?!

Não se pode perder de vista que a colaboração indica uma forma de arrependimento, ainda que instigada pela concessão de prêmios legais. O colaborador, uma vez arrependido de seus atos, assume sua responsabilidade no crime apurado e passa a colaborar com a Justiça. Nesse contexto, aquele que continua delinquindo não demonstra arrependimento, o que, por si só, já o torna inapto a formalizar qualquer tipo de

6 – Comentários Sobre a Lei 12.850/13

acordo com o Estado. Afinal, só colabora com a Justiça quem atua de acordo com a lei e não às suas margens.

E quando se fala em "arrependimento" isso não implica nenhuma confusão entre Moral e Direito ou mesmo entre o Direito e sentimentos religiosos ou similares. Não se trata de uma colonização do Direito Penal por dogmas morais ou de uma tentativa de submissão da consciência individual. Acontece que esse "arrependimento", essa mudança de rumos por parte do colaborador exsurge como configuradora da coerência de sua conduta, da confiabilidade de seus atos e postura. Sem isso, o acordo promovido com os representantes estatais na persecução penal se tornaria um teatro bisonho, uma pantomima sem o menor sentido no seio da qual a sociedade faria o papel de um grande histrião.

Por tudo isso, respeitando-se, inclusive, a lógica que deu origem ao instituto em estudo, se comprovado o envolvimento do colaborador com atividades ilícitas durante a fase de tratativas, a negociação deve ser imediatamente interrompida; se o acordo já tiver sido homologado, será caso de rescisão, ocasião em que, novamente, todas as provas e informações apresentadas pelo colaborador poderão ser utilizadas pelos agentes estatais.

Destaque-se, por fim, que o legislador não foi feliz na formatação do texto do § 18, ora em análise. Isso porque o dispositivo impõe ao colaborador o dever de cessar seu envolvimento "em conduta ilícita relacionada ao objeto da colaboração, sob pena de rescisão". Com efeito, já vislumbramos posicionamentos no sentido de que apenas a insistência do colaborador na prática dos crimes objeto de apuração no procedimento que deu ensejo ao acordo poderia justificar a rescisão do pacto homologado. Dito de outro modo, se comprovado o envolvimento do colaborador com outros crimes sem qualquer relação com os fatos apurados, não seria possível a rescisão.

Evidentemente, não podemos concordar com esse entendimento, pois, conforme já destacado, a colaboração pressupõe arrependimento, o que não se verifica nas hipóteses em que o colaborador continua delinquindo, pouco importando se sua atividade ilícita tem relação com o objeto da apuração ou se versa sobre fato criminoso distinto. E aqui vale reforçar: é impossível colaborar com a Justiça praticando crimes!

342 *Criminalidade Organizada & Globalização Desorganizada*

Todavia, considerando que o dispositivo, de fato, não foi redigido da melhor forma, nos parece imprescindível consignar tanto no Termo de Confidencialidade e Recebimento de Proposta, como no Termo de Colaboração Premiada, uma cláusula que estabeleça o compromisso do colaborador de não se envolver em qualquer tipo de atividade ilícita.

Por derradeiro, reitera-se que nessas hipóteses de rescisão deve ser instaurado procedimento específico, com a observância do contraditório e ampla defesa, para se comprovar que o colaborador sonegou, dolosamente, informações e/ou continua envolvido em atividades ilícitas. Assim, uma vez comprovada as condutas em questão, o caso deve ser submetido ao juízo competente para que a rescisão seja homologada.

Ao que nos parece, nas situações expressamente descritas na Lei a rescisão se impõe de forma obrigatória, independentemente na vontade das partes. Agora, em se tratando de outras formas de inadimplemento do pacto homologado, é possível que as partes adequem o acordo, o rescindindo parcialmente. Observa-se, em tais casos, o princípio da autonomia da vontade em consonância com o princípio da proporcionalidade.

6.10.17. Dos Direitos do Colaborador

> *Art. 5º São direitos do colaborador: I – usufruir das medidas de proteção previstas na legislação específica; II – ter nome, qualificação, imagem e demais informações pessoais preservados; III – ser conduzido, em juízo, separadamente dos demais coautores e partícipes; IV – participar das audiências sem contato visual com os outros acusados; V – não ter sua identidade revelada pelos meios de comunicação, nem ser fotografado ou filmado, sem sua prévia autorização por escrito; VI – cumprir pena ou prisão cautelar em estabelecimento penal diverso dos demais corréus ou condenados. (Redação dada pela Lei nº 13.964, de 2019)*

O artigo 5º, da Lei 12.850/13 arrola em seus incisos I a VI os direitos assegurados ao colaborador. São eles:

I- Usufruir das medidas de proteção previstas na legislação pertinente – Estas são as medidas prevista na Lei de Proteção a Testemunhas e Réus colaboradores (Lei 9.807/99). Diga-se de passagem que o sistema de proteção nacional é uma piada de mau gosto.

6 - Comentários Sobre a Lei 12.850/13

II- Ter nome, qualificação, imagem e demais informações pessoais preservados – é o mínimo que se pode assegurar para garantir a integridade e a vida do colaborador. Isso inclui a mídia e a imprensa em geral. Não há conflito aqui com a liberdade de imprensa e informação, pois que prepondera o interesse maior na segurança do colaborador e no necessário sigilo das investigações nos moldes inclusive já previstos no artigo 20, CPP.

Sobre o tema, na doutrina se discute se tal previsão legal teria criado a figura do *testemunho anônimo*, ou seja, aquele em que as partes interessadas não conhecem a qualificação da pessoa que presta as informações no processo.

Uma primeira corrente entende que o sigilo é imprescindível, servindo, entre outras coisas, para preservar a figura do colaborador. Nas lições de CUNHA e PINTO, "não se ignora que este colaborador terá contato com os defensores dos acusados, mas estes, sob compromisso de seu grau, decerto que não irão desvendar-lhe a identidade".[288] De maneira mais incisiva se manifestam GOMES e SILVA:

> Entendemos que não há violação ao direito ao confronto. Primeiramente, a colaboração premiada é mero instrumento probatório e não prova, não valendo as informações do colaborador como provas. O colaborador não figura como testemunha, mas sim como mero informante. Não se está, portanto, diante de um saber testemunhal incriminador passível de valoração isolada pelo juiz que permita o exercício do direito ao confronto. (...) As informações do colaborador servem para encontrar provas. A ampla defesa e o contraditório deverão ser exercidos quanto às provas que forem encontradas, e não quanto ao instrumento ou fonte que fez com que se chegasse a elas.[289]

Já uma segunda corrente sustenta que esse direito ao sigilo do colaborador persiste apenas até o oferecimento da denúncia, justamente no intuito de viabilizar a produção da prova e a eficácia do acordo. Após, em respeito aos princípios do contraditório e ampla defesa, não se pode negar às partes a identidade do colaborador.[290]

---

288 CUNHA, Rogério Sanches; PINTO, Ronaldo Batista. op. cit., p. 82.
289 GOMES, Luiz Flávio; SILVA, Marcelo Rodrigues da. op. cit., p. 352-353.
290 SANTOS, Marcos Paulo Dutra. *Colaboração (delação) premiada*. Salvador: Jus-Podivm, 2016. p. 163.

Em nosso entendimento, deve-se observar um meio termo entre as duas posições, assegurando o sigilo até o recebimento da denúncia, sendo que após esse marco a identidade do colaborador poderá ser revelada apenas aos advogados dos acusados. Parece-nos que essa conclusão encontra respaldo no próprio artigo 7º, § 3º, da LOC, já com as inovações promovidas pelo "Pacote Anticrime", assegurando a sigilosidade do acordo e dos depoimentos do colaborador até o recebimento da denúncia.

III- Ser conduzido, em juízo, separadamente dos demais coautores e partícipes – outra previsão que tem em mira a preservação da integridade e da vida do colaborador, bem como evitar que influências exógenas venham a prejudicar o acordo firmado, o qual, é sempre bom lembrar, comporta retratação unilateral e imotivada (vide artigo 4º, § 10). Pensa-se que a lei, ao reduzir a condução separada apenas ao *juízo* disse menos do que queria e devia. É inescapável que também a eventual condução à Delegacia de Polícia, ao Gabinete Ministerial, ao IML ou a qualquer local ou repartição deve se dar separadamente (*"Lex minus dixit quam voluit"*). Este é também o entendimento de NUCCI: "Pode-se – e deve-se – ampliar o entendimento para manter o delator totalmente separado dos outros corréus durante toda a instrução, em recintos diversos, no fórum ou tribunal".[291]

IV-Participar das audiências sem contato visual com os outros acusados – sempre a questão é preservar o colaborador de agressões, ameaças e quaisquer influências de intimidação que possam prejudicar o acordo ou significar risco para sua integridade ou vida. Como já aventado neste texto, trata-se de uma boa motivação para a utilização da videoconferência nos termos do artigo 185, § 2º, I, III e IV e § 8º, CPP.

Não obstante é preciso reconhecer que essa proibição de contato pode ser relativizada em prol do direito de ampla defesa e contraditório, tendo em vista, por exemplo, necessidade de reconhecimentos, acareações etc.[292]

V- Não ter sua identidade revelada pelos meios de comunicação, nem ser fotografado ou filmado, sem sua prévia autorização por escrito. – vale aqui o que já foi comentado sobre o inciso II. Também é bom destacar que não somente o colaborador, mas qualquer réu ou investigado

---

291 NUCCI, Guilherme de Souza. op. cit., p. 66.
292 op. cit., p. 66 – 67.

6 – Comentários Sobre a Lei 12.850/13

tem o direito de ter sua imagem preservada (artigo 5º, X, CF) e somente conceder entrevistas ou ser filmado ou fotografado com sua anuência por escrito de acordo com normas da Corregedoria dos Presídios e de Polícia Judiciária. Ocorre que no caso do colaborador as motivações para a exacerbação desse direito são insofismáveis, razão de ser da repetição explícita pelo legislador.

VI- Cumprir pena ou prisão cautelar em estabelecimento penal diverso dos demais corréus ou condenados – Essa é uma garantia mais do que evidente a ser assegurada ao colaborador. Quando a legislação anterior não estabelecia esse tipo e garantia havia uma lacuna absurda que efetivamente tornava a então delação premiada totalmente inexequível, principalmente considerando o fato de que facções criminosas praticamente dominam todo o sistema prisional. Ofertar a então delação a alguém e dizer-lhe que teria uma redução de pena, mas que iria cumpri-la, ainda que reduzida, em um mesmo sistema que os demais corréus era uma piada de humor negro que qualquer operador do Direito sentiria mesmo vergonha em explicitar a um suspeito ou investigado. O que aconteceria seria que os demais corréus seriam condenados a penas de prisão, enquanto que o delator seria formalmente condenado a uma pena de prisão minorada, mas materialmente ou faticamente condenado à pena de morte.

É preciso observar que se deve interpretar o dispositivo de forma ampla, de modo que o réu colaborador não somente tem o direito de cumprir pena em estabelecimento penal diverso, mas também em "cela ou pavilhão" diferenciados, naquilo que se denomina na gíria de "seguro". A verdade é que o colaborador é mal visto não somente pelo grupo a que pertencia, mas por toda a população carcerária (é o chamado "X-9" na gíria criminal). Ele corre o mesmo risco em qualquer estabelecimento penitenciário.[293]

Visando reforçar a garantia da integridade física e psicológica do colaborador, a Lei 13.964/19 acrescentou no inciso VI, do artigo 5º, da LOC, que eventual decretação de prisão cautelar também deverá ser cumprida em estabelecimento distinto dos demais investigados. De fato, nesse momento embrionário da persecução penal se faz ainda mais necessária a adoção desta medida, o que certamente viabiliza que os atos de colaboração realizados na fase de investigação sejam corroborados no processo.

---

293 Cf. Op. Cit., p. 68.

6.10.18. Formalidades do termo de acordo de colaboração premiada

> *Art. 6º O termo de acordo da colaboração premiada deverá ser feito por escrito e conter: I – o relato da colaboração e seus possíveis resultados; II – as condições da proposta do Ministério Público ou do delegado de polícia; III – a declaração de aceitação do colaborador e de seu defensor; IV – as assinaturas do representante do Ministério Público ou do delegado de polícia, do colaborador e de seu defensor; V – a especificação das medidas de proteção ao colaborador e à sua família, quando necessário.*

Quando se fala em formalidades intrínsecas do termo de acordo de colaboração premiada isso se refere aos requisitos formais que devem compor o documento que consubstancia o dito acordo.

É no artigo 6º, incisos I a V, da Lei 12.850/13, ora em comento, que estão determinadas essas formalidades. A primeira delas é que esse acordo deve ser feito *por escrito*, não bastando o acerto verbal entre os envolvidos. Já diziam os latinos que *"verba volant, escripta manent"* ("Palavras voam, a escrita permanece"). Esse requisito básico inicial já vem descrito no próprio *"caput"*. Em seguida são apresentados dos demais nos incisos:

I- O termo deverá conter o relato da colaboração e seus possíveis resultados – o colaborador e os demais participantes do acordo estabelecerão claramente o papel a ser executado pelo primeiro e os resultados visados na forma do artigo 4º, I a V da lei de regência. Essa será apenas uma espécie de carta de intenções onde serão descritas as propostas do colaborador em termos de atuação e os resultados a que se pretende chegar quando essa colaboração ocorrer efetivamente. Antes das inovações promovidas pelo "Pacote Anticrime" nós sustentávamos que a importância de não se confundir o termo de colaboração com a oitiva prévia do colaborador onde este passe a fornecer informações à Polícia e/ou o Ministério Público. Entendíamos, à época, que seria uma deslealdade já colher os elementos de colaboração antes de o colaborador ter a segurança de que o acordo seria homologado pelo juiz.

Ocorre que com o novo regramento vigente esse cenário foi completamente alterado pelos artigos 3º-B e 3º-C, que trouxeram uma completa segurança jurídica para a fase de tratativas, viabilizando, assim,

6 – Comentários Sobre a Lei 12.850/13

que os atos de colaboração sejam realizados mesmo antes da homologação do pacto, o que, como visto, qualifica significativamente o instrumento. Isso porque com a materialização da colaboração logo na fase de negociação, o celebrante (MP e delegado de polícia) já tem condições de avaliar os benefícios que esse meio de obtenção de prova pode trazer para o deslinde do caso penal, sendo certo que essa exposição minuciosa das informações e provas pelo colaborador também lhe favorece ao permitir que se alcance o melhor prêmio possível.

II- Deverá também conter as condições da proposta do Ministério Público ou do Delegado de Polícia – serão então componentes necessários do termo todas as condições propostas pelos órgãos persecutórios, bem como os benefícios acenados ao colaborador para que ele possa inclusive firmar sua convicção quanto à adesão informada e voluntária ao acordo.

III- A declaração de aceitação do colaborador e de seu defensor – Essa declaração retrata a voluntariedade do acordo e sua realização perante um advogado que assiste ao colaborador nos termos da lei. Já foi anteriormente abordada a questão de eventual discordância entre advogado e colaborador, devendo prevalecer a decisão do indiciado ou réu, tendo em vista tratar-se de questão personalíssima. Num caso desses se agiganta a importância da gravação em audiovisual da celebração do acordo, conforme proposto no artigo 4º, § 13 do mesmo diploma. Isso a fim de que não reste qualquer dúvida quanto à voluntariedade do agente, mesmo contra a orientação de seu defensor.

IV- As assinaturas do representante do Ministério Público ou do Delegado de Polícia, do colaborador e de seu defensor – Este requisito não exige maiores comentários, pois é autoexplicativo. Apenas algumas observações podem ser feitas para casos excepcionais:

1-) Quando, por exemplo, o acordo for realizado pelo Ministério Público e o Delegado de Polícia conjuntamente, ambos deverão firmar o acordo com o colaborador e o advogado;

2-) Em havendo discordância do advogado do colaborador, isso deverá ser consignado no termo e ele poderá assiná-lo normalmente. Se vier a negar a assinatura, isso também deverá ser consignado no termo. O ideal, todavia, conforme já estudado, é se aplicar nesses casos o regramento do artigo 3º-C, § 2º, da LOC, solicitando-se a presença de outro advogado;

3-) Também se algum dos envolvidos não assinar o termo devido a eventual impedimento (lesão nas mãos, por exemplo) poderão ser aplicadas as regras do Código de Processo Penal tais como artigos 195, 216 (testemunha a rogo), 304, § 3º (testemunhas instrumentárias) etc.

V- A especificação das medidas de proteção ao colaborador e à sua família, quando necessário – Nesse caso essas medidas devem ser tomadas na forma da Lei 9.807/99 e seu descumprimento ou cumprimento sofrível por parte do Estado podem certamente ensejar a retratação motivada do colaborador nos termos do artigo 4º, § 10 da Lei 12.850/13.

Entende-se que, considerando todos os direitos postos ao colaborador, bem como os requisitos intrínsecos do termo de colaboração e a própria natureza do instituto, se houver retratação justificada por parte do colaborador, deverá ser reconhecida a este pelo menos uma atenuante genérica inominada devido à sua inicial boa vontade para com as investigações (inteligência do artigo 66, CP). O mesmo já não se pode dizer se a retratação parte do Estado devido ao descumprimento por parte do próprio colaborador, bem como se é fruto de decisão unilateral do colaborador, mas imotivada. Por outro lado, também se entende que a eventual confissão espontânea firmada pelo colaborador, embora, em regra, já não possa ser contra ele utilizada, não perde o caráter de atenuante genérica nos termos do artigo 65, III, "d", CP.

6.10.19. Da sigilosidade do acordo de colaboração premiada

> *Art. 7º O pedido de homologação do acordo será sigilosamente distribuído, contendo apenas informações que não possam identificar o colaborador e o seu objeto.*
>
> *§ 1º As informações pormenorizadas da colaboração serão dirigidas diretamente ao juiz a que recair a distribuição, que decidirá no prazo de 48 (quarenta e oito) horas.*
>
> *§ 2º O acesso aos autos será restrito ao juiz, ao Ministério Público e ao delegado de polícia, como forma de garantir o êxito das investigações, assegurando-se ao defensor, no interesse do representado, amplo acesso aos elementos de prova que digam respeito ao exercício do direito de defesa, devidamente precedido de autorização judicial, ressalvados os referentes às diligências em andamento.*
>
> *§ 3º O acordo de colaboração premiada e os depoimentos do colaborador serão mantidos em sigilo até o recebimento da denúncia ou*

6 – Comentários Sobre a Lei 12.850/13

da queixa-crime, sendo vedado ao magistrado decidir por sua publicidade em qualquer hipótese. (Redação dada pela Lei nº 13.964, de 2019)

Como não poderia deixar de ser, determina o artigo 7º, *"caput"* da Lei do Crime Organizado, que o pedido de homologação será "sigilosamente distribuído" e deverá conter somente informação por meios das quais não seja possível identificar o colaborador nem o objeto da colaboração.

O direcionamento será direto ao juiz para o qual recair a distribuição e este terá o prazo de 48 horas para decidir (artigo 7º, § 1º). Esse prazo é impróprio, de modo que se o magistrado o extrapolar, não haverá impedimento para que o acordo seja homologado.

É interessante observar que a lei não fala em um prazo para que o Ministério Público ou o delegado de polícia encaminhem o Termo de Colaboração a juízo, razão pela qual se infere que tal medida deva ser tomada de imediato, tão logo esteja formalizado.

Durante o trâmite da homologação reinará o sigilo absoluto (interno e externo), somente tendo acesso aos autos o Ministério Público e/ou o delegado de polícia e o juiz. Quer dizer que nem mesmo alguém que seja alvo daquela investigação ou seu respectivo advogado, poderá ter acesso (sigilo interno). Muito menos o público em geral (sigilo externo). Não há inconstitucionalidade em nada disso diante do Princípio da Publicidade porque este admite relativizações nos termos do artigo 93, IX, CR c/c artigo 792, § 1º e artigo 20, CPP.

Neste caso prevalece o interesse público no êxito das investigações e na própria segurança do colaborador (artigo 7º, § 2º). Também poderá ter acesso aos autos o defensor do colaborador para exercício do direito de defesa. No entanto, esse acesso deverá ser precedido de requerimento e deferimento judicial e as vistas se reduzirão às diligências já documentadas nos autos, excluídas aquelas em andamento, sempre com o fito de evitar prejuízo às apurações (artigo 7º, § 2º).

Finalmente, estabelece a legislação no artigo 7º, § 3º, o momento em que o acordo de colaboração deixa de ser sigiloso. Isso se dá com o "recebimento da denúncia". Nesse ponto vale destacar que na sua redação original o dispositivo em estudo fazia uma ressalva quanto ao disposto no artigo 5º, ou seja, quanto aos direitos do colaborador que o preservam em sua identidade, imagem e integridade. Muito embora o novo texto legal não mais faça essa menção, nos parece evidente que os direitos conferidos ao colaborador no artigo 5º servem para subsidiar a necessidade de observância do sigilo do acordo.

De todo modo, com a inovação promovida pelo "Pacote Anticrime" o legislador reforçou que o sigilo inerente ao pacto cooperativo não poder ser levantado em hipótese alguma antes do recebimento da denúncia. Registre-se que tal mudança se deve ao fato de que, a despeito de existir desde o nascedouro da Lei 12.850/13, previsão sobre o momento de levantamento do sigilo do acordo de colaboração, na Pet. 5.952/STF, onde foi formalizado o acordo entre o MPF e o senador Delcídio Amaral, o Min. Teori Zavascki entendeu que o sigilo poderia ser afastado a partir da homologação do acordo de colaboração. Segundo o Ministro, no caso em questão o interesse público justificaria o afastamento antecipado do sigilo, especialmente porque a identidade do colaborador já havia sido exposta na mídia, razão pela qual, não teria cabimento manter o regime de publicidade restrita.

Particularmente, somos contrários a esta alteração concretizada pela Lei 13.964/19, haja vista que, a depender do caso concreto, a publicidade do acordo de colaboração antes mesmo do recebimento da denúncia pode se mostrar essencial ao interesse público, como ocorrido na hipótese acima retratada. Demais disso, não vemos razão para que o acordo permaneça em sigilo até o recebimento da denúncia, o que, em nosso sentir, é prejudicial para a investigação criminal e, consequentemente, para toda a persecução penal.

Isto, pois, a sigilosidade do acordo se mostra pertinente até a sua homologação, que é o ato jurídico que lhe confere validade e estabilidade. A partir daí os elementos de informações apresentados passam a integrar o acervo probatório e poderão ser utilizados no processo. Justamente por isso, deve-se permitir que eventuais delatados possam confrontar o teor da colaboração desde a investigação, o que, além de fomentar os princípios do contraditório e ampla defesa, serviria para qualificar todo o material coligido.

No intuito de subsidiar nossas conclusões, salientamos que a investigação criminal tem uma função de filtro, selecionando os elementos de prova e, sobretudo, os casos penais que devem ser submetidos ao processo, qualificando e otimizando a atividade jurisdicional. Com a vedação do levantamento do sigilo da colaboração logo após a sua ho-

6 – Comentários Sobre a Lei 12.850/13

mologação perde-se a oportunidade de qualificar a prova a ser levada à juízo, comprometendo-se, outrossim, a própria função preservadora da investigação criminal.

Parece-nos que a previsão legal que ora se combate é pautada na falsa premissa de que os princípios do contraditório e ampla defesa só devem ser observados na fase processual, indo na contramão de diversos diplomas legais que, paulatinamente, vêm promovendo a participação da defesa na fase preliminar de investigação.[294]

É preciso que se compreenda que a persecução penal deve se desenvolver – durante todas as suas fases! – em absoluta consonância com os direitos e garantias fundamentais. Sob tal perspectiva, Fauzi Hassan Choukr conclui que

> (...) a dignidade da pessoa humana como fundamento maior do sistema implica a formação de um processo banhado pela alteridade, ou seja, pelo respeito à presença do outro na relação jurídica, advindo daí a conclusão de afastar-se deste contexto o chamado modelo inquisitivo de processo, abrindo-se espaço para a edificação do denominado sistema acusatório. Fundamentalmente aí reside o núcleo de expressão que afirma que o réu (ou investigado) é sujeito de direitos na relação processual (ou fora dela, desde já na investigação), e não objeto de manipulação do Estado.[295]

Ainda sobre a importância do engajamento da defesa na fase de investigação, são valiosas as lições de SAAD:

> (...) é de se reconhecer que já há acusação, em sentido amplo, entendida como afirmação ou atribuição de ato ou fato à pessoa autora, coautora ou partícipe, em diversos atos do inquérito policial, como na prisão em flagrante delito; na nota de culpa; no boletim de ocorrência de autoria conhecida (...). Desta forma, o exercício do direito de defesa, eficaz e tempestivo, deve se iniciar no inquérito policial, permitindo-se então a defesa integral, contínua e unitária.[296]

---

294 Entre outras leis que reforçam a participação da defesa na investigação, destaca-se a Lei 13.245/16, que alterou significativamente o Estatuto da Ordem dos Advogados do Brasil.

295 Choukr, Fauzi Hassan. *Garantias Constitucionais na Investigação Criminal*. ed. 3. Rio de Janeiro: Lumen Juris, 2006. p. 08.

296 SAAD, Marta. *Defesa no Inquérito Policial*. Artigo disponível no livro *Direito Pro-*

Por tudo isso, reiteramos, foi mal o legislador nesse ponto da Lei 13.964/19, sendo que, em última análise, essa vedação ao levantamento do sigilo da colaboração pelo juízo competente nos parece inconstitucional por ferir o princípio da inafastabilidade da jurisdição, previsto no artigo 5º, inciso XXXV, da Constituição da República.

Ora, admitir que o juiz nada possa fazer em situações concretas e graves, em que há um risco sério a bens jurídicos relevantes caso o sigilo da colaboração seja mantido, seria reconhecer a total incapacidade do Poder Judiciário na tutela de direitos e garantias fundamentais. Nesse cenário, o magistrado estaria sendo cerceado em seu direito de prestar uma tutela adequada ao caso. Consignamos, ainda, que tal constatação tem um peso maior quando tratamos de Processo Penal, pois, afinal, é este o campo incumbido de tutelar os bens jurídicos mais relevantes da sociedade.

Não obstante, em prevalecendo a literalidade do novo texto legal o sigilo da colaboração se impõe até o recebimento da denúncia. Advirta-se, contudo, que a partir dessa decisão se encerra apenas o sigilo interno, mas pode persistir o sigilo externo nas hipóteses em que ele se mostrar necessário para a proteção do colaborador.

6.11. CAPTAÇÃO AMBIENTAL DE SINAIS ELETROMAGNÉTICOS, ÓPTICOS OU ACÚSTICOS

A Lei 9.034/95, primeiro diploma normativo a tratar das organizações criminosas, pecava em diversos fatores. Primeiro por não ter tipificado o crime de participação em organização criminosa e, sobretudo, por não ter estabelecido o conceito legal de organização criminosa, o que, de acordo com parte da doutrina,[297] implicava na perda de eficácia dos seus dispositivos.

Muito embora a Lei 9.034/95 tenha trazido em seu bojo diversos instrumentos de combate ao crime organizado, como a infiltração de agentes, a ação controlada etc., ela não regulamentou essas técnicas de investigação criminal. A Lei 12.850/13, por outro lado, foi bem mais feliz nesse ponto, detalhando os procedimentos de colaboração premiada, de ação controlada e de infiltração de agentes.

---

cessual de Polícia Judiciária I. Belo Horizonte: Fórum, 2020. p. 190-191.

297 GOMES, Luiz Flávio. *Crime Organizado: que se entende por isso depois da Lei nº 10.217/01? (Apontamentos sobre a perda de eficácia de grande parte da Lei 9.034/90*. Jus Navigandi, Teresina, ano 7, n. 56, abril de 2002.

6 – Comentários Sobre a Lei 12.850/13

Ocorre que em relação a *captação ambiental*, seja de sinais eletromagnéticos, óticos ou acústicos, a nova Lei das Organizações Criminosas foi silente. Concluía-se, assim, que estávamos diante de um meio de obtenção de prova *atípico*, vez que seu procedimento não foi detalhado pela referida lei.

Justamente por isso, a doutrina sustentava que se deveria aplicar, analogicamente, as regras da Lei 9.296/96, ora em estudo. Nas lições de LIMA:

> A Lei 12.850/13 autoriza expressamente, portanto, a interceptação ambiental de sinais eletromagnéticos, ópticos ou acústicos. A expressão *captar* deve ser compreendida como o ato de tomar conhecimento do conteúdo de comunicação alheia. É da essência da captação a participação de um terceiro, que passa a ter ciência do conteúdo de uma comunicação entre duas ou mais pessoas, geralmente sem o conhecimento dos interlocutores. Essa captação pode ser feita por meio de escutas, microfones, câmeras ocultas, monitoramento à distância, por satélite, antenas direcionais e outras tantas tecnologias hoje existentes para esse fim.[298]

Feitas essas observações, é mister reiterar nesta obra que esse cenário foi completamente alterado pela Lei 13.964/19 ("Lei Anticrime"), que acrescentou à Lei 9.296/96 o artigo 8º-A, regulamentando, assim, a *captação ambiental*.

Destaque-se, de pronto, que estamos diante de uma importante ferramenta de investigação criminal que, não raro, complementa o procedimento de interceptação telefônica, afinal, é cediço que muitos criminosos não se comunicam pelo telefone justamente para evitar a captação desse conteúdo. Assim, através desse recurso o Estado-Investigação pode captar diálogos travados em local específico (sinais acústicos), conciliando com a captação de imagens dos investigados (sinais óticos), podendo, ainda, registrar sinais emitidos por meio de aparelhos de comunicação (sinais eletromagnéticos), que, vale dizer, não se enquadram no conceito de comunicação telefônica, informática ou telemática.

Antes, contudo, de nos aprofundarmos no estudo do novo regramento legal sobre a matéria, nos parece imprescindível fixar o correto

---

298 LIMA, Renato Brasileiro de. op. cit., p. 510.

significado do termo "captação ambiental", adotado pelo legislador no novo artigo 8º-A, da Lei de Interceptações Telefônicas, bem como no artigo 3º, inciso II, da Lei 12.850/13.

Sobre o tema, a doutrina trabalha com três conceitos distintos, senão vejamos:

a-) Interceptação Ambiental: técnica de investigação criminal em que terceira pessoa (policial) se vale de equipamentos adequados para captar, de maneira sub-reptícia e em tempo real, conversa entre dois ou mais interlocutores que se realizada em local específico, público ou privado;

b-) Escuta Ambiental: técnica investigativa em que terceira pessoa (policial) se vale de equipamentos adequados para captar, em tempo real, conversa de dois ou mais interlocutores que se realiza em local específico, público ou privado, sendo que neste procedimento um dos interlocutores tem ciência dessa intervenção de terceiro;

c-) Gravação Ambiental: ocorre quando um dos interlocutores, de maneira clandestina, vale dizer, sem o conhecimento dos demais, se vale de equipamento adequado para captar comunicação que se realiza entre presentes em local específico. Percebe-se que neste caso, diferentemente das outras hipóteses, o registro na comunicação é feito diretamente por um dos interlocutores, independentemente da intervenção de terceiros.

Analisados esses conceitos, resta evidente que o legislador, ao tratar da matéria pela primeira vez na Lei de Organização Criminosa, acabou inovando e se valendo de um termo até então não estudado pela doutrina, qual seja, "captação ambiental". Com efeito, questionava-se o alcance desta técnica especial de investigação antes das inovações promovidas pelo "Pacote Anticrime", surgindo, consequentemente, três correntes:

1ª) Para a primeira corrente, o termo "captação ambiental" englobaria os três conceitos acima expostos: "interceptação ambiental", "escuta ambiental" e "gravação ambiental";[299]

2ª) Uma segunda corrente, por outro lado, sustentava que a locução "captação ambiental" abrangeria apenas os conceitos de "interceptação ambiental" e "escuta ambiental;[300]

---

299 MASSON, Cleber. MARÇAL, Vinicius. op. cit., p. 308.
300 LIMA, Renato Brasileiro de. op. cit., p. 516;

6 – Comentários Sobre a Lei 12.850/13

3ª) Já uma terceira corrente preconizava que a "captação ambiental" se referia, exclusivamente, ao registro de comunicações realizado por um dos interlocutores, mas sem o conhecimento dos demais. Em outras palavras, para os adeptos dessa corrente, a "captação ambiental" seria sinônimo de "gravação ambiental".[301]

Data máxima vênia, mas entendemos que o novo regramento imposto pelo artigo 8º-A, da Lei 9.296/96, se aplica apenas aos casos de "interceptação ambiental" e, ainda assim, a depender do local em que a comunicação se realiza, conforme veremos abaixo. Isso significa que em nossa compreensão o termo "captação ambiental" seria sinônimo de "interceptação ambiental", abrangendo qualquer registro acústico, ótico ou eletromagnético realizado por terceira pessoa (policial), sem o conhecimento dos investigados.[302]

Em reforço a esse entendimento, chamamos a atenção para o fato de que no artigo 10-A, da Lei 9.296/96, o legislador criminalizou a captação ambiental realizada ilegalmente, sendo que no seu § 1º esclareceu que "Não há crime se a captação é realizada por um dos interlocutores", o que, a toda evidência, caracteriza a denominada "gravação ambiental". Com efeito, tendo em vista que para o legislador a "gravação ambiental" não constitui crime, só se pode concluir que o novo regramento imposto pelo "Pacote Anticrime" não se aplica a esses casos, sendo, consequentemente, dispensada a autorização judicial.

Advirta-se, contudo, que no que se refere ao procedimento de "escuta ambiental", o cenário foi completamente alterado pela Lei 13.869/19, que antecedeu a "Lei Anticrime" (Lei 13.964/19) e promoveu alterações no artigo 10, da Lei 9.296/96. Isto, pois, no mencionado tipo penal o legislador criminalizou, entre outras, a conduta de "promover escuta ambiental" sem autorização judicial. Desse modo, parece-nos que a partir dessa inovação legislativa este meio de obtenção de prova constitui, indubitavelmente, uma medida sujeita à reserva de jurisdição, o que não significa que as regras do artigo 8º-A se aplicam ao caso.

Falando de maneira objetiva, ao criminalizar a "escuta ambiental" concretizada sem autorização judicial o legislador criou apenas um re-

---

301 HABIB, Gabriel. op. cit., p. 878.
302 Registre-se que com as inovações promovidas pelo "Pacote Anticrime", MASSON e MARÇAL alinharam-se ao nosso entendimento, passando a sustentar na última edição da excelente obra *Crime Organizado* que o termo "captação ambiental" abrangeria apenas a "interceptação ambiental".

quisito para que essa medida seja implementada, mas não quis submetê-la ao regramento mais rigoroso imposto à "interceptação ou captação ambiental". E isso se justifica porque, a toda evidência, estamos diante de técnicas em que o sacrifício ao direito à privacidade é feito de forma distinta. Enquanto na "interceptação" nenhum dos interlocutores tem ciência da intromissão de terceiros na comunicação, na "escuta" um dos interlocutores tem esse conhecimento e, inclusive, anui com a consecução da medida.

No intuito de subsidiar essas conclusões e demonstrar que a "escuta ambiental" não se confunde com a "captação ambiental", destacamos o fato de que o próprio legislador criminalizou as condutas em tipos penais distintos na Lei 9.296/96: a conduta de "promover escuta ambiental" sem autorização judicial foi tipificada no artigo 10; já a conduta de "realizar capitação ambiental" sem autorização judicial tem previsão no artigo 10-A.

Em resumo, após o advento das Leis 13.869/19 e 13.964/19, o cenário fica da seguinte forma:

a-) *Interceptação ou Captação Ambiental*: trata-se de medida sujeita à reserva de jurisdição, aplicando-se, ademais, os requisitos do artigo 8º-A, da Lei 9.296/96, abaixo estudados, quando envolver conversação que se realiza em ambiente privado;

b-) *Escuta Ambiental*: é medida sujeita à reserva de jurisdição (interpretação imposta pelo artigo 10, da Lei 9.296/96), mas que dispensa os outros requisitos do artigo 8º-A, da Lei 9.296/96, podendo, por exemplo, ser adotada na apuração de qualquer tipo de infração penal. Observe-se, ainda, que a necessidade de autorização judicial só será exigida nas hipóteses de escuta efetivada em ambiente privado, sendo dispensada se a comunicação se realiza em local público ou local privado, mas de acesso ao público, situações em que a legalidade da prova deverá ser avaliada pelo juiz à luz do caso concreto.

Nesse ponto, aliás, vale uma crítica ao legislador. Isso porque, conforme exposto, ao criminalizar a "escuta ambiental" feita sem autorização judicial, foi dado tratamento distinto a procedimentos muito semelhantes, afinal, sob o ponto de vista do bem jurídico tutelado, vale dizer, sigilo das comunicações, intimidade e privacidade, não há diferença significativa entre uma situação em que o próprio interlocutor faz o regis-

6 – Comentários Sobre a Lei 12.850/13

tro da comunicação (gravação ambiental) ou se vale do apoio técnico de terceiros para essa finalidade (escuta ambiental). Nos dois casos um dos interlocutores tem ciência de que a comunicação está sendo registrada.

O ideal seria que a "escuta ambiental" levada a termo sem autorização judicial não tivesse sido criminalizada, independentemente do local em que se realiza, aplicando-se, destarte, o mesmo entendimento adotado para os casos de "gravação ambiental", em que, não raro, o registro da comunicação é feito para comprovar a inocência do interlocutor responsável pela captação ou demonstrar que ele está sendo vítima de investida criminosa.

Por todas essas razões, entendemos que a "escuta telefônica", estudada no início deste capítulo, continua não dependendo de autorização judicial, cabendo ao juiz a análise de sua validade de maneira casuística. Tal conclusão se deve ao fato de que no artigo 10, da Lei 9.296/96, o legislador apenas criminalizou a "escuta ambiental" feita sem autorização judicial, sendo certo que esta não se confunde com a "escuta telefônica".

c-) *Gravação Ambiental*: não se trata de medida sujeita à reserva de jurisdição (art. 10-A, § 1º, da Lei 9.296/96) e também não precisa observar os requisitos do artigo 8º-A, da Lei 9.296/96. Em tais casos, a validade da prova deverá ser analisada pelo juiz à luz do caso concreto.

Sem embargo das conclusões acima expostas, nada impede que a consecução dessas técnicas seja sempre precedida de autorização judicial, o que, indubitavelmente, traz uma maior segurança jurídica aos procedimentos.

6.12. AÇÃO CONTROLADA

> Art. 8º Consiste a ação controlada em retardar a intervenção policial ou administrativa relativa à ação praticada por organização criminosa ou a ela vinculada, desde que mantida sob observação e acompanhamento para que a medida legal se concretize no momento mais eficaz à formação de provas e obtenção de informações.

De acordo com o artigo 301, CPP, a prisão em flagrante pela autoridade policial ou seus agentes é obrigatória, configurando infração administrativa e ilícito penal (prevaricação) a sua não realização quando possível. Ocorre que há casos em que a intervenção da autoridade policial ou seus agentes em uma ação criminosa pode levar a um prejuízo na melhor apuração dos fatos, conduzindo à prisão de pessoas de menor importância num grupo criminoso, por exemplo, e deixando livres indivíduos de maior relevância. Também pode prejudicar a devida recuperação de produtos, apreensão de objetos, documentos, instrumentos ou substâncias ou mesmo a liberação de reféns, conforme o caso.

Com vistas a esta realidade fática, surge a *ação controlada* como mais uma ferramenta a ser utilizada pelo Estado-Investigação no combate às organizações criminosas. Trata-se de um meio de obtenção de prova em que a intervenção dos agentes policiais é postergada (diferida) para um momento mais oportuno sob o ponto de vista da produção de provas e demais elementos de informações.

Além de encontrar previsão legal na Lei 12.850/13, a *ação controlada* também consta na Lei de Drogas (Lei 11.343/06 – art. 53, II), sendo que, de um modo geral, a doutrina costuma relacionar esse procedimento ao *flagrante prorrogado, postergado ou diferido*.

Não é esse, data máxima vênia, o melhor entendimento. Conforme bem apreendido por Luiz Flávio Gomes e Marcelo Rodrigues da Silva,

> (...) não se trata apenas do flagrante ou de se retardar o flagrante. São hipóteses de não se prender em flagrante, não se cumprir mandado de prisão preventiva, não se cumprir mandado de prisão temporária, não se cumprir ordens de sequestro e apreensão de bens. A ação controlada é algo mais amplo do que o simples flagrante prorrogado.[303]

De fato, o artigo 8º, da Lei, é claro ao não restringir o procedimento às ações policiais, fazendo expressa menção às intervenções administrativas, senão vejamos:

> Consiste a ação controlada em retardar a intervenção policial ou administrativa relativa à ação praticada por organização criminosa ou a ela vinculada, desde que mantida sob observação e acompanhamento para que a medida legal se concretize no momento mais eficaz à formação de provas e obtenção de informações.

---

303 GOMES, Luiz Flávio; RODRIGUES DA SILVA, Marcelo. *Organizações Criminosas e Técnicas Especiais de Investigação – Questões Controvertidas, aspectos teóricos e práticos e análise da Lei 12.850/13.* Salvador: Juspodivm, 2015. p. 379.

6 – Comentários Sobre a Lei 12.850/13

Percebe-se, portanto, que essa técnica de investigação é muito mais eficaz do que o flagrante postergado, permitindo, por exemplo, o retardamento de ação de fiscalização do Tribunal de Contas ou da Receita Federal.

De maneira ilustrativa, nos socorremos de um caso prático em que atuamos como delegado de polícia, onde o investigado era suspeito de integrar uma organização criminosa ligada a um crime de homicídio. Durante o inquérito policial foram identificadas duas testemunhas que, na qualidade de fontes de prova, passaram a sofrer ameaças. Ocorre que o autor do homicídio estava sendo alvo de procedimento de interceptação telefônica com o objetivo de reunir outros elementos de informações que demonstrassem que ele concorreu para o crime em questão.

Como ainda não tínhamos elementos suficientes contra o suspeito, representamos pela decretação de sua prisão temporária, dando ciência ao magistrado competente acerca da adoção do procedimento de ação controlada. Em outras palavras, informamos que o mandado de prisão só seria cumprido no momento mais eficaz à formação de provas. Isto, pois, as testemunhas corriam risco e sem o devido mandado judicial a prisão não seria possível. Assim, já em posse do mandado, as ações do investigado passaram a ser inteiramente monitoradas pela interceptação telefônica, sendo que quando ele se preparava para executar uma das testemunhas, houve a intervenção policial. Note-se que nessa situação não podemos falar em prisão em flagrante, uma vez que o suspeito estava apenas em atos preparatórios para o homicídio. Por óbvio, nesse ínterim foram reunidos outros elementos de informações em seu prejuízo, tudo, frisamos, com respaldo da *ação controlada*.

É notável, portanto, que o dispositivo em comento ultrapassa a questão da Prisão em Flagrante e acaba abrangendo também outras medidas de investigação, sejam elas quais forem, as quais poderão ser proteladas no interesse de uma melhor investigação. Como outro exemplo do retardamento da "intervenção *administrativa*" na investigação criminal, NUCCI cita a atuação ou não atuação da "Corregedoria da Polícia".[304] A lembrança é correta no que tange às apurações de ordem administrativa afetas à Corregedoria (Sindicâncias ou Processos Administrativos).

---

304 Op. Cit., p. 69-70.

360 *Criminalidade Organizada & Globalização Desorganizada*

Entretanto, quanto ao inquérito policial, trata-se de atividade normal de investigação criminal para a qual não seria necessário recorrer à autorização especial para retardamento da atividade de caráter *administrativo*.

A doutrina tem apontado que essa prática policial somente é viável no tráfico de drogas e nas organizações criminosas, inclusive, mesmo no tráfico, em havendo situação que permita concluir pela existência de uma organização criminosa.[305]

Não obstante os judiciosos entendimentos neste sentido, considera-se que quando a autoridade policial ou seus agentes, em qualquer caso, independentemente de previsão legal, vislumbrar situação de fato que aconselhe o retraimento inicial em relação a uma abordagem para depois atuar com maior eficácia, deve assim agir, sob pena de atuar de forma pouco inteligente e hábil em seus misteres. Um exemplo pode aclarar:

Considere-se que um indivíduo esteja sendo vigiado por suspeita da prática de cárcere privado em relação a uma determinada pessoa. Em meio à vigilância, estando ele na via pública, percebe-se que está portando um revólver na cintura, possivelmente infringindo o Estatuto do Desarmamento (Lei 10.826/03, artigo 14 ou 16). Entretanto, não se sabe onde está a pessoa encarcerada, sendo necessária a localização para sua liberação, a qual possivelmente será prejudicada pela detenção do agente.

Nesse cenário, deveria o delegado de polícia agir como um autômato teleguiado pelo artigo 301, CPP, e pela Lei 10.826/03 e, numa atitude de estultice, prender o suspeito em flagrante por porte ilegal de arma, deixando a vítima sob o risco de jamais ser localizada no cativeiro, podendo até perecer naquele local, agora abandonada até mesmo por seu algoz, que, utilizando de seu direito constitucional ao silêncio, simplesmente pode nada informar às autoridades? Não se tratando de tráfico de drogas ou de organização criminosa, estaria a autoridade policial obrigada a agir como incompetente? Isso certamente seria o mesmo que tornar a expressão "inteligência policial" contraditória! Haveria uma lei obrigando os policiais a serem incompetentes e tolos!

---

305 Neste sentido Muccio, trazendo ainda as lições de Fernando Capez e Luiz Flávio Gomes. MUCCIO, Hidejalma. *Curso de Processo Penal*. 2ª ed. Rio de Janeiro: Forense, 2011, p. 1.131-1.132.Ver também no mesmo sentido: MARCÃO, Renato. *Prisões Cautelares, Liberdade Provisória e Medidas Cautelares Restritivas*. São Paulo: Saraiva, 2011, p. 82.

6 – Comentários Sobre a Lei 12.850/13

O correto seria continuar o monitoramento e somente prender o suspeito em momento oportuno, por exemplo, quando ele se dirigisse para uma residência ou local suspeito de ser o cativeiro, possibilitando a apuração de ambos os crimes (porte ilegal de arma e cárcere privado), bem como, principalmente, liberando a vítima.

Mas, o que fazer com a infração administrativa que determina o cumprimento das normas legais e regulamentares e o crime de prevaricação? Obviamente que tais infrações não se perfazem em casos como este. Não há qualquer atuação dolosa e nem mesmo culposa atribuível à autoridade que age com competência em sua função, procurando, ao reverso, cumprir as normas legais e regulamentares em seu máximo alcance.

Também, muito menos, há prevaricação, pois a inação momentânea não se dá para satisfação de qualquer interesse ou sentimento pessoal, mas com vistas ao interesse público e à preservação máxima possível dos bens jurídicos em jogo (inteligência do artigo 319, CP).

Assim sendo, as previsões da Lei 12.850/13 e da Lei 11.343/06 não são taxativas, inobstante as respeitáveis opiniões em contrário. O necessário é uma avaliação do caso concreto em que se possa detectar justa causa para o protelamento da Prisão em Flagrante ou outras diligências com vistas à maior eficácia da atividade repressivo-investigatória.

Neste sentido manifesta-se SILVA na doutrina especializada:

> Em que pese o tratamento legal específico para apuração do crime organizado, o emprego da ação controlada visando apurar a prática de conduta que não tenha relação com a criminalidade organizada pode ser resolvido no campo do direito material. Assim é que o agente policial que retarda sua intervenção para aguardar o momento mais adequado para cumprir com seu dever funcional de interromper o crime em curso não age com o dolo específico de "satisfação de interesse ou sentimento pessoal" exigido pelo legislador penal, mas com a finalidade de aguardar o melhor momento para surpreender o autor do delito. E, assim, não pratica crime de prevaricação, por ausência do elemento subjetivo do tipo.[306]

---

306 SILVA, Eduardo Araújo. *Crime Organizado*. São Paulo: Atlas, 2003, p. 93 – 94.

6.12.1. Ação Controlada e o "Controle Judicial"

> *Art. 8º, § 1º O retardamento da intervenção policial ou administrativa será previamente comunicado ao juiz competente que, se for o caso, estabelecerá os seus limites e comunicará ao Ministério Público.*

Outro aspecto que se julga importante sobre a chamada "ação controlada" na dicção do artigo 8º, § 1º, da Lei 12.850/13, é que nesse diploma não é feita a exigência de prévia *ordem* judicial para a adoção desse procedimento pelo delegado de polícia. Isso é visível porque a lei fala em *prévia comunicação ao o juiz e não em representação ou requerimento*. Ressalte-se que o dispositivo sob comento determina também a comunicação ao Ministério Público. Então significa que o delegado adota a ação controlada por conta própria e após isso a comunica ao juiz que, por seu turno, a informa ao Ministério Público.

Nesse ponto é interessante lembrar que a antiga Lei das Organizações Criminosas (9.034/95) não exigia que o procedimento fosse notificado ou autorizado pelo juiz, razão pela qual, se falava em *ação controlada descontrolada*. Nas lições de Renato Brasileiro de Lima,

> A nova Lei das Organizações Criminosas em momento algum faz menção à necessidade de prévia autorização judicial. Refere-se tão somente à necessidade de prévia comunicação à autoridade judiciária competente. Aliás, até mesmo por uma questão de lógica, se o dispositivo legal prevê que o retardamento da intervenção policial ou administrativa será apenas comunicado previamente ao juiz competente, forçoso é concluir que sua execução independe de autorização judicial. (...) A nosso juízo, a eficácia da ação controlada pode ser colocada em risco se houver necessidade de prévia autorização judicial, haja vista a demora inerente à tramitação desses procedimentos perante o Poder Judiciário.[307]

No mesmo diapasão é o escólio de Gabriel Habib:

> não é necessária autorização judicial para a efetivação da ação controlada. Note-se que o dispositivo dispõe que o retardamento da intervenção policial ou administrativa somente será previa-

---

307 LIMA, Renato Brasileiro. *Legislação Especial Criminal Comentada*. 4. ed. Salvador: Juspodivm, 2016. p. 560-51

6 – Comentários Sobre a Lei 12.850/13

mente comunicado ao juiz competente, sem que haja necessidade de autorização.[308]

Impossível discordar diante de tamanha clareza da previsão legal, ficando evidente a sensibilidade do legislador no que se refere à investigação criminal, que, por natureza, é essencialmente dinâmica. Burocratizar a execução desse meio de obtenção de provas é favorecer o crime em detrimento da justiça, especialmente se considerarmos que em tais casos não vai haver qualquer limitação a direitos fundamentais do investigado.

Sobre o tema, aliás, destacamos importante julgado do Superior Tribunal de Justiça em que se esclarece que a realização da ação controlada depende apenas de prévia **comunicação** ao juízo e que essa previsão tem por objetivo blindar a investigação, de forma a afastar eventuais suspeitas de prevaricação por parte dos policiais envolvidos na diligência:

> HABEAS CORPUS. ORGANIZAÇÃO CRIMINOSA. EXTORSÃO, CONCUSSÃO E EXTORSÃO MEDIANTE SEQUESTRO POR POLICIAIS CIVIS. POSSIBILIDADE DE APOIO DE AGÊNCIA DE INTELIGÊNCIA À INVESTIGAÇÃO DO MINISTÉRIO PÚBLICO. NÃO OCORRÊNCIA DE INFILTRAÇÃO POLICIAL. DESNECESSIDADE DE AUTORIZAÇÃO JUDICIAL PRÉVIA PARA A AÇÃO CONTROLADA. COMUNICAÇÃO POSTERIOR QUE VISA A PROTEGER O TRABALHO INVESTIGATIVO. HABEAS CORPUS DENEGADO. (...) A ação controlada prevista no § 1º do art. 8º da Lei nº 12.850/2013 não necessita de autorização judicial. A comunicação prévia ao Poder Judiciário, a seu turno, visa a proteger o trabalho investigativo, de forma a afastar eventual crime de prevaricação ou infração administrativa por parte do agente público, o qual responderá por eventuais abusos que venha a cometer. 10. As autoridades acompanharam o recebimento de dinheiro por servidores suspeitos de extorsão mediante sequestro, na fase do exaurimento do crime, e não há ilegalidade a ser reconhecida em habeas corpus se ausentes circunstâncias preparadas de forma insidiosa, de forma a induzir os réus à prática delitiva. 11. O *habeas corpus* não se presta à análise de teses que demandam exame ou realização de provas. 12. Habeas corpus denegado.[309]

---

308 HABIB, Gabriel. *Leis Penais Especiais*. 10. ed. Salvador: Juspodivm, 2016. p. 878.

309 STJ, HC 512.290/RJ, Rel. Min. Rogério Schietti Cruz. DJe 25.08.2020.

Não obstante, numa interpretação absolutamente contrária ao texto legal, Luiz Flávio Gomes e Marcelo Rodrigues da Silva defendem que o procedimento só pode se realizar após expressa autorização judicial, senão vejamos:

> É complicado entender que a autoridade policial ou administrativa possa agir independentemente de autorização judicial nas situações de "ação controlada". Em primeiro lugar, porque há crime de ação penal pública, de titularidade privativa do Ministério Público, e haveria juízo de valor pela autoridade policial, que não é parte (ou seja, não tem legitimidade *ad causam*). Em segundo lugar, em termos constitucionais, o art. 5º, LXL, CF/88, que reza que ninguém será preso, a não ser por ordem jurisdicional fundamentada ou em flagrante delito, evidencia que o comando constitucional é pela ação da polícia, o que é reforçado pelo art. 301, CPP. Então, a Lei 12.850/2013, se levarmos a cabo "prévia comunicação" em seu sentido literal, teria dado liberdade exagerada à autoridade policial para não agir em crime de ação penal pública privativa do Ministério Público, o que relativizaria não só a obrigatoriedade, como também a indisponibilidade do *ius puniendi*, que não partiria sequer do Parquet, e sim da autoridade policial (que não é titular privativo da ação penal pública) – isso constitucionalmente seria um escárnio.[310]

Parece-nos que os autores em questão confundem a titularidade da ação penal com a titularidade da investigação criminal. Conforme exposto reiteradamente nesse trabalho, a ação controlada é um meio de obtenção de prova, ou seja, uma técnica especial de investigação. Desse modo, é natural que o legislador confira ao delegado de polícia a prerrogativa de executar, de acordo com o seu entendimento, essa medida.

Deveras, por ser o presidente da investigação criminal, presume-se que o delegado de polícia seja o maior conhecedor das suas necessidades, razão pela qual é a autoridade mais indicada para analisar a necessidade e adequação da ação controlada, sobretudo se considerarmos o dinamismo inerente a esta fase, onde a burocratização da diligência pode acarretar na "perda de uma chance probatória", o que afeta diretamente a concretização da justiça.

Não podemos olvidar que na qualidade de agente público a autoridade policial deve respeitar a lei, agindo sob as premissas de uma discri-

---

310 GOMES, Luiz Flávio; RODRIGUES DA SILVA, Marcelo. op. cit., p.380.

6 – Comentários Sobre a Lei 12.850/13

cionariedade regrada que não tolera abusos. Isso significa que se constatado algum excesso ou ilegalidade, o delegado de polícia deverá ser responsabilizado administrativa e criminalmente. É inadmissível que a nossa persecução penal seja pautada por ilações que de tão desarrazoadas chegam a ofender o próprio Estado, deixando transparecer até certo preconceito, como fizeram GOMES e SILVA ao afirmar:

> Se foi intenção do legislador não haver prévia autorização judicial para a implementação da ação controlada, foi esta uma opção perigosíssima. Confiar no bom senso é arriscado, pois é algo que as pessoas não têm em todo tempo. Se exercido por um delegado competente é uma coisa, e se exercido por um delegado leniente é outra coisa.[311]

Diante de tais afirmações nos questionamos se o bom senso ou a falta dele atinge apenas a figura do delegado de polícia?! E os juízes, promotores, defensores públicos, fiscais etc., com relação a eles há uma presunção de bom senso em suas ações?! Ora, profissionais bons e ruins existem em todas as instituições públicas, sendo certo que todos devem responder por eventuais equívocos ou abusos cometidos no exercício da função. Na verdade, diferentemente do que nos induzem os autores supracitados, todo agente público goza de relativa presunção de legalidade, legitimidade e veracidade nos seus atos.

Por tudo isso, é preciso confiar no discernimento da autoridade policial, que como juízes, promotores, defensores públicos etc. foram aprovados em concurso público. Aliás, não teria o menor sentido o Estado conferir parcela tão significativa do seu poder a um agente para depois questionar os seus atos praticados dentro da legalidade.

É preciso lembrar que o delegado de polícia é a única autoridade com atribuição legal para decretar a prisão de uma pessoa independentemente de ordem judicial. Será que o legislador se esqueceu que existem agentes públicos bons e ruins quando lhe conferiu essa atribuição?! Será que ele não considerou que existem delegados competentes e outros lenientes?! Em outro contexto nos perguntamos: será que existem juízes ou promotores lenientes? E os advogados, essenciais para a justiça, são todos competentes e munidos de um bom senso acima da média?!

---

311 GOMES, Luiz Flávio; RODRIGUES DA SILVA, Marcelo. op. cit., p.381.

Enfim, apesar de reconhecer o brilhantismo dos citados autores, temos a convicção de que eles foram extremamente infelizes nesse posicionamento. Ao desenvolver a ação controlada por sua própria conta o delegado de polícia não o faz de maneira aleatória, devendo toda diligência ser consignada em autos próprios e posteriormente detalhada ao Poder Judiciário.

O fato de o Ministério Público ser o titular da ação penal pública não lhe confere a titularidade da investigação criminal, inclusive por ser parte do processo e, portanto, um sujeito parcial. Em momento algum o nosso ordenamento jurídico proíbe que o delegado de polícia emita juízo de valor durante a fase pré-processual, pelo contrário. Na própria instauração do inquérito policial deve ser feita uma análise técnico-jurídica sobre os fatos, onde ele efetiva um juízo de valor indicando a classificação preliminar da conduta. Sem fazer isso o procedimento investigativo nem sequer poderia ser instaurado por ausência de justa causa!

Caso prevaleça o entendimento que ora confrontamos, nenhum inquérito policial poderia ser instaurado sem o parecer do Ministério Público, afinal, não seria lícito o "juízo de valor" exarado pelo delegado de polícia.

Do mesmo modo, não podemos concordar que ao optar pela ação controlada o delegado de polícia estaria dispondo do direito de punir pertencente ao Estado. De fato, o procedimento possibilita uma mitigação ao princípio da legalidade, pois a intervenção policial é postergada diante da prática de um crime. Entretanto, tal mitigação é subsidiada pelo postulado da proporcionalidade, tendo em vista que a ação policial, naquele momento, seria prejudicial para investigação, inviabilizando a perfeita apuração dos fatos criminosos.

Assim, a intervenção da polícia é postergada para o momento mais oportuno do ponto de vista probatório, assegurando, destarte, o correto e mais eficaz exercício do *ius puniendi* estatal. Destaque-se que a infração cometida objeto da ação controlada não ficará impune, pois será minuciosamente relatada nos autos da investigação, inclusive com filmagens e fotos que reforcem os elementos de informações coligidos.

Feitas essas observações, lembramos, ainda, que a previsão constante no artigo 8º, § 1º, da Lei, no sentido de que a ação controlada deve ser comunicada ao juiz competente, que "se for o caso estabelecerá seus limites", parece-nos de evidente inconstitucionalidade, uma vez que confere ao juiz poderes investigatórios, fazendo com que ele atue

6 – Comentários Sobre a Lei 12.850/13

como se delegado de polícia fosse, o que, por óbvio, ofende o princípio da imparcialidade.

É preciso que o legislador se conscientize de que o magistrado não deve ser maculado por envolvimento na fase investigatória, especialmente com a prática de atos de *direção* da investigação. Entende-se que a comunicação feita ao juiz e ao Ministério Público se deve dar apenas e tão somente para o controle da legalidade da atuação e para a transparência da atividade policial. É claro que se o juiz verificar alguma ilegalidade poderá sustar a ação controlada e ainda proceder às responsabilizações criminais e administrativas cabíveis.

Igualmente, o Ministério Público poderá atuar em sua função de Fiscal da Lei e de controle externo da atividade policial, requerendo ao judiciário tudo aquilo que julgar necessário. Mas, daí a permitir um dirigismo judicial na atividade de investigação pré-processual, vai uma enorme e inconstitucional distância por violação do Sistema Acusatório que não admite a presença de um "Juiz-Investigador". Portanto, para salvar da inconstitucionalidade a alegação legal de que o juiz estabeleceria "limites" para a ação controlada, a única interpretação possível é que esses "limites" significariam o mero controle de legalidade da atuação policial, jamais seu direcionamento. Dessa forma pode-se afirmar que a lei em si não é inconstitucional, mas pode ser dependendo da interpretação que se empregue à sua dicção.

É preciso compreender que o papel do juiz na persecução penal é de coadjuvante, mas jamais de protagonista, sobretudo na investigação. Ao conferir ao magistrado o poder de direção dos procedimentos investigatórios o legislador fomenta a sua contaminação pelos elementos produzidos nesta fase e, consequentemente, compromete a sua imparcialidade, tão protegida pela própria Lei 12.850/13.

Não é outro o entendimento de Guilherme de Souza Nucci ao discorrer sobre os limites a serem impostos pelo magistrado:

> Não deve ser a regra, mas a exceção, pois não cabe ao juiz fixar os parâmetros da ação controlada, uma atividade típica de investigação. Quem mais pode saber até onde ir é o delegado e, também, o Ministério Público, porém não o Magistrado, que não deve buscar provas nessa fase investigatória.[312]

---

312 NUCCI, Guilherme de Souza. *Leis Penais e Processuais Penais Comentadas*. 9ª ed. vol. 2. Rio de Janeiro: Forense, 2016. p. 722.

368 Criminalidade Organizada & Globalização Desorganizada

Reitera-se que "ação controlada", enquanto ainda vigorava a Lei 9.034/95, não era também prevista em outra legislação que exigisse ordem judicial para sua adoção, de modo que ao regulá-la sem essa exigência o legislador dispensou tal ordem ("ação controlada, descontrolada"). Acontece que posteriormente o mesmo instituto é previsto na Lei de Drogas (Lei 11.343/06, artigo 53, II), onde se determina que haja necessidade de ordem judicial e inclusive prévia oitiva do Ministério Público.

Nesse contexto, três interpretações surgiram na época:

1ª) A Lei 11.343/06 (posterior) teria derrogado a Lei 9.034/95 (anterior),[313] passando a haver necessidade de ordem judicial para a ação controlada em qualquer caso, envolvendo drogas ou não;

2ª) Cada diploma legal teria sua aplicação separada, não havendo necessidade de ordem judicial prévia para a apuração de crime organizado, mediante ação controlada dos órgãos policiais, desde que não se versasse sobre tráfico de drogas, quando, devido à especialidade, a

---

313 Seria caso de revogação tácita em que a lei posterior é incompatível com a lei anterior, o que não parece razoável, já que cada diploma pode ter sua área de aplicação própria. Conforme lecionam Espínola e Espínola Filho, a revogação da lei anterior pela posterior somente se dá por incompatibilidade "absoluta", de modo que as duas normas não possam conviver harmonicamente no mesmo ordenamento jurídico. Sendo "duvidosa a incompatibilidade", impõe-se uma interpretação capaz de conjugar ambas as normas, fazendo "desaparecer a antinomia". Ademais, alertam os autores que, conforme escólio de Stolfi "nem sempre a lei especial derroga a geral, podendo perfeitamente acontecer que introduza, a lei especial, uma exceção ao princípio geral, que deve coexistir ao lado deste". Pode-se dizer que "a lei especial só revoga a geral, quando a ela se referir, ou ao seu assunto, e exclusivamente no ponto em que a altera ou a exclui explicitamente ou implicitamente, o que, aliás, é o caso mais frequente". ESPÍNOLA, Eduardo, ESPÍNOLA FILHO, Eduardo. *A Lei de Introdução ao Código Civil Brasileiro*. Volume 1. 3ª ed. Rio de Janeiro: Renovar, 1999, p. 63-70. Observe-se que atualmente a antiga "Lei de Introdução ao Código Civil" passou a denominar-se "Lei de Introdução às Normas do Direito Brasileiro", por força da Lei 12.376/10. Anote-se ainda que no caso enfocado a lei posterior, ainda que considerada especial não tocava no tema de revogação da Lei 9.034/95 e podia perfeitamente coexistir com esta, aplicando-se tão somente aos casos de tráfico de drogas, inclusive somente àqueles que não envolvessem organização criminosa. Não havia, em suma, incompatibilidade absoluta entre as normas em referência. É o mesmo que hoje ocorre entre as Leis 12.850/13 e 11.343/06, somente invertendo a ordem no sentido de que agora a Lei do Crime organizado é lei posterior à Lei de Drogas e não o inverso como ocorria antes.

6 – Comentários Sobre a Lei 12.850/13

ordem judicial e oitiva prévia do Ministério Público seriam impostas por lei.[314]

3ª) Nos casos de crime organizado (então Lei 9.034/95, ora revogada) não era necessária ordem judicial prévia, mesmo em se tratando de tráfico de drogas. Apenas seria necessária ordem judicial prévia para apurações referentes a tráfico de drogas que não envolvessem organização criminosa.

Hoje, com o vigor da Lei 12.850/13, que, como visto, somente prevê a necessidade de comunicação e não ordem judicial prévia, entende-se as hipóteses acima aventadas continuam sendo as mesmas passíveis de discussão, mudando somente o fato de que a Lei de Crime Organizado agora é que é posterior à Lei de Drogas e não o inverso como antes acontecia.

Seja como for, não parece correto dizer que a Lei 12.850/13 tenha derrogado a Lei 11.343/06 quanto à ação controlada. Dessa maneira, o terceiro posicionamento segue como o mais correto, mas não é compreensível a razão de tratamento tão desigual. Também não é inteligível a motivação do legislador em condicionar a ação controlada ou o flagrante diferido no caso de drogas à prévia ordem judicial e oitiva ministerial. Isso, de acordo com nossa experiência, torna essa atividade praticamente inviável.

Em primeiro lugar, arrasta o juiz para uma atuação tipicamente investigatória, o que não é recomendável no Sistema Acusatório, conforme já destacado. Além disso, a decisão sobre um retardamento na ação policial é tomada em campo, no momento de ação e deve ser imediata. Não se vislumbra possibilidade prática de que a autoridade policial possa representar formalmente e por escrito ao juiz, aguardando a manifestação ministerial e uma ordem posterior. A formalidade, nesse caso, imiscui-se onde não é chamada, onde é mesmo impraticável. Imagine-se que uma autoridade policial depare com um caminhão carregado de cocaína durante investigações e tenha condições de interceptá-lo de imediato, isso em torno das 3h da manhã. No entanto, sabe que tal caminhão se dirige a um depósito muito maior de drogas e onde estariam homiziados os principais agentes do grupo criminoso.

Deveria a autoridade se contentar em prender imediatamente o mero motorista? Ou então, teria que retornar à Delegacia de Polícia

---

314 SILVA, Eduardo Araújo da.Op. Cit., p. 94.

para elaborar uma representação e protocolar no Fórum, aguardando novas orientações do Judiciário e Ministério Público? Ora, é isso que a lei manda fazer! Sinceramente, trata-se de algo totalmente apartado da realidade, uma conformação legal produzida claramente por pessoas que não têm qualquer vivência do cotidiano criminal.[315]

A ação controlada deveria ser algo muito informal, como o é toda atividade investigatória pré-processual, sob pena de tornar-se impraticável. Deve caber a decisão sobre o protelar do flagrante ou a ação controlada, somente à autoridade policial, devendo tudo ser narrado com pormenores nos autos de investigação e posteriormente, sim, avaliada jurisdicionalmente a correção ou não desse procedimento, tal qual o faz a Lei 12.850/13, em relação ao Crime Organizado.

Mas, ao menos no caso das drogas, há exigência legal de ordem judicial prévia e de anterior manifestação do Ministério Público. Pensa-se que nesses casos a autoridade policial deve agir com base no Direito Material, ciente de que não prevarica nem descumpre deveres funcionais, de modo que sua atuação é lícita e, consequentemente, lícitas as provas obtidas, pois que a formalidade torna-se estéril e impraticável, razão pela qual inexigível. Além disso, envolvendo o caso organização criminosa, ainda que referente ao tráfico de drogas, pode-se aplicar os dispositivos especiais da Lei 12.850/13, que dispensam a ordem judicial prévia, conforme seu artigo 8º, § 1º.

Observa-se, por fim, que essa mesma polêmica envolve o estudo da ação controlada na Lei 9.613/98, que trata da Lavagem de Dinheiro, sendo que a questão merece uma nova interpretação à luz das mudanças provocadas pelo "Pacote Anticrime". Isto, pois, o artigo 4º-B, da Lei

---

315 Inobstante isso, a adoção da ordem judicial e oitiva prévia do Ministério Público têm sido aplaudidas como inovações corretas da Lei 11.343/06 em relação à antiga Lei 9.034/95. Ver por todos: GOMES, Luiz Flávio (coord.). *Nova Lei de Drogas comentada*. São Paulo: RT, 2006, p. 230.Entende-se que falta, nesse passo, uma maior reflexão prática sobre o tema. Além disso, há a menção à legislação estrangeira como um dos argumentos favoráveis à prévia ordem judicial ou mesmo ministerial, olvidando-se as diferenças enormes entre a organização judicial, ministerial e policial brasileira e a de outros países em que, por exemplo, Ministério Público e Polícia ou o Juízo de Instrução e a Polícia atuam praticamente em conjunto harmônico, constituindo quase que uma mesma instituição. Isso nada tem a ver com a realidade brasileira!

6 – Comentários Sobre a Lei 12.850/13

de Lavagem, estabelece que a ação controlada depende de autorização judicial, senão vejamos:

> *Art. 4º-B.* A ordem de prisão de pessoas ou as medidas assecuratórias de bens, direitos ou valores poderão ser suspensas pelo juiz, ouvido o Ministério Público, quando a sua execução imediata puder comprometer as investigações. (Incluído pela Lei nº 12.683, de 2012)

Ocorre que a Lei 13.964/19 acrescentou o § 6º, ao artigo 1º, da Lei de Lavagem de Capitais, destacando que na apuração dessa modalidade criminosa admite-se a ação controlada e a infiltração de agentes. Ora, mas por qual razão o legislador faria essa menção se o mencionado § 4º-B já previa a possibilidade de adoção da ação controlada? Ao que nos parece, a intenção do legislador foi consignar que no enfrentamento aos crimes de lavagem de dinheiro é possível a adoção das referidas técnicas regulamentadas pela Lei 12.850/13.

É cediço que o processo de lavagem de capitais é rotineiramente adotado por organizações criminosas, sendo igualmente sabido que a identificação de bens, direitos ou valores provenientes de atividades ilícitas é essencial para sufocar financeiramente esse tipo de estrutura voltada ao crime. Com efeito, considerando que os crimes de lavagem e organização criminosa estão umbilicalmente ligados, o legislador fez questão de destacar no "Pacote Anticrime" a possibilidade de adoção das referidas técnicas de investigação.

Note-se que ao se referir à "infiltração de agentes" o legislador, ainda que implicitamente, determina que sejam observadas as regras da Lei 12.850/13, não nos parecendo correto dar interpretação diversa quando se tratar da "ação controlada". Destarte, entendemos que, doravante, a adoção desses meios de obtenção de prova no crime de Lavagem de Dinheiro deve seguir os ditames da Lei de Organizações Criminosas.

Em reforço a essas conclusões e cientes da informalidade que deve pautar determinadas técnicas de investigação criminal, destacamos a nova figura do "agente policial disfarçado", inserida expressamente no ordenamento jurídico pelo "Pacote Anticrime" e que, nos moldes da ação controlada, dispensa autorização judicial, ficando sua adoção sob a responsabilidade dos agentes policiais.

6.12.2. Procedimento

> *Art. 8º, § 2º A comunicação será sigilosamente distribuída de forma a não conter informações que possam indicar a operação a ser efetuada.*
>
> *§ 3º Até o encerramento da diligência, o acesso aos autos será restrito ao juiz, ao Ministério Público e ao delegado de polícia, como forma de garantir o êxito das investigações.*
>
> *§ 4º Ao término da diligência, elaborar-se-á auto circunstanciado acerca da ação controlada.*

No intuito de assegurar a eficácia das diligências investigatórias, o § 2º, do artigo 8º, da LOC, estabelece que a comunicação a ser feita para o judiciário e deste para o Ministério Público deve processar-se sigilosamente.

Também prevê a Lei 12.850/13, o sigilo absoluto (interno e externo) da ação controlada "até o encerramento da diligência", período em que somente terão acesso aos autos o juiz, o Ministério Público e o delegado de polícia (artigo 8º, § 3º). Conclui-se que, encerradas as diligências, volta a vigorar o Princípio da Publicidade com toda sua pujança. Também aqui não há violação a esse princípio naquele primeiro momento de sigilo absoluto devido à existência de motivações para sua relativização momentânea. Em geral também não haverá razão para a manutenção do sigilo externo como ocorre no caso de colaboração premiada, a não ser em situações excepcionais que envolvam, por exemplo, interceptações telefônicas, sigilos bancário e fiscal etc. Com o encerramento da diligência, deverá ser elaborado um "auto circunstanciado" pelo delegado de polícia, descrevendo toda a atuação (artigo 8º, § 4º). A esse "auto circunstanciado" e demais provas já produzidas terá direito de acesso irrestrito o defensor nos termos da Súmula Vinculante 14, artigo 5º, LIV, LV e LXIII, CR e artigo 7º, incisos XIII e XIV, da Lei 8.906/94 (Estatuto da OAB).[316]

---

316 Diga-se de passagem, que é assustador e entristecedor o fato de que tenha sido necessária a edição de uma Súmula Vinculante para reconhecer um direito notório dos advogados, assegurado pela Constituição Federal e pelo Estatuto respectivo.

6 – Comentários Sobre a Lei 12.850/13

6.12.3. Ação Controlada Transnacional

> *Art. 9º Se a ação controlada envolver transposição de fronteiras, o retardamento da intervenção policial ou administrativa somente poderá ocorrer com a cooperação das autoridades dos países que figurem como provável itinerário ou destino do investigado, de modo a reduzir os riscos de fuga e extravio do produto, objeto, instrumento ou proveito do crime.*

Por fim, o artigo 9º, da Lei 12.850/13, trata de ações transnacionais e internacionais quando a ação controlada envolver passagem de fronteiras. Nesses casos o retardamento da intervenção policial ou administrativa somente poderá ocorrer com a cooperação das autoridades dos países que figurem como provável rota do investigado. Com isso se pretende reduzir os riscos de fuga e extravio de eventuais produtos, objetos, instrumentos ou proveitos do crime.

É mister lembrar nesse ponto que também a Lei de Lavagem de Dinheiro (Lei 9.613/98), prevê uma espécie de "ação controlada" no seu artigo 4º-B, que assim dispõe: "A ordem de prisão de pessoas ou as medidas assecuratórias de bens, direitos ou valores, poderão ser suspensas pelo juiz, ouvido o Ministério Público, quando a sua execução imediata puder comprometer as investigações".

Certamente, como vislumbra MENDONÇA[317], esse dispositivo pode abranger mais uma modalidade de "flagrante retardado". No entanto, é preciso notar que o instituto ali desenvolvido é muito mais abrangente, referindo-se também a prisões por ordem judicial (v.g. temporárias ou preventivas) e a outras cautelares reais, tais como apreensões e sequestros de bens, direitos e valores. Por isso a deliberação neste texto de tratamento apartado dessa espécie de "ação controlada".

A Lei 9.613/98 também prevê necessidade de prévia ordem judicial e oitiva do Ministério Público para a realização dessas espécies de ações controladas. Não se discute a oportunidade e conveniência da ordem judicial como pré-requisito nos casos de prisões derivadas de mandados de prisão judiciais, bem como ordens judiciais de apreensão ou sequestro. Ora, sem uma prévia determinação judicial não caberia a qualquer autoridade postergar, seja por que motivo for, uma determinação oriunda do Judiciário.

---

317 MENDONÇA, Andrey Borges de. Op. Cit., p. 168.

Por isso imprescindível realmente a ordem prévia para tanto. No que tange à Prisão em Flagrante, que parece de menor incidência nos casos de Lavagem de Dinheiro, valem os comentários anteriormente despendidos, com fulcro na Lei de combate ao Crime Organizado e no Direito Material, a afastarem, em certos casos a necessidade de ordem judicial prévia. Também releva destacar que essa ação controlada prevista na Lei 9.613/98 é passível de utilização em quaisquer casos de lavagem de dinheiro e não somente naqueles que envolvam organizações criminosas, pois que se trata de uma estratégia por demais útil nessa espécie de investigação, permitindo uma atuação mais adequada e no momento mais propício. Conforme bem destacam Márcia Bonfim e Edílson Bonfim em obra especializada:

> A detenção de um "operário" ou "avião" de uma organização criminosa, por exemplo, pode causar mais prejuízos do que benefícios à investigação. Melhor retardar a diligência e agir em momento mais oportuno, depois de identificar os demais envolvidos ou após apurar a origem delitiva de outros bens ou valores.[318]

Percebe-se que a ação controlada é um instrumento altamente útil na investigação referente à denominada "macrocriminalidade", embora seu tratamento legal deixe um pouco a desejar, sendo necessário seu complemento por aplicação cuidadosa da razoabilidade e do bom senso, para além dos regramentos formais (processuais) da matéria. É preciso atentar para a instrumentalidade das formas e, especialmente, para o Direito Material envolvido, que afasta infrações administrativas e/ou penais quando a autoridade policial atua com o fito de buscar a melhor apuração possível dos fatos, agindo de forma inteligente e emprestando o maior grau de proteção possível aos bens jurídicos em jogo, bem como dando o máximo de eficácia às normas legais envolvidas.

A personagem Sabina criada por Kundera em seu romance é uma pintora que produz quadros onde predomina em um plano frontal um estilo realista, mas deixando sempre ao fundo alguma imagem misteriosa ou abstrata. Nas palavras da personagem: "Na frente estava a mentira inteligível, e atrás a incompreensível verdade".[319]

---

318 BONFIM, Márcia Monassi Mougenot, BONFIM, Edílson Mougenot. *Lavagem de Dinheiro*. 2ª ed. São Paulo: Malheiros, 2008, p. 78.
319 KUNDERA, Milan. *A insustentável leveza do ser*. Trad. Teresa Bulhões Carvalho da Fonseca. São Paulo: Companhia das Letras, 2008, p. 65.

6 – Comentários Sobre a Lei 12.850/13

Por vezes também o legislador age como Sabina: apresenta-nos a lei concreta, palpável, ideal e clara, coloca-a à nossa frente, deixando bem ao fundo em pinceladas tênues, quase imperceptíveis, a realidade do mundo da vida, a qual precisamos perscrutar com sensibilidade para além da mera exegese confortável e fácil, desvelando uma verdade que nesse nível primário (pura exegese) seria inalcançável, incompreensível mesmo. Mas, sem acesso à qual jamais se poderia distinguir entre normatividade e factibilidade.

6.13. INFILTRAÇÃO DE AGENTES

Historicamente, é difícil estabelecer a origem exata da infiltração de agentes como instrumento de investigação criminal, mas pode-se dizer que esse procedimento ganhou contornos mais técnicos na França, com a criação de uma unidade policial que atuava à paisana, chamada de *Braigada de la Sûreté*.[320]

No Brasil esse instituto surgiu por meio da Lei 10.217/2001, que alterou a Lei 9.034/95, primeiro diploma normativo a tratar das organizações criminosas. Contudo, muito embora houvesse menção à infiltração de agentes, o legislador não regulamentou o procedimento, razão pela qual, a técnica era muito pouco utilizada.

Atualmente esse modelo investigativo encontra previsão legal na Lei de Drogas e na Lei 12.850/13, que trata das Organizações Criminosas, objeto deste estudo. Foi esta lei que efetivamente estabeleceu, ainda que de maneira tímida, o procedimento para a concretização desse importante meio de obtenção de prova, criando, assim, uma espécie de regra geral sobre o instituto, o que, vale dizer, vai ao encontro da previsão constante na Convenção das Nações Unidas Contra o Crime Organizado Transnacional, mais conhecida como *Convenção de Palermo*, que no seu artigo 20, 1, fomenta a regulamentação das denominadas *Técnicas Especiais de Investigação*, senão vejamos:

> Técnicas especiais de investigação
>
> 1. Se os princípios fundamentais do seu ordenamento jurídico nacional o permitirem, cada Estado-Parte, tendo em conta as suas possibilidades, e em conformidade com as condições prescritas no

---

320 GOMES, Luiz Flávio; SILVA, Marcelo Rodrigues. *Organizações criminosas e técnicas especiais de investigação: questões controvertidas, aspectos teóricos e práticos e análise da Lei 12.850/2013*. Salvador: Juspodivm, 2015. p. 389.

seu direito interno, adotará as medidas necessárias para permitir o recurso apropriado a entregas vigiadas e, quando considere adequado, o recurso a outras técnicas especiais de investigação, como vigilância eletrônica ou outras formas de vigilância e as operações infiltradas por parte de autoridades competentes no seu território, a fim de combater eficazmente a criminalidade organizada.[321]

Mais recentemente, por meio da Lei 13.441/2017, que alterou o Estatuto da Criança e do Adolescente (Lei 8.069/90), houve novo avanço legislativo com a criação da figura do *agente infiltrado* na *internet* para a investigação de crimes contra a liberdade ou dignidade sexual de criança ou adolescentes. Trata-se, portanto, de uma infiltração *virtual* ou *cibernética*, que possui significativas distinções em relação ao procedimento de infiltração comum, especialmente no que se refere à integridade do agente infiltrado, conforme analisaremos adiante.

Destaque-se, todavia, que sob a influência da Lei 13.441/17, que criou expressamente a figura do *agente infiltrado virtual* no enfrentamento aos crimes praticados em prejuízo de menores de idade, o "Pacote Anticrime" também promoveu mudanças diretas na Lei 12.850/13, com a previsão desta mesma modalidade de infiltração no combate às organizações criminosas. Muito embora já houvesse a compreensão de que esta técnica de investigação não se limitava aos crimes do ECA, o legislador andou bem ao positivar essa possibilidade do diploma normativo em estudo neste capítulo.

6.13.1. Conceito

Tendo em vista que nosso ordenamento jurídico não conceitua a infiltração de agentes, esta tarefa coube à doutrina especializada. De acordo com MASSON e MARÇAL,

> A infiltração de agentes consiste em um meio especial de obtenção de prova – verdadeira técnica de investigação criminal –, por meio do qual um (ou mais) agente de polícia, judicialmente autorizado, ingressa, ainda que virtualmente, em determinada organização criminosa, forjando a condição de integrante, com o escopo de alcançar informações a respeito de seu funcionamento e de seus membros.[322]

---

321 Decreto nº5015/2004
322 MASSON, Cleber; MARÇAL, Vinicius. *Crime Organizado*. 3. ed. Rio de Janeiro;

6 – Comentários Sobre a Lei 12.850/13

SAMPAIO, por sua vez, conceituou a infiltração policial como:

> (...) um método de investigação criminal em que um agente público, devidamente autorizado e preparado pelo órgão estatal investigante, simula (sem dolo, portanto), o seu envolvimento em uma organização criminosa e até mesmo sua participação em crimes por ela praticados, com o fim único de permitir a busca de provas (tarefas de investigação) que possibilitem o Estado interromper e punir a atividade criminosa através de uma processo penal de natureza condenatória.[323]

Na nossa visão, o procedimento pode ser definido como uma técnica especial, excepcional e subsidiária de investigação criminal, dependente de prévia autorização judicial, sendo marcada pela dissimulação e sigilosidade, onde o agente de polícia judiciária consegue se inserir no bojo de uma organização criminosa com objetivo de desarticular sua estrutura, prevenindo a prática de novas infrações penais e viabilizando a identificação de fontes de provas suficientes para justificar o início do processo penal.

Percebe-se, pois, a existência de três características essenciais ao instituto: a) *dissimulação*, o agente policial deve ocultar sua condição e, naturalmente, os seus propósitos investigativos ao integrar a organização criminosa; b) *sigilosidade*, o procedimento deve desenvolver-se em sigilo absoluto desde a sua provocação, visando, justamente, assegurar a efetividade da investigação e a integridade do agente infiltrado; c-) *imersão*, o policial deverá manter contato direto e duradouro com os criminosos (ainda que de forma virtual), abrindo mão de sua rotina, de seus princípios e ideologias, tudo com a finalidade de conquistar a confiança do grupo, podendo, inclusive, praticar ilícitos penais que guardem proporção à finalidade da diligência.

Sobre o tema, são precisas as lições de NUCCI ao afirmar que a infiltração de agentes

> representa uma penetração, em algum lugar ou coisa, de maneira lenta, pouco a pouco, correndo pelos seus meandros. Tal como a infiltração de água, que segue seu caminho pelas pequenas racha-

---

São Paulo: Método, 2017. p. 299.

323 SAMPAIO, Alexandre Buck Medrado, *apud* SOUZA, Marllon. *Crime Organizado e Infiltração Policial*. São Paulo: Atlas, 2015. p. 36.

duras de uma laje ou parede, sem ser percebida, o objetivo deste meio de captação de prova tem idêntico perfil.[324]

Note-se que no contexto apresentado a infiltração de agentes denota certa passividade do Estado, que deixa de agir diante da constatação de crimes graves, mas sob a justificativa de alcançar um interesse maior (desarticulação da organização criminosa), o que está absolutamente de acordo com o postulado da proporcionalidade, assegurando-se, assim, a eficiência da investigação criminal, nos moldes da *ação controlada*.[325]

Feitas essas observações, não se pode olvidar as críticas que recaem sobre o instituto da infiltração de agentes, especialmente pelo risco que o procedimento acarreta para o agente policial, seja no que se refere à sua integridade física ou no aspecto moral. Com relação ao primeiro ponto, são evidentes os riscos a que são expostos os agentes infiltrados, pois, uma vez revelada a sua identidade, a consequência pode ser mortal.[326]

Há também, e isso é de alta relevância, o risco de contaminação psíquica, de criação de desequilíbrio emocional e moral, até mesmo com o surgimento de uma crise de identidade pessoal do policial infiltrado.

Esse perigoso fenômeno de contaminação moral, psíquica e emocional do investigador infiltrado não é uma elucubração destes autores, mas, sim, algo constatado por especialistas em diversas situações. BERNARDIN descreve a chamada "dissonância cognitiva", consistente em "uma contradição entre dois elementos do psiquismo do indivíduo".[327] Ressalta o autor sob comento que se uma pessoa é levada

> a cometer publicamente (...) ou frequentemente (...) um ato em contradição com seus valores, sua tendência será a de modificar esses valores, para diminuir a tensão que lhe oprime. Em outros termos, se um indivíduo foi aliciado a um certo tipo de comportamento, é muito provável que ele venha a racionalizá-lo.[328]

---

324 NUCCI, Guilherme de Souza. *Leis Penais e Processuais Comentadas*. 9. ed. Vol. 2, Rio de Janeiro: Forense, 2016. p. 724.

325 Neste meio de obtenção de prova a autoridade policial pode deixar de agir diante do que se acredita ser uma conduta criminosa, postergando sua intervenção para um momento mais oportuno do ponto de vista probatório.

326 Em se tratando de infiltração virtual de agentes, os riscos a integridade física dos policiais são bem menores em virtude das características da diligência.

327 BERNARDIN, Pascal. *Maquiavel Pedagogo*. Trad. Alexandre Müller Ribeiro. São Paulo: Cedet, 2013, p. 23.

328 Op. Cit., p. 24.

6 – Comentários Sobre a Lei 12.850/13

Em sentido semelhante são as ponderações de Juarez Cirino dos Santos:

> a figura do agente infiltrado em quadrilhas ou organizações e/ou associações criminosas, como procedimento de investigação e de formação de provas, com a inevitável participação do representante do poder em ações criminosas comuns, infringe o princípio ético que proíbe o uso de meios imorais pelo Estado para reduzir a impunidade.[329]

Não obstante todas essas observações e o brilhantismo dos seus autores, não se pode simplesmente abrir mão desta técnica investigativa sob pretextos éticos e morais, sobretudo diante da crescente evolução do crime organizado em nosso país e no mundo. É inegável que a infiltração policial acarreta inúmeras consequências para o agente infiltrado, razão pela qual a Lei exige que esse procedimento seja adotado de modo subsidiário (art. 10, § 2º), apenas quando as provas não puderem ser obtidas por outros meios, dependendo, ainda, da concordância do policial (art. 14, inciso I).

Demais disso, é contraditório afirmar a imoralidade de uma técnica investigativa quando ela encontra previsão legal, sendo, inclusive, fruto de um compromisso firmado pelo Brasil no âmbito internacional visando o enfrentamento da criminalidade organizada. Ora, se um instituto conta com o respaldo da lei que, por sua vez, representa a vontade geral de um povo, como sustentar a sua imoralidade ou – o que é pior! – a violação do Estado Democrático de Direito?! Em consonância com esse entendimento se manifesta SOUZA sobre a infiltração de agentes:

> (...) não se identifica qualquer imoralidade no ato de investigação, desde que pautado pelo respeito estrito às normas que o regulamentam, sem o cometimento de qualquer excesso, cujos abusos devem ser apurados e punidos pelas autoridades competentes, bem como as provas excluídas do processo somente após passar pelo crivo do poder judiciário.[330]

---

329 SANTOS, Juarez Cirino dos. *Crime Organizado*. Revista Brasileira de Ciências Criminais, Rio de Janeiro: RT, n. 42, p. 224, jan.-mar. 2003.
330 SOUZA, Marllon. op. cit., p. 80.

380   *Criminalidade Organizada & Globalização Desorganizada*

Assim, parece-nos que se houver investimento constante na formação e capacitação dos agentes infiltrados, os riscos desse procedimento serão sensivelmente mitigados, surgindo, consequentemente, um meio de obtenção de prova essencial no combate ao crime organizado. Não é outro o escólio de Flávio Cardoso Pereira:

> o crescimento e desenvolvimento de novas formas graves de criminalidade tem colocado o Processo Penal em situação de alarma, uma vez que a persecução penal realizada nos moldes tradicionais, com métodos de investigação já amplamente conhecidos, vem se demonstrando insuficiente no tocante ao combate à delinquência moderna. Impõe-se então o estabelecimento de regras processuais compatíveis com a modernização do crime organizado, porém, sempre respeitando dentro do possível os direitos e garantias fundamentais dos investigados ou acusados.[331]

6.13.2. Da legitimidade para provocar a infiltração de agentes

> *Art. 10. A infiltração de agentes de polícia em tarefas de investigação, representada pelo delegado de polícia ou requerida pelo Ministério Público, após manifestação técnica do delegado de polícia quando solicitada no curso de inquérito policial, será precedida de circunstanciada, motivada e sigilosa autorização judicial, que estabelecerá seus limites.*
>
> *§ 1º Na hipótese de representação do delegado de polícia, o juiz competente, antes de decidir, ouvirá o Ministério Público.*

Em consonância com o dispositivo em destaque, percebe-se que são dois os legitimados para provocar o procedimento de infiltração de agentes: a-) delegado de polícia (apenas na fase de investigação); b-) Ministério Público (na fase de investigação ou, excepcionalmente, durante o processo[332]).

---

331 PEREIRA, Flávio Cardoso. *Agente encubierto como médio de investigación – perspectivas desde el garantismo procesal penal.* Bogotá: Grupo Editorial Ibanez, 2013 (tradução livre). p. 619.

332 Muito embora a possibilidade de adoção deste procedimento durante o processo não seja pacífica na doutrina, entendemos que, excepcionalmente, a infiltração poderá ser empregada nessa fase, ocasião em que também exigirá a manifestação técnica do delegado de polícia. Como argumento favorável a este posicionamento, lembramos que o artigo 53, da Lei de Drogas, autoriza esse instituto em "qualquer fazer da persecução criminal". Em sentido semelhante: NUCCI, Guilherme

6 – Comentários Sobre a Lei 12.850/13

Com relação à legitimidade do delegado de polícia para provocar a infiltração de agentes, considerando que a Constituição da República conferiu às Polícias Judiciárias a atribuição de investigação criminal, era natural que o legislador ordinário elevasse a autoridade policial à condição de protagonista nesta fase pré-processual, fornecendo-lhe os meios para o exercício de tão importante missão.

Contudo, em se tratando de uma medida sujeita a cláusula de reserva de jurisdição, a infiltração de agentes não pode ser adotada diretamente pelas Polícias Judiciárias, cabendo ao delegado de polícia representar pela sua adoção.

Aliás, visando dar mais força ao procedimento investigativo, é recomendável que ao representar pela infiltração, o delegado de polícia também represente para que o magistrado autorize ao agente *undercover* que proceda a apreensão de documentos de qualquer natureza, realize filmagens ou escutas ambientais, afinal, o dinamismo desta técnica investigativa exige a adoção de tais medidas acautelatórias.

Não é outro o entendimento de Renato Brasileiro:

> Fosse o agente infiltrado obrigado a buscar autorização judicial para cada situação vivenciada durante a execução da operação, haveria evidente prejuízo à eficácia desse procedimento investigatório, além de colocar em risco a própria segurança do policial. Daí a importância de o magistrado, ao conceder a autorização judicial para a infiltração, pronunciar-se, desde já, quanto à execução de outros procedimentos investigatórios. De mais a mais, também deve constar determinação expressa no sentido de que haja uma equipe de policiais que prestem apoio constante ao agente infiltrado, viabilizando eventual proteção caso sua verdadeira identidade seja revelada.[333]

No intuito de destacar a imparcialidade da autoridade policial, chamamos a atenção do leitor para o termo utilizado pelo legislador ao fazer menção às manifestações do delegado de polícia. Diferentemente do Ministério Público, por exemplo, que "requer" determinadas medidas ao juiz, a autoridade policial "representa" pela sua decretação, sendo que isso não ocorre por acaso, mas em virtude de o delegado de polícia não ser parte interessada no processo penal.

---

de Souza. op. cit., p. 724.

333 LIMA, Renato Brasileiro de. *Legislação Criminal Especial Comentada*. 4ª ed. Salvador: Juspodivm, 2016. p. 570.

O *requerimento* ofertado pelas partes, nesse contexto, tem o sentido de pedido, de solicitação. Assim, nos casos em que houver indeferimento pelo juiz, o interessado poderá interpor o recuso adequado nos termos da lei. A *representação*, por outro lado, não se caracteriza como um pedido, pois, conforme destacado, só quem pede são as partes do processo. A *representação*, destarte, funciona como uma recomendação, uma sugestão ou uma advertência ao Poder Judiciário. Ao representar, o delegado de polícia *apresenta*, *expõe* ao juiz os fatos e fundamentos que demonstram e justificam a necessidade da decretação de uma medida cautelar ou a adoção de outra medida de polícia judiciária indispensável à solução do caso investigado.

Em outras palavras, a representação caracteriza-se como um meio de provocação do juiz, tirando-o da sua inércia e obrigando-o a se manifestar sobre alguma questão sujeita à reserva de jurisdição. Desse modo, levando-se em consideração que o Poder Judiciário não pode agir de ofício, a representação serve de instrumento à preservação do próprio sistema acusatório. Trata-se, portanto, de um ato jurídico-administrativo de atribuição exclusiva do delegado de polícia e que pode ser traduzido como verdadeira *capacidade postulatória imprópria*.[334]

Por óbvio, diante da representação do delegado de polícia para a adoção da infiltração de agentes, é necessária a manifestação do Ministério Público na condição de fiscal da lei e titular da ação penal pública. Consigne-se, todavia, que cabe ao representante do Parquet emitir um parecer sobre o caso, cujo conteúdo é meramente opinativo, sem aptidão de vincular a decisão judicial.

Em sentido contrário, defendendo que a medida não pode ser decretada sem a concordância do Ministério Público, se posicionam MASSON e MARÇAL, senão vejamos:

> (...) caso o Parquet deixe de requerer a infiltração, tal como representada pela autoridade policial, a medida não poderá ser deferida pelo magistrado, porque, na hipótese, não existindo pedido do titular da ação penal (cautelar, inclusive), estaria o juiz autorizando *ex officio* a providência. Ora, se o órgão acusatório, que possui o ônus da prova, é contrário à diligência, não tem sentido

---

334 Para um estudo mais detalhado sobre o tema, sugerimos: SANNINI NETO, Francisco; CABETTE, Eduardo Luiz Santos. *Estatuto do Delegado de Polícia Comentado ⊠ Lei nº 12.830, de 20 de junho de 2013*. Rio de Janeiro: Processo, 2017. p. 51.

6 – Comentários Sobre a Lei 12.850/13

o magistrado deferi-la. Além disso, não concebemos uma infiltração de agentes sem o acompanhamento e controle permanente do Ministério Público.[335]

Com todo respeito aos ilustres doutrinadores, mas os argumentos acima expostos partem de premissas equivocadas com o objetivo de subsidiar argumentos que, logicamente, também apresentam vícios inegáveis.

Primeiramente, devemos salientar que a investigação criminal não é direcionada ao titular da ação penal. Na verdade, o inquérito policial se caracteriza como um instrumento democrático e imparcial, cujo único desiderato é reunir provas e elementos de informação quanto à autoria e materialidade delituosa, justificando, se for o caso, a propositura da ação. Em outras palavras, o inquérito policial não serve nem a acusação e nem a defesa, sendo compromissado apenas com a verdade e com a justiça.

Muito embora o inquérito policial, na maioria das situações, sirva para reunir elementos contra o sujeito passivo da investigação, em outros casos sua função é exatamente contrária, ou seja, a de fornecer fontes de prova ao próprio investigado, impossibilitando, assim, que ele seja processado. É nesse sentido que o inquérito policial acaba atuando como uma espécie de filtro, impedindo que acusações infundadas desemboquem em um processo.

Aliás, justamente por ser um instrumento imparcial e autônomo, o inquérito policial é de atribuição de uma instituição sem qualquer vínculo com o processo posterior, o que garante a independência e a legitimidade das investigações. Afinal, como poderia o Ministério Público, como parte da relação processual, conduzir a investigação com a devida isenção se ele já tem em mente uma futura batalha a ser travada durante o processo?!

Desse modo, salta aos olhos que a titularidade da ação penal não apresenta qualquer relação com a titularidade da investigação criminal. Assim, as investigações conduzidas pelo delegado de polícia devem se desenvolver de maneira independente e desvinculadas das opiniões acerca dos fatos do titular da ação posterior. Não podemos perder de vista que a persecução penal se materializa em duas fases distintas, ain-

---

335 MASSON, Cleber; MARÇAL, Vinícius. op. cit., p. 306-307.

384 *Criminalidade Organizada & Globalização Desorganizada*

da que complementares, sendo que em cada uma delas nós temos um titular diferente, com convicções jurídicas e percepções possivelmente distintas sobre os mesmos fatos. Deve-se preservar, pois, a independência entre as instâncias, o que apenas fortalece e qualifica a decisão final, garantindo-se, ainda, a plena observância do sistema acusatório.

Ora, o delegado de polícia, como presidente do inquérito policial, é a autoridade mais indicada para saber quais as necessidades da investigação em desenvolvimento, sendo que a utilização da infiltração de agentes constitui um dos possíveis caminhos a serem trilhados em busca da verdade dos fatos. Nesse contexto, se a adoção dessa medida ficasse condicionada ao parecer do Ministério Público, isso significaria que a própria investigação ficaria vinculada a este órgão e sob o seu controle, o que, convenhamos, seria um absurdo, especialmente após o advento da Lei 12.830/2013, que dispõe sobre a investigação criminal conduzida pelo delegado e polícia. Consigne-se, ainda, que, para formar seu convencimento jurídico acerca dos fatos, a autoridade policial precisa das ferramentas necessárias para a investigação. Desse modo, se condicionarmos a sua representação ao parecer favorável do titular da ação penal, nós estaríamos, por via oblíqua, o impedindo de encontrar os fundamentos indispensáveis para a formação da sua decisão final, alijando por completo a própria investigação.

Em sentido semelhante é o escólio de Marcos Paulo Dutra Santos, ao tratar da representação pela decretação da prisão temporária, cujo conteúdo deve ser repetido na íntegra:

> Inexiste inconstitucionalidade no atuar da autoridade policial, mesmo porque o art. 129, I, da Constituição da República tornou privativo do Ministério Público o exercício da ação penal pública, e não a postulação de medidas cautelares. Tampouco resta vulnerado o sistema acusatório, cujo berço constitucional também corresponde ao art. 129, I, da Carta de 1988, porquanto a autoridade policial se alinha ao *Parquet* enquanto órgãos de repressão estatal, logo a representação pela prisão temporária não discrepa do poder de polícia judiciária que lhe foi confiado no art. 144 da CRFB/88. Com efeito, as medidas cautelares são, em regra, postuladas por quem possui legitimidade *ad causam*. Mas isto não significa que o legislador, do alto de sua soberania, não possa eventualmente conceder tal legitimidade a quem não seja parte no processo. Não haverá ofensa a qualquer preceito constitucional

6 – Comentários Sobre a Lei 12.850/13

caso assim o faça, mesmo porque seria uma *legitimatio propter officium*, isto é, uma legitimação decorrente do ofício desempenhado por tal agente. E assim o é no tocante à Autoridade Policial e à sua legitimidade para representar pela prisão temporária.[336]

Reforçando os argumentos de SANTOS, entendemos que a *teoria dos poderes implícitos*, sempre invocada pelo Ministério Público para sustentar a sua legitimidade em realizar atos de investigação criminal, serve para demonstrar a desvinculação entre a representação do delegado de polícia e o parecer do *dominus litis*. Ora, se a titularidade da investigação criminal foi conferida às Polícias Judiciárias, tendo em vista que a adoção de medidas cautelares constitui ferramenta indispensável ao correto desenvolvimento desse mister, condicioná-las ao parecer favorável do Ministério Púbico seria a mesma coisa que retirar as ferramentas imprescindíveis à investigação, fazendo com que a própria existência de uma polícia investigativa perca o seu sentido. Em outras palavras, se o legislador constituinte incumbiu às polícias civil e federal o protagonismo na investigação de infrações penais (atividade-fim), implicitamente ele também lhes conferiu os meios para o desempenho de tão importante missão (representação para a decretação do procedimento de infiltração de agentes).

Por fim, não prospera o argumento de que seria inconcebível uma infiltração de agentes sem o acompanhamento e controle do Ministério Público, como afirmam MASSON e MARÇAL. É claro que uma vez deferida a medida pelo juízo competente, nada impede, pelo contrário, como fiscal da lei, é dever do Parquet fiscalizar toda diligência, sendo certo que a própria lei estabelece que o Ministério Público poderá requisitar, a qualquer tempo, relatórios das atividades desenvolvidas (art. 10, § 5º).

Superada essa questão, conforme já salientado, a lei também conferiu ao Ministério Público a legitimidade para provocar a infiltração de agentes. Nesse caso, contudo, a Lei 12.850/13 criou uma situação excepcional dentro do nosso ordenamento jurídico, exigindo a *manifestação técnica* do delegado de polícia antes da decisão judicial. Assim como ocorre nas representações policiais em relação ao Ministério Público, a autoridade de polícia judiciária deverá exarar um parecer sobre o re-

---

336 DUTRA SANTOS, Marcos Paulo. *O Novo Processo Penal Cautelar*. Salvador: Juspodivm, 2011. p. 90.

querimento formulado, ou seja, emitir uma opinião sobre a viabilidade da medida.

Nesse ponto valem as lições de ROQUE, TÁVORA e ALENCAR, ao comentarem o dispositivo em questão:

> (...) andou muito bem o legislador em estabelecer tal requisito, pois, estando o delegado na condução do inquérito e à frente da investigação, tem maiores condições de aquilatar a viabilidade de uma medida desta natureza. Com efeito, de nada adiantaria as boas intenções ministeriais no sentido da autorização judicial se o delegado demonstra, por exemplo, que a possibilidade de o agente vir a ser descoberto é muito grande.[337]

Destaque-se, ainda, que o delegado de polícia, como chefe de Polícia Judiciária, é a autoridade com aptidão para verificar as condições técnicas e estruturais para a realização deste meio investigativo. Isto, pois, a *infiltração de agentes* exige uma preparação adequada por parte do agente infiltrado, especialmente na *infiltração virtual*, onde o domínio da ciência da computação, o conhecimento de *softwares* e outras técnicas são essenciais para o sucesso da investigação. Desse modo, se não houver agentes de polícia judiciária aptos para a tarefa, o procedimento não deve se desenvolver, sob pena de se comprometer a produção de informações visando o correto exercício do direito de punir pertencente ao Estado.[338]

Sobre a possibilidade de o magistrado determinar a infiltração de agentes de ofício, a Lei não fez qualquer menção, afinal, aos poucos o legislador vem aprendendo a respeitar o sistema acusatório e o princípio da inércia do juiz. Com efeito, ao menos na fase de investigação, é vedada a adoção desse meio de obtenção de prova *ex officio*, respeitando-se, assim, o artigo 282, § 2º, do CPP.

Questiona-se, por fim, se o investigado poderia provocar a realização da infiltração de agentes. Suponhamos que determinado integrante de uma organização criminosa, após efetivar acordo de colaboração premiada, requeira ao Poder Judiciário a infiltração policial no intuito

---

337 ROQUE, Fábio; TÁVORA, Nestor; ALENCAR, Rosmar Rodrigues. *Legislação Criminal para concursos*. Salvador: Juspodivm, 2016. p. 626.

338 Lembramos, ainda, que a infiltração de agentes depende da concordância do policial, o que apenas reforça a necessidade de consulta ao delegado de polícia.

6 – Comentários Sobre a Lei 12.850/13

de reforçar as informações por ele prestadas e demonstrar, por exemplo, que o seu envolvimento na estrutura criminosa é superficial.[339] Poderia o investigado requerer a medida?

Tendo em vista os princípios da ampla defesa e da presunção de inocência, poderia se argumentar pela viabilidade de tal requerimento. Contudo, diante do silêncio da Lei e considerando os riscos inerentes ao procedimento, entendemos não ser possível o pedido. Nada impede, porém, que o investigado sugira a adoção da diligência ao Ministério Público ou ao delegado de polícia.

6.13.3. Do agente infiltrado

Por se tratar de um meio de obtenção de prova, vale dizer, uma técnica especial de investigação criminal, parece-nos óbvio que só podem atuar como agente infiltrado os integrantes das Polícias Judiciárias (Polícia Civil ou Federal).

Como primeiro argumento, destacamos que o procedimento em análise encontra-se na Lei 12.850/13, sob o título "Da investigação e dos meios de obtenção de provas". Ora, fica evidente nesse contexto que a infiltração de agentes possui natureza jurídica de instrumento de investigação criminal.

Reforçando esse entendimento, o artigo 10, *caput*, dispõe o seguinte: "A infiltração de agentes de polícia em **tarefas de investigação**, representada pelo delegado de polícia ou requerida pelo Ministério Público, após manifestação técnica do delegado de polícia quando solicitada **no curso de inquérito policial**, será precedida de circunstanciada, motivada e sigilosa autorização judicial, que estabelecerá seus limites". (grifamos).

Conforme se depreende do dispositivo, o legislador deixa claro que a infiltração de agentes deve ser utilizada em "tarefas de investigação", fazendo menção a necessidade de representação do delegado de polícia ou a sua manifestação (parecer) no caso de a medida ser solicitada pelo Ministério Público. Isto, pois, como visto alhures, o delegado de polícia é o chefe da polícia judiciária, sendo a autoridade com aptidão para ve-

---

339 Em contato com os integrantes da organização criminosa o agente infiltrado poderia confirmar a posição ocupada pelo investigado colaborador, suas funções e eventuais crimes cometidos.

rificar as condições técnicas e estruturais para a realização deste meio investigativo.

Se não bastasse, o artigo 10, § 2º, da Lei, exige que a infiltração de agentes seja utilizada apenas em último caso, quando não houver outros meios de provas disponíveis. A razão para tal determinação é óbvia e visa resguardar a integridade dos policiais diante dos riscos intrínsecos ao procedimento. Isso significa que o juiz só deve autorizar esta medida diante do exaurimento de outras técnicas investigativas, o que, uma vez mais, inviabiliza a infiltração de agentes que não compõem os quadros das polícias judiciárias, responsáveis, nos termos da Constituição da República, pela apuração de infrações penais.

Conclui-se, pelo exposto, que integrantes de outros órgãos ligados à segurança pública não podem atuar como agentes infiltrados, uma vez que suas funções não estão relacionadas com a finalidade da medida, que, conforme destacado, tem sua natureza vinculada à investigação criminal, de atribuição das polícias judiciárias. Aliás, considerando o risco e a complexidade da infiltração policial, a sua adoção só poderia mesmo se justificar na seara criminal, onde estão em jogo os bens jurídicos mais importantes, devendo o procedimento ser concretizado apenas por agentes com a necessária preparação física, psicológica e técnica, de acordo com o caso.

Não é outro o entendimento de Rogério Sanches e Ronaldo Batista:

> Como "agentes de polícia" devem ser entendidos os membros das corporações elencadas do art. 144 da Constituição Federal, a saber: Polícia Federal propriamente dita, rodoviária e ferroviária; e Polícia Estadual (civil, militar e corpo de bombeiros), observadas, nesta última hipótese, a organização própria de cada unidade da federação. Mas nem todos estes órgãos possuem atribuições investigativas. Com efeito, o inc. I deste dispositivo constitucional atribui à polícia federal a tarefa de "apurar infrações penais". Já o inc. IV, § 4º do art. 144 da CF, comina às polícias civis estaduais essa tarefa investigativa. São, portanto, os policiais federais e civis aqueles habilitados a servirem como agentes infiltrados.[340]

No mesmo diapasão se manifesta SOUZA:

---

340 SANCHES CUNHA, Rogério; BATISTA PINTO, Ronaldo. *Crime Organizado – Comentários à nova lei sobre o Crime Organizado – Lei nº 12.850/2013*. p. 98.2ª ed. Salvador: Juspodivm, 2014.

6 – Comentários Sobre a Lei 12.850/13

(...) na tentativa de perfazer os contornos da definição de agente infiltrado, um aspecto salta aos olhos como requisito necessário ao conceito a ser criado: a pessoa encarregada de executar a medida investigativa necessariamente deve ser um agente da autoridade policial, restando, portanto, excluída a participação de agentes estranhos aos quadros da polícia civil e federal, órgãos constitucionalmente encarregados de realizar atos investigatórios.[341]

Nesse cenário, pode-se afirmar que é ilegal a infiltração realizada por policial militar, por exemplo, ainda que sob o comando do delegado de polícia. Da mesma forma, é vedada a infiltração de agentes do Ministério Público nas investigações que correrem sob a responsabilidade deste órgão.[342] Por fim, os agentes da ABIN (Agência Brasileira de Inteligência) também não estão autorizados a executar este procedimento, muito embora seja recomendável o apoio técnico às polícias judiciárias visando uma maior eficácia da investigação.

Com relação à atuação de agentes de inteligência em suporta às investigações criminais, destacamos interessante decisão do Superior Tribunal de Justiça no HC 512.290/RJ. Na hipótese analisada pela Corte, uma agente de inteligência se fez passar por advogada e manteve contato com integrantes de uma organização criminosa investigada. A defesa alegou que essa atuação caracterizaria o procedimento de "infiltração de agentes" realizado sem a devida autorização judicial, o que comprometeria a prova obtida.

Entretanto, prevaleceu o entendimento de que a ação da agente de inteligência não constituiria a técnica de infiltração de agentes, uma vez que não houve a imprescindível imersão na organização criminosa:

> HABEAS CORPUS. ORGANIZAÇÃO CRIMINOSA. EXTORSÃO, CONCUSSÃO E EXTORSÃO MEDIANTE SEQUESTRO POR POLICIAIS CIVIS. POSSIBILIDADE DE APOIO DE AGÊNCIA DE INTELIGÊNCIA À INVESTIGAÇÃO DO MINISTÉRIO PÚBLICO. NÃO OCORRÊNCIA DE INFILTRAÇÃO POLICIAL. DESNECESSIDADE DE AUTORIZAÇÃO JUDICIAL PRÉVIA PARA A AÇÃO CONTROLADA. COMUNICAÇÃO POSTERIOR QUE VISA A PROTEGER O TRABALHO INVESTIGATIVO. HABEAS CORPUS DENEGADO. (...)

---

341 SOUSA, Marllon. op. cit., p. 41.
342 No mesmo sentido, SANCHES CUNHA, Rogério; BATISTA PINTO, Ronaldo. op. cit., p. 99.

7. Se agente lotada em agência de inteligência, sob identidade falsa, apenas representou o ofendido nas negociações da extorsão, sem se introduzir ou se infiltrar na organização criminosa com o propósito de identificar e angariar a confiança de seus membros ou obter provas sobre a estrutura e o funcionamento do bando, não há falar em infiltração policial.[343]

Parece-nos acertada a decisão do STJ diante da ausência de um dos elementos característicos da técnica em estudo, vale dizer, a imersão. A infiltração de agentes, ainda que no seu modelo mais leve (*ligth cover*), só se caracteriza quando o agente de polícia judiciária, dissimulando sua pretensão investigativa, toma parte em uma organização criminosa, mantendo estreita relação com seus integrantes, forjando, assim, as condições necessárias para a obtenção de provas. O caso em questão, na verdade, guarda mais semelhança com a nova figura do "agente policial disfarçado", técnica investigativa que dispensa autorização judicial justamente porque o investigador não integra a organização criminosa investigada, mas somente mantém contato com os seus membros.

Ainda sobre quem pode atuar como agente infiltrado, diferentemente de Luiz Flávio Gomes e Marcelo Rodrigues da Silva,[344] entendíamos que a Polícia Militar jamais poderia desenvolver este procedimento, mesmo quando atuasse nas funções de polícia judiciária para a apuração de crimes militares. Isto, pois, trata-se de uma técnica especial de investigação só admitida nos casos de organização criminosa, tráfico de drogas e nos crimes contra a dignidade ou liberdade sexual de crianças ou adolescentes praticados pela *internet*, delitos que sempre foram de competência da Justiça comum, cuja apuração caberia às Polícias Civil ou Federal. Contudo, é preciso rever esse entendimento diante da ampliação da competência da Justiça Militar e, consequentemente, da atribuição da Polícia Judiciária Militar, pela Lei 13.491/17, que ampliou o conceito de "crime militar", para abranger não somente aqueles crimes previstos no Código Penal Militar, mas todos os previstos na "legislação penal" (inteligência da atual redação do artigo 9º, II, CPM).

Por fim, também não se admite a infiltração de particulares em organização criminosa, uma vez que a Lei é clara ao limitar o procedimento aos "agentes de polícia". Entretanto, nada impede que um particular

---

343 STJ, HC 512.290/RJ, Rel. Min. Rogério Schietti Cruz. DJe 25.08.2020.
344 GOMES, Luiz Flávio; SILVA, Marcelo Rodrigues. op. cit., p.399.

6 – Comentários Sobre a Lei 12.850/13

391

já integrante da organização atue de maneira velada como informante da polícia, auxiliando na identificação de fontes de prova e na prevenção de crimes, situação em que o ideal seria a formalização de um acordo de colaboração premiada, viabilizando, assim, a concessão de um benefício legal ao informante.

Com base no todo exposto, reiteramos que a infiltração de agentes constitui um importante meio de obtenção de provas (técnica especial de investigação) de atribuição exclusiva das polícias judiciárias (Civil e Federal) e vinculado ao parecer do delegado de polícia, mesmo nos casos de investigações criminais promovidas pelo Ministério Público.

É certo que a medida em questão pode gerar resultados extremamente eficientes no combate ao crime organizado. Advertimos, contudo, que a viabilidade desse procedimento é muito questionável em virtude da falta de policiais aptos para a sua realização. Tal crítica ganha ainda mais força nas cidades do interior, que, além de possuírem poucos policiais em seus quadros, são prejudicadas pelo fato de seus agentes serem conhecidos da população local.

Com o objetivo de mitigar esse problema, entendemos que deveriam ser criadas unidades regionais especializadas, formadas por policiais de várias cidades diferentes que pudessem atuar em situações específicas de infiltração. Mais do que isso, os agentes deveriam ser submetidos a cursos frequentes de capacitação técnica e psicológica, cabendo ao Estado a criação de benefícios que fomentassem o interesse dos policiais em atuar como infiltrados. Somente assim nós daríamos ao procedimento de infiltração a eficácia imaginada pelo legislador.

O ideal seria que no âmbito das policias judiciárias (Civil e Federal) existissem programas específicos de seleção, capacitação e treinamento para agentes infiltrados. A título de sugestão, as escolas e academias de polícia deveriam promover processos seletivos internos em que a identidade dos interessados não fosse revelada. Na escolha dos policiais devem ser avaliados vários aspectos, tais como a conduta funcional do candidato (inclusive com parecer da Corregedoria), perfil social (dando preferência para policiais solteiros e sem filhos, por exemplo) e características pessoais (idade, cor, sotaque, formação e ascendência podem ser uteis a depender do caso concreto e do tipo de organização criminosa que se pretende infiltrar).

Os policiais aprovados no processo seletivo ficariam funcionalmente vinculados às escolas e academias de polícia, sendo submetidos diariamente a treinamentos específicos, mas também colaborando com a parte administrativa do órgão, o que serviria para "camuflar" sua função principal de agente infiltrado. Também seria importante a criação de uma gratificação financeira para os policiais que atuassem nessa condição, afinal, os riscos e os sacrifícios exigidos por esta técnica investigativa justificariam o benefício.

Outra questão interessante e que serviria de estímulo para os agentes infiltrados, seria a possibilidade de acúmulo de salário nas hipóteses em que a infiltração exigir o ingresso do policial em uma empresa ou em outro órgão público. Imagine-se o caso em que um Prefeito Municipal noticia a suspeita de um crime, apresentando elementos informativos que indicam a existência de uma organização criminosa em determinada secretaria. Seria possível a infiltração de um agente policial no órgão e ele teria que trabalhar normalmente, até para não levantar suspeitas sobre a sua identidade. Nesse caso o policial poderia acumular os vencimentos pagos pela polícia com os valores pagos pelo município.

Por fim, uma última sugestão se faz necessária. Isso porque todas as propostas acima indicadas têm um caráter abstrato, relacionando-se, sobretudo, com o processo de seleção e capacitação dos agentes infiltrados. Ocorre que o processo de preparação deve, necessariamente, pautar-se na atividade específica da infiltração. Explicamos!

Na primeira fase do "programa de treinamento" os policiais seriam capacitados para atividades genéricas relacionadas ao modelo de investigação em estudo. Contudo, uma vez selecionado para determinada tarefa, o agente deve ter um período de adaptação de acordo com as especificidades da infiltração que se pretende realizar. Assim como um ator tem seu período de imersão no personagem que irá protagonizar, o policial também deve se preparar para a construção da sua nova personalidade, que, vale dizer, não deixa de caracterizar um personagem.

Nessa etapa específica de imersão o policial precisa estudar as pessoas com quem vai se relacionar, seus hábitos, ideologias e até as suas origens. Nas hipóteses em que a infiltração exigir determinado conhecimento específico, o agente poderá se capacitar nessa área, buscando conhecimentos que até então ele não tinha. É importante, ademais, que nesse período ele comece a se comportar no seu dia a dia de acordo com

6 – Comentários Sobre a Lei 12.850/13

o seu "personagem", mesmo antes de efetivamente dar início à investigação.

Em reforço ao todo exposto, vale destacar nesse estudo as considerações feitas pela ONU sobre a pessoa do *agente infiltrado*:

> Um agente infiltrado ou oficial infiltrado é um oficial da lei que finge ser criminoso para o fim de obter informações, tipicamente pela infiltração em uma organização criminosa. O máximo cuidado deve ser tomado para avaliar os riscos devido ao enorme perigo e dificuldades inerentes à questão e somente policiais adequadamente treinados deveriam ser empregados para tal finalidade.[345]

6.13.4. Requisitos

> *Art. 10, § 2º Será admitida a infiltração se houver indícios de infração penal de que trata o art. 1º e se a prova não puder ser produzida por outros meios disponíveis.*

Nos termos do dispositivo em enfoque, o primeiro requisito para a adoção dessa medida é a constatação de *indícios* da existência de uma organização criminosa, com a demonstração de todos os seus elementos: pessoal, estrutural e finalístico. Isso significa que a infiltração de agentes não pode ser adotada para apurar a existência ou não de uma estrutura criminosa organizada, sendo indispensável que a investigação preliminar demonstre que há indícios nesse sentido. É vedada, portanto, a *infiltração de prospecção*.

Verifica-se, ainda, que o dispositivo em questão declara a subsidiariedade expressa desta medida, estabelecendo que ela só poderá ser adotada quando não houver outros meios de obtenção de provas disponíveis. Sobre essa característica de *ultima ratio* da infiltração, cabe aqui a seguinte pergunta: considerando que Lei 9.296/96, que trata das interceptações telefônicas, também estabelece que este procedimento só poderá ser realizado quando não for possível a obtenção de provas por outros meios, qual dos procedimentos investigativos deve ser adotado em primeiro lugar? A infiltração de agentes ou a interceptação telefônica?

---

345 SOUZA, Marllon. op. cit., p. 38.

Em princípio, entendemos que a infiltração de agentes deve ser subsidiária à interceptação telefônica, especialmente em virtude do risco que este procedimento acarreta aos agentes policiais. Num confronto entre o direito de privacidade do investigado e o direito à vida ou integridade física/psicológica do policial, devem prevalecer estes últimos, inclusive com base nos postulados da razoabilidade e da proporcionalidade. Se não bastasse, a ação encoberta pode ser adotada por um período de até seis meses, sem prejuízo de eventuais renovações; já a interceptação telefônica não poderá exceder o prazo de quinze dias, renováveis por igual período.[346]

Como último requisito para a adoção dessa técnica investigativa, destaca-se a necessidade de concordância do agente infiltrado. Ao analisarmos o artigo 14, inciso I, da Lei 12.850/13, fica evidente que a infiltração de agentes possui caráter voluntário, podendo o policial se recusar a participar do procedimento ou fazer cessar a diligência a qualquer tempo.

Em resumo, portanto, são requisitos para a *infiltração de agentes*: a) indícios de existência de organização criminosa, nos termos do art. 1º, § 1, da Lei 12.850/13; b) exaurimento de todas as técnicas de investigação disponíveis; c) concordância do agente infiltrado; d) decisão judicial circunstanciada, motivada e sigilosa que observe os demais requisitos.

De maneira ilustrativa, a 2ª Turma do STF considerou ilegal as provas obtidas por policial militar que atuou como agente infiltrado sem que houvesse autorização judicial para tanto[347].

INFORMATIVO 932, STF

Infiltração policial sem autorização judicial e ilicitude de provas

A Segunda Turma concedeu parcialmente habeas corpus impetrado contra acórdão do Superior Tribunal de Justiça (STJ), para declarar a ilicitude e determinar o desentranhamento da infiltração realizada por policial militar e dos depoimentos por ele prestados em sede policial e em juízo, nos termos do art. 157, § 3º, do Código de Processo Penal (CPP) (1), sem prejuízo da prolação de uma nova sentença baseada em provas legalmente colhidas.

---

346 No mesmo sentido: MASSON, Cleber; MARÇAL, Vinícius. op. cit., p.314-315.
347 STF, HC 147.837/RJ, 2ª Turma, Rel. Min. Gilmar Mendes. j. 26.02.2019.

6 – Comentários Sobre a Lei 12.850/13

Na espécie, a paciente foi denunciada e presa preventivamente pela suposta prática do delito de associação criminosa, previsto no art. 288, parágrafo único, do Código Penal (CP) (2). Ela teria se associado a outros indivíduos, de forma estável e permanente, para planejar ações criminosas e recrutar simpatizantes pelas redes sociais e outros canais, que resultaram em atos de vandalismo durante manifestações ocorridas no período da Copa do Mundo de 2014, na cidade do Rio de Janeiro.

A Turma entendeu que o policial militar em questão atuou como agente infiltrado sem autorização judicial e, por isso, de forma ilegal. Explicou que a distinção entre agente infiltrado e agente de inteligência se dá em razão da finalidade e amplitude de investigação. O agente de inteligência tem uma função preventiva e genérica e busca informações de fatos sociais relevantes ao governo; o agente infiltrado age com finalidades repressivas e investigativas em busca da obtenção de elementos probatórios relacionados a fatos supostamente criminosos e organizações criminosas específicas.

Segundo o colegiado, o referido agente foi designado para coletar dados para subsidiar a Força Nacional de Segurança em atuação estratégica diante dos movimentos sociais e dos protestos ocorridos no Brasil em 2014. Ele não precisava de autorização judicial para, nas ruas, colher dados destinados a orientar o plano de segurança para a Copa do Mundo. Entretanto, no curso de sua atividade originária, apesar de não ter sido designado para investigar a paciente nem os demais envolvidos, acabou realizando verdadeira e genuína infiltração no grupo do qual ela supostamente fazia parte e ali obteve dados que embasaram sua condenação. É evidente a clandestinidade da prova produzida, porquanto o policial, sem autorização judicial, ultrapassou os limites da sua atribuição e agiu como incontestável agente infiltrado. A ilegalidade, portanto, não reside na designação para o militar atuar na coleta de dados genéricos nas ruas do Rio de Janeiro, mas em sua infiltração, com a participação em grupo de mensagens criado pelos investigados e em reuniões do grupo em bares, a fim de realizar investigação criminal específica e subsidiar a condenação. Suas declarações podem servir para orientação de estratégias de inteligência, mas não como elementos probatórios em uma persecução penal.

A Turma também reconheceu a aplicabilidade, no caso concreto, das previsões da Lei 12.850/2013 (3), que define organização criminosa e dispõe sobre a investigação criminal, os meios de obtenção da prova, infrações penais correlatas e o procedimento criminal a ser aplicado. Ainda que se sustente que os mecanismos excepcionais previstos nesse diploma legal incidem somente nas persecuções de delitos relacionados a organizações criminosas nos termos nela definidos, os procedimentos probatórios ali regulados devem ser respeitados, por analogia, em casos de omissão legislativa. No ponto, o colegiado asseverou que o policial militar começou a atuar como agente infiltrado quando o referido diploma legal já estava em vigor.

Ademais, considerou que o pedido requerido no writ apresenta uma impugnação específica, a partir dos debates ocorridos nas instâncias inferiores e dos elementos probatórios aportados nos autos e reconhecidos pelos juízos ordinários. Portanto, caracteriza-se cognição compatível com a via estreita do habeas corpus. Ainda que a análise em habeas corpus tenha cognição limitada, se, a partir dos elementos já produzidos e juntados aos autos, for evidente a incongruência ou a inconsistência da motivação judicial, devem ser resguardados os direitos violados com a concessão da ordem.

Sobre o caso acima, lembramos, em reforço aos argumentos acima expostos, que a licitude das provas obtidas por meio da diligência em questão também estaria comprometida devido à falta de legitimidade para atuar por parte do policial militar, que, conforme estudado acima, não tem atribuição para realizar atos de investigação em situações que não envolvem crimes militares.

Outra questão que merece destaque nesse ponto é a observação feita por SOUZA no sentido de que a infiltração de agentes, diferentemente das demais técnicas especiais de investigação, só poderia ser realizada na fase pré-processual, não sendo admitida após o recebimento da denúncia.[348]

Em linhas gerais, o autor sustenta que se já houve denúncia é porque a investigação preliminar cumpriu a sua função, reunindo elementos suficientes para a propositura da ação penal, razão pela qual não seria justificável a adoção de medida tão invasiva como a infiltração nessa hipótese.

6.13.4.1. Requisitos da Infiltração Virtual de Agentes no Estatuto da Criança e do Adolescente

Logo no início desse ponto é preciso reiterar que a denominada *infiltração virtual de agentes* foi disciplinada inicialmente pela Lei

---

348 SOUZA, Marllon. op. cit., p. 86.

6 – Comentários Sobre a Lei 12.850/13

13.441/17, que acrescentou o artigo 190-A, no ECA, estabelecendo, assim, que esta técnica investigativa poderá ser adotada na apuração dos crimes descritos no dispositivo em questão, ou seja, aqueles previstos nos artigos 240, 241, 241-A, 241-B, 241-C e 241-D, todos do Estatuto protetor da criança e adolescente e artigos 154-A, 217-A, 218, 218-A e 218-B, do Código Penal.

Tendo em vista o caráter excepcional do procedimento, entendíamos que estávamos diante de um rol taxativo de crimes que autorizam esta medida. Diante disso, questionava-se a possibilidade de se adotar esta modalidade de infiltração na apuração de organizações criminosas. Foi exatamente com o intuito de espantar qualquer tipo de dúvida que o legislador, por meio do "Pacote Anticrime", estabeleceu expressamente que a *infiltração virtual* figura como mais um mecanismo de enfrentamento à criminalidade organizada. Vejamos, pois, o tratamento dado ao instituto no ECA para, após, analisarmos o regramento conferido pela Lei 12.850/13 com as inovações provocadas pela Lei 13.964/19.

Note-se, primeiramente, que o texto legal previsto no ECA não exige expressamente a demonstração de *indícios de autoria* em relação aos crimes supracitados. Entretanto, basta uma análise perfunctória do artigo 190-A, inciso II e § 3º, do ECA, para que possamos concluir que este meio de obtenção de prova depende, sim, da existência de indícios de autoria. A uma porque, tal qual a Lei de Organização Criminosa, o dispositivo em questão estabelece que a *infiltração virtual* só será admitida em caráter residual, ou seja, supõe-se que a investigação já tenha um foco e, no mínimo, suspeitas em relação a determinada pessoa. A duas porque a lei exige o nome ou apelido da pessoa investigada, o que demonstra que o procedimento não pode se desenvolver de maneira prospectiva (visando verificar se o suspeito está ou não delinquindo) e aleatória (sem um alvo específico).

Sem embargo do exposto, entendemos que o ideal seria que não houvesse a necessidade de indícios de autoria para a adoção desse meio investigativo, pois, assim, o procedimento poderia se desenvolver de forma preventiva, evitando, consequentemente, a prática dos crimes que a lei visa coibir e viabilizando a identificação de pessoas propensas a praticá-los.

Consigne-se que com esta inovação legislativa é possível que surjam entendimentos no sentido de que os crimes supracitados também admitem a infiltração de agentes prevista na Lei 12.850/13, independentemente de demonstrados os indícios de existência de organização criminosa.

Data máxima vênia, não nos parece que o legislador tenha ampliado a possibilidade de adoção desta técnica de investigação para além de casos que envolvam uma estrutura organizada voltada à prática de crimes graves ou transnacionais, como fez expressamente no artigo 1º, § 2º, incisos I e II, da Lei das Organizações Criminosas.[349] Reitera-se que estamos diante de técnicas semelhantes, mas que se distinguem em aspectos importantes, podendo o procedimento mais detalhado de infiltração de agentes previsto na Lei 12.850/13, ser utilizado apenas para complementar a previsão legal da *infiltração virtual de agentes* prevista no ECA. Em outras palavras, a *infiltração virtual* seria apenas uma espécie do gênero *infiltração de agentes*.

Justamente por isso, mesmo antes do advento da Lei Anticrime, nós já defendíamos a possibilidade de adoção do procedimento de *infiltração virtual de agentes* para a apuração de organizações criminosas. Primeiro, porque a nova lei 13.441/17 em momento algum estabeleceu essa vedação. E, como segundo argumento, nos valemos do princípio da proporcionalidade, pois se na investigação de organizações criminosas pode ser adotada a *infiltração pessoal*, que é muito mais arriscada e complexa, por óbvio que a *infiltração virtual* também serve como técnica investigativa, afinal, se existe autorização legal para o mais, essa permissão é extensível ao menos. Em sentido contrário, considerando a ausência de autorização legal, entendemos que não é possível a infiltração pessoal para a apuração dos crimes contra a dignidade sexual[350].

Conforme já deixamos transparecer, a Lei 13.441/17 seguiu os passos da Lei 12.850/13, estabelecendo que a *infiltração virtual de agentes* só poderá ocorrer quando não houver outros meios de obtenção de pro-

---

349 Destaque-se, nesse ponto, respeitável doutrina que entende não ser possível a infiltração de agentes sequer nas hipóteses do § 2º, incisos I e II, do artigo 1º, da Lei 12.850/13, onde o legislador de maneira clara estende a aplicabilidade desta lei aos crimes à distância previstos em tratados ou convenções internacionais e aos crimes de terrorismo. Nesse sentido: GOMES, Luiz Flávio; SILVA, Marcelo Rodrigues. op. cit., p. 73.

350 Exceto, é claro, se estiverem presentes os elementos de uma organização criminosa.

6 – Comentários Sobre a Lei 12.850/13

va disponíveis.[351] Isso significa que o juiz só deve autorizar esta medida diante do exaurimento de outras técnicas investigativas.

Destaque-se, ainda, que a *infiltração virtual de agentes* prevista no ECA também exige prévia e circunstanciada autorização judicial, que estabelecerá os limites da investigação cibernética. Trata-se, portanto, de medida sujeita à cláusula de reserva de jurisdição, não podendo ser adotada de forma direta pelas Polícias Judiciárias.

Por fim, lembramos que, diferentemente da Lei 12.850/13[352], que ao tratar sobre a *infiltração pessoal* exige a concordância do agente infiltrado, a Lei 13.441/17 não estabelece essa previsão. Assim, considerando que essa espécie de infiltração não expõe o policial aos mesmos riscos da infiltração pessoal, entendemos que a sua concordância é, de fato, dispensável.

6.13.4.2. Requisitos para a Infiltração Virtual na Lei de Organização Criminosa

> *Art. 10-A. Será admitida a ação de agentes de polícia infiltrados virtuais, obedecidos os requisitos do* **caput** *do art. 10, na internet, com o fim de investigar os crimes previstos nesta Lei e a eles conexos, praticados por organizações criminosas, desde que demonstrada sua necessidade e indicados o alcance das tarefas dos policiais, os nomes ou apelidos das pessoas investigadas e, quando possível, os dados de conexão ou cadastrais que permitam a identificação dessas pessoas. (Incluído pela Lei nº 13.964, de 2019)*
>
> *§ 1º Para efeitos do disposto nesta Lei, consideram-se: (Incluído pela Lei nº 13.964, de 2019)*
>
> *I – dados de conexão: informações referentes a hora, data, início, término, duração, endereço de Protocolo de Internet (IP) utilizado e terminal de origem da conexão; (Incluído pela Lei nº 13.964, de 2019)*
>
> *II – dados cadastrais: informações referentes a nome e endereço de assinante ou de usuário registrado ou autenticado para a conexão a quem endereço de IP, identificação de usuário ou código de acesso tenha sido atribuído no momento da conexão. (Incluído pela Lei nº 13.964, de 2019)*

---

351 Art. 190-A, § 3º: A infiltração de agentes de polícia na internet não será admitida se a prova puder ser obtida por outros meios.

352 Art. 14. São direitos do agente: I – recusar ou fazer cessar a atuação infiltrada.

400 Criminalidade Organizada & Globalização Desorganizada

§ 2º Na hipótese de representação do delegado de polícia, o juiz competente, antes de decidir, ouvirá o Ministério Público. (Incluído pela Lei nº 13.964, de 2019)

§ 3º Será admitida a infiltração se houver indícios de infração penal de que trata o art. 1º desta Lei e se as provas não puderem ser produzidas por outros meios disponíveis. (Incluído pela Lei nº 13.964, de 2019)

§ 4º A infiltração será autorizada pelo prazo de até 6 (seis) meses, sem prejuízo de eventuais renovações, mediante ordem judicial fundamentada e desde que o total não exceda a 720 (setecentos e vinte) dias e seja comprovada sua necessidade. (Incluído pela Lei nº 13.964, de 2019)

§ 5º Findo o prazo previsto no § 4º deste artigo, o relatório circunstanciado, juntamente com todos os atos eletrônicos praticados durante a operação, deverão ser registrados, gravados, armazenados e apresentados ao juiz competente, que imediatamente cientificará o Ministério Público. (Incluído pela Lei nº 13.964, de 2019)

§ 6º No curso do inquérito policial, o delegado de polícia poderá determinar aos seus agentes, e o Ministério Público e o juiz competente poderão requisitar, a qualquer tempo, relatório da atividade de infiltração. (Incluído pela Lei nº 13.964, de 2019)

§ 7º É nula a prova obtida sem a observância do disposto neste artigo. (Incluído pela Lei nº 13.964, de 2019)

Art. 10-B. As informações da operação de infiltração serão encaminhadas diretamente ao juiz responsável pela autorização da medida, que zelará por seu sigilo. (Incluído pela Lei nº 13.964, de 2019)

Parágrafo único. Antes da conclusão da operação, o acesso aos autos será reservado ao juiz, ao Ministério Público e ao delegado de polícia responsável pela operação, com o objetivo de garantir o sigilo das investigações. (Incluído pela Lei nº 13.964, de 2019)

Art. 10-C. Não comete crime o policial que oculta a sua identidade para, por meio da internet, colher indícios de autoria e materialidade dos crimes previstos no art. 1º desta Lei. (Incluído pela Lei nº 13.964, de 2019)

Parágrafo único. O agente policial infiltrado que deixar de observar a estrita finalidade da investigação responderá pelos excessos praticados. (Incluído pela Lei nº 13.964, de 2019)

Art. 10-D. Concluída a investigação, todos os atos eletrônicos praticados durante a operação deverão ser registrados, gravados, armazenados e encaminhados ao juiz e ao Ministério Público, juntamente com relatório circunstanciado. (Incluído pela Lei nº 13.964, de 2019)

6 – Comentários Sobre a Lei 12.850/13

Parágrafo único. Os atos eletrônicos registrados citados no **caput** *deste artigo serão reunidos em autos apartados e apensados ao processo criminal juntamente com o inquérito policial, assegurando-se a preservação da identidade do agente policial infiltrado e a intimidade dos envolvidos.* (Incluído pela Lei nº 13.964, de 2019)

Conforme mencionado acima, no intuito de evitar qualquer tipo de dúvida sobre a possibilidade de se adotar a *infiltração virtual* na investigação de organizações criminosas, o "Pacote Anticrime" previu expressamente essa possibilidade e a regulamentou nos dispositivos em comento.

Seguindo a mesma linha adotada no tratamento da matéria no Estatuto da Criança e do Adolescente, o legislador estabeleceu a possibilidade de utilização do *agente infiltrado virtual* desde que observados os requisitos do artigo 10, *caput*, da LOC. Isso significa que esta técnica depende de autorização judicial mediante provocação do delegado de polícia ou do Ministério Público.

Como não poderia deixar de ser, o texto legal exige que seja demonstrada a necessidade da medida, bem como o seu alcance, devendo, ademais, ser indicados os nomes ou apelidos das pessoas investigadas e, quando possível os dados de conexão ou cadastrais que permitam a identificação dessas pessoas. Tal previsão é importante porque, não raro, as investigações virtuais têm seu início vinculado ao número de IP de uma conexão realizada de determinado computador.[353] Em posse desses dados, é possível identificar o local em que o aparelho está conectado e por meio do endereço se chega aos dados cadastrais do morador ou responsável legal pelo estabelecimento.

Nos termos do § 1º, do artigo 10-A, *dados de conexão* são informações referentes a hora, data, início, término, duração, endereço de Protocolo de Internet (IP) utilizado e terminal de origem da conexão. Já os *dados cadastrais* são as informações referentes a nome e endereço de assinante ou de usuário registrado ou autenticado para a conexão, endereço de IP, identificação de usuário ou código de acesso que tenha sido atribuído no momento da conexão.

O § 3º, do novo artigo 10-A estabelece, assim como na *infiltração pessoal*, que este meio de obtenção de prova depende da demonstra-

---

353 IP significa *internet protocol*, ou seja, um número que identifica um computador conectado a uma rede.

402 *Criminalidade Organizada & Globalização Desorganizada*

ção de indícios da existência de uma organização criminosa e só pode ser adotado quando não houver outra técnica investigativa disponível e igualmente eficaz à apuração dos fatos (princípio da subsidiariedade).

O prazo de duração da *infiltração virtual* regulamentada na Lei 12.850/13 é de seis meses, sem prejuízo de outras renovações devidamente autorizadas pelo juiz, observando-se o limite máximo de 720 dias e desde que comprovada a sua necessidade. É mister destacar nesse ponto que a Lei 13.441/17, que alterou o ECA, estabelece que a medida pode ser decretada pelo prazo de 90 dias, permitindo-se renovações até o limite de 720 dias.

Percebe-se, portanto, que o "Pacote Anticrime" amplia o prazo inicial de adoção da *infiltração virtual* na investigação de organizações criminosas (6 meses) em relação ao ECA (90 dias). Nesse cenário, já vislumbramos o surgimento de correntes doutrinárias no sentido de que a Lei 13.964/19 ampliou o prazo de duração da *infiltração virtual* na apuração dos crimes praticados contra crianças e adolescentes. Não é essa, todavia, a nossa primeira impressão. Isto, pois, a ampliação do prazo nas investigações de organizações criminosas se justifica devido à complexidade do caso, número de pessoas envolvidas e até de infrações apuradas.

De resto, os acréscimos feitos pelo legislador no tratamento da matéria se assemelham ao regulamento já previsto para *infiltração pessoal*, razão pela qual não faremos outros comentários nesse ponto. Advirta--se, apenas, que no § 7º, do artigo 10-A, da LOC, o legislador reforçou que a inobservância dos requisitos legais resultará na nulidade das provas eventualmente obtidas por meio desta técnica investigativa.

6.13.5. Modalidades de Infiltração: prazo de duração

> *Art. 10, § 3º A infiltração será autorizada pelo prazo de até 6 (seis) meses, sem prejuízo de eventuais renovações, desde que comprovada sua necessidade.*
>
> *Art. 10-A, § 4º A infiltração será autorizada pelo prazo de até 6 (seis) meses, sem prejuízo de eventuais renovações, mediante ordem judicial fundamentada e desde que o total não exceda a 720 (setecentos e vinte) dias e seja comprovada sua necessidade. (Incluído pela Lei nº 13.964, de 2019)*

6 – Comentários Sobre a Lei 12.850/13

A doutrina costuma classificar a infiltração de agentes em duas modalidades: a) *Light Cover* ou infiltração leve, com duração máxima de seis meses e que exige menos engajamento por parte do agente infiltrado; e b) *Deep Cover* ou infiltração profunda, que se desenvolve por mais de seis meses, exigindo total imersão no bojo da organização criminosa, sendo que na maioria dos casos o agente infiltrado assume outra identidade e praticamente não mantém contato com a sua família. Nos termos do artigo 10, § 3º, da Lei de Organizações Criminosas, admitem-se as duas formas de infiltração, uma vez que este procedimento pode ser adotado por seis meses, mas com a possibilidade de renovações.

Ao analisar o PL 6.578/08, que resultou na Lei de Organizações Criminosas, não encontramos quaisquer justificativas para o interstício de 6 meses. Todavia, concordamos com as lições de SOUZA ao defender a compatibilidade do prazo legal com as características da infiltração:

> Ora, se na vida cotidiana a afeição e confiança não são dadas a qualquer pessoa, sem demonstração real de merecimento por parte do outro, exigir que o agente infiltrado ganhe respeito dos membros do grupo criminoso em curto período de tempo, além de ser ato que contrapõe à ordem natural do estabelecimento de uma relação sadia entre pessoas, pode ainda colocar por terra não só a qualidade da informação colhida, como também a própria identidade do policial, e, por consequência, materializar-se eventual risco a sua integridade pessoal.[354]

Sobre a duração da infiltração, são valiosos os ensinamentos de NUCCI:

> Prazo de *seis meses:* o período inicial máximo – podendo ser deferida por menor tempo – é de seis meses (art. 10, § 3º, da Lei 12.850/2013). Cabe prorrogação por outros períodos de até seis meses cada um, sem haver um limite, que, no entanto, deve ficar ao prudente critério judicial, pois seria inadmissível uma infiltração de caráter permanente e indefinido. Por outro lado, demanda-se *comprovada* necessidade para a prorrogação, esperando-se do juiz uma avaliação minuciosa sobre cada pedido nesse sentido.[355]

---

354 SOUZA, Marllon. op. cit., p.88.
355 Op. Cit., p. 78.

Nota-se, nesse contexto, que a Lei 12.850/13 não estabeleceu um prazo máximo de duração para a "infiltração pessoal", gerando, assim, algumas críticas na doutrina, especialmente se considerarmos que se trata de uma medida extremamente invasiva. Para SOUZA, por exemplo, a infiltração não poderia ser renovada por mais de duas vezes.[356] Ocorre que com as inovações promovidas pelo "Pacote Anticrime", que fixou o prazo máximo de 720 dias para a *infiltração virtual*, podem surgir entendimentos no sentido de que deve ser este o limite para a *infiltração pessoal*, ainda que nesta modalidade os riscos sejam muito maiores.

Em nossa opinião, todavia, considerando as especificidades desta técnica investigativa e, sobretudo, sua dinâmica extremamente volátil, o ideal seria que não houvesse um limite para a infiltração, cabendo ao juiz e demais autoridades envolvidas a avalição da pertinência ou não das diligências. Concordamos, portanto, com as críticas de Murilo Ribeiro de Lima ao tratar da *infiltração virtual*:

> (...) não é válido reduzir a complexidade de uma infiltração virtual a um prazo determinado. Certamente a maioria das infiltrações encerrará o seu papel antes dos 720 (setecentos e vinte dias), mas a limitação temporal máxima pode prejudicar complexas investigações que demandem um tempo adicional. As infiltrações virtuais, notadamente na *dark web*, exigem meses e até mesmo anos para se tornarem "maduras". A confiança em ambientes virtuais absolutamente inóspitos é dificultosa e gradual. No mais, só quem conhece a prática pode atestar que a desarticulação de organizações criminosas complexas exige muito tempo e persistência.[357]

Conforme visto acima, a Lei 13.441/17 estabelece que a *infiltração virtual* poderá se desenvolver pelo prazo de 90 dias, sem prejuízo de eventuais renovações, desde que não exceda o prazo máximo de 720 dias.[358] Percebe-se, destarte, que a inovação legislativa promovida no

---

356 SOUZA, Marllon. op. cit., p. 90

357 LIMA, Murilo Ribeiro de. *Agente infiltrado e as inovações promovidas pelo pacote anticrime*. In: *Pacote Anticrime Lei 13.964/2019 – Temas penais e processuais penais*. Salvador, Juspodivm, 2020. p. 662.

358 Art. 190-A, inciso III: não poderá exceder o prazo de 90 (noventa) dias, sem prejuízo de eventuais renovações, desde que o total não exceda a 720 (setecentos e vinte) dias e seja demonstrada sua efetiva necessidade, a critério da autoridade judicial.

6 – Comentários Sobre a Lei 12.850/13

ECA também admite as duas formas de infiltração (*Ligth Cover* e *Deep Cover*). Consigne-se, todavia, que a necessidade da renovação do prazo deve ser devidamente demonstrada pela autoridade que a provocar, cabendo ao juiz decidir fundamentadamente em todos os casos, conforme já estabeleceu o Supremo Tribunal Federal em relação às renovações da interceptação telefônica.[359]

Reitera-se, ademais, que o prazo de duração da *infiltração virtual* regulamentada na Lei 12.850/13 é de seis meses (e não de 90 dias, como previsto no ECA), sem prejuízo de outras renovações devidamente autorizadas pelo juiz, observando-se o limite máximo de 720 dias.

6.13.6. O Agente Infiltrado como fonte de prova

> *Art. 10, § 4º Findo o prazo previsto no § 3º, o relatório circunstanciado será apresentado ao juiz competente, que imediatamente cientificará o Ministério Público.*
>
> *§ 5º No curso do inquérito policial, o delegado de polícia poderá determinar aos seus agentes, e o Ministério Público poderá requisitar, a qualquer tempo, relatório da atividade de infiltração.*

Terminada a infiltração de acordo com os prazos concedidos judicialmente, deverá ser apresentado um relatório circunstanciado ao juiz que cientificará imediatamente o Ministério Público. Certamente esse relatório deverá ser elaborado pelo delegado de polícia em conjunto com seu agente infiltrado, mas sem a identificação de tal agente por motivos evidentes de preservação de sua identidade. E não é somente ao final da diligência que pode haver relatórios, também no curso da investigação, tanto o delegado pode requisitar relatos de seus agentes, como o Ministério Público pode também fazer essa requisição ao delegado no acompanhamento da infiltração (artigo 10, § 5º).

Esses serão relatórios parciais que, se ocorrerem, poderão ser referidos no relatório obrigatório final. Frise-se que o relatório ao final da infiltração é obrigatório ou compulsório, enquanto que os relatórios parciais são facultativos de acordo com a oportunidade e conveniência do delegado de polícia e do Ministério Público. Registre-se que essa mesma previsão se aplica à *infiltração virtual*, sendo que nos termos

---

359 STF, HC 129.646/SP. Rel. Min. Celso de Mello.

do artigo 10-A, § 5º, da LOC, findo o prazo legal, o relatório circunstanciado, juntamente com todos os atos eletrônicos praticados durante a operação, deverão ser registrados, gravados, armazenados e apresentados ao juiz competente, que imediatamente cientificará o Ministério Público.

Embora a lei não o diga, entende-se que o juiz também poderá requisitar relatórios parciais das atividades quando dos pedidos de renovação do prazo de infiltração. Aliás, parece que o mais correto é que o delegado de polícia ou o Ministério Público, ao elaborarem o pedido de renovação já façam um breve relato das atividades e resultados obtidos e esperados, a fim de que o magistrado possa avaliar com segurança a comprovação da necessidade de renovação de acordo com o artigo 10, § 3º. Neste caso não há que se falar em violação do Sistema Acusatório por atuação do judiciário na investigação. Acontece que para que o juiz exerça seu controle de legalidade e garantia na concessão de novos prazos é imprescindível que esteja a par do andamento das diligências.

Resta evidente, nesse contexto, que o agente infiltrado constitui importante fonte de prova, pois ao longo da investigação ele certamente terá testemunhado a prática de ilícitos penais, sendo todas essas informações relevantes para o processo e julgamento da organização criminosa.

Em nosso país é muito comum a condenação de criminosos com base exclusivamente no depoimento de policiais, especialmente quando se trata de uma persecução penal iniciada com a lavratura de auto de prisão em flagrante. O crime de tráfico de drogas, por exemplo, previsto no artigo 33, *caput* e § 1º, da Lei 11.343/06, na maioria dos casos é respaldado apenas pelo depoimento dos policiais responsáveis pela prisão do suspeito.[360]

Isto, pois, nas hipóteses flagranciais descritas no artigo 302, do CPP, o responsável pela captura do criminoso acaba se tornando a principal fonte de prova do delito, o que é natural se nós considerarmos a essência da prisão em flagrante, onde se pressupõe uma certeza visual

---

360 Em levantamento realizado pelo Núcleo de Estudos da Violência da Universidade de São Paulo (NEV-USP) verificou-se que mais de 70% das prisões por tráfico de drogas têm apenas uma testemunha: o policial. Disponível em: http://www.conjur.com.br/2017-fev-17/74-prisoes-trafico-apenas-policiais-testemunhas. Consulta em 25.07.2017.

6 – Comentários Sobre a Lei 12.850/13

da ação, afinal, a palavra "flagrante" tem origem do latim "*flagrans*", do verbo "*flagrare*", que significa queimar, arder. Daí a expressão "flagrante delito", o que quer dizer que o crime esta se realizando, se perpetrando, se consumando.

Nas lições de Valdir Sznick,

> o flagrante não qualifica o crime; o flagrante qualifica o momento da sua descoberta – se durante o cometimento ou se logo após. A flagrância tem ligação mais do que ao crime, em sua substância, à matéria probatória já que, como anota Carnelutti o delito é flagrante enquanto constitui prova de si mesmo. Daí acrescentar à ideia de atualidade, o de visibilidade.[361]

Por tudo isso, insistimos, é natural que o depoimento policial constitua um importante meio de prova em tais situações. Da mesma forma, considerando a essência da infiltração de agentes, procedimento que exige a imersão do policial no bojo de uma organização criminosa, ainda que virtualmente, podemos concluir que seu depoimento é decisivo em uma eventual sentença condenatória. Ora, é certo que ao atuar de maneira velada o policial vai presenciar ações de natureza criminosa, ter acesso a informações, documentos e outras fontes de prova, sendo que o Estado não pode se dar ao luxo de desprezar esses elementos.

Desconsiderar o testemunho do agente infiltrado seria colocar em dúvida a própria efetividade do procedimento, o que seria absolutamente ilógico, especialmente se considerarmos os riscos a que são expostos os policiais encobertos. Conclui-se, destarte, que o depoimento do agente policial possui elevado valor probatório, o que, vale dizer, é reconhecido pelo próprio Supremo Tribunal Federal, senão vejamos:

> (...) inexiste qualquer restrição a que servidores policiais sejam ouvidos como testemunhas. O valor de tais depoimentos testemunhais – especialmente quando prestados em juízo, sob a garantia do contraditório – reveste-se de inquestionável eficácia probatória, não se podendo desqualifica-los pelo só fato de emanarem de agentes incumbidos, por dever de ofício, da repressão penal.[362]

---

361 SZNICK, Valdir. *Liberdade, prisão cautelar e temporária*. Ed.Universitária. 2ª ed. p. 354.
362 STF, HC 74.438/SP, Rel. Min. Celso de Mello, DJe 14.03.2011.

Feitas essas observações, outro aspecto relevante merece ser estudado nesse ponto. No artigo 14, da Lei 12.850/13, estão expostos os direitos do agente infiltrado, entre os quais o de "ter seu nome, sua qualificação, sua imagem, sua voz e demais informações pessoais preservadas durante a investigação e o processo criminal, salvo se houver decisão judicial em contrário" (art. 14, III).

A razão para essa cautela legislativa é obvia, tendo a clara finalidade de assegurar a integridade física e psicológica do agente policial e de seus familiares. Não por acaso, o procedimento se desenvolve sigilosamente desde a sua provocação pelo delegado de polícia ou Ministério Público[363], devendo as informações quanto à necessidade da operação de infiltração ser encaminhadas diretamente ao juiz competente, adotando-se, analogicamente, o disposto nos artigos 2º a 4º, da Resolução nº 59/2008, do Conselho Nacional de Justiça.[364]

Assim, diante da previsão constante no artigo 14, inciso III, da Lei 12.850/13, visando assegurar a integridade do agente infiltrado, questiona-se a possibilidade dele ser ouvido na condição de testemunha anônima. Seria possível?

Já adiantamos que o tema causa enorme polêmica, sendo que para uma parcela da doutrina o agente infiltrado poderá ser ouvido como *testemunha anônima*, desde que o advogado do acusado participe da produção dessa prova[365]. Uma segunda corrente, por outro lado, a qual nos filiamos, sustenta que nem sequer a defesa poderá participar da audiência do agente infiltrado.[366] Isto, pois, o réu se defende dos fatos e não das pessoas, sendo certo que os princípios do contraditório e ampla defesa poderão ser observados em uma audiência especial, sem que as características do agente sejam expostas. Com efeito, além de proteger a integridade física do agente em relação aos acusados do processo, o *depoimento anônimo* também viabilizaria a sua participação em infiltrações futuras.

---

363 Art. 12, Lei 12.850/13: O pedido de infiltração será sigilosamente distribuído, de forma a não conter informações que possam indicar a operação a ser efetivada ou identificar o agente que será infiltrado.

364 MASSON, Cleber; MARÇAL, Vinícius. op. cit., p.323.

365 LIMA, Renato Brasileiro de. *Legislação Criminal Especial Comentada*. p. 589. 4. ed. Salvador: Juspodivm, 2016. Parece ser essa a posição de: ROQUE, Fábio; TÁVORA, Nestor; ALENCAR, Rosmar Rodrigues. op. cit., p.851-852.

366 MENDRONI, Marcelo Batlouni. *Comentários à Lei de Combate ao Crime Organizado – Lei nº 12.850/13*. p. 82. São Paulo: Atlas, 2014.

6 – Comentários Sobre a Lei 12.850/13

Na verdade, temos a convicção de que o depoimento do agente encoberto em juízo, além de ofender um direito seu (art. 14, III), é absolutamente desnecessário, uma vez que todas as informações relevantes acerca da diligência já devem constar no relatório circunstanciado a ser apresentado ao juiz ao final da investigação, nos termos do artigo 10, § 4º, da Lei 12.850/13.

Conforme bem observado por Cleber Masson e Vinícius Marçal, esse relatório de investigação constitui mais um importante instrumento de controle da medida,[367] onde deverá ser especificado, por exemplo, como se deu o ingresso na organização criminosa, a rotina do policial durante esse período, se foi necessária a prática de um crime, se ele testemunhou algum delito, os integrantes da estrutura criminosa, as responsabilidades de cada um, o grau de hierarquia, as fontes de prova identificadas etc.

Em outras palavras, todas as informações e conclusões extraídas do procedimento em questão serão expostas nesse relatório, sendo que eventuais indagações da defesa poderão ser respondidas pelo policial em relatório complementar, assegurando-se, assim, o contraditório e a ampla defesa, bem como a identidade do agente infiltrado. Adotar-se-ia, no caso, procedimento semelhante ao de perícias, onde os laudos podem ser questionados e até refeitos após a apresentação de quesitos pelas partes, sem que o perito precise necessariamente ser ouvido como testemunha presencial.

Por outro lado, em se tratando da *infiltração virtual de agentes*, não há razões para se preservar a identidade do agente em relação à defesa após a conclusão do procedimento. Ora, é cediço que os policiais de um modo geral desenvolvem uma atividade de risco, não havendo diferença entre um policial que consegue reunir provas e elementos de informações contra um "pedófilo", por exemplo, através de uma investigação convencional ou por meio de uma *infiltração virtual*. Tanto em um caso, como no outro, a ação policial poderia dar ensejo a retaliações por parte dos criminosos.

Demais disso, tendo em vista que a diligência se desenvolve pela Internet, de maneira que a identidade física do agente não possa ser revelada, não vemos a necessidade de preservar o seu nome, sua qualificação, sua voz e demais informações pessoais durante o processo, pois tais

---

367 MASSON, Cleber; MARÇAL, Vinícius. op. cit., p.316.

410 · Criminalidade Organizada & Globalização Desorganizada

revelações nem sequer inviabilizariam sua participação em infiltrações futuras. Sem embargo, tanto o artigo 10-D, Parágrafo Único,[368] da LOC, quanto o artigo 190-E, Lei 13.441/17, também asseguram a preservação da identidade do agente infiltrado,[369] sendo que tal previsão, data máxima vênia, não se aplica à defesa no processo, com base nos argumentos acima expostos.

6.13.7. Procedimento

> *Art. 11. O requerimento do Ministério Público ou a representação do delegado de polícia para a infiltração de agentes conterão a demonstração da necessidade da medida, o alcance das tarefas dos agentes e, quando possível, os nomes ou apelidos das pessoas investigadas e o local da infiltração.*
>
> *Parágrafo único. Os órgãos de registro e cadastro público poderão incluir nos bancos de dados próprios, mediante procedimento sigiloso e requisição da autoridade judicial, as informações necessárias à efetividade da identidade fictícia criada, nos casos de infiltração de agentes na internet. (Incluído pela Lei nº 13.964, de 2019)*

O artigo 11 trata dos requisitos da representação do delegado de polícia e do requerimento do Ministério Público para a infiltração. Esse pedido deve ser feito de forma sigilosa (artigo 12), por escrito, contendo a demonstração da necessidade da medida (destacando-se sua *"ultima ratio"*) e o alcance das tarefas dos agentes, ou seja, quais são os objetivos pretendidos com a diligência extrema. Também, sempre que possível, deverá conter os nomes ou apelidos dos investigados e o local da infiltração.

---

368 *Art. 10-D. Concluída a investigação, todos os atos eletrônicos praticados durante a operação deverão ser registrados, gravados, armazenados e encaminhados ao juiz e ao Ministério Público, juntamente com relatório circunstanciado. (Incluído pela Lei nº 13.964, de 2019). Parágrafo único. Os atos eletrônicos registrados citados no* **caput** *deste artigo serão reunidos em autos apartados e apensados ao processo criminal juntamente com o inquérito policial, assegurando-se a preservação da identidade do agente policial infiltrado e a intimidade dos envolvidos. (Incluído pela Lei nº 13.964, de 2019)*

369 Art. 190-E – Parágrafo único: "Os atos eletrônicos registrados citados no *caput* deste artigo serão reunidos em autos apartados e apensados ao processo criminal juntamente com o inquérito policial, **assegurando-se a preservação da identidade do agente policial infiltrado** e a intimidade das crianças e dos adolescentes envolvidos" (grifamos).

6 – Comentários Sobre a Lei 12.850/13

Estes últimos são requisitos dispensáveis de acordo com cada caso concreto, pois pode haver situação em que a infiltração seja necessária justamente para conseguir determinar esses dados tão relevantes para a persecução criminal. Quando a lei determina que o pedido contenha o alcance das tarefas, consequentemente se deduz que na autorização isso também constará, inclusive fazendo parte do estabelecimento dos limites da infiltração em interpretação sistemática com a parte final do artigo 10, "*caput*".

Neste ponto cabe avaliar a questão dos chamados "encontros fortuitos" que são tão discutidos, por exemplo, no campo das interceptações telefônicas. Entende-se que o estabelecimento das metas e condutas do infiltrado não devem limitar a ação investigatória no que tange às descobertas de atuações criminosas, inclusive com base na *teoria da visão aberta*. Isto, pois, se a infiltração é usada é porque, como já se disse, há um apelo final pelo último recurso, de modo que certamente a Polícia Judiciária e o Ministério Público não têm elementos suficientes para saber de todos os detalhes com que se poderá deparar o agente infiltrado.

Exigir uma congruência absoluta entre as tarefas determinadas na ordem de infiltração e as efetivas descobertas do agente infiltrado seria manietar o instituto de uma forma monstruosa e insustentável. Eventualmente, se poderá sustentar apenas que as provas colhidas por meio de infiltração somente terão serventia para infrações penais punidas com pena máxima acima de 4 anos ou com qualquer pena, mas que tenham caráter transnacional (inteligência do artigo 1º, § 1º, da Lei 12.830/13).

Esse é um raciocínio válido, eis que a infiltração somente é admitida como meio de prova para casos de crime organizado e, em nosso entendimento, mesmo para o tráfico somente nessa situação (embora o tráfico tenha pena acima de 4 anos). Além disso, pode-se ainda aventar que mesmo sendo o crime transnacional e com pena máxima acima de 4 anos, a prova por infiltração somente seria válida se estiver configurada realmente uma "Organização Criminosa". Isso pelo mesmo motivo já delineado acima, qual seja, o de que esse meio de prova se destina somente à apuração de crime organizado.

Parece que esses limites são razoáveis e então as informações fortuitamente obtidas por meio da infiltração fora dos casos de crime organizado somente poderão servir como "*notitia criminis*" para ensejar uma investigação por meios ordinários e obtenção de outras provas em direito admitidas, já que as provas por infiltração não são admitidas para tais circunstâncias. Aliás, o estabelecimento dessas limitações é salutar, visando exatamente não permitir a banalização do uso da infiltração, inclusive em casos que não são afetos ao crime organizado, alegando-se *"a posteriori"*, descobertas fortuitas numa manobra jurídica desleal que tornaria a restrição legal desse meio de prova às organizações criminosas praticamente uma letra morta. Com essas limitações os órgãos de persecução naturalmente irão restringir o uso da infiltração somente mesmo a casos em que haja fortes indícios de crime organizado.

Superada essa questão, deve-se observar que o "Pacote Anticrime" acrescentou o parágrafo único no artigo 11, ora em análise. Essa inovação teve a finalidade de viabilizar a *infiltração virtual de agentes* ao prever a possibilidade de os órgãos de registro e cadastro público incluírem, sigilosamente, em seus bancos de dados, informações necessárias à efetividade da identidade fictícia criada. Note-se, contudo, que tal possibilidade depende de requisição da autoridade judicial, o que significa que estamos diante de mais uma medida sujeita à reserva de jurisdição.

6.13.7.1. Da sigilosidade na distribuição do procedimento e interrupção da operação em caso de risco para o agente infiltrado

> *Art. 12. O pedido de infiltração será sigilosamente distribuído, de forma a não conter informações que possam indicar a operação a ser efetivada ou identificar o agente que será infiltrado.*
>
> *§ 1º As informações quanto à necessidade da operação de infiltração serão dirigidas diretamente ao juiz competente, que decidirá no prazo de 24 (vinte e quatro) horas, após manifestação do Ministério Público na hipótese de representação do delegado de polícia, devendo-se adotar as medidas necessárias para o êxito das investigações e a segurança do agente infiltrado.*
>
> *§ 2º Os autos contendo as informações da operação de infiltração acompanharão a denúncia do Ministério Público, quando serão disponibilizados à defesa, assegurando-se a preservação da identidade do agente.*
>
> *§ 3º Havendo indícios seguros de que o agente infiltrado sofre risco iminente, a operação será sustada mediante requisição do Ministério Público ou pelo delegado de polícia, dando-se imediata ciência ao Ministério Público e à autoridade judicial.*

6 – Comentários Sobre a Lei 12.850/13

O artigo 12 determina o sigilo absoluto (interno e externo) do pedido, orientando inclusive para que não contenha informações que possam indicar a operação a ser realizada ou identificar o agente a ser infiltrado. Esses requisitos de segurança são imprescindíveis tanto para a efetividade das diligências quanto para a segurança pessoal do infiltrado. Esse sigilo deve ser mantido durante todo o decorrer da infiltração.

Sob tais premissas, parece-nos adequada a aplicação analógica da Resolução nº59/08, do CNJ, que dispõe sobre a interceptação telefônica. Conforme os artigos 2º, 3º e 4º, a representação/requerimento para a *infiltração de agentes* deve ser encaminhada ao distribuidor com os documentos que a instruem em envelope lacrado, sendo que em sua parte externa deve constar apenas uma folha de rosto com as seguintes informações: medida cautelar sigilosa; Delegacia de Polícia ou Promotoria de Justiça postulante; e a Comarca de origem.

Contudo, diversamente das interceptações telefônicas (artigo 4º, § 1º, da Lei 9.296/96), não há previsão de pedido verbal, ainda que de forma excepcional em casos de urgência. A imprevisão do legislador parece justificada, pois não condiz com a própria natureza da medida de infiltração que deve ser procedida com cautela, aos poucos, sem atropelamentos ou pressa.

Dentro do sistema sigiloso, determina o § 1º, do artigo 12, da Lei 12.850/13, que o pedido de infiltração deverá ser dirigido diretamente ao juiz competente, o qual deverá decidir em 24 horas (prazo impróprio). Exige a lei prévia manifestação do Ministério Público na hipótese de representação do delegado de polícia.

Como já se disse acima, o sigilo absoluto (interno e externo) deve impor-se desde a formulação do pedido, seu processamento e durante toda a execução da infiltração. No entanto, findas as diligências e ofertado o relatório conclusivo (artigo 10, § 4º), o sigilo interno é levantado nos termos do § 2º, do artigo 12. Nessa oportunidade, a defesa terá acesso às informações sobre a infiltração, as quais, inclusive, acompanharão a denúncia do Ministério Público. Apenas, permanecerá assegurada a "preservação da identidade do agente" infiltrado por motivos óbvios de segurança pessoal e familiar. Quanto aos autos de infiltração, entende-se que após o término das diligências não é somente o sigilo interno para a defesa que se abrirá, mas também o externo, retomando o Princípio da Publicidade toda sua força, tirante, como já dito, os dados de identificação do agente infiltrado.

Tendo em vista a natureza de extremo perigo da função de infiltração, prevê a lei que essa atividade pode ser suspensa de imediato por determinação Ministerial ou diretamente pelo delegado de polícia que chefia as investigações, sempre que houver "indícios seguros de que o agente infiltrado sobre risco iminente". Se o delegado toma essa medida, deve *comunicá-la* imediatamente ao Ministério Público e ao juiz. Se o Promotor, deve *comunicar* o fato ao juiz.

Não diz a lei que o Ministério Público deve comunicar a sustação da diligência à autoridade policial porque isso é implícito. Ora, se o promotor requisita a sustação, ele o faria a quem senão ao próprio delegado de polícia que então estaria já ciente do ocorrido? Nessa esteira surge uma indagação: se o promotor requisita a sustação e o delegado de polícia discorda do temor Ministerial quanto à segurança do agente, pode ele não cumprir a determinação? Claro que não. Trata-se de "requisição" e não de "requerimento" do promotor, segundo os termos da lei. O delegado, como todo agente estatal, deve agir pautado na legalidade e, ademais, em casos como esse, deve ponderar sua atuação pelo "Princípio de Precaução", visando à proteção máxima do policial engajado naquela espécie de investigação extremamente arriscada em respeito à dignidade de sua pessoa humana.

Por outro lado, é interessante anotar que não é o risco comum à atividade de infiltração que poderá justificar a sustação de sua execução, mas, como diz a lei, "indícios seguros de risco iminente", ou seja, algo que extrapole o risco natural da atividade.

De todo modo, caso o delegado de polícia discorde do posicionamento do Ministério Público e ofereça razões veementes nesse sentido, inclusive com a anuência do próprio agente infiltrado, cremos que o ideal seria submeter o caso ao Poder Judiciário, que dará a palavra final sobre a sustação da infiltração ou não.

Conforme se vê, tanto o promotor como o delegado não dependem de ordem judicial para a sustação como o dependem para o início das diligências e mesmo para sua renovação. Isso é funcional, pois se refere a circunstâncias de urgência que não admitiriam nenhuma burocratização sob pena de colocar em xeque a vida do agente. Determinando a lei dessa forma, ou seja, que o promotor ou o delegado de polícia sustam a diligência e simplesmente *comunicam* ao juiz, não é dado a este pretender se imiscuir e determinar o seguimento da infiltração contra o enten-

6 – Comentários Sobre a Lei 12.850/13

dimento policial ou Ministerial. Seja em razão da vedação da atividade Judicial direta na investigação, seja por observância do "Princípio de Precaução" acima aventado. Agora, o fato de que uma infiltração tenha sido sustada não significa que não possa haver outra infiltração sobre o mesmo caso, inclusive utilizando outro agente, tendo em vista a possível revelação ou suspeita pairante sobre o anterior.

Ainda no intuito de dar mais segurança ao agente infiltrado, FERRO, GAZZOLA e PEREIRA, mencionam a figura do *protetor do infiltrado*. Segundo os autores, trata-se de um policial superior hierárquico cuja função é, basicamente, acompanhar de perto as atividades desenvolvidas pelo *agente infiltrado*, assegurando o seu acesso direto aos responsáveis pela elaboração do plano de infiltração.[370] Nas palavras dos estudiosos citados:

> (...) esta figura do "protetor" terá uma fundamental importância em termos de definir-se as melhores táticas operacionais a serem utilizadas pelo infiltrado, buscando, desse modo, permitir ao funcionário estatal a segurança para trabalhar dentro de situações de risco controláveis, evitando, assim, a exposição desnecessária de sua vida.

Particularmente, entendemos que toda infiltração deve contar com um *grupo de apoio*, composto por outros policiais especializados nessa técnica investigativa e integrantes do programa de infiltração. Considerando que nesse estudo nós propomos que os agentes infiltrados façam parte de um programa específico de treinamento constante, estando vinculados às escolas e academias de polícia, parece-nos adequado que esses mesmos policiais prestem colaboração ao agente que estiver empenhado em determinada tarefa, seja para auxiliá-lo na investigação (fornecendo informações e dados sobre os investigados, por exemplo) ou com o objetivo de dar-lhe proteção quando isso se fizer necessário.

Embora a lei não seja explícita a respeito, é claro que se não se tratar de risco para o infiltrado, mas de surgimento de suspeitas sobre sua conduta funcional durante as diligências, também será o caso de sustação do meio de prova e inclusive responsabilização criminal e administrati-

---

370 FERRO, Ana Luiza Almeida; GAZZOLA, Gustavo dos Reis; PEREIRA, Flávio Cardoso. *Criminalidade organizada: comentários à Lei 12.850/13, de 02 de agosto de 2013*. Curitiba: Juruá, 2014. p. 212.

416 Criminalidade Organizada & Globalização Desorganizada

va do agente nos mesmos moldes do artigo 12, § 3º, "*mutatis mutandis*" e ainda tendo em vista o disposto no artigo 13, "*caput*", estudado na sequência.

6.13.8. Da Proporcionalidade da Infiltração de Agentes e da Licitude da Ação Policial

> *Art. 13. O agente que não guardar, em sua atuação, a devida proporcionalidade com a finalidade da investigação, responderá pelos excessos praticados.*
>
> *Parágrafo único. Não é punível, no âmbito da infiltração, a prática de crime pelo agente infiltrado no curso da investigação, quando inexigível conduta diversa.*
>
> *Art. 10-C. Não comete crime o policial que oculta a sua identidade para, por meio da internet, colher indícios de autoria e materialidade dos crimes previstos no art. 1º desta Lei. (Incluído pela Lei nº 13.964, de 2019)*
>
> *Parágrafo único. O agente policial infiltrado que deixar de observar a estrita finalidade da investigação responderá pelos excessos praticados. (Incluído pela Lei nº 13.964, de 2019)*

Considerando toda a complexidade que envolve esta técnica de investigação criminal, a exposição do agente infiltrado (física ou psicológica) e a probabilidade do seu envolvimento em atos ilícitos, é imprescindível que o procedimento seja fiscalizado não apenas pelo delegado de polícia, mas também pelo Ministério Público e pelo Poder Judiciário.

Nesse contexto, a exigência da apresentação de um plano operacional para a infiltração se destaca como o primeiro instrumento de controle. Em consonância com o artigo 11, da Lei 12.850/13, já estudado, o requerimento do MP ou a representação do delegado de polícia devem demonstrar a necessidade da medida, o alcance das tarefas do agente e, quando possível, os nomes ou apelidos das pessoas investigadas e o local da infiltração.

Assim, já na provocação do Poder Judiciário deve ser apresentada uma espécie de roteiro da investigação, com a indicação dos seus alvos, os objetivos a serem alcançados, os locais de atuação, a natureza das infrações desenvolvidas pela organização criminosa, as qualificações do agente encoberto, seu respaldo técnico, as medidas de segurança ado-

6 – Comentários Sobre a Lei 12.850/13

tadas e, sobretudo, as condutas típicas que eventualmente podem ser praticadas durante a ação. Com base nessas informações torna-se mais viável e objetivo o controle da infiltração.

Em um segundo momento, as atividades definidas no plano operacional serão fiscalizadas por meio da exigência de relatórios circunstanciados, seja durante a diligência (art. 10, § 5º) ou ao seu final (art. 10, § 4º). Percebe-se, destarte, que estamos diante de uma técnica de investigação rigorosamente fiscalizada. Primeiro porque o agente infiltrado será supervisionado pelo delegado de polícia, pelo Ministério Público e pelo juiz. Segundo porque esse controle é efetivado antes da diligência (com a apresentação do plano operacional), durante o seu desenvolvimento e após (com a exigência de relatórios circunstanciados).

Se não bastasse tudo isso, a Lei 12.850/13 ainda estabelece no seu artigo 13, que o "agente que não guardar, em sua atuação, a devida proporcionalidade com a finalidade da investigação, responderá pelos excessos praticados". Ora, resta evidente, nesse cenário, que eventuais excessos praticados pelo agente policial devem ser avaliados à luz do caso concreto e tomando-se sempre por base o roteiro estabelecido no plano operacional.

De maneira ilustrativa, se a infiltração tem o objetivo de investigar uma organização voltada ao tráfico de drogas, o plano operacional deve indicar os seus integrantes, a região em que o agente infiltrado vai atuar, a probabilidade de ele portar armas de fogo de procedência desconhecida, de vender ou transportar drogas ilícitas, de ameaçar ou constranger pessoas com dívidas perante a organização etc. Agora, em uma circunstância normal, não teria qualquer vínculo com a investigação a prática de um estupro contra uma usuária de drogas. Por óbvio que em tal situação o agente deve responder pelo crime contra a dignidade sexual da vítima, não podendo se valer da infiltração para justificar sua conduta.

Vale frisar, nesse ponto, que durante a tramitação do projeto que culminou na Lei 12.850/13, chegou-se a cogitar a criação de um rol de crimes que não poderiam ser praticados pelo agente infiltrado. Contudo, tendo em vista que esse rol serviria como forma de identificação de agentes infiltrados, que poderiam ser submetidos a "testes de fidelidade" em relação a esses crimes, deliberou-se pelo afastamento dessa regra,[371] adotando-se, em contrapartida, o critério da proporcionalidade.[372]

Sobre os limites da atuação do agente infiltrado, SOUZA elenca alguns parâmetros adotados pelo FBI, nos EUA;[373]

1-) A prática de condutas definidas como crime pelo agente infiltrado é proibida, salvo se: a-) imprescindível a ação para a coleta de evidências e informações necessárias ao sucesso da operação, desde que sem violência à pessoa e haja a comunicação prévia à autoridade superior, ou imediata nos casos em que o contato prévio não for possível; b-) fundamental para a manutenção da falsa identidade do policial infiltrado; ou c-) para evitar a morte ou grave lesão, permitindo-se, nesse caso, atos violentos, cujo excesso não será permitido.

2-) Não deverá haver induzimento ou instigação à prática de nenhum ato definido como crime por parte do agente infiltrado.

3-) Se no decorrer das investigações o infiltrado tiver notícias de fatos praticados pela organização criminosa, sendo o corpo de delito matéria cuja prova, salvo flagrante delito, somente seja possível de obtenção mediante autorização judicial, deverá comunicar imediatamente à autoridade policial, para que represente ao juízo a medida pertinente (mandado de busca e apreensão, interceptação, quebra de sigilo, bloqueio de bens etc.).

4-) Todo material probatório que o agente infiltrado teve contato em razão de integrar o grupo criminoso, cujo acesso foi-lhe livremente franqueado pelos demais membros da organização, constituirá prova idônea da investigação.

Complementando a disposição do artigo 13, *caput*, o seu parágrafo único estabelece o seguinte: "Não é punível, no âmbito da infiltração, a prática de crime pelo agente infiltrado no curso da investigação, quando inexigível conduta diversa". Desse modo, se o agente infiltrado que tiver guardado a devida proporcionalidade com a finalidade da investigação, vier a praticar um crime, sua responsabilidade penal será excluída por

---

371 Relatório da Comissão de Constituição e Justiça e Cidadania: Projeto de Lei n° 6.578/2009.

372 Nos EUA admite-se a prática de crimes pelo agente infiltrado, desde que haja autorização de seu superior. Já na Alemanha é vedado o cometimento de ilícitos penais: GOMES, Luiz Flávio; SILVA, Marcelo Rodrigues. op. cit., p. 410.

373 SOUZA, Marllon. op. cit., p. 98

6 – Comentários Sobre a Lei 12.850/13

inexigibilidade de conduta diversa, que constitui causa excludente da culpabilidade.

Assim, considerando que o nosso Código Penal adotou a *teoria da acessoriedade limitada ou média*, o fato permanece típico e ilícito, o que viabiliza a responsabilização penal dos demais integrantes da organização criminosa.

Advirta-se, todavia, que a inexigibilidade de conduta diversa será invocada para afastar a responsabilidade criminal do agente infiltrado em relação aos *crimes organizados por extensão*, ou seja, aqueles praticados por ele na condição de integrante da organização criminosa, mas não para o *crime organizado por natureza*, vale dizer, o crime de participação em organização criminosa, descrito no artigo 2º, c/c artigo 1ª, § 1º, da Lei 12.850/13. Nesta última hipótese, tendo em vista a autorização legal e judicial para a adoção desta técnica de investigação, agente infiltrado estaria amparado pela causa justificante do *estrito cumprimento do dever legal* (art. 23, inciso III, do CP). Sob outro prisma, considerando que o agente infiltrado atua com *animus investigativo* e não com *animus associativo*, integrando a organização criminosa por meio de procedimento fomentado pela lei, pode-se considerar o fato atípico com base na *teoria da tipicidade conglobante*.

No que se refere à infiltração virtual de agentes, o novo artigo 10-C, parágrafo único, da LOC, seguindo as premissas do artigo 190-C, parágrafo único, da Lei 13.441/17, que alterou o ECA, dispõe que: "O agente infiltrado que deixar de observar a estrita finalidade da investigação responderá pelos excessos praticados". Como todo servidor público, o *agente policial virtual* deve pautar suas condutas pelos princípios constitucionais da legalidade, impessoalidade, moralidade, eficiência, proporcionalidade etc.

Com efeito, é imprescindível que o agente infiltrado desenvolva suas ações com base nos limites impostos pelo juiz na decisão que autorizou o procedimento, atentando-se especialmente para o prazo estabelecido e o objeto da investigação. Assim, o policial que se aproveitar da diligência para, por exemplo, armazenar fotografia ou vídeo de cunho pornográfico envolvendo criança ou adolescente para satisfazer sua própria lascívia, responderá pelo crime previsto no artigo 241-B, do Estatuto da Criança e do Adolescente. Haverá, outrossim, desvio de finalidade nos casos em que o agente se aproveita da identidade virtual fictícia para efetivar transações pessoais de seu interesse pela Internet.

Se, por outro lado, ele *armazenar* em seu computador de trabalho fotografia, vídeo ou qualquer outra forma de registro que contenha material pornográfico infantil, com a finalidade de eventualmente transmiti-lo para uma pessoa investigada, tudo com o objetivo de ganhar a sua confiança e, assim, reforçar os indícios de autoria e materialidade criminosa (técnica de engenharia social), não há que se cogitar a prática dos crimes previstos nos artigos 241-A[374] e 241-B,[375] do ECA.

Em tais situações, considerando seu *animus* investigativo e observadas as regras de proporcionalidade no desenvolvimento da infiltração, considerando, ademais, que a intenção do agente policial é proteger o bem jurídico tutelado pelos tipos penais e não ofendê-los (ausência de dolo), aplica-se a excludente do próprio artigo 241-B, § 2º, inciso I, do ECA.[376] Com relação à outros crimes eventualmente praticados, como o de *invasão de dispositivo informático* (art. 154-A, CP), por exemplo, aplica-se a excludente de culpabilidade da inexigibilidade de conduta diversa.

Por fim, o novo artigo 10-C, *caput*, tal qual o artigo 190-C, *caput*, da Lei 13.441/17, estabelece que não comete crime o policial que oculta sua identidade para, por meio da Internet, colher indícios de autoria e materialidade do crime de participação em organização criminosa, tipificado no artigo 2º, da LOC. Trata-se de uma hipótese de excludente de ilicitude pelo estrito cumprimento do dever legal,[377] desde que, é claro, o agente observe os limites e as finalidades da investigação, conforme exposto acima.

---

374 Art. 241-A: Oferecer, trocar, disponibilizar, transmitir, distribuir, publicar ou divulgar por qualquer meio, inclusive por meio de sistema de informática ou telemático, fotografia, vídeo ou outro registro que contenha cena de sexo explícito ou pornográfica envolvendo criança ou adolescente: Pena – reclusão, de 3 (três) a 6 (seis) anos, e multa.

375 Art. 241-B: Adquirir, possuir ou armazenar, por qualquer meio, fotografia, vídeo ou outra forma de registro que contenha cena de sexo explícito ou pornográfica envolvendo criança ou adolescente: Pena – reclusão, de 1 (um) a 4 (quatro) anos, e multa.

376 Art. 241-B, § 2º *Não há crime se a posse ou o armazenamento tem a finalidade de comunicar às autoridades competentes a ocorrência das condutas descritas nos arts. 240, 241, 241-A e 241-C desta Lei, quando a comunicação for feita por: I – agente público no exercício de suas funções;*

377 Para os adeptos da *teoria da tipicidade conglobante*, pode-se falar na atipicidade da conduta, uma vez que a atuação do agente infiltrado é autorizada pela lei.

6 – Comentários Sobre a Lei 12.850/13

6.13.9. Dos direitos do agente infiltrado

Estabelece o artigo 14, incisos I a IV da Lei 12.850/13 os direitos do agente infiltrado. O primeiro deles é recusar ou fazer cessar a atuação infiltrada. Certamente ninguém pode ser forçado a uma atividade como essa, mesmo porque exige capacitação e até mesmo vocação excepcionais. Na realidade, tendo em vista a natureza da atividade e a precariedade do aparato nacional judiciário, Ministerial e policial, entende-se que qualquer pessoa de bom senso deveria negar-se ao envolvimento nessa espécie de investigação. Mas, a lei também prevê que o indivíduo, mesmo após haver ingressado na atividade pode a qualquer tempo, unilateralmente e independentemente de motivação, fazer cessar a atividade infiltrada, o que também se justifica plenamente.

Advirta-se, contudo, que uma vez adotada nossa proposta de formação de um programa especial de agentes infiltrados, os policiais que o integrarem ficarão à disposição para esse tipo de tarefa, razão pela qual, eventual recusa em participar da infiltração deve resultar na exclusão do policial recalcitrante do programa.

Ao agente infiltrado é permitida a alteração de sua identidade por aplicação, naquilo que couber, do artigo 9º, da Lei 9.807/99, referente à proteção de testemunhas e réus colaboradores. Além disso, pode também se beneficiar de todo o aparato previsto nessa legislação. Novamente é preciso salientar que, considerando os recursos atualmente existentes para a concretização dessas medidas de proteção, somente um tolo ou inconsequente se submeteria à atividade de infiltração, pois que sua segurança estaria pendendo nas bordas evanescentes de uma fábula.

Também tem direito o agente a "ter seu nome, sua qualificação, sua imagem, sua voz e demais informações pessoais preservadas durante a investigação e o processo criminal". Parece que aqui a lei novamente diz menos do que deveria ou pretendia. Porque a interpretação literal dá a entender que essa preservação somente iria até o fim do processo, quando, na verdade, deve ser perene. De que adiantaria ocultar os dados do infiltrado somente durante as investigações e o processo se depois eles fossem publicizados? Seria o mesmo que atirá-lo aos leões após utilizá--lo como se agora fosse uma "coisa" inservível!

Haveria clara violação da dignidade humana do policial. Mas, a lei ainda prevê que todo esse sigilo pode ser excetuado por "decisão judicial em contrário". E não estabelece limites para a justificativa dessa espécie de decisão judicial que coloca em risco total o agente. Há neste ponto mais uma razão a aconselhar qualquer pessoa de bom senso a não se imiscuir nessa atividade, pois que totalmente despida de qualquer garantia mínima de segurança pessoal, funcional e jurídica.

A redação aberta do dispositivo praticamente deixa ao alvedrio judicial a abertura da identidade do agente. Não se pode ser ingênuo ao ponto de não contar com a possibilidade de corrupção ou de intimidação do órgão judicial. Nem também com a falta de bom senso. Assim o agente infiltrado está simplesmente exposto a abusos imponderáveis. Vislumbra-se apenas uma única situação em que se justificaria a revelação de sua identidade, a qual seria aquela em que ele seja suspeito de extrapolar suas funções policiais, de envolver-se em corrupção ou de praticar ações criminosas fora da proporcionalidade prevista no artigo 13 e seu Parágrafo Único. Mas, novamente, se verifica que o agente está dependurado em uma série de dispositivos polissêmicos, sujeitos a um grau enorme de subjetividade, que o lançam em uma viagem tenebrosa a um vale das sombras onde tudo deverá temer porque não há ninguém a protegê-lo.

Finalmente, tal como o investigado ou réu colaborador, detém o agente infiltrado o direito de não ter sua identidade revelada, nem ser fotografado ou filmado pelos meios de comunicação, sem sua prévia autorização por escrito. Dessa forma, remete-se o leitor aos comentários já expendidos com referência ao colaborador, os quais são aplicáveis ao caso ora em estudo com os devidos ajustes.

6.13.10. Agente Infiltrado e Agente Disfarçado: distinções

Entre as inovações promovidas pelo denominado "Pacote Anti-crime", destacamos neste ponto a figura do "agente policial disfarçado", com previsão no artigo 33, § 1º, inciso IV, da Lei de Drogas e nos artigos 17, § 2º e 18, Parágrafo Único, do Estatuto do Desarmamento.

Os dispositivos em questão são praticamente idênticos e apresentam uma redação interessante e inovadora, sugerindo, assim, que poderíamos estar diante de um tipo penal incriminador. Vejamos, pois, a redação expressa no novo § 2º, do artigo 17, do Estatuto do Desarmamento:

6 – Comentários Sobre a Lei 12.850/13

> *Art. 17, § 2º Incorre na mesma pena quem vende ou entrega arma de fogo, acessório ou munição, sem autorização ou em desacordo com a determinação legal ou regulamentar, a agente policial disfarçado, quando presentes elementos probatórios razoáveis de conduta criminal preexistente.*

Note-se que o texto legal descreve duas condutas ("vender" e "entregar"), relacionando-as com arma de fogo, acessório e munição e faz menção às penas previstas no *caput* do artigo (que criminaliza o comércio ilegal de arma de fogo), técnica normalmente utilizada para ilustrar figuras penais equiparadas, passando, assim, a falsa impressão de que se trata de um tipo penal incriminador.

O mesmo ocorre no artigo 33, § 1º, IV, na Lei de Drogas, onde se estabelece que "nas mesmas penas incorre quem: vende ou entrega drogas ou matéria-prima, insumo ou produto químico destinado à preparação de drogas, sem autorização ou em desacordo com a determinação legal ou regulamentar, a agente policial disfarçado, quando presentes elementos probatórios razoáveis de conduta criminal preexistente".

Destaque-se, todavia, que, em nosso entendimento, estamos diante de uma norma penal de natureza explicativa, onde o legislador acata um posicionamento jurisprudencial relacionado ao denominado "flagrante preparado", esclarecendo que nas circunstâncias descritas no dispositivo não há qualquer ilegalidade na ação do *agente policial disfarçado* e também não se pode cogitar a atipicidade dos fatos, uma vez que o suspeito responderá por outras condutas previstas no *caput* do artigo 17, do Estatuto ou 33, da Lei de Drogas.

Para que possamos compreender essa inovação legislativa, torna-se imprescindível uma análise, ainda que perfunctória, do chamado "flagrante provocado". Primeiramente, chamamos a atenção do leitor para o fato de que o flagrante preparado (ou provocado) não se confunde com o "flagrante esperado", embora essas duas modalidades de flagrante contem com a intervenção de terceiros antes da prática das condutas punidas. Entretanto, de acordo com a jurisprudência, somente no segundo caso a prisão é considerada legal, sendo o flagrante preparado ilegal.

Nesse diapasão, é o enunciado da Súmula 145 do STF: "Não há crime, quando a preparação do flagrante pela polícia torna impossível a sua consumação". Perceba-se que o flagrante preparado (ou provocado) conta com a intervenção de um terceiro que provoca a prática do crime pelo agente, sendo que, do mesmo modo, são tomadas providências que impossibilitam a consumação do delito. Trata-se, no caso, de um típico exemplo de crime impossível (art. 17, do CP), também chamado de delito putativo por obra do agente provocador.

Fixadas essas premissas, nesse ponto é preciso focar nossa atenção no "flagrante provocado", que envolve exatamente as normas descritas nos dispositivos acima mencionados. Isso porque, percebam, o *agente policial disfarçado* se passa por um comprador de drogas ou armas de fogo, provocando, assim, o suspeito a lhe "vender" ou lhe "entregar" os objetos materiais em questão.

Note-se que a ação provocativa do agente policial disfarçado se limita às condutas finais de "venda" ou "entrega", o que descaracteriza os crimes, exclusivamente, em relação a esses núcleos dos tipos penais (*entrapment*), mas não afasta a ilegalidade das condutas praticadas anteriormente, como as de "ter em depósito", "transportar" ou "ocultar", por exemplo. Daí por que o texto estabelece que em tais hipóteses o suspeito estará sujeito às mesmas penas do *caput*, desde que o conjunto probatório indique "conduta criminal preexistente".

Resta evidente, portanto, que a inovação legislativa em estudo não acarreta qualquer mudança na compreensão do "flagrante preparado" e sobre a sua ilegalidade, mantendo-se o entendimento de que a conduta provocada pelo agente policial disfarçado constitui fato atípico em decorrência da norma prevista no artigo 17, do Código Penal, que trata do "crime impossível".

Contudo, se nesses casos os elementos probatórios demonstrarem a prática de outra conduta típica, torna-se plenamente possível a responsabilização do suspeito, inclusive com sua prisão em flagrante. Justamente por isso, pensamos que a ação do policial disfarçado também se destaca como uma "técnica especial de investigação", servindo para reforçar a materialidade dos crimes de comércio ilegal de arma de fogo, tráfico de armas ou de drogas.

Nas lições de Ó SOUSA, CUNHA, ASSIS e LINS:

> (...) pode-se esboçar a definição de agente disfarçado como aquele que, ocultando sua real identidade, posiciona-se com aparência de um cidadão comum (não chega a infiltrar-se no grupo crimi-

6 – Comentários Sobre a Lei 12.850/13

noso) e, partir disso, coleta elementos que indiquem a conduta criminosa preexistente do sujeito ativo. O agente disfarçado ora em estudo não se insere no seio do ambiente criminoso e tampouco macula a voluntariedade na conduta delitiva do autor dos fatos.[378]

Concordamos parcialmente com os autores acima mencionados. De fato, a ação do agente policial disfarçado não macula a voluntariedade da conduta delitiva do investigado, entretanto, não nos parece correto dizer que essa técnica investigativa tenha por finalidade coletar elementos que indiquem a conduta criminosa preexistente. Na verdade, a ação só se justifica nas hipóteses em que já houver elementos que indiquem o envolvimento do investigado com a infração penal.

A adoção desta técnica, portanto, pressupõe a existência de elementos probatórios de crime anterior, sendo que a intervenção do agente disfarçado apenas reforça a materialidade do crime investigado, constituindo, por assim dizer, "a cereja do bolo". Do contrário, em se entendendo que o agente disfarçado busca coletar dados de infração preexistente, estaríamos admitindo a denominada "*fishing expedition*", procedimento em que se almeja verificar, sem qualquer lastro probatório e de maneira aleatória, o envolvimento de uma pessoa com o delito.

De maneira ilustrativa, imagine que foi instaurado inquérito policial para investigar um suspeito de realizar o comércio ilegal de armas de fogo, acessório e munição. Por meio de interceptação telefônica, fica comprovado que o investigado se dedica ao exercício dessa atividade comercial. No intuito de reforçar a materialidade do crime, um policial disfarçado procura o suspeito e demonstra interesse na aquisição de 5 pistolas calibre .45, sendo que durante a transação o comerciante deixa claro que tem diversas opções de armas e munições em estoque. O valor estipulado para a venda é pago e é marcado um local para a entrega do armamento, oportunidade em que o suspeito é preso em flagrante.[379]

---

378 Ó SOUSA, Renee do. CUNHA, Rogério Sanches. ASSIS, Caroline de. LINS, Silva Homes. *A nova figura do agente policial disfarçado prevista na Lei 13.964/19.* Disponível: https://meusitejuridico.editorajuspodivm.com.br/2019/12/27/nova--figura-agente-disfarcado-prevista-na-lei-13-9642019/. Acesso em: 14.05.2020.

379 Importante consignar que no exemplo abordado a polícia poderia se valer, ademais, de "ação controlada", outra técnica investigativa prevista na Lei 12.850/13 e que estabelece a possibilidade de se postergar a intervenção policial para o momento mais eficaz à formação de provas. No caso, o investigado poderia não ser

No exemplo acima a técnica de investigação adotada serviu para provocar a "venda" e a "entrega" das armas de fogo. Com efeito, não se pode cogitar o crime do artigo 17, nos núcleos "vender" ou "entregar", mas considerando que a investigação já indicava a prática de conduta criminal anterior ("ter em depósito"), é perfeitamente possível a sua responsabilização penal pelo crime de comércio ilegal de arma de fogo.

Por fim, cabe registrar que essa nova figura do "agente policial disfarçado" não se confunde com a "infiltração de agentes", prevista na Lei 12.850/13, ora em estudo. Embora estejamos diante de técnicas especiais de investigação criminal, a "infiltração de agentes", nos termos da legislação de regência, exige ordem judicial para ser implementada, observando-se, ainda, outras formalidades, como a necessidade de um relatório das diligências. A nova figura do agente policial disfarçado, por outro lado, dispensa autorização judicial ou qualquer outra formalidade, podendo ser adotada de forma discricionária pelo responsável pela investigação.

Outro aspecto distintivo entre essas figuras é o fato de que enquanto na "infiltração de agentes" o policial, de forma dissimulada, toma parte em uma organização criminosa, o "agente policial disfarçado" em momento algum se associa aos investigados. Resta evidente que nas duas técnicas os agentes policiais ocultam suas identidades e dissimulam a pretensão investigativa que pauta as diligências, mas na infiltração a medida é muito mais invasiva e arriscada, justificando, destarte, as formalidades impostas pelo ordenamento jurídico para a sua adoção. Conclui-se, assim, que as mencionadas técnicas investigativas não se confundem, embora sejam marcadas pela dissimulação.

6.14. ACESSO A REGISTROS, DADOS CADASTRAIS, DOCUMENTOS E INFORMAÇÕES

> *Art. 15. O delegado de polícia e o Ministério Público terão acesso, independentemente de autorização judicial, apenas aos dados cadastrais do investigado que informem exclusivamente a qualificação pessoal, a filiação e o endereço mantidos pela Justiça Eleitoral, empresas telefônicas, instituições financeiras, provedores de internet e administradoras de cartão de crédito.*

---

preso no momento da entrega das armas, sendo monitorado até retornar para o local em que mantém em depósito os objetos materiais do crime.

6 – Comentários Sobre a Lei 12.850/13

> *Art. 16. As empresas de transporte possibilitarão, pelo prazo de 5 (cinco) anos, acesso direto e permanente do juiz, do Ministério Público ou do delegado de polícia aos bancos de dados de reservas e registro de viagens.*
>
> *Art. 17. As concessionárias de telefonia fixa ou móvel manterão, pelo prazo de 5 (cinco) anos, à disposição das autoridades mencionadas no art. 15, registros de identificação dos números dos terminais de origem e de destino das ligações telefônicas internacionais, interurbanas e locais.*

A Lei de Organização Criminosa, em seu artigo 15, autoriza o delegado de polícia e o promotor de justiça a terem acesso direto, independentemente de autorização judicial (sem reserva de jurisdição), a "dados cadastrais" dos investigados que "informem exclusivamente a qualificação pessoal, a filiação e o endereço", constantes na "Justiça Eleitoral, empresas telefônicas, instituições financeiras, provedores de internet e administradoras de cartão de crédito". Essa é uma previsão salutar que agiliza as investigações e desburocratiza os procedimentos, principalmente nos casos de crime organizado.

Já havia anteriormente previsto essa possibilidade, para qualquer investigação pelo delegado de polícia, a Lei 12.830/13, em seu artigo 2º, § 2º, o que certamente se estende ao Ministério Público, considerando seu poder requisitório constitucionalmente previsto, bem como em sua Lei Orgânica. Deve-se ter em mente que o acesso direto, sem reserva de jurisdição, é limitado aos meros dados cadastrais elencados no dispositivo e não influencia em nada as reservas de jurisdição previstas constitucionalmente tais como as interceptações telefônicas, sigilo fiscal e bancário etc. Portanto, nem o delegado, nem o promotor poderão, por exemplo, ter acesso direto às movimentações bancárias de uma pessoa, à suas comunicações telefônicas, mas tão somente aos seus dados cadastrais. Para mais que isso será necessária ordem judicial. No mesmo sentido:

> A previsão do art. 15 não merece censura, pois os dados cadastrais referentes à qualificação pessoal (nome completo, RG, CPF, profissão, nacionalidade, estado civil), à filiação (nome dos pais) e ao endereço (lugar de domicílio ou residência) não constituem *meios de prova* contra o indivíduo, mas sua identificação. O direito de não produzir prova contra si mesmo nunca abrangeu a

ocultação de tais dados. Igualmente, não tem o investigado ou acusado o direito de manter silêncio sobre isso. Esses informes constituem dados de natureza pública, não constituindo cenário da intimidade, razão pela qual é desnecessária a intervenção judicial. Por isso, a autoridade policial e o membro do Ministério Público podem acessar os mencionados dados diretamente dos entes retratados no artigo. Aliás, podem ir além, consultando outros órgãos, como os de proteção ao crédito, lojas etc.[380]

Também estabelece a lei em seu artigo 16 que as empresas de transporte darão acesso por cinco anos diretamente ao juiz, ao Ministério Público e ao delegado de polícia aos bancos de dados de reservas e registros de viagens. Esse é outro instrumento útil para o monitoramento de deslocamento de suspeitos pelas autoridades. Também se entende que por força da Lei 12.830/13 e seu dispositivo acima mencionado esses dados poderão ser obtidos pelo delegado ou promotor não somente em investigações de crime organizado, mas em qualquer situação de interesse criminal. A partir do momento em que a Lei 12.850/13 determina a disponibilização desses bancos de dados pelas agências aos órgãos da persecução e que a Lei 12.830/13 permite a requisição direta de "informações, documentos e dados que interessem à apuração dos fatos" pelo delegado, parece indiscutível que esses informes poderão ser utilizados para toda e qualquer atividade apuratória.

Finalmente, o artigo 17 determina às concessionárias de telefonia fixa e móvel a manutenção, pelo prazo de cinco anos, de um banco de dados à disposição dos delegados de polícia e promotores de justiça, de todos os registros de identificação dos terminais de origem e destino das ligações telefônicas internacionais, interurbanas e locais. A partir de agora, entendemos que tanto na investigação de crime organizado, como em outras quaisquer, considerando a criação desse banco à disposição das autoridades e o disposto no artigo 2º, § 2º, da Lei 12.830/13, o acesso aos chamados "registros telefônicos", finalmente deixa de ser submetido à reserva de jurisdição, podendo ser requisitado diretamente às concessionárias pelo delegado ou pelo promotor, como, aliás já se aventava desde antanho, já que não abrangidos pela dicção do artigo 5º, XII, CR e nem da Lei 9.296/96, que versam exclusivamente sobre "interceptação telefônica" e não sobre os registros de ligações.

---

380 NUCCI, Guilherme de Souza. Op. Cit., p.41.

6 – Comentários Sobre a Lei 12.850/13

Há que ser procedida uma diferenciação entre "comunicação telefônica" e os "registros" dessa comunicação constantes, geralmente por escrito, nas companhias telefônicas.[381] O acesso a tais registros possibilita ao investigador o conhecimento de uma série de informações muitas vezes bastante úteis ao deslinde da atividade criminosa sob disquisição. Podem ser obtidos informes sobre as datas e horários das chamadas telefônicas, duração delas, linha telefônica acessada etc.

Basicamente, são informações de menor amplitude do que aquelas passíveis de serem coletadas por intermédio de uma interceptação telefônica propriamente dita. Isso porque, durante a interceptação, penetra-se na comunicação no mesmo momento em que ela se desenrola, apreendendo-se não somente dados externos, mas o seu próprio conteúdo palavra por palavra. Já no acesso aos registros telefônicos, trata-se de levantamento de informações pretéritas. Pode-se dizer que a obtenção dos informes contidos nesses registros é uma operação ordinária no Processo Penal, uma vez que se pode enquadrar na atividade corriqueira de "reconstrução histórica dos fatos".[382] Por seu turno, as interceptações telefônicas configuram uma atividade investigatória atípica, pois conforme já demonstrado, consistem numa constatação simultânea ou concomitante dos fatos.

Bem entendida a distinta natureza dos registros com relação às comunicações telefônicas, a questão que se põe é saber se a quebra do sigilo dos primeiros pode ocorrer, e também se tal quebra pode sustentar-se nos ditames da Lei 9.296/96.

A doutrina apresenta-se multímoda quanto ao tema. GRINOVER[383]

---

381 Para maior aprofundamento ver: CABETTE, Eduardo Luiz Santos. *Interceptação Telefônica*. 2ª ed. São Paulo: Saraiva, 2011, p. 46-48.

382 "Não é mistério que no processo, e não só no processo penal, se faz história. Digo: não é um mistério para os juristas, os quais aqui têm há tempo voltado a atenção; mas, pode surpreender o homem comum, ao qual é dirigido meu discurso. Isto acontece porque nós estamos acostumados a considerar a história dos povos, que é a grande história; mas há também a pequena história, a história dos indivíduos; aliás não haveria aquela sem esta, como não haveria a corda sem os fios, que estão torcidos entre si. Quando se fala de história, o pensamento percorre as dificuldades que se apresentam para reconstituir o passado; mas são, tendo em conta a medida, as mesma dificuldades que se devem superar no processo". CARNELUTTI, Francesco. *As misérias do processo penal*. Trad. José Antonio Cardinalli. Campinas: Conan, 1995, p. 43-44.

383 GRINOVER, Ada Pellegrini. O regime brasileiro das interceptações telefônicas. *Revista Brasileira de Ciências Criminais*. n. 17, jan./mar., 1997,p. 115.

430   *Criminalidade Organizada & Globalização Desorganizada*

parece apontar a impossibilidade legal da quebra do sigilo, afirmando que "a informação a respeito do registro de ligações feitas de ou para determinada linha telefônica não se enquadra na lei, podendo aí caracterizar-se violação do sigilo profissional".

Em frente oposta encontra-se GRECO FILHO,[384] para quem não somente são válidas as ingerências nos registros telefônicos como podem elas operar-se com base na Lei 9.296/96. Afirma o autor:

> (...) aplica-se a disciplina da norma legal comentada (...) mesmo não se tratando de "interceptação" propriamente dita, quanto aos registros sobre as comunicações existentes nos concessionários de serviços públicos, tais como a lista de chamadas interurbanas, os números chamados por telefones celulares etc.

Assume posição intermediária Luiz Flávio Gomes[385] ao corroborar a constatação de que a Lei 9.296/96 não abrange os registros telefônicos, possuindo seu campo de atuação limitado às interceptações propriamente ditas. No entanto, destacando a relatividade dos direitos em face do princípio da proporcionalidade, pugna pela possibilidade de quebra do sigilo dos registros telefônicos mediante ordem judicial. Destaca, porém, que tal somente se poderá dar em casos excepcionais e de gravidade, podendo a Lei 9.296/96 ser utilizada, não como norma reguladora direta, mas como baliza em analogia para estabelecimento de parâmetros mais seguros do critério de proporcionalidade e de razoabilidade. Por fim, vale mencionar que o referido autor aponta a necessidade de permissivo legal para a quebra do sigilo, o qual certamente seria diverso da Lei 9.296/96, mas imprescindível, tendo em conta a regra de que "nenhum direito fundamental pode sofrer restrição sem a intervenção do legislador" (*"interpositio legislatoris"*).

Realmente a Lei de Interceptações Telefônicas não abrange os registros telefônicos, pois em nenhum momento faz menção a eles em seus dispositivos. Nada impediria que houvesse o legislador aproveitado a oportunidade para tratar desse assunto, sanando mais uma omissão. Aliás, o tratamento da matéria seria bem mais singelo do que no caso das interceptações, seja porque, como já demonstrado, neste caso a in-

---

384   GRECO FILHO, Vicente. *Interceptação telefônica.* São Paulo: Saraiva, 1996, p. 6-7.
385   GOMES, Luiz Flávio, CERVINI, Raúl. *Interceptação telefônica.* São Paulo: RT, 1997, p. 100-104.

6 – Comentários Sobre a Lei 12.850/13   431

vasão da intimidade assume contornos menos pungentes, seja porque não haveria necessidade de uma regulamentação pormenorizada de um "modus operandi", inevitável no caso da operacionalização das interceptações. Quanto aos registros, bastaria uma lembrança do legislador de, em poucas linhas, prever a possibilidade do pedido (pela autoridade policial ou pelo Ministério Público) e a requisição pelo juiz às empresas responsáveis pela telefonia.

Ainda que infelizmente silente a lei específica, há que acatar-se a tese da "relatividade dos direitos", para reconhecer a possibilidade, de acesso aos registros telefônicos, especialmente agora diante de regulamentação da matéria, seja pela Lei 12.850/13, seja pela anterior Lei 12.830/13.

A matéria ensejará, contudo, debate. PACELLI, por exemplo, embora não critique o acesso aos dados cadastrais previstos no artigo 15, já aponta a inconstitucionalidade do artigo 17, da Lei 12.850/13, devido ao afastamento da reserva de jurisdição para obtenção dos registros telefônicos:

> De outra parte, mas, na mesma direção, apontamos desde já a inconstitucionalidade da regra contida no art. 17 da Lei 12.850/13, que avança sobre o *sigilo de registros telefônicos* pelo período dos últimos 5 (cinco) anos. Com efeito, aí já não se trata mais de informações acerca do nome, da qualificação e do endereço do investigado, mas de dados essencialmente conectados com o exercício da intimidade e da privacidade. Impõe-se a necessidade de autorização judicial, como desdobramento das comunicações dessa natureza (art. 5º, XII, CF).[386]

No mesmo diapasão manifesta-se NUCCI:

> Este dispositivo, no entanto, não corresponde à legitimidade das autoridades mencionadas no art. 15 (delegado e membro do Ministério Público) para ter acesso a dados diversos da qualificação pessoal, filiação e endereço, pois o art. 17 refere-se a registros de ligações telefônicas, algo que ingressa no âmbito íntimo do indivíduo, necessitando de autorização judicial para serem revelados.[387]

---

386 PACELLI, Eugenio. Op. Cit.
387 NUCCI, Guilherme de Souza. Op. Cit., p. 42.

Releva observar que os autores disseram bem quando se referiram à esfera de proteção da vida privada e da intimidade, mas equivocaram-se ao mesclar isso com as comunicações telefônicas e o disposto no artigo 5º, XII, CR. Na verdade, a tutela dos registros telefônicos pode ser encontrada no próprio artigo 5º, mas inciso X, CR, que, este sim, trata da intimidade e vida privada e não das comunicações telefônicas, abrangidas pelo inciso XII e pela Lei 9.296/96.

Portanto, em discordância com PACELLI e NUCCI, entende-se, conforme acima já explicitado, que a Constituição não exige reserva qualificada de legislação, mas reserva simples. Ou seja, não exige uma lei pormenorizada como a Lei 9.296/96 para a quebra das informações contidas nos simples registros telefônicos, como o faz com relação às interceptações. Servem-lhe legislações mais simplificadas como as Leis 12.830/13 (artigo 2º, § 2º) e 12.850/13 (artigo 17). Basta para isso comparar as dicções dos incisos X e XII e constatar que nesse segundo a Constituição afirma a necessidade de "ordem judicial, nas hipóteses e na forma que a lei estabelecer para fins de investigação criminal ou instrução processual penal". Já no inciso X, apenas estabelece a inviolabilidade que, como é sabido, não é absoluta. Mas, não exige uma legislação estabelecendo "as hipóteses e forma, bem como os casos especiais", de modo que há, como já visto, uma *reserva legal simples*. Inclusive as interceptações somente podem ser utilizadas para fins criminais, enquanto que a pesquisa dos registros o pode ser para quaisquer fins (civis, por exemplo).

6.15. AFASTAMENTO DOS SIGILOS FINANCEIRO, BANCÁRIO E FISCAL

Também no artigo 3º, inciso VI, permite a lei o afastamento dos sigilos financeiro, bancário e fiscal, "nos termos da legislação específica". Novamente não traz a lei qualquer inovação, mas apenas faz referência à Lei Complementar nº 105/01 a qual exige ordem judicial, de modo que, tal qual para as interceptações telefônicas, todas as formalidades devem ser obedecidas normalmente e não haverá acesso direto aos movimentos do investigado sob os prismas financeiro, bancário ou fiscal, sempre devendo ser observada a reserva de jurisdição.

Sobre este afastamento de sigilo e as interceptações telefônicas sobreditas é importante notar que o Ministério Público e a Autoridade

6 – Comentários Sobre a Lei 12.850/13

Policial, de acordo com os artigos 15 e 17 da Lei 12.850/13 terão acesso somente aos dados cadastrais e aos registros telefônicos das bases de dados das empresas de telefonia fixa e móvel, bem como, de acordo com o artigo 16 do mesmo diploma, aos registros de empresas de transporte, sem necessidade de ordem judicial. Mas, isso não significa que se prescinda dessa ordem para o acesso às movimentações financeiras, bancárias e fiscais, bem como para a interceptação telefônica. Ao reverso de excepcionar a regra geral, neste ponto o legislador deixa muito claro que tudo se deverá conformar à *legislação específica* já vigorante sobre as matérias em questão.

6.16. COOPERAÇÃO ENTRE INSTITUIÇÕES E ÓRGÃOS FEDERAIS, DISTRITAIS, ESTADUAIS E MUNICIPAIS NA BUSCA DE PROVAS E INFORMAÇÕES DE INTERESSE DA INVESTIGAÇÃO OU DA INSTRUÇÃO CRIMINAL

Tendo em vista os poderes requisitórios das autoridades judiciária e policial, bem como do Ministério Público, esses órgãos e instituições são mesmo obrigados a colaborar com as investigações, simplesmente cumprindo as determinações legalmente exaradas pelos respectivos interessados, inclusive sob pena de responsabilização criminal, civil e administrativa de seus agentes.

Contudo, o dispositivo do inciso VIII do artigo 3º, da Lei 12.850/13 remete a uma possível regulamentação acerca de um programa de colaboração e troca de informações constante em termos de serviço de inteligência interligado entre os diversos órgãos dos entes federativos, bem como entre as polícias civil e federal, o Ministério Público e o Judiciário. A formação de uma rede de inteligência seria realmente o ideal, mas isso demanda boa vontade política, união de esforços e uma regulamentação segura que permita a colocação em prática dessa ideia, que pode emergir do dispositivo comentado.

6.17. DOS CRIMES OCORRIDOS NA INVESTIGAÇÃO E NA OBTENÇÃO DE PROVA

A Lei 12.850/13, além do crime de organização criminosa, previsto em seu artigo 2º, também elenca algumas novas figuras criminosas em seus artigos 18 a 21. Todos são crimes que se referem a atuações que

434 Criminalidade Organizada & Globalização Desorganizada

podem obstruir o bom andamento das investigações em casos de Organização Criminosa.

Entende-se, portanto, que em geral essas infrações penais têm por bem jurídico tutelado a "Administração da Justiça". A seguir passa-se à análise de cada tipo penal separadamente:

6.17.1. Crime de Violação do Sigilo sobre a Identidade do Colaborador

> *Art. 18. Revelar a identidade, fotografar ou filmar o colaborador, sem sua prévia autorização por escrito: Pena – reclusão, de 1 (um) a 3 (três) anos, e multa.*

Neste crime, que é de ação múltipla, de conteúdo variado ou tipo misto alternativo, a prática de qualquer das condutas acima leva a um prejuízo tanto das investigações quanto da segurança pessoal do colaborador. Portanto, além do bem jurídico "Administração da Justiça", estão também em jogo a integridade física e a vida do colaborador, de modo que se trata de um crime complexo, pois que tutela vários bens jurídicos. Ele também é um instrumento a assegurar os direitos do colaborador previstos no artigo 5º, I, II e V, da lei de regência. Inclusive o inciso V, do referido artigo 5º, exige exatamente a autorização expressa e por escrito do colaborador com relação a entrevistas, filmagens, fotografias etc.

O tipo penal parece dirigir-se mais contundentemente aos órgãos de imprensa, mas não significa uma violação ao direito de informação e liberdade de imprensa. Ocorre aqui, como já comentado alhures, um conflito entre direitos e interesses igualmente tutelados pela Constituição da República, de modo que o Princípio da Proporcionalidade leva à prevalência da segurança do colaborador e do interesse na apuração criminal. Ademais, o tipo penal não descreve crime próprio, mas comum. Assim sendo, não somente jornalistas e fotógrafos de órgãos de imprensa podem incidir em suas penas, mas qualquer pessoa, inclusive autoridades e policiais em geral, advogados ou qualquer indivíduo que viole a restrição legal.

Note-se que não há necessidade de divulgação das fotografias ou filmagens, mas sua mera realização fora dos padrões legais permissivos já configura crime. Dessa forma, eventual divulgação constituirá mero

6 – Comentários Sobre a Lei 12.850/13   435

exaurimento do crime. Já no que tange à revelação da identidade do colaborador, esta pode ocorrer tanto tornando público seu conhecimento, como fazendo a revelação a qualquer pessoa. Dessa forma deve-se ponderar que na modalidade da revelação não constituirá crime o mero acesso à identidade do colaborador por alguém. Somente quando essa identidade for transmitida a terceiros, seja em geral, de forma pública, seja em particular, a determinadas pessoas, é que irá haver a consumação delitiva. Em todos os casos caberá a tentativa, mas no caso da revelação, esta somente poderá se configurar após a obtenção pelo infrator da identidade do colaborador quando, então, parta para atos executórios da revelação. Enquanto apenas estiver tentando obter a identidade ou mesmo quando a obtém e ainda não partiu para atos de revelação, pode-se afirmar que está ainda na fase do "*iter criminis*" dos atos preparatórios.

O ilícito admite concurso de agentes, inclusive mandantes que deverão responder nas mesmas penas cominadas. Por exemplo, o chefe de redação de um jornal, manda seu fotógrafo fotografar um colaborador identificado por ele. Ambos respondem pelo crime.

Como todo crime de ação múltipla, mesmo que o agente incida em vários dos verbos, responde por um único ilícito. Não há previsão de figura culposa, de modo que o elemento subjetivo do tipo é o dolo genérico.

6.17.2. Crime de Informações Falsas na Colaboração Premiada

> Art. 19. Imputar falsamente, sob pretexto de colaboração com a Justiça, a prática de infração penal a pessoa que sabe ser inocente, ou revelar informações sobre a estrutura de organização criminosa que sabe inverídicas: Pena – reclusão, de 1 (um) a 4 (quatro) anos, e multa.

São descritas duas condutas, onde também se tem como bem jurídico tutelado a "Administração da Justiça". Numa delas o suposto colaborador imputa falsamente a prática de infração penal a pessoa que sabe inocente, noutra revela informações falsas sobre a estrutura de organização criminosa. Em ambos os casos desvia a Justiça de seu caminho reto na apuração criminal.

436 — Criminalidade Organizada & Globalização Desorganizada

Também se trata de tipo misto alternativo, de conteúdo variado ou de ação múltipla, de modo que se o agente incidir em ambas as condutas, num mesmo contexto, responde por crime único.

A norma procura tutelar o interesse da Administração da Justiça em que o colaborador cumpra com suas obrigações, sob pena de responsabilização criminal para além da organização criminosa e de outros eventuais ilícitos que lhe possam ser imputados. Note-se que não há necessidade de que o eventual acordo já tenha sido homologado, pois a isso não faz menção o tipo penal. Entretanto, de acordo com a normatização correlata, em geral o crime se dará somente após a homologação, pois será a partir daí que o colaborador será inquirido formalmente pelo delegado de polícia e/ou pelo promotor de justiça, nos termos do artigo 4°, § 9°, da Lei 12.850/13.

É, porém, imprescindível que as informações inverídicas sejam fornecidas "a pretexto de colaboração com a justiça", de modo que se exige dolo específico do agente. Além disso, o crime somente pode se perfazer por meio do dolo direto, já que o agente tem de saber com certeza da inocência do imputado, bem como da inverdade de suas informações sobre a organização e sua estrutura. Se ele age de boa-fé, não pode ser responsabilizado, nem a título de culpa, pois não há previsão dessa modalidade, nem mesmo a título de dolo eventual.

Não há confundir o dispositivo em estudo com os crimes de Denunciação Caluniosa (artigo 339, CP) e Comunicação Falsa de Crime ou Contravenção (artigo 340, CP). A primeira parte do artigo 19 em estudo tem semelhança com o artigo 339, CP, mas são infrações diversas.

Um agente colaborador pode incidir, mesmo em situação de organização criminosa, nas penas do artigo 339, CP, e não do artigo 19, da Lei especial. Ora, mas no conflito aparente de normas não deveria prevalecer o artigo 19 de acordo com o Princípio da Especialidade? Não. E a razão é simples. Porque não há "conflito aparente de normas" e sim diferentes campos de aplicação para cada um dos dispositivos. No caso do artigo 19, da Lei 12.850/13, somente haverá aplicação para casos envolvendo crime organizado e agente colaborador (o crime é próprio e inclusive de mão própria).

O artigo 339, CP, por seu turno, é crime comum e pode ocorrer em qualquer situação em que se impute falsamente crime (artigo 339,

6 – Comentários Sobre a Lei 12.850/13

"*caput*") ou contravenção (artigo 339, § 2º) a alguém que se sabe inocente, ocasionando a esta pessoa a instauração de procedimento apuratório contra ela. Ademais, no artigo 19, da Lei de Crime Organizado, não há necessidade de instauração de nenhuma investigação contra a pessoa, enquanto que no artigo 339, CP, isso é integrante do tipo penal.

Dessa forma, mesmo em casos de organização criminosa, se o indivíduo imputar falsamente infrações penais a outrem e dessa imputação não chegar a resultar a instauração de algum feito contra a pessoa prejudicada, não haverá infração ao artigo 339, CP, mas sim ao artigo 19 da lei especial. Nesse caso, ficará também afastado o crime contra a honra de Calúnia, previsto no artigo 138, CP, o qual será absorvido pelo artigo 19, da Lei 12.850/13.

Entretanto, se mesmo durante uma apuração referente a organização criminosa, um colaborador imputar falsamente infração penal a outrem e disso resultar a instauração de qualquer procedimento investigatório contra tal pessoa, incidirá o artigo 339, CP, afastando-se o artigo 19 da Lei 12.850/13. Isso porque a conduta se tipifica mais perfeitamente no dispositivo do Código Penal, o qual, aliás, tem pena mais gravosa (reclusão, de 2 a 8 anos). Mesmo que a imputação seja de contravenção, instaurando-se, por exemplo, um Termo Circunstanciado contra a pessoa prejudicada, a pena do Código Penal é igual à do artigo 19 da lei especial, ou seja, reclusão, de 1 a 4 anos (inteligência do artigo 339, § 2º, CP), o que autoriza a prevalência do dispositivo do Código Penal devido à sua melhor subsunção ao caso concreto. Enfim, somente terá aplicação o artigo 19 para os casos que envolvam organização criminosa e de cuja imputação falsa não resulte investigação contra o prejudicado.

Ressalte-se, portanto, que no artigo 19, primeira parte, da Lei 12.850/13, a instauração de eventual procedimento contra o imputado inocente não constitui mero exaurimento do tipo penal, mas sim motivo para que se transmude em infração ainda mais grave, prevista no artigo 339, CP.

Sua segunda parte poderia ensejar alguma lembrança com o crime previsto no artigo 340, CP, onde se faz comunicação falsa de crime ou contravenção. No entanto, os dispositivos tratam de casos totalmente diversos. Na segunda parte do artigo 19 da Lei 12.850/13 o agente colaborador mente sobre a estrutura da organização e não dá a simples notícia de um crime ou contravenção que não ocorreu. Ademais, como no caso anterior, o artigo 19 somente se aplica para casos que envolvam o crime organizado e agente colaborador, enquanto que o artigo 340, CP é crime comum e pode ocorrer envolvendo qualquer espécie delitiva. Também não é impossível que um agente colaborador incida no artigo 340, CP durante as investigações. Bastará para isso que não minta sobre eventuais imputados ou sobre a estrutura da organização, mas efetivamente faça tão somente uma comunicação falsa de um crime ou de uma contravenção inexistente a fim de dispersar a atuação investigatória.

O crime é formal e se consuma com a imputação ou informação falsa, sem necessidade de efetivo dano à investigação, o qual será exaurimento. Não cabe tentativa, a não ser, eventual e teoricamente, na forma escrita.

Enquanto crime de mão própria, não admite coautoria, mas tão somente participação. Pode, por exemplo, o advogado participar do crime orientando o colaborador a mentir.

Advirta-se que, para além das consequências criminais sobreditas para o colaborador mendaz, também haverá repercussões processuais no que tange à possibilidade de retratação do acordo de colaboração por parte do delegado de polícia ou do Ministério Público nos termos do artigo 4º § 10 da Lei de Organizações Criminosas. É interessante notar que embora o dito § 10 estabeleça que as provas produzidas pelo colaborador contra si mesmo não poderão ser utilizadas contra ele, isso não abrange a conduta de sua mendacidade com relação aos crimes do artigo 19 do mesmo diploma, artigo 339, CP e artigo 340, CP. Isso porque não se tratam de informações específicas sobre sua atuação na organização, mas de uma conduta ardilosa externa e independente da colaboração, aliás, até mesmo contraposta à colaboração a tal ponto que a própria palavra "colaboração" é usada nessa situação de modo impróprio. Não há colaboração nesses atos e produção de provas, mas sim mera obstrução da justiça ocasionada de forma dolosa e de má-fé pelo suposto "colaborador". Por isso as garantias dispostas pelo instituto da colaboração premiada não podem e não devem alcançar o "colaborador" (sic) mendaz, ao menos no que diz respeito aos dispositivos criminais acima mencionados que, em caso contrário, ficariam totalmente esvaziados de conteúdo, concedendo-se ao suposto "colaborador" (sic) uma carta branca para praticar crimes. Ora, isso nem sequer é admissível em relação ao chamado agente infiltrado, quanto mais a um criminoso que se traveste de colaborador da Justiça.

6 – Comentários Sobre a Lei 12.850/13

6.17.3. Crime de Inobservância do Sigilo de Investigação Envolvendo Ação Controlada e Infiltração de Agentes

> *Art. 20. Descumprir determinação de sigilo das investigações que envolvam a ação controlada e a infiltração de agentes: Pena – reclusão, de 1 (um) a 4 (quatro) anos, e multa.*

O dispositivo também tem como bem jurídico a "administração da justiça", bem como a segurança das pessoas envolvidas em ação controlada e infiltração. É interessante notar que no artigo 18, quando o legislador tratou de assegurar os direitos de sigilo do réu colaborador, esqueceu-se de também tutelar o agente infiltrado no que tange à revelação de sua identidade, fotografia ou filmagem não autorizada. É fato que o réu colaborador é dotado de direitos expressos no artigo 5º, I, II e V da Lei 12.850/13. No entanto, também o agente infiltrado tem seus direitos legais a serem preservados nos mesmos termos, somente que no artigo 14, II, III e IV do mesmo diploma.

A lacuna ocorrida no artigo 18 é odiosa na medida em que desconsidera a humanidade do Policial e dá ênfase ao "réu" colaborador. Não se está aqui advogando a tese da despersonalização do indiciado ou réu, nem mesmo dos criminosos mais empedernidos. A condição humana abrange todo e qualquer homem, bastando para isso pertencer à espécie humana, nada mais. Não obstante, não se pode agir como se um Policial não fosse humano, simplesmente preocupando-se com o réu colaborador e olvidando o agente infiltrado. Sinceramente, isso é dar munição para os repetidores irracionais do discurso de que somente se pensa em Direitos Humanos para "bandidos". A lacuna que o legislador deixa no artigo 18 é altamente contraproducente não somente sob o prisma jurídico, mas em relação ao apelo popular que, ao deparar-se com uma lei dessa espécie, vem a confirmar o discurso falacioso contrário aos próprios direitos fundamentais de todo homem (Policial, réu, não importa).

Sob o aspecto jurídico – penal, entretanto, a existência da norma mais genérica do artigo 20, protegendo o sigilo tanto da ação controlada como da infiltração de agentes, pode colmatar a lacuna do artigo 18, de forma que se entende que aquele que revelar a identidade, fotografar ou filmar o agente infiltrado sem sua autorização irá incidir na norma do artigo 20 em estudo.

440 *Criminalidade Organizada & Globalização Desorganizada*

Como a lei não estabelece limitação ao sujeito ativo, entende-se que se trata de crime comum, podendo ser praticado por qualquer pessoa. No entanto, será mais comum sua prática por funcionários públicos e advogados. Em sentido contrário manifesta-se NUCCI, afirmando que o crime é próprio de funcionário público porque depende de "descumprimento de determinação judicial ou legal".[388] Discorda-se, conforme acima já mencionado, mesmo porque não são somente funcionários públicos que podem descumprir ordens judiciais ou determinações legais. Qualquer pessoa pode assim atuar. Ademais, se a lei realmente o quisesse, teria forjado um crime funcional, mencionando no corpo do artigo a palavra "funcionário público", o que não ocorreu.

A especialidade do artigo 20, da Lei 12.850/13, afasta a incidência dos crimes de violação de segredo previstos nos artigos 153 e 154, CP, bem como artigo 325, CP, sempre que se tratar de Organização Criminosa, bem como da violação do sigilo referente à ação controlada ou à infiltração de agentes.

A incidência do indivíduo no artigo 20 sobredito não impedirá eventual concurso de infrações, normalmente material, com crimes funcionais tais como Concussão (artigo 316, CP) e Corrupção Passiva (artigo 317, CP). Outros ilícitos próximos como a Prevaricação (artigo 319, CP) e a Advocacia Administrativa (artigo 321, CP) parecem ser absorvidos pelo crime específico e mais severamente punido do artigo 20, da Lei 12.850/13.

O crime é formal e de mão própria, de forma que somente admite tentativa pela forma escrita, bem como normalmente fica afastado o concurso de agentes, a não ser pela via da participação. Ademais, não é exigido efetivo dano à ação controlada ou à infiltração, o qual será mero exaurimento da infração. Ela se consuma com o simples descumprimento do dever de sigilo.

Não há previsão de figura culposa.

6.17.4. Crime de Recusa ou Omissão de Informações

> *Art. 21. Recusar ou omitir dados cadastrais, registros, documentos e informações requisitadas pelo juiz, Ministério Público ou delegado de polícia, no curso de investigação ou do processo: Pena – reclu-*

---

388 NUCCI, Guilherme de Souza. Op. Cit., p. 93.

6 – Comentários Sobre a Lei 12.850/13

são, de 6 (seis) meses a 2 (dois) anos, e multa. Parágrafo único. Na mesma pena incorre quem, de forma indevida, se apossa, propala, divulga ou faz uso dos dados cadastrais de que trata esta Lei.

A Lei 12.850/13 cria uma nova espécie de desobediência a ser aplicada especificamente nos casos de investigação do crime organizado e quanto à recusa ou omissão de dados cadastrais, registros, documentos ou quaisquer informações requisitadas pelo Juiz, Ministério Público ou Delegado de Polícia. Assim sendo fica afastado pelo Princípio da Especialidade a aplicação do artigo 330, CP (Desobediência). Também não há que confundir esse dispositivo com o artigo 10 da Lei 7.347/85 (Lei de Ação Civil Pública), crime de desobediência também especial, previsto no caso de requisições ministeriais no bojo de Inquérito Civil Público ou Ação Civil Pública.

Frise-se que em outros casos de requisições Judiciais ou Ministeriais e também do delegado de polícia, este com fulcro no artigo 2º, § 2º, da Lei 12.830/13, não envolvendo crime organizado, restará a infração ao artigo 330, CP (Desobediência) normalmente.

O crime é de conteúdo variado, ação múltipla ou tipo misto alternativo, pois tem dois verbos, um comissivo ("recusar"), outro omissivo ("omitir"), em ambos os casos a infração penal é formal. Basta a recusa ou omissão, sem necessidade de comprovação de prejuízo concreto, para a consumação do delito. Em ambos os casos não é viável a tentativa. Novamente se trata de crime de mão própria, não comportando, em regra, o concurso de agentes, a não ser pela mera participação.

O objeto material são os dados cadastrais, registros, documentos ou quaisquer informações requisitadas pelas autoridades arroladas no dispositivo, sempre no interesse da investigação do crime organizado, abrangendo toda a persecução criminal, desde sua fase investigatória até o processo. Portanto, o bem jurídico tutelado é a "administração da justiça", a fim de dar concretude ao disposto nos artigos 15 a 17 do mesmo diploma.

Havendo a lei usado dois verbos, a incidência em ambos não acarreta dupla apenação. É preciso ressaltar que no verbo "recusar" se entende a necessidade de manifestação expressa, enquanto que eventual recusa tácita estaria abrangida pelo verbo "omitir". Assim sendo, se, por exemplo, o Ministério Público, requisita uma informação e uma empresa de telefonia se nega expressamente ao fornecimento, enviando sua recusa por um ofício ou informação, então haverá o verbo "recusar". Noutro giro, se essa empresa simplesmente não responde no prazo ofertado pelo requisitante, haverá o verbo "omitir". Também pode ocorrer a "recusa" ou "omissão" parciais. Por exemplo, há uma requisição pelo delegado de polícia quanto ao nome e endereço de uma pessoa. Ocorre a informação do nome e recusa do endereço ou mesmo a omissão deliberada. Isso também configura a infração.

Deveria o legislador ter constado o verbo "retardar", pois acaso haja protelação na prestação de informações, de acordo com a redação dada ao tipo penal do artigo 21, o fato será atípico, o que já não ocorre, por exemplo, com o artigo 10 da Lei de Ação Civil Pública (Lei 7.347/85) que prevê expressamente o "retardamento".

O crime do artigo 21 é próprio, pois somente o poderão cometer as pessoas afetas às empresas e órgãos arrolados nos artigos 15 a 17 da Lei 12.850/13: Justiça Eleitoral, Empresas Telefônicas (fixa ou móvel), Instituições Financeiras, Provedores de Internet, Administradoras de Cartões de Crédito e Empresas de Transporte. O particular não afeto a essas empresas ou órgãos ou mesmo o funcionário público, poderá incidir respectivamente nos crimes de Desobediência (artigo 330, CP) ou Prevaricação (artigo 319, CP).

No § 1º, do artigo 21 há previsão de conduta equiparada para aquele que, *de forma indevida*, se apossa, propala, divulga ou faz uso dos dados cadastrais de que trata a lei.

O dispositivo é voltado para toda pessoa que incidir nos verbos tendo acesso *indevido aos dados*. Portanto, o § 1º, admite o cometimento por qualquer pessoa, não se tratando de infração própria como ocorre com o *"caput"*. Na conduta de se "apossar" inclusive se pressupõe que será sempre uma pessoa que não teria acesso aos documentos, informações e dados em geral, não sendo autoridade ou componente das empresas ou órgãos envolvidos. Isso porque "apossar" passa a ideia de acesso indevido, subtração, violação. Já nos verbos "propalar", "divulgar" ou "fazer uso" indevido, tanto pode haver o envolvimento de pessoa fora dos quadros das empresas e órgãos, bem como de indivíduos que pertençam a estas e até mesmo das autoridades e seus agentes que têm acesso inicialmente correto aos dados, mas que, num segundo mo-

6 – Comentários Sobre a Lei 12.850/13

mento, os propala, utiliza ou divulga de forma incorreta. O crime também neste dispositivo é formal, não exigindo efetivo dano, mas apenas o apossamento, propalação, divulgação ou uso indevido. Embora formal, a conduta é plurissubsistente, admitindo então a tentativa. Também é tipo misto alternativo, de modo que não é necessário incidir em todos os verbos e a incidência em mais de um não configura ilícito múltiplo. Por exemplo, pode o indivíduo apenas se apossar indevidamente dos dados sem usá-los de qualquer forma e ainda assim estará consumado o delito.

A única forma *devida ou correta* de uso dos dados cadastrais enfocados é para os fins específicos de investigação ou processo criminal referente ao crime organizado. Quaisquer outras divulgações, midiáticas, por exemplo, em shows de "pirotecnia" de autoridades ferindo a imagem de investigados e até mesmo, porventura, de vítimas, configura infração penal.

6.18. DO PROCEDIMENTO PREVISTO PARA OS CRIMES DA LEI 12.850/13

> *Art. 22. Os crimes previstos nesta Lei e as infrações penais conexas serão apurados mediante procedimento ordinário previsto no Decreto-Lei nº 3.689, de 3 de outubro de 1941 (Código de Processo Penal), observado o disposto no parágrafo único deste artigo.*
>
> *Parágrafo único. A instrução criminal deverá ser encerrada em prazo razoável, o qual não poderá exceder a 120 (cento e vinte) dias quando o réu estiver preso, prorrogáveis em até igual período, por decisão fundamentada, devidamente motivada pela complexidade da causa ou por fato procrastinatório atribuível ao réu.*

O artigo 22 da Lei 12.850/13 determina qual o procedimento a ser adotado para os crimes previstos no citado diploma legal. Nesse aspecto então adota o procedimento ordinário previsto no Código de Processo Penal (artigo 394, I, CPP), tanto para os crimes previstos na lei do crime organizado quanto para aqueles com eles conexos. Novamente é bom destacar, como já se fez anteriormente, quando do estudo do conceito de crime organizado, que, embora a lei faça menção somente à conexão, abrange também a continência. Para não haver alongamento desnecessário no tema, remete-se o leitor àquilo que já foi dito anteriormente.

Verifica-se que os crimes previstos na Lei 12.850/13 são cinco: artigos 2º (Crime de Organização Criminosa) e artigos18 a 21 (crimes ocorridos na investigação e na obtenção de prova), estudados logo acima. Em todos eles o procedimento a ser tomado é o ordinário do Código de Processo Penal.

Anote-se que o procedimento ordinário é previsto para todo crime cuja sanção máxima cominada for igual ou superior a quatro anos de pena privativa de liberdade, não importando se detentiva ou reclusiva.

Observando os crimes previstos na Lei 12.850/13, percebe-se que naturalmente a maioria deles seria mesmo destinada ao procedimento ordinário. Isso se pode afirmar com relação ao crime previsto no artigo 2º (Organização Criminosa), que tem pena máxima de 8 anos, assim como para os crimes previstos nos artigos 19 e 20, cujas penas máximas são de 4 anos. Nesses casos o artigo 22 chega a ser redundante, apenas repetindo o que já seria determinado pela norma geral do Código de Processo Penal.

Entretanto, há dois outros casos:

O artigo 18 apresenta pena máxima de 3 anos, o que o conduziria ao procedimento sumário, conforme consta do artigo 394, II, CPP. O procedimento sumário é previsto, em regra, para crimes cuja sanção máxima cominada seja inferior a 4 anos de pena privativa de liberdade e maior que 2 anos. O artigo 394, II, CPP não esclarece sobre a pena dever ser maior que 2 anos, mas isso se conclui do próprio artigo 394, III, que determina o procedimento sumaríssimo da Lei 9.099/95 para as infrações de menor potencial ofensivo, cujas penas máximas podem chegar no máximo de 2 anos. Pois bem, segundo a regra geral, o artigo 18 teria o procedimento sumário. Acontece que o legislador editou norma especial e posterior, a qual então, neste caso específico, derroga o artigo 394, CPP e determina o procedimento ordinário mesmo quando a pena é abaixo de 4 anos (no caso 3 anos). Trata-se de aplicação da lei no tempo, bem como do Princípio da Especialidade. A norma especial prevalece e a geral é afastada.

Não há se falar em inconstitucionalidade desse afastamento do procedimento sumário e adoção do ordinário. Isso porque claramente a opção legislativa é vantajosa para o réu, que passa a ser submetido a um procedimento mais amplo, onde, consequentemente, a defesa e o con-

6 – Comentários Sobre a Lei 12.850/13

traditório também são mais amplos (v.g. maior número de testemunhas, prazos maiores etc.).

O outro caso em que o artigo 22 da Lei do Crime Organizado tem maior relevância, é o do crime do artigo 21, cuja pena máxima é de somente 2 anos. Ora, isso faria com que essa infração penal fosse considerada de menor potencial ofensivo e fosse então submetida ao procedimento sumaríssimo da Lei 9.099/95, inclusive com os benefícios cabíveis para essas infrações (Termo Circunstanciado, audiência preliminar, composição civil de danos, transação penal). Isso se concluiria do artigo 394, III, CPP c/c artigo 61 da Lei 9.099/95.[389]

No entanto, diz o artigo 22 que o procedimento a ser adotado para os crimes previstos na Lei 12.850/13, *sem exceção*, é o ordinário. Novamente há que prevalecer a norma especial em relação à geral. Dessa forma, afastam-se os procedimentos do Juizado Especial Criminal e aplica-se o procedimento ordinário.

Aqui a questão da constitucionalidade pode ganhar maior polêmica. Ocorre que ao afastar a Lei 9.099/95 do artigo 21 o legislador impede o infrator de obter alguns benefícios previstos nesse diploma especial (Lei 9.099/95, conforme acima já arrolados).

Perceba-se que o procedimento em si (considerando o artigo 77 e seguintes da Lei 9.099/95) não é problema, pois, tal qual e com ainda mais razão do que ocorreu com o artigo 18, chega-se à conclusão de que o réu será submetido a um procedimento mais amplo, onde sobrelevam a ampla defesa e o contraditório. Não há prejuízo neste ponto, tal qual no caso da troca do procedimento sumário pelo ordinário e, na verdade, ainda com maior intensidade. O problema surge com a questão do afastamento da audiência preliminar, da possibilidade de composição civil de danos e de transação penal de acordo com os artigos 70 a 76 da Lei 9.099/95. Ainda nessa fase pré-processual, também podem surgir críticas quanto à possibilidade de substituição do Inquérito Policial pelo Termo Circunstanciado sem prisão em flagrante nos termos do artigo 69 e seu Parágrafo Único do mesmo diploma. O afastamento desses institutos não esbarraria na inconstitucionalidade por infração ao artigo 98, I, CF, que prevê os Juizados Especiais Criminais?

---

389 Pelo menos ao que parece, esse é o pensamento de Nucci ao afirmar: "Trata-se de infração de menor potencial ofensivo, comportando transação". Op. Cit., p. 96.

Criminalidade Organizada & Globalização Desorganizada

Entende-se que a resposta à indagação supra referida é não. Ocorre que a Constituição deferiu ao legislador ordinário a designação de quais seriam os critérios para a eleição de uma dada infração penal como de menor potencial. Essa definição já foi procedida uma vez, quando então se elegiam as contravenções penais e crimes apenados com pena máxima até 1 ano e que não tivessem previsão de procedimento especial (redação original do artigo 61 da Lei 9.099/95), depois passou-se à definição que abrangia as contravenções penais e todos os crimes apenados com pena máxima até 2 anos, independentemente do procedimento especial ou comum (redação dada pela Lei 11.313/06). O legislador ordinário também veio a afastar da Lei 9.099/95, independentemente da pena cominada, os crimes militares através do artigo 90 – A da própria Lei 9.099/95, acrescentado pela Lei 9.839/99. Também por meio da Lei 10.741/03 (Estatuto do Idoso), em seu artigo 94, foi expandida a possibilidade de aplicação do procedimento sumaríssimo (artigos 77 e seguintes da Lei 9.099/95) a crimes com pena máxima cominada até 4 anos previstos no Estatuto do Idoso.[390] Finalmente vale lembrar o artigo 41 da Lei 11.340/06 (Lei Maria da Penha) que afasta expressamente os benefícios da Lei 9.099/95 para todos os crimes que envolvam violência doméstica e familiar contra a mulher, independentemente da pena máxima cominada. Inclusive, com relação a este último diploma, que guarda grande semelhança com a situação ora em estudo, o STF já se manifestou pela constitucionalidade do artigo 41 supracitado, nos autos da ADC nº 19, de 09.02.2012.

Assim sendo, cabendo ao legislador ordinário a definição do que seja ou não uma infração de menor potencial, nada impede que o artigo 22 da Lei do Crime Organizado afaste os institutos e procedimentos da Lei 9.099/95 do artigo 21 ora em estudo, independentemente da pena máxima para ele prevista não superar a dois anos. Entende-se que há razoabilidade nessa previsão especial, vez que seria irrazoável tratar um crime ligado às organizações criminosas como sendo de menor potencial ofensivo. Haveria, aí sim, uma contradição e uma desproporção, ensejando uma inconstitucionalidade por insuficiência protetiva. Inclusive, entende-se que a própria pena prevista de reclusão 6 meses

---

390 Obviamente que somente o procedimento mais célere em prol do idoso e não os benefícios especiais da Lei 9.099/95 para o réu, o que seria submeter os idosos a uma catalogação como pessoas de segunda categoria. Isso fica bem claro com a manifestação do STF na Adin n. 3.096, de 16.06.2010.

6 – Comentários Sobre a Lei 12.850/13

a 2 anos não condiz com a gravidade da infração em sua ligação com a criminalidade organizada. Certamente o legislador deveria ter sido mais rigoroso, até mesmo para evitar toda eventual crítica ou dúvida com relação à aplicabilidade ou não da Lei 9.099/95, conforme acima exposto.

Mas, um dispositivo da Lei 9.099/95 pode ser aplicado aos crimes dos artigos 18 a 21 da Lei 12.850/13. É a Suspensão Condicional do Processo, prevista no artigo 89 da Lei 9.099/95. Ocorre que esse instituto pode ser aplicado a toda infração cuja *pena mínima* não seja superior a 1 ano. Essa condição é satisfeita pelos crimes acima arrolados, de forma que não há óbice à aplicação do instituto, o qual, inclusive não é exclusivo de infração de menor potencial e nem tem limitações de aplicação em termos de procedimento ordinário, sumário ou sumaríssimo. Somente o artigo 2º, da Lei 12.850/13 não admitirá nem mesmo o artigo 89 da Lei 9.099/95, não por causa do artigo 22 do primeiro diploma, mas devido ao fato de que sua pena mínima é de 3 anos, superando o limite exigido para o *"sursis"* processual (máximo de 1 ano).

O Parágrafo Único do artigo 22 estabelece que a instrução deva ser encerrada "em prazo razoável", em cumprimento ao disposto no artigo 5º, LXXVIII, CF. Em boa hora estabelece um prazo máximo expresso em lei para encerramento da instrução com réu preso. Esse prazo é de 120 dias, prorrogáveis por igual período. Parece que esse prazo máximo pode passar a ser a baliza legal para todos os processos, vez que, se nos casos de criminalidade organizada o prazo não pode ser maior que este o que dizer então de casos comuns?

A prorrogação não é automática, dependendo de despacho fundamentado do Juiz que deverá ter por base duas motivações, as quais podem ser concomitantes ou separadas:

a) A complexidade da causa (v.g. número muito grande de réus, precatórias ou rogatórias, perícias complexas etc.);

b) Fato procrastinatório atribuível ao réu (v.g. arrolar testemunhas de referência moradoras no exterior ou em Estados longínquos somente para atrasar o feito, pedidos reiterados de cancelamento de audiências com alegações de problemas de saúde etc.).

Pode haver críticas à redação aberta das fundamentações previstas na lei, mas não poderia ser de outro modo e cada caso concreto precisará ser avaliado pelo Judiciário em primeira e segunda instâncias.

448   *Criminalidade Organizada & Globalização Desorganizada*

No caso desse prazo com o réu preso duas coisas exsurgem evidentes:

I- Que o prazo deve ser computado na regra de prazo penal, incluindo-se o dia do início e não admitindo prolongamentos acaso o último dia recaia em sábado, domingo ou feriado;

II- Que não há que se discutir acerca da possibilidade de mais de uma renovação. A renovação do prazo só pode ser uma, pois se está lidando com o direito de liberdade do cidadão. Se houver necessidade de mais prazo, então os réus deverão ser soltos para continuidade do processo. Aliás, a lei dá essa pista ao dizer que o prazo é prorrogável *"em até igual período"*. No contexto, a palavra *"até"* é eloquente.

Quanto ao que se venha a entender por "instrução criminal", que deverá ser finda naqueles prazos, entende-se que a posição jurisprudencial já predominante de que se refere à instrução acusatória será mantida, já que o legislador não foi explícito.

Terminada a instrução, embora a lei também não o diga, deverá o Juiz sentenciar em prazo razoável, não se admitindo que o processo permaneça dormitando à espera de uma decisão em tempo indefinido (inteligência do artigo 5º, LXXVIII, CR). A lei também se quedou silente quanto ao estabelecimento de um prazo máximo para encerramento da instrução em caso de réu solto.

6.19. DO DECRETO DE SIGILO JUDICIAL DAS INVESTIGAÇÕES E DO ACESSO DA DEFESA AOS AUTOS

> *Art. 23. O sigilo da investigação poderá ser decretado pela autoridade judicial competente, para garantia da celeridade e da eficácia das diligências investigatórias, assegurando-se ao defensor, no interesse do representado, amplo acesso aos elementos de prova que digam respeito ao exercício do direito de defesa, devidamente precedido de autorização judicial, ressalvados os referentes às diligências em andamento.*
>
> *Parágrafo único. Determinado o depoimento do investigado, seu defensor terá assegurada a prévia vista dos autos, ainda que classificados como sigilosos, no prazo mínimo de 3 (três) dias que antecedem ao ato, podendo ser ampliado, a critério da autoridade responsável pela investigação.*

6 – Comentários Sobre a Lei 12.850/13

Dispõe o artigo 23 da Lei do Crime Organizado que o Juiz poderá decretar o sigilo da investigação, visando garantir a celeridade e a eficácia das diligências investigatórias, mas assegurando-se ao defensor, no interesse do seu representado, amplo acesso aos elementos de prova que digam respeito ao exercício do direito de defesa, devidamente precedido de autorização judicial, ressalvados os referentes às diligências em andamento.

Um primeiro aspecto a ser comentado é que o sigilo das investigações é natural a todo procedimento investigatório de acordo com o artigo 20, CPP. Neste caso do artigo 23 da Lei 12.850/13 se está falando de um sigilo mais rigoroso do que aquele inerente a toda investigação, inclusive com alguma limitação interna e não somente externa.

Mas, esse sigilo mais rigoroso, somente pode ser decretado pelo Juiz e não pelo Delegado de Polícia ou pelo Ministério Público diretamente. Também é fato que a adoção dessa providência não é imposta pela lei, mas constitui uma *faculdade* do magistrado (diz a lei que a autoridade judicial *"poderá"* decretar o sigilo).

Embora a lei seja silente a respeito, tendo em vista o respeito ao Sistema Acusatório e à regra geral para medidas de natureza cautelar prevista no artigo 282, § 2º, CPP, o magistrado não poderá decretar esse sigilo de ofício, mas somente mediante provocação de representação do Delegado de Polícia e/ou requerimento do Ministério Público. Havendo esses pedidos e sua negativa, quanto ao Delegado, como já visto em outros casos, não há o que fazer. Quanto ao Ministério Público, seja quando acolhe a representação do Delegado, seja quando requer a medida, poderá valer-se do Mandado de Segurança ou da Correição Parcial. Reforça-se que o Juiz não deve decretar o sigilo de ofício, pois que desta forma estaria atuando na fase investigatória, o que macularia seu necessário distanciamento e imparcialidade.

Obviamente a decisão de decreto do sigilo das investigações deve ser fundamentada, por força do artigo 93, IX, CR. Essa fundamentação deverá comprovar a presença das motivações legalmente previstas para legitimar o sigilo mais intenso, quais sejam, a garantia da celeridade e da eficácia das diligências investigatórias. Uma observação merece ser feita. Quanto à garantia da eficácia das investigações pode-se realmente lobrigar algum caso concreto em que o sigilo seja útil. Contudo, não é visível como poderia o sigilo melhorar a *celeridade* das apurações, a não

450   *Criminalidade Organizada & Globalização Desorganizada*

ser que se esteja pensando em reduzir as vias impugnativas defensórias passíveis de serem utilizadas, o que significaria clara e evidente inconstitucionalidade do dispositivo por ataque frontal ao exercício de defesa.

Outro aspecto que merece destaque é que esse sigilo especial somente é previsto para a fase de investigação da persecução penal, não tendo aplicação na fase processual. É que nessa fase vigem a ampla defesa e o contraditório plenos de acordo com o princípio mais abrangente do devido processo legal, o qual não admitiria o andamento do feito com sigilo interno.

Mesmo na fase investigatória o artigo 23 sob comento assegura o acesso aos autos ao defensor para exercício da defesa técnica. Entende-se que, embora a lei não o diga, poderá ter acesso também aos autos o investigado para o exercício da autodefesa. Apenas, por óbvio, são ressalvadas as diligências em andamento, já que nesses casos o acesso do investigado ou mesmo do seu advogado poderiam constituir um prejuízo total às atividades (v.g. imagine-se o acesso a um Mandado de Busca a cumprir, ou a uma interceptação telefônica em andamento etc.).

Esse acesso do defensor e seu representado se faz em respeito ao exercício de defesa constitucionalmente consagrado, ao artigo 7º, incisos XIII e XIV, da Lei 8.906/94 (Estatuto da OAB), bem como objeto da Súmula Vinculante nº 14, STF. Aliás, a redação do artigo 23 é muito similar à da referida Súmula Vinculante:

> É direito do defensor, no interesse do representado, ter acesso amplo aos elementos de prova que, já documentados em procedimento investigatório realizado por órgão com competência de polícia judiciária, digam respeito ao exercício do direito de defesa.[391]

No entanto, há uma importante e medonha diferença entre a Súmula Vinculante 14, STF e a redação do artigo 23 da Lei 12.850/13. É que a lei determina que o acesso do advogado aos autos dependa de *prévia autorização judicial*. Significa que toda vez que um advogado quiser

---

391 É incrível que uma Súmula Vinculante do Supremo tenha precisado dizer essa obviedade, bem como também que nessa Súmula, escrita pela pena dos Ministros da mais alta corte do país, haja uma impropriedade terminológica técnica ao referir-se à "competência" de Polícia Judiciária, quando, o termo correto seria "atribuição", já que somente o Poder Judiciário detém "competência" em termos jurídicos.

6 – Comentários Sobre a Lei 12.850/13

ter acesso a um feito investigativo nessas condições deverá peticionar ao Juiz ou ao menos dirigir-se até o magistrado, solicitando a sua autorização verbalmente, já que a lei não estabelece a forma pela qual será procedido esse pedido. Isso, tendo em vista a Súmula 14, STF, o direito de defesa constitucionalmente tutelado e as prerrogativas do exercício da advocacia soa como um absurdo.

A inconstitucionalidade surge patente. Primeiro porque o Juiz passa a administrar o Inquérito Policial ou seja lá qual for o instrumento investigatório, o que, por si só, já viola sua imparcialidade e distanciamento das investigações, valorizado pela própria Lei 12.850/13 em outros dispositivos como, por exemplo, quando da colaboração premiada. Segundo porque o direito do advogado de acesso aos autos formalizados, ressalvadas as diligências que por razoabilidade dependem de sigilo absoluto até sua realização, somente pode ser imediato e mediante solicitação perante a autoridade que presida as investigações. Nem ela e nem mesmo o magistrado podem vedar esse acesso sob pena de inconstitucionalidade e abuso de poder. Para dizer a verdade, o dispositivo do artigo 23 soa absolutamente supérfluo em face do tratamento constitucional do tema, das normas do Estatuto da OAB e da própria Súmula Vinculante 14 do STF. Parece que ele somente vem para complicar as situações e trazer inconstitucionalidade onde tudo já estava razoavelmente solucionado.

Agora, então a autoridade presidente se verá compelida a vedar o acesso aos autos de investigação ao advogado, no aguardo de uma decisão judicial que somente burocratiza e obstaculiza o exercício de defesa nessa fase. Surge ainda mais uma dúvida que já era solvida pelo Estatuto da OAB: precisaria o defensor, para o acesso aos autos, ter procuração do seu cliente? Para o Estatuto isso não é necessário. E é correto, já que se deve procurar o máximo de desburocratização no exercício da defesa na fase preliminar da persecução penal, já que é ela mesma informal. No entanto, havendo na lei a exigência de requerimento prévio em juízo, fica a dúvida sobre a necessidade ou não de procuração para tanto.

Em nosso entender o dispositivo não tem força vinculante, vigora, mas é inválido perante a ordem constitucional, de modo que não há necessidade de procuração e nem mesmo de autorização judicial. Mas, isso somente será realmente firmado quando o STF declarar a inconstitucionalidade aqui antevista. Por ora, estarão as autoridades amarradas a esse dispositivo até porque, a depender da postura deste ou daquele magistrado, podem estar sujeitas a represálias administrativas e até penais nos termos do artigo 20 da Lei 12.850/13. Isso seria um absurdo. Mas, seria apenas mais um dos absurdos no sistema jurídico brasileiro, de modo que, como se diz popularmente, "o que é mais uma ferida para um leproso"?

No mesmo sentido crítico:

> Sob outro prisma, não se compreende o sentido da autorização judicial prévia, tendo em vista constituir direito do defensor do indiciado acessar os autos de investigação sempre que quiser. Entretanto, burocratizou-se o referido acesso, devendo o defensor despachar petição com o magistrado para tomar conhecimento das diligências investigatórias.[392]

O Parágrafo Único do artigo 23 ao menos assegura algum exercício mais intenso da defesa e da autodefesa na fase investigatória quando em andamento sob sigilo. Determina o dispositivo que quando do depoimento do investigado nessa situação seu defensor deva ter acesso prévio aos autos no prazo mínimo de 3 dias que antecedam ao ato. Esse prazo poderá ser ampliado a critério da autoridade responsável pela investigação. A ampliação não é determinada numericamente pela lei, de modo que dependerá da discricionariedade da autoridade e da razoabilidade em cada caso concreto. Essa ampliação poderá dar-se de ofício pela iniciativa da autoridade ou a requerimento do defensor, devidamente fundamentado.

Entende-se que a obrigatoriedade de vista prévia aos autos com ao menos 3 dias de antecedência antes do interrogatório ou declarações do investigado somente é válida para os casos de sigilo judicialmente decretado, conforme o artigo 23, tendo em vista a própria topologia do dispositivo e o fato de que não havendo sigilo parece que o acesso aos autos será mais que natural de acordo com as normas já existentes, não havendo motivação para tratamento excepcional. O que pode gerar alguma dúvida sobre se essa regra é aplicável a quaisquer casos de investigação sobre crime organizado é o fato de que o legislador "fez o favor" de escrever na lei "ainda que classificados como sigilosos" (sic), o que pode dar a entender que essa vista prévia de 3 dias seria aplicável

---

392 NUCCI, Guilherme de Souza. Op. Cit., p. 102.

6 – Comentários Sobre a Lei 12.850/13

aos casos sigilosos e também aos demais. No entanto, pelos motivos acima expostos, entende-se que essa interpretação não se sustenta e aquela passagem infeliz somente pode ser compreendida como um recurso de ênfase usado (diga-se de passagem, "mal usado") pelo legislador para deixar bem claro que o sigilo não seria jamais obstáculo para o assegurar desse direito do defensor e de seu constituído. Ademais, como se sabe, não é todo investigado que tem advogado constituído desde a fase de investigação.

Dessa forma, havendo advogado atuante nos autos, deverá ser este notificado pela autoridade quanto ao prazo para vistas. Não havendo, deverá ser o próprio indiciado notificado quanto a este direito, bem como, obviamente, ao direito de um defensor. Fato é que exercido ou não esse direito dentro do prazo estabelecido, a oitiva do investigado poderá ser levada a efeito sem qualquer prejuízo, pois que se trata de direito disponível nessa fase inquisitória.

6.20. ALTERAÇÃO DO ARTIGO 288, CP (QUADRILHA OU BANDO)

> Art. 24. O art. 288 do Decreto-Lei nº 2.848, de 7 de dezembro de 1940 (Código Penal), passa a vigorar com a seguinte redação:
> "Associação Criminosa
> Art. 288. Associarem-se 3 (três) ou mais pessoas, para o fim específico de cometer crimes:
> Pena – reclusão, de 1 (um) a 3 (três) anos.
> Parágrafo único. A pena aumenta-se até a metade se a associação é armada ou se houver a participação de criança ou adolescente".

O artigo 24 da Lei 12.850/13, visando eliminar definitivamente qualquer espécie de confusão possível entre o ilícito de Quadrilha ou Bando com as Organizações Criminosas, altera a redação do artigo 288, CP e acaba com o *"nomen juris"* "Quadrilha ou Bando". Doravante o artigo 288, CP descreve o crime de nome "Associação Criminosa" que consiste na conduta de "associarem-se 3 ou mais pessoas, para o fim específico de cometer crimes".

O ilícito continua sendo de concurso necessário ou plurissubjetivo e o bem jurídico tutelado é a paz pública, mas a partir de agora não são mais necessárias 4 ou mais pessoas como antes, mas apenas 3 ou mais indivíduos, de modo a acentuar a diversidade em relação ao Crime de Organização Criminosa que, logo de início, afora outros requisitos, exige o mínimo de 4 pessoas para sua conformação.

No estudo do conceito de organização criminosa e do crime de organização criminosa já foram abordados os eventuais conflitos com a qualificadora do crime de extorsão mediante sequestro ("bando ou quadrilha – artigo 159, § 1º, CP) e com o próprio Crime de Organização Criminosa (artigo 2º, da Lei 12.850/13), para onde se remete o leitor.

Repete-se, porém, que não ocorreu em relação à antiga "Quadrilha ou Bando", o fenômeno da "*Abolitio Criminis*", mas sim "continuidade normativo-típica" na forma de "*novatio legis in pejus*", já que o novo tipo penal é menos exigente para sua configuração no que tange ao número de componentes da "Associação Criminosa". Portanto, tal tipo penal não pode retroagir a fatos pretéritos. Porém, nesse aspecto ocorre um fato inusitado, o "*caput*" constitui "*novatio legis in pejus*" como já demonstrado, não podendo retroagir, mas a causa de aumento de pena devido à associação ser armada constitui, em parte, "*novatio legis in mellius*", isso porque antes da alteração o aumento era do dobro para este caso e agora é de somente até a metade.

Dessa maneira, em casos de pessoas condenadas por "Quadrilha ou Bando" armado, a majorante nova deverá retroagir a fim de beneficiar os réus ou condenados que cumprem pena, ajustando quantitativamente as sanções. Note-se que o aumento nem sequer é fixo na metade, mas diz a lei que é de *até* a metade, de forma que pode ser de menos que a metade. É um mistério insondável a razão pela qual o legislador teria operado essa *benesse* aos criminosos que se associaram e associarão com emprego de armas! Diz-se que o Parágrafo Único que traz aumento de pena para a "Associação Criminosa" constitui "*novatio legis in mellius*" apenas *em parte* porque nele passa a ser prevista uma causa nova de aumento, qual seja, a "participação de criança ou adolescente". Isso não tinha previsão antes no artigo 288, Parágrafo Único, CP, razão pela qual é "*novatio legis in pejus*", tal qual o "*caput*" e, portanto, também não pode retroagir a antigos condenados.

Surge aqui um conflito aparente de normas com o crime de "Corrupção de Menores" previsto no artigo 244-B do ECA (Lei 8.069/90). A solução é a não aplicação nesses casos de "Associação Criminosa" majo-

6 – Comentários Sobre a Lei 12.850/13

rada pela presença de crianças ou adolescentes do crime do artigo 244-B, do ECA, isso devido ao Princípio da Especialidade e para evitar *"bis in idem"*.

Também não há confundir a "Associação Criminosa" com o crime de "Constituição de Milícia Privada", previsto no artigo 288-A, incluído no Código Penal pela Lei 12.720/12. Aliás, esse crime não se confunde nem com a "Associação Criminosa", nem com o Crime de Organização Criminosa (artigo 2º, da Lei 12.850/13).

No primeiro caso a diversidade está em que a constituição de milícia privada é uma manifestação particular da antiga "Quadrilha ou Bando", hoje "Associação Criminosa", tendo seus elementos próprios e diversificadores. Já quanto ao segundo caso ("Organização Criminosa"), há que verificar se estão ou não presentes todos os requisitos do artigo 2º c/c artigo 1º, § 1º, da Lei 12.850/13. Nesse caso prevalecerá a legislação especial (Princípio da Especialidade), sem concurso de crimes com o artigo 288-A para evitar o *"bis in idem"*. Mas, se não estiverem presentes os requisitos da "Organização Criminosa", será então o caso de aplicação pura e simples do artigo 288-A, CP. Ainda quanto ao concurso de crimes, é importante salientar que tanto no artigo 2º, da Lei 12.850/13 (preceito secundário), quanto no artigo 288-A, CP ou mesmo no artigo 288, CP, haverá concurso material com os crimes eventualmente praticados pelos grupos criminosos. Somente se afasta o concurso entre esses ilícitos de associações criminosas porque aí então se operaria especificamente o fenômeno do *"bis in idem"*, o que não ocorre em relação a outros ilícitos perpetrados pelos respectivos grupos criminosos.

Retornando à análise da "Associação Criminosa" e sua majorante em virtude de ser "armada", deve-se destacar que o legislador não restringiu a espécie de arma utilizada, nada impedindo que sejam armas brancas. No entanto, o mais comum será o emprego de armas de fogo. Nesse caso, além da causa de aumento, será possível a responsabilização individual de cada sujeito, de acordo com sua respectiva conduta, pelos crimes previstos no Estatuto do Desarmamento (Lei 10.826/03). O concurso será material, eis que uma conduta é a posse, porte, comercialização etc. de armas por determinados indivíduos e outra conduta independente é o ato de associar-se para a prática de crimes. Não se configura *"bis in idem"*, tendo em vista que as condutas de porte, uso, transporte, venda etc., de armas de fogo em geral não se dão apenas no

Criminalidade Organizada & Globalização Desorganizada

âmbito da "Associação", mas a antecedem ou mesmo prosseguem em momentos em que o indivíduo não está em atuação direta na conduta de "Associação Criminosa".

Outra alteração que ocorre no artigo 288 por força da Lei 12.850/13 é que antes estava disposto que constituía crime a associação de pessoas (eram então pelo menos 4), "para o fim de cometer crimes". Agora diz a lei, mantendo o chamado "dolo específico", que a associação deve ser "para o fim *específico* de cometer crimes". Devido à pluralização da palavra (crimes) continua valendo a velha lição de que a associação com a finalidade de cometimento de um único ilícito, embora satisfaça o requisito numérico de pessoas, não serve para a configuração do delito. O grupo deve estar voltado para a prática de *crimes, no plural*. Mas, haveria alguma alteração de monta com o surgimento da palavra *específico* antes não presente?

Entende-se que a inclusão da dita palavra somente vem a sublinhar o fato de que para a caracterização do crime de "Associação Criminosa", tal qual devia ocorrer com o crime de "Quadrilha ou Bando", mister se faz a comprovação do liame subjetivo com a finalidade *específica* de cometimento de crimes. Sem ela não se configura o ilícito. No entanto, não tem a inclusão da palavra *específico* o condão de afastar a aplicação do tipo penal se um grupo de 3 ou mais pessoas for unido para a prática de crimes, mas também executar uma atividade lícita em conjunto, por exemplo. Digamos que um grupo de 10 pessoas abra uma empresa de moto-taxi e faça corridas normais, mas em meio a essas, devidamente escolhidas a dedo, também pratiquem, em conluio prévio, latrocínios de fregueses. A existência da atividade lícita em promiscuidade com os crimes não afastará jamais a configuração da "Associação Criminosa". Como afirmado, a palavra *específico* apenas vem para dar ênfase na necessidade de prova concreta do liame subjetivo entre os agentes com o fim (dolo específico) de cometer crimes.

Neste sentido:

> Inseriu-se, ainda, o termo *específico* na finalidade (para o fim *específico* de cometer crimes). A alteração não provoca nenhum efeito prático, mas somente consolida a ideia de se demandar estabilidade e durabilidade para a associação, ou seja, não se pode considerar associação criminosa o mero concurso de pessoas para o cometimento de um crime.[393]

---

393 Op. Cit., p. 106.

6 – Comentários Sobre a Lei 12.850/13

Não se configura a "Associação Criminosa" se a finalidade do grupo é a de cometer Contravenções Penais. Trata-se de pura aplicação do Princípio da Legalidade, já que a legislação menciona apenas "crimes".

Para a conformação do número mínimo de participantes contam pessoas inimputáveis etárias e mentais. Não há falar em tentativa, eis que se trata de crime de atentado, de empreitada ou de empreendimento, onde a mera intenção grupal já é criminalizada, como se o legislador se adiantasse no "iter criminis" até o momento da cogitação (*"cogitatio"*). No entanto, reforça-se que o eventual cometimento efetivo de crimes não configura mero exaurimento, mas leva ao concurso material de infrações com o artigo 288, CP.

O crime é comum, podendo ser cometido por qualquer pessoa, bem como é permanente protraindo-se a consumação enquanto perdurar a associação entre os componentes do grupo.

Finalmente importa destacar que segue em pleno vigor o artigo 8º, da Lei dos Crimes Hediondos (Lei 8.072/90) que prevê uma pena mais rigorosa, de 3 a 6 anos de reclusão quando a "Associação Criminosa" for constituída para o fim de cometer crimes que sejam catalogados como hediondos ou equiparados. Não há qualquer dificuldade quanto a essa conclusão porque a Lei dos Crimes Hediondos faz referência somente ao artigo 288, CP e não ao "nomen juris" modificado de "Quadrilha ou Bando". Aqui, portanto, não ocorrerá a possível celeuma que reveste a questão da qualificadora de "bando ou quadrilha" prevista no crime de extorsão mediante sequestro (artigo 159, § 1º, *"in fine"*, CP). Frise-se ainda que se excetua da aplicação do artigo 288, CP c/c 8º, da Lei 8.072/90, a associação para o tráfico de drogas. Embora o tráfico de drogas seja crime equiparado a hediondo e, até por equívoco e verborragia do legislador, esteja citado no corpo do artigo 8º, da Lei 8.072/90, há que prevalecer a "Associação para o Tráfico" prevista no artigo 35 da Lei 11.343/06, legislação posterior e especial.

6.21. ALTERAÇÃO DO ARTIGO 342, CÓDIGO PENAL

> *Art. 25. O art. 342 do Decreto-Lei nº 2.848, de 7 de dezembro de 1940 (Código Penal), passa a vigorar com a seguinte redação:*
> *"Art. 342. ....*
> *Pena - reclusão, de 2 (dois) a 4 (quatro) anos, e multa.*

A Lei 12.850/13 também muda o crime de "Falso Testemunho ou Falsa Perícia" previsto no artigo 342, CP. A redação da conduta em si permanece intacta. Apenas muda a pena cominada que passa de reclusão, de 1 a 3 anos, e multa para reclusão, de 2 a 4 e anos, e multa. Também não se alteram os demais dispositivos do artigo 342 (aumento de pena do § 1º e exclusão de punibilidade do § 2º).

Trata-se de *"novatio legis in pejus"*, eis que há um aumento considerável da sanção penal dobrando a pena mínima e acrescentando um terço à pena máxima. Assim sendo, o novo preceito secundário não pode ter aplicação retroativa.

6.22. REVOGAÇÃO DA ANTIGA LEI DO CRIME ORGANIZADO

Art. 26. Revoga-se a Lei nº 9.034, de 3 de maio de 1995.

Como não poderia ser diferente, a Lei 12.850/13 opera a revogação expressa e integral da Lei 9.034/95 que tratava da repressão ao crime organizado.

CONCLUSÃO

No decorrer deste texto foi desenvolvida a temática da Criminalidade Organizada, tendo como inspiração a edição da Lei 12.850/13 que altera o tratamento da matéria no Brasil, devidamente atualiza pela Lei 13.964/19 (Pacote Anticrime).

Entretanto, como logo de início se percebe o problema da Criminalidade Organizada não é simples, ao reverso, trata-se de questão complexa, apresentando múltiplos aspectos que devem, num estudo sério e aprofundado, ser abordados e desenvolvidos.

Por isso a obra foi inaugurada com o estudo do fenômeno da Globalização Econômica, dando seus contornos básicos, vantagens e desvantagens em uma abordagem interdisciplinar histórica, social, cultural, financeira e econômica.

Mediante a análise desse fenômeno da globalização, em especial em seu aspecto econômico, pode-se constatar sua influência no surgimento e desenvolvimento do atual estágio da Criminalidade Organizada, tudo propiciado ou ao menos facilitado e reforçado pelas características flui-

6 – Comentários Sobre a Lei 12.850/13

das da nova ordem econômica global. Seus impactos são relevantes para a devida compreensão da complexidade e características da Criminalidade Organizada contemporânea. Dentre esses fatores são destacáveis a diluição do poder, a globalização da riqueza, a globalização da comunicação, o que redunda na globalização do crime organizado.

O contexto contemporâneo em conjunto com a evolução histórica dos fatos é apresentado como ensejador de uma "conexão do mal" que torna possível uma "economia da criminalidade global". A partir dessa premissa é possível descrever o processo de globalização organizacional da criminalidade com suas consequências intimidadoras, predadoras e dominadoras. Também é viável descrever os modelos ou paradigmas do crime organizado, esboçando com a doutrina nacional e internacional seus contornos básicos essenciais e contingentes.

Frente ao quadro exposto surge inevitavelmente o desafio do enfrentamento da criminalidade organizada, o qual passa por diversas dimensões, a saber: ética, política, cultural e jurídica. Isso novamente demonstra a complexidade da questão; complexidade no sentido de se tratar de um problema que enreda numa teia bem tecida uma série de fatores e aspectos que não podem ser desprezados sob pena de se recair em um reducionismo meramente simbólico tanto da legislação como dos aplicadores das leis.

Finda a exposição dessas informações cruciais para a devida compreensão do fenômeno da criminalidade organizada em nível mundial e local, passou-se aos comentários dos diversos dispositivos da Lei 12.850/13, sendo de se destacar que a novel legislação tem seus méritos e lacunas ou até mesmo equívocos, mas não pode ser desprezada, pois constitui um legítimo esforço, ao menos no campo jurídico – penal, para a instrumentalização do Estado a fim de fazer frente ao fenômeno da criminalidade organizada. Ademais, houve consideráveis avanços com o advento da Lei 13.964/19, especialmente no regramento mais detalhado e seguro da Colaboração Premiada, importante instrumento para investigação e obtenção de provas.

REFERÊNCIAS

ABBAGNANO, Nicola. *Dicionário de Filosofia*. Trad. Alfredo Bosi e Ivone Castilho Benedetti. São Paulo: Martins Fontes, 2003.

AGLIETTA, Michel. *Régulation et Crises du Capitalisme*. Paris: Vrin, 1976.

ALBANESE, Jay S. *Organized Crime in our Times*. 5. ed. New York: Lexis-Nexis 2007.

ALBUQUERQUE, Paulo Pinto de. O crime de organização criminosa no Código Penal português. *Boletim IBCCrim*. n. 292, mar., p. 6-8, 2017.

ALEO, Salvatore. *Sistema Penale e criminalità organizzata: le figure delituose associative*. 3. ed. Milano: Giuffré, 2009.

ALIGHIERI, Dante ALIGHIERI, *A Divina Comédia*. Rio de Janeiro: Ediouro, 1999.

AMORIM, Carlos. *Assalto ao Poder: o crime organizado*. Rio de Janeiro: Record, 2010.

ANARTE BORRALO, Enrique. *Conjeturas sobre la criminalidad organizada*. Huelva: Universidad de Huelva, 1999.

ANSELMO, Márcio Adriano. *Colaboração Premiada*. Rio de Janeiro: Mallet, 2016.

MENDONÇA, Andrey Borges de; CARVALHO, Paulo Roberto Galvão de. *Lei de Drogas*. São Paulo: Método, 2008.

ARAÚJO DA SILVA, Eduardo. *Da inconstitucionalidade da proposta do delegado de polícia para fins de acordo de delação premiada – Lei n° 12.850*. Disponível em <http://midia.apmp.com.br/arquivos/pdf/artigos/2013_delacao_premiada.pdf>. Acesso em 01 mar. 2016.

ARENDT, Hannah. *A vida do espírito: o pensar, o querer, o julgar*. Trad. de Antonio Abranches; César Augusto R. de Almeida; Helena Martins. 2. ed. Rio de Janeiro: Relume-Darumã, 1993.

ARISTÓTELES, *A Ética*. Rio de Janeiro: Ediouro, 1985.

ARISTÓTELES. *Ética a Nicômano*. São Paulo: Abril Cultural, 1973.

AVOLIO, Luiz Francisco Torquato. *Provas Ilícitas – Interceptações telefônicas, ambientais e gravações clandestinas*. 3ª ed. São Paulo, RT, 2003.

BACHOF, Otto. *Normas constitucionais inconstitucionais?* Trad. José Manuel M. Cardoso da Costa. Coimbra: Atlântida, 1977.

Referências

BADARÓ, Gustavo. *O valor probatório da delação premiada*. In: Consulex, v. 19, n. 433, p. 26-29, fev. 2015.

BADARÓ, Gustavo. *Ônus da prova no processo penal*. São Paulo: Revista dos Tribunais, 2003.

BAITELLO JUNIOR, Norval. *O animal que parou os relógios*. São Paulo: Annablume, 1997.

BARROS, Flávio Augusto Monteiro de. *Direito Penal Parte Geral*. Volume 1. 8ª ed. São Paulo: Saraiva, 2010.

BAUMAN, Zygmunt. *Vida líquida*. Trad. de Carlos Alberto Medeiros Rio de Janeiro: J. Zahar, 2007.

BAUMAN, Zygmunt. *Vida para o consumo: a transformação das pessoas em mercadoria*. Trad. de Carlos Alberto Medeiros. Rio de Janeiro: J. Zahar, 2008.

BERMAN, Marshall. *Tudo o que é sólido desmancha no ar: a aventura da modernidade*. Trad. de Carlos Felipe Moisés e Ana Maria L. Ioriatti. São Paulo: Companhia das Letras, 1991.

BERNARDES, Juliano Taveira, FERNANDES, André Dias. STF em Debate: Objeções de Consciência. Disponível em https://www.youtube.com/watch?v=F56O8ez2SHE&t=764s, acesso em 20.09.2021.

BERNARDES, Juliano Taveira, FERREIRA, Olavo Augusto Vianna Alues. *Direito Constitucional*. Tomo II. 10ª ed. Salvador: Juspodivm, 2021.

BERNARDIN, Pascal. *Maquiavel Pedagogo*. Trad. Alexandre Müller Ribeiro.São Paulo: Cedet, 2013.

BIANCHINI, Alice. Aspectos subjetivos da sentença penal, *Revista Brasileira de Ciências Criminais*. n. 22, p. 38, abr./jun., 1998.

BIANCHINI, Alice. Aspectos subjetivos da sentença penal, *Revista Brasileira de Ciências Criminais*. n. 22, abr./jun., p. 27-41, 1998.

BÍBLIA. Português. *Bíblia de Jerusalém*. Trad. de Samuel Martins Barbosa et. al. São Paulo: Paulinas, 2006.

BINDER, Alberto M. *O Descumprimento das Formas Processuais*. Trad. Angela Nogueira Pessôa. Rio de Janeiro: Lumen Juris, 2003.

BITENCOURT, Cezar Roberto; BUSATO, Paulo César. *Comentários à Lei de Organização Criminosa – Lei 12.850/13*. São Paulo: Saraiva, 2014.

BIZZOTTO, Alexandre, RODRIGUES, Andréia de Brito. *Nova Lei de Drogas*. 2ª ed. Rio de Janeiro: Lumen Juris, 2007.

BLOCK, Alan A.; William, J. *Organizing Crime*. New York: Cardiff, 1981.

BONFIM, Edilson Mougenot. *Curso de Processo Penal*. 7ª ed. São Paulo: Saraiva, 2012.

BONFIM, Edilson Mougenot. *Curso de Processo Penal.* 11ª ed. São Paulo: Saraiva, 2016.

BONFIM, Edílson Mougenot. *Reforma do Código de Processo Penal.* São Paulo: Saraiva, 2011.

BONFIM, Márcia Monassi Mougenot, BONFIM, Edílson Mougenot. *Lavagem de Dinheiro.* 2ª ed. São Paulo: Malheiros, 2008.

BORRI, Luiz Antonio, SOARES, Rafael Júnior. A readequação dos procedimentos processuais penais em face da colaboração premiada. *Boletim IBCCrim.* n. 296, jul., p. 15-16, 2017.

BOYER, R. *La théorie de la régulation.* Paris: La Decouverte, 1987.

BRAUDEL, Fernand. *Civilisation Matérielle et Capitalisme: XV-XVII siècle.* Paris: Armand Colin, 1967.

BUCKLEY, Peter. *Cooperative Forms of Transnational Corporation Activity.* London: Routledge, 1994.

CABETTE, Eduardo Luiz Santos. Inconstitucionalidade do artigo 17-D da Lei 9.613/98 (Lavagem de Dinheiro). Disponível em www.jus.com.br, acesso em 21.08.2013.

CABETTE, Eduardo Luiz Santos. *Interceptação Telefônica.* 2ª ed. São Paulo: Saraiva, 2011.

CABETTE, Eduardo Luiz Santos. *Interceptação Telefônica.* 3ª ed. São Paulo: Saraiva, 2015.

CABETTE, Eduardo Luiz Santos. *Lei 12.403 Comentada – Medidas cautelares, prisões provisórias e liberdade provisória.* Rio de Janeiro: Freitas Bastos, 2013.

CABETTE, Eduardo Luiz Santos. O papel do Inquérito Policial no Sistema Acusatório – O modelo brasileiro. *Revista Brasileira de Ciências Criminais.* n. 35, p. 185-201, jun./set., 2001.

CABETTE, Eduardo Luiz Santos. Primeiras Impressões sobre a Lei 12.830/13 – Investigação Criminal Conduzida pelo Delegado de Polícia. Disponível em www.atualidadesdodireito.com.br/eduardocabette/, acesso em 24.08.2013.

CABETTE, Eduardo Luiz Santos. *Responsabilidade Penal da Pessoa Jurídica – Breve Estudo Crítico.* Curitiba: Juruá, 2006.

CALAMANDREI, Piero. *Eles, os juízes, vistos por nós, advogados.* Lisboa: Clássica, 1960.

CAMBI, Eduardo. *Neoconstitucionalismo e Neoprocessualismo.* São Paulo: RT, 2009.

CANALS, Jordi. Universal Banking: international comparisons and theoretical perspectives. Oxford: Oxforf University Press, 1997.

Referências

CANI, Luiz Eduardo, BAZZANELLA, Sandro Luiz, RATOCHINSKI, João Henrique. Controle e vigilância dos corpos biológicos na China: quanto falta para o mundo se tornar um cenário de *Minority Report? Boletim IBC-Crim.* n. 313, p. 16-17, dez., 2018.

CANOTILHO, J.J. Gomes; BRANDÃO, Nuno. *Colaboração premiada: reflexões críticas sobre os acordos fundantes da Operação Lava Jato.* Revista Brasileira de Ciências Criminais, São Paulo, vol. 133, ano 25, p. 133-171, jul. 2017.

CARNELUTTI, Francesco. *As misérias do processo penal.* Trad. José Antonio Cardinalli. Campinas: Conan, 1995.

CARRAPIÇO, Helena. *O crime organizado e as novas tecnologias: uma faca de dois gumes.* São Paulo: Instituto de Defesa Nacional, 2005.

CARVALHO, Djalma Eutímio de. *Curso de Processo Penal.* Rio de Janeiro: Forense, 2007.

CARVALHO, Olavo de. *O Imbecil Coletivo I.* Bandidos & Letrados. São Paulo: É realizações, 2006.

CARVALHO, Olavo de. *O mínimo que você precisa saber para não ser um idiota.* 3. ed. Rio de Janeiro: Record, 2013.

CASTELLS, Manuel. *End of millenium.* New York: The Johns Hopkins University Press, 2002.

CASTELLS, Manuel. *The Power of Identity.* Oxford: Blackwell Publishers, 2010.

CASTELLS, MANUEL. *The Rise of the Network Society.* 2. ed. Oxford: Blackwell Publishers, 2000.

CASTRO, Henrique Hoffmann Monteiro de. Lei 13.441/17 instituiu a infiltração policial virtual. Disponível em www.conjur.com.br, acesso em 24.05.2017.

CHAMBERLIN, Henry Barret. *Some observations concerning organized crime.* Chicago: Chicago University Press, 1931.

CHESNAIS, François. *La Mondialisation du Capital.* Paris: Syros, 1964.

CHOUKE, Fauzi Hassan. *Garantias constitucionais na investigação criminal.* São Paulo: RT, 1995.

CINTRA, Antonio Carlos Araujo, GRINOVER, Ada Pellegrini, DINAMARCO, Cândido Rangel. *Teoria Geral do Processo.* 8ª ed. São Paulo: RT, 1991.

COMTE-SPONVILLE, André. *O capitalismo é moral?: sobre algumas coisas ridículas e as tiranias do nosso tempo.* Trad. de Eduardo Brandão. São Paulo: Martins Fontes, 2011.

COMTE-SPONVILLE, André. *Pequeno tratado das grandes virtudes.* Trad. de. São Paulo: Martins Fontes, 1999.

CONFÚCIO. Exagero. Disponível em www.reflexoeseutopias.wordpress. com, acesso em 24.08.2013.

CORDERO, Franco. *Guida alla Procedura Penale*. Torino: UTET, 1986.

CORREIA, António Damasceno. *O Direito à Objeção de Consciência*. Lisboa: Vega, 1993.

CRESSEY, Donald R. *Theft of the Nation: the structure and operations of organized crime in America*. Santa Barbara: University of California, 1969.

CRUET, Jean. *A Vida do Direito e a Inutilidade das Leis*. Trad. Francisco Carlos Desideri. 3ª ed. Leme: Edijur, 2008.

CRUZ, Rogério Schietti Machado. *Prisão Cautelar*. 2ª ed. Rio de Janeiro: Lumen Júris, 2011.

CUNHA, Rogério Sanches; PINTO, Ronaldo Batista. *Crime Organizado: Comentários à nova lei sobre o Crime Organizado – Lei nº 12.850/2013*. 2ª ed. Salvador: Juspodivm, 2014.

DAHL, Robert. *Polyarchy: participation and opposition*. New Haven: Yale University, 1972.

DANIELS, P. W. Service Industries in the World Economy. Oxford: Blackwell, 1993.

DAVID, Décio Franco. Efeitos extrapenais da colaboração premiada. *Boletim IBCCrim*. n. 313, p. 11-12, dez., 2018.

DAVID, P. A. *Thecnical Choice Innovation and Economic Growth: essays on american and british experiment in the nineteenth century*. London: Cambridge University Press, 1975.

DE GRANDIS, Rodrigo. *A inconstitucional participação de delegados de polícia nos acordos de colaboração premiada*. In: Jota, mai. 2015. Disponível em: < https://jota.info/artigos/rodrigo-de-grandis-a-inconstitucional-participacao-de-delegados-de-policia-nos-acordos-de-delacao-premiada-05052015>. Acesso em 01 mar. 2016.

DELMANTO JÚNIOR, Roberto. Garantismo, legalidade e interpretação da lei penal. *Revista Brasileira de Ciências Criminais*. n. 67, jul./ago., p. 213-220, 2007.

DEZEM, Guilherme Madeira. Medidas cautelares pessoais: primeiras reflexões. *Boletim IBCCrim*. n. 223, jun., p. 15, 2011.

DIAS, Jorge Figueiredo. *A criminalidade organizada: do fenômeno ao conceito jurídico penal*. Revista Brasileira de Ciências Criminais. São Paulo: v. 16, p. 11-30, n. 71, 2008.

DINAMARCO, Cândido Rangel. *Instituições de Direito Processual Civil*. vol. III. 6. ed. São Paulo: Malheiros, 2009.

Referências

DIPP, Gilson. *A "delação" ou colaboração premiada: uma análise do instituto pela interpretação da lei.* Brasília: IDP, 2015.

DUNNING, John. *Multinational Enterprises and the Global Economy.* Reading-Ma: Addison-Wesley, 1993.

DUYNE, Petrus C. Van. *Organized Crime in Europe.* New York: Commack,1996.

ENUNCIADOS do II Fórum de Juizados Especiais do Estado de SP. Disponível em www.aasp.jusbrasil.com.br, acesso em 24.08.2013.

ESPÍNOLA, Eduardo, ESPÍNOLA FILHO, Eduardo. *A Lei de Introdução ao Código Civil Brasileiro.* Volume 1. 3ª ed. Rio de Janeiro: Renovar, 1999.

FABRETTI, Humberto Barrionuevo, SMANIO, Gianpaolo Poggio. *Comentários ao Pacote Anticrime.* 2ª ed. Barueri: Atlas, 2021.

FAYET, Paulo. *Da criminalidade organizada.* Porto Alegre: Núria Fabris, 2012.

FELTRAN, Gabriel. *Irmãos:* uma história do PCC. São Paulo: Companhia das Letras, 2018.

FERNANDES, Augusto. STF anula sentença de Moro que condenou ex – presidente da Petrobrás. Disponível em: https://www.correiobraziliense.com.br/app/noticia/politica/2019/08/27/interna_politica,779447/stf-anula-sentenca-de-moro-que-condenou-ex-presidente-da-petrobras.shtml, acesso em 29.08.2019.

FERRO, Ana Luiza Almeida. *Crime Organizado e Organizações Criminosas Mundiais.* Curitiba: Juruá, 2009.

FERRO, Ana Luiza Almeida; GAZZOLA, Gustavo dos Reis; PEREIRA, Flávio Cardoso. *Criminalidade organizada: comentários à Lei 12.850/13, de 02 de agosto de 2013.* Curitiba: Juruá, 2014.

FONTOVA, Humberto. *Fidel o tirano mais amado do mundo.* Trad. Rodrigo Simonsen. São Paulo: Leya, 2012.

FOSCHINI, Gaetano. Sistema del diritto processuale penale. Volume 1. Milão: Giuffrè, 1965.

FULVETTI, Gianluca. *The Mafia and the Problem of the Mafia: organised crime in Italy.* 1820-1970. Pisa: University of Pisa Press, 1975.

GALIMBERTI, Umberto. *Os vícios capitais e os novos vícios.* Trad. de Sérgio José Schirato. São Paulo: Paulus, 2004.

GARCIA DE PAZ, Isabel Sanchez. *Concepto y Perfil Criminológico de la Delincuencia Transnacional Organizada.* Madrid: Colex, 2005.

GIDDENS, Anthony. *A Contemporary Critique of Historical Materialisme: the nation-state and violence.* Berkeley: University of California Press, 1985.

GILPIN, Robert. *O Desafio do Capitalismo Global*. Rio de Janeiro: Record, 2004.

GIORGIS, José Carlos Teixeira. *A lide como categoria comum do processo*. Porto Alegre: Letras Jurídicas, 1991.

GOMÁ, Javier. *Ejemplaridad Pública*. Madrid: Taurus, 2009.

GOMES, Décio Luiz Alonso. Proteção aos réus colaboradores (Ou da barganha com a criminalidade). *Boletim IBCCrim*. n. 82, set., p. 12, 1999.

GOMES, Luiz Flávio (coord.). *Nova Lei de Drogas Comentada*. São Paulo: RT, 2006.

GOMES, Luiz Flávio, CERVINI, Raúl. *Crime Organizado*. 2ª ed. São Paulo: RT, 1997.

GOMES, Luiz Flávio, CERVINI, Raúl. *Interceptação telefônica*. São Paulo: RT, 1997.

GOMES, Luiz Flávio, MARQUES, Ivan Luís (coord.). *Prisão e Medidas Cautelares*. 2ª ed. São Paulo: RT, 2011.

GOMES, Luiz Flávio. *Crime Organizado: que se entende por isso depois da Lei nº 10.217/01? (Apontamentos sobre a perda de eficácia de grande parte da Lei 9.034/95*. Jus Navigandi, Teresina, ano 7, n. 56, abr. 2002. Disponível: http://jus.com.br/artigos/2919. Acesso em 30.10.2018.

GOMES, Luiz Flávio. *Definição de crime organizado e a Convenção de Palermo*. Disponível: https://lfg.jusbrasil.com.br/noticias/1060739/definicao--de-crime-organizado-e-a-convencao-de-palermo. Acesso em 30.10.2018.

GOMES, Luiz Flávio. *Lei de Drogas Comentada*. São Paulo: RT, 2008.

GOMES, Luiz Flávio. *Suspensão condicional do processo penal e a representação nas lesões corporais, sob a perspectiva do novo modelo consensual de Justiça Criminal*. 2ª ed. São Paulo: RT, 1997.

GOMES, Luiz Flávio; RODRIGUES DA SILVA, Marcelo. *Organizações Criminosas e Técnicas Especiais de Investigação – Questões Controvertidas, aspectos teóricos e práticos e análise da Lei 12.850/13*. Salvador: Juspodivm, 2015.

GONÇALVES, Victor Eduardo Rios. *Crimes Hediondos, Tóxicos, Terrorismo e Tortura*. São Paulo: Saraiva, 2001.

GOULD, Stephen Jay. *The Mismeasure of Man*. New York: W.W. Norton & Company, 1981.

GRAMPO vira função da PM em São Paulo. Disponível em www.adpesp.org.br, acesso em 24.08.2013.

GRECO FILHO, Vicente, RASSI, João Daniel. *Lei de Drogas Anotada*. 3ª. ed. São Paulo: Saraiva, 2009.

GRECO FILHO, Vicente. *Interceptação telefônica*. São Paulo: Saraiva, 1996.

Referências

GRECO, Rogério. *Curso de Direito Penal Parte Geral.* Volume I. 15ª ed. Niteroi: Impetus, 2013.

GRECO, Rogério. *Leis Penais Especiais Comentadas – Crimes Hediondos e Tortura.* Volume 1. Niterói: Impetus, 2016.

GRINOVER, Ada Pellegrini, GOMES FILHO, Antonio Magalhães, FERNANDES, Antonio Scarance, GOMES, Luiz Flávio. *Juizados Especiais Criminais.* 4ª ed. São Paulo: RT, 2002.

GRINOVER, Ada Pellegrini. A iniciativa instrutória do juiz no processo penal acusatório, *Revista Brasileira de Ciências Criminais.* n. 27, p. 71-79, jul./set., 1999.

GRINOVER, Ada Pellegrini. A iniciativa instrutória do juiz no processo penal acusatório, *Revista Brasileira de Ciências Criminais.* n. 27, jul./set., p. 71-79, 1999.

GRINOVER, Ada Pellegrini. *Liberdades Públicas e Processo Penal.* São Paulo: Saraiva, 1976.

GRINOVER, Ada Pellegrini. O regime brasileiro das interceptações telefônicas. *Revista Brasileira de Ciências Criminais.* n. 17, jan./mar., p. 97-115, 1997.

HABIB, Gabriel. *Leis Penais Especiais.* 10. ed. Salvador: Juspodivm, 2018.

HASSEMER, Winfried. *Límites del Estado de Derecho para el combate contra la Criminalidad Organizada.* Revista de Estudos Criminais. São Paulo: v. 5, p. 11-16, n. 19, 2003.

HASSEMER, Winfried. *Perspectivas de uma moderna política criminal: três temas de direito penal.* Porto Alegre: AMP, 1993.

HEGEL, George Wilhelm Friedrich. *Enciclopédia das ciências filosóficas em compêndio. A Filosofia do Espírito.* Trad. de Paulo Meneses e José Machado. São Paulo: Loyola, 1995.

HOBBS, Dick. *Criminal Collaboration: youth gangs, subcultures, professional criminals and organised crime.* 2ª ed. Oxford: Clarendon Press, 1997.

HOBSBAWM, Eric J. *Era dos Extremos: o breve século XX.* Trad. de Marcos Santarrita. 2ª ed. São Paulo: Companhia das Letras, 1995.

HOFFMANN, Henrique. Polícia Judiciária e Garantia de Direitos. In: HOFFMANN, Henrique. et al. Investigação Criminal pela Polícia Judiciária. Rio de Janeiro: Lumen Juris, 2016.

HOOGVELT, Ankie. *Globalisation and the Postcolonial World: the new political economy of development.* London: Macmillan, 1997.

HUTTON, Will. *The State We Are In.* London: Jonathan Cape 1995.

IANNI, Octavio. *Teorias da globalização.* 4ª ed. Rio de Janeiro: Civilização Brasileira, 1997.

IHERING, Rudolf von. *El espiritu del derecho romano*. Trad. Fernando Vela. Buenos Aires: Revista de Occidente, 1962.

IHONVBERE, Julius O. *The Third World and the New World Order in the 1990s*. New York: Futures, 1992.

JAKOBS,Günther; Cancio Meliá, Manuel. *Derecho Penal del Enemigo*. Buenos Aires: Hammurabi, 2007.

JARDIM, Afrânio Silva. *Nova Interpretação sistemática do acordo de colaboração premiada*. Disponível: http://emporiododireito.com.br/leitura/delatando-sem-premio-as-delacoes-premiadas-por-afranio-silva-jardim-1508430735. Acesso em 08.01.2019.

JESUS, Damásio Evangelista de. *Direito Penal*. Volume 1. 33ª ed. São Paulo: Saraiva, 2012.

JUDT, Tony. *O mal ronda a Terra: um tratado sobre as insatisfações do presente*. Trad. Celso Nogueira. Rio de Janeiro: Objetiva, 2011.

JÚNIOR, Arthur Pinto de Lemos; OLIVEIRA, Beatriz Lopes de. *Crime organizado e a lei 12.850/13*. São Paulo: Verbatim, 2014.

KANT, Immanuel. *A religião no simples limite da razão*. Trad. de Artur Morão. Lisboa: Edições 70, 1992.

KHEL, Maria Rita. Do narcisismo das elites ao narcisismo das massas. *Revista Brasileira de Ciências Criminais*. n. 16, out./dez., 1996.

KLERKS, Peter. *Transnational Organised Crime: perspectives on global security*. London: Routledge, 2003.

KUNDERA, Milan. *A insustentável leveza do ser*. Trad. Teresa Bulhões Carvalho da Fonseca. São Paulo: Companhia das Letras, 2008.

LEITÃO JUNIOR LEITÃO, Joaquim, MOUSINHO, Paulo Reyner Camargo. A celeuma do marco interruptivo do crime de organização criminosa para ensejar nova conduta delitiva, nova investigação e até mesmo nova ação penal sem *"bis in idem"*. Disponível em www.jus.com.br, acesso em 30.05.2018.

LEITÃO JÚNIOR, Joaquim. A infiltração policial na internet na repressão de crimes contra a dignidade sexual de criança e adolescente e a possibilidade de se estender o instituto da infiltração virtual a outras investigações de crimes diversos. Disponível em www.jus.com.br, acesso em 28.05.2017.

LEMBO, Cláudio. *A pessoa seus direitos*. Baureri: Manole, 2007.

LESSA, Marcelo. *O poder de polícia do Estado e a garantia da incolumidade física dos torcedores e desportistas*. Disponível: https://jus.com.br/artigos/64537/o-poder-de-policia-do-estado-e-a-garantia-da-incolumidade-fisica-dos-torcedores-e-desportistas. Acesso em 14.01.2020.

LIMA, Márcio Barra. *A colaboração premiada como instrumento constitucionalmente legítimo de auxílio à atividade estatal de persecução penal*. In CALABRICH, Bruno; FISCHER, Douglas; PELELLA, Eduardo. Garantismo

Referências

469

Penal Integral: questões penais e processuais, criminalidade moderna e a aplicação do modelo garantista no Brasil. Salvador: Juspodivm, 2010.

LIMA, Murilo Ribeiro de. *Agente infiltrado e as inovações promovidas pelo pacote anticrime.* In: *Pacote Anticrime Lei 13.964/2019 – Temas penais e processuais penais.* Salvador, Juspodivm, 2020.

LIMA, Renato Brasileiro. *Legislação Criminal Especial Comentada.* 4ª ed. Salvador: Juspodivm, 2016.

LIMA, Renato Brasileiro de. *Legislação Criminal Especial Comentada.* 8ª ed. Salvador: Juspodivm, 2020.

LIMA, Renato Brasileiro de. *Manual de processo penal.* Salvador: Juspodivm, 2015

LIMA, Renato Brasileiro de. *Pacote Anticrime.* Salvador: Juspodivm, 2020.

LIPOVETSKY, Gilles. *A era do vazio:* ensaios sobre o individualismo contemporâneo. Trad. de Therezinha Monteiro Deutsch. Barueri: Manole, 2005.

LOPES JR., Aury. *Direito Processual Penal.* São Paulo: Saraiva, 2015.

LOPES JR., Aury; GLOECKNER, Ricardo Jacobsen. *Investigação Preliminar no Processo Penal.* São Paulo: Saraiva, 2013.

LOPES JÚNIOR, Aury. *Sistemas de Investigação Preliminar no Processo Penal.* 2ª ed. Rio de Janeiro: Lumen Júris, 2003.

LYOTARD, Jean-François. *A condição pós-moderna.* Trad. de Ricardo Correia Barbosa. Rio de Janeiro: José Olympio, 1986.

MACDONALD, Greg. *The Emergence of Multimedia Conglomerates.* Genebra: ILO 1990, p. 35-37.

MAIEROVITCH, Walter Fanganiello. *Novas tendências da criminalidade mafiosa.* São Paulo: Unesp, 2010.

MALATESTA, Nicola Framarino Dei. *A lógica das provas em matéria criminal.* Trad. Paolo Capitanio. Campinas: Bookseller, 1996.

MANSO, Bruno Paes; DIAS, Camila Nunes. *A guerra:* a ascensão do PCC e o mundo do crime no Brasil. São Paulo: Todavia, 2018.

MANUAL – Colaboração Premiada. Brasília: ENCCLA, 2014. p. 07. Destaque-se que esse posicionamento vem prevalecendo na práxis, especialmente no âmbito da Operação Lava-Jato.

MARCÃO, Renato. *Estatuto do Desarmamento.* São Paulo: Saraiva, 2008.

MARCÃO, Renato. *Prisões Cautelares, Liberdade Provisória e Medidas Cautelares Restritivas.* São Paulo: Saraiva, 2011.

MASSON, Cleber, MARÇAL, Vinícius. *Crime Organizado.* 2ª ed. São Paulo: Método, 2016.

MASSON, Cleber. Marçal, Vinícius. *Crime Organizado*. 3ª ed. Rio de Janeiro: Forense; São Paulo: Método, 2017.

MASSON, Cleber; MARÇAL, Vinicius. *Crime Organizado*. 4ª ed. Rio de Janeiro: Forense; São Paulo: Método, 2018.

MATTERLAT, Armand. *La communication-monde: histoires des idées e des strategies*. Paris; La Decouverte, 1991.

MAXIMILIANO, Carlos. *Hermenêutica e Aplicação do Direito*. Rio de Janeiro: Forense, 1999.

MAZZUOLI, Valério de Oliveira. *O controle jurisdicional da convencionalidade das leis*. São Paulo: RT, 2009.

MCLUHAN, Herbert Marshall. *The Gutenberg Galaxy: the making of typographic man*. Toronto: University of Toronto Press, 1962.

MEDINA ARIZA, J.J. *Una Introducción al Estúdio Criminológico del Crimen Organizado*. Huelva: Universidad de Huelva, 1999.

MELLO, Silvia Leser de. A cidade, a violência e a mídia. *Revista Brasileira de Ciências Criminais*. n. 21, jan./mar., 1998.

MENDONÇA, Andrey Borges de. *A colaboração premiada e a nova Lei do Crime Organizado – lei 12.850/2013*. Custos Legis – a revista eletrônica do Ministério Público Federal. v. 4, p. 14-16, 2013.

MENDONÇA, Andrey Borges de. *Prisão e outras medidas cautelares pessoais*. Rio de Janeiro: Forense, 2011.

MENDRONI, Marcelo Batlouni. *Comentários à Lei de Combate ao Crime Organizado – Lei nº 12.850/13*. São Paulo: Atlas, 2014.

MENDRONI, Marcelo Batlouni. *Crime Organizado*. 2ª ed. São Paulo: Atlas, 2007.

MENDRONI, Marcelo Batlouni. *Crime Organizado: aspectos gerais e mecanismos legais*. 6ª ed. São Paulo: Atlas, 2016.

MINGARDI, Guaracy. *O Estado e o Crime Organizado*. São Paulo: Universidade de São Paulo, 1996.

MONET, Jean – Claude. *Polícias e Sociedades na Europa*. Trad. Mary Amazonas Leite de Barros. 2ª ed. São Paulo: EDUSP, 2006.

MONTEIRO, Antonio Lopes. *Crimes Hediondos*. 8ª. ed. São Paulo: Saraiva, 2008, p. 131.

MORAES, Alexandre de. *Direito Constitucional*. 10ª ed. São Paulo: Atlas, 2001.

MORAIS DA ROSA, Alexandre. *Conheça uma novidade de 2017: a Resolução CNMP 181 viola a isonomia*. Disponível: https://www.conjur.com.br/2017-dez-29/limite-penal-novidade-2017-resolucao-cnmp-181-viola-isonomia. Acesso em 23.04.2018.

Referências

MOREAU DEFFARGES, Philippe. *La mondialisation: vers la fin des frontieres?* Paris: Dunod, 1993.

MOREIRA, Rômulo de Andrade. A nova lei de organização criminosa – Lei n. 12.850/13. Disponível em www.atualidadesdodireito.com.br, acesso em 01.09.2013.

MOREIRA, Rômulo de Andrade. A nova lei que permite a infiltração de agentes na investigação criminal. Disponível em www.jusbrasil.com.br, acesso em 28.05.2017.

MUCCIO, Hidejalma. *Curso de Processo Penal.* 2ª ed. Rio de Janeiro: Forense, 2011.

MARCÃO, Renato. *Prisões Cautelares, Liberdade Provisória e Medidas Cautelares Restritivas.* São Paulo: Saraiva, 2011.

NAVARRO, Vicente. *The Politics of Health Policy.* Oxford: Blackwell Publishers, 1995.

NIEBUHR, Reinhold. *Moral Man and Immoral Society: a study in ethics and politics.* New York: Scribner's, 1960.

NOVELINO, Marcelo. *Manual de direito constitucional.* São Paulo: Método, 2014.

NUCCI, Guilherme de Souza. *Código Penal Comentado.* 9ª ed. São Paulo: RT, 2008.

NUCCI, Guilherme de Souza. *Leis Penais e Processuais Comentadas.* 9ª ed. Vol. 2, Rio de Janeiro: Forense, 2016.

NUCCI, Guilherme de Souza. *Organização Criminosa – Comentários à Lei 12.850, de 02 de agosto de 2013.* São Paulo: RT, 2013.

OLIVEIRA, Antonio Carlos. *O Cangaço.* 2. Ed. São Paulo: Ática, 1997.

OLIVEIRA, Eugênio Pacelli. *Curso de Processo Penal.* São Paulo: Atlas, 2014.

PACELLI, Eugenio. Atualização do Curso de Processo Penal – Comentários ao CPP – Lei 12.850/13. Disponível em www.eugeniopacelli.com.br, acesso em 16.08.2013.

PASCHOAL, Janaina Conceição. *Constituição, Criminalização e Direito Penal Mínimo.* São Paulo: RT, 2003.

PAULA E SOUZA, Alexis Sales de. O conceito de organização criminosa no direito comparado. Disponível em www.universojuridico.com.br, acesso em 1º.04.2017.

PAULA, Renato Tavares de, BRAGA, Priscila dos Santos. Presunção de inocência e acordos criminais. *Boletim IBCCrim.* n. 313, p. 13-15, dez., 2018.

PEREIRA, Cláudio José. *Princípio da Oportunidade e Justiça Penal Negociada.* São Paulo: Juarez de Oliveira, 2002.

PEREIRA, Flávio Cardoso. *Agente encubierto como médio de investigación – perspectivas desde el garantismo procesal penal.* Bogotá: Grupo Editorial Ibanez, 2013.

PEREIRA, Flávio Cardoso. *Agente encubierto como médio extraordinário de investigación – perspectivas desde el garantismo procesal penal.* Bogotá: Grupo Editorial Ibañez, 2013.

PEREIRA, Flávio Cardoso. *Crime organizado e sua infiltração nas instituições governamentais.* São Paulo: Atlas, 2015.

PETER-ALEXIS, Albrechte. *Kriminologie: eine Grundlegung zum Strafrecht.* München: Verlag C. H. Beck, 1999.

PHIL, Williams. *Organizing Transnational Crime: networks, markets and hierarchy.* London: Cass, 2005.

PIEPER, Joseph. *Die Wirklichkeit und das Gute.* München: Kösel, 1949.

PINHIERO, Mario Portugal Fernandes. *Do Poder de Polícia na Criminalidade.* Rio de Janeiro: Cátedra, 1980.

PITOMBO, Antônio Sérgio Altieri de Moraes. *Organização Criminosa: nova perspectiva do tipo legal.* São Paulo: RT, 2009.

POULANTZAS, Nicos. *L'etat, le pouvoir et le socialisme.* Paris: Presses Universitaires de France, 1978.

PRADEL, Jean. La célerité de la procédure pénale en droit compare. *Revue Internationale de Droit Penal.* Toulouse: Érès. Volume 66, p. 323, jul./set., 1995.

RAMOS, João Gualberto Garcez. *Audiência Processual Penal.* Belo Horizonte: Del Rey, 1996.

REALE, Giovanni, ANTISERI, Dario. *História da Filosofia – Filosofia pagã antiga.* Volume 1. Trad. Ivo Storniolo. São Paulo: Paulus, 2003.

REALE, Miguel, *Teoria Tridimensional do Direito.* 5ª ed. São Paulo: Saraiva, 1994.

REIS, Marcus Vinícius. Tratados das Nações Unidas contra o Terrorismo Internacional. Disponível em marcusviniciusreis.files.wordpress.com, acesso em 18.08.2013.

ROCHA, Gabriela. STJ anula Satiagraha e condenação de Daniel Dantas. Disponível em www.conjur.com.br, acesso em 24.08.2013.

ROQUE, Fábio; TÁVORA, Nestor; ALENCAR, Rosmar Rodrigues. *Legislação Criminal para concursos.* Salvador: Juspodivm, 2016.

ROUSSEAU, Jean Jacques. *O Contrato Social.* São Paulo: Nova Cultural, 1987.

ROXIN, Claus. *Política criminal e sistema jurídico-penal.* São Paulo: Renovar, 2000.

Referências

473

SAAD, Marta. *Defesa no Inquérito Policial*. Artigo disponível no livro *Direito Processual de Polícia Judiciária I*. Belo Horizonte: Fórum, 2020.

SAÉNZ, José Montoya. *Introducción a algunos problemas de la historia de la etica*. Universidade de Valencia, Espanha: *manuscrito*, 1998.

SALES, Sheila Jorge Selim de. *Escritos de direito penal*. 2. ed. Belo Horizonte: Del Rey, 2005.

SALLA, Fernando. *Considerações sociológicas sobre o crime organizado no Brasil*. Revista Brasileira de Ciências Criminais. São Paulo: v. 16, p. 364-390, n. 71, 2008.

SAMPAIO, Alexandre Buck Medrado, *apud* SOUZA, Marllon. *Crime Organizado e Infiltração Policial*. São Paulo: Atlas, 2015.

SANDEL, Michael J. *Justiça: o que é fazer a coisa certa*. Trad. de Heloísa Matias e Maria Alice Máximo. Rio de Janeiro: Civilização Brasileira, 2011.

SANDEL, Michael J.. *O que o dinheiro não compra: os limites morais do mercado*. Trad. de Clóvis Marques. Rio de Janeiro: Civilização Brasileira, 2012.

SANNINI NETO, Francisco, JORGE, Higor Vinícius Nogueira. Infiltração virtual de agentes representa avanço nas técnicas especiais de investigação criminal. Disponível em www.jusbrasil.com.br, acesso em 24.05.2017.

SANNINI NETO, Francisco. Nova Lei das Organizações Criminosas e a Polícia Judiciária. Disponível em www.atualidadesdodireito.com.br/eduardocabette/, acesso em 17.08.2013.

SANNINI NETO, Francisco; CABETTE, Eduardo Luiz Santos. *Estatuto do Delegado de Polícia Comentado – Lei nº 12.830, de 20 de junho de 2013*. Rio de Janeiro: Processo, 2017.

SANTOS, Boaventura de Sousa. *Pela Mão de Alice: o social e o político na pós-modernidade*. 7ª ed. São Paulo: Afrontamento, 1999.

SANTOS, Juarez Cirino dos. *Crime Organizado*. Revista Brasileira de Ciências Criminais, Rio de Janeiro: RT, n.42, p. 224, jan.-mar. 2003.

SANTOS, Marcos P. D. *Colaboração unilateral premiada como consectário lógico das balizas constitucionais do devido processo legal brasileiro*. Revista Brasileira de Direito Processual Penal, Porto Alegre, vol. 3, n. 1, p. 131-166, jan./abr. 2017. https://doi.org/10.22197/rbdpp.v3i1.49.

SANTOS, Marcos Paulo Dutra. *Colaboração (delação) premiada*. 2ª ed. Salvador: Juspodivm, 2017.

SANTOS, Milton. *Por uma outra globalização: do pensamento único à consciência universal*. 16ª ed. Rio de Janeiro: Record, 2008.

SCHILLER, Dan. *Digital Capitalism: networking in the global market system*. Cambridge: Mit Press, 1999.

SCHUMPETER, J. A. *Business Cycles: a theoretical, historical and statistical analysis of the capitalist process.* New York: McGraw-Hill, 1939.

SHAPIRO, Carl; VARIAN, Hal. *Information Rules: a strategic guide to the network economy.* Cambridge: Harvard Business School Press, 1999.

SILVA FRANCO, Alberto. *Globalização e Criminalidade dos Poderosos.* São Paulo: RT, 2000.

SILVA, Eduardo Araújo da. *Crime Organizado.* São Paulo: Atlas, 2003.

SILVA, Eduardo Araujo da. *Organizações Criminosas.* São Paulo: Atlas, 2014.

SOARES, Rafael Junior, BORRI, Luiz Antonio. A legitimidade do terceiro delatado para discutir o acordo de colaboração premiada em face da concessão de benefícios extrapenais. *Boletim IBCCrim.* n. 316, p. 22-23, mar., 2019.

SOROS, George. *The crisis of global capitalism: open society endangered.* New York: Public Affairs, 1998.

SOUSA, Renee do Ó. CUNHA, Rogério Sanches. ASSIS, Caroline de. LINS, Silva Homes. *A nova figura do agente policial disfarçado prevista na Lei 13.964/19.* Disponível: https://meusitejuridico.editorajuspodivm.com.br/2019/12/27/nova-figura-agente-disfarcado-prevista-na-lei-13-9642019/. Acesso em: 14.05.2020.

STF decide que delegados de polícia podem firmar acordos de colaboração premiada. Disponível em http://portal.stf.jus.br/noticias/verNoticiaDetalhe.asp?idConteudo=382031, acesso em 21.06.2018.

STF julga inconstitucional afastamento automático de servidor investigado na lei de lavagem. Disponível em https://migalhas.uol.com.br/quentes/336732/stf-julga-inconstitucional-afastamento-automatico-de-servidor--investigado-na-lei-de-lavagem, acesso em 23.11.2020.

SUTHERLAND, Edwin Hardin. *White collar crimes.* New York: Dryden Press, 1949.

SUZUKI, Cláudio Mikio, AZEVEDO, Vinicius Cotta. Organização Criminosa: confusões e inovações trazidas pela Lei 12.850/13. Disponível em www.atualidadesdodireito.com.br, acesso em 29.08.2013.

SYDOW, Spencer Toth. *Silk Road* e o novo problema do combate ao tráfico de entorpecentes. *Boletim IBCCrim.* n. 249, p. 8-9, ago., 2013.

SZNICK, Valdir. *Liberdade, prisão cautelar e temporária.* 2ª ed. Leme: LEUD, 1998.

TASSE, Adel El. Nova Lei de Crime Organizado. Disponível em www.atualidadesdodireito.com.br, acesso em 29.08.2013.

THOMPSON, Oliver. *A assustadora história da maldade.* Trad. de Mauro Silva. São Paulo: Ediouro, 2002.

Referências

475

TIPKE, Klaus. *Innere Sicherheit, Gewalt und Kriminälitat.* München: Kösel, 1998.

TIRO, PORFÍRIO DE. *Isagoge.* Trad. Bento Silva Santos. São Paulo. Editora Attar Editorial, 2002.

TOLEZANO, Vicente do Praco. Fio condutor de Aristóteles na tábua das categorias. Dissertação de Mestrado. São Paulo: Faculdade São Bento, 2013.

TORNAGHI, Hélio. *Curso de Processo Penal.* Volume 1. 7ª ed. São Paulo: Saraiva, 1990.

TOURINHO FILHO, Fernando da Costa. *Processo Penal.* Volume 1. 21ª ed. São Paulo: Saraiva, 1999.

TUCCI, Rogério Lauria. *Direitos e garantias individuais no processo penal brasileiro.* São Paulo: Saraiva, 1993.

VASCONCELLOS, Vinicius. *Colaboração Premiada no Processo Penal.* 1ª ed. São Paulo: Editora Revista dos Tribunais, 2017.

VAZ, Henrique Cláudio de Lima. *Escritos de Filosofia II. Ética e Cultura.* São Paulo: Loyola, 1988.

VAZ, Henrique Cláudio de Lima. *Escritos de Filosofia IV. Introdução à Ética Filosófica 1.* São Paulo: Loyola, 1999.

WEBER, Max. *General Economic History.* Trad. Frank H. Knight. New York: Greenberg, 1927.

WEIL, Eric. *Philosophie Morale.* Paris: Vrin, 1961.

WELZEL, Hans. *Direito Penal.* Trad. Afonso Celso Rezende. Campinas: Romana, 2003.

WESSEL, Jan. *Organisierte Kriminalität und soziale Kontrolle.* Wiesbaden: Deutscher Universitätsverlag, 2001.

WOODIWISS, Michael. *Capitalismo Gangster.* Trad. C. E. de Andrade. Rio de Janeiro: Ediouro, 2007.

WOODIWISS, Michael. *Organized Crime and American Power: a history.* Toronto: University of Toronto Press Incorporated, 2001.

ZAFFARONI, Eugenio Raúl, BATISTA, Nilo. *Direito Penal Brasileiro.* Volume II. 2ª ed. Rio de Janeiro: Revan, 2010.

ZAFFARONI, Eugenio Raul. *Crime organizado: uma categorização frustrada.* Rio de Janeiro: GZ Editora, 2010.

ZAFFARONI, Eugenio Raul. *Em busca das penas perdidas: a perda de legitimidade do sistema penal.* Trad. de Vânia Romano Pedrosa. Rio de Janeiro: Revan, 1991.

ZIEGLER, J. *Os Senhores do Crime: as novas máfias contra a democracia.* Trad. de Clóvis Marques. Rio de Janeiro: Record, 2003.